ARCHIVES HISTORIQUES

DU POITOU

VI

POITIERS
IMPRIMERIE DE H. OUDIN FRÈRES,
RUE DE L'ÉPERON, 4
1877

SOCIÉTÉ

DES

ARCHIVES HISTORIQUES

DU POITOU.

LISTE GÉNÉRALE

DES MEMBRES

DE LA SOCIÉTÉ DES ARCHIVES HISTORIQUES DU POITOU.

ANNÉE 1877.

Membres titulaires:

MM.

Barbaud, archiviste de la Vendée, à la Roche-sur-Yon.
Barthélemy (A. de), membre du Comité des travaux historiques, à Paris.
Beauchet-Filleau, correspondant du Ministère de l'instruction publique, à Chef-Boutonne.
Beaudet (A.), licencié en droit, à Saint-Maixent.
Bonsergent, associé correspondant national de la Société des Antiquaires de France, à Poitiers.
Bricauld de Verneuil, attaché aux Archives de la Vienne, à Poitiers.
Chamard (Dom), religieux bénédictin, à Ligugé.
Chasteigner (Cte A. de), membre de plusieurs Sociétés savantes, à Ingrandes (Vienne).
Clervaux (Cte de), membre de plusieurs Sociétés savantes, à Saintes.
Delayant, bibliothécaire de la ville, à la Rochelle.
Delisle (L.), membre de l'Institut, à Paris.
Desaivre, docteur en médecine, à Niort.

MM.

Favre (L.), à Niort.
Fillon (Benjamin), à Saint-Cyr-en-Talmondais (Vendée).
Frappier (P.), secrétaire de la Société de Statistique des Deux-Sèvres, à Niort.
Gouget, archiviste de la Gironde, à Bordeaux.
Ledain, membre de l'Institut des provinces, à Poitiers.
Lelong, archiviste paléographe, à Angers.
Lièvre, pasteur, président du Consistoire, à Angoulême.
Ménard, ancien proviseur, à Poitiers.
Ménardière (de la), professeur à la Faculté de Droit, à Poitiers.
Montaiglon (A. de), professeur à l'École des Chartes, à Paris.
Palustre (Léon), directeur de la Société française d'archéologie, à Tours.
Port (C.), archiviste de Maine-et-Loire, à Angers.
Rédet, ancien archiviste de la Vienne, à Poitiers.
Rencogne (de), archiviste de la Charente, à Angoulême.
Richard (A.), archiviste de la Vienne, à Poitiers.
Richemont (L. de), archiviste de la Charente-Inférieure, à la Rochelle.
Rochebrochard (L. de la), membre de la Société de Statistique des Deux-Sèvres, à Niort.
Tourette (L. de la), docteur en médecine, à Loudun.

Membres honoraires :

MM.

Bardonnet (A.), vice-président de la Société de Statistique, à Niort.
Boutetière (Cte de la), membre de la Société des Antiquaires de l'Ouest, à Chantonnay (Vendée).
Brosse (de la), membre de la Société des Antiquaires de l'Ouest, à Poitiers.
Corbière (Mis de la), à Poitiers.
Deschastelliers, curé de Notre-Dame, à Poitiers.
Desmier de Chenon (Mis), à Domezac (Charente).

MM.

Dubeugnon, professeur à la Faculté de Droit, à Poitiers.
Feñand, ingénieur en chef du département de la Vienne, à Poitiers.
Guignard, docteur en médecine, à Poitiers.
Janvre de Bernay (Vte), à la Touche-Poupart (Deux-Sèvres.)
Horric du Fraisnaud de la Motte, à Goursac (Charente).
Lecointre-Dupont père, membre de plusieurs Sociétés savantes, à Poitiers.
Marque (G. de la), à Poitiers.
Orfeuille (Cte R. d'), membre de la Société des Antiquaires de l'Ouest, à Versailles.
Oudin, avocat, à Poitiers.
Rochejaquelein (Mis de la), député des Deux-Sèvres, à Clisson (Deux-Sèvres).
Rochethulon (Mis de la), ancien député de la Vienne, à Beaudiment (Vienne).
Romans (Bon Fernand de), à la Planche d'Andillé (Vienne).
Tranchant (Charles), conseiller d'État, ancien conseiller général de la Vienne, à Paris.
Tribert (G.), conseiller général de la Vienne, à Marçay (Vienne).
Tribert (L.), sénateur, à Champdeniers.

Bureau :

MM.

Rédet, président.
Richard, secrétaire.
Ledain, trésorier.
Bonsergent, membre du Comité
Bardonnet, id.
Boutetière (de la), id.
de la Ménardière, id.

CARTULAIRE

DE

L'ABBAYE D'ORBESTIER

(VENDÉE.)

AVANT-PROPOS

Le *Catalogue général des cartulaires des archives départementales*, publié par le gouvernement en 1847, indique comme conservés au chef-lieu de la Vendée ceux de Sainte-Croix de Talmont, de Saint-Jean d'Orbestier et de Boisgrolland. Imprimé dès 1846, Boisgrolland a été livré au public l'année dernière [1]; Talmont l'avait été en 1873 [2].

La Société des Archives historiques du Poitou ne pouvait être indifférente au vœu de voir remplir le cadre tracé par le *Catalogue général* pour un département dont le Conseil général n'a cessé de lui donner, depuis six ans, un témoignage de sa bienveillance éclairée. Telle a été la cause principale du choix du sujet de ce volume. Une autre provenait de cette circonstance particulière que Talmont, Orbestier et Boisgrolland appartiennent à la même circonscription administrative, l'arrondissement des Sables, où étaient situés six prieurés de Marmoutiers [3] et la commanderie du temple de Condrie [4]; de sorte que la publication des cartulaires de ces divers établissements forme un ensemble de documents, dont la réunion augmente la valeur de chacun.

---

1. Cartulaires du Bas Poitou publiés par Paul Marchegay.
2. Mémoires de la Société des Antiquaires de l'Ouest, tome XXXVI.
3. Aizenay, Brem, Commequiers, Fontaines, île d'Yeu et Sallertaine. (Cartulaires du Bas Poitou déjà cités.)
4. Archives historiques du Poitou, tome II.

— XII —

Le cartulaire d'Orbestier est un gros volume petit in-folio de 324 feuillets, entremêlé de papier et de parchemin. Son origine et sa description sont si fidèlement relatées dans une pièce, dont deux exemplaires originaux ont été placés au commencement et à la fin, qu'on a cru devoir en placer ici le texte intégral.

A tous ceulx qui ces presentes lectres verront et orront, Jehan Macayre, licencié en loix, seneschal de Talemond pour très doubté et très puissant seigneur monseigneur Loys seigneur d'Amboise, viconte de Thouars, conte de Bennon, de Guynes, seigneur et prince dud. lieu de Talemond, salut. Scavoir faisons que par devers nous sont venuz reverend père en Dieu frère Loys, humble abbé du moustier et abbaye de Sainct Jehan d'Orbestier, et les religieux d'icelle ; les quelz nous ont dit et remonstré que pour les guerres et divisions qui longuement ont eu cours en cest royaume, et mesmement ou comté de Poictou, il leur a esté neccessaire chouze de fuir et transporter hors lad. abbaie en pluseurs places, chasteaulx et forteresses les lectres, instrumens, papiers memoriaulx, cartez et autres enseignemens servans à la conservacion de la fondacion et aussi des droiz, rentes, devoirs, revenues, privilèges, franchises, libertez et immunitez de lad. abbaie, et que en la fuite et transport desd. lectres pluseurs d'icelles ont esté malmises, corrumpues, perdues et descireez ; et doubtent lesd. abbé et religieux que les temps advenir, pour les causes dessusd. combuscion et aduscion de fuef ou autrement ilz fussent en dangier et perilz de choir ès inconveniens dessusdiz et que à ceste occasion les droiz et revenues delad. abbaie soy diminuassent pour deffault desd. lectres et autres enseignemens, desquelx ilz ne pourroyent faire preuve en lieu et en temps et quant mestier leur seroit. Aussi dient iceulx abbé et religieux que en portant et rapportant ès lieux ès quelx ilz ont mestier de porter leursd. lectres pour en faire preuve, elles se corrumpent et adnichilent en manère que souventefioz elles sont perdues et biffées et n'en puet l'en avoir que à grant difficulté la lecture d'icelles, dont ilz ont esté et sont grandement endommagez en leurs droiz, rentes et revenues et pourroyent plus estre on temps advenir. Et pour ce nous ont requis et prié iceulx abbé et religieulx, o toute instance, que actendu ce il nous pleust, pour les consideracions dessud. et autres qui en ceste matière sont bien à consi-

derer, pour eschiver la perdicion et corrupcion de leursd. lectres
qui leur porroyent estre inutiles et dont il ne se pourroyent aider
pour la conservacion de leurs droiz si le cas dessusd. ou aucuns
d'iceulx eschoient, qui jà n'aviengne, faire transcripre et mectre en
ung livre toutes leursd. lectres, papiers, cartes, memoriaulx, instrumens, privilèges et autres enseignemens, et icelles collacionneez
ainsi transcriptez et mises en livre avecques lez originaulx et lad.
collacion bien et deuement faicte o lesd. originaulx dire et desclerer
foy non doubteuse devoir estre adjoustée à la copie desd. lectres
transcriptez ond. livre tout ainsi et par la manère que ès lectres
originales, et que les copies d'icelles soyent insereez et incorporeez
ond. livre, ès quelles en jugement ou dehors, en faisent ostencion
et exhibicion dud. livre quant mestier sera, soit plenère foy adjoustée
sans le metre ne revocquer aucunement en doubte par les parties
contre les quelles iceulx abbé et religieux les produiront et metront
en preuve, tout ainsi et parailement que ès originaulx d'icelles.
Emprès laquelle requeste ainsi par lesd. mess[rs] les abbé et religieulx
à nous faicte, en obtemperant à icèlle comme juste et raisonnable
et consonant à droit, enclins à iceld. requeste faire et acomplir
en faveur de l'église, nous somez transportez en lad. abbaye
d'icelluy lieu de Sainct Jehan d'Orbestier, et appellé avecquez nous
seneschal dessud. Maturin du Raiffe, scribe et greffier de la court
de lad. seneschaucie de Talemond, avons fait transcripre et metre
de mot à mot en ung livre contenant treize kaers toutes et chascunes
les lectres escriptez tant en franczoys que en latin à nous monstrées,
exhibées et presentées par mess[rs] lesd. abbé et religieux, et icelles
inscriptes, doublées, copiées et mises ond. livre avons nous seneschal dessus nommé et led. Maturin du Raiffe, greffier, collacionné
de mot à mot, sans riens en obmettre ne delaisser, la copie desd.
lectres inserées, escriptez et incorporeez ond. livre avecques les
originaulx d'icelles lectres, contenant led. livre treize kaers escripz
tant en papier que en parchemin, et à la fin de la copie de chascune
desd. lectres avons nous seneschal et greffier mis et appousé nos
seigns manuelx et aussi à la fin de chascun desd. treize kaers
designé et decleré le nombre des lectres contenues ond. kaer, et
pour certitude et verité de ce y mis nos seings manuelx; et oultre
ce ou milieu de chascun kaer avons fait mettre et apposer le seel de
nous led. seneschal, afin que on ne mete ne adjouste en icelluy

aucunes autres lectres ou copie d'icelles qui n'auroient esté collacionnées, leues ne vues par nous lesd. seneschal et greffier. Et d'abondant à plus grant confirmacion, avons fait mectre et apposer au commencement de chascun desd. kaers et aussi à la fin d'iceulx le seel establi ès contraiz en la ville et chastellenie dud. lieu de Talemond pour mond. seigneur. Et pour eschiver dores en avent les grans inconveniens qui pourroyent ensuir on temps advenir, par adustion et combustion de feuz et aussi par plusieurs autres cas de fortune, èsd. lectres ou à aucunes d'icelles pour les quelx les droiz, rentes, revenues, privilegez, libertez, franchisez et immunitez dud. lieu et moustier de Sainct Jehan d'Orbestier pourroient estre diminueez ou deperiz, avons dit et descleré, disons et desclerons par ces presentes led. livre on quelz sont inserceez, incorporeez et copiées les lectres de lad. abbaye en la forme et manère par dessus specifiée et desclairée estre dit, nommé, censé et appellé le cartulayre dud. moustier et abbaye, ès lectres duquel nous disons et desclairons par ces mesmes presentes que plenère foy dores en avent en jugement et dehors en touz les affairez dud. moustier et abbaye quant à faire preuve suffisante, bonne et valable, foy non doubteuse sera adjoustée ès lectres contenues on dit livre et cartulayre tout ainsi et par la manère que l'en feroit ès originaulx desd. lectres sans le revoquer ne mettre en aucun doubte à perpetuité. En tesmoign desquelles choses nous lesd. seneschal et greffier avons signé ces presentes de nos seigns manuelx et à icelles fait mectre et apposer le seel de nous led. seneschal, et ordonné cestesd. presentes estre doublées originellement et atachées à commencement dud. livre et cartulayre et aussi à la fin d'icelluy pour conclusion de nostred. sentence et declaracion, fait seeler, à plus grant aprobacion, du seel dessusd. establi ès contraiz en la ville et chastellenie dud. lieu de Talemond. Fait et donné le xe jour du moys de novembre, l'an mil quatre cens cinquante et quatre.

JEHAN MACAIRE.   DU RAYFFE.

On doit ajouter, malheureusement, que, taché, déchiré, aux trois quarts effacé en maints endroits, ce manuscrit est dans le plus triste état de conservation qui se puisse imaginer, état que les vicissitudes subies par le dépôt dont il fait partie expliquent assez [1].

Il contient 395 pièces, transcrites sans aucun ordre chronologique, comme elles arrivaient aux mains du copiste, et sans autre titre qu'un numéro d'ordre. Nous les reproduisons dans l'ordre chronologique, précédées d'un très-court sommaire, et réduites d'un certain nombre, savoir : celle qu'on vient de lire, une fausse [2], deux qui manquent [3], quatorze doubles et trente-trois dont il a paru suffisant de mettre dans des notes l'analyse la plus sommaire, soit par suite de leur défaut d'intérêt, soit parce qu'elles reproduisaient d'autres semblables. Au même titre, on a seulement indiqué cinq procurations et supprimé beaucoup de formules toujours identiques, qui eussent doublé sans utilité la grosseur de ce volume [4].

Reste ainsi 344 pièces. Comme âge, elles se répartissent en 10 du XIIe siècle, 87 du XIIIe, 174 du XIVe et 73 du XVe. C'est donc surtout

---

[1]. Pour ne citer que les principales : 1er transport à Fontenay-le-Comte lors de la fondation en 1791 ; abandon complet après la prise de cette ville par l'insurrection vendéenne en mai 1793 ; incendie en avril 1795, dans lequel ce qui fut sauvé subit une aspersion intense et prolongée ; 2e transport en 1806, deux ans après que le chef-lieu du département eut été transféré à la Roche-sur-Yon, où les archives ont déjà occupé trois logements successifs.

[2]. Commencement d'un aveu rendu par Eustache de Machecou, abbé d'Orbestier, à Guillaume de la Muce, sgr de la Chaize-Giraud. (Cart. n° 265.) Outre que cette transcription est incomplète, sans date, non authentiquée comme toutes les autres, elle porte deux grandes ratures transversales. Ce n'était donc qu'un projet qu'on reconnut inexact. Nous ne pouvons admettre sans autre preuve l'existence d'Eustache de Machecou en qualité d'abbé, comme l'a fait le pouillé de l'évêché de Luçon, qui se trompe aussi avec la date de 1418, à laquelle il le place. En 1418, l'abbé d'Orbestier était Nicolas du Verger, et le sgr de la Chaize-Giraud Jamet de la Muce.

[3]. Le n° 101 du cartulaire n'existe pas, le numérotage passant par erreur de 100 à 102. Quant au n° 254, il manque parce que le folio 196 est déchiré. Une table, aux trois quarts rongée, qui précédait le cartulaire, nous apprend que ce numéro était : « Une lectre d'ung chappon et XV deniers de rente sur ung verger au Chastea d'Olonne, laquelle compecte au curé du dit lieu ».

[4]. *Voir* la note, p. 119.

des hommes et des choses du xive siècle qu'il est ici question. Comme nature de documents, elles peuvent se diviser en 101 donations ou confirmations de dons, 86 arrentements, 83 jugements, transactions ou pièces de procédure tant ecclésiastique que civile, et 74 de sujets divers. Il faut observer, du reste, qu'un certain nombre n'a point trait aux affaires de l'abbaye, et n'est arrivé qu'incidemment dans ses archives Par exemple, Bertrande Chabot, héritière du Bois-Chabot, avait épousé Pierre de Nieuil, en qui paraît s'être éteinte une vieille famille du Talmondais. C'était un prodigue. A sa mort, la veuve économise et s'ingénie pour rétablir la fortune de ses enfants; mais bientôt elle les perd. Alors, tournant d'un autre côté ses regards, le 4 mai 1396, afin que *elle et ses parents deffunts soient participans ès bienffaiz, prières et oresons qui en moustier de St Johan d'Orbestier sont faictes par chascun jour et seront par l'advenir*, elle donne à l'abbaye tous ses biens, à la condition de lui fournir sa vie durant *la provision et norriment de son corps scelon l'estat de sa personne et la faculté de ses chouses données*. Des contestations s'étant élevées plus tard à l'occasion de ce legs, plusieurs pièces personnelles aux deux époux durent être recueillies, et seize d'entre elles, de 1351 à 1396, figurent au cartulaire, en dehors de celles qui rapportent la donation et les difficultés qui la suivirent.

Quoi qu'il en soit de cette observation, de ces quatre classes de documents, quatre conclusions principales nous semblent ressortir.

1º L'esprit de foi était si répandu dans les populations que tous, riches et pauvres, possédaient l'intelligence de ce dont tant de gens ne se doutent même plus, à savoir les grands et multiples avantages d'une fondation religieuse.

2º Le bail à cens fut dans notre département l'agent principal de la formation et de la multiplication de la petite propriété; favorisé d'ailleurs sur les côtes par l'exploitation des salines, à l'intérieur par la culture de la vigne sous la forme dite du complant. Nous n'ignorons point qu'à la suite des modifications amenées par le temps, l'état de choses créé par cette sorte de concession en arriva plus tard à être peu compatible avec les besoins d'une société différente de celle du moyen âge. Quelques-uns de ses défauts, tels que l'enchevêtrement des mouvances, l'émiettement des redevances réduites à trois mailles, une obole, une demi-geline, un sixième de chapon, etc., sont déjà assez visibles dans l'hommage de Vairé en 1451. Mais il ne faut pas oublier qu'il a donné grand de terre au cultivateur à des conditions avantageuses, puisque c'était sans bourse délier, par suite d'un contrat, dont à la rigueur son déguerpissement pouvait toujours le libérer, et dont le temps allégeait continuellement pour lui les charges, la valeur des denrées croissant en même temps que celle du numéraire baissait.

3° Le fonctionnement des justices seigneuriales les représente comme une institution utile pour l'époque, dont les officiers étaient instruits des prescriptions du droit coutumier et soucieux de leur application. Les charges en étaient occupées par les membres de la bourgeoisie et de la petite noblesse, que des nuances à peine sensibles ne séparaient guère aux xiii° et xiv° siècles.

4° Les documents de nature diverse, ventes et échanges, rémérés, quittances et obligations, actes de mariage et testamentaires, contrats d'affrétement de navires, de fermage d'impôts, aveux féodaux, etc., sont si variés que leur recueil offre les ressources les plus abondantes pour l'histoire sociale, et qu'on ne saurait assez réclamer la publication de tous ceux du même genre, qui dorment dans la poussière des archives.

Dans tout l'ensemble, l'histoire locale trouvera de précieuses indications : parfois dans un lambeau de phrase relatant par occasion *le rimer de la mer en ondacion d'ayres* qui a causé tant de dégâts sur les côtes du Bas Poitou dans l'hiver de 1351 à 1352, *les grans guerres qui à present ont cours* en septembre 1425, *l'empeschement des gens d'armes qui sont de présent sur le pays* en août 1439, etc., plus souvent dans les actes établissant numériquement la valeur de biens meubles et immeubles. L'abondance de ces derniers nous paraît même, si l'on peut s'exprimer ainsi, la caractéristique de ce cartulaire : prix de maisons, terres, vignes, prés et salines, valeur de rentes en grain, vin ou argent s'y rencontrent continuellement. Quelquefois ils accompagnent d'autres faits d'une importance plus grande encore : témoin le défrichement de la forêt d'Orbestier.

Cette forêt avait longtemps, plus ou moins abusivement, servi à tous les habitants du pays, à en croire une pièce de 1258, conservée aux archives nationales dans les titres de l'administration d'Alphonse, comte de Poitou. C'est le rejet d'une demande faite par le curé et les paroissiens d'Olonne de continuer, comme c'était, disaient-ils, la coutume, à ne pouvoir être arrêtés pour vol de bois par les sergents du comte qu'en forêt et pour ainsi dire en flagrant délit. L'aveu était dépourvu d'artifice, et la demande fut non-seulement repoussée avec perte, mais rudement qualifiée d'immorale [1]. Toutefois les bois des seigneurs de Talmont ne s'améliorant probablement pas, leurs besoins d'argent croissant, ils en aliénèrent successivement la plus grande partie, qui fut défrichée et livrée à la culture. Dans une seule pièce, on voit le détail de 544 boisselées et 1|2, c'est-à-dire environ 83 hectares, données ainsi de 1444 à 1452 pour 16 fr. 5 sous 6 deniers de rente annuelle. Il est vrai que le même document avance que cela valait plus du double, soit 35 livres. Mais même à ce taux, et quelle que soit la différence du pouvoir de l'argent à cette époque et à la nôtre, on ne trouverait plus aujourd'hui de terres à pareil prix. Notons aussi que le calcul qui précède est basé sur la valeur de la boisselée à la mesure d'Olonne, et que si la concession avait été faite, ce que nous ne croyons pas, à celle de Talmont, il s'agirait alors seulement de 62 hectares.

Il ne faut pas, en effet, oublier la variété des mesures employées d'une châtellenie à une autre. Le cartulaire en mentionne sept différentes, qui se réduisent à six, celle de Brandoys et d'Olonne étant la même chose : ce sont les mesures de Brandoys, la Chaize-Giraud, Luçon, la Mothe-Achard, les Moutiers-les-Maufaits, Olonne et Talmont [2]. Dans bien des cas, il est dit seulement « à la mesure du pays : *ad mensuram patriæ* ». Dans chacune, outre le journal, la

---

1. De consuetudine in partibus illis diutius observata servientes domini comitis non poterant capere nec debebant, extra forestam de Orbisterio, quadrigas, equos, asinos, pedites deferentes ligna de foresta Orbisterii furtive subrata..... cum dicta petitio sit contra bonos mores..... (Arch. nat., J. 190, n° 61.)

2. Voici le détail de ces mesures : Brandoys et Olonne : boisselée, 15 ares 20; journal de pré, 22 a. 80, de vigne, 3 a. 80; boisseau de 46 litres. — La Chaize-Giraud : boisselée, 22 a. 80; journal de pré, 60 a. 78, de vigne, 3 a. 80; boisseau, 53 l. (A l'île d'Olonne et Vairé, on employait cette mesure.) — Luçon : boisselée, 17 a. 10; journal de pré, 34 a. 19, de vigne, 5 a. 70; boisseau, 39 l.

boisselée et ses composés, quarterée, minée et seterée, 4, 8 et 16 boisselées, étaient employés pour la superficie ; le boisseau et ses composés analogues, quartier, mine et setier, pour le volume. La mesure d'avoine doublait celle du blé : un setier d'avoine valait 32 ras. Pour les liquides, il n'est question que du tonneau ou barrique et de la pipe contenant dix cousterées.

On devait aussi espérer de précieux renseignements au point de vue philologique, en raison du grand nombre de mots patois qu'on trouve dans le cartulaire et des traces nombreuses laissées dans ce patois par les relations de nos populations maritimes avec les marins espagnols. Malheureusement il ne peut être consulté qu'avec une grande méfiance sous ce rapport. Il ne reste plus en effet, du moins à notre connaissance, des chartes qui le composent que trente-deux originaux conservés aux archives de la Vendée [1]. Or ils démontrent que le copiste du cartulaire attachait peu d'importance à l'orthographe des pièces qu'il transcrivait, ou plus probablement qu'on lui dictait. Dans plus d'un endroit, nous aurions pu corriger dans ce texte des fautes évidentes ; mais, dans une pareille voie, comment éviter l'arbitraire ? Il a paru préférable de reproduire tel quel le document, ce qui offre au moins, à côté d'inconvénients réels, l'avantage de dégager entièrement la responsabilité de l'éditeur.

Enfin, pour terminer, suit la liste des abbés d'Orbestier. Inutile de transcrire ici la série des seigneurs de Talmont, qu'on eût pu établir de la même façon, parce que, à quelques exceptions près, c'est celle des vicomtes de Thouars, dont l'histoire a été publiée récemment dans les mémoires de la Société de statistique, sciences et arts des Deux-Sèvres [2]. De la fondation jusqu'au milieu du xve siècle, la Gallia Christiana indique six abbés, dont deux n'ont jamais existé ; on en connaîtra désormais au moins dix-huit, sous lesquels persista la vie conventuelle.

---

851. — La Mothe-Achart : boisselée, journal de pré et de vigne, 19 a ; boisseau, 58 l. 20. — Les Moutiers-les-Maufaits : boisselée, 19 a.; journal de pré, 34 a. 19, de vigne, 4 a. 75 ; boisseau, 49 l. 987. — Talmont : boisselée, 11 a. 40; journal de pré, 45 a. 59, de vigne, 3 a. 80 ; boisseau, 45 l. 225.

1. C'est naturellement d'après les originaux que ces 32 pièces ont été imprimées. Notre confrère M. Gabriel Barbaud, archiviste de la Vendée, a bien voulu en collationnner les épreuves avec le plus grand soin.

2. 2e série, t. X : Histoire de Thouars, par H. Imbert.

Foucher, premier abbé en 1107, et non 1007, comme le porte la charte de fondation par erreur matérielle [1], était, au dire de D. Estiennot, de noble extraction, disciple de Robert d'Arbrissel ou d'un de ceux qui créèrent avec lui un si grand mouvement de restauration religieuse au commencement du XIIe siècle dans nos provinces de l'Ouest, qu'alors, suivant un chroniqueur, *l'Aquitaine, le Maine et la Bretagne brillaient comme une autre Égypte par le grand nombre des hermites et des hommes saints répandus dans tout le pays* [2]. En 1137 ou 1139, il reçut de l'abbesse de Fontevraud le lieu de la Barre, où fut établi le prieuré de ce nom [3]. Vers 1150, il assistait avec les abbés de Breuil-Herbaud, de Nieuil et de la Chaume à la consécration de l'église de la Bénate, près Légé, faite par Bernard, évêque de Nantes [4].

Jean, nommé dans une charte de Boisgrolland vers 1161, et dans une autre de l'Absie en 1166.

Brient, 1181 et 1182, année pendant laquelle il reçut de Guillaume d'Aspremont, sgr de Poiroux, le lieu de Marigné, où fut établi le prieuré de ce nom.

Etienne, en 1184, date de la fondation du prieuré de la Sebrandière, et 1205, date de celle du prieuré de Saint-Lambert-de-Mauléon. Il voulut faire changer l'observance de son monastère en le soumettant à celui de Fontaine-le-Comte, en haut Poitou [5]. Mais il

---

1. Nous croyons l'avoir suffisamment établi dans une discussion spéciale que la Société des Antiquaires de l'Ouest a bien voulu insérer dans son deuxième bulletin de 1877.
2. Antiquités bénédictines du Poitou, t. IV, fo 241.
3. Cartulaire de Libaud, Arch. hist., t. Ier.
4. Don fait à l'abbaye de Buzay par R. Agnel. (Buzay, A, liasse 7, no 37, Arch. de la Loire-Inférieure.) Cette charte, sans date, porte au dos l'indication entre 1150 et 1155; une étude approfondie de son texte nous fait penser qu'il faut dire de l'une des trois années 1149, 1150 ou 1151.
5. La charte qui constate ce fait est trop importante pour l'histoire d'Orbestier pour ne pas la donner ici d'après l'original, jadis scellé de deux sceaux, conservé aux Archives de la Vienne.

Quoniam gesta cujuslibet, nisi scripto representantur, per successum temporis ab humana cito labuntur memoria, scriptura debent perhennari ut ad memoriam descendant melius futurorum. Notum sit omnibus tam presentibus quam futuris quod Stephanus, abbas Sti Johannis Orboterii, sanctitatem et veram religionem abbatie Fontis comitis pura mente considerans et atendens atencius, suam prene paraît pas que les effets de cette mesure aient beaucoup duré après lui.

Martin, nommé en 1207 dans une charte du prieuré de Fontaines. On ne saurait douter que ce soit le même qui transigeait en 1206 au sujet des marais de Rossé avec l'abbé de Boisgrolland. Cependant le cartulaire de cette dernière abbaye le nomme Michel. Mais le monument de cette transaction, qui se trouve aussi dans le nôtre, est fort à propos une des chartes publiées ici d'après l'original ; elle ne porte que l'initiale M. Le copiste de Boisgrolland l'a traduite inexactement, peut-être parce qu'il trouvait, peu d'années après, comme on va le voir, un Michel abbé d'Orbestier.

Geoffroy, nommé dans trois chartes de 1211 et 1213 du prieuré de Bourgenest [1].

Audebert, 1217, 1219.

Michel, nommé dans deux chartes de l'abbaye de Boisgrolland de 1221 et 1222.

Pierre, prédécesseur du suivant.

Hugues, 1226, 1255, dut travailler à la reconstruction de l'abbaye, détruite en partie sous son abbatiat par un incendie.

---

dictam abbatiam abbatie Fontis comitis, ei obedientiam promittens et reverentiam, cum consensu tocius capituli sui subjugavit : tali pacto tamen retento quod moderni monachi predicte abbatie Orbeterii quandiu vixerint, si ipsi voluerint, sub pristino monacali vivant habitu sicut prius beati Benedicti regulam et ordinem observantes, abbatem et alias personas juxta eandem regulam et abbatis Fontis comitis consilium eligentes; si vero numerus istorum modernorum infra numerum vj descenderit, ipsi abbatem canonicum et alias personas eligent canonicas juxta S^{ti} regulam Augustini. Preterea quicunque de cetero condonatus abbatie Orbeterii esse voluerit, habitum et regulam Fontis comitis observabit. Hoc factum fuit apud abbatiam Orbeterii in capitulo, anno ab Incarnatione Domini M° C° N° nono. Hujus rei testes sunt predicti abbates, qui presentem paginam sigillorum suorum munimine roboraverunt, et etiam dompnus R. abbas de Brolio Grollandi et P. Achardi decanus Talemundi, et etiam presentibus Martino priore et Gaufrido subpriore et quampluribus aliis ejusdem abbatie.

1. A noter au sujet de ces chartes, dont il existe copie dans les manuscrits de D. Fonteneau, à la Bibliothèque de Poitiers, et dans ceux de Jaillot, à celle de La Rochelle, que la première est datée par D. Fonteneau 1209 et par Jaillot 1211. Quel est celui qui s'est trompé ? En tout cas, si Geoffroy, abbé en 1213, l'avait été dès 1209, il l'était à fortiori en 1211.

Jean adressait le 26 avril 1269 une requête au sénéchal de Saintonge, qui avait fait saisir et emprisonner Hugues de la Laigne, chevalier, Jourdan et Hugues, ses fils, accusés d'avoir assassiné le prieur de Marigné [1].

André de Bercoire, 1282, 1287, paya, pour la part d'Orbestier dans un subside accordé par le clergé à Philippe III en 1284, probablement pour la conquête du royaume d'Aragon, 60 sols par an.

Etienne Gouffier, 1317, 1327, sous lequel l'abbaye acquit par donation la seigneurie de Vairé, la plus importante de ses propriétés territoriales.

Pierre du Bourg, 1329, 1369. De son temps, le droit de procuration dû à l'évêché de Luçon, que le pouillé de ce diocèse évalue à 60 livres, était payé 160 gros tournois.

Nicolas, 1373, 1385. Le nom de famille de cet abbé, inscrit dans une pièce aujourd'hui indéchiffrable, se terminait par *lle*.

Guillaume Baudet, 1393, 1400. De son temps, le droit de procuration dû aux légats apostoliques, que le pouillé du diocèse de Luçon évalue à 60 sols, était payé 6 florins d'or, 4 sols et 4 deniers.

Nicolas du Verger, 1401, 1425. Deux prêts faits par lui, l'un de 394 écus d'or, l'autre de 347 couronnes, donnent lieu de croire que l'état des affaires temporelles de l'abbaye était alors très-florissant.

Louis de Machecou, 1429, 1454. Il était encore abbé en 1456, puisque, d'après un acte encore conservé en original aux archives de la Vendée, le 15 septembre de cette année, en séance du chapitre, de son consentement et avec la permission de révérend père en Dieu André, évêque de Luçon, pour le salut de son âme, il fonda en l'église d'Orbestier une messe à note chaque semaine à perpétuité en l'honneur de la sainte et indivisible Trinité; pour la dotation de laquelle il assignait sur ses biens propres et acquêts 4 boisseaux de froment de rente mesure de Talmont et 93 sols de rente annuelle, savoir : 40 sols et les 4 boisseaux de froment dus par les héritiers de Catherine Valée; 15 sols dus par Jean Bordin, paroissien de la Chapelle-Achard; 10 sols dus par Hélie Joya, pa-

---

1. Manuscrits de D. Fonteneau, t. XXXVIII.

roissien du Champ-Saint-Père ; 12 sols dus par messire André Chaigneau ; 6 sols dus par Guillaume Thibaudeau, paroissien d'Olonne, et 10 sols dus par les héritiers de messire Jean Mauvreteau, prêtre des Sables. Le sceau reproduit ci-dessous pourrait bien remonter à son abbatiat.

Louis de la Boutetière.

CARTULAIRE
DE St-JEAN D'ORBESTIER

1. Fondation d'Orbestier par Guillaume, duc d'Aquitaine et comte de Poitou. (Cartulaire, n° 53, vidimus donné le 3 septembre 1398 par Jean Champaigno, notaire des cours de Poitou, et n° 386, vidimus donné le 7 mai 1431 par Guillaume Le Blanc, notaire de la châtellenie d'Olonne.)

In nomine sancte et individue Trinitatis, Patris et Filii et Spiritus Sancti, amen. Notum sit omnibus fidelibus tam presentibus quam futuris presens scriptum inspecturis quod ego Guillelmus, dux Acquitanorum et comes Pictavensium dominusque Thalemundi, dedi et concessi Deo et Fulcherio servo Christi, relinquenti seculum et eidem Christo adherenti indigentique tunc cella oracionis, et successoribus suis locum Orbisterii, qui desertus erat, ad edificandum locum oracionis et agende penitencie et ad faciendam abbaciam, ob parentum meorum et omnium fidelium absolucionem et pro obtinenda regni nostri pace et pro filii mei incolumitate et pace ac eciam pro salute, et omnia que dicto loco Orbisterii pertinent, quibuscumque et ubicumque sint in dominio meo de Thallemundo, tam in terris cultis et incultis, pratis, vineis, nemoribus, silvis, aquis quam in domibus et possessionibus quibuscumque, a torrente Illicum usque ad torrentem qui defluit per prata Ogerii, et tocius torrentis illius disgressus, hinc et inde, usque ad recessum maris et a pratis

Juillet 1107.

Ogerii usque ad Quercum Croulx, et totas landas maritimas usque ad Quercum Croulx et a Quercu Croulx usque ad pratum Asselini, et medietatem prati Asselini sicut dividitur certis metis, et a prato Asselini usque ad exitum foreste mee de Orbisterio et usque ad viam que ducit viatores qui de portu Olone ambulant apud Thallemundum, et a via que ducit viatores de portu Olone apud Thallemundum usque ad torrentem Illicum qui defluit per gulam de Doetis in mare et usque ad recessum maris, hinc et inde, et omne nemus quod includitur infra metas superius nominatas, ad faciendam suam plenariam voluntatem. Item, volo et concedo quod dictus Fulcherius et successores ejusdem possint predictum nemus colligere, vendere vel devastare facere et eam traddere quibuscumque colonis ad colendum et quociescumque et ad quantoscumque colonos viderint expedire. Et si ita sit quod predicti coloni ibi edificent domos pro habitando, volo et concedo quod in predictis locis, nemoribus, metis nullus presumat decimam habere sive aliud jus imponere vel inferre, et quod eciam prefati coloni sint liberi et immunes ab omnibus costumis, decimis et serviciis, tam in suis personis quam in frugibus vel eciam in animalibus, preter illa que a dictis Fulcherio successoribusque suis exhibeantur. Item, do et concedo supradicto Fulcherio successoribusque suis quemdam feodum meum proprium, situm inter S^{tum} Benedictum de Angliis et Cursonium, in pratis, terris cultis et incultis ac in vineis, cum omni jure, dominio et districtu, et medietatem cujusdam alterius feodi, siti in eisdem circumstanciis, vulgaliter appellati Feodus Chabotz, qui feodus Chabotz sub me Guillelmo predicto ab antiquo tenetur integre cum omnibus pertinenciis suis, et sub precepto meo et licencia semper colliguntur ejusdem feodi fructus, cum omni dominio et districtu : et hujus modi dominio volo et precipio quod dictus Fulcherius et ejusdem successores in dicto feodo perfruantur. Item, do et concedo eisdem Fulcherio et successoribus suis villam meam de la Biretere cum pertinenciis suis et cum omni jure, dominio et districtu ; et volo quod omnes homines habitantes et habitaturi in dicta villa vel in ejus pertinenciis postquam per annum et diem ibidem permanserint, possint deinde habitare ubicumque voluerint per totum territorium meum de Calma, et sint immunes et liberi ab omnibus costumis et taleis et serviciis, preter. illa que a dicto Fulcherio successoribusque suis exhibeantur. Item, dono et concedo eisdem Fulcherio successoribusque suis usagium plenarium et eciam liberum per totam forestam meam de Orbisterio, ad quocumque opus voluerint faciendum et ubicumque voluerint ad opus eorumdem deportare per totum territorium Thalemondi, ad quelibet edificia facienda, reedificanda, construenda vel recuperanda, sine defensione aliqua quam in predicto usagio ego Guillelmus predictus vel heredes sive successores vel baillivi sive forestarii mei vel successores eorumdem possimus imponere vel inferre, et pascua plenaria et libera ad omnia animalia predictorum Fulcherii et successorum suorum et meditariorum eorumdem, si quos habuerint, nutrienda vel eciam depascenda, cujuscumque sint generis, sive sint predictis Fulcherio et successoribus suis propria animalia sive meditariis suis porcionaria, et lecterias ad opus eorumdem animalium per totam forestam meam Orbisterii. Item, volo et concedo quod dicti meditarii, si aliqui sint, habeant usagium per totam forestam predictam de Orbisterio ad sua edificia facienda, ad quadrigas et carrugas et alias circumstancias ad opus culture necessarias, et calefagium plenarium de feodo forestarii et de branda. Item, do et concedo predicto Fulcherio successoribusque suis terras meas quas habebam in parrochia S^{ti} Vincencii super Grahon, sitas in Podio de Calma, cum omni jure, dominio et districtu. Et ad hec universa et singula dicte abbacie et Fulcherio successoribusque suis perpetuo prosequenda et integranda ac fideliter observanda, obligo me et mea et terram meam et heredes meos et successores presentes et futuros. Et, ne dictus Fulcherius et successores ejusdem in futuris temporibus a meis successoribus super donis et largicionibus eidem Fulcherio et successoribus suis a me factis ab aliquo perturbentur, volo et concedo quod predicta dona et largiciones a me facte sint in manu et custodia domini regis Francie et domini episcopi Pictavensis qui pro tempore erunt. Et hec omnia dedi ego Guillelmus predictus, domino Gosselino de Leziaco presente et ipso ex sua parte dante, qui tunc sub me et mecum hujus provincie particeps erat. Et, ne predictis donis dicta abbacia et Fulcherius successoresque ejusdem a meis heredibus et successoribus valeant defraudari, de jurisperitorum consilio huic chartule sigillum meum apposui, in testimonium veritatis, heredibus successoribusque meis imponendo silencium sempiternum. Hiis autem donis presentes fuerunt : prefatus Gosselinus, Gillebertus de Voluyre, Guillelmus de Aspero-Monte, Girardus Dabyre et alii quamplures quorum nomina recensere longum est. Datum et actum publice, anno ab Incarnacione Domini millesimo VII°[1], mense Julii.

2. Don de seize deniers de taille, au Bernard, par Pierre de Bouil.
(Cart^o n° 321.)

Vers 1180 [2].

Ad memoriam in posteros transferimus quod ego Aymericus de Bullio presentibus literis mandari decrevi quod Petrus de Bullio, me concedente, dedit in helemosinam monachis Orbisterii sex decem nummos de tailleia, quos

---

1. Sic pour millesimo C°VII°. V. l'introduction.
2. Il y a eu pendant le xiie siècle plusieurs Aimery de Bouil et plusieurs Pierre Meschinot. (V. Cartulaires de Fontaines, de Boisgrolland et de Talmont.) Toutefois les meilleures probabilités paraissent devoir faire attribuer cette petite notice aux environs de 1180.

habebat in grangia monachorum que est in feodo Petri Meschinot, juxta Bernardum.

3. Don fait par Richard Cœur de Lion, comte de Poitou, à l'abbé Brient. (Cart° n° 150.)

Omnibus in Christo fidelibus ad quos presens scriptum patebit R. comes Pictavensis, filius regis Anglie, salutem in Vero Salutari. Ad noticiam universorum perveniat quod ego R. comes Pictavensis, cum essem apud Pictavim in aula mea, abbas Briencius, dilectus meus, michi representavit cartulas abbacie sue Orbisterii ; in quibus vero cartulis coram me lectis didici quod ad fondamentum ecclesie S^{ti} Johannis de Orbisterio antecessores mei dederant totam terram cultam et incultam, a torrente Illicum usque ad Portum Juratum, liberam et absolutam in perpetuum possidendam, et totam landam maritimam similiter liberam; dederant quoque in elemosinam et concesserant omnia illius ecclesie monachis necessaria per totum nemus Orbisterii tam in domibus quam in aliis rebus, et pascua quorumlibet animalium ut libere et quiete boves, oves, capre, porci et quecumque animalia quicquid ad esum eorum in nemore esset haberent. Ad quod ego R. intendens, divina inspiracione compunctus, qui multas injurias, multas vexaciones per famulos meos de Thalemundo antea eidem ecclesie injeceram, omnia jura sua in nemore, in landis et in terris reddidi, et non solum reddidi sed eciam sicut antecessores mei dederant dedi et concessi eidem abbacie. Hoc sub scripto servari precepi et sigilli mei munimine roboravi. Res enim suas tamquam meas in deffensione mea suscepi. Sciendum est quod abbas Briencius a me peciit grangias suas transferri in landa maritima, quod benigniter concessi et ipsam landam ad cultum sive ad pascuum animalium quiete et pacifice in perpetuum possidere, presente R. de Maleonio, qui ex parte

1181.

sua eidem abbacie hec omnia suprascripta mecum ibi dedit et teneri concessit. Testes : Guillelmus episcopus Pictavensis, G. de Leziniaco, Guillelmus de S^to Laurencio, Guillelmus...[1], Arbertus Ruffi et plures alii. Anno Verbi gracie millesimo centesimo LXXX° I°.

4. Confirmation et ampliation de la charte de fondation par Richard Cœur de Lion, comte de Poitou. (Cart^e n° 388, et n° 54, vidimus donné le 3 septembre 1398 par Jean Champaigno, notaire des cours de Poitou.)

1182.

In nomine sancte et individue Trinitatis, Patris et Filii et Spiritus Sancti. Notum sit omnibus tam presentibus quam futuris presens scriptum inspecturis quod ego Richardus, filius Anrici regis Anglie, comes Pictavensis et dominus de Thalemundo, do et concedo Deo et abbacie et monachis S^ti Johannis de Orbisterio, pro salute anime mee, patris et matris meé et parentum meorum, locum in quo abbacia S^ti Johannis de Orbisterio est fundata, cum omnibus pertinenciis suis, quibuscumque et ubicumque sint in dominio meo de Thalemundo, terris cultis et incultis, pratis, vineis, nemoribus, silvis et aquis, domibus, possessionibus quibuscumque à torrente Illicum usque ad Portum Juratum et tocius Portus Jurati ingressum, hinc et inde, usque ad recessum maris, et stagnum de Portu Jurato usque ad prata Ogerii et a pratis Ogerii usque ad Quercum Croux, et totas landas maritimas usque ad Quercum Crous et a Quercu Crous usque ad pratum Ascelini, et medietatem prati Ascelini sicut dividitur certis metis, et a prato Ascelini usque ad exitum foreste mee de Orbisterio, usque ad viam que ducit viatores qui de portu Olone ambulant apud Thalemundum, et a via que ducit via-

---

1. Nom resté en blanc.

tores de portu apud Thalemundum usque ad torrentem Illicum, qui defluit per gulam de Doctis in mare, et usque ad recessum maris, et omne nemus quod includitur infra metas superius nominatas, ad faciendam suam plenariam voluntatem. Item, dono et concedo predictis monachis usagium plenarium et eciam liberum per totam forestam meam de Orbisterio, ad quocumque opus voluerint faciendum et ubicumque voluerint ad opus eorum deportare per totum territorium Thalemondi, ad quelibet edificia facienda, reedificanda, construenda vel eciam reparanda, sine deffensione aliqua quam in predicto usagio ego Richardus predictus vel heredes sive successores vel ballivi sive forestarii mei vel successores eorumdem possimus imponere vel inferre, et pascua plenaria et libera ad omnia animalia predictorum monachorum nutrienda vel eciam depascenda, cujuscumque sint generis, sive sint predictis monachis propria animalia sive sint parcionaria, et lecterias ad eorumdem opus animalium per totam forestam meam Orbisterii. Hec sunt dona, concessiones et libertates quas ego Richardus, comes Pictavensis et dominus de Thalemundo, pro salute anime mee, patris et matris mee et parentum meorum, do et concedo monachis et abbacie S^{ti} Johannis de Orbisterio, scilicet villam de la Biretere cum omnibus pertinenciis suis, villam de la Lavendere prope Thalemundum cum pertinenciis suis, villam de la Grandetere cum pertinenciis suis, villam de la Pironere cum omnibus pertinenciis suis; et omnes homines habitantes vel habitaturos presentes et futuros infra metas superius nominatas et successores predictorum hominum predictis monachis manumisi; et quicquid juris sive dominii quod habebam vel habere poteram in hiis et super aliis superius nominatis, nichil omnino michi vel heredibus meis neque successoribus meis retineo. Prefati vero monachi dederunt michi prata Ogerii in quibus pratis stagnum construxi. Et propter hoc donum ego do predictis monachis furnum meum proprium de Thalemondo et quicquid juris et dominii habebam vel habere poteram in predicto furno, et hoc volo et concedo quod dictum furnum dictorum monachorum calefaciatur de foresta Orbisterii de feodo forestarii et de branda. Dedi eciam feras quascumque quocumque modo, ad opus infirmorum et hospitum, infra metas eorum ipsi monachi vel servientes eorum poterunt comprehendere vel eciam detinere. Et in recompensacionem malorum que aliquociens eisdem abbacie et monachis feceram et intuleram, vel mei nomine meo, et in augmentacione dictorum abbacie et monachorum et specialiter pro salute anime mee, patris et matris mee et parentum meorum preteritorum, presencium et futurorum, volo et concedo et confirmo et dispono quod si dicti monachi de quibuslibet successoribus meis dictam forestam meam ultra plus quam medietatem cognoverint devastari, et hoc significent ad dominum regem Francie et dominum episcopum Pictavensem qui pro tempore erunt; et ipsi provideant et disponant fideliter et observant ne dicti monachi possint amictere sua jura que habent et in predicta foresta possident et sua usagia sicut superius sunt expressa. Et si terre foreste devastate remanserint et inculte, volo et concedo de terris vastate foreste dicti monachi ex dono meo perpetuo percipiant et habeant et explectent libere, pacifice et quiete, tantum et quantum potuerint et excolere voluerint de foresta devastata; et de dictis terris, quas ego Richardus predictus dono predictis monachis, ipsi monachi possint omnino facere suam plenariam voluntatem : ita tamen quod illas terras cultas et incultas dicti monachi possint tradere ad colendum quibuscumque colonis et quocienscumque et ad quantoscumque colonos viderint expedire. Volo et concedo quod coloni predictarum terrarum [et heredes] predictorum colonum sint immunes et liberi per totam forestam meam Orbisterii ab omni costuma et servicio, preter illa que a dictis monachis exhibentur; et habeant dicti coloni usagium in dicta foresta Orbisterii ad sua edificia facienda et ad quadrigas et quadrugas et ad alias circumstancias ad opus culture necessarias, et caufagium predictum in dicta foresta ad opus predictorum colonum de feodo forestarii et de branda, et pascua universis animalibus predictorum colonum et lecterias per totam forestam meam Orbisterii. Insuper volo et concedo ut dicti abbacia et monachi habeant duas naves mercatorias in portu Olone proprias sive parcionarias, que possint per totos portus meos navigare et transire libere, pacifice et quiete et asportare que sunt necessaria monachis supradictis. Volo eciam et concedo quod dicti monachi vel homines eorumdem monachorum habeant vayssella piscatoria, propria sive parcionaria, quantacumque voluerint vel potuerint habere in portu Olone; de quibus vaissellis propriis seu parcionariis dicti monachi habeant et percipient totam costumam piscium de quolibet genere pisces fuerint. Et si aliquid juris vel dominii habuero in dictis piscibus, quolibet tempore fuerint deprehensi, totum illud jus et dominium de illis piscibus dono predictis monachis et concedo. Et si homines dictorum monachorum secum actulerint de naufragio navium in mare mersarum, in quibus habere debeam aliquid juris et dominii, totum illud jus et dominium dono monachis memoratis. Dono eciam et concedo ut quocumque predicti monachi potuerint acquirere in tota mea provincia Pictavensi quolibet titulo vel a me vel a meis successoribus sive hominibus meis legiis vel planis seu costumariis, volo et concedo ut dicti monachi omnia dona et eisdem monachis facta habeant et possideant et explectent libere, pacifice et quiete, sine contradicione aliqua quam in predictis donis ego Richardus vel successores mei possimus imponere vel inferre. Et si aliqua dona a me vel a meis antecessoribus declaranda seu specificanda vel exprimenda in istis licteris pretermisi, volo et concedo quod hoc non obstante omnes alie lictere a me vel a meis antecessoribus concesse predictis monachis super quibuscumque donis nichilominus robur obtineant firmitatis. Et hec autem universa supradicta dona dicti monachi habeant a me et possideant et explectent libere, pacifice et quiete, et acquisita omnia et acquirenda de cetero habeant, ex concessione mea et antecessorum meorum, libera, pacifica et quieta sine contradicione aliqua quam ego Richardus vel heredes sive successores mei in hujusmodi donis, acquisitis vel acquirendis, possimus imponere vel inferre. Et quia valde timeo quod in futuris temporibus a meis successoribus super donis meis, concessionibus et largicionibus dicta abbatia et monachi perturbantur, volo et concedo quod omnia dona, concessiones et largiciones a me et a meis antecessoribus facte predictis monachis sint in manu et custodia domini regis Francie et domini episcopi Pictavensis qui pro tempore erunt; et ipsi, Deo dante, dona predicta fideliter observabunt monachis memoratis. Et ad hec autem universa et singula dicte abbacie et monachis perpetuo prosequenda et integranda ac fideliter observanda, obligo me et mea et terram meam et heredes meos et successores presentes et futuros, in manu domini regis Francie et domini episcopi Pictavensis qui pro tempore erunt. Concesserunt michi abbas Briencius cum suis monachis sui monasterii in vita et in morte beneficium spirituale, et unum sacerdotem qui pro me et meis antecessoribus et pro cunctis fidelibus defunctis missam diebus singulis celebrabit. Et ne predictis donis dicti abbacia et monachi a meis heredibus et successoribus valeant defraudari, de jurisperitorum consilio huic cartule sigillum meum proprium apposui, in testimonium veritatis, meis heredibus et successoribus imponendo silencium sempiternum. Hujus rei testes sunt qui convenerant in aula mea, quam edificavi super stangnum monachorum de Portu Jurato : Aimericus vicecomes Thoarcii, Goffridus de Liziniaco, Guillelmus de Lezayo, Radulphus de Maleonio, Petrus de Ganaspia, Petrus de Bulio, milites, et plures alii qui venerant ad me causa venandi. Datum et actum publice, anno Domini millesimo centesimo octogesimo secundo.

5. Dons nombreux et divers par Guillaume d'Aspremont, s^{gr} de Poiroux. (Cart^e n° 394.)

Notum sit omnibus tam presentibus quam futuris quod ego Guillelmus de Aspero Monte, dominus Perusii, dedi et concessi, et eciam do et concedo Deo et fratribus ecclesie S^{ti} Johannis de Orbisterio, pro salute anime mee, patris et matris mee et parentum meorum, locum quem habebam et habere poteram et debebam prope Bernardum, vulgaliter appellatum la Borderie, cum pertinenciis predicto loco spectantibus, quibuscumque vel ubicumque sint in toto dominio meo de Perusio, terris cultis et incultis, pratis, vineis, nemoribus : videlicet vineas feodi vulgaliter appellati feodi de la Borderie, et vineas feodi de la Savatolle, et vineas feodi de Fovea Calida. Item, dedi et concessi, et eciam do et concedo predictis fratribus ecclesie predicte terras de Marchioil et prata predictis terris pertinencia, et locum de Marigne cum omnibus pertinenciis suis, terris cultis et incultis, pratis, vineis predictis, nemoribus : videlicet pratum du Pontereau, pratum au-dessus Beauplain, et prata que sunt au dessoubz Barre, pratum de la Sauzaye. Item vineas de Maupunayre, item feodum de la Marzele et feodum du Pontereau, et pasturagia in maresiis de Beauplain, et piscacionem piscium in dicto loco de Beauplain, et ad portum nostrum de Cleya transire et retransire et nichil omnino solvere; et locum domus Barre cum omnibus pertinenciis predicte domus spectantibus in toto dominio meo ubicumque sint ; et omnes homines habitantes et habitaturos presentes et futuros in predictis et singulis terris et locis superius nominatis, cum omni jure, dominio et districtu. Et quidquid juris, dominii sive proprietatis habebam et habere poteram in premissis et super omnibus aliis superius nominatis nichil omnino michi vel heredibus meis nec successoribus meis retineo. Volo eciam

1182

quod predicti fratres ecclesie superius nominate habeant, possideant et explectent in predictis locis et terris talem mensuram, tam blado quam vino spectantem, quam sibi viderint expedire. Et omnia alia jura cuilibet magno dominio pertinencia in predictis locis et terris dedi et concessi per integrum predictis fratribus, et omnes homines eorumdem in predictis locis et terris habitantibus et habitaturis ab omni talleya, deverio et costuma et omni exercitu, dominio et districtu de captione mea seu meorum et desponsacione filie, et biennium, expediciones et omnem exactionem quam potest dominus de terra sua sive juste et injuste exigere manumito. Item, volo et concedo quod dicti fratres quicquid de cetero in toto dominio meo poterint acquirere, una cum aliis supradictis, libere, pacifice in perpetuum possideant et quiete, sine contradictione aliqua seu reclamacione possidendi. Et si ego Guillelmus de Aspero monte predictus vel heredes mei sive successores in rebus predictis explectaverimus, seu explectari fecerimus, volo nichillominus ut presens cartula rata permaneat et dictis religiosis seu fratribus nullum impedimentum seu detrimentum faciat quoquo modo. Hec autem dona et largiciones facta fuerunt in aula domini Richardi, tunc temporis comitis Pictavensis et domini Thallemondi, quam edificaverat super stagnum monachorum de Portu Jurato. Et ego Guillelmus, dominus Perusii supradictus, propterea quod sigillum meum proprium non habebam, predictum dominum Richardum supplicavi et requisivi ut suum sigillum proprium presentibus licteris apponeret, in testimonium veritatis. Et ego Richardus predictus, comes Pictavensis et dominus Thallemondi tunc temporis, ad supplicacionem et requisicionem predicti Guillelmi sigillum meum proprium presentibus licteris apposui, in testimonium premissorum. Hujus rei testes sunt qui convenerant in aula mea predicta : Aymericus vicecomes Thoarcii, Gauffridus de Leziniaco, Guillelmus de Lezeyo, Radulphus de Malo Leone, Petrus de Ganaspia, Petrus de Bulio, milites, et plures alii qui venerant ad me causa venandi. Datum et actum publice, anno Domini M° C° octogesimo secundo.

6. Fondation du prieuré de la Sebrandière, par T. Chabot. (Cart^e n° 339.)

Quoniam per diuturnitatem temporis multociens labitur hominum memoria idcirco velabantur ex tempore que geruntur ab homine, ad majorem confirmacionem scripture testimonio sunt traddenda. Innotescat igitur tam presentibus quam futuris presentem cartulam inspecturis quod ego T. Chaboz, pro salute anime mee et filii mei Seibrandi, ipso tamen ex parte sua dante et concedente, et pro salute uxoris mee, matris ejus, ac pro redempcione omnium parentum meorum, dedi in puram et perpetuam helemosinam Deo et abbacie S^{ti} Johannis de Orbisterio ac fratribus ibidem Deo servientibus locum meum qui dicitur Seibrandere cum pertinenciis suis, terras scilicet et prata et nemus, sicut eisdem fratribus percalcando monstravi, ut libere, quiete et pacifice in perpetuum habeant et possideant. Dedi eciam monachis ibidem manentibus licenciam et concessi habere canes ad domum suam vel ad animalia sua et peccora custodienda. Ipsi vero receperunt me in fratrem et filium meum et participes fieri tanquam unum ex ipsis in totis beneficiis ecclesie sue. Concesserunt etenim michi me et filium meum et uxorem meam et matrem Seibrandi ad obitum nostrum esse conscritos in kalendario suo, et anniversaria nostra et parentum nostrorum annuatim in abbacia sua celebrari, et oratorium ad honorem beate Marie perpetue virginis in predicto loco construere in quo divina duo fratres celebrarent. Hoc vero donum dedi et concessi libere et absolute custodiri in manu domini Guillelmi episcopi Pictavensis cum, interventu meo, descenderet ad benedicendum locum quo oratorium prescriptum debebat construi, qui ammonicione sua ibidem

1184.

coram se me fecit Stephanum abbatem et fratres suos de elemosina hac revestiri. Concessit autem dominus Seibrandus patruus meus, Lemovicensis episcopus, hoc donum, qui eciam adtestatus est, Saildebroil presente et aliis pluribus, ipsum locum nomine Seibrandere esse de legitimo jure patrimonii mei et sui. Ut ad majorem et firmiorem custodiam hec presens cartula permaneat, sigilli mei munimine roboravi, anno Verbi (Incarnati) M° C° LXXX° IIII°. Testes hujus rei : P. Achardi decanus Marolii, Girardus de Borg, Ugo de Fontanis, Guillelmus Boez, quos ipsi monachi in fraternitate sua receperunt, et plures alii.

7. Confirmation et ampliation par Raoul de Mauléon du don fait par G. Sanzins. (Carte n° 158.)

Vers 1190 [1].   Notum sit tam presentibus quam futuris quod Radulphus de Malleone, vir nobilissimus et venerabilis, et Guillermus, frater ejus, inspiracione Dei et eciam in remissionem peccatorum suorum et pro animabus parentum suorum, ecclesie Sti Johannis Orbisterii et monachis ibi Deo servientibus hominem, quem G. Sanzins dicte ecclesie in elemosinam dederat a Vaere, dederunt et concesserunt et Stephano, memorate ecclesie abbati, in cujus manu hoc donum factum est; et predictum hominem in dicto loco mansurum libere et ab omnibus serviciis deveriis, et coustumia immunem propria manu prefatus Radulphus. . . . . [2]. Insuper idem Radulphus quidquid juris habebat in successoribus predicti G. Ragot predicte ecclesie Sti Johannis Orbisterii dedit, et habendum, explectendum et tenendum in perpetuum concessit. Hujus rei testes sunt : Stephanus abbas, M. prior, G. filius Aufre, Johannes de Chassenun, G. Sanzins, Broteas,

---

1. Postérieure à 1184, antérieure à 1200.
2. Un ou deux mots complétement illisibles.

R. Aemuns, G. Pelleparius, Radulphus de Vaerrem, plures alii. Et hoc donum concessit exinde Savaricus, filius Radulphi de Malleone.

8. Transaction avec l'abbaye de Maillezais. (Cart° n° 334.)

Notum sit omnibus tam presentibus quam futuris quod querela illa que vertebatur inter monachos Malleacenses et monachos S^{ti} Johannis Orbisterii, pro decima furni Thallemundi, sic composita fuit, et utraque ecclesia in hujusmodi pacis formas convenit. Ecclesia siquidem Orbisterii reddet singulis annis prioratui de Borgenetto xx^{ti} quinque solidos censuales in Pascha Domini persolvendos; qui nisi ad prefixum terminum persolvantur, cum gagio de cetero recipiantur. Et ut pactio ista in perpetuum robur obtineat, cartulam cum cyrographo per medium divisam fecerunt conscribi et cum sigillis utriusque abbatis roborari. Hujus pactionis et concordie testes sunt : C. abbas Malleacensis, prior Petrus Tecbaudi, acquaticus Achelinus, monachi, magister Radulphus prior Borgeneti, Petrus Achardi decanus Marolii; ex altera parte : Stephanus abbas Orbisterii, Martinus prior, Landricus subprior, totusque ejusdem ecclesie conventus.

Vers 1190 [1].

9. Bail par l'abbé Etienne d'une maison et d'un jardin. (Cart° n° 219.)

Notum sit omnibus tam presentibus quam futuris quod Stephanus, abbas Orbisterii, et omnis conventus dederunt et concesserunt Jo. Goretel et heredibus suis domum et or-

Vers 1195 [2].

---

1. Postérieure à 1185, antérieure à 1200.
2. Postérieure à 1184, antérieure à 1206.

tulum, quam domum a Stephano dau Mans et uxore sua in elemosinam habebant : ita ut xii denarios ad Nathale Domini et xii ad festivitatem S^{ti} Johannis Baptiste predictis monachis annuatim reddat. Hujus rei testes sunt : Stephanus abbas, Martinus prior, Stephanus dans Auberais, pluresque alii, videlicet Aimericus Bei Soleil, Paganus [Cardie] [1], Giraudus Piruns.

10. Don par Elisabeth et Pierre son fils de leurs personnes et biens. (Cart^e n° 348.)

Vers 1200 [2].

Noverint qui presentes cartulas legerint quod Helizabeth et Petrus, filius ejus, dederunt seipsos ad serviendum Deo et S^{to} Johanni de Orbisterio. Dederunt eciam abbati et monachis S^{ti} Johannis de Orbisterio vineas quas habebant in feodo de la Frebaudere, sub dominio Guillelmi Maresqoiht ; quas concessit idem Guillelmus tali condicione quod si abbas vel sui de suo jure in predictis vineis aliquid injustum fecerint, juri parituri ante ipsum Guillelmum adveniant. Et ut hoc donum in antea nequeat divelli, cartulam istam per alphabetum partiri fecimus, ut monachi medietatem teneant et Guillelmus Maresqoiht alteram, et eciam sigillo abbatis de Orbisterio roborari.

11. Fondation d'une messe chaque jour à perpétuité par Guillaume de Mauléon. (Cart^e n° 29.)

Vers 1201 [3].

Notum sit omnibus tam presentibus quam futuris quod

---

1. Les mots placés ainsi que celui-ci entre crochets sont ceux d'une lecture douteuse.
2. Les éléments manquent pour dater d'une façon satisfaisante cette charte, qui peut aussi bien appartenir au xiie qu'au xiiie siècle.
3. La donation rapportée dans cette pièce étant la première de toutes

ego Guillelmus de Malo Leone, pro salute anime mee et Radulphi fratris mei et parentum meorum, dedi et concessi Deo et ecclesie B^{ti} Johannis Orbisterii quicquid juris habebam in feodo Papin et omne dominium quod exigebam in hominibus in feodo ipso manentibus, ut ipsi essent ecclesie predicte liberi et immunes ab omni servicio. Dedi eciam quicquid habebam in terris eorum tam cultis quam incultis de terris Les Doit usque ad Maupertuis et ad prata Joslain usque ad Crucem Sansonis, et decem nummos quos habebam censuales in furno monachorum Orbisterii et in domo que furni propria est. Hoc vero donum concessit Savaricus nepos meus. Hujus doni gracia sacerdos constituitur in abbacia, qui cotidie cantabit in perpetuum pro anima Radulphi fratris mei et parentum meorum. Hujus rei certitudine ne aliquis in posterum calumpniam audeat facere, sigilli nostri munimine roboravi. Hujus doni testes sunt : Guillelmus de Mota, H. Primaut, Guillelmus Boschers, Guillelmus Girardus, Reinardus venator, P. de Pinu et alii quam plures.

12. Jugement de Maurice, évêque de Poitiers, sur une contestation entre Orbestier et le chapelain du Bernard. (Cart^e n° 86.)

M. Dei gracia Pictavensis episcopus, omnibus Christi fidelibus presentes licteras inspecturis salutem in Domino. Noverit universitas vestra quod cum inter abbatem et monachos de Orbisterio, ex una parte, et P. cappellanum de Bernardo, ex altera, super vineis, terris et rebus aliis quas dicti monachi habent apud Bernardum questio verteretur, tamdem post multas altercaciones, quia constitit nobis per testes idoneos

1203 [1].

---

celles relatées au n° 16 ci-dessous, et sans doute la plus ancienne, est vraisemblablement peu postérieure à l'an 1200.
1. Seule année, croyons-nous, pendant laquelle Maurice de Blazon visita la partie occidentale de son diocèse.

vineas illas et terras ad dictum cappellanum non pertinere, illas prefatis monachis adjudicavimus et pacificavimus inter ipsos. Ut autem hec perpetua gaudeant firmitate, presentes licteras sigillo nostro duximus roborandas.

13. Fondation du prieuré de St-Lambert-de-Mauléon par Guillaume de Mauléon. (Cart^e n° 10.)

1205.

Notum sit omnibus tam presentibus quam futuris presens scriptum inspecturis quod ego Guillelmus de Malleonio do et concedo Deo et abbacie S^{ti} Johannis de Orbisterio, pro salute anime mee et antecessorum meorum, quicquid juris habebam in domum S^{ti} Lamberti prope Mauleum et in omnibus que ad ipsam pertinent : scilicet in terra de Maupertuis, in omni Breteleria ex utraque parte ipsius ville, in meteeria Jubaolina, tam in vineis quam in terris et in omnibus aliis poccessionibus. In his et in ceteris omnibus que ad ipsam domum pertinent do et concedo quicquid juris habeo, sive in comandacia, sive in tailleia, sive in veeria, sive in charreio. Hujus rei testes sunt qui presentes adfuerunt : Guillelmus Girardi, Guillelmus Chabot, Martinus de Grangiis Bloet, Stephanus abbas Orbisterii, Johannes prior S^{ti} Lamberti, Johannes Brito et plures alii. Et ad majorem confirmacionem, presentem cartulam cum sigilli mei munimine volo roborari, Savarico de Malleonio nepote meo donum istud volente et concedente. Datum anno Domini M° CC° quinto.

14. Transaction avec l'abbaye de Boisgrolland, au sujet des marais de Rossé, p^{sse} d'Olonne. (Cart^e n° 243. Orig. aux Arch. de la Vendée.)

1206.

Noverint universi presentes litteras inspecturi quod querela que inter P. abbatem et monachos Brolii Grollandi, ex una parte, et M. abbatem et monachos Orbisterii, ex altera, super maresio de Rosse vertebatur, mediantibus viris pacificis J. Trizagii et O. Morolie abbatibus, P. de Sancto Martino et Willelmo Preost et Willelmo Girardi, tunc senescaldo de Thalamo, in hunc modum sopita quievit. Concessum est hinc inde, et in utroque capitulo confirmatum, quod monachi Orbisterii pensioni quam debebant monachis Brolii Grollandi, scilicet quatuor sextaria salis, tria sextaria pro bono pacis adderent : ita quod eis annuatim septem sextaria salis persolverent; et illi super eadem querela non possent ulterius reclamare, nec etiam super quadam summa peccunie quam ab eisdem requirebant, occasione venerabilis viri Benedicti, quondam abbatis Brolii Grollandi. Quod, ut ratum habeatur, litteris commendatum est, et sigillis O. abbatis Morolie, qui cause ejusdem auctor extiterat principalis, et abbatum Brolii Grollandi et Orbisterii confirmatum. Actum apud Thalamum in claustro Sancte Crucis, anno Verbi Incarnati M° CC° VI°.

15. Confirmation du don d'un homme de Vairé, successivement fait par Raoul et Guillaume de Mauléon. (Carte n°s 119 et 224. [1])

Sciant omnes tam presentes quam futuri quod dominus R. de Malo Leone donavit Deo et ecclesie S^{ti} Johannis de Orbisterio hominem unum in vico de Vaire. Mortuo autem venerabili viro R. de Malo Leone, dominus Guillelmus de Malo Leone, nesciens donum domini R. fratris sui, donavit et concessit predictum hominem Deo et ecclesie S^{ti} Johannis de Orbisterio pro redempcione anime sue et parentum suo-

Vers 1207 [2]

---

1. Semblables, sauf l'addition Martinus, etc., qui n'est que dans 224.
2. V. Chronologie des abbés.

rum. Hujus rei testes sunt : Guillelmus Girard, Alexander miles, Guillelmus Galocheas, P. Veillet et plures alii. Martinus abbas Orbisterii, J. prior Fon [tis Comitis].

16. Confirmation et ampliation par Guillaume de Mauléon de tous les dons faits par lui et par ses prédécesseurs. (Carte n° 6.)

1211.

Omnibus ad quos presens scriptum pervenerit Guillelmus de Malleone, dominus Thalemundi, salutem in Vero Salutari. Ex aprobata descendit consuetudine ea que ecclesiis seu ecclesiasticis viris conferuntur, ne oblivione vel invidencium seu calumpnancium malignitate depereant, auctentico scripto communire. Inde est quod ad communem omnium noticiam volo pervenire me, intuitu Dei et (pro) salute anime mee et Radulphi de Malleone fratris mei et omnium antecessorum meorum, dedisse et concessisse Deo et ecclesie S^{ti} Johannis de Orbisterio et monachis ibidem Deo servientibus in puram et perpetuam helemosinam quicquid juris habebam in feodo Papin et de Doito usque ad Maupertuis, videlicet omne dominium quod exigebam in hominibus in ipso feodo manentibus. Dedi eciam terram a prato Joslain usque ad Crucem Sansonis et terram de Pironeria quam colunt monachi et xxv solidos pictavenses in censibus Olone in Natale Domini ad unam lampadem illuminandam. Dedi eciam eis supra domum Stephani Cenomanensis apud les Sables libertatem, et libertatem supra domum Girardi Leffrei apud Thelemundum et supra airaudum in quo torcular suum edificatur pro excambio torcularis sui quod fundi feceram : ita quod non possint homines meos recipere in predictis domibus nisi accensu et voluntate mea. Preterea ego, assensu et voluntate Savarici de Malleone, nepotis mei, confirmavi et corroboravi omnia dona que ab antecessoribus nostris prefate ecclesie et prefatis monachis data fuerant libere, quiete et pacifice possidenda in perpetuum. Ut autem hec donacio et confirmacio contra omnium malignancium versucias ratam et inconcussam obtineat firmitatem, ego et Savaricus de Malleone presentem cartam sigillorum nostrorum attestacione roboravimus, testibus his : Arnaudo abbate S^{ti} Leodegarii, J. priore Fontis Comitis, A. Britone monacho S^{ti} Leodegarii, P. Pilet sacerdote, Thoma clerico, Gaufrido Pictavensi milite domini Othonis Romanorum imperatoris, et pluribus aliis. Hoc autem factum fuit anno ab Incarnacione Domini, M° CC° XI°.

17. Don par Guillaume de Mauléon de quelques droits à la Sauvagère. (Cart° n° 218. Orig. aux Arch. de la Vendée.)

Notum sit omnibus tam presentibus quam futuris quod ego Guillelmus de Maleonio dedi et concessi Deo et abbatie sancti Johannis de Orbisterio, pro salute anime mee et antecessorum meorum, omne jus quod in Sauvageria accipiebam, cum assenssu et voluntate Beatricis uxoris mee per quam terram Roche cum pertinentiis possidebam. Et ut hoc ratum et firmum permaneat, presentem cartam sigilli mei munimine roboravi. Hoc autem factum est apud Rocham, die martis post octabas Pasche, anno ab Incarnatione Domini M° CC° XII°.

1212.
3 avril.

18. Répétition du don précédent et transaction sur quelques autres droits à Maupertuis par Guillaume de Mauléon. (Cart° n° 72. Orig. aux Arch. de la Vendée.)

Omnibus Christi fidelibus presentes litteras visuris Guillelmus de Malloleone, dominus de Thalemondo et de Roca super Oyum et de Luco, salutem in Domino. Noveritis quod cum quedam controversie suborte fuissent inter me,

1212.

ex una parte, et abbatem et monachos Sancti Johannis de Orbisterio, ex altera, super quibusdam terris, tenementis et rebus aliis ad domum Sancti Johannis de Orbisterio, sive monasterium, et ad domum ipsorum monacorum de Malo Pertuiso et eorum hominibus pertinentibus; tandem post multas controversias et contenciones, ego Willelmus de Malloleone, eorum monachorum cartulis ab antecessoribus meis eisdem concessis super predictis terris, tenementis et aliis rebus, confirmavi et concessi eisdem monachis libere et quiete omnia dona sive elemosinas vel permutaciones que ab antecessoribus meis eisdem monachis facta fuerant vel concessa vel ab hominibus meis ligiis, planis seu costumariis. Insuper dedi et concessi eisdem monachis, in puram et perpetuam elemosinam, cum assensu et voluntate et peticione Beatricis uxoris mee, cujus nomine terram de Roca et de Luco habebam et possidebam, quidquid juris habebam vel habere de jure debebam in Sauvageria prope Bellam Villam, et quidquid juris sive dominii habebam vel habere poteram in tota terra eorum de Malo Pertuiso, et quidquid juris habebam sive dominii in eorum hominibus ad dictam domum de Malopertuisso pertinentibus et ipsorum hominum terris et tenementis, exceptis quatuor solidis quos mihi retinui de tenemento de Tallepe et de talleia animalium et deffensione ipsius tenementi tantum. Manumisi etiam homines predictos quos in presenti possident vel possessuri sunt in futuro ab omnibus costumis et exactionibus et redoenciis. Concedo etiam eisdem monachis liberaliter, cum assensu et voluntate predicte Beatricis, quod quicumque homines mei sive hominum meorum in terra dictorum hominum de Malo Pertyiso voluerint sine contradictione ibidem permaneant et predicta gaudeant libertate. Sane Guillelmus de Sancta Flavia, miles et homo meus, qui multas inquietaciones eidem domui fecerat de Malo Pertyiso dedit in presencia mea, in puram et perpetuam elemosinam, quidquid juris sive dominii habebat vel habere poterat in predicta domo de Malo Pertyiso et ipsius hominibus, terris et tenementis. Preterea dedi eisdem monachis unum hominem in vico de Vaire, scilicet Johannem de Vaire ab omni costuma et exaccione in perpetuum liberum et immunem. Ut autem hec omnia rata et inconcussa in perpetuum permaneant, presentem cartam sigilli mei munimine roboravi, cum assensu et voluntate et peticione predicte Beatricis uxoris mee et predicti Guillelmi de Sancta Flavia. Actum anno Domini millesimo ducentesimo duodecimo.

19. Don par Garsire de Rays de cinq sous de cens à la Menrière, et confirmation de celui de cinq sous sur le moulin de Sufferte, à Talmont, fait par sa défunte femme. (Cart° n° 76.)

Notum sit omnibus presentibus et futuris quod ego Garcirius de Raes dedi Deo et ecclesie beati Johannis de Orbisterio in perpetuam elemosinam, concedente Arcoito filio meo et Theophania filia mea, quinque solidos censuales monete patrie apud vicum qui dicitur Menrriere super census meos ejusdem ville annuatim ejusdem ecclesie fratribus in vigilia Natalis Domini per manum servientis mei qui census meos in dicta villa colligit reddendos. Preterea domina Eustachia, uxor mea, quondam deffuncta, in extrema voluntate posita dedit eidem ecclesie quinque solidos redditus apud Thallemundum super molendinum de Sufferte, quod ego concedo et dicti infantes mei. Testes sunt : Radulphus Veerii, Goffridus de Jugun, Rialenus, milites, et plures alii. Ut autem hec elemosina perpetuam obtineat firmitatem, ego Garcirius de Raes presentem cartam sigilli mei munimine roboravi. Factum est hoc anno gracie millesimo ducentesimo XII°.

1212.

20. Don par Guillaume d'Aspremont, S^{gr} de Poiroux, de certains droits sur une minée de terre au Bernard (Cart^e n° 207.)

1213.
12 avril.
(1212, v. st.)

Notum sit omnibus tam presentibus quam futuris quod ego Guillelmus de Aspero Monte, dominus Perusii, dedi et concessi fratribus ecclesie S^{ti} Johannis de Orbisterio tailleiam et quicquid juris habebam super minettam terre apud Bernart, quam Constantinus sacerdos, avunculus Petri de S^{to} Martino, eisdem fratribus in elemosinam dederat, pro salute anime mee et parentum meorum. Hoc donum vero factum est anno M° CC° XII°, ante fores monasterii Orbisteriensis, in die Parasceve, testibus : Guillelmo de Mota, Porteclie domino Mausee et Guillelmo milite de Chastel Hairault. Et ut hoc ratum et firmum habeatur, cartam hanc sigilli munimine roboravi.

21. Abandon par Guillaume de Mauléon d'une partie des réserves faites par lui et son frère Raoul de Mauléon au droit d'usage en certaines parties de la forêt d'Orbestier. (Cart^e n° 31. Orig. aux Arch. de la Vendée.)

Déc. 1213.

Omnibus presentes litteras inspicientibus Willelmus de Malo Leone veram in Domino salutem. Noscat universitas vestra quod ego Willelmus prenominatus, dominus Thalamondensis, pro salute anime mee et parentum meorum et antecessorum, in perpetuum dimisi et quiptavi libere et absolute omnes defensus illos quos in tempore meo et Radulphi Malo Leone fratris mei per totum nemus Orbisterii statueram, excepto defensu Castri Olone et defensu de Borgenest. Similiter universis hominibus qui aliquid in nemore Orbisterii prenominato habere solebant reddidi omnia jura ipsorum et quiptavi in perpetuum. Ut hec autem quiptacio ratam et inconcussam obtineat firmitatem, presentes litteras sigilli mei testimonio roboravi, testibus hiis : Radulpho de Perata abbate Thalamondi, Radulpho c pellano, Thoma clerico meo, Radulpho de Machecolio, Willelmo de Mota, Willelmo Girardi, tunc temporis senescallo Thalamondensi, et aliis pluribus. Actum fuit hoc mense decembris, anno Domini millesimo ducentesimo tertio decimo.

22. Abandon par Guillaume de la Mothe de ses prétentions sur divers immeubles jadis donnés par son père et son grand-père. (Carte nos 92 et 91 ; ce dernier, d'après un vidimus non daté donné par Jean Boscher, garde du scel estably par Louis, vicomte de Thouars, en la châtellenie du château d'Olonne.)

Universis Christi fidelibus presentes licteras inspecturis ego Guillelmus de Motha, miles, dominus de Motha, salutem in Domino. Ad universorum noticiam volumus pervenire quod inter me, ex una parte, et abbatem et conventum Sti Johannis de Orbisterio, ex altera, super complento duodecim vinearum quarteriorum in mazello quod est juxta gulam de Jart, in loco in quo molendinum habebant ipsi abbas et conventus in hesterio de Bram, et domo ipsorum de Tallemundo et terra de la Chevestellere, et super terram quam Grandet et Guillelmus Coilluns colunt, et super decima vinearum omnium feodorum meorum de Motha, et quinque solidos quos percipiebam in villa que dicitur la Pallasere ; que omnia dicebant a me et a patre meo Aymerico de Motha et Guillelmo de Motha, patre ipsius Aymerici, sibi in puram et perpetuam elemosinam libere et pacifice data fuisse, longa et varia contencio verteretur. Tandem, post multas allegaciones et altercaciones factas super rebus superius nominatis inter me et ipsos, pax est composita in hunc modum quod ego Guillelmus de Motha, miles, pro salute anime mee

1214.

et parentum meorum, habito super hoc prudentum consilio et eorum instrumentis et scriptis diligenter inspectis, cum jus aliquod nescirem me habere in supradictis rebus et nominatis superius repetendis et eisdem fratribus delegatis, confirmavi et eciam dedi et concessi Deo et fratribus S^{ti} Johannis de Orbisterio res superius nominatas et quicquid in eis juris vel dominii vel quoquo modo habebam vel habere poteram et debebam libere, pacifice et quiete et sine contradicione seu reclamacione aliqua in perpetuum possidendum; et quicquid in eas reclamare poteram vel successores mei, scilicet omnes tailleyas de mortua manu et de capcione mea et desponsacione filie, et biennium et expedicionem et quicquid potest dominus de terra sua sive juste sive injuste exigere. Et ne super hoc in futurum possit iterata contencio suboriri, sigilli mei munimine feci presentes licteras sigillari, in testimonium veritatis. Datum et actum apud S^{tum} Johannem de Orbisterio, in cappitulo ejusdem ecclesie, anno ab Incarnacione Domini millesimo ducentesimo quarto decimo.

23. Don par Girbaud du Luc. (Cart° n° 367.)

1214.

Noverit universitas hominum quod Girbaudus de Luco, pro salute anime sue, dedit in elemosinam Deo et ecclesie S^{ti} Johannis de Orbisterio quartam partem cosdume in Boffreria. Hoc donum concessit et sub scripto servari precepit Guillelmus Horris ejusdem filius. Iste sequuntur. Guillelmus, saluti anime sue bonus provisor, dedit in helemosinam Deo et ecclesie S^{ti} Johannis de Orbisterio in Sauvageria super quadam masura terre tailleias et de capcione et desponsacione, biennium et cosdumam famulantium, necnon et quicquid in illa accipiebat, preter quatuor solidos quos antea dederat ecclesie de Bealoi ad illuminandam lampadem, et preter gallinas quas dederat ecclesie Templi. Monachi autem prefatte ecclesie eidem Guillelmo concesserunt habere in perpetuum quemdam sacerdotem qui cotidie missam decantaret pro redempcione anime patris et matris sue et parentum suorum et quemdam lampadem ardentem ante corpus Domini. Testes hujus rei sunt : Guillelmus de Malo Leone, tunc temporis dominus Thalemondensis et dominus terre Roche, qui ammonicione Guillelmi Horri hanc elemosinam concessit, nec non et dedit Deo et ecclesie S^{ti} Johannis de Orbisterio, cum assensu et voluntate Beatricis uxoris sue per quam terram Roche possidebat, totum magnum dominium (*en blanc dans le cartulaire, une demi-ligne*) predicte ecclesie masuram suprascriptam et homines illam colentes (*autre blanc, d'une demi-ligne*) que pace in perpetuum possiderent J. des Reneiz et (*en blanc*) insuper duos solidos illos pictavenses quos R. abbas Ste Crucis de Thalamundo, J. abbas Brolii Arbaudi et Guillelmus de Mota, venerabiles et legitimi elemosinarii Guillelmi Achairie pro anima ipsius decreverant erogare Deo et ecclesie S^{ti} Johannis de Orbisterio. Iste Guillelmus Horris composuit et constituit eos super [census] Olone quos filii Stephani Durandi et parentes eorum annuatim recipiunt in Assumpcione Beate Marie et reddunt Guillelmo Achairie, ut ipsi sicut reddebant sic et ipsi parentes illorum predictos duos solidos ecclesie S^{ti} Johannis de Orbisterio in perpetuum reddere provideant. Ut hec cartula semper duret et in perpetuitate inviolabili permaneat, Guillelmus Horris sigilli sui munimine sanccivit, anno gracie millesimo CC° X° IIII°.

24. Don par Guillaume d'Aspremont et Ermengarde, sa femme, de droits sur la forêt de Talmont et sur un jardin à Rié. (Cart^e n° 9.)

Omnibus ad quos presens scriptum patebit Guillelmus de Aspero Monte, dominus Perusii, et Ermenghardis, uxor ejus

1216.
19 juin.

dem Guillelmi, salutem in Vero Salutari. Noverit universitas vestra quod nos, pro salute anime nostre et parentum nostrorum, quitavimus, dedimus et concessimus in elemosinam quicquid juris nobis pertinebat in domo furni sui de Thalemundo ecclesie S^{ti} Johannis de Orbisterio, et quicquid juris accipiebamus in orto Tueboi et Johannis Chanterea cum participibus suis apud Riacum. Hec vero muneris dacio et concessio facta est octaba die Penthecoustes, in domo Ugonis Primaut apud Thalemont. Et ut predicta ecclesia memorata dona in majorem et firmiorem possessionem libere, quiete et pacifice in perpetuum habeat, ego Guillelmus de Aspero Monte, vir nobilissimus, A. tunc temporis abbatem dicte ecclesie, de donis suprascriptis cum cirotegis meis vestivi et saisivi, videntibus et audientibus Toma clerico, Ugone Primaut, Aymerico celerer de Maroil, Petro Cobin, militibus G. de Nyoil, seneschallo Perusii, Petro Hodre et pluribus aliis; et presentem cartulam sigilli mei munimine roborari feci, anno Verbi Incarnati M° CC° XVI°.

25. Mandement du prieur et du sous-chantre de Ste-Radegonde de Poitiers, délégués du Saint-Siége comme juges d'un différend entre Orbestier et Guillaume de Chanais, aux abbés de Lieu-Dieu-en-Jard et de Boisgrolland. (Cart^e n° 260.)

1217 [1]. Prior et sucentor Ste Radegundis Pictavensis, judices a domino Papa legati, dilectis in Christo de Loco Dei in Jardo et de Brolio Grollandi abbatibus salutem in Domino. Constitutis in nostra presencia priore S^{ti} Johannis de Orbisterio, procuratore abbatis et conventus ejusdem ecclesie, ex una parte, et Guillelmo de Chaennay, milite, ex altera, pro causa

---

1. La pièce est sans date; mais elle est sans aucun doute de la même année que la suivante, ou bien peu antérieure.

quam idem miles adversus dictum monasterium se dicebat habere super terris et vineis, que terre scilicet sunt ad Marchiol et vinee de la Sablere. Idem vero miles, intuitu anime sue et parentum suorum, si quid juris in predictis possessionibus habebat, predicto monasterio in manu nostra humiliter et devote concessit, hanc eciam concessionem fidei religione roboravit. Pactum siquidem predicti procurator et miles inter se inierunt ut abbas de Orbisterio cum tercia manu monachorum sacerdotum et tercia conversorum ejusdem domus, tactis sacrosanctis evangeliis, juret predictum monasterium predictas possessiones per xL^{ta} annos et amplius pacifice et inconcusse possedisse, et hoc predictus procurator fide interposita promictat abbatem completurum predicto militi, promictens ut eum in oracionibus et elemosinis tanquam unum ex fratribus reciperent et in regula loci et martirologio nomen ejus insererent. Unde, auctoritate apostolica qua fungimur in hac vice, vobis mandamus et firmiter precipimus quatinus, convocatis coram vobis dictis abbate et milite, sacramentum sicut superius est expressum si tamen miles recipere voluerit moneatis ab abbate et fratribus exhiberi et eumdem militem in regula et oracionibus sociari, ut in districto judicis examine delicta que commisit ac si nunquam commisisset eorumdem vel aliorum hominum piis precibus sint deleta. Hoc autem cum assensu parcium sentencialiter decrevimus judicandum. Nos duo scribimus, tercio cum judice nostro, priore videlicet B^{ti} Hylarii de Cella, absente. Valete.

26. Prestation de serment par l'abbé Audebert, en vertu du mandement qui précède. (Cart° n° 172.)

A Dei miseracione de Loco Dei in Jardo et Guillelmus ejusdem patiencia de Brolio Grollandi abbates humiles, universis presentes licteras inspecturis, salutem in Domino, et pie

1217.

vivere et in Christo feliciter mori. Que vetustas delet oblivionis sepelit interitus, ideo licterarum apicibus adnotantur ne rerum labilem memoriam deffectum sorciantur et oblivionem. Inde est [quod presentis] scripti patrocinio communimus tam modernis quam posteris innotescere [volentes] mandato venerabilium virorum et discretorum prioris et succentoris Ste Radegundis Pictavensis, judicum a domino Papa delegatorum, accepisse quod in presencia nostra evocaremus abbatem S^{ti} Johannis de Orbisterio, ex una parte, et Guillelmum de Chaennay, ex altera, qui auctoritate J. domini pape coram predictis judicibus apud Pictavum diucius litigaverant super hoc quod jam dictus Guillelmus impetebat abbatem et monachos S^{ti} Johannis de Orbisterio de terris de Marchiol et de vineis de la Sablere. Cum autem monachi predictas possessiones assererent se multum temporis elapsi quiete et pacifice possedisse, ad ultimum vero priore jam dicte ecclesie S^{ti} Johannis, procuratore abbatis et monachorum ejusdem ecclesie, et sepedicto Guillelmo comparentibus coram prefatis judicibus, cum assensu eorum et auctoritate apostolica ita fuit sentencialiter judicatum quod abbas cum tercia manu monachorum sacerdotum et tercia conversorum ejusdem domus juraret jamdictam ecclesiam prefatas terras et vineas per XL^{ta} annos et amplius sine aliqua reclamacione et calumpnia quiete et pacifice possedisse, hoc tamen excepto a prestacione juramenti quod Petrus Raberz, cognatus sepedicti Guillelmi, traxerat in causam abbatem et conventum supra predicta possessione infra XX annos, sed querela illa judicio fuit terminata. Nos vero mandatum predictorum judicum, auctoritate apostolica nobis commissum, recipiendi juramentum execucioni dare volentes, partibus diem prefiximus in cathedra S^{ti} Petri apud Sanctum Hylarium de Foresta, in quo comparuit abbas prout judicatum fuerat sufficienter instructus; et juravit cum tercia manu monachorum sacerdotum et tercia conversorum, sicut superius est expressum, parte aversa presente. Nomina autem eorum qui juraverunt sunt hec : A. tunc temporis abbas prefate ecclesie, Ugo prior de Margnef, Helias de Maurea, monachi, Aimericus, Giraudus, Gauterius, conversi. Juramento verò prestito isti interfuerunt : G. tunc temporis prior domus helemosinarie de Thalemont, R. canonicus de Loco Dei in Jardo, A. capellanus de Foresta, Guillelmus de la Vernei, Durandus de l'Airableye, Guillelmus Marcheys, milites, et plures alii. Ut autem hoc factum inconcussam obtineat firmitatem, ad majorem rei noticiam, de concensu parcium, presenti cartule nostrorum apposuimus munimina sigillorum, anno Verbi gracie M° CC° XVII°.

27. Don par Savary de Mauléon au prieuré de Saint-Lambert-de-Mauléon. (Cart° n° 370 [1].)

In nomine Domini nostri Jhesu Christi. Universis fidelibus presentem cartulam inspecturis Savaricus de Malleone salutem, pacem et gaudium. Notum fiat omnibus tam presentibus quam futuris ad quos presens scriptum pervenerit quod ego Savaricus de Malleone, Thallemondi princeps et dominus, iter arripiens ad subsidium terre sancte contra inimicos crucis Christi, ob remedium anime mee parentumque meorum et avunculi mei Guillelmi de Malleone, dedi et concessi Deo et B^{te} Marie et monasterio S^{ti} Johannis de Orbisterio et domui S^{ti} Lamberti prope Mauleonium et monachis ibidem Deo servientibus areas veiraus que sunt ad circumstanciam terrarum dicte domus S^{ti} Lamberti, in perpetuum, quiete et pacifice habendas et possidendas. Preterea dedi et concessi monachis S^{ti} Lamberti quicquid eis datum fuerit in

1218.

---

1. Dom Fonteneau (T. 25, p. 201) a copié cette charte aux Archives de l'évêché de la Rochelle sur un vidimus du 24 déc. 1313; sa copie, qui n'offre avec celle-ci que quelques variantes insignifiantes, porte à tort la date de 1217 au lieu de 1218.

mea terra vel emerint et eciam mei juris partem. Item per presens scriptum concedo, roboro et confirmo quicquid ab antecessoribus meis ad supradictam domum Sancti Lamberti datum cognoscitur, videlicet biennium, charreium, talleiam, veeriam, in Bretelaria ex utraque parte ipsius ville, in meteeria Jubajolonia, omnesque alias exacciones quiete et pacifice habendum et possidendum perpetuo sicut consueverant possidere, nullo michi vel heredibus meis seu servientibus meis retento jure seu servicio in omnibus his supradictis. Actum publice apud Laguillum anno gracie Domini M° CC° XVIII°, testibus his : domno R. de Perata tunc abbate de Thallemondo, domno Arnaudo tunc abbate S^{ti} Leodegarii, Guillelmo de Aspero-Monte domino de Rie et de Perusio, Guillelmo de Mota, Ugo Primaudi et Reissium, militibus, et multis aliis. Et ne ista donacio et confirmacio posset ab aliquo in irritum revocari presens scriptum feci et volui sigilli mei munimine roborari.

28. Concession de salines à Bernard Babou et Chandiose, sa femme, par le prieur de Saint-Philbert de Beauvoir. (Cart° n° 300.)

1218.   Sciatur ab omnibus quod ego Huldricus, prior beati Philipberti de Belveario, traddidi et concessi Bernardo Babo et Chandiose uxori ejus, cum assensu sociorum et monachorum qui tunc erant in prioratu jam dicto, Philippus Mus de Mota, P. Urelli, P. de Belveario, viginti areas salinarum cum victu suo et ceteris rebus ad eas spectantibus in maresio Mauvaiz, quas domina Martha nobis in helemosina dederat : ita quod jam dictus B. et uxor ejus Chandiose et amborum heredes dictas areas habebunt et perpetuo possidebunt pro duobus solidis censualibus priori beati Philipberti in festo ejusdem sancti persolvendis. Ipse vero Bernardus censum predictum super predictas areas et super hoc quod habebat in dicto maresio, volente uxore sua predicta, posuit persolvendum. Hoc factum est istis audientibus : M. Ocit clerico, P. Fabri clerico, Jaennet, Guillelmo Coillat et pluribus aliis. Actum anno Verbi Incarnati millesimo ducentesimo decimo octavo.

29. Don par Guillaume Bertaut, sa femme et ses enfants. (Cart^e n° 212.)

Quod gerendum inspirat homini divina gracia sic debet ratum et stabile fieri, quod processu temporis nequiret improbari vel calumpnia revocari. Innotescat igitur tam posteris quam modernis quod Guillelmus Bertaut, L. uxor sua et Philippus, Gauffridus, Ugo, filii eorum, pro exibito beneficio ecclesie S^{ti} Johannis de Orbisterio et pro redempcione animarum suarum et parentum suorum, totum terragium, decimam et quicquid juris habebant apud Bernard in mineta terre, quam Constantinus sacerdos, avunculus Petri de Sancto Martino, eidem ecclesie dedit perpetuo, fratribus ejusdem ecclesie ibidem Deo servientibus in puram et perpetuam helemosinam dederunt et concesserunt. Ex hac itaque donacione et concessione facta X° Kalend. Octobr. anno M° CC° XIX° ab Incarnacione Domini, dictus Guillelmus, uxor sua, filii eorum prenominati cum cirotegis suis vestierunt et sazierunt A. tunc temporis abbatem prefate ecclesie, asserentes et coram legitimis testibus subscriptis fideliter annuentes per eos in dicta terra nullam jam amplius requestam perpetrari. Hoc autem factum est apud Bealoc, in domo ipsius Guillelmi Bertaut. Testes hujus rei sunt : Radulphus capellanus eorum et ecclesie de Bealoc, qui ammonicione eorum et precepto ad corroborandam presentem cartulam sigillo suo communivit, ne quis calumpniaret in posterum, Michael monachus et prior abbacie de Orbisterio, Petrus Suriuns capellanus et prior domus Lande et plures alii.

1219.
22 septembre.

30. Don par Constance, femme de Pierre Gobin, de la moitié de la dime de Champcloux ; et assignation à Orbestier du legs d'une maison jadis fait par un nommé Cosin. (Cart° n° 131.)

1221.

Universis presentes licteras inspecturis P. de Sancto Martino, decanus Thallemundensis tunc temporis, salutem in Domino. Ad universorum tam modernorum quam posterorum noticiam presentis scripti benefficio volumus pervenire quod Constancia, uxor Petri Gobini militis, illam partem decime quam accipiebat cum priore de Vendosme per totum feodum suum de Campo Clauso, videlicet medietatem, dedit in puram et perpetuam helemosinam Deo et ecclesie S^{ti} Johannis Baptiste de Orbisterio, vivens sana et incolumis, Petro Gobini viro suo tamen concedente, pro salute anime sue et parentum atque predecessorum suorum. Post aliquantulum vero temporis ego P. decanus prenominatus, ad peticionem ipsius Constancie laborantis in extremis in domo P. Gobini viri sui existante juxta vicum de Jart, istis testibus : P. de Sancto Martino fratre meo, tunc temporis cappellano Ste Gualburgis, J. monacho jamdicte ecclesie et pluribus aliis presentibus licteris sigillum apposui meum ad testimonium veritatis, anno Domini millesimo CC° XXI°.

Item sciat firmissimeque credat universitas hominum tam presencium quam futurorum, quod cum Cosinus, parrochianus meus, in ultima egritudine disposuisset quod domus que est juxta pontem Tallemundi, quam ipse et uxor sua adquisierant, post mortem dicte uxoris sue pro salute anime sue donaretur, ego P. de Sancto Martino, tunc temporis cappellanus Ste Crucis de Thallemundo, et non adhuc decanus, in cujus manus dominus C. fecit testamentum, assignavi prefatum donum Deo et monasterio S^{ti} Johannis de Orbisterio, pro salute anime prescripti C. Et ut hoc testamentum firmum et stabile permaneat, presenti cartule sigillum meum apposui. Hoc audierunt : abbas Brollii Grolandi, Durandus sacerdos, J. capellanus S^{ti} Michaelis, P. cappellanus Ste Gualburgis, Helyas, Michael, monachi.

31. Transaction avec l'abbaye de Lieu-Dieu-en-Jard au sujet de redevances sur des marais à poissons. (Cart^e n° 181.)

Universis Christi fidelibus presentem paginam inspecturis Johannes, Dei paciencia abbas, totusque conventus abbacie Loci Dei de Jardo salutem in Domino. Noverit universitas vestra quod inter abbatem et monachos S^{ti} Johannis de Orbisterio, ex una parte, et nos, ex altera, super cosduma piscium quam ex donacione bone memorie Richardi, quondam comitis Pictavensis postea illustris regis Anglie, in portu de Olona habemus fuit aliquando litigatum. Si quidem dicti abbas et monachi S^{ti} Johannis de Orbisterio tam se quam homines suos ab illa cosduma liberos per instrumenta quedam ostendere conabantur, eo quod a supradicto comite Pictavensi Richardo et predecessoribus ejus et quibusdam dominis Thalemundi libertas eis ab omni cosduma concessa fuerat in omnibus donis abbacie sue, sive in factis vel in posterum faciendis; et contra, nos donacionem illius cosdume a supradicto rege Richardo nobis factam, nulla facta mencione alicujus libertatis concesse alicui persone vel loco, allegabamus et hoc probare volebamus, dicentes eamdem cosdumam ad nos pleno jure sicut rex Richardus habuerat pertinere. Postmodum vero, amicis utriusque partis intervenientibus, sopita est hec contestacio et utrinque facta composicio in hunc modum. Nos enim concessimus sepedictis abbati et monachis ecclesie S^{ti} Johannis de Orbisterio quod in hiis tribus villis tantum, videlicet lo Doit, la Pironere, la Papinere, homines eorum mansionem habentes tria tantummodo vais-

1222.

sella piscatoria ab hac cosduma libera, quantum ad nos pertinet, habere possint. Verumtamen vaissellum illud quod habent li Biretent sicut semper ab omni cosduma liberum dicta abbacia possedit sic semper, quantum ad nos, ab omni cosduma libere possidebit. De cetero si qua dona a quocumque vel rege vel principe vel milite vel eciam prelato ecclesie eis fierent vel aliter acquisita ad jus abbacie ipsorum pertingerent, libertatem hujusmodi contra nos non haberent, non ostantibus instrumentis que super eadem habebant libertate. Sepedicti vero abbas et monachi S^{ti} Johannis de Orbisterio, in recompensacionem hujus libertatis, quiptaverunt nobis unum quarterium frumenti et unum quarterium mixture, que in molendino nostro de Bernegoe annuatim habebant, et quatuor solidos, quos ex elemosina Petri Barre sacerdotis deffuncti in vineis de Grailleria annuatim a nobis percipere solebant. Hec autem composicio tam in nostro quam in eorum capitulo ab utraque parte concessa est et firmata, presentibus domino Guillelmo abbate Brolii Grolandi et domino Petro decano Thalemundensi, quorum sigilla in robur et testimonium presenti cartule sunt appensa. Nos quoque, ut prescripta composictio perpetuam obtineat firmitatem, sigillum nostrum, quo unico abbacia nostra utebatur tempore quo ipsa composictio facta est, presenti carte nichilominus censuimus apponendum. Actum est hoc publice, anno gracie millesimo ducentesimo vicesimo secundo.

32. Don d'un homme par Savary de Mauléon. (Carte n° 12.)

1223.

Notum sit omnibus tam presentibus quam futuris presentem cartulam inspecturis quod ego Savaricus de Malleone, dominus Thalemondi, dedi et concessi et hac presenti carta mea confermavi, ob remedium anime mee, predecessorum successorumque meorum, Deo et ecclesie beati

Johannis de Orbisterio Petrum Bastardi et heredes suos liberos et immunes ab omni relevacione et exaccione. Ut autem hoc donum firmum et inconcussum perpetualiter permaneat, presentem cartulam sigilli mei munimine feci communiri. Actum publice in aula Thalemondi anno gracie millesimo ducentesimo XX° III°.

33. Don par Savary de Mauléon de ses droits sur Achard et Etienne Bérenger. (Carte n° 64.)

Universis Christi fidelibus ad quos presens scriptum pervenerit Savaricus de Malo Leone, vir nobilis, salutem. Dignum est et consonum racioni ut ea que geruntur stili officio ad posterorum noticiam extendantur, ut licterarum testimonio commendata oblivionis dispendium non incurrant. Inde est quod, presentis scripti attestacione, tam ad posterorum quam ad modernorum volo noticiam pervenire quod ego Savaricus de Malo Leone, dominus Tallemundi, dedi et concessi abbacie S^{ti} Johannis de Orbisterio, pro salute anime mee et patris mei et avunculi mei et amicorum meorum, Acardum et Stephanum Barenger, cum heredibus eorum, et omne dominium quod in predictis hominibus habebam vel habere poteram, in puram et perpetuam elemosinam, libere et pacifice possidendos, nullo michi vel alicui successorum meorum retento servicio. Ne vero aliqua molestia dicte abbacie possit ab aliquibus super donacione ista in posterum suboriri, sigilli mei munimine presentem cartulam roboravi. Actum est hoc apud Castrum Olone anno gracie millesimo ducentesimo XX° quinto.

1225.

34. Jugement de Philippe, évêque de Poitiers, terminant un différend avec Pierre Meschinot et Maurice de Beaulieu. (Carte n° 341.)

1225.   Omnibus Christi fidelibus presentes licteras inspecturis Philippus, Dei gracia Pictavensis episcopus, eternam in Domino salutem. Noveritis quod cum quedam controversia verteretur inter Petrum Meschinot, militem, et Mauricium de Bello Loco, ex una parte, et abbatem et conventum S^{ti} Johannis de Orbisterio, ex altera, super redditibus feodi Chaboz, sicuti terris, pratis, vineis et multis aliis in territorio S^{ti} Benedicti de Angliis sitis, quos redditus idem P. et M. dicebant ad se jure hereditario pertinere ; de quibus redditibus dictus abbas et conventus in poccessione pacifica sua permanebant et dicebant ad se devenisse ex delegacione bone memorie Amicie, filie Guillelmi de Bello Loco ; quam delegacionem predictorum reddituum per bonos testes omni excepcione majores presentibus P. et M. in nostra presencia probaverunt. Ex parte predictorum P. et M. fuit propositus coram nobis quod dicta Amicia tantam elemosinam non poterat erogare. Nos vero predicte liti finem ponere cupientes, et volentes parcium parcere laboribus et expensis, auditis utriusque partis racionibus et allegacionibus, et meritis tocius litis plenius cognitis, dictos abbatem et conventum, de prudencium virorum consilio, ab impeticione dictorum P. et M. dignum duximus absolvendos et per diffinitivam sentenciam reddidimus absolutos, eisdem P. et M. et eorum heredibus perpetuum silencium imponentes super reclamacione reddituum predictorum. Postmodum vero, et eodem die et loco quo diffinivimus, dicti P. et M. zelo bono moti et verius actendentes nos recte super hoc diffinisse, propria et mera voluntate dictam delegacionem a dicta Amicia eisdem abbati et conventui factam ratam et firmam in nostra presencia habuerunt, et dederunt et concesserunt eisdem abbati et conventui, in puram et perpetuam helemosinam, quicquid juris et dominii habebant vel habere de jure poterant in predictis redditibus superius nominatis. Et ad peticionem dictorum P. et M. presentes licteras roboravimus munimine sigilli nostri et eisdem abbati et conventui dedimus, in testimonium veritatis. Datum et actum apud Longam Villam, anno Domini millesimo ducentesimo vicesimo quinto.

35. Don par Guillaume d'Aspremont, seigneur de Rié et de Poiroux, de tous ses droits sur Girard Berge, de Saint-Benoît. (Carte n° 231.)

1225.

Que vetustas delet, subripit oblivio, sepelit interitus, per licterarum apicem et vivacis vocis testimonio perpetuitate debent commandari. Ne igitur contra rerum gesta ad salutem animarum spectancia alicui concedatur occasio malignandi, presentis scripti beneficio tam modernis quam posteris elucescat quod ego Willemus de Aspero Monte, de Rié et de Perusio dominus, dedi in puram et perpetuam helemosinam cum ascensu et voluntate Radulfi et Willelmi filiorum meorum, qui donacionem istam concesserunt et approbaverunt, abbacie S^{ti} Johannis de Orbisterio Girardum Berge de S^{to} Benedicto et heredes suos cum erbergamento suo ad nostrum dominium spectante, et omne jus et dominium quod tam super eum quam super rebus suis ego et successores mei habere poteramus, pro redempcione animarum Armenjardis et Berte, felicis memorie, uxorum mearum : ita tamen quod anniversaria earum in predicta abbacia singulis annis a singulis sacerdotibus celebrentur. Hujus rei testes sunt isti : Guillelmus de Sancto Vicentio, P. Gobins, Guillelmus de Perusio, tunc temporis senescalus. Ne vero super hac donacione aliqua possit malignitas suboriri, presentem cartulam sigilli mei munimine volui premuniri. Actum est hoc anno gracie millesimo CC⁰ XX⁰ V⁰.

36. Don par Savary de Mauléon aux enfants qu'il pourrait avoir d'Amable du Bois. (Cart⁰ n⁰ 165.)

1226.

Universis Christi fidelibus ad quos presentes lictere pervenerint Savaricus de Malo Leone salutem in Domino. Dignum est et racioni consonum ut ea que geruntur stilli officio ad posterorum noticiam extendentur, ne scriptorum benefficio commendata oblivionis dispendium noverint. Inde est quod, presentis scripti attestacione, tam ad modernorum quam ad posterorum volo noticiam pervenire quod ego Savaricus de Malo Leone dedi et concessi heredibus quos domina Amabilis de Bosco ex me susceperit in elemosina castrum Julii cum omnibus pertinenciis suis; et post decessum prefate domine dedi et concessi eisdem heredibus terram de Re cum omnibus pertinenciis suis, Benaum cum omnibus pertinenciis suis, villam S^{ti} Michaelis de Heremo cum omnibus pertinenciis suis, minagium et vigeriam de Niorto, et omne dominium quod in supradictis terris et in predictis redditibus ego et predecessores mei habuimus vel habere potuimus, quiete et pacifice in perpetuum possidendum. Ut autem donacio ista perpetuam obtineat firmitatem, presentem cartulam sigilli mei munimine roboravi. Actum et datum anno gracie millesimo ducentesimo vicesimo sexto.

37. Concession de l'écluse du Magnis à Pierre Gascher, Arnaud et Constantin frères, pour une redevance annuelle de 350 anguilles blanches. (Cart⁰ n⁰ 149.)

1226.

Innotescat presentibus ac futuris presens scriptum inspecturis quod H. humilis abbas S^{ti} Johannis de Orbisterio et totus conventus ejus loci dederunt et concesserunt exclusellum dau Maignis, cujus erant pocessores, P. Gascher, Arnaudo et Constantino fratribus et suis heredibus perpetue possidendum : tali condicione intermissa quod ecclesie dau Maignis ccc et l. de anguillis albis annuatim persolvere teneantur, scilicet c in vigilia B^{te} Katherine, cc et l in die martis lardarii. Vero dictus abbas cum assensu et voluntate tocius conventus idem scriptum cum sigilli sui munimine roboravit. Actum publice anno ab Incarnacione Domini millesimo ducentesimo vicesimo sexto.

38. Mariage de Savary de Mauléon avec Amable du Bois. (Cart^e n° 313.)

Avril 1227.

Universis presentes licteras inspecturis Savaricus de Mallo Leone salutem in Domino. Universitati vestre notifico quod ego cum domina Amabile de Bosco celebravi matrimonium apud S^{tum}. Nicholaum de Trancha coram H. divina permissione venerabile abbate S^{ti} Johannis de Orbisterio et pluribus aliis ; unde volo et precipio omnibus hominibus nostris, tam militibus quam servientibus atque burgensibus et aliis subditis nostris, ut si contigerit me diem claudere extremam, vel aliquod aliud infortunium michi evenerit, quod absit, quod heredes quos habere contigerit michi de predicta domina Amabile de Bosco dominium terre mee habeant et pro hereditate possideant, et precipue istud volo de Raolino filio meo et suo ut dominium terre mee habeat et possideat, si predicto modo contigerit. Et ad majorem hujus rei certitudinem presentes licteras predicte domine A. de Bosco dedi sigilli nostri munimine roboratas, in testimonium veritatis. Actum apud castrum Olone anno gracie M° CC° XXX° VII° [1].

---

1. Sic pour 1227, comme le prouve la ch° 36 ci-dessus et la mort de Savary le 29 juillet 1233.

39. Vidimus et confirmation par Hugues de Thouars et Marguerite, sa femme, du don d'un homme fait en 1189 par Pierre de La Garnache; et don par cet homme et sa femme de tous leurs biens. (Carte n° 248.)

1227.
23 mai.

Omnibus presentem cartulam inspecturis ego Hugo de Thoarcio, miles, de Monte Acuto, de Gasnapia, de Belveario et de Palludello dominus, et domina Margarita, uxor mea, eternam in Domino salutem. Noveritis quod ad nos veniens Hugo, religiosus abbas S^{ti} Johannis de Orbisterio, in aula nostra de Gasnapia, presentavit nobis unam cartulam proprio sigillo bone memorie viri nobilis Petri, domini de Gasnapia, sigillatam; que cum lictere fuissent coram nobis lecte et audite, cognovimus et didiscimus quod dictus vir nobilis, pro salute anime sue parentumque suorum et successorum, dedit Deo et abbacie Sancti Johannis de Orbisterio unum hominem Bernardum Babou, burgensem in Belveario, cum suis pertinenciis, possessionibus et tenementis universis, et quicquid juris et dominii in predictis Bernardo Babou et ejus tenementis universis habebat et habere poterat et debebat, prout in prima facie predicte cartule apparebat sub hac forma. Notum sit omnibus tam presentibus quam futuris quod ego Petrus, de Gasnapia dominus, dedi et concessi abbacie S^{ti} Johannis de Orbisterio unum hominem cum suis pertinenciis, poccessionibus et tenementis universis, et quicquid juris et dominii dicte donacionis causa habebam et habere debebam vel poteram. Nomen autem hominis est Bernardus Babou. Hoc donum feci pro salute anime mee, patris mei et matris et predecessorum successorumque meorum. Hujus rei testes sunt : P. Achardi decanus Marolii et A. . . et M. . . et P. Surus et magister. . .[1] Actum anno Domini

---

1. Ces trois noms sont complétement illisibles.

M° C° octogesimo nono. Quod donum, ob utilitatem animarum nostrarum intendentes, precibus predicti abbatis et conventus inclinati, et non tam pro nobis quam pro predeccessoribus et successoribus nostris, promisimus, concessimus et obligavimus predecessores et successores nostros, presentes et futuros, nostros homines ligios seu plenos predictum hominem cum suis tenementis universis deffendere ab omni injuria quam poterimus observare. Deinde nos. . . . . [1] concessimus, confirmavimus et manumisimus predictis abbacie et abbati et successoribus eorumdem omnia dona. . . . . [2] que data seu facta vel legata fuerant eisdem monachis vel a predecessoribus nostris vel ab hominibus nostris ligiis seu costumariis, jure hereditario vel quocumquelibet titulo acquisierint vel emerint, vel quocumque loco fuerint; ut ipsi monachi habeant, teneant et explectent libere, pacifice et quiete in perpetuum hec omnia supradicta.

Item, noveritis quod Bernardus Babou et Chandiosa, uxor sua, in presencia nostra constituti, quia senes erant [et remanserant] infecunda sobole, pro redempcione animarum suarum, dederunt Deo et abbacie S[ti] Johannis de Orbisterio se et sua mobilia et immobilia acquisita et acquirenda, possessiones et tenementa universa, scilicet duas domos sitas prope portum de Belveario, et unam vineam sitam in feodo sanctimonialium prope Ulmum, et novem viginti et decem areas salinarum, in quibus continentur viginti quatuor saline que vocantur les Glorioses, et omnia que ad dictas salinas pertinent tam in bocellis quam pertinenciis eorumdem maresiorum sic appellatorum, et super quinquaginta areas salinarum que vocantur les Lasses censum et decimam, et omnia universa et singula, ubi-

---

1. Trois ou quatre mots illisibles.
2. Même lacune que ci-dessus.

cumque sint, jure hereditario, sive quocumquelibet titulo acquisierint, explectabant et tenebant, nichil in hiis omnibus universis et singulis superius dictis retinentes, nisi ad vitam suam tantummodo usumfructum. Hoc donum Bernardi Babou et Chandiose, uxoris sue, fuit factum in aula nostra apud Ganaspiam, die dominica post Ascensionem Domini, nobis presentibus et consentientibus et multis aliis. Et ad peticionem predictorum Bernardi et Chandiose huic presenti cartule sigilla nostra apposuimus in testimonium veritatis. Datum et actum publice anno ab Incarnacione Domini M° CC° [septimo].

40. Don par Jean, Guillaume et André de L'Hommée au prieuré de Saint-Lambert d'un domaine en la paroisse de Trezevents. (Cart⁰ n° 78.)

1228.

Universis Christi fidelibus presentes licteras inspecturis Johannes de Ulmeia, presbiter, salutem in Vero Salutari. Universitati vestre notum facimus quod cum assensu et voluntate Guillelmi et Andree de Ulmeia, fratrum meorum, dedimus et concessimus bono animo et corde optimo Deo et monasterio S^{ti} Lamberti prope Malleonium et monachis ibidem Deo servientibus, in puram et perpetuam elemosinam, terram quam habebamus et possidebamus jure hereditario in parrochia de Tres-Decim Ventis, que vulgaliter appellatur Terra Roca. Dedimus eciam prata et pascua ad eandem terram pertinencia, sicut dividitur certis metis, nichil omnino nobis nec nostris successoribus in eadem terra retinentes; sed super hiis omnibus supradictis nostris heredibus silencium imponentes. Et ne super ista donacione et concessione, tam legitime facta, posset ab aliquo suboriri calumpnia, dedimus eisdem monachis S^{ti} Lamberti istas presentes licteras sigilli nostri munimine roboratas, in testimonium veritatis. Actum publice, anno Domini M° ducentesimo XX° VIII°.

41. Remise par l'abbé de la Trinité de Mauléon du dépôt qui lui avait été confié du chartrier de Savary de Mauléon. (Carte n° 148.)

Omnibus in Christo fidelibus presentes licteras inspecturis G. permissione divina humilis abbas Ste Trinitatis Malleonensis, et conventus ejusdem loci salutem in Domino. Noverit universitas vestra quod dominus Savaricus de Malleone nobis per patentes licteras significavit ut cartulas suas quas nobis tradiderat in observacionem, que cartule incluse erant in quodam escrino sigillato sigillo nobis ignoto, domino.....[1] abbati B^{ti} Johannis de Orbisterio et domino Bernardo le Boteler militi, castellario turris de Thallemundo tunc temporis, tradderemus. Illi vero sigillum de quo predictus escrinus sigillatus erat infra eumdem escrinum posuerunt, ideo quia unde fuerat nesciebant. Ego vero Guillelmus, abbas de Malleone, ad peticionem predictorum abbatis S^{ti} Johannis de Orbisterio et Bernardi lo Boteler militis rursum predictum escrinum sigillo meo sigillavi, ipsi vero eumdem sigillaverunt mecum cum sigillis suis. Tradicionem vero cartularum prenominatarum quam fecimus sepedictis abbati de Orbisterio et B. lo Boteler militi vidit et audivit H. Jocelins miles et G. de Roca miles et G. de Roeteys miles et R. Barbers et plures alii. Actum vero fuit hoc VIIII° idus Maii, anno Domini M° CC° XX° IX°.

1229.
7 mai.

---

1. Nom en blanc.

42. Dons de quelques droits féodaux par Savary de Mauléon.
(Carte n° 90.)

1229.
Universis Christi fidelibus presentes licteras inspecturis Savaricus de Malo Leone, dominus de Thalemundo, salutem in Domino. Noveritis quod ego, pro salute anime mee et parentum meorum, dono et concedo liberaliter in puram et perpetuam elemosinam Deo et abbacie S^{ti} Johannis de Orbisterio quicquid juris vel dominii habebam vel habere poteram in domo Johanne Chaissarde et in domo que fuit Orguier, habendum et possidendum in perpetuum, pacifice et quiete. In cujus rei testimonium presentes licteras dicte abbacie dedimus sigilli nostri munimine roboratas. Datum publice apud Olonam anno Domini millesimo ducentesimo XX° IX°.

43. Désistement par Jocelin de Belleville des réclamations qu'il élevait sur la viguerie de certaines terres. (Carte n° 307.)

1230.
Universis Christi fidelibus presentes licteras inspecturis ego Jocelinus de Bella Villa, dominus ejusdem ville, salutem in Domino. Noverint universi quod cum quedam controversia suborta fuisset inter me, ex una parte, et abbatem et monachos S^{ti} Johannis de Osbisterio, ex altera, super vigeriam de Malo Pertuiso et de Boscheria et de Gormanderia et de terra de Bosco et de Tallepe, quam vigeriam dicebam ad me de jure pertinere et multis aliis coustumis et redoanciis quas ab eisdem petebam, racione domus eorum monachorum de Malo Pertuiso et eorum hominibus de predictis villis; tandem audita super hoc veritate ab Briencio de Bella Villa, patre meo, et multis aliis probis viris, et ipsorum monachorum cartulis et scriptis diligenter inspectis ab antecessoribus meis super hiis et super aliis eisdem monachis

concessis, confirmavi et concessi dona et elemosinas et gracias que ab antecessoribus meis facta fuerant eisdem sive concessa. Insuper, pro redempcione anime mee et parentum meorum, dedi in puram et perpetuam helemosinam et liberaliter concessi eisdem monachis quicquid juris sive dominii habebam vel habere poteram in terra eorum de Malo Pertuiso et in hominibus suis de Gormanderia et de Boscheria et de Bosco et de Tallepe, et in terris et tenementis eorum hominum, habendum et possidendum in perpetuum, pacifice, libere et quiete. In cujus rei testimonium, presentes licteras eisdem monachis dedi sigillo meo sigillatas. Actum in camera predicti abbatis S^{ti} Johannis de Orbisterio, presente domino meo Savarico de Mallo Leone, anno Domini millesimo CC° XXX°. Et dicti abbas et monachi receperunt me in suis benefficiis temporalibus et spiritualibus.

44. Vidimus et confirmation du bail à moitié de la Pironnière fait en 1219. (Cart° n° 201. Orig. aux Arch. de la Vendée.)

1231.

Notum sit omnibus tam presentibus quam futuris quod cum inter Hugonem, Dei paciencia abbatem Sancti Johannis de Orbisterio, ex una parte, et Bonetam relictam Arberti Bordun, ex altera, questio verteretur super quadam domo prope Pironeria et ejusdem pertinenciis, que ipsa dicebat sibi et heredibus suis jure perpetuo pertinere, racione tali quod exinde habebat cartam roboratam sigilli Audeber, felicis recordacionis, tunc temporis abbatis Sancti Johannis de Orbisterio, munimine in hunc modum. Notum sit omnibus tam presentibus quam futuris quod A. abbas Sancti Johannis de Orbisterio, cum consensu et voluntate tocius cappituli ejusdem ecclesie, dedit et concessit Arberto Bordun et Bonete, uxori ejus, et filiis eorumdem et heredibus suis subsequentibus perhenniter possidendam domum de Pironeria cum pertinenciis suis in medietariam, decima tamen reddenda de gerbis in area et de bestiis similiter. Ipse vero predictus Arbertus et B. uxor ejus et heredes eorumdem accipient unum sextarium frumenti in area de comuni pro ferramentis sibi necessariis. Deinde omnem segetem per mediam partem divident, (ita) ut abbas et sui accipient unam partem et A. Borduns et heredes ejus alteram. Et semen quod in terra illa seminabunt de comuni accipient. Et quicquid est infra fossatum circa domum libere et absque ulla exactione possidebunt. Ad domum vero ibidem construendam vel ad carruias vel ad aratra sibi necessaria abbas et sui libertatem nemoris cum expensis eorum preparabunt. Et in tempore messis unam quadrigam feni in prato Stephani cum expensis suis accipient annuatim. His omnibus prosequutis, abbas et sui jam dictum Arbertum et heredes ejus ab omni invasione tamquam suos homines custodient et defendent. Et ad firmiorem et diuturniorem memoriam hujus rei, presentem cartulam sigillo Sancti Johannis de Orbisterio fecimus muniri. Hujus doni testes sunt : Michael prior ejusdem abbatie, G. prior de Nemore de Luco, Helyas sacrista, Willelmus Papins, Willelmus Duranz, P. Capheas et plures alii. Actum est hoc anno Domini M° CC° nono decimo. Dictus vero Hugo abbas contra predictam cartam taliter opponebat quod predicta Boneta terras quasdam possidebat, videlicet terram de Jaquetere, essartum Gillot, terram Petronille Borbelle, que predicte domui non pertinebant. Sed tandem dictus abbas, veritate cognita, et habito consilio cum suis fratribus et multis aliis probis viris et fide dignis qui ad donationem supradicte carte interfuerant, voluit et concessit, cum consensu et voluntate tocius sui cappituli, predicte Bonete et suis heredibus predictam domum cum suis pertinenciis, sicut in carta superius dicta continetur, et etiam terram de Jaquetere, essartum Gilloti, terram Petronille Borbele, supra quibus questio vertebatur, de cetero pacifice possidendam : ita tamen quod decima, que solebat reddi in gerbis, de blado in area de cetero persolvatur. Et ne aliqua questio exinde de cetero possit emergere, Hugo sepedictus abbas presentem cartam sui sigilli munimine roboravit, cum consensu et voluntate tocius sui cappituli, in testimonium veritatis. Actum est hoc anno ab Incarnatione Domini millesimo ducentesimo tricesimo primo.

45. Changement d'hypothèque d'une rente d'un quartier de froment due par Pierre de Beaulieu sur les terrages du Bernard. (Carte n° 147.)

Omnibus Christi fidelibus presentes licteras inspecturis, Petrus de Bello Loco, miles, salutem in Domino. Noverint universi quod cum abbas et conventus S^{ti} Johannis de Orbisterio, ex dono Petri Meschinot militis defuncti, haberent et possiderent in puram et perpetuam helemosinam unum quarterium frumenti super terragiis suis de Bernardo annuatim, ego dictus P. dicti Petri Meschinot heres, dictum quarterium frumenti predictis abbati et conventui permutavi super quoddam pratum quod est situm in parrochia de Bernardo, prope borderiam que est predictorum abbatis et conventus; quod pratum dimisi Bonaudo de Bernardo in perpetuum possidendum, ea scilicet racione quod dictus Bonaudus et successores sui de ipso prato dictum quarterium frumenti predictis abbati et conventui annuatim persolvant. In cujus rei testimonium jam dictis abbati et conventui presentem dedi cartulam domini abbatis de Thallemondo et magistri Porphirii, tunc temporis vices gerentis decani Thallemondensis, sigillorum munimine confirmatam. Datum anno Domini millesimo ducentesimo tricesimo nono.

1239.

46. Désistement par Jean, Guillaume et Pierre de Forges de leurs prétentions sur une terre à l'Ormeau-Quayré. (Carte n° 314.)

Omnibus Christi fidelibus presentes licteras inspecturis Johannes de Forgis et Guillelmus de Forgis, clerici, et Petrus

1240.
27 janvier.
(1239. v. st.)

laycus, fratres, salutem in Auctore salutis. Noverit universitas vestra quod cum nos moveremus questionem adversus abbatem et conventum S^{ti} Johannis de Orbisterio, super feodo et dominio cujusdam terre site prope Ulmum Quayre quam ipsi possident, cujus terre feodum et dominium dicebamus ad nos jure hereditario pertinere; tandem, animarum nostrarum saluti consulere cupientes, et saniore proborum virorum atque meliori utentes consilio, dimisimus atque quiptavimus dictis abbati et conventui quicquid juris habebamus, poteramus vel habere debebamus in feodo et dominio terre superius nominate. In cujus rei testimonium presentes licteras abbati et conventui S^{ti} Johannis de Orbisterio dedimus sigillorum venerabilis abbatis de Thallemundo et P. capellani de Grosso Brolio, tunc temporis vices gerentis domini decani Thallemundensis, munimine roboratas. Datum anno Domini M° CC° XXX° nono, sexto kal. februarii.

47. Arrentement à Guillaume Bricart des biens légués par feu Bernard Babou, bourgeois de Beauvoir. (Cart° n° 120.)

1240.

Omnibus Christi fidelibus presentes licteras inspecturis Johannes, humilis decanus Asianensis, salutem in Domino. Noverint universi quod abbas Ugo conventus S^{ti} Johannis de Orbisterio, totusque ipsius monasterii conventus dederunt et concesserunt tenementum Bernardi Babo, deffuncti, burgensis sui de Belveario, cum pertinenciis suis, quod tenementum habebat apud Belvearium vel omni loco alio a nobis, tam salinis quam domibus quam rebus aliis mobilibus et immobilibus, Guillelmo Bricardi, clerico de Belveario, habendum et possidendum quamdiu vixerit, pacifice et quiete; ita tamen quod ille Guillelmus Bricardus de dicto tenemento cum dictis rebus superius nominatis tenetur eisdem abbati et conventui, vel eorum mandato ad hoc specialiter deputato, in festo S^{ti} Mathei apostoli solvere annis singulis currentis monete Lxª solidos censuales. Si vero ad dictum terminum dictam pecuniam eisdem vel mandato eorum solvere noluerit, tenetur eisdem omnia dampna que in solucione facta contingerit eos habere integre ressarcire. Ille vero dictus Guillelmus Bricart, clericus, est de dicto tenemento homo eorum et donatus eorum in spiritualibus. Post mortem vero dicti Guillelmi dictum tenementum cum omni emendacione, melioracione quam ibi fecerit et augmento eisdem abbati et conventui integre remanebit. Ille vero dictus Guillelmus dictum tenementum dissipare non potest vel pejorare. Quod si faceret ad satisfaccionem condignam predictis abbati et conventui se et sua obligavit. Quando vero abbas vel aliquis ex monachis suis vel eorum amici apud Belvearium accedent, seu aliquis de congregacione eorum pro negociis monasterii sui procurandis, tum modo in victu secundum quantitatem personarum tenetur providere. Si vero dictus Guillelmus aliquas acquisiciones fecerit, eisdem tenetur aliquid legare, si sue placuerit voluntati. Si vero aliquam controversiam in decanatu Asianensi in eos habere contigerit, ipse cum propriis equitaturis, si habuerit, et expensis propriis, si eadem die ad domum propriam reddire voluerit, tenetur eis advocati procuracionem in predictis controversiis exhibere : si vero eadem die ad domum propriam reddire non poterit, tenentur eidem dicti abbas et conventus in necessariis providere. Dictum vero tenementum dictus Guillelmus Bricart tenetur pro posse suo emandare et eciam augmentare et ipsorum abbatis et conventus bona et jura, ubicumque fuerint, deffendere et servare. Et de istis rebus superius nominatis et inviolabiliter observandis dictus Guillelmus Bricart tenetur eisdem abbati et conventui proprio juramento; et ipsi tam abbas quam conventus eidem clerico concesserunt fide bona prenominata fideliter servaturos. In cujus rei testimonium ad peticionem utriusque partis istis presentibus licteris apposuimus sigillum nostrum. Datum anno Domini millesimo ducentesimo quadragesimo.

48. Don par Jean Laydet, clerc, d'un pressoir au Bernard. (Cart^e n° 24. Orig. aux Arch. de la Vendée.)

1247.   Omnibus presentes litteras inspecturis P. tunc temporis humilis vicarius Thalemundensis, eternam in Domino salutem. In nostra presencia constitutus Johannes Laydet, clericus, ob remedium anime sue, patris et matris sue parentumque suorum, dedit et concessit abbati et conventui Sancti Johannis de Orbisterio quicquid juris habebat vel habere poterat in uno torculari sito aput Bernardum, in feuco Willelmi de Sancto Vincentio super Grahum, militis, in puram et perpetuam helemosinam, et in pertinentiis ipsius torcularis; retento tamen eidem clerico et concesso ab abbate et conventu predictis, quod haberet in eodem torculari duas cubas ad vindemiam de propriis vineis suis immittendam; de qua vindemia dicti abbas et conventus, jure torcularis, nichil percipient vel habebunt; retento et concesso etiam, ut supra dictum est eidem clerico loco ad unum dolium vel duobus si in uno vinum de propriis vineis suis non poterit contineri. Dictas vero cubas et dolia dictus clericus, si sibi viderit expedire, aliis locare poterit, dictis abbati et conventui salvo jure seu servicio torcularis. Cubas vero et alia hujusmodi vasa, pro vindemia in cubis, vino in doliis supradictis mittendis, necessaria in ipso torculari dicti abbas et conventus eidem clerico gratis facient ministrari. Preterea concessit idem clericus quod dicte cube post obitum suum remaneant abbati et conventui supradictis. In testimonium premissorum, de consensu dicti clerici, abbati et conventui supradictis dedimus presentes litteras sigilli nostri munimine roboratas. Actum die sabbati ante festum Omnium Sanctorum, anno Domini millesimo ducentesimo quadragesimo septimo.

49. Transaction entre Pierre Marboellus, d'une part, Guillaume Texier et Bienvenue, sa femme, d'autre, au sujet d'une boisselée de vigne dans le fief du Moulin-Guyet. (Cart° n° 204.)

1248.
Juillet.

Omnibus presentes licteras inspecturis Petrus Marboellus, clericus, salutem in Domino. Noverint universi quod cum contencio verteretur inter me et Guillelmum Textorem et Benevenutam, uxorem suam, super quadam boisseleta vinee sita in feodo prioris et fratrum Elemosinarie de Thalemunt, in feodo quod Molendinum Guyet vulgariter appellatur; quam dictam boisseletam vinee dictus Guillelmus et dicta Benevenuta uxor sua tenebant et possidebant causa legati facti eisdem a Petronilla defuncta, quondam uxore Petri de Roca Mortuo, sorore dicti Marboelli, et ego Petrus ex adverso petebam jure successionis sororis mee predicte ad me pertinere; tandem pacificatum fuit inter nos in hunc modum quod ego quictavi quicquid juris habebam vel habere poteram in vinea supradicta per interposicionem fidei dicto Guillelmo et uxori sue et successoribus suis, promictens per interposicionem fidei quod contra dictam quictacionem vinee supradicte per me nec per alium a modo non venirem. In cujus rei testimonium dedi partibus supradictis has presentes licteras sigillo magistri Petri Moysi, tunc temporis vicarii Thalemundensis, sigillatas. Actum mense julii, anno Domini M° CC° XL° octavo.

50. Don par Jean Laydet, clerc, de tous ses biens au Breuil du Bernard. (Cart° n° 23.)

1249.
1ᵉʳ février.
(1248. v. st.)

Omnibus presentes licteras inspecturis Johannes Laydet, clericus de Monasteriis de Maufectis, salutem in Domino. Noveritis quod ego dedi et concessi Deo et abbatie Sti Johannis de Orbisterio ; in puram et perpetuam helemosinam, ob remedium anime mee et parentum meorum, omnes terras meas sitas prope Brolium Bernardi, in feodo domini de Arableya, cum omnibus pertinenciis, habendas et possidendas in perpetuum libere, pacifice et quiete, et quicquid juris habebam et habere poteram racione terrarum predictarum : ita tamen quod post obitum meum monachi in predicta abbacia Deo servientes tanquam pro fratre meum anniversarium celebrabunt. In cujus rei testimonium ego Johannes supradictus dedi abbacie supradicte presentes licteras sigillo vicarii Thalemondensis sigillatas. Actum et datum in vigilia Purificacionis B^{te} Marie, anno Domini millesimo CC° quadragesimo octavo.

51. Lettre de l'abbé de Lieu-Dieu-en-Jard accordant des faveurs spirituelles à ceux qui contribueront par leurs aumônes à la reconstruction du monastère d'Orbestier récemment incendié. (Carte n° 191.)

1251.
16 août.

Omnibus Christi fidelibus ad quos lictere iste pervenerint frater Guillelmus, Dei paciencia abbas Loci-Dei in Jardo, salutem et oracionum munus. Sane cum ex insinuacione lacrimabili dilectorum in Christo sociorum, religiosorum virorum abbatis et conventus S^{ti} Johannis de Orbisterio, nobis fuit intimatum quod domus monasterii eorumdem pro parte, casu dyabolico accidente, non sine eorumdem et monasterii sui grandi jactura noviter fuit combusta, ad restauracionem et reparacionem ipsius proprie non superant facultates ; universitatem vestram rogamus actencius et in Domino exortamus quatenus, amore Dei et intuitu pietatis, de bonis vobis a Deo colatis ad restauracionem domorum prefati monasterii pias elemosinas et grata caritatis subsidia dictis fratribus cum ad vos venerint inpendatis. Nos vero, qui neccessitati ipsorum necnon et detrimenti prelibati monasterii compatimur et ipsorum angustiis et doloribus fraterna compassione compellimur cum dolore, omnes qui ad reparacionem dictarum domorum pietatis manum et largitatis porrexerint in omnibus benefficiis abbacie nostre et omnium abbaciarum tocius ordinis Premonstratentis recipimus, scilicet in missis matutinis oracionibus p. (sic) tricenariis, septenariis, disciplinis, elemosinis, jejuniis, pauperum suscepcionibus et in omnibus que fiunt et fient de cetero in ordine nostro, ut ipsi Domino concedente regna celestia valeant adipisci. Et ne supra premissum dubitari debeatur, has patentes licteras dictis abbati et conventui dedimus sigilli nostri munimine roboratas. Datum in crastino Assumpcionis B^{te} Marie, anno Domini M° ducentesimo quincquagesimo primo.

52. Fondation d'un anniversaire pour Thècle, femme de Guillaume Roux. (Cart^e n° 232 [1].)

Omnibus presentes licteras inspecturis humilis vicarius Talemundensis eternam in Domino salutem. In nostra presentia personaliter constitutus Guillelmus Ruffus. . . . . . voluntate spontanea resignavit. . . . . . Guillelmo Bercho, Bonete uxori sue, Johanni. . . . . . et Stephano Varenbaut, heredibus et successoribus Thecle deffuncte, quondam uxoris dicti Guillelmi Ruffi, de cetero possidendas omnes poccessiones et alias res hereditarias que dicte Tecle fuerunt, quas racione dicte Tecle cum assensu et voluntate heredum supradictorum idem Guillelmus Ruffus habuerat ut ipsi hinc inde. . . . . . et Guillelmus de Jardo frater dicte Tecle. . . . . . quod super fructibus et exitibus. . . . . . idem Guillelmus Ruffi habuit. . . . . . movebunt in posterum questionem sed

1252.
Octobre.

---

1. Cette pièce est une des plus détériorées du Cartulaire, les nombreuses lacunes signalées par des points permettant à peine d'en saisir le sens général.

pocius. . . . . . immunem et liberum quiptaverunt. Voluerunt tamen et concesserunt Guillelmus de Jardo et heredes supradicti reddi quamlibet summam annuatim in anniversario dicte Tecle, scilicet duos solidos capellano de Olona et ecclesie de Olona. . . . . . denarios abbacie S^{ti} Johannis de Orbisterio. . . . . . sitis apud Bram qui per dictum Guillelmum Ruffi quondam racione dicte Thecle fuerunt acquisiti. Et in testimonium premissorum nos vicarius supradictus, ad peticionem parcium predictarum, presentibus licteris sigilli nostri robur apposuimus et munimen. Actum et datum apud Olonam, mense octobris, anno Domini millesimo CC° L° secundo.

53. Confirmation par Aimery, vicomte de Thouars, des dons et priviléges accordés par ses prédécesseurs au prieuré de Saint-Lambert, près Mauléon. (Cart^e n° 318.)

1253. Notum sit omnibus tam presentibus. quam futuris quod ego Aymericus, vicecomes Thouarcii et dominus Malleonis ac eciam Thalemondi, do, concedo, confirmo ac eciam roboro omnes donaciones, largiciones, legata et confirmaciones quas Guillelmus et Savaricus de Malleonio, antecessores mei, dederunt, fecerunt et largiri fecerunt Deo et abbacie Ste Trinitatis de Maleonio et domui S^{ti} Lamberti prope Maleonium et omnia eisdem dona [facta] videlicet byennyum, charreium, decimam, tailleiam in Breteleria in utraque parte ville et aliis pertinenciis illius ville et in terra de [Maupertuis] et in mesteria Jubeolina cum suis pertinentiis, in burgesia dicte domui pertinenti apud Malleonium, et omnem veeriam in locis supradictis. Doque eidem domui et habitatoribus ibidem habitantibus et habitaturis quicquid juris, dominii, proprietatis et possessionis habebam et habere poteram et debebam in hiis et in omnibus superius nominatis, et omnes homines seu habitatores habitantes et habitaturos in predictis locis liberos et immunes cum omni jure, dominio et districtu sine reclamacione seu revocacione aliqua. Nichilominus volo et concedo quod dicti homines seu habitatores in predictis locis possint vendere et emere in tota castellania mea de Malleonio et reddere vendam habitatorum seu servitorum predicte domus S^{ti} Lamberti, et quod possint predicti habitatores seu servitores dicte domus per totam predictam castellaniam meam suas assisias tenere ac inexercere et quocumque loco sibi viderint expedire. Item do ac eciam concedo dictis servitoribus predicte domus omnes areas veyraus que sunt in circumstanciis dicte domus et mesterie ejusdem domus et Beoline et garenam in areis predictis et in omnibus terris suis. Et si contigerit lepores vel cuniculos de illa garena sua in garenam meam fugere, servitoribus vel famulis predicte domus illis sequentibus ac eciam capientibus non possint a me vel a successoribus meis seu baillivis meis in futurum aliquid fieri detrimentum nec emenda exhiberi. Nichil omnino michi vel heredibus meis nec successoribus meis retineo ego predictus Aymericus in omnibus locis supradictis. Et si ego predictus Aymericus vel heredes mei sive successores mei sive baillivi vel castellani eorumdem in predictis locis seu rebus explectaverimus seu explectare fecerimus, volo et concedo ut nullum sit prejudicium dictis servitoribus.... [1] Actum publice et apud Maleconium anno Dominice Incarnationis millesimo CC° L° III° ; testibus hiis presentibus et audientibus... tunc temporis abbate Ste Trinitatis de Malleonio [2], G. de Aspero Monte domino de Riec et de Perusio, G. decano S^{ti} Laurentii super Separim, G. de Castro Muri, R. de Maulevrer, P. Giraut, Savarico de Sivrayo,...... ([3]) G. de Lezeyo, G. de Motha, G. de Grancha, Germano de Forgiis, militibus, et multis aliis. Et

---

1. Cinq lignes illisibles.
2. L'initiale du nom de l'abbé de Mauléon seule portée est illisible.
3. Encore un nom illisible.

ne ista donacio et confirmacio possit in aliquo in irritum revocari, presentes licteras feci et volui sigilli mei munimine roborari.

54. Dons et restitutions par Aimery, seigneur d'Aubigné. (Cart^e n° 230.)

1253.

Je Aymeris sires d'Aubuygné, chevalers, fay assavoir a tos ceulx qui cestes presentes lectres verront et oirront que, por la saluz de moy, de mes amis et de feu Caterine ma fame, laquelle je fiz revenir de Bran et la fiz ensepulturer en l'abaye de St Jehan d'Orbester, je ay doné à Dieu et a lad. abaye en pure aumosne et octroié aux religieux freres dud. St Jehan d'Orbester un muy de mon vin pur du premier traict, à prendre et à avoir chacun an de mon fé de Chamclou, qui est en la paroisse d'Olone, pour faire mon anniversaire et de lad. Catherine ma fame et de mes amis. Et pour ce que je prins et fis prendre le boys de lad. abaye de St Jehan d'Orbester à cloure ma ville d'Aubuygné, lequeulx boys estoit en la paroisse dud. Aubuygné, et prins encore un bœuf de la valeur de soixante sols et cinq sextiers de seigle et une arche daus biens de lad. abaye, ès-quelles choses je n'avois nulle droicture, et pour ce que je doy dix sols a lad. abaie rendre de cens chacun an d'un molin a vent que je fiz en la seigneurie de lad. abaie, lequau cens je ne rends quinze ans a passés et plus, je led. Aymeris d'Aubuygné, pour satisfaccion et pour amendement daus davant d. choses et pour plusieurs autres injures, je suis tenuz et agree a rendre a religieux freres de lad. abaie trente livres de courant monnoie, et les diz sols daud. cens veil et consent que ils aient a la feste St Jehan Baptiste chacun an pardurablement. Et a toutes cestes choses davant d. et nomées rendre et paier aus freres de lad. abaie entièrement je oblige moy et toutes mes chouses moubles et non moubles et tous mes biens euz et receuz et a recevoir et tous mes hoirs. Et pour ce que je ne autre pour moy ne pohent aller encontre cestui mien fait, et que lad. aumosne dou davant d. mui de vin dit et nommé de mon fié de Chamcloux soit tout temps et a tous jours durable, ferme et estable, j'en ai doné a l'abé et aus davant d. religieux freres de St Jean d'Orbester cestes presentes lectres seellées de mon seya en gariment et en tesmoignage de vérité, l'an de l'Incarnacion Nostre Seigneur mil et dous cens cincquante et troys.

55. Confirmation par Jean Laydet, clerc, du don de tous ses biens au Breuil-du-Bernard, et investiture à lui faite du prieuré de la Sebrandière. (Cart^e n° 34. Orig. aux Arch. de la Vendée.)

1254.
24 janvier.
(1253. v. st.)

Universis presentes litteras inspecturis, officialis curie Pictavensis, salutem in Domino. Noveritis quod in nostra presencia constitutus Johannes Laidet, clericus de Monasteriis de Mafetis, recognovit coram nobis quod ipse dedit et concessit Deo et abbatie sancti Johannis de Orbisterio in puram et perpetuam elemosinam, ob remedium anime sue et parentum suorum, omnes terras suas sitas prope Brolium de Bernardo, in feodo domini de Arableia, cum omnibus pertinenciis et quicquid juris et dominii habebat et habere poterat in dictis terris et racione dictarum terrarum. Et de predictis terris et pertinenciis cum omni jure et dominio earumdem se disvestivit et dissazivit coram nobis et promisit quod ipse jostabit et faciet jostari illum seu illos qui tenent et excolunt dictas terras cum... abbate dicti loci infra instans carniprivium. Et recognovit coram nobis ipse Johannes quod de quatuor libris et dimidia, quas petebat idem Johannes a dicto. :. abbate, restant solvendi tantum quadraginta solidi. Recognovit etiam idem Johannes quod ipse debebat dicto... abbati tria sextaria frumenti ad mensuram Thalemundi. Et dictus... abbas recognovit se debere eidem Johanni duo sextaria avene ad eamdem mensuram. Et recognoverunt dicti. . . abbas et Johannes quod facta hinc inde estimacione et compensacione valoris dicti bladi, remanserunt deéem solidi tantum de dictis quadraginta solidis eidem clerico solvendi. Et promisit idem Johannes restituere infra instans festum Sancti Michaelis prioratui de Sebranderia viginti et octo oves et unum porcum et duas sues, nisi jam restituerit. Promisit insuper dictus Johannes quod ipse infra instantem Assumpcionem Beate Marie restituet dicto prioratui de bonis dicti prioratus unum calicem et patenam argenteam, que recognovit se pignori obligasse pro quadraginta tribus solidis. Datum die sabbati post festum Sancti Vincentii, qua die dictus Johannes resignavit coram nobis donacionem factam eidem de dicto prioratu de Sebranderia a bone memorie Petro, predecessore dicti abbatis, et conventu ejusdem loci. Qua resignacione facta, dictus. . . abbas pure et libere contulit eidem Johanni dictum prioratum ita quod ipse possit frui bonis dicti prioratus, salva rerum sustancia, et providere competenter uni monacho, et quod ipse teneat in bono statu dictum prioratum et bona ejusdem. Et promisit idem abbas quod ipse procurabit et faciet conferri dictum prioratum modo supradicto eidem Johanni a conventu suo. Et hec omnia et singula promisit; fide data, dictus Johannes attendere, observare et non contra facere vel venire; anno Domini millesimo ducentesimo quinquagesimo tercio.

56. Transaction entre Bienvenue, fille de Pierre Lecomte, et le chapelain de la Chapelle-Ratier. (Carte n° 133.)

1254.
Février.
(1253. v. st.)

A toux ceulx qui cestes presentes lectres verront et orront maistre Rengnaud Bonnevin, daen de Thallemond en iceau temps, saluz en Nostre Seignor. Nous vous faison assavoir que comme une eschete fust escheue de feue Avice de St. Benest, c'est assavoir terres et vignes, prez et autres chouses, en laquelle eschete Bienvenue, la feille Perre Le

Comte, devoit avoir le ters par raison de lignage, et Johan Enjuger, chappellain de la Chappelle Rater en yceau temps, eust tenu et esplecté lad. eschete par raison du rachapt que il avoit fait vers la seignorie et la dessusd. Bienvenue requist la terce part qu'elle devoit avoir en lad. eschete par raison de lignage, si come nous avon dit pardessus, au derrer il se sont accordé en telle manère que led. chappellain tiendra, et explectera lad. terce partie de l'eschete enterignement sans nul contredit que lad. Bienvenue y puyt metre ne autre de par luy tant comme il vivra, pour les despens que il a fait en rachapt de lad. eschete. Adecertes après son deceps la terce partie de lad. eschete retornera a lad. Bienvenue et a ses hers, ou la où elle commandera ou devisera, sans nul contredit et sans nulle retenue que led. chappellain y puyt fere ne autres de par luy. Et ont juré sur le sainct evangile Nostre Seignor davent nous que il ne yront encontre la teneur de cestes presentes lectres en temps qui est a venir. Et que ce soit ferme et estable en tous temps mays nous maistre Regnaud, daen de Thallemond en yceau temps, dessus nommé, avons seellé cestes presentes lectres de nostre propre seya a la requeste dau doux parties en testimoine de verité. Ceu fut fait et donné en l'an de l'Incarnacion Nostre Seignor mil et doux cens et cincquante et troys, en moys de feuvrer.

57. Reconnaissance par Jean Anjuger, chapelain de la Chapelle-Ratier, de l'acte précédent. (Carte nº 362.)

Omnibus presentes licteras inspecturis ego Johannes Anjogers, tunc temporis de Capella Raterii capellanus, eternam in Domino salutem. Noveritis me habere, possidere et explectare racione propinquitatis generis et ex parte cognate mee Avice de S^{to} Benedicto, deffuncte, quondam uxoris Raginaldi Aymundi, quinque sextariatas terre arabilis, sitas in

1255.
17 juillet.

feodo domini Guillelmi Frelon, militis, prope ulmum de Portu de Cleya, Item sextariatam terre cosdumeriam in feodo domini Petri Benaton, militis, juxta fontem de Fogere, in parrochia S^{ti} Cirici; Item tres boisseleatas vinee sitas sus la peirere Marsiroth, in parrochia de Curzonio, Item septem solidos censuales ad Nathalem Domini apud Curzonium percipiendos de feodo aus Chaponens; que omnia et singula supradicta ad vitam meam tantummodo tenebo, nec ea vel eorum aliqua obligare vel quolibet alienacionis genere in aliquem transferre debeo sive possum, sed me mortuo eorum omnium et singulorum predictorum tercia pars ad cognatam meam Benevenutam, filiam Petri lo Conte, vel ejus heredibus ex causa caduci sive de escheete ex parte mea libere reverterit. Et in testismonium premissorum ego supradictus Johannes Enjugers dicte Benevenute et ejus heredibus dedi presentes licteras sigillo magistri Raginaldi, decani nostri Thalemundensis, una cum sigillo meo proprio sigillatas. Datum sabbato ante festum beate Marie Magdalene anno Domini M° CC° L° quinto.

58. Don par Bienvenue, femme de Jean Picard, de divers biens au Port-de-la-Claye, à Saint-Cyr et à Curzon. (Cart° n° 363. Orig. aux Arch. de la Vendée.)

1255.
17 juillet.

Omnibus presentes litteras inspecturis, ego Benevenuta filia Petri lo Conte salutem in Domino. Noveritis me cum auctoritate et assensu Johannis Picardi, mariti mei, ob remedium anime mee, in puram et perpetuam helemosinam Deo et abbatie sancti Johannis de Orbisterio dedisse totum illud jus caduci sive de escheete quod michi vel meis est heredibus obventurum, ex parte Johannis Enjuger, capellani de Capella Raterii, cognati mei, post ejus decessum : scilicet terciam partem quinque sextariatarum terre arabilis site in feodo domini Guillermi Frelon, militis, prope ulmum de

Portu de Cleya, Item terciam partem sextariate terre cosdumerie in feodo domini Petri Benaton, militis, juxta fontem de Fogere, in parrochia Sancti Cirici, Item terciam partem trium boisseleatarum vinee site sus la peirere Marsiroth, in parrochia de Cursonio, Item terciam partem septem solidorum censualium ad Nathale Domini apud Cursonium percipiendorum de feodo aus Chaponens. Et ego Benevenuta supradicta, fide prestita corporali, promisi contra donum predictum per me vel per heredes meos in posterum non venire. Et in testimonium premissorum dedi fratri Hugoni abbati Sancti Johannis de Orbisterio, nomine ejusdem abbatie, presentes litteras sigillo religiosi viri abbatis de Thalemundo et sigillo magistri Raginaldi, tunc temporis decani nostri Thalemundensis, me et dicto marito meo presentibus et consentientibus, sigillatas. Datum sabbato ante festum beate Magdalene, anno millesimo ducentesimo quinquagesimo quinto.

59. Ferme perpétuelle consentie par Pierre Gardin de toutes ses terres du Marchieul pour une rente de huit setiers de froment et trois de méture. (Carte n° 63.)

Universis presentes licteras inspecturis ego Petrus Gardin de S[to] Cirico eternam in Domino salutem. Noveritis me a religiosis viris abbate, priore et conventu S[ti] Johannis de Orbisterio omnes terras suas de Marchiolio, in parrochia S[ti] Cirici sitas, conducisse sive recepisse ad perpetuam firmam undecim sextariorum bladi, octo videlicet sextariorum boni frumenti et trium sextariorum bone misture ad mensuram Monasteriorum de Mauffeit annuatim solvendorum religiosis predictis, et eis portando apud domum suam de Barra infra festum Nativitatis Beate Marie. Promisi eciam ego predictus Petrus me edificaturum domum seu domos in terris predictis, in loco qui videbitur michi melius expedire. Item promisi quod si ego vel heredes mei,

1258.

propter paupertatem vel debilitatem vel alium casum, in solucione dicte firme defecerimus, dicte terre sine domibus ibidem factis a jus et proprietatem dictorum religiosorum libere revertentur, quousque de firmis retentis et dampnis inde habitis ipsis religiosis plenarie fuerit satisfactum. Item volui et promisi quod ego vel heredes mei nullo modo possimus, seu nobis non liceat dictas terras vel melioraciones ibi factas vel aliquid eorum alicui ecclesie vel loco religioso legare vel donare, in morte vel in vita, preterquam monasterio S^{ti} Johannis de Orbisterio supradicto. Et in testimonium singulorum et omnium premissorum, ego predictus Petrus, pro me et heredibus meis ab uxoribus meis procreatis seu etiam procreandis, religiosis predictis dedi presentes licteras sigillis religiosi viri abbatis de Thallemundo et domini decani Thallemundensis ad supplicacionem meam et instanciam sigillatas. Datum anno Domini M° ducentesimo quincquagesimo octavo.

60. Abandon par Thibaut Chabot, seigneur de Veluire, du droit de chauffage qu'il avait dans les bois du prieuré de la Sebrandière. (Cart° n° 123.)

1259[1].
Mars.
(1258. v. st.)

Ge Thibaut Chabot, chevaler, sires de Chasteau-Sion et dau chasteau de Voluyre, foys assavoir à tous ceulx qui ceste presente chartre verront et orront que cum je oguisse mon chaufage en trestouz les boys qui appartenent et appartenir pouhent et devent à la maison de la Sainbrandere, qui moet de l'abbaye mons^r sainct Jehan d'Orbester, je foys assavoir à touz que le devent d. eschaufflage je ay de ma pleine volunté donné et lessé et quipté et octroyé, pour le salut de l'arme mon père et de touz mes ancestres, en pure et par-

---

1. Pâques ayant été le 24 mars en 1258, cette pièce pourrait n'être pas de 1259 (n. st.) si elle est des derniers jours du mois.

durable aumosne, à Dieu et à nostre dame saincte Marie et à l'abbé et au convent de la devantd. abbaye de mons' Sainct Jehan à tenir et à avoir et à explecter durablement à eulx et à leurs successeurs et à leur commendement tous les davantd. boys enterinement, franchement, quiptement et pasiblement, et à faire toute leur volunté delivrement et plenerement, sans tot contredit et sans demende et sans requeste et sans reclamacion que je ne mi her ne autres pour nouz y puissons faire ne demander en nul temps mes par raison de chauffage ne par negune autre manere. Et ay renuncié en ceste donacion et en ycet mien faict je Thibaut Chabot dessus nommez à toute force et à toute ajue de leys et de canon et à touz privileges et à toutes coustumes et à toutes novelles institucions et à tout droit escript et non escript et à tout beneffice de croiz doné et a donner et a trestoutes autres chouses enterinement qui me porroient ajuer à venir contre les diz e contre la teneur de ceste chartre fust en court d'iglise ou en court laye. Et en garentie de ceste chose je Thibaut Chabot dessus nommez en ay donné aud. abbé et au convent ceste presente chartre seellée et confermée de mon propre seyau. Ceu fut fait en l'an de l'Incarnacion Jhesu-Crist mil CC cincquante et huyt, en moy de mars.

61. Transaction avec l'abbaye de Boisgrolland au sujet des marais de Rossé, paroisse d'Olonne. (Carte n° 242. Orig. aux Arch. de la Vendée.)

Omnibus presentes litteras inspecturis, frater Guillelmus miseratione divina humilis abbas de Brolio Gollandi et ejusdem loci conventus, salutem in Auctore salutis. Noveritis quod cum nos, auctoritate apostolica, traheremus in causam coram priore de Allavilla, Angolismensis dyocesis, abbatem et conventum Sancti Johannis de Orbisterio, instanter petentes expensas quas feceramus petendo ab ipsis medietatem

1263.
10 mars.
(1262, v. st.)

decime salis maresii sui de Rossen, siti in parrochia de Olona, et medietatem cosdume bladi boccilorum ejusdem maresii tam coram arbitris quam coram judicibus delegatis ; quas expensas estimabamus ad valorem triginta librarum currentis monete vel amplius ; tandem post multas altercaciones et lites, de bonorum virorum consilio, inter nos, ex una parte, et predictos abbatem et conventum Sancti Johannis de Orbisterio, ex altera, compositum est in hunc modum quod ipsi pro dictis expensis decem libras currentis monete nobis persolvent : medietatem videlicet earumdem in instanti festo Assumptionis Beate Marie et aliam medietatem in eodem festo proximo subsequenti , necnon medietates predictas decime salis et costume de cetero nobis persolvent, sicud tales decime et costume ad usum patrie consueverunt persolvi, arreragiis earumdem decime et costume et omnibus aliis actionibus et querelis quas poteramus habere ad invicem super premissis quitatis penitus et remissis. In cujus rei testimonium dedimus dictis abbati et conventui presentes litteras sigillo nostro quo unico utimur sigillatas. Actum est hoc die sabbati ante festum beati Gregorii , anno Domini millesimo ducentesimo sexagesimo secundo.

62. Don à Jeanne et Hylarie de Saint-Benoît-d'Angles d'une pièce de terre pour y planter une pièce de vigne à complant. (Carte n° 206.)

1265

Omnibus presentes licteras (inspecturis) abbas et conventus S^{ti} Johannis de Orbisterio salutem in Domino. Noveritis quod nos terram nostram, sitam in parrochia S^{ti} Benedicti de Angliis, que est contigua et conjuncta prato prioris S^{ti} Benedicti de Angliis, ex una parte, similiter est contigua vie que ducit viatores de S^{to} Benedicto de Angliis apud S^{tum} Ciricum, ex altera, et ex altero latere est conjuncta terre Gaufridi Benatuni valeti, deinde se dirigit et conjungit terre aus

Vergnaus, tradidimus et concessimus Johanne et Hylarie de S^{to} Benedicto de Angliis sororibus, alumpnis magistri Petri de la Buyee, heredibusque et successoribus earumdem, ad plantandam vineam : sub hac forma videlicet, quod dicte sorores, heredes et successores earum nobis vel allocato nostro apud S^{tum} Benedictum de Angliis, vel circa, tempore vindemiarum quatuordecim somas vindemie, nomine complanti, et duodecim denarios pro recepta seu receptis annis singulis solvere tenebuntur; nec poterunt dictam vineam legare vel alienare loco religioso vel eciam ecclesie seculari, nec dictam vineam aliquo legato, pensione seu servicio honerare. Sciendum est eciam quod nos nichil percipiemus de somis et denariis supradictis quousque annus ab Incarnacione Domini fuerit millesimus ducentesimus sexagesimus tercius decimus. In cujus rei testimonium, dedimus predictis sororibus, heredibus et successoribus earum presentes licteras sigillorum nostrorum munimine roboratas. Datum et actum anno Domini millesimo CC° LX° quinto.

63. Don par Brient Rasclet et Jeanne Lailler, sa femme, de dix sous de cens sur Tailleppe. (Cart° n° 296.)

Noverint universi quod nos Briencius Racleti et Johanna Laillere, ejus uxor, auctorisata a dicto Briencio marito suo quantum ad hec que secuntur, cognoscimus et publice confitemur nos dedisse, et adhuc damus Deo et B^{te} Marie et monasterio S^{ti} Johannis de Orbisterio et fratribus ibidem Deo servientibus decem solidos annui et perpetui deverii seu redditus, scilicet de summa triginta solidorum annui et perpetui redditus seu deverii in quibus tenebantur nobis venerabiles viri abbas et conventus monasterii supradicti ad causam cujusdam herbergamenti cum pertinenciis suis, vulgariter nuncupati Tailleppe, in puramet perpetuam elemosinam, et pro cantando et celebrando quolibet anno et qualibet die ve-

1268.
24 février.
(1267, v. st.)

neris post festum Pasche sex missas, et pro faciendo commemoracionem parentum predictorum Briencii et Johanne in qualibet dictarum missarum, scilicet in dicto monasterio vel in prioratu suo de Bosco Luci. Et hoc faciendo quolibet anno, ut dictum est, sunt et erunt quipti dicti abbas et conventus et causam habentes ab eisdem de dictis decem solidis et arreragiis ipsis, solvendo tempore futuro dictis Briencio et Johanne et causam habentibus ab eisdem, racione predictarum rerum, viginti solidos annui deverii et perpetui redditus quolibet anno et quolibet festo Concepcionis B^{te} Marie. In cujus rei testimonium, eisdem dedimus istas licteras sigillatas sigillo venerabilis viri domini decani Asianensis. Actum die veneris post Invocavit me, anno Domini millesimo CCC° LX° VII° [1].

64. Don par Guillaume Moler et Aldéarde, sa femme, d'une rente de deux livres de cire. (Cart^e n° 327.)

1268.
5 mars.
(1267, v. st.)

Universis presentes licteras inspecturis Robertus, decanus Thallemundensis, salutem in Domino sempiternam. Noveritis quod in nostra presencia constituti Guillelmus Molers et Aldeardis uxor ejus, de S^{to} Cirico, pro salute anime eorum, dederunt Deo et monasterio S^{ti} Johannis de Orbisterio duas libras cere, post decessum predicti Guillelmi reddendas singulis annis in Ramis Palmarum, et accipiendas super vineam suam sitam in feodo domini abbatis de Thallemundo et domini Guillelmi de Podio Medio militis, et super domum et cortillagium que omnia possident apud S^{tum} Ciricum, et su-

---

1. Sic. Mais je n'hésite pas à croire à une erreur de copiste pour 1267, à cause des trois raisons suivantes : 1° l'antiquité du nom de Briencius; 2° le fait que Denys Rasclet, abbé de Talmont en 1364 (ch^e 209), l'était sans doute encore en 1367; 3° enfin et surtout le style de la pièce et l'absence des protocoles habituels au xive siècle.

per terris sitis in feodo prioris S^ti Cirici et capellani de Curzonio. Dictas duas libras cere reddet unica filia quam habent quamdiu vixerit; et si decesserit sine herede dicta filia, domus, vinea cum cortillagio et terris, sicut predicta sunt, ad dictum monasterium revertentur. Et in testimonium premissorum, ego predictus decanus, ad peticionem predictorum Guillelmi Moler et Aldeardis, uxoris sue, presentibus licteris apposui sigillum meum in testimonium veritatis. Datum et actum die lune proxima post Oculi mei, anno Domini millesimo CC° LX° septimo.

65. **Bail à rente d'un marais, d'une vigne et de deux maisons à Beauvoir, consenti à Jean Boisseau, bourgeois de Beauvoir, et à Marie, sa femme. (Cart° n° 246.)**

A tous ceux qui cestes presentes lectres verront et orront Jehan Boyssea, bourgeis de Beauveir, et Marie sa femme salut en Nostre Seigneur. Sachent tuit que nous devons à l'abbé et au convent de l'abbeie de mons^r St Jehan d'Orbester vingt sols de cens annuau à rendre aud. abbé et au convent dessusd. de nous et de noz hers et qui des hers de nosd. hers istrant : c'est assaver dix sols en la feste de la Magdaleine et les autres dix sols en la feste de St Michea prochainement ensuivant, pour raison de ce qu'il ont et aver povent et devent en ung marois que il nous ont baillé pour lesd. vingt sols de cens, qui est appellé vulgaument le marois de la Jugaere, assis près de Beauveir, en la Marchaucie, en la parroisse d'icelle ville meismes, et pour raison de une veigne assise en icelle parroiche meismes, en fief aus noniens de la Lande, et pour ceu que ils avoyent en deus maisons et en leurs appartenances, assises a Beauveir près de la taillée, qui furent Bernard Babou fehu. Encore est assaveir que je d. Jehan Boisseas et Marie ma femme et li her dessusd. devons receivre en davant d. maisons chascun an tant solement

1268.
juillet.

en temps que au plaira aud. abbé et au convent ou à leurs successeurs dous daus frères de lad. abbaie et leurs deux chevaux et ung valet à pié ; e leur devons pourveir suffissamment et honnorablement comme de boire et de manger et de couscher un jour et une nuyt tant seulement. Et si aul avenoit que li abbé de lad. abbaye y venoit en sa personne, en aucune des feiz de celles dous feiz dessus dictes, nous le devons receyvre soy et deux freres et ses troys chevaux et deux valletz à pé tant seulement. Et si nous d. Jehan Boissea et Marie ma femme ou nous hers dessusd. cessiom de rendre lesd. deners aus termes dessusd. ou en aucun desd. termes, lid. abbez et lid. convent ou leurs successeurs se pouhent vanger sur les davant d. chouses et sus quauque nous avons aquis et que nous aquerrons joignant auxd. maisons et à leurs appartenances. Et si nous d. Jehan Boissea et Marie ma femme morions sans hers qui essissent de nostre chair ou de l'un de nous, les davant d. choses doivent remeindre à lad. abbaie quittes et delivres, o tot l'amendement fait en davant d. chouses et toutes les chouses acquises et joignantes ausd. maisons et auxd. appartenances. Et en garantie de ceste chose je d. Jehan Boissea pour Marie, ma femme, et pour nos hers dessusd., ay donné à l'abbé et au convent dessusd. et à leurs successeurs cestes presentes lectres seellées de mon propre seau. Ce fut fait et donné en moys de juignet, en l'an de l'Incarnacion mil deux cens soixante et huyt.

66 Don par Daniel Le Breton et Aliénor, sa femme, de douze deniers de redevances sur une boisselée de vigne, près Talmont. (Carte n°s 4 et 4 *bis*, d'après une copie du 23 mai 1299.

1269.
12 octobre.

Universis presentes licteras inspecturis Daniel le Breton et Aenor ejus uxor eternam in Domino salutem. Noveritis quod nos dedimus et concessimus, in puram et perpetuam elemosiam, Deo et ecclesie S^{ti} Johannis de Orbisterio et monachis ibidem Deo servientibus, pro remedio animarum nostrarum parentumque nostrorum, duodecim denarios annui redditus super quandam boisselleatam vinee nostre de Lozet, site ex una parte juxta viam que ducit de Thalemundo ad Portum et juxta domini Johannis Bloy presbiteri vineam ex altera, habendos et percipiendos singulis annis in festo B^{ti} Michaelis a dictis monachis vel eorum mandatis in perpetuum pacifice et quiete. Juravi eciam ego predicta Haenor, cum consensu et voluntate predicti Danielis mariti mei, quod racione dotis vel donacionis propter nupcias contra hujusmodi donacionem per me vel per alium non veniam in futurum, abrenuncians eciam omnes raciones per quas presens donacio posset in aliquo minuri seu eciam infirmari. In cujus rei testimonium et munimen, presentes licteras predictis abbati et monachis dedimus sigillo curie decani Thalemundensis ad peticionem nostram sigillatas. Datum die sabbati post festum B^{ti} Dionisii, anno Domini M° CC° LX° nono.

67. Don par André et Girard Guyberteau et Guillaume de La Cour à Jean Bernard, clerc. (Cart° n° 196.)

1270. juillet.

Universis presentes licteras inspecturis et audituris Andreas Guybertea, Guillelmus de Aula et Girardus Guiberti[1], salutem in Domino. Noveritis quod nos et nostrum quilibet, pro fideli et utili servicio a Johanne Bernardi clerico nobis et cuilibet nostrum legaliter impenso, damus, donamus et in perpetuum dedimus, donavimus et concessimus dicto Johanni cognato et proximo nostro in genere omnes terras,

---

1. Sic pour Guybertea, v. ci-dessous, ch. 69.

prata, cortillagia, domos et omnia alia et singula que habemus et habere possumus et debemus in premissis et eorum singulis situatis in vilagio de la Chermeliere et circa et pertinenciis ejusdem vilagii in parrochia Olone, sive consistant in terris, vineis, domibus, pratis, nemoribus, pasturagiis et aliis quibuscumque quocumque nomine censeantur ad faciendum ex nunc de cetero in perpetuum de premissis suam omnimodam voluntatem; habendum, tenendum, possidendum et explectandum a dicto Johanne, heredibus successoribusque suis ex nunc in perpetuum pacifice et quiete; transferentes in eundem Johannem, heredes successoresque ipsius ex causis predictis omne jus, omne dominium, omnes possessiones, actiones, peticionem et proprietatem que nobis et nostrum cuilibet usque ad datam presencium competebant seu competere poterant in premissis, et quicquid in premissis habebamus et habere poteramus et debebamus quacumque ex causa, titulo seu ex racione; transferentes eciam et cedantes eciam nichilominus in dictum Johannem, heredes successoresque suos ex causis predictis omnes actiones, peticiones, causas, querelas, controversias et earum sequelas nobis et nostrum cuilibet competentes et competituras racione premissarum seu qualibet alia causa, specialiter contra filium Guillelmi Normant defuncti et ejus sororem et maritum ejusdem; et ipsum Johannem Bernardi verum proprietarium et dominum super premissis et eciam verum possessorem constituimus in rem suam et in premissis et circa premissa omnimodo agere valeat cum effectu; promictentes nos et nostrum quilibet juramento prestito corporaliter et sub obligacione omnium bonorum nostrorum mobilium et immobilium, presencium et futurorum quod contra premissa vel aliqua premissorum non faciemus nec veniemus, nec aliquid actemptabimus per nos vel per alium in futurum, nec in premissorum aliquid reclamabimus nec faciemus modo quolibet reclamari. Renunciantes in hoc doli, mali et in factum excepcionis et pacti futuri successionis benefficio, restitucionis integrum usui, consuetudini, moribus, statuto simulato et sive causa doni et omni auxilio et benefficio juris canonici, consuetudinarii et civilis et omnibus aliis excepcionibus, deffensionibus, racionibus et allegacionibus per quas presens instrumentum in toto vel in parte posset destrui vel infrangi, nos et omnia bona nostra, heredes successoresque nostros ad hec expresse et specialiter obligantes. In cujus rei testimonium nos presentes licteras dedimus et concessimus dicto Johanni Bernardi sigillo venerabilis viri Guillelmi decani Thalemundensis ad instanciam et supplicacionem nostram sigillatas. Datum mense julii, anno Domini M° CC° LXX°.

68. Testament de Hugues, bourgeois de Marans. (Cart° n° 49, vidimus donné le 9 janvier 1271 par Jean de Moues, archiprêtre de Mauzé.)

En nom du Pere et du Filz et du Sainct Esperit, je Hugues, bourgeis de Marahant, filz feu Aymeri Monéer, de Niort, posez en l'einfermetez de mon corps, dispoze et ordonne mon testament en yceste manière. Je Hugues dessus nommez pour le bien et pour l'enour que les religieux abbé et le convent de mons^r St Jehan d'Orbester me firent quant il me donnyrant leur maison de la Saynbrandere o ses appartenances, pour le salut de mon ame et de mon père et de ma mère et de mes antecesseurs qui trespassez sunt, dont à Dieu o à ma damme Ste Marie, à l'abbé et au convent de mons^r St Jehan d'Orbester trestout mon truyl lequel je conquis et ediffiay en Onnis et est assis en la parrosche de Ste Sole. Et est encore assavoir que je leur dont toutes les maisons et les cubes et les cubeas et toutes les vignes et toutes les appartenances audit truyl dessus nommé. Et des dons dessus nommez l'abbé et le convent dessus nommez m'ont doné et octroyé et establi ung chappellain qui

1270.
9 décembre.

chantera et celebrera a tous jours mes en leur abbaye la messe pour l'erme de moy et pour tous mes amys deffuns. Et encore pour remembrance de mon père et de ma mère et de moy et de mes amys, je fais don à Dieu et à l'aumonerie de Niort la terce partie de mon heritage de Niort qui m'avenet de descendue de mon père et de ma mère ; et à la maison de la Saynbrandere en la quelle je ay longtemps conversé et à frère André moynne de sainct Jehan d'Orbester, pour le bien et pour l'enour qu'il m'a fait en ma santé et en ma maladie, dont tous mes meubles et non meubles et toutes mes conquestes que je ly ay comquis de. . . . .[1] et à icest testament que je Hugues dessus nommez si furent presens et à ordenner et à es. . . Morices Achard à ycellui temps priour de S^{te}. . . . . de Vouluyre, frère André moynnes manens o moy à la Saynbrandere, Aymeri Batars, Hues le Bessons. . . . . frère André Morcas et Aymeris My. . . . . . . Katerine la femme Aymeris Pesjotars et Guillaume le Roux charpenter et plusieurs autres. Et que mes successeurs n'en puissent rappeler des ores mays aux dons dessus nommez ne mettre negun enpaitrement ne chalunge, je Hugue borgeis de Marant, filz feu Aymeri Moneer de Niort, j'ay posé l'empreinte de mon propre seyau ; et à ma prière et à ma requeste voil et commant que sires Morices Achars y pose son seyau en testimoine de vérité; encore commant et requier et pri que ce testament soit seellez du seya au prieur de Leçon et dau seyau au chapelain de Vis, en testimoine de verité. Et je Hugues, borgeys de Marans dessus nommez, livre et saizis de cestui testament frère André moynnes de mons^r St Jehan d'Orbester et li pri et li requier et li commant que si testament soit baillez et livrez à monsieur l'abbé et au convent de mons^r St Jehan d'Orbester à garder. Icest

---

1. Quelques mots ici et ci-dessous illisibles.

testament fut fait le mardi emprès la Concepcion Nostre Damme Ste Marie, l'an de l'Incarnacion Jhesu Crist mil deux cens soixante et diz.

69. Transaction entre Jean Bernard, clerc, et Jean et Jeoffroy Normand et leur sœur. (Cart^e n° 195.)

1271. janvier. (1270, v. st)

Universis presentes licteras inspecturis et audituris Johannes Normanni, filius deffuncti Guillelmi Normanni, et Petronilla ejus uxor et Gaufridus Normanni et Johanna ejus uxor sororque predicti Johannis salutem in Domino. Noveritis quod cum inter nos, ex parte una, et Johannem Bernardi de Olona clericum questio verteretur super rebus videlicet quas nos habebamus et tenebamus in vilagio de la Chermelerie et circa et ejus pertinenciis, que predicta dictus clericus dicebat sibi perpetuo data et concessa fuisse ab Andrea et Girardo Guybertea et Guillelmo de Aula, super hiis seu in hiis que ipsi Andreas, Girardus et Guillelmus habebant et se habere dicebant seu que ad eos spectabant in vilagio predicto et circa et pertinenciis antedictis; tandem super questione seu contencione predicta et premissa contingentibus, inter nos et dictum clericum, de consensu nostro et ipsius clerici, bonorum virorum consilio mediante, pacificatum concordanter et ordinatum extitit in hunc modum : videlicet quod omnes res predicte, quas nos habebamus et tenebamus in dicto vilagio et circa et ejus pertinenciis et quas idem clericus dicebat sibi perpetuo datas et concessas fuisse a dictis Andrea, Girardo et Guillelmo, nobis et heredibus nostris remanent et remanebunt perpetuo ad nostram voluntatem omnimodo faciendam racione pacis et ordinacionis predictarum. Et nos super omnibus et singulis rebus predictis quas habemus et tenemus in dicto vilagio de la Chermelerie, et circa, et ejus pertinenciis et in universis aliis bonis nostris immobilibus quocumque sint et in quibuscumque rebus consistant et quocumque nomine censeantur pro bono pacis, racione contencionis predicte et eciam in recompensacionem predictarum rerum damus, donamus, concedimus et assignamus pro nobis, heredibus et successoribus nostris predicto Johanni Bernardi, heredibus successoribusque suis decem solidos annui redditus reddendos a nobis, heredibus successoribusque nostris annis singulis dicto Johanni, heredibus successoribusque suis, de cetero in perpetuum pacifice et quiete terminis infra scriptis, videlicet quinque solidos in Assumpcione Beate Marie et alios quinque solidos in festo Beati Michaelis; volentes, concedentes et expresse consentientes pro nobis, heredibus et successoribus nostris quod dictus Johannes Bernardi, heredes et successores ipsius racione predicta habeant, participant et possident super universis rebus et bonis nostris predictis dictos decem solidos annui redditus terminis predictis ad faciendum suam omnimodo in perpetuum voluntatem. Et est sciendum quod dictus Johannes pro se et heredibus suis tenetur nobis et heredibus nostris garire et deffendere versus dictos Andream, Girardum et Guillelmum et eorum heredes res predictas nobis remanentes racione pacis et ordinacionis predictarum; et hec omnia et singula supradicta promictimus fide data pro nobis, heredibus et successoribus nostris, et sub obligacione omnium bonorum nostrorum tenere et actendere et inviolabiliter observare nec contra facere vel venire per nos vel per alium in futurum; renunciantes in hoc excepcioni doli, mali et in factum circonvencioni et omni auxilio et benefficio juris canonici, consuetudinarii, civilis, omnibus excepcionibus, deffensionibus, racionibus et allegacionibus tam facti quam juris per quas possemus contra premissa vel aliquod premissorum in aliquo facere vel venire. In cujus rei testimonium dedimus eidem Johanni Bernardi presentes licteras sigillo venerabilis viri Guillelmi, decani Thalemondensis, ad peticionem nostram sigillatas. Datum mense januarii, anno Domini M° CC° LXX°.

70. Transaction avec les héritiers de Hugues Le Clerc, bourgeois de Marans. (Cart° n° 323, vidimus délivré au mois de may 1272 par André, doyen de Talmont [1].)

1271.
juin.

Je Jehanne, feille feu Hileres Mosneer, femme Girard dau Broil borgeis de la Rochelle, et je Hileres Bernart filz feu Pierre Bernart et filz de feue Juliene qui fut feille dau davant d. Hileres Mosneer, et je Guillaumes li Cuers de Marant, et je Martin Mosneer, et je Eudes Mosneer, et je Hileres Mosneer de Niort, frères, faisons assavoir à tous ceux qui ceste presente chartre verront et oiront que come après la mort de feu Hugues Le Clerc, nostre oncle, contens fut entre nous d., d'une part, et les religieux hommes l'abbé et le convent de mons^r St Jehan d'Orbester, d'autre part, sus ce que lid. abbé et li convent disoient que li davant d. Hugues Le Clerc lor avoit donné et laissé en son derrain testament, en pure et en pardurable aumosne, ung troil et ung herbregement o toutes ses appartenances, que nostre davant d. oncle tenoit et explectet au jour de son deceps en la parroche de Saincte Sole, et toutes les vignes appartenant aud. troil et aud. herbregement ; et iceste laisse il lor avoit faicte pour ce que il tenissent en lor dessusd. abbaye ung chappellain qui celebrast perpetuaument et tout continuaument pour le saluz de s'arme si com il disoient ; et nous responssissons à l'encontre et deissons que dau dessusd. don ne de la dessusd. laisse nous ne savions riens. A la parfin en après mains plaiz et mains contens sus ice longuement demenez entre nous et le devant d. abbé et le convent, par le conseil de prudes hommes et des amys de l'une partie et de l'autre, venismes entre nos affin et à pais et à acort durable dau dessusd. con-

---

1. Encore une pièce fort détériorée, comme les nombreuses lacunes remplacées par des points en font foi.

tens en tau manere que nous, entandant a la succession dau davant d. Hugues Le Clerc, notre oncle, ... assentement et nommcement. . . . . . Girart dau Broil, mon seigneur, avons donné et assis et assigné au davant d. abbé et convent doze livres de rende de la monnoie randau par la terre à prendre et à avoir chascun an et durablement à eulx et à lors successeurs ou à lor commandement sus led. troil et sus led. herbergement et sur toutes les vignes qui aud. troil appartiennent et que le d. Hugues teneit et explecteit, ou autres pour lui, au jour que Dieu fit de lui son commandement, à faire daus dessusd. doze livres de rende toute lor volonté delivrement et plenierement sans tout contredit, et pour tenir en lor susd. abbaie un lor moynne chappellain qui celebret perpetuaument pour le saluz de l'arme de nostre davant d. oncle; et sont à rendre les davant d. doze livres de rende chascun an et durablement au davant d. abbé et au convent et à lor successors ou à lors commandements par dous termes, c'est assaveir six livres a la feste Nostre Dame Saincte Marie me aougst et six livres a Pasques seguans annaument, quises oud. herbergement aux termes dessus nommé. Et si tant estoit chose... livres de rende ne lor fussent rendues et paiées... au terme dessusdit quant elles seroient quises... suffisant audit herbergement dau certain commandement de l'abbé et dau convent, nos lor serions tenu de rendre... dix sols a la monnoie courant de gage pour chascune semayne que lor davant d. rende demeureroit à rendre, et les cousts et les misions et les dommages que led. abbé et le convent feroient et auroient et soustiendroient et auroient soustenu pour faulte de poyement de la d. rende aux termes dessusd. et seront creu au serement du procureur dud. abbé et dau convent daus dommages et daus cousts et daus mises et dommages si aucun sont par faulte de poyement au terme dessusd. et apres ce que el auroit esté par eulx quise et demandée aud. herbergement aus termes dessusd. Et si nous dotions que lad. rente n'eust esté quise et demandée aud. termes, nous en devons croyre lou commandement aud. abbé par son serement sans autre preuve, toute fois que doutance naitreit sur ce entre nos et led. abbé et son commandement, autresi bien principaument. . . . . . les davantd. choses pour led. gage rendre. . . . . . je Jehanne et. . . . . . Martin Mosneer. . . . . . . à toutes les choses nostre oncle, celes que nous avons et que nous aurons queque part qu'elles soyent et seront, mobles et non mobles, et nommément le davant d. treil et les davant d. livres [de rende] et toutes les vignes qui y appartiennent sommes tenus garir et deffendre durablement audavant d. abbé et autrement et à lad. fille et à lor commandement les davantd. Mosneer dessus nommé doze livres de rende le gage. . . . . . y estoit con. . . . . . pasiblement et delivrement de tout de toutes obligaisons, de toute force de seignorie, de toute exaction, de toutes reddevances et de toutes autres. . . . . . je Jehanne et je Girard dau Broil si sire et je Hileres Bernart et je Guillaume le Cuers et je Martin Mosneer, et je Eudes Moneer et je Hileret Mosneer dessus nomme en avons donné. . . . . . au davant d. abbé et au couvent et à lors successors cette presente chartre seelée et confermée à noz requestes dau seiau mons^r Aymar de Born arcediacre d'Aulnis en Sainctes. Ceu fut fait l'an de l'Incarnacion Jhesu-Christ mil CC soixante et onze, au moys de juign.

71. Confirmation par Guy, vicomte de Thouars, des priviléges et franchises de l'abbaye d'Orbestier. (Cart^e n° 387.)

Universis presentes licteras inspecturis et audituris Guiardus de Thoarcio, dominus castri Talemundi, salutem in Domino sempiternam. Noveritis quod accedentes ad nos abbas

1272.
29 avril.

et conventus S^ti Johannis de Orbisterio humiliter subplicaverunt et devote ut dona, libertates, concessiones sibi factas a deffuncto Savarico de Malo Leone et a predecessoribus suis concederem ac eciam confirmarem. Ego siquidem Guiardus supradictus, religiosorum predictorum suplicacionibus et precibus misericorditer inclinatus, dictas donaciones et concessiones sibi factas a deffuncto Savarico de Malo Leone concedo et concessi : videlicet in hunc modum quod ego volo et concedo predictis religiosis et ecclesie sue Arnaudum Tardi de Sabulis, Stephanum Berenger de Calma, Petrum Tabart de Olona et Johannem de Porta de Cursonio et heredes et successores suos cum omnibus pertinenciis et tenementis, et quicquid juris sive dominii habeo vel habere debeo in predictis hominibus vel heredibus sive successoribus suis, nichil omnino michi vel meis heredibus sive successoribus retinens in eisdem, liberos et immunes. Item, do et concedo dictis religiosis et ecclesie sue locum in quo abbacia S^ti Johannis de Orbisterio est fundata, cum omnibus pertinenciis suis, quibuscumque et ubicumque sint in dominio meo, terris cultis et incultis, pratis, vineis, nemoribus et aquis et domibus et pocessionibus quibuscumque : et usagium plenarium et eciam liberum per totam forestam meam de Orbisterio, ad quodcumque voluerint faciendum sine vendicione vel donacione, ubicumque voluerint ad opus eorum deportare per totum territorium Thalemundi, ad quelibet edificia facienda, reedificanda, construenda vel eciam reparanda, et suis donatibus et servientibus et euntibus et redeuntibus et hospitibus, sine deffensione aliqua quam in predicto usagio ego vel heredes mei sive successores vel baillivi sive forestarii mei vel successores eorumdem possimus ibidem imponere vel inferre : et pascua plenaria et libera et lecterias ad opus animalium suorum, cujuscumque sint generis sive propriorum vel parcionariorum, per totam forestam meam Orbisterii : et feras quascumque quocumque modo ad opus infirmorum, monachorum et hospitum, infra

metas eorum, ipsi monachi vel servientes eorum poterunt
detinere : et homines omnes habitantes vel habitaturos, presentes et futuros, a gula deu Doit usque ad Malum Pertusum
et in domibus de la Biretere et heredes et successores
eorumdem liberos et immunes ab omni servicio, cosduma,
tailleia, exercitu, questa et extorsione. Do eciam et confirmo
dictis religiosis et ecclesie S^{ti} Johannis de Orbisterio exarta
que vulgaliter appellantur Grangia Monachorum, et triginta
solidos in censibus meis de Olona in Natali Domini percipiendos, et triginta solidos in Insula prope Olonam in nativitate B^{te} Marie percipiendos ; et domum Stephani Cenomannensis, domum Girardi Lessier, domum Petri Grandet,
domum Aymerici Borrea, domum de Lauretea de Insula
Olone, Johanne Caissarde de Thalemondo et domos de
Lavenderia, de supra stagnum de Talemundo, et vineas que
sunt de supra dicto stagno de Talemundo, et domum que
fuit Orguen, et omnes habitatores dictorum domorum
manumito et concedo liberos et immunes. Item do, concedo
et confirmo dictis religiosis et ecclesie S^{ti} Johannis domum
furni de Thalemundo cum pertinenciis suis et decem
nummos censuales, quod antecessores percipiunt multocies
in domo furni, et caufagium plenarium et liberum in foresta
mea de Orbisterio ad opus furni predicti de feodo forestarii
et de branda, et duo sextaria frumenti in terragiis de
S^{to} Michaele in Heremo annis singulis tempore messium
dictis monachis S^{ti} Johannis de Orbisterio habenda et percipienda, in vico de Vayre Johannem de Vayre et heredes
ipsius cum tenementis suis, et quicquid juris et dominii
habere poterant et debebant in hiis et super hiis expresse
superius nominatis, et quodcumque predicti monachi poterunt acquirere in totam terram meam, in provincia Picta-
vense, quocumquelibet titulo ea omnia habeant et possideant
et explectent libere, pacifice et quiete. Et si aliqua donacio
meis antecessoribus declaranda seu specificanda vel exprimenda in istis licteris pretervasi, volo et concedo quod, hoc

(non) obstante, omnes alie lictere a meis antecessoribus concesse monachis super quibuscumque nichillominus robur obtineant firmitatis. Item, volo ego et liberaliter et absolute concedo et confirmo quod si forestam de Orbisterio vendi vel vastari contigerit, ita quod predicta usagia dicta abbacia et monachi sicut predicta sunt locis venditis habere non possunt, si terre nemorum venditorum ad cultum reddacte fuerint, quintam partem fructuum, quos exinde ad me vel ad meos heredes presentes et futuros sive successoribus pervenire contigerit, dicta abbacia et monachi percipiant perpetuo et habeant libere, pacifice et quiete : si vero inculte remanserint, eamdem partem habeant in eisdem terris libere, pacifice et quiete, ad faciendam omnino suam plenariam voluntatem, ita tamen quod suas terras, cultas et incultas, possint tradere ad colendum quibuscumque colonis, quociensque et quantoscumque videant expedire : et quod coloni predictarum terrarum predictorum monachorum habeant usagium in dictam forestam meam de Orbisterio, ad sua edificia facienda et ad quadrigas et carrugas et alias circumstancias ad opus culture predicte neccessarias, et chaufagium in predicta foresta ad opus predictorum colonum et familie de feodo forestarii et de branda, et pascua universis animalibus predictorum colonum, et licterias per totam forestam Orbisterii. Insuper, volo et liberaliter concedo et confirmo ut dicti abbacia et monachi habeant mercatorias naves et piscatorias per totos portus meos, proprias sive porcionarias, ab omni costuma et exactione liberas et immunes, et navigatores earumdem ; et coustumam piscium de navibus piscatoriis sive porcionariis vel propriis dono et concedo eisdem monachis, et ipsi percipiant et habeant eam in singulis navibus suis, a tempore quo debet exigi usque ad tempus quo non debet recipi. Hec omnia universa supradicta dicti monachi habeant, possideant et explectent libere, pacifice et quiete, et acquisita omnia de cetero habeant ex concessione mea et antecessorum meorum libera, pacifica et quieta, sine contradicione aliqua vel reclamacione, quam ego, Guiardus predictus, vel heredes mei, sive successores in hujusmodi acquisitis vel acquirendis possint imponere vel inferre. Ad hec autem universa et singula dicte abbacie et monachis perpetuo persequenda et integranda ac fideliter observanda obligo me et mea et heredes meos presentes et futuros in manu et custodia domini episcopi et domini regis Francie, qui pro tempore erunt, abrenuncians in hoc facto meo omni juri legum et canonum et omni excepcioni qui presentem donacionem meam et confirmacionem possent perturbare. Et, ut dicta confirmacio et concessio robur obtineat firmitatis, dedi ego, Guiardus predictus, presentes licteras dictis religiosis S^{ti} Johannis de Orbisterio sigillo meo sigillatas. Datum die veneris post Resurreccionem Domini, anno Domini M° CC° LXX° secundo.

72. Extrait du testament de Hersende, veuve de Guillaume Resion. (Cart° n° 174.)

Universis presentes licteras inspecturis Andreas, humilis decanus Talemundensis, salutem in Domino. Noveritis nos vidisse et diligenter inspexisse testamentum Harsendi, relicte Guillelmi Resion valeti, filie Johannis Salemont et Agnetis dau Chastellers uxoris sue, non cancellatum nec abolitum nec in aliqua parte sui viciatum, prout prima facie apparebat, in quo eciam testamento clausula talis erat : Item lego abbacie B^{te} Marie de Brolio Arbaudi et abbacie S^{ti} Johannis de Orbisterio, cuique istarum duarum abbaciarum quinque solidos annui redditus, pro anniversario meo annuatim faciendo, super fundamentum hereditagii mei et super redditus et exitus, fructus et proventus dicti hereditagii mei ex parte matris mee, quod parciebar cum Johanne Guegnart predicto fratre meo, ubicumque sit. Et volo et precipio quod isti decem solidi separentur a parte dicti Johannis Guegnart

1274.
27 janvier.
(1273. v. st.)

fratris mei. Et est dictum testamentum sigillatum sigillo capellanorum de Britonelia, S^{ti} Nicolai de Bram et S^{ti} Martini de Bram. Et omnibus quibus significandum est significamus per presentes licteras sigillo curie nostre sigillatas. Datum die sabbati ante Purificacionem B^{te} Marie Virginis, anno Domini M° CC° LXX° tercio.

73. Don par Jean Simon, clerc, de sa personne et de ses biens situés dans la paroisse de la Claye. (Cart^e n° 317.)

1274.
13 septembre.

Universis presentes licteras inspecturis Guillelmus, humilis vicarius Marolii, salutem in Domino sempiternam. Noveritis quod in nostra presencia Johannes Symonis clericus constitutus, pro salute anime sue, dedit Deo et monasterio S^{ti} Johannis de Orbisterio se et omne hereditarium suum quod tenet et explectat et possidet in parrochia de Cleya, scilicet domos, vineas, prata, nemora, silvas, terras cultas et incultas, et cortillagia, mobilia et immobilia, acquisita et adquirenda; nec poterit de cetero super predicta cuilibet ecclesie nichil amplius delegare. Que omnia et singula superius nominata dictus Johannes Symonis tenebit, explectabit et quandiu vixerit possidebit; post decessum vero dicti Johannis clerici omnia et singula supradicta ad dictum monasterium revertentur. Dictus Johannes Symonis clericus, tactis sacrosanctis evangeliis, prestitit juramentum corporale nunquam per se nec per alium contra donacionem suam amplius provenire. Et sciendum est quod abbacia S^{ti} Johannis de Orbisterio dicto Johanni Symonis clerico non tenetur ullam provisionem facere, nisi quando voluerit induere habitum monacalem. Et in testimonium premissorum ego predictus vicarius, ad petitionem predicti Johannis Simonis clerici, presentibus licteris apposui sigillum curie decanatus Marolii, in testimonium veritatis. Datum et actum die jovis ante Exaltacionem sancte Crucis, anno Domini millesimo ducentesimo LXX° quarto.

74. Don par Raoul de Vairé à Jean de Montbail. (Cart° n° 155.)

1279.
16 janvier.
(1278. v. st.)

Universis presentes licteras inspecturis vel audituris Radulphus de Vayre miles salutem in Domino sempiternam. Noveritis quod ego spontaneus, non coactus, ad hec non vi, non metu, nec dolo inductus, dedi et concessi et adhuc do et concedo Johanni de Monbail valeto et heredibus successoribusque suis et ab eisdem causam habentibus seu habituris, pro bono et legitimo suo servicio michi ab eodem Johanne facto et utiliter jam impenso, totam hereditatem meam, in quibuscumque dominiis seu feodis consistere possit, salvo tamen et retento michi quamdiu vixero usufructu in omnibus et singulis supradictis; et post decessum meum volo et concedo quod predictus Johannes et heredes successoresque sui seu ab eisdem causam habentes seu eciam habituri habeant libere, pacifice et quiete possideant et explectent prout superius est expressum donacione facta supradicto Johanni generaliter inter vivos. . . . si predictam donacionem. . . . vel infringi in toto vel eciam. . . . in parte. . . . repugnante illam porcionem. . . . [1] et percipiat quam michi dare licet seu permissum est seu lege seu consuetudine patrie. Et abrenunciavi ego predictus Radulphus in hoc facto meo omni excepcioni doli et mali, decepcionis et circonvencionis, statuto principis dato et dando et omnibus allegacionibus et racionibus, defensionibus, persecucionibus, consuetudinibus, institutis, privilegiis novis et veteribus et omni juris auxilio canonici et civilis per quam possent presentes lictere in toto vel parte seu in aliquo articulo destrui vel infringi in foro ecclesiastico seu eciam seculari. Dedi eciam et concessi et adhuc do et concedo predicto Johanni unum molendinum meum ad ventum situm in parrochia de Vayre in

---

1. Des cinq lignes précédentes on ne peut lire que les lambeaux ci-dessus.

feodo magistri. . . . . . . Garat pro bono et legitimo servicio suo michi ab eodem Johanni facto et utiliter jam impenso. Juravi eciam, tactis sacrosanctis evangeliis Dei, quod contra omnia et singula supradicta per me vel per alios non veniam in futurum. In cujus rei testimonium dedi et concessi predicto Johanni et heredibus successoribusque suis has presentes licteras sigillo senescallie Pictavensis apud Rocham super Oyon pro domino rege Francie constituto ad peticionem meam spontaneam sigillatas et requisivi Matheum de [Rou] militem castellanum de Rocha predicta, tenentem tunc temporis dictum sigillum loco predicto, ut in presentibus licteris dictum sigillum apponeret in testimonium veritatis. Et ego, predictus Matheus, de assensu et voluntate ipsius, presentibus licteris dictum sigillum apposui in testimonium omnium premissorum, et predicta omnia tenenda et fideliter observanda judicio curie dicti regis Francie judicavi et eciam condampnavi salvo jure suo et quolibet alieno. Datum presentibus ad hec Johanne Bonevint clerico et Alexandro dau Fenoyller valeto, die lune post festum beati Hylarii yemalis, anno Domini millesimo ducentesimo LXX° octavo.

75. Confirmation par Béatrix et Agathe, filles de feu Raoul de Vairé, des dons faits par leur père à Jean de Montbail. (Cart° n° 159. Orig. aux Arch. de la Vendée.)

1279.
16 mai.

Universis presentes litteras inspecturis, Beatrix et Agatha, sorores, filie defuncti Radulphi de Vaire, militis, salutem in Domino. Noveritis nos donasse et nomine seu racione donacionis adhuc donamus, tradimus et concedimus quelibet nostrarum in solidum Johanni de Mont-Bail, valeto, quicquid juris, proprietatis, possessionis et dominii habemus et habere possumus et debemus in successione dicti Radulphi patris nostri, defuncti, ubicumque sit et quocumque nomine censeatur, nomine et racione fidelis servicii sui dicto defuncto patre nostro tempore quo vivebat impensi, habendum a dicto Johanne tenendum, possidendum et explectandum ex nunc et in perpetuum pacifice et quiete, inducentes dictum Johannem de predicta donacione in possessionem per tradicionem presentium litterarum nichilominus corporalem. Et promittimus bona fide contra dictam donacionem per nos vel per alium, verbo vel facto in judicio vel extra non venire in futurum ; immo si aliquis molestaret vel in causam traheret dictum Johannem racione dicte donacionis a nobis sibi facte, promittimus sub obligacione omnium bonorum nostrorum et quelibet nostrarum in solidum deffendere et garentiare dictam donacionem dicto Johanni a nobis factam secundum consuetudinem patrie versus omnes. Renunciamus insuper in hoc facto nostro omni excepcioni decepcionis, mali, doli et in factum quod causa metus restitucionis in integrum et omnibus aliis excepcionibus, deffensis, privilegiis, graciis indultis et indulgendis graciis indultis, racionibus et allegacionibus juris canonici et civilis seu consuetudinarii, scripti et non scripti, statuti a principibus et statuendi, et eciam juri dicenti generalem renunciacionem non valere per que dicta donacio posset in parte vel in toto destrui, infringi quassari seu adnichilari. Et donacionem a defuncto patre nostro dicto Johanni factam ratificamus et ratam et gratam habemus; et si non valet de jure, volumus et precipimus quod de facto valeat. In cujus rei testimonium presentes dedimus dicto Johanni litteras sigillo senescallie Pictavensis pro domino rege Francorum apud Rocham super Oyon constitute sigillatas. Et requisivimus Petrum de Burgundia, tenentem et custodientem dictum sigillum loco predicto, ut ipse presentibus litteris eumdem sigillum apponeret. Et ego dictus Petrus ad peticionem et requisicionem dictarum Beatricis et Agathe, presentibus litteris predictum sigillum apponimus in testimonium omnium premissorum, salvo jure domini regis et alieno; et predictas Beatricem et Agatham sorores, ad premissa tenenda et inviolabiliter observanda judicio curie domini regis Francorum judicavi et eciam sentencialiter condampnavi, presentibus testibus ad hoc : Petro de la Peytevinere, clerico, et Aymirico Bonevint seniore, valeto, et Johanne Bonevint clerico, ejus filio. Datum die martis ante festum Penthecostes, anno Domini M° CC° septuagesimo nono.

76. Legs par Pétronille, fille de Pierre Noblet, d'une maison, du tiers d'un four et de quelques objets mobiliers. (Cart° n° 185.)

1279. septembre.

Omnibus presentes licteras inspecturis ego Petronilla, quondam Petri Noblet deffuncti filia, eternam in Domino salutem. Noveritis quia in puram et perpetuam elemosinam ego dedi et concessi Deo et monasterio S^{ti} Johannis de Orbisterio totam domum in qua maneo apud Sabulos de Portu Olone et cortillagium contiguum domui supradicte. Dedi eciam et concessi monasterio supradicto terciam partem furni quam habeo, possideo et parcior cum duabus meis sororibus; omnia et singula supradicta a dicto monasterio post obitum meum tenenda, possidenda in perpetuum pacifice et quiete; et in omnibus supradictis michi ad vitam meam retinui et adhuc retineo usumfructum. Dedi eciam dicto monasterio, in bonis meis mobilibus que habebo tempore quo decedam, lectum unum bonum culcitra plumea cum pulvinari, duobus linteaminibus et novo tapeto garnitum. Et in testimonium premissorum abbati et conventui dicti monasterii dedi presentes licteras sigillo Andree, venerabilis viri decani nostri Thalemondensis, sigillatas. Actum die sabbati post festum B^{ti} Egidii, anno Domini M° CC° LXX° nono.

77. Don par Vivencia, femme de Guillaume Pagas, des biens à
elle advenus par succession d'Etienne Barbereay et Jeanne,
ses père et mère. (Cart^e n° 210.)

Universis presentes licteras inspecturis ego Vivencia, uxor Guillelmi Pagas, filia quondam deffuncti Stephani Barbereay, salutem in Domino sempiternam. Noverint universi quod ego dicta Vivencia, mota instinctu pietatis, cum assensu et voluntate Guillelmi Pagas mariti mei predicti, dedi in puram helemosinam et concessi Deo et abbacie S^{ti} Johannis de Orbisterio et fratribus deservientibus ibidem quicquid habebam, habere poteram et debebam ex successione Johanne, quondam matris mee, et quicquid habebam, habere poteram et debebam ex successione deffuncti Stephani Barbereay, quondam patris mei ; habendum, tenendum et eciam explectandum a dicta abbacia in perpetuum pacifice et quiete. Nos eciam predicti, ego Vivencia et Guillelmus Pagas maritus meus, juravimus ad sancta Dei evangelia tenorem hujus lictere fideliter observare, neque per nos neque per alium in contrarium facere vel venire, neque aliquid facere vel eciam abtantare per quod presens lictera pro parte possit infringi vel eciam penitus adnulari. In cujus rei testimonium veritatis ego Vivencia predicta, cum assensu et voluntate dicti Guillelmi Pagas mariti mei, dedi abbacie et fratribus ejusdem istas presentes licteras sigillo Andree, decani Thalemundensis, ad meam peticionem sigillatas. Datum in mense septembris, die sabbati post Nativitatem B^{te} Marie, anno Domini millesimo CC° LXX° nono.

1279.
9 septembre.

78. Don par Jean de Bram et Jeanne Guyton, sa femme, du marais de la Chalonnière. (Carte n° 163.)

ai 1280.

Universis presentes licteras inspecturis vel audituris Johannes de Bram et Johanna Guytone, uxor dicti Johannis, salutem in Domino sempiternam. Noveritis universi quod cum nos et heredes Gauffridi Guyton, quondam mariti mei Johanne predicte, deberemus reddere annuatim religiosis viris abbati et fratribus S^{ti} Johannis de Orbisterio decem solidos censualis monete, tam racione legati nobilis Salvagie, quondam domine de Mota Achardi, quam pro legato deffuncti Gauffridi Guyton, quondam mariti mei Johanne predicte, et eciam pro legato quod ego predicta Johanna predictis fratribus feceram quando eram in mea potestate, pro dictis decem solidis annui redditus tradidimus, dedimus ac eciam concessimus nos predicti Johannes de Bram et Johanna uxor sua, communi voluntate et assensu, predictis religiosis viris abbati et fratribus S^{ti} Johannis de Orbisterio maresium nostrum de Chalonnere, videlicet decem areas in parochia de Olona sitas in feodo et dominio nostro, et omne jus et dominium que nos predicti Johannes de Bram et Johanna Guytone, uxor sua, habebamus et habere debebamus in maresio predicto et censibus et terragiis quos habebamus et percipiebamus in dicto maresio cum personariis nostris; habendum, tenendum, possidendum et explectendum dictum maresium et census et terragia a dictis religiosis viris pro dictis decem solidis in perpetuum pacifice et quiete, prout superius est expressum, absque reclamacione aliqua quam nos nec heredes nostri possemus [facere] super predictis. Et ego vero Johanna predicta hanc tradicionem, donacionem et concessionem volui et concessi non vi, non dolo, non metu, non aliqua fraude, ymo voluntate spontanea inducta. Juravique eciam ego Johanna predicta ad sancta Dei evangelia contra formam et tenorem presencium non venire in futurum, ymo pro posse meo fideliter observare. In cujus rei testimonium nos predicti Johannes de Bram et Johanna Guytone dedimus predictis religiosis viris has presentes licteras sigillo curie venerabilis viri domini decani Thallemondensis ad instanciam nostram sigillatas. Datum mense maii, anno Domini millesimo CC° octogesimo.

79. **Transaction avec les héritiers d'Etienne Bérenger.** (Carte n° 202.)

A tous ceulx qui cestes lectres verront et orront Aymeris Barengers le jeune, filz et hers feu Aymeri Barengers le veil, et Estiene Barengers, Jehan Barengers et Nicholas Barengers frères, filz et hers à feu Estiene Barengers le veil, li quau feu Aymeris et feu Estiene diz Barengers furent frères et filz et hers à feu Estiene Barengers noustre heou, saluz en Nostre Seigneur. Sachent touz que cum mon sire Savari de Mauleon chevaler, sires au temps de Thalemond et daus appartenances, pour la redempcion de s'arme, eust donné, octroyé et laissé avant qu'il alast de vie à mort à Dieu et à mons^r St-Jehan d'Orbester et à l'abbé et à convent d'icelluy mesme leu toute la droiture, toute la seigneurie et tout quant qu'il avoit, avoir pouhoit et devoit sur led. feu Estiene Barengers nostre heou et sus toutes les soes choses quelque part qu'elles fussent, que il tenoit daud. seigneur que à biam, à taillee, à desme, à terrage et à aucune à autre devoir que ce fust, à tenir, à aver et à explecter de l'abbé et dau convent dessusd. et de lours successours ensement, franchement, quiptement et pasiblement, et à faire leur volunte plenère en toutes choses a tous temps mais durablement; et en après la mort daud. feu Savari lid. feu Estiene Barengers, nostre heou, et lid. feu Aymeri et feu

Avril 1282.

Estiene diz Barengers ses filz devensissent hommes liges au d. abbé et au convent de St Jehan d'Orbestier et tensissent leurs choses d'eux, dont li abbez et li convent dessusd. les voulissent segre in icau usage et en icau explect come led. feu seigneur qui leur fit le don les soleit maintenir et explecter en la manère qui dessus est dite, pour pluseurs contemps et pour plussors perilz qu'il peuhssent sourdre et avenir en aucun temps aud. Estiene Barengers, nostre heou, et à touz ses hers descendens de sa char en quelque manère qui fust, vindrent à la parfin à ung gré et à ung accort entre l'abbé et le. convent de St-Jehan d'Orbester, d'une part, et li d. feu Estiene Barengers, nostre heou, pour li et pour ses hers, d'autre : en tau manère quar lid. feu Estiene et ses hers descendens après lui sur toutes les leurs choses rendreent et paiereent à chacun an perpetuaument à l'abbé et au convent dessusd. trente sols de la bonne monoye courant de annuau ferme ou de annuau rende par troys termes devisez, c'est assavoir diz sols à la sainct Michea et diz sols à Nau aproys ensegant et diz sols à Pasquez après ensegant. Et cum li abbez et li convent dessusd. ayent heu et receu par longtemps, par long espleit et par longe tenue lesd. trente sols par les troys termes dessus devisez daud. feu Estiene, nostre heou, et daud. feu Aymeri et daud. feu Estiene diz Barengers ses filz, de nous autres ensement dessus nommez ; et pour ceu que nous ne vosisson que toutes les noz choses, quicumquez elles soient ou puissent estre, cheguissent en aucun temps qui pohust avenir empres nostre mort entre les mains à l'abbé et au convent dessusd. pour raison daud. trente sols qui ne leur eussent été rendu ne payez au termes dessus divisez pour faulte de nos hers, noz Aymeris Barengers, Estiene, Jehan et Nicolas diz Barengers, dessus nommé, faisons assavoir à tous quar nous tous, communaument, d'un gré, d'un octroy et d'un assentiment que noz hers ou nous fermers qui noz choses tendreent et explectereent apres nostre mort, fussent filz ou filles, que par

tel [ou telle] d'eux tendroit de ferme, soient tenuz a enterigner [dores en avant] lesd. trente sols à l'abbé et au convent
de St Jehan d'Orbester et à les leur rendre et paier aus
termes dessusd. en la manère que dessus est divisez, dont
nous touz communaument dessus nommé avons des jà
obligé et encores obligeous à l'abbé et au convent dessusd.
nous et noz hers et tous nous biens, quauque part que ils
soient et seront, meubles et non meubles, presens et àvenir,
en cy que tant qu'ils tensissent à chascun an perpetuaument daud. trente sols pour bien paiez : et si arrerages y
aveit en aucun temps por faulte de paiement de quauque terme
que ce fust qui davant sont divise o de trestous par enterin,
nous voulons, octroyon et commandon par nous et par touz
les noz que lid. abbez et li convent se pohussent pignorer et
vanger à toutes les noz choses quauque part que il les porront trouver et en fere leur volunté à l'usage et à la coustume du pais, sans ceu que nous ne nostre hier en pohusson
de riens aler encontre en nul temps mais par nulle manère.
Et avons juré sus les saints evangiles Nostre Seigneur, touché
corporaument, nous touz communaument dessus nommé à
tenir, à garder, à enterigner et accomplir bien et leaument
iceste couvenance en tous les diz et la teneur de cestes
lectres, en la manère qui est dite et divisee sans ren y
enfraindre, et que encontre ycest nostre fait nous ne vendrons ne autres par nouz par nulle raison que nous ja ten-
dissons à aver par nul temps mais par nulle manère. Et
pour ceu que ceste chose soit plus ferme et plus estable,
nous Aymeris, Estienes, Johans et Nicolas diz Barengers
dessus nommez, touz d'un octroy et d'une volonté, par nous
et par nos hers, en avons donné et octroyé à l'abbé et au
convent de St Jehan d'Orbester icestes presentes lectres
seellées et confermées à nostre requeste dau seyau de la
court au dayen de Thalemondoys, en garentie de verité. Ceu
fut fait et donné en l'an de grâce Nostre-Seigneur mil deux
cens quatre vings et deux, en moys d'avril.

80. Transaction avec Pierre L'Abbé et Catherine, sa femme, héritiers de Jean Bernard d'Olonne. (Cart° n° 197. Orig. aux Arch. de la Vendée.)

Août 1282.

A toz ceaus qui cestes presentes lettres veiront e oiront Perres diz Abbés, filz hers a l'Abbés de la Raolere, e Katerine femme audit Perres, fille fahu Johan Bernart d'Olonne, en ceau temps clerc, saluz en Nostre Segnor. Saichez tuit que cum contemps fust entre nos Perres e Katerine dessus nommé, d'une part, e les religious homes e honestes frere Andres de Bercoire, en ceau temps humbles abbés de mon seignor Saint Johan d'Orbester e li convens de celui meeme luec, d'autre part, sus ceu que il nos demandeent a aveir dez solz de annaau rende sus un villaige que nos tenom, qui est appellez vulgaument la Chalemeliere e sus totes ses apertenences ; les quaus x solz il diseient que fahu Johan Bernart, en ceau temps prestre, lor aveit doné e layssé en aumosne, por la salu de s'arme, e devisé en son darrer testament, avant qu'il alast de vie à mort, a tenir, a aveir, e a espleter a eaus e a lor successors de lordite abbaye e a faire lor volunté plenere en totes choses a totemps mais durablement. E en après ceu il demandessent encores a aveir les does maisons d'Olonne e le cortil qui est par detreis, e ou totes lor apertenences, que fahu maistre Perre Rossea d'Olonne, clerc, lor frere, lor aveit donées e layssées por la salu de s'arme, a faire lor volunté quitement e pasiblement a totemps mais durablement. E en après la mort de celui fahu maistre P. Rossea li diz abbés e li convens de monseignor Saint Johan d'Orbester les heussent baillées e otreiées e livrées a cinc solz de annaau rende audit Johan Bernart, au temps qu'il eret clerc, a tenir, a aveir e a espleter a lui e au suens a totemps mais perpetuaument, issi cum nos disiom. E il deissent a l'encontre que il ne les li aveient baillées ne layssées au diz cinc solz fors quant a son viaige tant solement. E nos Perres l'Abbés e Katerine dessus nommé deissom en cores en nostre dit que les dez solz de annaau rende dessus diz li diz Johans Bernart les nos aveit donez e otreiez par avant en mariaige ou sa fille, au terme qu'il la me dona a femme. A la parfin, par toz contemps eschiver e aneanter d'une part e d'autre, ou le conseil de prodes homes, vensimes affin de paiz e a acort entre nos parties dessus dictes, en tau menere que les dittes maisons ou totes lor apertenences demorereent a mei e a maditte femme e a nos hers a faire nostre volenté a vie et a mort ou rendant sus totes lesdites choses a chascun an perpetuament à l'abbé e au convent dessus diz doze deners d'ennaau rende, por recognoissence a la feste de saint Michea en lor dite abbaye. E les dez solz dessus diz, dont eret li contemps, nos lor avom laissé e deguerpi por raison daus maisons dessus dites qu'il nos ent layssées en la menere qui dessus est devisée, e por ceu meemement que nos saviom que il i aveient leau demande; les quaus x solz il prandreint e recevrant a chascun an perpetuaument par dous termes devisez sus le ditz villaige de la Chalemeliere e sus totes ses apertenences, c'est assaver cinc solz a la Nostre-Dame me aost e cinc solz à la saint Michea l'Archange. Daus quaus diz doze deners e daus quaus diz x solz nos Perres l'Abbé e Katerine dessus nommé, par nos e par toz les noz qui sunt e qui seront e de tot le poer e de tote la demande que nos heussom e pohussom aveir en aucun temps en vers les diz religious ne en vers lor successors, nos les en avom clemé quites en totes choses, dont nos les en avom mis en plenere e en corporau possession, en pasible e en perpetuau saizine l'abbé e le convent dessus diz, e par la livrance de cestes lettres, a tenir, a aveir e a espleiter les diz doze deners e les diz x solz de annaau rende a eaus e a lor successors de lor dite abbaye de Saint Johan d'Orbester franchement, quitement e pasiblement e a faire lor volenté plenere en totes choses a totemps mais durablement. E avom juré sus les sains evangilles Nostre Segnor ge Perres l'Abbé desus dit e ge Katerine dessus dites, non contrainte, non porforcée e non deceue de mondit segnor ne d'autrui, mas de mun plein gré, a tenir e a garder bien e leaument toz les diz e la tenor de cestes lettres en la menere qui est dite e divisée, e que en contre icest nostre fait nos ne vendrom ne autres par nos, par nulle raison que nos i atendissom a aveir en tot ne en partie en nul temps mais par nulle menere. E que ceu seit ferme e estable, nos Perres l'Abbé e Katerine dessus nommé par nos e par noz hers, en avom doné e otréé a l'abbé e au convent de Saint Johan d'Orbester cestes presentes lettres saelées e confermées, a nostre requeste, dau saiau de la cort au doyen de Thalemundeis. Ceu fut fait e doné en l'an de grace Nostre Seignor mil dou cens e quatrevins e dous, en meis d'aoust [1].

81. Fondation par Jean Boisseau, clerc, d'un anniversaire pour Jean Boisseau, son père, et Marie, sa mère. (Carte n° 249.)

1283.
1 décembre.

Universis presentes licteras inspecturis Johannes Boisselli clericus eternam in Domino salutem. Noveritis quod ego spontaneus, non coactus, non convictus, non seductus, nec in aliquo circumventus, sed pura, spontanea ac libera voluntate, Deo et ecclesie Sti Johannis de Orbisterio me offerens et conferens me et mea, dedi, tradidi et concessi et adhuc do, trado et concedo inrevocabiliter in puram et perpetuam elemosinam dicte ecclesie seu monasterio ejusdem loci monachisque ibidem Deo servientibus, ad participacionem oracionum et bonorum que ibi fient et pro salute anime Johannis Boissea de Bel-

---

1. Le Cartulaire par suite d'une erreur du copiste portait janvier.

veario, quondam patris mei deffuncti, et Marie, quondam matris mee deffuncte, et parentum meorum, et pro anniversario patris mei et matris mee annis singulis in dicta ecclesia celebrando, quidquid juris, dominii, possessionis et proprietatis habebam et habere poteram et debebam quocumque jure, titulo vel contractu in omnibus et singulis bonis et rebus mobilibus et immobilibus, actionibus, peticionibus et querelis, tam in domibus quam in herbergamentis, viridariis, cortillagiis seu ortis, maresiis seu salinis, pratis, bocilis, terris, vineis et rebus aliis, sitis apud Belvearium predictum et circa in parrochia dicti loci et in parochiis de Bouin et de Machecol et in locis aliis quibuscumque et ubicumque sint vel quocumque nomine seu genere censeantur, que michi obvenerunt ex successione dictorum patris mei et matris mee; habenda, tenenda, possidenda et explectenda omnia et singula supradicta abbati et conventui dicti loci eorumque successoribus ex nunc perpetuo, pacifice et quiete, exceptis decem solidis ad opus dicti conventus, pro pitancia, in die anniversarii supradicti. Promisi eciam et adhuc promicto predictam donacionem et omnia singula supradicta in perpetuum actendere firmiter at que fideliter et inviolabiliter observare, et contra ea vel eorum aliqua nunc vel in posterum racione minoris etatis seu ob vicium ingratitudinis vel quacumque alia racione michi nunc compectente seu in futurum competitura per me vel per alium non facere vel venire. Renuncians in hoc facto meo excepcioni doli, mali vis, metus et in factis fraudis et circumvencionis minoris etatis et excepcioni ob vicium ingratitudinis, privilegio regis indulto et indulgendo, constitucionibus, consuetudini, usui et statuto editis et edendis et omnibus allegacionibus juris et facti et omnis, alii auxilio et benefficio juris canonici et civilis et eciam municipalis, per que seu quorum auctoritate michi vel meis posteris liceret vel licere posset contra omnia et singula supradicta vel eorum aliqua facere vel venire seu quicquid in contrarium actemptare; juramento a me super omnibus et singulis supradictis actendendi et inviolabiliter observandi et de non veniendo contra per me vel per alium nunc vel in posterum interposito corporali. In cujus rei testimonium ego Johannes Boisselli clericus supradictus, super omnibus et singulis supradictis ad plenum cerecioratus, dictis abbati et conventui predictis dedi licteras sigillo curie venerabilis viri domini Gileberti, tunc temporis decani Tallemundensis, ad peticionem meam sigillatas. Nos vero Gilebertus decanus predictus ad peticionem dicti clerici predictum sigillum curie nostre duximus apponendum in testimonium premissorum. Datum die mercurii post festum S^{ti} Andree apostoli, anno Domini M° CC° octogesimo tercio.

82. Reçu de Marguerite de Lusignan, dame de la Chèze-le-Vicomte, pour deux barils d'argent. (Cart^e n° 323.)

1284.
12 juillet.

A tous ceulx qui cestes presentes lectres verront et orront Margarite de Lesignen, dame de la Cheze le Vicomte, saluz en Nostre Seigneur. Sachent touz que nous avons heu et reçu de religieulx homme frère André, abbé de Sainct Jehan d'Orbester deux barrils d'argent, o cercles dorez, o corroyes de saye, o barres d'argent, desquelx deux barrils nous clamons quipte led. abbé et le convent à tous temps mais. En testimoine de laquelle choze nous en avons donné au d. abbé et au convent cestes presentes lectres seellées de nostre seya. Ceu fut fait et donné en jour de mercredi avent la sainct Cyprien[1], en l'an de Nostre Seigneur mil deux cens quatre-vins et quatre.

---

1. Il faut remarquer qu'il s'agit ici de St Cyprien de Poitou, dont la fête se faisait le 14 juillet, et non de St Cyprien évêque de Carthage. Plusieurs chartes du monastère de St Cyprien, des chapitres de Notre Dame-la-Grande et de la paroisse de Notre-Dame-la-Petite de Poitiers, prouvent qu'en Poitou c'est de la première qu'il est toujours question en pareil cas, sauf exception qui confirmerait la règle.

83. Reçu de Marguerite de Lusignan, dame de la Chèze-le-Vicomte, pour un dépôt confié jadis par elle à l'abbé André. (Carte no 338.)

Universis presentes licteras inspecturis Margarita de Lesigniaco, domina de Cheza Vicecomitis, salutem in Domino sempiternam. Noveritis quod nos habuimus et recepimus a religiosis viris fratre Andrea abbate S^ti Johannis de Orbisterio et conventu ejusdem loci quicquid deposueramus seu eciam deponi feceramus penes ipsos, quibuscumque rebus sit et quocumque nomine censeantur, et de predicto deposito nos tenemus plenarie pro pagata et ipsos et suos de predicto deposito pro nobis et nostris reddimus et volumus liberos penitus et immunes. Et in testimonium premissorum dedimus dictis religiosis presentes licteras sigillo nostro proprio sigillatas. Datum die veneris ante festum B^te Marie Madalene, anno Domini M° ducentesimo octogesimo quarto.

1284.
21 juillet.

84. Quittance de décimes payés au roi de France. (Carte no 319.)

Memoriale est quod nobis, collectoribus decime pro insidio [1] . . . . atque regnorum illustri regi Francie concesse, solvit, pro primo termino primi anni, abbas S^ti Johannis de Orbisterio, in decanatu Talemondensi, sexaginta solidos. Datum die sabbati in Octabis S^ti Hylarii, anno Domini millesimo CC° octogesimo quarto.

1285.
20 janvier.
(1234. v. st)

---

1. Sic. Sans doute pour subsidio ; la moitié de la ligne suivante tout à fait illisible.

85. Amortissement de 80 aires de marais salants payé à Maurice de Belleville, seigneur de la Garnache et de Montaigu. (Cart^e n° 141. Orig. aux Arch. de la Vendée.)

1285.
10 février.
(1284, v. st.)

A toz ceaus qui ces presentes leitres verront e orront Morice de Bele Ville, segnor de la Ganache e de Mont Agu, saluz. Sachent tuyt quer ge hai eu e receu de l'abbé e dau covent de mon segnor Saint Johan d'Orbester dez livres de la monoye corant, por raison d'amortiment de quatre vinz aires de mareis les quaus feu Johan Boessea lor havet doné en aumone. En tesmoin de verité ge lor en hai doné ceste leitre saclée de mon seau. Ce fu doné le samedi après les Cendres, l'an de grace mil e dous cens qnatre vinz e quatre.

86. Bail d'une maison aux Sables-d'Olonne consenti à Guillaume Roteron, bourgeois des Sables, et à Plantive, sa femme. (Cart^e n° 346.)

Mai 1285.

Universis presentes licteras inspecturis Andreas, tunc temporis humilis abbas S^{ti} Johannis de Orbisterio, et conventus ejusdem loci salutem in Eo qui est omnium vera salus. Noveritis quod nos, diligenter pensata et considerata utilitate nostra et utilitate monasterii nostri et pro melioracione ejusdem, tradidimus et concessimus et adhuc tradimus et concedimus Guillelmo Roteron, burgensi de Sabulis Oione, et Plantive, ejus uxori, domum nostram cum pertinenciis ejusdem, sitam apud Sabula Olone inter domum dictorum Guillelmi et Plantive, ex una parte, et domum Peraudi Gilebert, ex altera, in feodo et dominio nobilis viri domini Gaufridi de Castro Briencii, militis, que domus et pertinencie quondam fuerunt defuncti Barberea le taillender, sub annua pensione seu firma octo solidorum reddendorum nobis vel mandato nostro apud Sabula Olone singulis annis in vigilia Nativitatis Domini a dictis Guillelmo et Plantiva heredibus que suis et ab heredibus heredum suorum, et sub honere sex denariorum annui census reddendorum annuatim super dictis domo et pertinenciis, in vigilia Natalis Domini, predicto nobili, heredibus successoribusque suis a dictis Guillelmo et Plantiva heredibusque suis et ab heredibus heredum predictorum; habendas, tenendas, possidendas, et explectandas a dictis Guillelmo et Plantiva heredibusque suis et ab heredibus heredum suorum pacifice et quiete predictas domus et pertinencias; ita quod racione domus et pertinenciarum predictarum Guillelmus et Plantiva heredesque sui vel heredes heredum suorum nobis et monasterio nostro aliquid aliud deverium, servicium, coustumam vel pensionem aliam reddere minime tenebuntur. Et si contigerit predictos Guillelmum et Plantivam absque heredibus decedere, domus et pertinencie predicte nobis et monasterio nostro sine contradicione quolibet revertentur. Et si predictus Guillelmus et Plantiva heredesque sui vel heredes heredum suorum in solucione predicte firme in aliquo deficiunt, teneantur nobis et monasterio nostro reddere quatuor solidos pro pena tantummodo. Nos vero abbas et conventus predicte Guillelmum et Plantivam predictos heredesque suos nec heredes heredum suorum de nullis aliis dampnis ulterius non poterimus insequi racione pensionis seu firme predicte. Dicti vero Guillelmus et Plantiva heredesque sui nec eciam heredes heredum suorum super domum et pertinencias ejusdem nichil poterunt honerare nec eciam helemosinare. Quas quidem domum et pertinencias ad annuam firmam predictam et ad dictum censum bona fide promictimus et tantum modo pro nobis et monasterio nostro deffendere et garire Guillelmo et Plantive heredibusque suis et heredibus heredum suorum ab omni inquietacione, impedimento et perturbacione; et promictimus bona fide quod contra premissa vel aliquid premissorum de cetero per nos vel per alium nichil actentabimus nec aliquid impetrabimus nec impetrari faciemus a Sede Apostolica vel alia quacumque nec contra tenorem presentis instrumenti in aliquo faciemus nec veniremus, immo premissa et singula omnia tenebimus et inviolabiliter faciemus auctore Deo observare. In quorum premissorum testimonium eisdem Guillelmo et Plantive heredibusque suis et heredibus heredum suorum presentes dedimus licteras sigillis nostris sigillatas. Datum et actum anno Domini millesimo ducentesimo octogesimo quinto, mense maii.

87. Don par Guillaume du Perche, clerc, de sa personne et de tous ses biens situés à Olonne, Château d'Olonne, l'Ile d'Olonne et la Chaume. (Carte n° 347.)

1285.
14 juin.

Universis presentes licteras inspecturis Guillelmus du Perche, clericus, eternam in Domino salutem. Noveritis quod ego spontanus, non coactus, non convictus, non seductus, nec in aliquo circumventus, sed pura, spontanea ac libera voluntate, Deo et ecclesie Sti Johannis de Orbisterio me offerens et conferens me et mea, dedi, tradidi et concessi et adhuc do, trado et concedo inrevocabiliter, in puram et perpetuam elemosinam dicte ecclesie seu monasterio dicti loci monachisque ibidem Deo servientibus et ad participacionem oracionum et bonorum qui ibi fient, et pro salute anime deffuncti Guillelmi du Perche quondam patris mei et deffuncte Katerine quondam matris mee et parentum meorum, et pro anniversario dictorum patris mei et matris mee annis singulis in dicta ecclesia celebrando, quicquid juris, dominii, possessionis et proprietatis habebam et habere poteram et debebam quocumque jure, titulo, vel contractu in omnibus et singulis bonis et rebus mobilibus et immobilibus, actionibus, peticionibus et querelis, tam in domibus quam in herbergamentis, viridariis, cortillagiis seu ortis, maresiis seu salinis, pratis, bocillis, terris, vineis et rebus aliis quibuscumque in parrochia B^{te} Marie de Olona et circa, in parrochiis de Castro Olone, de Insula Olone et de Calma Olone et in locis aliis quibuscumque ubicumque sint vel quocumque nomine seu genere censeantur, que michi obvenerent ex successione dictorum patris mee et matris mee; habenda, tenenda, possidenda et explectanda omnia et singula supradicta abbati et conventui dicti loci eorumque successoribus qui pro tempore fuerint ex nunc in perpetuum, pacifice et quiete. Promisi eciam et adhuc promicto predictam donacionem et omnia et singula supradicta in perpetuum actendere firmiter atque fideliter et inviolabiliter observare et contra ea vel eorum aliqua nunc vel in posterum racione minoris etatis seu ob vicium ingratitudinis, vel quacumque alia racione michi nunc competente seu in futurum competitura per me vel per alium non facere vel venire. Renuncians in hoc facto meo excepcioni doli, mali, vis, metus, et in factis fraudis et circonvencionis, minoris etatis et excepcioni ob vicium ingratitudinis, privilegio regis indulto et indulgendo, constitucionibus, consuetudini, usui et statuto editis et edendis, et omnibus allegacionibus juris et facti et omnis alii auxilio et benefficio juris canonici et civilis et eciam municipalis, per que seu quorum auctoritate michi vel meis posteris liceret vel licere posset contra omnia et singula supradicta vel eorum aliqua facere vel venire seu quicquid in contrarium actemptare ; juramento a me super omnibus et singulis supradictis actendendi et inviolabiliter observandi et de non veniendo contra per me vel per alium nunc vel in posterum interposito corporali. In cujus rei testimonium ego Guillelmus du Perche supradictus, super omnibus et singulis supradictis ad plenum cercioratus, dictis abbati et conventui predictas dedi licteras sigillo curie venerabilis viri domini Gileberti, tunc temporis decani Tallemundensis, ad meam requisicionem sigillatas. Nos vero decanus predictus ad requisicionem predicti Guillelmi du Perche presentibus licteris predictum sigillum duximus apponendum in testimonium prémissorum. Datum die jovis post festum beati Bernabe apostoli, anno Domini millesimo CC° octogesimo quinto.

88. Accord avec Jean Cathus, valet. (Cart n° 336.)

1285.
1er octobre.

A tous ceulx qui ces presentes lectres verront et orront frère André abbé d'Orbester et frère Aymon procurateur du convent dud. lieu et Jehan Catuys valez saluz en Dieu Nostre Seigneur. Sachent touz que je Jehan Catuys dessusd. de ma bonne volunté ay octroyé et octroye à religieux hommes à l'abbé et au convent dessusd., ay voulu et consenti et veil et consent que les religieux dessusd. ayent, tenent et explectent eulx et leurs successeurs dores en avent perpetuaument quatre vingz ayres de salines assises en mon fie. . . . . . .[1] que feu Jehan Boyssea leur donna en pure et perpetuau aumosne, lesquelx ayres de salines sont assises à Boelles ; et veil et consent et acorde que je ne mes hers ne mes successeurs les puissons par force en rien les metre hors de leur main des ores en avent, sauves toute voye en payant à moy d. Jehan et à mes hers et à mes successeurs perpetuaument toute obéissance, touz devoirs et toutes redevences quelxcomques comme [elles sont] à faire que je ay et puy et doy avoir et que mes antecesseurs y avoient et povoient et devoient avoir en choses dessusd. et pour les choses dessusd. Nous adecertes frère André abbé d'Orbester et frère Aymon procurateur du convent dud. lieu pour nous et pour led. convent sommez tenuz, doyvons et prometons à faire et à rendre aud. Jehan Catuys et à ses hers et à ses successeurs toute

---

1. Ce nom ainsi que deux autres ci-dessous dans la liste des témoins sont illisibles.

obéissance, tous devoirs et toutes redevences que led. Jehan Catuys a et puyt et doyt avoir en choses dessusd. et pour les choses dessusd. et que ses antecesseurs y ont anciennement eu et y povoyent et devoyent avoir; et à icestes choses nous obligeons nous et nous successeurs et nostre convent dessusd. et tous les biens de nostre mouster dessusd. meubles et non meubles, presens et à venir. Et je Jehan Catuys dessusd. suys tenuz et promet les choses dessusd. tenir et garder sans venir encontre par moy ne par aultres dores en avent; et à ceu je oblige moy et mes hers et mes successeurs et tous mes biens meubles et non meubles, presens et à venir. Et renuncions en icet fait nous frère André abbé dessusd. et frère Aymon procuratour dud. convent et Jehan Catuyz valez à excepcion de decevance et de circonvencion quelxconque, à tout ayde de ignorance de droit et de fait, à tot privilege impetré et à impetrer, à tout benefice de droit escript et non escript, à touz establimens de prince faiz et à faire et à toutes constitucions et à toutes raisons, allegacions par lesquelx cestes presentes lectres porroient estre obicées ou destruites en tout ou en partie. Et en garentage de cestes choses nous requismes cestes lectres estre seellées du seya de la seneschaucie de Poyctou establi pour nostre sire le roy de France à la Roche-sur-Yon. Je adecertes Guillaume d'Escuroles clerc, tenens et gardens en celuy temps led. seya, cestes lectres à leurs requestes seelay en seya dessusd., sauve le droit nostre sire le roy de France et l'autruy, et à tout ceu que dessus tenir et garder, acomplir et entérigner jugeay et condampnày religieux hommes frère André abbé et frère Aymon procuratour dessusd. et Jehan Catuys dessusd. par droit et par le jugement de la court de nostre sire le roy de France; presens et garens appellez à ceu messeigneurs. . . . . frère Raoul abbé de l'Isle Chauvet et Regnaut de Chastea. . . . . Fait et donné le lundi emprès la feste St-Michea, en l'an de grace mil deux cens iiij^{xx} et cinq.

89. Transaction avec Jean Géser et Guémarde, sa femme, au sujet de certaines terres sises à la Robinete, près le Port-Juré. (Carte n° 56.)

1287.
13 septembre.

Universis presentes licteras inspecturis Johannes Geser, clericus, et Guiemardis, ejus uxor, eternam in Domino salutem. Noveritis quod cum contencio verteretur inter nos conjuges, ex parte una, et religiosos viros abbatem et conventum S^{ti} Johannis de Orbisterio, ex altera, super eo videlicet quod nos dicti conjuges dicebamus ad nos pertinere ex successione magistri Rogerii deffuncti, quondam patris mei Guiemardis predicte, terras et exarta a la Robinete existencia, inter le boisson Joslain, ex una parte, et le boisson de la Beillère, ex altera, prope Portum Juré, que predicta dicti religiosi tenebant, possidebant et explectabant; et racione predicta nos conjuges predicti petebamus a dictis religiosis omnia et singula predicta nobis reddi et restitui, ipsis religiosis in contrarium allegantibus; tandem post multas altercaciones super premissis, a nobis dictis conjugibus inquisita fideliter veritate, ex relacione proborum virorum, conperimus dictos religiosos in omnibus et singulis jus habere, et eciam pro infermitate in medio exhibita a religiosis supradictis; quiptantes eciam et remictentes nos conjuges prelibati dictis religiosis quicquid juris, proprietatis, poccessionis et dominii habemus et habere possumus quacumque racione in predictis et quolibet predicto, pro salute animarum nostrarum, aliquo jure in premissis nobis predictis et nostris successoribus non retento. Volumus et concedimus quod si nos per novas probaciones vel alio quoquomodo possemus probare nos habere jus in futurum in premissis quod dicti religiosi habeant, teneant et explectant res superius nominatas in perpetuam et puram helemosinam, pacifice et quiete.

Habenda, tenenda, possidenda et explectanda omnia et singula supradicta a dictis religiosis et eorum posteris in perpetuum inconcusse. Renunciantes in hoc facto nostro nos conjuges supradicti omni excepcioni doli, mali, vis, metus, fraudis et circonvencionis et decepcionis cujuscumque et omni crucis privilegio indulgendo et eciam indulto et omni juris auxilio et beneficio canonici et civilis, et omnibus aliis racionibus ac allegacionibus juris et facti nobis et nostrum cuilibet compectantibus et competituris quarum singulas volumus pro expresso; juramento a nobis super omnibus et singulis premissis tenendis jugiter et inviolabiliter observandis et de non veniendo contra per nos vel per alium seu per alios processu temporis prestito corporali. In cujus rei testimonium dedimus nos dicti conjuges tam pro nobis quam nostris successoribus religiosis antedictis has presentes licteras sigillo curie venerabilis viri Gileberti, tunc temporis decani Thalemundensis, ad nostram peticionem sigillatas. Nos vero decanus predictus ad requisicionem predictorum conjugum predictum sigillum presentibus licteris in testimonium premissorum duximus apponendum. Datum die sabbati ante Exaltacionem Ste Crucis, anno Domini millesimo CC° octogesimo septimo.

90 Promesse par Jean Géser et Guémarde, sa femme, de ne pas se prévaloir d'un titre qu'ils avaient contre l'accord précédent. (Carte n° 247.)

Universis presentes licteras inspecturis et audituris Johannes Geser, clericus, et Guiemardis, ejus uxor, salutem in Domino sempiternam. Noveritis quod nos, predicti conjuges, promictimus solemniter religiosis viris abbati et conventui monasterii S^{ti} Johannis de Orbisterio non osten-

1287.
13 septembre.

dere alicui nec manifestare quandam licteram sigillatam sigillo nobilis viri domini Savarici de Maleone, deffuncti, in qua continetur donacio facta a dicto Savarico Robinello le Venor et. . . . . [1] sue uxori, deffunctis, de terris et exartis a la Robinete, sitis inter le boisson Joslain et le boysson de la Beslere, prope Portum Juré, in dampnum et prejudicium dictorum religiosorum, nisi necessitas maxima dictorum conjugum hoc urgeat petendo et defendendo jus nostrum super rebus contentis in littera supradicta; et hoc promictimus sub pena decem librarum reddendarum religiosis predictis vel suis successoribus; juramento a nobis super premissis et premissorum singulis tenendis et observandis prestito corporali. In cujus rei testimonium dedimus dictis religiosis has presentes licteras sigillo domini decani Talemundensis ad nostram peticionem sigillatas. Nos vero décanus predictus, ad supplicacionem dictorum conjugum, presentibus licteris predictum sigillum apposuimus, in testimonium premissorum. Datum die sabbati ante Exaltacionem Ste Crucis, anno Domini M° CC° octogesimo septimo.

91. Transaction avec Aimery de Vernou, chevalier, seigneur de Saint-Benoît-d'Angles. (Cart^e n° 136; n° 207 qui est la même charte donnée par Aymeri de Vernou; et n° 41, vidimus de cette dernière donné le 21 août 1323 par Gautier des Granges, garde du sceau établi pour le roy de France à La Roche-sur-Yon.)

1287.
20 décembre

A tous ceulx qui cestes presentes lectres verront et orront, frère André humble abbé de St Jehan d'Orbester et le convent d'icelluy mesme lieu salut en Nostre Seigneur. Sachent touz que comme contens fussent tornez entre nous

---

1. Ce nom est illisible.

l'abbé et le convent dessusd. d'une part, et Aymeri de Vernoul, chevalier, seigneur de S*t* Benest d'Angles, d'autre part, sus ce que led. chevalier demandoyt à avoir tailles et biain et grant veerie et petite veerie sus ung herbergement de nosd. religieux assis en bourc de S*t* Benest d'Angles entre le celer a la femme feu Maugars, d'une part, et ansi come les bornes que nous meysmes ensemble entre nous d. religieux et led. chevalier, mesmement o le sender qui vait au puys darrère nostre herbregement dessusd. ; nous d. religieux allegans le contraire et disans pour maintes raisons nous et l'herbergement dessusd. au devoirs dessus nommé neyent estre tenu ; à la parfin sur ceu la vérité leaument et feaument enquise, a esté accordé et pacifié entre l'abbé et le convent dessusd. et led. chevalier en ceste manère. C'est assavoir que nostre herbregement dessusd. remaint francq et quipte a tous temps mes de taille, de biain, de grant veerie et de petite veerie dessusd. retenu aud. chevalier, à ses hers, à ses successeurs et à ceulx qui de luy auront cause tant seulement la haulte justice et le droyt des mesures à avoir et à metre en lieux dessusd. et la justice de fausse mesure, o tout le droit qui y appartient. Et voulons et consentons nous l'abbé et le convent, dessusd., pour nous et pour nos successeurs cilz qui d. ores mes demourront et feront mansion en nostre herbergement dessusd. soyent francs et quiptes tous temps mes de taillee et de biain, de toute extorcion, de toute queste, de garde de larrons, d'estre commis à aler et à voir la justice aud. chevalier : en telle manère que nous lesd. religieux ne nos successeurs ne pourrons tenir end. lieu ne pour raison dud. lieu que ung des hommes aud. chevalier ou à ses hers franc en la manère que dessus est dit. Et renuncions nous l'abbé et le convent dessusd. en ycet nostre fait et acort à toutes excepcions de fait et de droit, à toutes constitucions et extablimens, à toutes raisons et allegacions qui nous porroient aider à venir encontre ycet nostre fait. Et promectons nous l'abbé et le convent dessusd. pour nous et pour noz successeurs le mot et la teneur de cestes lectres garder et tenir sans venir encontre. Et en tesmoign de la verité, en avons donné aud. chevalier et aus sons cestes presentes lectres seellées de nous propres scyaulx. Ceu fut fait et donné le lundi emprès la Nativité Nostre Seigneur, en l'an de l'Incarnacion mil CC iiij^{xx} et sept.

92. Ferme pour neuf années consentie par Guillaume de l'Airablée de certains biens situés en la paroisse du Bernard. (Cart^e n° 251.)

1289.
1er août.

Universis presentes licteras inspecturis et eciam audituris Guillelmus de Arableya, miles, eternam in Domino salutem. Noveritis me vendidisse et eciam concessisse religiosis viris abbati et conventui S^{ti} Johannis de Orbisterio quicquid juris, dominii et proprietatis habebam et habere poteram et debebam, quocumque modo seu quacumque racione, in terris quas dicti religiosi habent, possident, et explectant in feudo meo in parrochia de Bernardo ; videlicet terragium et novem truellos avene et tres denarios de buschagio seu de buschage et tres denarios pro dimidio capone et tres denarios de marchagio et tres denarios de aostagio seu de ostage et duos solidos et sex denarios de talleva bladali et unum boicellum frumenti de mestiva et novem denarios pro comestione, que omnia et singula predicta habebam annis singulis supradictis terris ; habenda, tenenda et explectanda omnia et singula supradicta a dictis religiosis usque ad novem annos continuos completos die presencium incipiendos quiete et pacifice sine contradictione aliqua precio monete currentis....[1] quos habui et recepi a dictis religiosis in bona pecunia numerata me, tenui

---

1. La somme est malheureusement illisible.

et adhuc teneo bene et plenarie pro pagato ; promictens bona fide sub obligacione omnium et singulorum bonorum meorum mobilium et immobilium, presencium et eciam futurorum, vendicionem et concessionem predictam actendere et servare antedictis religiosis ab omnibus et versus omnes omnia et singula supradicta sub obligacione predicta, per dictos novem annos deffendere et garire; abrenuncians in hoc facto meo omni excepcioni pecunie non numerate, non traddite, non recepte, et omni decepcioni ultra dimidium justi precii et omni alie excepcioni decepcionis et omni usui, consuetudini et statuto et constitucioni prolate seu eciam proferende et omni privilegio regis indulto seu eciam indulgendo et omni juris auxilio et beneficio tam canonici quam civilis et omnibus aliis racionibus, deffencionibus et allegacionibus michi et meis posteris compectentibus vel compectituris. Juravi eciam ad sancta Dei evangelia omnia et singula supradicta bene et fideliter observare et in contrarium per me vel per alium de cetero aliquatenus non facere nec venire. In cujus rei testimonium ego Guillelmus predictus dedi dictis religiosis has presentes licteras sigillo curie domini decani Thalemondensis ad peticionem meam cum sigillo meo proprio sigillatas. Datum in festo Ad Vincula B^{ti} Petri, anno Domini M° CC° octogesimo nono.

93. Bail à rente perpétuelle des biens affermés pour neuf ans par l'acte précédent. (Cartulaire n° 392; et n° 108, d'après un vidimus donné le 2 décembre 1299, par André de la Boissière, clerc, garde du sceau établi pour le roi de France à la Roche-sur-Yon, lequel est en original aux archives de la Vendée.)

Universis presentes litteras inspecturis Guillelmus de Arableya, miles, eternam in Domino salutem. Noverint universi quod ego predictus Guillelmus, considerata utilitate

1290.
5 août.

anime mee proprie et animarum parentum meorum, dedi et concessi et adhuc do et concedo, donacione pura et irrevocabili inter vivos facta, Deo et ecclesie Beati Johannis de Orbisterio quicquid juris, possessionis et dominii habeo et habere possum, quocumque titulo seu quacumque racione, in terris quas abbas et conventus dicte ecclesie habent in parrochia de Bernardo, in meo feodo seu retrofeodo : videlicet terragium et novem truellos avene, et tres denarios de buchagio seu de buchage, et tres denarios pro dimidio capone, et tres denarios de marchagio, et tres denarios de hostagio seu de hostage, et sex denarios de talleia bladali, et unum boessellum frumenti de mestiva aut aliis rebus ubicumque sint in predictis locis, retentis michi tantummodo dicto Guillelmo et meis snccessoribus novem denariis usualis moncte quolibet anno michi reddendis racione cujusdam prandii seu menger veyrau ; qui dicti novem denarii non poterunt duplicari. Nec potero, aut heredes sive successores mei ipsos abbatem monachos et conventum aut tenentes predicto nomine ipsorum aliquam emendam solvendi compellere aut petere ab eisdem, si contigerit aliquando tamen ipsos religiosos deficere in solucione dictorum novem denariorum ; et ipsos abbatem monachos et conventum in possessionem dictarum rerum posui ego dictus Guillelmus per tradicionem presencium litterarum. Promitto ego dictus Guillelmus dictis abbati et conventui sub obligacione omnium bonorum meorum mobilium et immobilium, presencium et futurorum, omnia premissa in forma predicta perpetuo defendere et garire ; renuncians in hoc facto meo omni exceptioni decepcionis, juris canonici vel civilis, omni indulgencie crucis sumpte vel sumende, que contra tenorem presentium litterarum possent obici sive dici. In cujus rei testimonium dedi predictis abbati et conventui has presentes litteras sigillo curie venerabilis decani Thalemundensis, una cum sigillo meo proprio sigillatas. Datum die sabbati post festum B^{ti} Petri Ad Vincula, anno Domini M° CC° octogesimo decimo.

94. Confirmation par Maurice Aymon d'une vente par faite Aimery Aymon, son père, à Jean de Montbail. (Cart° n° 161.)

Universis presentes licteras inspecturis Mauricius Aymo salutem in Domino. Cum Aymericus Aymon deffunctus, quondam pater meus, vendiderit et concesserit in perpetuum Johanni de Monbail valeto, heredibus successoribusque suis, precio septem viginti et decem librarum monete currentis, quam summam sibi a dicto Johanne de Monbail in bona pecunia numerata [1]............... quod habebat, habere poterat et tenebat in parrochiis de Landa Veteri et de Vairé; noveritis universi quod vendicionem predictam ratam habeo atque firmam, eam ratiffico et confirmo, approbo atque laudo atque promicto tenere et inviolabiliter observare sine reclamacione, peticione, actione nec [a me] nec ab alio nomine meo in posterum facienda [2]........................ nec in contrarium faciam per me vel per alium in futurum juramento a me prestito corporali. Et ad hec obligo me, heredes successoresque meos et omnia bona mea mobilia et immobilia, presencia et futura; renuncians in hoc facto meo omni excepcioni, peticioni atque cause michi competentibus, in primis vendicionis, decepcionis, circumvencionis, benefficio juris canonici et civilis, privilegio regis indulto et indulgendo, omnibus hiis que contra tenorem presencium possent obici seu destrui. In cujus rei testimonium presentes requisivi licteras sigillari sigillo senescalie Pictavensis apud Rocham super Oyon pro domino rege Francie constituto. Ego vero Andreas de Buxeria clericus, tunc temporis custos

1292.

---

1. Deux lignes illisibles.
2. Encore environ deux lignes effacées sauf les mots « tam patris quam matris ».

sigilli predicti, ad requisicionem predicti Mauricii sigillo predicto presentes licteras sigillavi in testimonium veritatis, salvo jure domini regis et quolibet alieno, judicio curie domini regis super hoc mediante, testibus [1]...... et Johanne Bonnevint. Datum die martis post festum..... anno Domini M° CC° nonagesimo tercio.

95: Vente par Etienne Dodereau et Tiphaine, sa femme, à maître André Laydet, clerc. (Cart^e n° 361. Orig. aux Arch. de la Vendée.)

1293.
28 septembre.

Universis presentes licteras inspecturis vel audituris Stephanus Doderelli et Theophania, ejus exor, salutem in Domino sempiternam. Noveritis quod nos unanimes et concordes conjuges predicti vendidimus et nomine perpetue vendicionis tradidimus, concessimus et livravimus Andree Laydet clerico, heredibus successoribusque suis et ab eo causam habituris unam mineatam terre et sextam partem terragii ejusdem mineate, site prope Maygneyum inter terram Martini Furet, ex una parte, et terram heredum deffuncti Dyonisii Doderelli, et unam quarteriatam sitam in feodo prioris Sancti Vincencii juxta terram prioratus de Marygne, ex una parte, et prioratum Sancti Vincencii, ex altera; habendas, tenendas, possidendas et explectandas a dicto Andrea et suis predictis, ex nunc in perpetuum, pacifice et quiete, liberas et immunes omnibus censibus, tributis, deveriis ordinariis et extraordinariis, exceptis quatuor denariis super dicta mineata et super dicta quarteriata tribus obolis tantummodo; precio quinquaginta solidorum monete currentis, quos habuimus et recepimus a dicto Andrea in bona et legali pecunia numerata, et nos tenemus plenarie

---

[1]. Le nom de ce témoin et celui du saint qui donnerait la date exacte sont illisibles.

pro pagatis. Promittimus eciam et tenemur sub obligacione omnium et singulorum bonorum nostrorum mobilium et immobilium, presencium et futurorum et quilibet nostrum in solidum garire et deffendere predictas res venditas liberas et immunes ut superius est divisum ab omnibus aliis deveriis versus omnes et contra omnes secundum usum et consuetudinem patrie approbatos. Adhuc promittimus et tenemur sub obligacione predicta emendare et ressarcire eidem Andree et suis predictis omnes custodias, dampna et misiones quos, que vel quas habuerint vel sustinuerint ob defensionem dicti garimenti ad suum legitimum juramentum omni alio probacionis genere retromisso. Renunciavimusque in hoc facto nostro omni excepcioni vis atque metus, fraudis et circonvencionis, ignorancie et decepcionis cujuscumque, omni privilegio crucis indulto et indulgendo, omni auxilio et beneficio juris canonici et civilis et omnibus aliis exceptionibus, racionibus et allegacionibus quibuscumque per quas seu earum aliquam tenor presencium litterarum posset in toto vel in parte destrui aut eciam annullari. Juravimus insuper nos predicti conjuges contra tenorem presencium litterarum per nos vel per alios de cetero non venire nec aliquid attemptare. In quorum testimonium et munimen has presentes litteras dedimus eidem Andree Laydet ad nostram requisicionem sigillatas sigillo nobilis viri domini Guydonis vicecomitis Thoarcii in Thalemundensi castellania constituto. Ego vero Nicholaus Johannis clericus, custos tunc temporis dicti sigilli, ad requisicionem predictorum conjugum hiis presentibus litteris dictum sigillum apposui in testimonium premissorum, salvo jure et dominio dicti nobilis et quolibet alieno ; et ipsos conjuges presentes et consencientes in predictis omnibus et predicta omnia esse vera confitentes judicio curie dicti nobilis judicavi et eciam condempnavi, presentibus testibus et ad hec specialiter Guillelmo Bernert et ˉMichaele Reignart. Datum et actum die lune ante festum beati Michaelis archangeli, anno Domini M⁰ CC⁰ nonagesimo tercio.

96. Vente par Agaice Nerbonneau à maître André Laydet, clerc.
(Carte n° 354.)

1294.
22 février.
1293. v. st.)

A tous ceulx qui ces presentes lectres verront et orront Agayce Nerbonelle, fille feu Guillemet Nerbonea, saluz en Nostre Seigneur durable. Sachent touz que j'ay vendu à maistre André Laydet clerc, et en nom de perpetuau vainczon octroié et livré la moité de la terce partie de leurs plantes que feu Denis Dodereau planta, assises en la paroiche de St. Sire, tenent au chemin qui vait de St Cyre à la Claye, et la terce partie du complant des vignes joignent ès-d. plantes que led. feu bailla à planter, et la terce partie dans does auberoyes assises entre Margné et Biron en la rivère de Valancon, pour le priz de quarente solz de la monnoie courente que j'ay euz et receuz dud. maistre André en bonne et numbrée pecune, et m'en teanche pour bean payée. Enquores sachent touz que j'ay donné en nom de perpetuau donacion non revocable faicte entre les vis, octroié et livré aud. maistre André Laydet, pour le bon et leau servige que il m'a jà fait de que je me tench pour bien apayée l'autre moité de toutes les choses dessusd. A avoir, à tenir et explecter toutes les choses dessusd. venduees et données daud. maistre André, de ses hers et de ses successeurs ou de ceulx qui de luy auront cause à toujours mais, perpetuaument franches et quiptes de tous encombremens et de tous devers, fors que de lad. terce partie de cincq et maylle tant soulement. Et ay renuncié en cest mon fait à toute excepcion de ignorance et de decevance quelxconques, à tout droit escript et non escript et à l'execucion de non eage et de lad. summe de pecune non eue, non receue, non nombrée, et generalment à toutes autres excepcions, raisons et allégacions quelxcomques qui de droit ou de fait ou de coustume pourroient anichiller la teneur de cestes presentes lectres en tout ou en partie. Desquelles choses je veuil que chacune soit eue pour expresse; et promelz et suis teneue soubz l'obligacion de touz mes biens meubles et non meubles, presens et à venir, garir et deffendre toutes les choses dessusd. aud. maistre André vers touz et contre touz de tous empeschemens, franches et quiptes fors que de la terce partie de cincq et maylle. Et ay juré que je ne vendroie à nul jour mais contre cestes choses par moy ne par autres par nulle manère. En tesmoign desquelles choses j'ay donné aud. maistre André cestes présentes lectres seellées à ma requeste du seau à noble homme mons^r Guy vicomte de Thouars en la chastellenie de Thalmont establi. Et je adecertes Nicholas Jehan clerc, tenent et gardent en celuy temps led. seau, à la requeste de lad. Agayce à cestes presentes lectres led. seel aposay en tesmoign de verité, sauve le droit et la seigneurie dud. noble et de tout autre; et à tenir et acomplir toutes les choses dessusd. lad. Agayce presente et consentente du jugement de la court aud. noble jugeay et condampnay; presens garens ad ce oir appellez Joffray Briant et maistre Guillaume Graon. Ceu fut fait et donné le lundi avant la sainct Aubin, en l'an de grace mil et deux cent et quatre vings et treze.

97. Vente d'une maison à Château-d'Olonne. (Cart^e n° 61.)

1296.
19 février.
(1295, v. st.)

Omnibus ac singulis presentes licteras inspecturis Aymericus Bonamy, clericus, salutem in Domino. Noveritis quod ego vendidi, tradidi et concessi dicte Mable, sorori capellani de Castro Olone, herbergamentum meum de Castro Olone cum omnibus et singulis pertinenciis suis, quod quidem herbergamentum et pertinencie quondam fuerunt deffuncti Bonami, patris mei, prope pontem de Castro Olone et prope domum domini de Garineria, in feodo Petri de Bosselouz valeti domini de Garineria, pro octo libris monete currentis, quas ab eadem habui et recepi in pecunia numerata, et me tenui et adhuc teneo plenarie pro pagato; habenda, tenenda, possidenda et explectanda omnia et singula premissa a dicta

Mable, heredibus, successoribusque suis ex nunc in perpetuum, pacifice et quiete. Teneor eciam ego predictus Aymericus, sub obligacione omnium bonorum meorum mobilium et immobilium, presencium, et futurorum, omnia et singula premissa eidem Mable, heredibus successoribusque suis in perpetuum garire et deffendere ab omnibus et versus omnes. Si vero me Aymericum predictum in garimento predicto deficere contigerit, et ob defectum garimenti dicta Mable vel heredes sui dampna sustinuerint, coustus vel missiones fecerint, teneor eisdem, sub obligacione predicta, ad suum simplex juramentum sine probacione aliqua plenarie ressarcire. Renuncians in hoc facto meo omni exceptioni non numerate nec tradite nec recepte pecunie, omni excepcioni decepcionis ultra dimidium justi precii, omni juri scripto et non scripto, omni statuto regis et principis dato et dando, omni juri dicenti generalem renunciacionem non valere, et specialiter et expresse omnibus et singulis aliis exceptionibus, racionibus, allegacionibus, deffencionibus, constitucionibus, privilegiis et statutis que me juvare possent ad veniendum contra tenorem presencium licterarum ; juramento a me super hoc prestito corporali. In cujus rei testimonium dedi eidem Mable presentes licteras sigillo nobilis viri domini Guidonis, vicecomitis Thoarcii, in castellania Thallemondi constituto, ad supplicacionem meam sigillatas. Ego vero Nicholaus Johannis clericus, tunc temporis tenens sigillum predictum, illud ad supplicacionem dicti Aymerici presentibus licteris apposui, in testimonium premissorum, et ipsum ad hoc presentem et consencientem judicio curie dicti nobilis condampnavi et adjudicavi, salvo jure suo et quolibet alieno, testibus ad hoc vocatis Goffrido Guerri, Petro de Che. . . . .[1] Guillemeto le Piquart. Datum die dominica qua cantatur Reminiscere, anno Domini M° CC° nonagesimo quinto.

---

1. La fin de ce nom est illisible.

98. Reconnaissance par Guillaume, Hilaire et Pierre Tyré d'une rente par eux due à Nicolas Chevalier et Hugues Morisson. (Cart⁰ n° 190 [1].)

Universis..... Guillelmus Tyrez, Hylarius Tyrez et Petrus Tyrez salutem in Domino sempiternam. Noveritis quod nos tres predicti, unanimes et concordes, obligavimus nos, heredes successoresque nostros et omnia bona nostra mobilia et immobilia, presencia et futura, ad reddendum et solvendum Nicholao Chevaler et Hugoni Moriçon vel eorum mandato, in qualibet Assumpcione B^te Marie Virginis perpetuo, duo sexteria cum tribus boisellis silliginis ad mansuram de Brandoys, videlicet dicto Hugoni Moriçon tres minas et tres boissellos et dicto Nicholao unam minam. Quam summam silliginis nos confitemur debere eisdem racione omnium rerum quam habebant et habere poterant et debebant, quacumque

1301.
12 février.
(1300, v. st.)

---

1. Les actes du xiv⁰ siècle présentent un tel débordement de formules, toujours identiques, qu'il est impossible et absolument superflu de continuer à les imprimer. Nous donnerons celles qui sortent de la rédaction usuelle, mais remplacerons désormais par des points les suivantes :

1⁰ La promesse de défendre et garantir à perpétuité envers et contre tous les conventions arrêtées, sous l'obligation ou hypothèque de tous les biens meubles ou immeubles, présents et à venir ; et celle de rembourser, dans le cas de non paiement de rentes constituées, non-seulement les arrérages en retard mais les coûts et dépens faits en conséquence.

2⁰ La cession et transfert, dans les cas de dons, ventes ou échanges, et tous les droits, noms, actions, raisons, seigneurie, propriété et possession appartenant au cédant.

3⁰ La renonciation à toute exception de fraude, de circonvention, de ruse, de mal, de crainte, de barat, de tricherie, à toute exception d'ignorance, de déception, à tout aide et bénéfice de droit canon ou civil, au droit disant qu'une renonciation n'est valable qu'en tant qu'elle est expresse, à tout privilège de croix prise ou à prendre, à tous édits ou constitutions de princes et de rois faits ou à faire, à toutes coutumes générales ou locales, enfin à toutes raisons, défenses, allégations contraires à la teneur des présentes et par lesquelles ces dernières pourraient être détruites, enfreintes ou annulées en tout ou en partie.

4⁰ Le serment prêté sur les saints évangiles d'exécuter fidèlement le

de causa, apud la Gaubretère sitam in parochia de Lande-Veteri; quas res traddiderant nobis et nostris predictis pro dicta summa silliginis annue et perpetue firme possidendas et explectandas perpetuo, pacifice et quiete, ad nostram voluntatem plenarie faciendam : tali condicione tamen quam dicti Hugo et Nicholaus et sui similiter garirent et deffendant nobis et nostris predictis res predictas versus omnes et contra omnes ab omnibus impedimentis, legitime et expresse. Renunciantes. . . . . juramento super hoc a nobis prestito corporali. In quorum testimonium dedimus . . . . . licteras sigillatas. . . . . sigillo nobilis viri domini Guidonis vicecomitis Thouarcii in Thalemundensi castellania constituto. Ego vero Bertrandus Bili, tunc temporis custos dicti sigilli, ad requestam dictorum. . . . . post relacionem Hylarii Forester clerici. . . . . presentibus testibus ad hoc specialiter evocatis Guillelmo Gauteron, Johanne Venere et Stephano Abicea. Datum et actum die dominica ante Cineres, anno Domini millesimo CCC°.

99. Don d'une maison à Champcloux par Guillaume Normandeau et Agnès, sa femme. (Carte n.° 290.)

1301.
20 mars.
(1300, v. st.)

Universis. . . . . Guillelmus Normandea, valetus, et Agnes, ejus uxor, salutem in Domino sempiternam. Noveritis quod

---

contenu de l'acte et de ne faire ni faire faire jamais rien de contraire à ses stipulations.

5° L'octroi des présentes scellées à la requête des parties et à la relation du notaire qui les a passées.

6° Enfin le protocole de l'apposition du sceau par celui qui en était le porteur, avec la mention du jugement de la cour royale, seigneuriale ou ecclésiastique dudit sceau pour l'observation des stipulations arrêtées dans l'acte.

En tête de chaque pièce on fera la même économie pour la phrase « universis presentes litteras inspecturis vel audituris, à tous ceux qui ces présentes lettres verront et orront ».

nos predicti conjuges, unanimes et concordes, non circonventi ab aliquo, sed ex pura et propria voluntate nostra, respecta et considerata salute animarum nostrarum, dedimus et perpetua donacione irrevocabili facta inter vivos concessimus et livravimus Deo et abbacie S^{ti} Johannis de Orbisterio et religiosis viris ibidem Deo servientibus, in puram et perpetuam elemosinam, ac pro salute animarum nostrarum, quemdam domum tuybleam cum omnibus suis pertinenciis, que fuerunt quondam dicti deffuncti Parissoti in feodo nostro apud Champcloux ; habendam, tenendam, possidendam et explectandam dictam domum cum omnibus suis pertinenciis a dictis religiosis et suis posteris et ab eis causam habituris ex nunc in perpetuum pacifice et quiete, nihil retento nobis vel nostris de cetero in eisdem. Et de ipsis domo et pertinenciis nos et nostros heredes devestimus et desaisimus et dictos religios scificet abbatem et conventum abbacie predicte posuimus in puram et perpetuam possessionem . . . . obligamus. . . . . Renunciavimusque. . . . . juravimusque . . . . . In quorum testimonium dedimus. . . . . licteras sigillatas. . . . . sigillo nobilis viri domini Guidonis vice-comitis Thouarcii in Thallemundensi castellania constituto. . . . . Ego vero Bertrandus Bili, custos tunc temporis dicti sigilli . . . . . post relacionem Hylarii Forestarii clerici. . . . . presentibus testibus ad hec specialiter evocatis fratre Gaufrido Guerri et dicto Joudon juniore. Datum et actum die lune ante Ramos Palmarum, anno Domini millesimo CCC°.

100. Constitution d'une rente de trois mines de froment au principal de trente sous. (Cart° n° 328.)

Memoriale est quod nos Johannes Gaubaudi et Katerina, ejus uxor, vendidimus et concessimus Petro Cavoys tres minas frumenti boni et recipialis ad mensuram de Olona, precio triginta solidorum monete currentis, quos ab ipso

1302.
5 mars,
(1301, v. st)

Petro habuimus et recepimus in peccunia numerata, et nos tenuimus et adhuc tenemus plenarie por pagatis ; quas predictas tres minas frumenti predicto Petro, vel ejus mandato, reddere et solvere promictimus infra instantem Assumpcionem B^{te} Marie Virginis, sub obligacione. . . . . Renunciantes. . . . . juramento. . . . . In cujus rei testimonium dedimus. . . . . memoriale sigillo nobilis viri Guidonis vicecomitis de Thoarcio in castellania Thalemundensi constituto . . . . . sigillatum. Ego vero Bertrandus Byli, castellanus tunc temporis de Thalemundo custosque dicti sigilli. . . . . post relacionem Andree Brochon clerici. . . . . testibus ad hec vocatis Petro Bernardea et Petro Rondert. Datum die lune ante Cineres, anno Domini millesimo CCC° primo.

101. Don par Amable d'un hebergement à Château d'Olonne.
(Cart° n° 332.)

1304.
18 septembre.

Universis. . . . . dicta Amabilis, soror deffuncti Johannis olim rectoris ecclesie de Castro Olone, salutem in Domino. Noveritis quod ego dedi et concessi et adhuc do et concedo donacione irrevocabili facta inter vivos Deo et monasterio S^{ti} Johannis de Orbisterio et abbati et conventui ejusdem monasterii, in puram et perpetuam helemosinam, et ob remedium anime mee et parentum meorum, et quod sim particeps in bonis dicti monasterii, herbergamentum meum de Castro Olone cum cortillagio, caruagio et pertinenciis suis, quod quidem herbergamentum, cortillagia et pertinencias acquisivi a deffuncto Aymerico Bonami clerico, et quoddam cortillagium quod acquisivi a Dionisio Bogeys, situm inter duo cortillagia Philippi meditarii, et sunt a la Meyneyte, et quoddam aliud cortillagium quod acquisivi a dicta Lucaze, situm juxta cortillagium Guillelmi Bardin, que omnia sunt sita in parrochia de Castro Olone ; habenda, tenenda, possidenda et explectanda omnia et singula premissa a dictis religiosis ex nunc in perpetuum pacifice et quiete. Renuncians..... juramento..... In cujus rei testimonium dedi..... litteras sigillo nobilis viri domini Guidonis vicecomitis Thouarcencis in castellania Thallemundensi constituto..... sigillatas. Ego vero Bertrandus Bili, tunc temporis castellanus Thallemundi et custos predicti sigilli..... ad relacionem Johannis Gervasii clerici ..... Datum testibus presentibus Johanne Prevostea et Hylario Clarhea, die veneris ante festum B^{ti} Mathei apostoli, anno Domini millesimo triscentesimo quarto.

102. Ordre de publication d'un décret sur la juridiction ecclésiastique rendu dans un concile provincial. (Cart°. n° 213.)

1306.
5 mars.
(1305, v. st.)

Arnaldus de Faugeriis et Petrus Amalvini, canonici Burdegalenses, vicarii generales in spiritualibus in civitate et diocesi Pictaviensi constituti a sede apostolica, omnibus decanis, archipresbiteris, ecclesiarum rectoribus et omnibus aliis cappellanis, subcappellanis, curatis et non curatis, clericis beneficiatis et non beneficiatis, ad quos presentes lictere pervenerint, salutem in Domino. Quia in provinciali concilio generaliter proinde sit a sede apostolica institutum quod omnes comites, barones, milites, judices seculares, baillivi, prepositi, senescali et ipsorum alocati seu eorum loca tenentes et alie persone cujuscumque condicionis seu status existant qui bona ecclesiastica et res clericorum et personarum ecclesiasticarum et homines eorumdem et res capiunt, saziunt, invadunt, occupant et usurpant seu hec fieri faciunt et procurant per se vel per alium, ipsis ratum habentibus, seu ad premissa vel aliquid premissorum opem, favorem, auxilium, consilium prebuerint et juvamen ipso facto excommunicacionis sentenciis sint ligati, et loca, ville et parrochie in quibus res vel persone sic capte et occupate detinebuntur subjacent ecclesiastico interdicto, necnon omnes illi qui impediunt et perturbant juridicionem ecclesiasticam in hiis in quibus cognicio ad ecclesiasticam juridicionem jure aut consuetudine dignoscitur pertinere, et qui ad premissa vel aliquid premissorum prebent quoquo modo auxilium, consilium et juvamen eadem excommunicacionis sentencia sint ligati a qua non sunt absolvendi, quousque ad congruam satisfaccionem pervenerint et emendam tam ecclesie quam persone cui vel quibus dampnum, injurie, expense et interesse facte seu illate fuerint ob premissis vel occasione premissorum, et a qua si per tres menses substinuerint satisfaccione non habita nec obtempta non sunt aliquatenus absolvendi nec eorum corpora traddenda ecclesiastice sepulture nec heredes eorum et familie ad ecclesiasticum nec clericatum beneficium de cetero admictendi; hinc est quod vobis universis et singulis precipimus et mandamus, sub pena excommunicacionis quam in vos et vestrum quemlibet vos primo, secundo et tercio tenore presencium premonentes ex nunc ferimus in hiis scriptis, si in premissis negligentes fueritis vel remissi, per formam et tenorem hujus modi sacri provincialis concilii in vestris ecclesiis et locis publicis, assiziis privatis et publicis denuncietis, et si tales vel similes presumptores vel manus injecisse in clericum vos evenire contingat de premissis a vobis summaria facta fide seu alias vobis constiterit de premissis, ipsos malefactores seu presumptores declaretis excommunicatos et publice nuncietis et in ecclesiis vestris denunciari faciatis. Si vero post declaracionem et denunciacionem hujus modi de forefactam ad emendam non venerint dictamque sentenciam excommunicacionis sustinuerint per septem dies, cessetis in ecclesiis vestris a divinis et cessari penitus faciatis, donec a nobis aliud receperitis in mandatis. De nominibus vero illorum qui ob premissa vel occasione premissorum excommunicari meruerint vel excommunicatos declarari nos per vestras patentes licteras certifficare curetis. Injungentes omnibus personis ecclesiasticis quod in premissis exequendis nullatenus sint negligentes vel remissi, si canonicam et nostram voluerint evadere ulcionem. Datum et actum apud Pictavum die sabbati post Reminiscere et sigillo officialis nostri a nobis deputati sigillatum cui fidem super hoc indubiam adhibemus, anno Domini M° CCC° quinto.

103. Obligation de douze livres prêtées par Pierre Cavoys à Aimery Becin. (Carte n° 46.)

Sachent..... que je Aymeri Becin, valet, doy et suys tenu rendre et paier dedans la prochaine feste de Pasques à Perre Cavoys ou à ceulx qui de luy auront cause doze libres de feble monoye, de cause de prest à moy de luy fait, baillé et livré, et m'en tien bien apaié, sus l'obligacion de tous mes biens meubles et immeubles, presens et à venir; à prendre, à venger et à distroyre doud. Pierre, si je li deffaillee de faire le paiement desd. deners en termes dessusd.; le sèrement de moy davantd. Aymeri sus ceu presté corporaument sus les sains évangiles Nostre Seigneur de entérigner et acomplir la teneur de cestes lettres. En tesmoign de laquelle chouze je en ay donné aud. Perre ceste lectre seellée du seya establi en la chastellenie de Thalemond pour noble homme monsr Guy vicomte de Thouars. Et je Bertran Bili, garde en celuy temps dud. seya..... à la relacion de Guillaume Bigon clerc..... garens ad ce oir appellez et presens Jehan Pointlane et Perre Amyet, clers. Donné le samedy avant la Chandeleur, l'an de grâce mil troys cens et six.

1307.
28 janvier.
(1306, v. st.

104. Extrait du testament de maître André Laydet, clerc. (Carte n° 358)

Universis..... Bertrandus Bili, castellanus Thalemundi et custos tunc temporis sigilli nobilis viri domini Gui-

1308.
9 juin.

donis vicecomitis Thoarcensis in dicta castellania constituti, salutem in Domino. Noveritis me vidisse et de verbo ad verbum diligenter inspecisse testamentum seu ultimam voluntatem magistri Andree Laydet clerici deffuncti, non obolitas, non concellatas, in aliqua parte sui viciatas, prout prima facie apparebat, sigillo Reverendi in Christo patris ac domini fratris Galterii, quondam Pictavensis episcopi, una cum sigillo ejusdem magistri Andree Laydet sigillatas, in quo testamento seu in qua ultima voluntate quedam clausula continetur cujus tenor sequitur in hec verba : Item, prioratui de Margne do et lego terras quas acquisivi daus Dodereas et plantas vinearum que sunt juxta les Auberees de Margne, et unum calicem que est penes meditarium; item, pratum quod acquisivi apud Ponterellum, contiguum prato dicti prioratus et des auberees quas ibi proprias acquisivi; item, volo quod executores mei traddant et dimictent priori ejusdem loci duos lectos garnitos, ita tamen quod abbas et conventus S[ti] Johannis de Orbisterio et prior dicti loci qui pro tempore fuerit non molestent executores vel heredes meos vel meditarium dicti loci nec aliquos qui pro tempore meo fructus dicti prioratus perciperent, nec exigant ab eis vel eorum altero quicquam nisi quod eis supra lego, et si qua fecerint ad ymo legata supradicta volo et sub condicione predicta quod prior dicti loci cum socio suo habeant de blado et vino provisionem competentem usque ad novos fructus. In cujus visionis et inspeccionis testimonium, ego Bertrandus Bili predictus sigillum predictum presentibus licteris aposui, presentibus testibus et vocatis ad hanc visionem et inspeccionem faciendam : magistro Johanne Parere clerico, dicto Paumerea castellano de Curzonio. Actum die dominica post Penthecostes, anno Domini M° CCC° octavo.

105. Arrentement de terres dépendant du prieuré de St-Lambert aux Jadeau de la Jadelière. (Cart^e n° 205.)

Universis. . . . . . Johannes, Reginaldus, Stephanus, Aymericus et Nicholaus Jadaus de Jadeleria salutem in Domino sempiternam. Noveritis universi quod nos accepimus et affirmavimus seu ad annuam firmam cepimus a religiosis viris abbate et conventu monasterii S^{ti} Johannis de Orbisterio quasdam terras prioratui S^{ti} Lamberti pertinencias in guarena de Malleone, vulgariter appellatas Boyleves, pro septem solidis monete currentis censualibus priori dicti prioratus solvendis annis singulis in qualibet prima festivitate S^{ti} Michaelis archangeli in prioratu predicto; habendas dictas terras, possidendas et explectandas in perpetuum pacifice et quiete a nobis Johanne, Reginaldo, Stephano, Aymerico et Nichalao, heredibus successoribusque nostris, ita tamen quod si predicte terre garena remota rediri possunt ad culturam vinearum in futuro, dicte terre reddeant prioratui S^{ti} Lamberti et ibi posset prior dicti prioratus plantare vineas et colere pacifice, sine aliquo impedimento quod nos dictus Jadau vel heredes seu successores ipsius dictis terris possimus imponere vel inferre, quamdiu dictus prior de suis propriis sumptibus easdem vineas colere voluerit. Et si eciam idem prior dictas vineas ad medietatem sive ad aliam partem traddere voluerit, ipse non possit nisi nobis predictis Jadaus vel heredibus sive successoribus nostris, vel eciam si dicte vinee aliunde ad devastationem redierint, dicte terre nobis predictis Jadaus vel heredibus successoribusque nostris reddeant ad censum supradictum. Insuper tenemur et promictimus sub obligacione. . . . . . Renunciantes. . . . . juravimusque. . . . . . In cujus rei testimonium. . . . . . licteras. . . . . . dedimus sigillo venerabilis viri magistri Guillelmi Tephanelli, archipresbiteri

1309.
26 juillet.

Alperiensis. . . . . sigillatas. Nos vero predictus archipresbiter. . . . . . Datum die sabbati post festum B^{te} Marie Magdalene, anno Domini M° CCC° nono.

106. Reconnaissance par Giraud de la Bretaire et Jeanne, sa femme, d'une rente par eux due à Geoffroy Marchegay. (Cart° n° 16.)

1311.
30 août.

Universis. . . . . Giraudus de la Beretreere et Johanna, ejus uxor, salutem in Domino sempiternam. Noveritis quod nos dicti conjuges, unanimi et concordes, tenemur et promictimus reddere et solvere Gaufrido Marchegays et Johanne ejus uxori, heredibus successoribusque eorum annuatim in festo B^{ti} Michaelis tres solidos monete currentis annue et perpetue firme, racione tocius juris, dominii et possessionis quam habebant in tenemento de la Beretreere et omnibus pertinenciis ejusdem racione Thome Marchegays. Et ad hec obligamus nos, heredes successoresque nostros et omnia bona nostra mobilia et immobilia, presencia et futura; juramento a nobis super hiis omnibus prestito corporaliter. In cujus rei testimonium dedimus eisdem conjugibus has presentes licteras ad nostras instancias sigillatas sigillo vicecomitis Thouarcii in Thalemundensi castellania constituto. Ego vero Colinus de Bernoneria clericus, tunc temporis custos dicti sigilli, ad relacionem Johannis Mogetelli. . . . . testibus presentibus et specialiter ad hoc vocatis domino de Garineria et Nicolao Rocher. Datum die lunes post Decollacionem B^{ti} Johannis Baptiste, anno Domini millesimo CCC° undecimo. Mogetellus.

107. Donation entre-vifs au dernier vivant faite par Simon Boyau et Agnès de Vehuz, sa femme. (Cart° n° 20).

Universis. . . . . Symon dictus Boyeas, de Sabulis Olone, et Agnes de Vehuz, ejus uxor, salutem in Domino. Noveritis quod nos et quilibet nostrum, pensatis et consideratis tot et tantis cordis dilectionibus et serviciis, honoribus et eciam [legitima utilitate et bona] impensis uni ab altero, a tempore quo ad contraximus [matrimonium] dedimus et unus alteri concessimus donacione irrevocabili facta inter vivos et eciam sine spe revocacionis omnia et singula bona nostra mobilia presencia et futura et omnes acquestas singulas seu covrancias nostras facta, factas et faciendas, ubicumque sint et erunt et quocumque nomine censeantur; volentes et consencientes nos predicti conjuges et quilibet nostrum in solidum quod ista donacio valeat et valere possit ultimo viventi ex nobis duobus racionibus ante dictis. Si vero ista donacio valere non possit in toto aut de jure aut de consuetudine, nos et quilibet nostrum in solidum volumus et concedimus quod donacio predicta valeat et valere possit ultimo viventi, pro ut dictum est, pro parte illa quam jus et consuetudo poterit sustinere. Renunciantes. . . . . In cujus rei testimonium. . . . . dedimus. . . . . unus alteri. . . . . licteras sigillo nobilis viri Johannis vicecomitis de Thoarcio quo utitur in castellania sua de castro Olone . . . . . sigillatas. Ego vero Colinus de Bernoneria clericus, castellanus tunc temporis et custos predicti sigilli. . . . . ad relacionem magistri Martini de M. . . . . clerici [1]. . . . . testibus ad hoc presentibus et specialiter vocatis Vincentio le

1312.
8 décembre.

---

1. On ne distingue que l'initiale du nom de ce notaire et de celui du dernier témoin ci-dessous.

Saynere, Herveo do Fou Britone, Petro S. . . . . de Sabulis Olone. Datum die veneris in festo Concepcionis B^te Marie Virginis, anno Domini millesimo CCC° duodecimo.

108. Vente par Agnès Charbonneau à Barthelemy Mehé et Thomasse, sa femme, de sa part dans la succession de sa mère. (Cart° n° 28.)

1315.
25 septembre.

Sachent touz que je Agnès Charbonnelle et je Oliver Le Breton, son mari, quiptons de nostre bonne volunté à Berthomé Mée et à Thomasse, sa femme, et aus leurs toute la frereysche et succession à nous appartenant par raison de la mort de feue Charbonelle, jadis mère à moy davantd. Agnès, tant en ces biens meubles que immeubles et tout ce qui à nous appartenoit et appartenir pouet et devoit pour la quarte partie en une maison, sise davant la maison de messire Michea Coya presbtre, en la ville de Thallemont, la rue entremi dessoubz la maison des Fontenelles, et en la quarte partie que nous avons en ung cortillage, assis darère la vigne des Aleire jouste le paleis Marionnea. Et avons juré. . . . . En tesmoign. . . . . je Perre Hardi, garde du seya establi en la chastellenie de Thalmont. . . . . à la relacion de Guillaume Bigon cler. . . . . garens à ceu oyr appellez et requis Colin de la Gaudinère, Martin Boilayve clerc et Jehan Arbert clerc et Marie sour à lad. Agnès. Donné le jeudi avant la feste St Michea archange, l'an de grace mil troys cens quinze. G. Bigon.

109. Vente par Gervais Marsay à André Barrochon, curé de St-Vincent-sur-Jard, d'une rente de trois sous. (Cart° n° 138.)

1316.
2 avril.
(1315. v. st.)

Memoriale est quod, in nostra presencia personaliter constitutus, Gervasius Marsay confessus est coram nobis se vendidisse et concessisse domino Andree Barrochon, rectori ecclesie S^{ti} Vincentii in Jardo, tres solidos monete currentis annui et perpetui redditus, redendi et solvendi dicto domino Andree et suis perpetuo in quolibet festo B^{ti} Dionisii, precio triginta solidorum monete curentis, quos confessus fuit se habuisse et recepisse in bona pecunia numerata. Ad quam solucionem faciendam termino supradicto obligavit . . . . . Renuncians. . . . . In cujus rei testimonium. . . . . sigillum curie nostre. Datum presentibus Guillelmo Perer clerico et Guillelmo Arnaudelli, testibus ad hoc vocatis, die veneris post Judica me, anno Domini millesimo CCC° decimo quinto.

110. Echange entre Jean Rousseau et Jean Vacheron de deux pièces de vigne. (Cart^e n° 310.)

1316.
16 octobre.

A tous. . . . . . Jehan Roussea, archeron, et Jehan Vacheron saluz en Nostre Seignour. Sachent touz que nous, archeron et Vacheron, cognoissons et confessons avoir fait permutacion et eschange entre nous deux en la manère qui s'ensuyt. C'est assavoir que je Roussea dessusd. baille et octroye, à tous temps mès perpetuaument, aud. Vacheron et aus siens une pèce de vigne, si come elle se pourçoit, assise en Arzillers entre la vigne Jehan Roy, d'une partie, et la vigne Bignot, d'autre partie, ensemblement o.vingt sols que je ly torne pour une foiz payez. Et je addecertes Vacheron dessusd. baille et octroye, à tous temps mès perpetuaument, aud. Roussea archeron et aus siens une pèce de vigne, si come elle se porceit, assise en la Cace, en fié au priour et au couvent d'Angles, entre la vigne frère Guillaume Boutet, d'une partie, et la vigne Johanne Amoureze, d'autre partie. Et promectons. . . . . Et avons renuncié. . . . . et avons juré. . . . . Et en tesmoign de verité. . . . . requis. . . . . lectre estre seellée du seya duquel l'on uze pour noble homme monsr Jehan viconte de Thouars en la chastellenie de Curzon. Et je addecertes Jehan de St Denis, garde daud. seya. . . . . à la relacion de Guillaume Typhart clerc. . . . . Ceu fut donné presens et oyans Guillaume Rabea et Guillaume Robert de Fontaynnes, le dimenche après la St Denis, l'an mil CCC et seize. G. Typhart.

111. Permission donnée par Jean, Vte de Thouars, de bâtir un moulin sur ses terres. (Carte no 30.)

1317.
28 février.
(1316. v. st.)

Sachent touz que nous Jehan, vicomte de Thouars, sgr de Thalemont et de Mauleon, octroyons pour nous et pour les noz que frère Estiene, abbé de St Jehan d'Orbester, et le couvent d'icelluy lieu puissent remuer leur moulin à vent qui est assis en leur terre et faire remuer, et assire à perpetuité en nostre terre en leus ou il estoit assis en temps passé. Et encores voulons et octroyons que les hommes et les femmes de nostre terre meaugent aud. moulin, cil et celle qui y vouldront meauger, non contrectans destralct. Donné et octroyé par nous à quelxcomque personne que ce soit. En tesmoing de laquelle choze nous en avons donné ausd. religieux cestes presentes lectres seellées de noustre seyaulx. Donné le lundi avent la feste St Aubin, l'an de grâce mil CCC seize.

112. Echange de vignes entre Etienne Carail et Etienne Bourreau. (Carte no 179.)

1317.
1er mai.

Noverint universi et singuli quod ego Stephanus Carail, ex una parte, et ego Stephanus Boerea, ex altera parte, tradidimus et concessimus, una pars alteri parti per modum permutacionis seu excambii perpetui, videlicet ego predictus Stephanus Carail unam peciam vinee, quam habebam in feodo de Campo Clauso juxta vineam Hugonis Josseame prope trocular de Campo Clauso, et ego Stephanus Boerea unam peciam vinee, quam habebam in dicto feodo juxta vineam Johannis Botaut, et dicte la Sablere; habendam, tenendam, possidendam et explectandam a dicto Stephano Boerea, heredibus successoribusque suis predictam peciam vinee sitam juxta vineam Hugonis Josseame, prout dictum est, et dicto Stephano Carail, heredibus successoribusque suis dictam peciam vinee sitam juxta vineam Johannis Botaut, in perpetuum, pacifice et quiete, racione predicti excambii perpetui. Promictentes..... renunciantes ..... juramento..... In cujus rei testimonium dedimus..... licteras sigillo nobilis viri domini Johannis vicecomitis de Thouarcio quo utitur in castellania sua de Castro Olone..... sigillatas. Ego vero Gauffridus de la Busche, castellanus tunc temporis predicti castri et custos sigilli predicti...... ad relacionem Johannis Hervietelli clerici..... Datum testibus presentibus Nicholao Pignaut et Morello Copertoris, die dominica in festo apostolorum Philippi et Jacobi, anno Domini M° CCC° sexto decimo[1]. J. Hervietelli.

113. Echange de quelques pièces de terre fait avec Guillaume de St Georges. (Cart° n° 360.)

Universis..... F. Stephanus, per miseracionem divinam abbas humilis monasterii Sti Johannis de Orbisterio, et Guillelmus Sti Georgii salutem in Domino. Noveritis quod nos abbas predictus confitemur tradidisse et concessisse et

1317.
10 octobre.

---

[1]. Sic pour septimo decimo, car dans toute la période de 1310 à 1320, 1317 est la seule année où le 1er mai, fête de St Philippe et St Jacques, tombe le dimanche.

adhuc tradimus et concedimus, pro nobis et conventu nostro, dicto Guillelmo et suis duas pecias terrarum nostrarum, que fuerunt deffuncti Viverum, quarum una est sita apud Faugere, in parrochia S^{ti} Cirici, juxta terras Benatum, et altera sita est apud les Lores, juxta terras domini de Archay, pro duobus boissellis avene et quatuor denariis annue et perpetue firme nobis ab ipso Guillelmo et suis reddendis in quolibet festo Assumpcionis B^{te} Marie Virginis. Item, confitemur nos abbas et conventus predictus tradidisse et concessisse et adhuc tradimus et concedimus, pro nobis et conventu nostro, dicto Guillelmo S^{ti} Georgii et suis in perpetuo excambio terram nostram sitam versus les Seppez Bardum, juxta terram Petri Grangerea et juxta viam per quam itur de S^{to} Cirico versus portum Cleye, pro terra sua que sita est versus Margne, juxta terram Aymerici Briant et juxta terras nostras domus nostre de Margne; et ego dictus Guillelmus confiteor me tradidisse et concessisse et adhuc trado et concedo dicto abbati et conventui, similiter in excambio perpetuo, dictam terram meam de Margne pro terra sua des Seppes Bardum. Et quidquam juris, dominii, possessionis et proprietatis habemus et habere possumus quelibet pars nostrum in predictis transferimus..... promictimus..... Renunciantes..... Juravimus eciam.... In cujus rei testimonium..... dedimus..... licteras sigillo nobilis viri domini Johannis vicecomitis in castellania de Curzonio constituto sigillatas. Ego vero Johannes Monerelli clericus, castellanus dicti loci et custos sigilli predicti..... ex relacione.... presbiteri [1]..... testibus ad hoc vocatis Andrea Mellet, Stephano Nicquant et Johanne Sornin. Datum die veneris post festum beati Dionisii, anno Domini millesimo trescentesimo septimo decimo.

---

1. Le nom du notaire est illisible.

114. Don par Guillaume Chabot, sgr de la Mothe-Achard. (Carte n° 233.)

Sachent. . . . . que nos Guillaumes Chaboz, chevaler, sgr de la Mothe Achart et de la Menrrière, avons voulu et octroyé et encore voulons et octroyons et confirmons que l'abbé et le convent de St Jehan d'Orbester ayent et tiengent et explectent paziblement et quiptement la moité de la Gaudetère et des appartenances de nos et des noz perpetuaument, laquelle lor donirant jadis noz antecessors. De rechiep voulons et octroyons que il tiengent et paziblement explectent l'autre moyté en la manère dessus d. laquelle moyté lor dona jadis feu Jehan Poytevin pour le saluz de s'ame, ob nos rendant et paient perpetuaument six deners de bone monoye tant solement en chacune feste de St Jehan Baptiste en nostre chasteau de la Mothe Achart, ou à ceulx qui de nous auront cause en temps à venir. Et tendront et explecteront [toute] la Gandetère et les appartenances en la manère dessusd. [Et encores] confirmons et avons fermes et estables pour nos et pour les noz tout ce que noz predecessors ont donné anciennement ausd. religieux. En tesmoign de la quelle chose nos en avons donné aud. abbé et convent cestes presentes lectres seellées de nostre seyau. Donné et fait le jeudi emprès la Nativité St Jehan Baptiste, l'an mil troys cens [dix et huyt].

1318.
29 juin.

115. Promesse de Simon Jarrousseau de faire à son fils, moine, une pension viagère de six livres. (Carte n° 13.)

Notum sit omnibus. . . . . quod ego Symon Jarroucelli de Boycia, valetus, promisi et adhuc promicto et teneor reddere et solvere fratri Guidoni, monacho monasterii Sti Johannis de Orbisterio, dilecto filio meo, sex libras monete

1318.
12 juillet.

currentis quolibet anno in festo Nativitatis B^{ti} Baptiste, quamdiu vixerit dictus frater Guido, filius meus, dicti monasterii monachus seu eciam condonatus, solummodo. Et ad dictam solucionem eidem fratri Guidoni in quolibet anno et termino predicto faciendam ego dictus Symon obligo. . . . . Promisi. . . . . fide a me. . . . . In cujus rei testimonium. . . . . dedi. . . . . licteras sigillo constituto apud Fonteniacum pro domino rege Francie. . . . . sigillatas. Ego vero Johannes Nathalis, custos sigilli predicti. . . . . Et ad hec fuerunt testes specialiter vocati Guillelmus Coquillelli et Guillelmus. . . . [1] die mercurii ante festum B^{ti} Cypriani, anno M° CCC° decimo octavo.

116. Reconnaissance d'une rente de quinze sous, due par André Templeron à Guillaume Palvadeau. (Cart^e n° 228.)

1318.
1er septembre.

A tous. . . . . André Templeron saluz en Dieu nostre Seigneur. Sachent touz que je le d. André, non contraint, non deceuz, non perforcez, mès de ma bonne, pure et absolue volunté, cognoys et confesse moy devoir à Guillaume Parvadea et à ceulx qui de luy auront cause perpetuaument quinze sols d'annuau et perpetuau ferme. Les quelx quinze sols d'annuau et perpetuau ferme je led. André promet et suys tenu rendre et paer aud. G. Parvadea et à ceulx qui de luy auront cause perpetuaument, chacun an en chacune feste de St Jehan Baptiste, pour nom et pour raison de toutes les choses immeubles quelxcumques lesquelx led. Guillaume et ses frères et Hylere sa mère avoient et devoient avoir en la paroisse de Bertegnolle, tant à la Normandellère que à la Marchesie que en autres lieux en lad. paroisse, lesquelx d. choses led. Guillaume m'a baillé et affermé à la

---

1. Le nom du second témoin est illisible.

ferme dessusd. Et laquelle d. ferme rendre et paier. . . . .
oblige. . . . . serement. . . . . Renunciens. . . . . En
tesmoign. . . . . en ay donné. . . . . . lettres seellées
. . . . . . du seya establi à St Gile sur Vie pour noble
home mons^r Jehan vicomte de Thouars. Et ge adecertes
Nicholas Fruschard clerc, garde en celuy temps dud. seya
. . . . . à la relacion de Colin Fruschard clerc. . . . . .
garens à ceu presens et appellez Jehan Parvadea, Guillaume
Gillon et Jehan Le Breton. Donné le vendredi en la feste S^t
Xiste, l'an mil troys cens diz et sept [1]. C. Fruschardus.

117. Constitution d'une rente de douze livres faite par Jean de Montbail au profit de Girard de Beaulieu, son beau-frère. (Cart^e n° 39.)

Sachent. . . . . que je Jehan de Monbail, valet, s^{gr} de
Vairé, suys tenu bailler et assigner et dès maintenant baille
et assigne à Katerine de Beaulieu, ma femme espouse, et à
ceulx qui de lie auront cause diz livres de rente pour le
retour et la recompensacion de son mariage, et quarente sols
de rente pour vingt livres en deners que Girart de Beaulieu
donna à lad. Katerine, sa seur, en oustre les diz livres de
rente qu'elle devoit avoir pour toutes promesses de mariage
et pour tout le droit de père et de mère qu'elle avoit ou povoit
avoir par escheite ou par succession ou par promesse de
mariage obligatoire, tant donacion réale comme personnelle,
ou nous avons renuncié autreffoiz et par certaynne composicion faicte o mons^r Perres de Beaulieu son père. Et lad.
Katerine, ma femme, o l'auctorité et o l'assentement de moy
fait en la présence de plusieurs bonnes gens, et encore

1318.
2 septembre.

---

1. Sic pour dix et huyt, car c'est en 1318 que le 1er septembre, fête de St Sixte, tomba le vendredi; en 1317 c'était le jeudi.

renuncie presentement [à toute] promesse de mariage que moy ne mes heriters puissons jamès riens demander aud. Girart ne à ses heriters pour vi^{xx} livres de monnoie courante, que je ay eu et receu dud. Girart de Beaulieu en bons deners nombrez, pour lesd. doze livres de rente que je vueil que soyent assis presentement sus ma terre de Vairé, bien et léaument assise scelon coustume de pays, pour les vi^{xx} livres de monnoie courante que je ay eu dud. Girart, dont je me tiengs à bien payé, et pour reccorre ma terre d'estre vendue à autres personnes pour plusieurs grosses debtes que je devoie à plusieurs, tant de mons^r mon père comme de moy. Et en promet descharger, delivrer, garentir desd. doze livres de rente led. Girart de Beaulieu et ses hers vers lad. Caterine ma femme et vers ses hers et vers tous ceulx qui par raison de lad. Caterine li en porroient riens demander de toutes eschaites ou promesses dessusd. subx l'obligacion de moy, de mes hers et de tous mes biens meubles et immeubles, presens et à venir, en quelque lieu ou seigneurie que ils soyent : ainsi toutes voyes que si lad. Caterine ma femme moroit sans hers de sa chair, lesd. doze livres de rente demorroient et retourneroient aud. Girart et à ses hers emprès la mort dau plus vivent. . . . .[1] vendre ne donner ne aliener ne transporter à autres personnes ne par autre voye. Et à toutes ses choses dessusd. et chacune d'icelles en chacun article je promet tenir ferme et estable en bonne foy sur l'obligacion de moy et de mes hers et de tous mes biens, sans ceu que je ne me puisse appleger ne contrappleger contre la teneur ne contre l'execucion de cestes presentes lectres ; et donne au roy de France nostre sire C livres en deners touteffoiz que moy ne mes hers yront contre la teneur de cestes lectres en tout ou en partie de

---

1. Une ligne entièrement effacée, ainsi que le prénom du dernier témoin.

paynne comise ; et ay renuncié..... ay juré aus saincts et aus sainctes évangiles..... En tesmoign de verité et pour leauté et equipté..... ay donné..... lectre..... seellée du seyau nostre sire le roy de Francze jadis establi à la Roche-sur-Oyon. Et je addecertes Gauter des Granges, garde dud. seyau en celuy temps..... à la relacion de Aymeri Laurencea clerc.... garens à ceu requis et appelez mons^r Guillaume de Lescorce personne de Vieille Vigne en celuy temps et..... Gauvaign. Ceu fut fait et donné le sepmadi emprès la St Gile, en l'an mil iij^c dix et huyt. A. Laurencea.

118. Vente d'une maison et du cinquième de la Forêt Gabin consentie par Nicolas Ferreyau à Pierre Achard. (Cart° n° 297.)

1318.
24 novembre.

Noverint universi quod nos Nicholaus Ferreyau et Johanna, ejus uxor, unanimes et concordes, vendidimus, tradidimus, livravimus et concessimus et adhuc vendimus, tradimus, concedimus et livramus Petro Achart perpetuo et heredibus successoribusque suis et ab ipsis causam habituris medietatem cujusdam domus bocrine et cortillagii dicte domui pertinentis, situm apud Gabin infra domum Katerine Ferreiole, ex una parte, et juxta nemus de Gabin, ex altera, et quintam partem dicti nemoris, pro quinquaginta solidis monete currentis, quos ab eodem Petro habuimus et recepimus nos conjuges predicti et nos tenemus plenarie pro pagatis. Quam medietatem dicte domus et cortillagii et quintam partem dicti nemoris nos conjuges predicti promictimus ..... renunciantes..... juramento..... In cujus rei testimonium..... dedimus..... licteras sigillo nobilis viri domini Johannis vicecomitis de Thouarcio militis in castellania sua de Castro Olone constituto..... sigillatas ..... Datum presentibus Petro de Bosco Regnardi et Guillelmo de Vandea, valetis, die veneris ante festum beate Katerine virginis, anno Domini millesimo CCC° X° VIII°. Rainulphus.

119. Reconnaissance donnée par Tiphaine Archeron à Jean Archeron son fils. (Cart⁰ n° 350.)

1319.
25 février.
(1318, v. st.)

A tous..... Typhaine Archerone salut en Nostre Seigneur. Come Jehan Archeron, mon filz, et Johanne, sa femme, havent fait ou facent acqueste de mes meubles adjousté o le leur, sachent tous que je Typhaine dessusd. non deceue, non perforcée, mès de ma bonne, pure volunté renuncie à tout le droit que je Typhaine dessud. ay et avoir doy, ou autres pour nom de moi, en acquests que led. Jehan, mon filz, et Johanne, sa femme, ont fait ou feront en temps à venir, sans que je ne autres pour nom de moi y puissons jamais rens demander par nulle raison. Et à ceu tenir ferme et estable je Typhaine dessusd. oblige..... Et ay renuncié ..... Et ay juré..... Et en tesmoign de verité je en ay donné..... lectres seellées..... du seya duquel l'on uze pour noble homme monsʳ Jehan vicomte de Thouars en la chastellenie de Curzon. Et je addecertes Jehan de St Denis, garde dud. seya.... à la relacion de Laurens clerc..... Ceu fut fait et donné presens et oyens Symon dau Four, Guillaume Portepain, le jour du dymenche que l'on chantet Invocavit me, en l'an mil troys cens dix et huyt. Laurens, clers.

120. Arrentement d'une pièce de vigne fait par les membres de la Confrérie du St Esprit-de-Talmont à Barthelemy Mée et Thomasse, sa femme. (Cart⁰ n° 146.)

1319
29 mai.

Sachent touz que nous Jehan des Estans, Guillaume Mazia, Guillaume d'Aysenoys, Jehan Visage, Marin Viau, Jehan Morea de la Canetère, Michea Garnillea, Durant Goiset, Thomas Mazia, Perrin Mangaudea, Jehan de Teys et Jehan

Robert, freyres de la freyrie du Sainct Esperit de Thalemond, considéré le prouffit delad. freyrie, ensemblement o l'assentement des autres freyres delad. freyrie, avons baillé et octroyé et encores baillons et octroyons à maistre Berthomé Mee et à Thomasse, sa femme, et aus leurs une pièce de vigne à tous jours mès à ferme de dix huyt deners de monnoie courante, à rendre et à paier dud. maistre Berthomé et de Thomasse, sa femme, et des leurs à nous frères dessusd. chacun an en la feste de St Denis ou au nommees de nostre freyrie ; laquelle vigne est assise jouste la vigne Giraut Gay, d'une part, et jouste la vigne Boylayve le peleter, d'autre part, et jouste la vigne Guillaume Yrvet, d'autre part. Et transportons. . . . . . . promectons. . . . . . .
. . . . . Et avons juré. . . . . et renuncié. . . . . En vertuz de laquelle chose je Perre de Valee, garde du seya establi en la chastellenie de Thallemond pour noble home mons^r Jehan vicomte de Thouars. . . . . à la relacion de Guillelme Bigon clerc. . . . . Fait et donné le mardi après la Panthecouste, l'an de grâce mil CCC diz et neuf. G. Bigon.

121. Arrentement d'une maison fait par Jean Maugars, de St Benoît, à Jean Courtois. (Carte n° 85.)

A tous. . . . . Jehan Maugars, de St Beneste, saluz en Nostre Seigneur. Sachent touz que je Jehan dessusd. cognoys et confesse de ma bonne volunté et de mon assentiment moy avoir baillé et affermé perpetuaument à Jehan Courtoys une maison, ensemble o le cayruage qui y appartient, et tient lad. maison, d'une part, à la maison dud. Courtoys et, de l'autre part, au chemin par où l'on vait de la maison Jehan Fevre à l'églize, pour le prix de neuf solz de monnoie courant annuau et perpetuau prouffit, à rendre et payer les dessusd. neuf sols dud. Courtoys ou de ceulx qui de luy

1321.
10 février.
(1320, v. st.)

ont ou auront cause à moy Jehan dessud. ou à ceulx qui de moy ont ou auront cause, perpetuaument, par chacune feste St Lambert ; à avoir, tenir, à posséder et à explecter lad. maison et les ruage quiptement et pasiblement et perpetuaument dud. Jehan Courtoys et de ses hers et de ses successeurs et de ceulx qui de luy ont ou auront cause. Et à lad. maison et ruage garir et deffendre aud. Jehan Courtoys et à ses hers et à ses successeurs et à ceulx qui de luy ont ou auront cause vers tous et contre touz selon us et coustume du pays je Jehan dessusd. oblige. . . . . Et ay renuncié. . . . . Et ay juré. . . . . En tesmoign de laquelle chouze je Jehan . . . . . ay donné. . . . . seellées. . . . . du seya duquel l'on use pour noble homme mons^r Jehan vicomte de Thouars en sa chastellenie de Curzon. Et je addecertes Jehan Monerea, garde dud. seel. . . . . à la relacion Laurens clerc . . . . . . Ceu fut fait presens et garens Thomas Clarissea, Jehan Camus, le jour dau mardi emprès la Ste Agathe, l'an mil CCC ^{xx}. Laurens.

122. Transaction et accord avec Aimery de St Mars et Jeanne, sa femme. (Cart^e n° 45.)

1323.
11 janvier.
(1322, v. st.)

Sachent tous que comme contens fust emeuz en l'assise de Thalemont entre Aymeri de St Mars et Johanne, sa femme, pour raison de lad. Johanne, d'une part, et religieulx hommes l'abbé et le convent de St Jehan d'Orbestier, d'autre partie, sus ceu que led. Aymeri et lad. Johanne, sa femme, disoient que Berthomé de la Lavenderie estoit leur homme et qu'il tenoit ses maisons et son courtil, monstréez par jugement, ainsi comme il est clos, à doze deners de cens d'eulx, et qu'il avoyent end. lieu toute juridiction de basse veirie, et disoit que l'abbé et le convent dessusd. estoient venuz end. lieux et avoient pris gages à tort, en acquérant à eulx poccession et saisine de prendre et en dessaisir les dessusd. Aymeri et Johanne, et requeroient a estre ressaisis. Lesd. religieulx proposoient plusieurs raisons encontre, disans à eux toutes juridicions, prises, grans, mennes et petites appartenir, par quoy il disoyent que il n'avoyent point faict de tort, de prandre lesquelles choses requeroyent lesd. religieulx suffisamment. A la parfin, emprès plusieurs contems, par conseil de plusieurs hommes, fut pacifié et acordé entre lesd. parties dessusd. en la manère qui sensuyt : c'est assavoir que led. Aymeri et lad. Johanne, sa femme, pour nom et pour raison de lad. Johanne, se porront venger end. lieux et prandre pour leur doze deners de cens deuz à eulx sur les maisons et courtilz dessusd. . . . . [1] à amender led. Berthomé et à ses hers pour les cens non payez et en toutes les choses et en tout le droit qui aud. cens pent et doibt compecter et appartenir ; et lesd. religieulx auront, tendront, possideront et explecteront perpetuaument en lieu dessusd. toute jurisdicion grande, meynne et petite en la manère qu'il avient et qu'il ont acoustumé en temps passé, sauve le droit de mons^r de Thouars et tout l'autrui. Desquelles choses dessusd. nous Lucas de Greste, seneschal pour noble homme mons^r de Thouars, avons jugé et condampné par le jugement de la court dud. noble lesd. parties tenir et garder lesd. choses fermes et estables perpetuaument, si comme dessus est dit. Fait o Herbert Guyneret, procureur suffisamment fondé par led. Aymeri et Johanne, sa femme, et o frère. . . . . Baudri, procureur desd. religieulx fondé suffisamment, avens lesd. procureurs povoir à ceu, garens presens à ceu maistre Garin. . . . . Meschin, Hervé de la Haye et plusieurs autres. Donné le jour du mardi avant la S_t Hylayre, l'an mil troys cens vingt et deux.

---

[1]. Deux ou trois mots illisibles, ainsi que deux noms parmi les témoins.

123. Lettre de Guillaume Bourreau, garde du scel royal à Fontenay-le-Comte, à Jean Gervais. (Cart° n° 83.)

1323.
8 octobre.

Guillaume Borreas, garde du seya nostre sire le roy establi à Fontenay, à Jehan Gervays, clerc, saluz. Je vous pry que vous passez les lectres sous le seyau establi à Fontenay de par moi bien et léaument à nom de moy, et en faictez tout que je vous en sache gré, et je vous voirray brefvement et adoncques ferez le sayrment. Donné soubz led. seya, le lundi avent la St Denis, l'an mil CCCxxiij.

124. Donation entre-vifs par Simon Boyau, des Sables, et Agnès, sa femme, au dernier vivant d'eux deux. (Cart° n° 65.)

1324.
13 janvier.
(1323, v. st.)

Universis. . . . . Symon Boyea, de Sabulis Olone, et Agnes, ejus uxor, salutem in Domino sempiternam. Noveritis quod nos predicti conjuges, pensata et considerata utilitate nostra et utilitate utriusque, non vi nec dolo ad hoc inducti, nec ab aliquo circonventi, sed pocius ex mera et libera voluntate nostra, dedimus et concessimus donacione irrevocabili facta iuter vivos unus alteri ultimo viventi ex nobis duobus, heredibus sucessoribusque suis et ab eo causam habentibus et habituris omnia bona nostra mobilia, presencia et futura, et omnes acquestas seu covrencias factas et faciendas et terciam partem tocius hereditatis nostre, pro bono et fideli servicio uni ab altero impenso, de quo servicio nos tenuimus et adhuc tenemus pro bene pagatis ; volentes et consencientes nos predicti conjuges quod predicta donacio valeat et valere possit ultimo viventi ex nobis duobus, heredibus successoribusque suis et ab eo causam habentibus et habituris in perpetuum ad suam plenariam voluntatem faciendam, aut de jure aut de consuetudine meliori modo quod valere poterit et debebit. Promictentes. . . . . renunciantes. . . . . juramento. . . . . In cujus rei testimonium dedimus. . . . . licteras sigillo nobilis viri domini Johannis vicecomitis de Thouarcio quo utitur in castellania sua de Castro Olone. . . . . sigillatas. Ego vero Gaufridus de la Buche, gerens et custodiens tunc temporis sigillum predictum. . . . . ad relacionem Johannis Hervetelli clerici. . . . . Datum testibus presentibus Guillelmo R. . . . . et Johanne Godart, die veneris in festo B^{ti} Hilarii, anno Domini millesimo CCC° vicesimo tercio. J. Hervetelli.

125. Don par Jean, Vte de Thouars, du marais des Roussières, pour la fondation d'une Chapellenie. (Cart° n° 209.)

Sachent touz que nos Jehan, vicomte de Thouars, s^{gr} de Thalemont, avons donné et octroyé et encores donnons et octroyons pour nous et pour les noz à frère Estienne Gouffer, humble abbé de St Jehan d'Orbester en celuy temps, le vueil maroys vulgaument appellé les Roussères ob toutes leurs appartenances, tenans dès la maison aux Raouleas jusques au maroys Jehan Fromy et joignans aux Places, d'une part, et, d'autre part, à l'escluze Phillippon de la Tousche. Et voulons que lid. abbé puissent faire ou édiffier une chappellenie en lad. abbaye de St Jehan d'Orbester à chanter chacun jour de la semaine ou faire chanter, et que led. abbé puisse transporter le droit daud. maroys à ceulx qui serviront lad. chappellenie pour nos et pour la damme de nostre maison, dont Dieu ayt l'âme, c'est assavoir Blanche de Brebant, et pour luy et pour son oncle Guillaume Gouffer presbtre. Et voulons que led. abbé ou ceulx qui de luy auront cause, si come dessus est dit, tiengent, usent et explectent perpetuaument les choses dessusd. o tout le droit et ob toute seigneurie, sauve la haulte justice retenue à nous tant seule-

1324.
16 janvier.
(1323, v. st.)

ment et aux noz. En tesmoign de laquelle choze, nous en avons donné aud. abbé cestes présentes lectres seellées de nostre propre seyau, le mardi avant la chère St Perre, l'an de grâce mil troys cens vingt et troys.

126. Don par Jean de Montbail et Catherine, sa femme, de la nue-propriété de leurs biens. (Cart^e n°s 193 et 369. Orig. aux Arch. de la Vendée.)

1324.
30 juillet.

A tous..... Johan de Monbayl, valez, e Katherine, sa femme, souffisamment auctoryzée dou dit Johan son seygneur, salu en Nostre Seygneur pardurable. Sachent tous presens et à venir que nous les diz conjoins en dreyt personaument estabiz, non pas par force ne par tricherie ne par crainte ne par aucune machinacion à ceu amenés, mès de nous bones purez voluntéz, considérans e regardans nostre grant profit, et volens pourveir e au remede e au saluz de noz armes, cognoissons e confessons par nous et par nos hers, sans esperence de revoquer, nous haveir donné et outroyé e encores donons e ontroyons, par non et par titre de perpetuau donacion faite entrevis e sans esperence de revoquer, en pure et perpetuau aumone, à Deu et au moustier e à l'abbé e au convent dou moustier de Saint Johan d'Orbesters e à ceux qui par le tenps y serant en la dyocèze de Lusson, pour le salu e remede de noz armes, e pour estre ens bienfaiz dau dit mouster, tant en chef que en menbres dou mouster desusdit, touz e chaquns noz biens moublez et non moublez tant presens come futurs queque part ne queque non que il puissent estre nommez e appellez e estre assis et assignez, sauve e reservé à mey lad. Katherine tant seulement totez les rendes possessions immoubles que mon feu seigneur e pere e madame ma mere me donerant en la prolocucion dau mariage fait e acordé de mey ladicte Katerine ou ledit Johan de Monbayl mon cher seygneur e espous, lesquelles chozes sunt e est mon patrimoyne, lequel mon patrimoyne ge reteincts à en fayre ma plenère volunté; retenu à nous lesd. conjoins en la terre rendes et chozes qui furent jadis au dit mon mari us e fruit tant seulement nostre viage c'est assaveir le viage dau dit Johan mon mari et reteinch en rendes e chozes qui furent au dit mon mari mon doayre ocle ou donacion par nocez tant seulement. E voulons, consentons e octroyons que les diz religieux l'abbé e convent desus diz puychent des hores en avant offrir e fayre ou effectuer les feys e les homagez des chozes desus dites e de chacune d'icelles aus seygneurs feudaus de qui les dites chozes sunt tenuez e homagés ou devant estre, e soupplions e prions aus seygneurs feudaus que il prangent e retenent dés jà en leurs feyz e homagez le dit abbé e convent dou mouster desus dit des dites chozes e chacune de celles nous presens ou absens. A avoir. . . . . obligeasmes. . . . . e abrenunciasmes. . . . . sus tousles seremens. . . . . et en fumes jugez et condampnez à noz requestes par le jugement de la court à très noble home e puissant nostre seygneur le rey de France. . . . . En tesmoign de laquelle choze ge Guillaume Borreas clers, lors tenens et gardans le seya de la seneschaulie de Poytou dauquel l'on uset pour les contraiz à Fonteney pour nostre seygneur le rey desus dit. . . . par la relacion de Johan Gervays clerc. . . . . Cestez lettrez furent donéez presens Guillaume Santeron clerc, Perre Claver et Johan Arnaut, le lundi avent l'Invencion Saint Estene, en l'an de grace mil tres cens e vint e quatre.   J. Gervais.

127. Ferme des dîmes de la Claye et de la Bretonnière consentie à Jean de la Claye. (Carte n° 22.)

Universis. . . . . . F. Stephanus, humilis abbas monasterii Sti Joannis de Orbisterio, Lucionensis diocesis, totusque ejusdem loci conventus salutem in Domino. Noverint uni-

1324.
13 novembre

versi quod nos, abbas et conventus predicti, pensata et considerata utilitate monasterii nostri predicti, tradidimus et affirmavimus et adhuc tradimus et affirmamus, pro nobis et monasterio nostro predicto, Johanni de Cleya, valeto, et suis heredibus et ab ipso causam habentibus et habituris, videlicet omnes et singulas res quas habemus habere possumus et debemus in decimis de Cleya et de Brethoneria, in quibuscumque rebus consistant sive sint, in terris, pratis, alberiis, bochanis vel aliis rebus et tamen salvis et excepto in [rebus] quas nos alias tradideramus Stephano Potart et Petro Faber de Brethoneria, que quidem res quondam fuerunt presbiteri Johannis donati nostri ; habendas, tenendas, possidendas et explectandas predictas et singulas res a dicto Johanne et suis heredibus ex nunc et in perpetuum, libere, pacifice et quiete, pro precio decem et octo boissellorum frumenti, ad mensuram de Lucionio, annue et perpetue firme reddendorum et solvendorum nobis et successoribus nostris annuatim ad portum Claye in quolibet festo Nativitatis B^{te} Marie Virginis perpetuo, quod bladum erit bonum, novum et mercabile. Promictimus. . . . . renunciantes. . . . . In cujus rei testimonium nos dicti abbas et conventus dicto valeto presentes licteras dedimus sigillis nostris quibus utimur sigillatas. Datum die martis post festum B^{ti} Martini hyemalis, anno Domini millesimo CCC^o vicesimo quarto.

128. Don par Jean Archeron à Jeanne Chiverceau, sa femme, de ses meubles et acquêts (Cart^e n° 40)

1325.
7 mars.
1324, v. st.)

A tous. . . . . Jehan Archeron [demourans] en bourc d'Angles saluz en Nostre Seigneur. Sachent tous presens et futurs que je Jehan dessusd. cognoys et confesse de ma plenère volunté et de mon bon assentiment moy avoir donné, livré et octroyé et encores donne, livre et octroie à Johanne

Chivercelle ma chair espouse pour Dieu et pour aumosne et pour le bon et léau servige de lad. Johanne à moy desjà fait et par donaison non revocable faicte entre vis tous mes biens meubles presens et à venir et tous mes acquests faiz et à faire; à avoir, tenir et explecter lesd. chouses toutes et chacunes d'icelles perpetuaument de lad. Johanne, de ses hers, de ses successeurs, de ceulx qui cause ont ou auront de le emprès le deceps de moy led. Johan de tel manère que lad. Johanne ne autre pour nom de le ne puissent lesd. acquests vendre ne maumetre Aliote feille née et procréée de moy led. Jehan et de lad. Johanne vivente, par manère que lad. Aliote ne puisset venir à son droit que devers moy led. Jehan ly appartient ou puyt appartenir. Ausquelles choses . . . . . oblige . . . . . et ay renuncié . . . . . et ay juré . . . . . En tesmoign . . . . . ay donné, ... lectres seellées . . . . . dû seyau duquel l'on uset en la chastellenie de Curzon aux contraiz pour noble homme monsr Jehan vicomte de Thouars. Et je addecertes Jehan Monerea, garde dud. seya . . . . . à la relacion de Laurens clerc . . . . . Ceu fut fait présens et oyens Colin Barde, Jehan Virebouf et Martin Perret, le jour du jeudi emprès Reminiscere, l'an de grace mil troys cens vingt et quatre. Laurens, clerc.

129. Reconnaissance par Jean de Montbail sgr de Vairé d'un legs fait par son père. (Cart° n° 335.)

Noverint universi quod ego Johannes de Montbail, valetus, dominus de Variaco, confiteor me debere religiosis viris abbati et conventui monasterii S^{ti} Johannis de Orbisterio quadraginta solidos monete currentis annui et perpetui redditus, quos deffunctus Johannes de Montbail, pater meus, tempore quo vivebat dedit et legavit testamento suo seu ultima voluntate sua dictis religiosis pro anniversario seu

1325.
31 mars.
(1324, v. st.)

servicio quolibet anno in dicto monasterio a dictis religiosis perpetuo faciendo. Quos quadraginta solidos annui et perpetui redditus ego Johannes predicto conventui et predictis religiosis et suis posteris reddere et solvere perpetuo in quolibet festo Assumpcionis B^{te} Marie Virginis sub speciali et expressa obligacione prati mei, vulgariter appellati pratum de Tusca, et furni mei de Variaco et omnium aliorum meorum bonorum. . . . . renuncians. . . . . juramento. . . . . In cujus rei testimonium. . . . . dedi. . . . . licteras sigillo nobilis viri domini Johannis vicecomitis Thouarcensis militis in castellania sua de Castro Olone constituto. . . . . sigillatas. Ego vero Gauffridus de la Buche, tunc temporis tenens et custodiens sigillum predictum. . . ad relacionem Nicholai Ranulphi clerici. . . . . Datum presentibus Petro Claver et Johanne Pichaut, die dominica in Ramis Palmarum, anno Domini millesimo CCC° vicesimo quarto. Ranulphus.

130. Echange entre le prieuré de St-Vincent-sur-Graon, dépendant de l'évêché et du chapitre de Luçon, et le prieuré de Marigné. (Cart^e n° 357. Orig. aux Arch. de la Vendée.)

1327.
21 août.

Universis. . . . . frater Petrus, Dei et apostolice sedis gracia Lucionensis episcopus, totumque capitulum cathedralis ecclesie Lucionensis, ex una parte, frater Stephanus, humilis abbas monasterii S^{ti} Johannis de Orbisterio, totusque ejusdem loci conventus, ex altera, salutem in Eo qui dicitur vera salus. Noveritis universi quod nos episcopus et capitulum, abbas et conventus predicti, unanimes et concordes excambium seu permuttacionem perpetuam fecimus racione prioratuum nostrorum Sancti Vincencii super Grahon et de Margneyo, considerata prius, cognita et reperta utilitate monasteriorum et prioratuum nostrorum predictorum, de rebus inferius nominandis : videlicet nos episcopus et capitulum predicti tradidimus et concessimus, nomine et titulo excambii seu permuttacionis perpetue, abbati et conventui predictis quemdam peciam terre, spectantem ad prioratum nostrum Sancti Vincencii predictum, sitam inter prioratum de Margneyo predictum et maresium de Motey, juxta viam que ducit de molendino ad ventum versus Margneium predictum; habendam, tenendam, possidendam et explectandam predictam peciam terre a predictis abbate et conventu seu a prioribus de Margneyo predictis, qui pro tempore fuerint, et ab ipsis causam habituris ex nunc in perpetuum, pacifice et quiete. Nos vero abbas et conventus predicti tradidimus et concessimus, similiter nomine et titulo quibus supra, domino episcopo et capitulo predictis pro predicta pecia terre terras prioratus nostri de Margneyo vulgaliter appellatas terras des Chyrons et terram de la Herse, prefatis terris contiguas, et terram des Groyes subtus Margne sitam, juxta terram Aymerici de Margnez, ex una parte, et juxta maresium ex altera; item, quinque boesselleatas terre sitas juxta terras prioratus Sancti Vincencii predicti, vulgaliter appellatas terras de la Croizete; habendas, tenendas, possidendas similiter et explectandas terras predictas a predictis domino episcopo et capitulo seu a prioribus Sancti Vincencii predicti, qui pro tempore fuerint, et ab ipsis causam habituris ex nunc in perpetuum, pacifice et quiete. Hanc autem permutacionem seu excambium perpetuum nos episcopus, capitulum, abbas et conventus predicti tenemur et promittimus quidem aliis tenere firmiter et inviolabiliter observare et contra premissa vel premissorum aliqua per nos vel per alios aliquatenus non facere vel venire et predictas terras quidem aliis versus omnes et contra omnes defendere et garire sub obligacione omnium et singulorum bonorum monasteriorum et prioratuum nostrorum predictorum que consuevimus traddere et subponere ypothece. In cujus rei testimonium nos episcopus, capitulum, abbas et conventus supradicti dedimus quidem aliis presentes litteras sigillis nostris propriis sigillatas. Datum die veneris post Assumpcionem beate Marie Virginis, presentibus et audientibus Guillelmo de Sivrayo valeto, Gaufrido Brient et Johanne Reynca, anno Domini M° CCC° vicesimo septimo.

131. Don par Pierre Simon au prieuré de Marigné. (Cart^e n° 359.)

1327.
10 octobre.

Universis..... Petrus Symonis, de Areis, salutem in Domino sempiternam. Noveritis universi quod ego Petrus predictus, non fraudatus, non coactus, non deceptus, nec aliqua machinacione ad hoc inductus, sed ex pura libertate et bona, pura voluntate mea propria, dedi et concessi et adhuc do, dono et concedo, in bona donacione in futuro inrevocabili inter vivos facta, Deo et domui S^{ti} Salvatoris de Mariniaco, site in parrochia S^{ti} Vincencii super Craon, in pura helemosina, pro salute anime mee et omnium deffunctorum amicorum meorum, totum jus et dominium et potestatem quod habebam et habere poteram et debebam in quadam pecia terre, sita inter predictam domum de Mariniaco et maresium seu le Ley nominatum, appellata la Groye aus Symonez; habendam, possidendam, tenendam et explectandam predictam peciam terre a priore seu gubernatore de predicte domus ex nunc et in perpetuum, pacifice et quiete. Promisique ego supradictus Petrus Simonis fratri Petro de Burgo monacho S^{ti} Johannis de Orbisterio, ordinis S^{ti} Benedicti senioris, tunc temporis priori predicti loci de Mariniaco, et omnibus quorum interest et interesse potest et debet per virtutem juramenti mei...... renuncians..... In cujus rei testimonium..... dedi..... licteras sigillo nobilis viri domini Johannis vicecomitis Thouarcensis tunc temporis in castellania de Curzonio constituto..... sigillatas. Ego vero Stephanus Mau servens, custos tunc temporis dicti sigilli..... ad relacionem Philippi Regis clerici ..... Datum presentibus et audientibus ad hoc specialiter evocatis Johanne Baritaut et Theobaldo Flocea, clericis, die lune post festum beati Luce evangeliste, anno Domini M° CCC° vicesimo septimo. Philippus Regis.

132. Confirmation par Jean, Vte de Thouars, de tous les priviléges et franchises accordés à l'abbaye par ses prédécesseurs. (Carte n° 62, vidimus donné le 11 avril 1343 par Denys de Bessay, châtelain de Talmont et garde du sceau; et n° 380, vidimus donné le 24 août 1391 par Etienne Abailleau notaire de la châtellenie d'Olonne.

1328.
février.
(1327, v. st.)

Sachent tous que nous Jehan, vicomte de Thouars, s^{gr} de Thalemont, voulens pourvoir au salut et au remède de nostre ame et des armes de noble homme de noble mémoyre mons^r Guy jadis vicomte de Thouars, noustre cher père, et de touz nous parens, et pour estre pour le temps presens et à venir en bienffaiz de l'eglise et abbaye de St Jehan d'Orbester tant en chef que en membres delad. église, voulons et consentons, donnons et octroyons, ratiffions et expressement confirmons de mot à mot en chacun article dès là à perpetuité à Dieu et à l'abbé et au convent delad. abbaye dessusd. toutes les donacions, concessions, graces, largicions, dons, ratifficacions, franchises, libertés, priviléges et immunitez faites, données et octroyées à Dieu et à l'abbaye dud. lieu de mons_r Savari de Mauleon et de ses predecesseurs et de mons^r Guy, vicomte de Thouars, nostre cher pere ; lesquelles donacions, concessions, grâces, largicions, dons, ratifficacions, confirmacions, franchises, privilèges, libertez et immunitez nous hont apparu par lectres et en avons esté acertenés à plain avent tout euvre par la lecture desd. privileges et lectres ausd. religieux ; à avoir, percevoir, tenir et user et explecter desd. religieux et de leurs successeurs pour le temps present et à venir, à perpetuité, toutes les chouses contenues et escriptes en ces privileges et lectres, ou tout droit, justice, jurisdiccion et franchise, obéissance et destrait, franchement et quiptement et delivrement et paisiblement, sans nul empeschement que nous ne les noz en temps present et à venir y puissons faire ne mettre en d. chouses et en aucune d'icelles ne par nous ne par autres qui puent avoir cause de nous ou des noz en temps à venir, sans ceu que par l'un fait, tenues, seizines ou explet que nous ou nous predeccesseurs lors ou successeurs ayons fait en temps passé ou feissons en temps à venir encontre les privileges, graces, libertez et immunitez ausd. religieux puissent tenir ne porter nulle prejudice, nuysance ou domage ne à leurs lectres, privileges ou libertez; lesquelles lectres données et octroyées, consenties et ratiffiées de nous predeccesseurs ausd. religieux nous voulons, consentons et octroyons qu'elles soyent et demourent perpetuaument de mot à mot en chacun article par soy en perpetuau force et vertu. Ens quelles chouses garentir, entérigner et accomplir sans jamès venir encontre nous nous obligeons, nous et noz hers et successeurs à venir. Donné tesmoign nostre propre seya, le sepmadi emprès la Purifficacion de Nostre Dame, l'an de grâce mil troys cens vingt et sept, eu moys de feuvrer.

133. Fondation de trois messes annuelles par Jean, Vte de Thouars. (Cart^e n° 294, vidimus donné le 30 mai 1342 par Denys de Bessay, châtelain de Talmont et garde du sceau.)

1328.
13 avril.

Sachent..... que nous Jehan, vicomte de Thouars, sgr de Talmont, avons donné et octroyé et encores donnons et octroyons, à perpétuité, par donacion faite entre vis et sans espérance de revoquer par nous ne par les nouz, pour le saluz des ames de nostre cher père, mons^r Guy jadis vicomte de Thouars, et madamme Marguerite, nostre chère mère, et pour le salut de l'âme de nostre chère compaigne et amée Blanche de Brebant jadis vicomtesse de Thouars, et pour nous hers et successeurs à perpetuité, à Dieu et au mouster de mons' S' Jehan d'Orbester et à l'abbé et au convent dud. lieu et à leurs successeurs, c'est assavoir la Beillère et la vende Hugue Le Clerc, tenent à lad. Beillère et dès le pont dau Bouffrayt qui est au chiep des estangs ausd. religieux, vulgaument appelé les Estancs le Roy, et dès le chemin qui vait et meinet dès led. pont jusques a la cornère de la gaignorie de la Gaudinère, vulgaument appelé les Barres de la Gaudinère, et joygnent à la frusche Coillaud, et ainsi comme il en levet le chemin dessusd. jusques au gaigneries de Porthize et de lad. abbaye ; à avoir, tenir, uzer, pourcevoir et explecter perpetuaument, franchement et quiplement, delivrement, paisiblement, sans nul empeschement, desd. abbé et convent et de leurs successeurs, ob tout mere et mixte impere ou toute juridicions de propriété on pleyn droit, en pure et perpetuau aumosne et pour nouz dire et faire chanter a nouz et a nouz parens et successeurs troys messes chacune sepmaynne en leurd. mouster, c'est assavoir la première de Nostre Dame, la seconde de S' Jean, la tierce des deffuncts en recuerde et saluz des ames de nous et de nouz parens, sans contredit, sans perturbacion et sans nul empeschement que nous et nos hers et successeurs leur puissons faire ne mettre end. chouses ou en aucune d'icelles dores en avent. Donans, cessans et transportans nous Jehan, vicomte de Thouars dessusd., pour nous et pour les nouz end. mouster et end. religieux et en leurs successeurs tout droit de seignorie haulte et basse, destrait, ou tout droit de propriété, de pocession, de explet et de terrage, que nous y avions et avoir povyons et devyons en lad. Baillère et en chouses dessusd. et chacune d'icelles jusques aus metes et bones dessusd. Et si nous ou nouz hers et successeurs fasions aucuns expletz, aucunes chouses end. lieux, en temps à venir, nous voulons et octroyons que il ne puisse porter ne tenir prejudice ausd. mouster ne ausd. religieux ne à leurs successeurs et qui leur seyent en rens tenuz à garder ne tenir celles saizines ne à nous ne au nouz en faire amende, et leur en baillons et octroyons la saizine et les en fasons propriétaires et poccesseurs des jà par la baillete et octroyance de cestes lectres ; et promectons en bonne foy, pour nouz et pour nouz hers et successeurs et pour ceulx qui de nous ou des nous hauront cause, cestes choses tenir, entérigner, garder et acomplir en chacun article, perpetuaument, sans jamès venir encontre par nouz ne par autre. En tesmoign des quelles choses, nous avons donné ausd. religieux cestes presentes lectres seellées de nostre propre seya. Fait et donné le jour du mercredi avent Misericordia Domini, le xiij⁰ jour d'avril, l'an de grace mil CCC xx et viij.

134. Quittance de 25 livres donnée par Jean, Vte de Thouars.
(Cart^e n⁰ 183.)

1328.
22 avril.

Sachent tous que Jehan, vicomte de Thouars, s^{gr} de Talmont, avons eu et receu de l'abbé et dau convent St Jehan d'Orbester vingt et cinq libres de bonne monnoie courante, desquelx nous nous tenons plenèrement pour bien payé et les en clamons quipte : c'est assavoir pour nom et pour raison dau boys de la Beglère, laquelle Beglère nom avons donné à Dieu et à l'abbé et au convent dud. lieu à perpetuité pour faire une chappellenie, tout ainsi comme il est contenu en unes lectres seellées de nostre grant seyau. Et en tesmoign de laquelle chose, nous en avons donné ausd. religieux cest present memoire seellé de nostre propre seyau. Donné au Chastea d'Olonne, le vendredi avant Jubilate, l'an de grâce mil troys cens vingt et huyt.

135. Reconnaissance d'une rente de cinq sols, deux chapons et trois gélines, due par Jean Chausseron. (Cart⁰ n° 229. Orig. aux Arch. de la Vendée.)

1329.
7 juillet.

Universis..... Johannes Chausserun, clericus, parrochianus de Variaco, salutem in Domino. Noveritis universi quod ego Johannes predictus confessus fui et adhuc confiteor me debere religiosis viris abbati et conventui monasterii Sancti Johannis de Orbisterio quinque solidos monete currentis, duos capones et tres galinas annui et perpetui redditus. Quos quinque solidos, duos capones et tres gallinas annui et perpetui redditus ego Johannes predictus teneor et promicto reddere et solvere dictis religiosis et suis posteris quolibet anno, videlicet dictos quinque solidos in quolibet festo Omnium Sanctorum, dictos duos capones in quolibet festo Nativitatis Domini et dictas tres galinas in quolibet carniprivio sub obligacione omnium bonorum meorum..... renuncians..... Juramento..... In cujus rei testimonium .... dedi..... litteras sigillo curie venerabilis viri domini decani Thalemundensis..... sigillatas. Nos vero gerens vices dicti domini decani et sigillum curie ejusdem..... ad relacionem Nicholay Ranulphy clerici..... Datum testibus presentibus Colino Botin clerico et Stephano Guillonea, die veneris post octabas apostolorum Petri et Pauli, anno Domini millesimo tricesimo vigesimo nono. · · RANULPHUS.

136. Reconnaissance d'une rente d'une mine de seigle, due par Colin Bâtard à Guillaume Achard. (Cart⁰ n° 324.)

Memoyre est que je Colin Batart, de S₁ Julien des Lendes, cognoys et confesse moy devoir et suy tenu rendre et payer à Guillaume Achart, valet, une myne de seylle, à la

1329.
25 août.

mesure de la Mothe Achart, jusques à huyt ans seguens finiz et acompliz, c'est assavoir chacun an en chacune feste de Nostre Damme me aoust desquelx ans pardessusd. huyt ans, et à lever et à payer à lad. feste emprès le date de ceste mémoire ; laquelle mine de seille je ly confesse devoir, et suys tenuz rendre et payer chacun an chacune feste dessusd. pour nom et pour raison de tous les terrages croissans en fé, vulgaument appelé le fié Charpenter, en lad. paroische, o tout le droit de seigneurie que je Guillaume dessusd. avoye end. terrages tant seulement. Laquelle mine de seille je Colin dessusd. cognois et confesse devoir aud. Guillaume, et ly suis tenu rendre et payer chacun an en chacune feste dessusd. sur l'obligacion. . . . . serement. . . . . Desquelx choses en tesmoign de verité je Jehan Gorribon clerc, portens le seya de la court honnorable homme le doyen de Thalemondoys. . . . . à la relacion de Jehan Morea. . . . . garens ad ceu Guillaume Chaboz, Guillaume Le Breton de St Julien, Jehan Orriet. Fait et donné le vendredi emprès la feste St Berthomé, l'an de grâce mil CCC vingt et neuf. J. Morea.

137. Accord avec Jean Courtoys et Perrenelle Cousson, sa femme, qui s'étaient donnés eux et leurs biens. (Cart^e n° 189.)

1329.
30 septembre.

A tous. . . . . frère Perre, humble abbé du mouster St Jehan d'Orbester, et tout le convent d'icelluy mesme lieu salut en Nostre Seigneur durable. Comme Jehan Courtoys et Pernelle Coussonne, mariez, ayent donné pour le salut de leur âme à Dieu et à Nostre Dame et au mouster de St Jehan d'Orbester et eulx et tous leurs biens meubles et non meubles, si comme il apparest plus à plain par lectres seellées du seya duquel l'on uset pour nostre sire le roy de France establi à Fontenoy ; sachent tous que nous abbé et convent, après avoir pensé, vehu, regardé et considéré le prouffit et l'acroyssement de nostred. mouster, cognoissons et confessons led. don avoir pris et accepté et lesd. Jehan et Pernelle, mariez, avoir receu frères et participants en nous bien temporelx et espirituelx, en icelle manère que lesd. mariez tendront, pocideront et explecteront pour leur provision tous leurs biens meubles et non meubles leur viage, et led. Jehan et Pernelle mors retornerient lesd. biens tous et chacuns par soy à nostre d. mouster, sauve et excepté les biens non meubles qui se regardent de par lad. Pernelle, lesquelx retorneront, lie morte, à Katin fille de lad. Pernelle et de feu Jehan Poytevin, jadis son seigneur, en cas que lad. Catin se marieroit emprès lad. Pernelle, et si il avenoit lad. Catin mourir sans hers de sa chair et de mariage retornerient lesd. biens immeubles desquelx lad. Pernelle seroit morte vestue et saisie, tous et chacuns par soy, à nostre d moustier perpetuaument. Et voulons et consentons, nous abbé et convent dessusd., que lesd. Johan et Pernelle, mariez, puissent estre et demourer leur viage en la maison ou nostre trueil de St Benest est assis et faire céans leur mesnage. Item, voulons et consentons, nous abbé et convent dessusd., que tous nous terrages de St Benest soyent et demeurgent ausd. mariez leur viage et une chairetée de fain chacun an conduite aud. trueil par nostre mestoyer de Marchiol et à ses despens, retenu end. fié nostre uzer les vendenges et pour nous aultres alées et venues. Item, volons et consentons, nous abbé et convent dessusd., que lesd. Jehan et Pernelle, mariez, tiengent et explectent tout leur viage toutes leurs terres et leurs vignes acquises ou à acquérir en tous nous fiez liges ou parsonniers franchement et quiptement de tout le terrage et de tout le complant qui en icelles nous en appartient ou en puet appartenir; et ancy toutes voyes que led. Jehan sera tenu, son viage, lier ou faire lier tous les vaisseaux qui end. nostre trueil harient besoign pour nous vins recevoir, et nous, abbé et convent, serons tenuz bailler de quoy. Et cestes choses, toutes et chacune d'icelles, nous abbé et convent dessud. prometons tenir, garder et entériner par la manère dessusd. En tesmoign desquelles choses nous abbé et convent dessusd. en avons donné ausd. mariez cestes presentes lectres seellées de nous propres seyaux. Ceu fut fait et donné le jour du dymenche emprès la St Michea, l'an mil troys cens vingt et neuf.

138. Echange de vignes entre Simon Auger et Jeanne Raymond, sa femme, d'une part, et Jean Courtois et Pernelle Cousson, sa femme, d'autre. (Cart^e n° 87.)

1329.
8 octobre.

A tous..... Symon Auger et Johanne Raymonne, mariez, saluz en Nostre Seignor. Sachent touz que nous mariez dessusd. non contraint, non perforcez, ne par aucune machinacion ad ceu admenez, mès de nostre bonne et pure volunté et d'un commun assentement, cognoissons et confessons nous avoir baillé et livré et encores baillons et livrons à Jehan Courtoys et à Pernelle Coussonne, sa femme, toutes les vignes lesquelles sont explectées par moy Simon dessousd. pour raison de la feille feu Guillaume Oger, mon frère, lesquelles vignes souloit [tenir à Grahone], en leau et et perpetuau eschange de tout le droit et la raison que il hont en jour de la date de cestes en ung village appelé la Perchatère et en circonstances, soyent y terres, maisons, courtils, aubrayes ou autres chouses quelconques meubles, sauve et excepté ce qui est en fié de la Gaudinère et en fié au prevoust; Item, et en eschange de toutes les vignes à iceulx appartenans pour raison de la succession feu Typhaine Oger, leur sœur, tant de la Baugerie que d'ailleurs; à avoir..... obligeons..... et avons renuncié..... et avons juré ..... En tesmoign..... avons donné..... lectres seellées..... dau seya duquel l'on uze pour noble homme mons^r Loys vicomte de Thouars en la chastellenie de Curzon. Et je addecertes Estiene Maulservent, garde

dud. seya. . . . . . à la relacion de Laurens clerc. . . . .
Ceu fut fait presens et oyens ad ce appellez Guillaume Roussea et Aymeri Salerea, le jour dau dimenche avent la sainct Denys, l'an mil troys cens vingt et neuf. Laurens.

139. Don par Agnès, veuve de Simon Boyau de sa personne et de ses biens. (Carte n° 312.)

Universis. . . . . . Agnes, relicta deffuncti Symonis Boea, salutem in Domino. Noverint universi quod ego Agnes predicta confiteor dedisse, donasse et concessisse, donacione irrevocabili facta inter vivos, die martis ante festum beati Luce evangeliste ultimo preterita, Deo et monasterio S^{ti} Johannis de Orbisterio et religiosis viris abbati et conventui ejusdem loci, pro remedio et salute anime mee et pro alimentis mei proprii corporis et aliis necessariis, secundum statum meum quamdiu vixero michi a dictis religiosis ministrandis et providendis, me et omnia bona mea mobilia et immobilia, presencia et futura, ubicumque sint et quocumque nomine consistantur. Et adhuc do, dono et concedo Deo et monasterio et religiosis predictis me et omnia et singula predicta, ob causas predictas, laudando et approbando donacionem antedictam; habenda, tenenda, possidenda et explectanda. . . . . renuncians. . . . . juravi. . . . . In cujus rei testimonium. . . . . . dedi. . . . . licteras sigillo illustrissimi viri domini regis Francie apud Fonteniacum constitutum. . . . . sigillatas. Ego vero Johannes dau Columber, tunc temporis tenens et custodiens sigillum predictum . . . . . ad relacionem Nicolai Ranulphi clerici. . . . . Actum presentibus Thoma Gorradea et Johanne Baconeys, clericis, die dominica ante festum apostolorum Symonis et Jude, anno Domini millesimo CCC° vicesimo nono. Ranulphus.

1329.
22 octobre.

140. Enquête sur le don jadis fait par Nicolas Parvadeau, clerc, de sa personne et de ses biens. (Cart° n° 345.)

1330.
21 avril.

Universis. . . . . Guillelmus, gerens vices decani Thalemundensis, salutem in Domino. Noverint universi quod cum alias religiosi viri abbas et conventus monasterii S^{ti} Johannis de Orbisterio nobis significassent quod Nicholaus Parvadelli, clericus, sanus corpore et compos sue mentis, mera liberalitate et propria ac spontanea voluntate, se et omnia bona sua, presencia et futura, simpliciter, pure et libere, pro salute, anime sue, Deo et dicto monasterio S^{ti} Johannis inter vivos dedicasset, contulisset et concessisset, in dictis bonis sibi nichil retinens neque suis, et dictam dedicacionem, donacionem et concessionem tenere et inviolabiliter observare proprio juramento firmasset ; et quia prona est ad malum ab adolescencia omnis etas et labilis est hominis memoria, ne veritas ocultatur et probacionis copia valeat deperire, dicti religiosi, timentes quod processu temporis aliqui quamvis in dictis bonis nichil habentes dictam dedicacionem et donacionem possent inficere et dicta bona occupare aut a dictis religiosis indebite vendicare, supplicassent nobis quod testes qui interfuere premissis ac qui ad premissa dictis religiosis processu temporis utiles et necessarii esse possent recipere, examinare, in publica munimenta dicta et atestaciones ipsorum redigere dignaremus, ad perpetuam memoriam rei geste ; nos, Guillelmus gerens vices decani predicti, eorum piis et justis supplicacionibus annuentes, actendentes quod non est actanda probacionis copia, ne veritas ocultatur et ne processu temporis probacionis copia valeat deperire, mandavimus cappellano de Cappella Achardi et omnibus aliis qui a dictis religiosis vel eorum procuratoribus essent requisiti citare coram nobis apud Thalemundum ad diem sabbati post festum B^{ti} Marce apostoli dictum Nicholaum Parvadelli, visurum et anditurum si vellet testes dictorum religiosorum super premissa recipi ac eorum dicta in publica redigi munimenta, ad perpetuam memoriam rei geste. Mandavimus eciam dictos cappellanos citare coram nobis ad dictum diem et locum Guillelmum Parvadelli fratrem dicti Nicholai ac ejus sorores, modo et forma quibus supra, si in aliquo sua crederint interesse, nec non publice in ecclesiis suis omnes illos et illas quos et quas dictum negocium tangit seu tangere possit et quorum posset in aliquo interesse cum interrogacione, quod sive ad dictam diem venirent, sive non, ad receptionem dictorum testium et ad examinacionem ac precaciones dictorum seu attestaciones ipsorum quantum de jure esset procederemus, ipsis absentibus non obstantibus, prout per quamdam licteram citatoriam a curia nostra emanatam nobis constiterit. Demum dicta die sabbati nobis apud Thalemundum pro tribunali sedentibus, comparuit coram nobis Nicolaus Ranulphi, clericus, procurator dictorum religiosorum habantor destinatus, prout per quoddam procuratum sigillis dictorum abbatis et conventus sigillatum prima facie apparebat, dicto Nicholao nec ejus fratre nec ejus sororibus nec aliquo alio minime comparentibus, exhibens, proclamari fecimus publica in audiencia nostra si essent aliqui quorum interesset impugnare dictum negocium nomine super hoc comparentes : dictus procurator cum instancia requisivit Laurencium Gauterii, clericum, publicum auctoritate imperiali notarium, ibidem existantem, quod de hiis que super premissa coram nobis fierent sibi daret et faceret publicum instrumentum Quo facto, dictus procurator exhibuit coram nobis dictam licteram citatoriam sigillo nostre curie sigillatam, cui lictere tres sedule erant annexe, quarum una sigillata prima facie apparebat sigillo cappellani de Capella Achardi, alia cum sigillo cappellani S^{ti} Martini de Bram, alia sigillo cappellani de Castro Olone, quolibet capellano per suam sedulam refferente se dictam licteram citatoriam secundum formam et tenorem in ea contenta execucioni debite demandasse; nos autem, de sigillis dictorum capellanorum noticiam non habentes, petimus a dicto procuratori hos super hoc informari : dictus vero procurator per testes fide dignos sufficienter probavit quod sigilla in dictis sedulis appensa erant et sunt sigilla seu impressiones sigillorum capellanorum predictorum, prout refferebat. Quo facto, dictus procurator, dicta die, produxit in judicio coram nobis plures testes : videlicet fratrem Girardum Pictavini, fratrem Guillelmum Orson, fratrem Aymericum Archambault, fratrem Guillelmum Barber, fratrem Stephanum Affoart, Thomassem Centone, Johannem Dannis, Guillelmum Artuys et Colinum Tanguy, supplicans nobis quod dictos testes ad probandum dictam dedicacionem et donacionem factam a dicto Nicholao de se et bonis suis modo quo primictitur olim factam recipere, examinare et eorum dicta seu atestaciones in publica munimenta redigere dignaremur, ad perpetuam memoriam rei geste. Nos vero, in justicia facienda alicui deesse nolentes, dictos testes in primis et ante omnia ab sentenciis excommunicacionis, si qua vel quibus tunc essent ligati, donec suum tulissent testimonium absolvimus ad cautelam ; quo facto, ipsos recepimus, jurare fecimus, tactis sacrosanctis evangeliis, quod super premissa legitimum veritatis testimonium perhiberint, prius modi adjuncto seu vocato nobiscum Laurencio Gauterii, clerico, publico auctoritate imperiali notario, ad dictam examinacionem faciendam, dictos testes secreto et sigillatim examinavimus diligenter, eorum dicta et atestaciones inscriptas fideliter redigentes, quorum dicta et atestaciones incipiunt in hec verba. Frater Girardus Pictavini, primus testis, etatis quadraginta quinque annorum vel circa, juratus ac diligenter examinatus super donacionem predictam, dixit per juramentum suum quod, bene sunt sex anni elapsi vel circa, quadam die de qua non recolit, circa horam nonam, ipse vidit et audivit quod defunctus frater Stephanus, quondam abbas dicti monasterii, vocavit plures de fratribus dicti monasterii ad capitulum ; quibus congregatis, dictus Nicholaus Parvadea dedit se et sua Deo et B^te Marie et B^to Johanni et dictis religiosis, pro salute anime sue, dicens : ego do me et omnia bona mea presencia et futura Deo et B^te Marie et B^to Johanni et abbati et conventui hujus monasterii, pro salute anime mee, promictens per juramentum meum contra istam donacionem de cetero non venire. Quo facto dictus abbas peciit a dicto Nicholao utrum volebat esse fratrem in bonis spiritualibus et temporalibus dicti monasterii : quis Nicholaus respondit quod sic ; tunc dictus abbas dedit sibi osculum in signum fraternitatis. Interrogatus de astantibus, dixit quod pene omnes monachi dicti monasterii et plures alii. Nec plus scit, nec prece nec precio, de subornatis nichil. Item, frater Guillelmus Orson, etatis triginta quinque annorum vel circa, juratus et diligenter examinatus super donacionem predictam, dixit per juramentum suum quod ipse vidit et audivit quod dictus Nicholaus Parvadea dedit se et omnia bona sua presencia et futura Deo et B^te Marie et B^to Johanni et abbati et conventui S^ti Johannis de Orbisterio, pro salute anime sue, et juravit ad sancta Dei evangelia quod contra dictam donacionem de cetero non veniret ; dicens idem Nicholaus quod ipse volebat esse frater et particeps in bonis spiritualibus et temporalibus dicti monasterii. Quo facto deffunctus Stephanus, quondam abbas dicti monasterii, dedit sibi osculum in signum fraternitatis et ipsum recepit in fraternitatem predictam. Interrogatus de tempore, dixit quod sunt bene sex anni elapsi vel circa. Interrogatus de loco, dixit quod in capitulo dicti monasterii, de die non recolit, et fuit circa horam nonam. Interrogatus de astantibus, dixit quod pene omnes monachi dicti monasterii, Guillelmus Artuys et alii laici de quibus non recolit. Nec plus scit et explicit. Item, frater Aymericus Archembault, etatis viginti quinque annorum vel circa, juratus et diligenter examinatus super premissa, dixit per juramentum suum quod ipse vidit et presens fuit in capitulo S^{ti} Johannis de Orbisterio, bene sunt sex anni elapsi vel circa, quadam die de qua non recolit, circa horam nonam, presentibus et congregatis omnibus monachis in dicto monasterio commorantibus, Guillelmo Artuys et pluribus aliis, quod dictus Nicholaus Parvadea, flexis genibus ac manibus junctis, dedit se et omnia bona sua presencia et futura Deo et B^{te} Marie et B^{to} Johanni et abbati et conventui dicti monasterii, pro salute anime sue, et juravit super librum in quo regula dicti monasterii continetur quod contra dictam donacionem non veniret ; dicens quod ipse volebat esse frater et particeps in bonis spiritualibus et temporalibus dicti monasterii. Quo facto deffunctus frater Stephanus, quondam abbas dicti monasterii, ipsum recepit, dictis monachis suis consentientibus, et eidem Nicholao dedit osculum in signum fraternitatis. Nec plus scit et explicit. Item, frater Guillelmus Barber, etatis triginta annorum, juratus et diligenter examinatus super donacionem predictam, dixit per juramentum suum quod, bene sunt sex anni elapsi vel circa, quadam die de qua non recolit, circa horam nonam, in capitulo S^{ti} Johannis de Orbisterio, ipse vidit et audivit quod dictus Nicholaus Parvadea, flexis genibus et junctis manibus, dedit se et omnia bona sua presencia et futura Deo et B^{te} Marie et B^{to} Johanni et abbati et conventui dicti loci, pro salute anime sue, et juravit ad sancta Dei evangelia quod contra dictam donacionem de cetero non veniret ; et dicebat quod ipse volebat esse frater et particeps in bonis spiritualibus et temporalibus monasterii S^{ti} Johannis de Orbisterio. Et tunc deffunctus frater Stephanus, quondam abbas dicti monasterii, ipsum Nicholaum recepit, de consensu monachorum suorum ibidem presencium, osculum in signum fraternitatis sibi dando. Nec plus scit et explicit. Item, frater Stephanus Affoart, etatis viginti quinque annorum vel circa, juratus et diligenter examinatus super premissa, dixit per juramentum suum quod ipse vidit et presens fuit in capitulo S^ti Johannis de Orbisterio, bene sunt sex anni elapsi, quadam die de qua non recolit, circa horam nonam, quod dictus Nicholaus Parvadea, junctis manibus et genibus flexis, dedit se et omnia bona sua presencia et futura Deo et B^te Marie et B^to Johanni et abbati et conventui ejusdem loci, pro salute anime sue, supplicans deffuncto fratri Stephano, quondam abbati dicti monasterii, ut ipse eundem Nicholaum reciperet in fraternitatem monasterii sui predicti. Et tunc dictus abbas interrogavit dictum Nicholaum utrum volebat esse particeps in bonis spiritualibus et temporalibus dicti monasterii : quis Nicholaus statim respondit quod sic, et juravit, tactis sacrosanctis evangeliis, quod contra dictam donacionem de cetero non veniret. Quo facto dictus abbas dictum Nicholaum recepit et osculum sibi dedit in signum fraternitatis. Nec plus scit et explicit. Item, Thomassia Centone, etatis quadraginta annorum vel circa, jurata et diligenter examinata super premissa, dixit per juramentum suum quod ipsa custodivit dictum Nicholaum Parvadea infirmum in una camera dicti monasterii, bene sunt quinque anni elapsi vel circa, et vidit et audivit pluries, dum dabat eidem Nicholao ad comedendum et bibendum, quod idem Nicholaus conquerebatur de vino, dicens quod non erat sufficiens pro ipso, quia erat ad bassum seu aulas ; et tunc ipsa que loquitur respondit : ego non possum vobis dare aliud vinum, sed libenter dicam domino abbati. Cui domino abbati, per ipsam que loquitur post ea vocato, dictus Nicholaus, conquerens de dicto vino, dixit : domine, ego non possum bibere vinum quod michi monstratur, et male factum est michi dare tale vinum, quia ego sum frater et condonatus vester et vestri monasterii, prout scitis. Et statim dictus abbas dixit et respondit : vere ego scio et certus sum quod tu es frater et condonatus noster, et volo quod tu eligas de duabus pipis vini quam volueris, pro temperacione corporis tui et relevacione ab infirmitate tua. Et tunc precepit dictus abbas dare dicto Nicholao de vino quod vellet eligere de duabus pipis vini et sibi ministrare omnia alia necessaria, sicuti uni alicui de fratribus et condonatis suis. Nec plus scit et explicit. Item, Johannes Dannis, etatis quadraginta annorum vel circa, juratus et diligenter interrogatus super donacionem predictam, dixit per juramentum suum quod, bene sunt sex anni elapsi vel circa, quadam die de qua non recolit, dum deffunctus frater Stephanus, quondam abbas S^{ti} Johannis de Orbisterio, vellet eidem qui loquitur tradere unum pratum ad annuum censum, vocatum pratum Stephani, et dictus abbas cum dicto Nicholao Parvadea et cum ipso qui loquitur accederet ad dictum pratum ut eum viderent, idem qui loquitur interrogavit dictum Nicholaum utrum ipse dederat se et omnia bona sua abbati et conventui S^{ti} Johannis de Orbisterio : quis Nicholaus respondit quod sic, pro salute anime sue. Nec plus scit et explicit. Item, Guillelmus Artuys, etatis viginti annorum vel circa, juratus et diligenter examinatus super premissa, dixit per juramentum suum quod ipse vidit et presens fuit in capitulo S^{ti} Johannis de Orbisterio, quadam die de qua non recolit, circa horam nonam, quod dictus Nicholaus dedit se et omnia bona sua Deo et abbati et conventui S^{ti} Johannis de Orbisterio, pro salute anime sue, et juravit super unum librum quod contra dictam donacionem de cetero non veniret; dicens quod ipse volebat esse frater in bonis spiritualibus et temporalibus dicti monasterii. Et tunc deffunctus frater Stephanus, quondam abbas dicti loci, ipsum recepit osculum sibi dando. Interrogatus de astantibus, dixit quod quasi omnes monachi dicti monasterii, Colinus Tanguy et plures alii; de tempore non recolit. Nec plus scit et explicit. Item, Colinus Tanguy, etatis triginta quinque annorum vel circa, juratus et diligenter examinatus super premissa, dixit quod, quadam die de qua non recolit, circa horam nonam, in capitulo S^{ti} Johannis de Orbisterio, presentibus deffuncto fratre Stephano, quondam abbate dicti loci et monachis suis, Guillelmo Artuys et pluribus aliis, ipse vidit et audivit quod dictus Nicholaus Parvadea dedit se et omnia bona sua Deo et abbati et conventui dicti loci, pro salute anime sue, petens esse frater et particeps in bonis spiritualibus et temporalibus monasterii sui predicti, et juravit ad sancta Dei evangelia quod contra dictam donacionem de cetero non veniret. Quo facto dictus abbas ipsum recepit et osculum sibi dedit in signum fraternitatis ; de tempore non recolit. Nec plus scit et explicit. Examinatis vero dictis testibus et eorum dictis seu atestacionibus in scriptis fideliter redactis, fecimus citatos coram nobis apud Thalemundum, ad diem sabbati post Quasi modo, dictum Nicholaum et ejus fratrem et sorores et publice in ecclesia de Capella Achardi omnes illos et illas quorum interest et interesse potest negocium supradictum, ut si sua se crederent interesse ad dictos diem et locum coram nobis compareant, visuri et audituri publicacionem dictorum testium a nobis faciendam, ad perpetuam memoriam rei geste. Ad quam diem, dictus procurator religiosorum coram nobis comparuit dicto Nicholao, fratre et sororibus suis minime comparentibus nec pro se mictentibus. Dicta die, dictus procurator peciit, cum qua decuit instancia, dicta et atestaciones dictorum testium solempniter publice publicari et ad perpetuam memoriam redegi in publica munimenta. Nos vero, volentes desini in perfectum quod a nobis fuerit inchoatum, dicta et atestaciones dictorum testium apparuimus, legimus et publicavimus et ad perpetuam memoriam redegimus in publica munimenta, sigillum curie nostre presentibus apponentes ; et de et super hiis fecimus, petente dicto procuratore, per Laurencium Gauterii clericum, publicum imperiali auctoritate notarium, fieri publicum instrumentum. Datum et actum dicta die sabbati, presentibus et audientibus religiosis viris fratre Petro Boschet priore prioratus Ste Crucis de Olona, fratre Guillelmo de Vernuyl priore prioratus de Vendocino in Olona et discreto viro magistro Garino Coelli clerico et pluribus aliis fide dignis testibus ad premissam publicacionem vocatis specialiter et rogatis, anno Domini millesimo CCC° tricesimo, indicione tercia decima, pontificatus sanctissimi patris ac domini domini Johannis divina providencia papa XXII, anno quarto decimo. Et ego Laurentius Gauterii clericus, Lucionensis diocesis, publicus auctoritate imperiali notarius, omnibus et singulis premissis presens fui et presens instrumentum manu mea propria scripsi et in publicam formam redegi signoque meo solito signavi, una cum appensione sigilli dicti domini decani, vocatus ad hec specialiter et rogatus.

141. Bail d'une partie de maison consenti par l'abbé Pierre à Robin Le Sueur, de Talmont, et Jeanne, sa femme. (Cart^e n° 126. Originaux Arch. de la Vendée.)

1330.
24 juin.

Universis. . . . . frater Petrus, humilis abbas monasterii Sancti Johannis de Orbisterio, ejusdemque loci conventus, salutem in Domino sempiternam. Noverint universi quod nos abbas et conventus predicti, considerata et inventa utilitate monasterii nostri predicti, tradidimus et concessimus et livravimus, et adhuc tradimus, concedimus et livramus pro nobis et nostris posteris, perpetuo, Robino Sutori de Thallemondo et Johanne ejus uxori, heredibus, successoribusque suis et ab ipsis causam habentibus et eciam habituris, aliquantulam partem domus nostre de torculari nostro de Thalemondo, que quidem pars dicte domus situatur inter partem dicte domus quam tenet magister Guillelmus Cooptoris, ex una parte, et, ex altera, juxta apendicium dicte domus quod tenet Guillelmus Charrer seu d'Ayseneys; habendam, tenendam, pocidendam et explectendam predictam partem dicte domus a dictis conjugibus et suis predictis ex nunc in perpetuum, pacifice et quiete, pro tresdecim solidis monete currentis annui et perpetui census, nobis reddendis et nostris posteris singulis annis perpetuo, videlicet in quolibet festo nativitatis Domini sex solidos cum dimidio, et in quolibet festo nativitatis beati Johannis Babtiste sex solidos et sex denarios monete supradicte. Item, tradidimus et concessimus et adhuc tradimus, concedimus et livramus predictis conjugibus et suis predictis quemdam locum nostrum vastum, situm ad extremam partem torcularis nostri supradicti, inter vastum magistri Johannis Corneti et cortilagium Johannis Barbitonsoris de Thalemondo ad duos solidos monete currentis annui et perpetui census, quos nobis et nostris posteris reddent et solvent singulis annis per medietatem terminis antedictis, promictimusque predictis conjugibus et suis predictis premissa et singula premissorum versus omnes et contra omnes in ephyteosim deffendere et garire. In cujus rei testimonium dedimus predictis conjugibus et suis predictis presentes licteras sigillis nostris propriis quibus utimur sigillatas. Datum in capitulo nostro die dominica in nativitate beati Johannis Babtiste, anno Domini M° CCC° tricesimo.

142. Vente de huit tonneaux de vin par Guillaume Roque à Jean Gombaud. (Cart° n° 182.)

1331.
24 mars.
(1330, v. st.)

Noverint universi quod ego Guillelmus Roque, valetus, vendidi et concessi et adhuc vendo et concedo Johanni Gumbault juniori, precio decem et septem librarum monete currentis, quas ab eodem Johanne habui et recepi et me teneo plenarie pro pagato, octo dolia boni vini et puri, ad mensuram de Olona; que octo dolia vini ego Guillelmus predictus teneor et promicto reddere et solvere dicto Johanni et ab ipso causam habituris infra octo annos proxime venturos, videlicet quolibet anno tempore vindemiarum usque ad dictos octo annos unum dolium vini puri et boni, ut dictum est, sub speciali et expressa obligacione omnium feodorum meorum vinearum de parrochia Olone et omnium aliorum bonorum meorum. . . . . renuncians. . . . . juramento. . . . . In cujus rei testimonium. . . . . dedi. . . . . licteras sigillo nobilis viri domini Johannis vicecomitis de Thouarcio in castellania sua de Castro Olone constituto, una cum sigillo curie venerabilis viri domini decani Thalemundensis. . . . sigillatas. Ego vero Ugo de Buxeria, castellanus tunc temporis dicti loci pro dicto nobili tenens et custodiens sigillum predictum. . . . . ad relacionem Nicholai Ranulphi clerici. . . . . Nos vero gerens vices dicti domini decani et sigillum curie ejusdem. . . . . ad relacionem dicti Nicholai Ranulphi clerici. . . . . Datum presentibus Guillelmo dau Raiffe et Petro ejus filio, clericis, die dominica ante Annunciacionem dominicam, anno Domini millesimo CCC° tricesimo. Ranulphus.

143. Confirmation par l'évêque de Luçon du bail passé le 24 juin. 1130. (Cart° n° 125. Orig. aux Archives de la Vendée.)

1331.
1ᵉʳ juin.

Universis.⁰ . . . . . frater Petrus, permissione divina Lucionensis episcopus, salutem in Domino. Noveritis quod cum religiosi viri abbas et conventus monasterii sancti Johannis de Orbisterio, considerata et inventa utilitate monasterii sui predicti, tradiderant et concesserant Robino Suttoris, de Thallemondo, et Johanne, ejus uxori, heredibus, successoribusque suis et ab ipsis causam habentibus et habituris, aliquantulam partem domus sue de torqulari suo de Thallemondo, sitam inter partem dicte domus quam tenet magister Guillelmus Coopertor, ex una parte, et, ex alia, juxta appendicium dicte domus quod tenet Guillelmus Charrer seu d'Ayzeneys; item habendam, tenendam predictam partem dicte domus et dictis conjugibus et suis in perpetuum, pro tresdecim solidis monete currentis annui et perpetui census sibi et suis in perpetuum reddendis, videlicet in quolibet festo Nativitatis Domini sex solidos cum dimidio et in quolibet festo Nativitatis Beati Johannis Babtiste sex solidos et sex denarios monete currentis; Item, quemdem locum suum vacuum, situm ad extremam partem torqularis sui supradicti inter vascuum magistri Johannis Corneti et cortillagium Johannis Barbitonsoris de Thallemondo, pro duobus solidis monete currentis perpetui census sibi reddendis et solvendis singulis annis per medietatem terminis antedictis; promiserantque predictis conjugibus premissa et singula premissorum deffendere et garire versus omnes et contra, prout hec in quadem littera, sigillorum dictorum religiosorum sigillata, quibus presens littera est annexata, plenius continetur. Nos vero predictas traddiciones et concessiones, inspecta et considerata utilitate et commodo dicti monasterii, pro ut per inquisicionem ex parte nostra factam nobis pateat, et omnia in dicta littera contenta laudamus, ratifficamus ac etiam approbamus et decretum nostrum tradicioni et concessioni predicte et omnibus que in dictis litteris continentur interponimus ad majoram roboris firmitatem. Datum die sabbati post Trinitatem Domini, anno ejusdem millesimo CCC° tricesimo primo.

144. Transaction avec Hugues Morisson, d'Olonne. (Cart° n° 194.)

A tous. . . . . religieux hommes frère Perre, humble abbé en celuy temps du mouster de St Jehan d'Orbester, et frère André de George, procureur d'iceau lieu, suffisamment fondé par sa procuracion seellée des seas de abbé et de convent, avens povoir et especiau commendement en sa procuracion de pacifflier et transiger, et Huguet Morisson, d'Olonne, saluz en Nostre Seigneur. Sachent tous que je led. Huguet Morisson ay baillé, livré et octroyé et encores bail, livre et octroye ausd. religieux, perpetuaument, et à ceulx qui d'eux auront cause ung septer de seille, à la mesure de la Chèze Giraud, de annuau et perpetuau rende, de troys

1331.
14 novembre.

mines et troys boiceaux de seille de rende que je avoye en village de la Gaubretère sus les teneurs dud. lieu et de l'Aymonnère et tout le droit et toute la reson, toutes les demandes, actions, peticions que je avoie, avoir povoye et devoye, si point en y avoye, tant pour raison de Perre de la Tousche et Caterine sa femme que pour quelcomque autre cause en d.. village de la Gaubertère et ens appartenances et en quelques autres lieus assis en la paroisse de Landeveille, en permutacion ou en eschange perpetuau de tout le droit et de toute la raison, demandes, actions et peticions que lesd. religieux avent, avoir pouhent et devent en choses qu'il avont des lavanders de la lavenderie de Thalemont en fiez de Girardère, de la Brunelère et de la Chalemelerie : c'est assavoir en d. fié de la Girardère deux septerées et troys quarterées de terre, et en d. fié de la Brunelère une quarterée de terre, assise joste la terre Phellippon Mestoyer, et deux boicellées de terre en lad. Chalemelerie, partens o Phelippon Mestoyer, et pour ung journau de pré, partens o led. Phellippon Mestoyer, près du Chastea d'Olonne, et pour la quarte partie d'un jornau à deux hommes de pré assis à la Barbotinère, jouste le pré des moinnes, et pour le moyen d'un journau de pré assis sur le gué de Mault Pertuis et le moyen d'un journau de pré assis à la fontaynne Luce et pour ung quartier de froment de rende rendu par la main Mahé Robelin. Lesquelles choses dessusd. et chacune d'icelles nous religieux dessusd., pensé et considéré le prouffit de nostre mouster, avons baillé, livré et octroyé et encores baillons, livrons et octroyons aud. Huguet et aux siens, perpetuaument, pour lesd. choses qu'il nous a baillé à la Gaubretère dessusd. et en appartenances et pour led. septer de seille de rende, si come dessus est dit et devisé. Encores ay baillé ge led. Huguet et bail et livre et octroye ausd. religieux et aus leurs, perpetuaument, les unze boiceaux remeignens des troys mines et troys boiceaux de seille de rende dessusd., en eschange et en permutacion perpetuau des six boeceaux de seille de rende que lesd. religieux avoyent, c'est assavoir deux boeceaux sus Boniot de la Biatère et sus sa femme et ung quarter sur Le Pelleter de la Paluelère, et pour troys boiceaux de froment de rende que lesd. religieux avoient sus Jehan Chevaler leynné, d'Olonne, et pour troys truelleas d'avoynne de rende que lesd. religieux avoient sus les hers feu Pelerin, et pour la terre que lesd. religieux heurent de la femme feu Simon Boea, assise en Fachardère en fié à moy led. Huguet. Lesquelles choses dessusd. et chacune d'icelles nous religieux dessud., pensé et considéré le proffit de nostre mouster, havons baillé, livré et octroyé et encores baillons, livrons et octroyons aud. Huguet et aus sons en eschange perpetuau des unze boiceaux de seille de rende dessusd. Encores vueil et octroy ge led. Huguet quiptes et delivrez perpetuaument lesd. religieux et les leurs de toutes demandes, actions et peticions que je leur fasoye ou vers eux povoye havoir pour raison de feu Simon Boea et de sa femme et à lad. femme leur donnée. Lesquelles choses dessusd. et chacune d'icelle de noz religieux et Huguet dessusd. bailleez et eschangeez nous promectons garir et deffendre perpetuaument les uns ès autres vers tous et contre tous de tous empeschemens et perturbacions, et especiaulment je led. Huguet vers led. Perre de la Tousche et Caterine sa femme et vers les leurs perpetuaument, come est assavoir nous d. religieux soubz l'obligacion des biens de nostre mouster et je led. Huguet soubz l'obligacion de tous mes biens meubles et non meubles presens et à venir, et ad ce je oblige mes hers et successeurs ausd. religieux et aus leurs perpetuaument ; renunciant. . . . . et avons juré. . . . . En tesmoign. . . . . avons donné. . . . . lectres seellées et doublées à nostre. . . . . du seya establi à Fontenoy pour nostre sire le roy de France et ensemblement des seyas dont l'on uzet en nostre mouster. . . . . Ge addecertes Perre Martin presbtre, tenens et gardens en celuy temps led. seya. . . . . à la relacion de Nicolas Renou clerc. . . . .

garens à ceu appelez Jehan de Villenove et Jehan Martin, clers. Donné le jeudi emprès la feste sainct Martin d'iver, l'an de grace mil troys cens trente et ung. Ranulphus.

145. Ferme de la dîme des novales de la paroisse de château d'Olonne. (Carte n° 27.)

1332.
2 juin.

Universis. . . . . . Guydo, tunc temporis rector ecclesie de Castro Olone, salutem in Domino. Noveritis universi quod ego rector predictus, visa, pensata et considerata utilitate ecclesie mee predicte, tradidi, concessi et affirmavi et adhuc trado, concedo et affirmo pro me et meis posteris in perpetuum religiosis viris abbati et conventui monasterii S^{ti} Johannis de Orbisterio et suis decimam ad me pertinentem, racione ecclesie mee predicte, tam in blado, racione novalium, quam in pecubus et animalibus existentibus et provenientibus tam in tempore presenti quam in tempore futuro in omnibus et singulis que dominus Johannes vicecomes de Thouarcio dedit et affirmavit dictis religiosis in foresta sua de Orbisterio, prout in licteris datis a dicto vicecomite dictis religiosis continetur : videlicet pro quodam mina frumenti et pro quadam mina siliginis, ad mensuram patrie, annue et perpetue firme michi et meis posteris a dictis religiosis et suis in quolibet festo Assumpcionis B^{te} Marie Virginis infra metas dicte parrochie perpetuo persolvendas et reddendas ; et si per potenciam heredum vel successorum dicti domini vicecomitis dictis religiosis premissa tollerantur, non tenerentur ex tunc dicti religiosi michi rectori predicto nec meis posteris dictam minam frumenti et dictam minam silliginis reddere nec solvere, ymo remanerent dicti religiosi liberi et immunes. Quam quidem tradicionem et affirmacionem ego rector predictus promicto. . . . . juramento. . . . . et volo super hiis et de hiis fieri et apponi decretum, supplicans ego rector predictus Reverendo in Christo patri ac domino domino episcopo Lueionensi ut ipse presentibus licteris decretum apponat ad perpetuam memoriam rei geste. In cujus rei testimonium dedi. . . . . licteras sigillo curie venerabilis viri domini decani Thallemonensis. . . . . sigillatas. . . . . Datum die martis ante Penthecostes, presentibus testibus Johanne Guyonet, Dionisio Porcher et Guillelmo Charbonea ad premissa vocatis specialiterque rogatis, qui predicti testes una voce deposuerunt per juramenta sua omnia et singula predicta bene et juste fore traddita et eciam affirmata, anno Domini M° trecentesimo tricesimo secundo.

146. Bail d'une maison consenti par l'abbé Pierre à Jean Perchoil, cordonnier, et à Jeanne, sa femme. (Carte n° 291. Orig. aux Arch. de la Vendée.)

1332.
24 juin.

Universis. . . . . frater Petrus, humilis abbas monasterii Sancti Johannis de Orbisterio totusque ejusdem loci conventus, salutem in Filio Virginis gloriose. Noverint universi et singuli quod nos abbas et conventus predicti, unanimes et concordes, inventa et considerata utilitate monasterii nostri predicti, tradidimus, concessimus et affirmavimus et adhuc nos tradidisse, concessisse et affirmasse confitemur Johanni Percholl, sutori, et Johanne Gautere, ejus uxori, heredibus successoribusque suis et ab ipsis causam habentibus et eciam habituris, quamdam domum nostram, ad nos et monasterium nostrum spectantem, vulgaliter appellatam domum deffuncti Davidis Latomi, sitam in villa de Thalemundo juxta domum predictorum conjugum, ex una parte, et, ex altera parte, juxta domum Theophanie Juliote; habendam, tenendam et explectandam et possidendam predictam domum a dictis conjugibus, heredibus successoribusque suis et ab ipsis causam habentibus et eciam habituris, ex nunc im perpetuum, pacifice, libere et quiete, pro quinque solidis monete currentis annui et perpetui redditus seu firme, a dictis conjugibus et suis predictis quolibet anno reddendis et solvendis duobus terminis : videlicet duos solidos et sex denarios in quolibet festo Nativitatis Domini et alios duos solidos et sex denarios in quolibet festo Nativitatis beati Johannis Babtiste; promittentes . . . . . renunciantes. . . . . In cujus rei testimonium . . . . . dedimus. . . . . licteras sigillis nostris propriis quibus utimur sigillatas. Datum die mercurii in Nativitate beati Johannis Babtiste in nostro capitulo generali, anno Domini M° CCC° tricesimo secundo.

147. Don par Amice, veuve de Guillaume Le Barbier, des Sables, à Nicolas Macé de la nue propriété de ses biens. (Carte n° 211.)

1332.
1er octobre.

Universis. . . . . dicta Amice, relicta deffuncti magistri Guillelmi Le Barber, de Sabulis Olone, salutem in Domino. Noveritis universi quod ego relicta predicta, non vi, dolo, nec metu sed ex mera et propria voluntate mea, dedi, donavi et concessi, donacione irrevocabili facta inter vivos, et adhuc do, dono et concedo domino Nicholao Mache, presbitero, tam pro salute anime mee et pro remedio in commemoracione sua quam pro alimento mei proprii corporis et aliis necessariis a dicto presbitero et suis michi, quamdiu vixero, secundum statum meum ministrandis et eciam providendis, me et omnia bona mea mobilia et immobilia, presencia et futura, ubicumque sint et quocumque nomine censeantur; retento michi quamdiu vixero usufructu et medietate omnium bonorum immobilium tantum modo; et si ista donacio in toto non valeat, volo ego relicta predicta quam valeat prout valere poterit de consuetudine vel de jure; habenda, tenenda, possidenda et explectanda omnia et singula predicta, prout superius sunt expressa, a dicto presbitero et ab ipso causam habituris ex nunc in perpetuum, pacifice et quiete, cum omni jure proprietatis, possessionis et dominii quas et que habebam, habere potebam et debebam in predictis et singulis predictorum ; Cessens et transferens. . . . . . renuncians. . . . . juravi eciam . . . . In cujus rei testimonium. . . . . licteras sigillo curie venerabilis viri domini decani Thalemondensis. . . . . sigillatas. Nos vero gerens vices dicti domini decani et sigillum curie ejusdem. . . . . ad relacionem domini Johannis Rocherii presbiteri. . . . . Datum presentibus Guillelmo Esplanchaz et Vincentio filio Johannis Longin de Olona, die jovis post festum B^{ti} Michaelis archangeli, anno Domini M° CCC° tricesimo secundo. J. Rocher.

148. Don par Pierre Payn de l'hebergement de Moulinneuf, paroisse de Vairé. (Cart^e n° 160.)

Memoriale est quod ego Petrus Payn, de parrochia de Vayre, cognosco et confessus fui me dedisse et adhuc do, non invitus sed spontanea voluntate, Deo et ecclesie S^{ti} Johannis de Orbisterio omnia que habebam et habere poteram et debebam, quocumque sint et quocumque nomine censeantur, in quodam herbergamento, vulgaliter appellato Molendino Novo seu Molinneuf, situm in predicta parrochia; promictens. . . . . fide a me super hec prestita. . . . . obligans. . . . . renuncians. . . . . Nos vero Guillelmus Richardi clericus, gerens vices domini decani Thallemondensis, ad relacionem Arnaldi Robini. . . . . testibus ad hec presentibus vocatis specialiter Johanna Parote, Guillelmo Sens terre et pluribus aliis. Factum et datum sub judicio curie nostre die martis post festum apostolorum Jacobi et Philippi, anno Domini millesimo CCC° XXX° secundo. Arnaldi.

1332.

149. Don par Simon Le Charron et Perrenelle, sa femme, fille de feu Guillaume Baudry. (Cart° n° 337. Orig. aux Arch. de la Vendée.)

1333.
14 janvier.
(1332. v. st.)

A touz. . . . . Symon le Charrum e Pernelle sa femme, fille feu Guillame Baudri, auctorizée dou dit son mari quant au choses qui s'enseyvent, saluz en Nostre Seignour Sachent touz que noz mariez desus diz, d'un acort e d'une volunté, havons baillé, livré e octreié e encores baillons, livrons e otreions au religious homez à l'abbé e au convent du mouter de Sain Johan d'Orbester, perpetuaument, e à ceaus qui d'eaus hauront cause, tot le dreit e tote la reson que noz haviens, haveir poiens e deviens, en temps present e à venir, devers mey la dicte Pernelle, à Monbeyle e ens apertenences, en quaucunez choses que cou seit exepté cou dou mareys de Vertou, pour totez lez choses e chacunez d'icellez que lez diz religious haveent, haveir poeent e deveent devers Johanne Baudrie, sour de mey la dicte Pernelle, lour donée, en la paroisse de Vayré. Cessens e transportens noz mariez dessus diz en diz religious e en lours totez lez demandes, nons, actiuns e peticiuns que noz haviens, haveir poiens e deviens vers quaucunez persoynnes que cou seyt pour reson des dictes choses de noz bailléez au diz religious, e lez fazuns procurours en lour chose, e en outre summes tenuz noz, mariez desus diz, e ceaus qui de noz hauront cause rendre e paer perpetuaument au diz religious e au lours pour reson des choses qu'il haveent en la paroisse de Vayré devers lour donée desus dicte cinc sos de monée corent de annau e perpetuau rende en chacune feste de Sain Michea archange. Lez quaus choses desus dictes e chacunez d'icellez de nôz mariez desus bailleez au diz religious noz prometons. . . . . sus l'obligaciun de touz noz biens. . . . . renuncians. . . . .

havons juré. . . . . En tesmoin. . . . . havons doné. . . . .
letrez seelleez dou sea establi à Fonteney pour nostre seignour
le rey de France. Ge adecertes, Guillaume dou Columber
clerc, tenens e gardens en celuy temps le dit sea. . . . .
à la relaciun de Nicholas Renou clerc. . . . . garens à cou
appellé Guillaume Achart clerc e Nicholas Pervadea. Doné
le joudi enpres la feste Saint Hylayre dernier, l'an de grace
mil treys cens trente e dous. Ranulphus.

150. Don par Jean Maygnant et Guillaume Giraud de droits féodaux à Girouard. (Cart° n° 351.)

1333.
4 mars.
(1332, v. st.)

Noverint universi quod nos Johannes Meygnant et Guillelmus Giraut donavimus et concessimus, donacione irrevocabili facta inter vivos, et adhuc donamus et concedimus Deo, B^{te} Marie et religiosis viris abbati et conventui monasterii S^{ti} Johannis de Orbisterio, pro remedio et salute animarum nostrarum et pro essendo in commemoracione monasterii antedicti, omne jus quod habebamus, habere poteramus et debebamus in omnibus et singulis rebus et in bailliagio que seu quod deffunctus Colinus Marescali, de Olona, tenebat, tempore quo vivebat, ad fidem et hommagium de Guillelmo Girardi, valeto, in parrochia de Giroardo; habenda, tenenda, possidenda et explectanda omnia et singula predicta a dictis religiosis et suis posteris ex nunc in perpetuum, pacifice et quiete. Cessantes et transferentes. . . . . nos Johannes et Guillelmus promisimus. . . . . sub obligacione. . . . . renunciantes. . . . . juramento. . . . . In cujus rei testimonium. . . . . dedimus. . . . . licteras sigillo curie venerabilis viri domini decani Talemundensis. . . . . sigillatas. Nos vero gerens vices dicti domini decani et sigillum curie ejusdem. . . . . ad relacionem Nicolai Ranulphi clerici. . . . . Datum presentibus domino

Petro de Coeynne et domino Hugone Raiolea, presbiteris, die jovis post Reminiscere, anno Domini M° CCC° tricesimo secundo. Ranulphus.

151. Obligation de Hugues de la Boissière à Jean Combaut. (Cart° n.° 173.)

1333.
10 juin.

Sachent tous que nous Huguet de la Boycère, valet, et Jehan Combaut le jeune, de nostre bonne et pure volonté, avons quipté et delessé perpetuaument l'un à l'autre touz droiz, noms, actions, demandes personaux que nous havyons et havons heu l'un vers l'autre, pour quelcomques menées que ce fust ou eust esté dau temps passé jusques à la date de cestes lettres pour la cause qui s'ensuit : c'est assavoir que je led. Huguet cognoys et confesse moy devoir aud. Jehan et à ceulx qui de lui auront cause vingt et huyt livres et dix sols monnoie courante, pour raison de cestuy finau compte fait et heu entre nosd. Huguet et Jehan. Lesquelx vingt et huyt livres et dix sols je led. Huguet promet et suys tenuz rendre et paer ausd. Jehan et aus siens dessusd., c'est assavoir à la Nativité Nostre Seigneur prochainement venant quatorze livres et à la meaougst en sensuivant quatorze livres et dix sols, soubz l'obligacion de tous mes biens meubles, presens et futurs, et ainsi demourons quipte l'un vers l'autre en et pour la menère dessusd. et avons juré nous Huguet et Jehan aus sains évangiles Nostre Seigneur non venir encontre en ycestes nouz faiz. En tesmoign de laquelle chose, nous avons donné l'un à l'autre cestes lectres seellées du seya dont l'on uset en la chastellenie d'Olonne pour noble homme et puissant mons' de Thouars. Et je Denys de Bessay, garde dud. seya. . . . . . à la relacion de Jehan Boschet. . . . . garens présens Perre de Valée et Maurice Bertrandea. Fait et donné le jeudi avant St Barnabé, l'an mil troys cens trente et troys. J. Boschet.

152. Transaction et accord avec Hegues, Vte de Thouars. (Cart^e n° 5.)

A tous. . . . . Huguet, viconte de Thouars, s^gr de Thallemont, et frère Perre, humble abbé de St Jehan d'Orbester, et le convent dud. lieu saluz en Nostre Seigneur. Sachent touz que come contemps fussent esmeuz ou en esperance de esmouvoyr entre nous Huguet, d'une part, et nous abbé et convent, d'autre, sus ce que nous viconte dessusd. disions que toute la Baillère et toute la juridicion d'icelle et le maroys de jouste la Raoulère, que donna nostre cher frère Jehan viconte de Thouars ausd. religieux, et la jurisdicion de la Lavenderie à nous appartenoit par cause de nostre chastellenie de Thallemont : disant que ainsi le avoient tenu et explecté nos davancers et plusieurs autres raisons ; et lesd. religieux disans et proposans du contrayre, et que lesd. choses leur appartenoyent ensembleement ob toute justice et juridicion haulte, moyenne et basse, mesmement pour certains dons que notre cher frère Jehan viconte de Thouars et nous autres devancers leur avoyent fait sans rens y retenir, si come ils disoient ; à la parffin, avons acordé pour bien de pays par la manère qui s'ensuit : premèrement que le domaine et toute la juridicion et justice haulte et basse et moyenne desd. choses de la Baillère demouret ausd. religieux perpetuaument, sans ce que nous y puissons jamès rens demander, fors le ressort et souveraineté tant comme nous vivrons, et ainsi que par cest acord n'est fait préjudice ausd. religieux envers nouz successeurs quant aud. ressort, ne aussi à nouz successeurs qu'il n'y puissent explecter. Item, demouret ausd. religieux la basse et moyenne justice dud. lieu de la Lavenderie et à nous vicomte dessusd. la haulte ; et délivrons led. maroys ausd. religieux, retenu à

1334.
7 janvier.
(1333, v. st.)

nous toute justice ; et en tant comme tousche ausd. religieux leurs autres biens et domayne, useront lesd. religieux de leur droyt tel qu'il leur appartient et nous aussi tel droit comme il nous puit appartenir, sans ceu que par cest accort soit fait préjudice à nous ne ausd. religieux dès ores en avant ; et ne nous porrons uzer de certayne chose, plege ou explectz que nous eussons faiz ou fait faire sur lesd. religieux si par avant n'en eussons droit ; promectant en bonne foy nous vicomte et religieux dessusd. cest acort tenir sans jamès venir encontre. En tesmoign de laquelle choze, nous avons donné l'un à l'autre cestes lectres seellées de nouz seyaulx. Donné le vendredi emprès la Tiphaine, l'an de grâce mil troys cens trante et trois.

153. Don par Jean, Perrenelle et Marie du Vivier au prieuré de Marigné. (Cart^e n° 353.)

1334.
11 avril.

A tous. . . . . . Jehan do Vivers, d'une part, Benest Furet et Pernelle, sa femme, auctorisée dud. Benest son expoux à faire les choses qui s'enseguant, et Marie des Viviers, sœur de nous dessusd. Johan et Pernelle, d'autre partie, saluz en Dieu Nostre Seigneur pardurable. Sachent touz presens et futurs car nous parties dessusd. Jehan, Benest, Pernelle et Marie, de nostre bon communaul propos et de nous bonnez, purez et absoluez voluntez, sans nulle autre machinacion, avons donné, cessé, livré et octroié et encores donnons et octroyons et avoir donné cognoissons et confessons, en nom de bonne donayson et léau faicte entre vis sans esperance de revoquer en temps à venir, à Dieu et à la maison de St Saulvour de Margné sis en la parroiche de St Vincent sur Graon, en pure aumosne et pour le saluz et remede de nous amez et de nouz bons parents deffuncts, c'est assavoir tout le droit de propriété et de droyture et de poccession que nous et chacun de nouz par soy avons et avoir pouhons et devons, ou qui nous puet et doit appartenir, en ung pré assis en lad. parroiche de St Vincent, vulgaument appellé le pré do Poiz, tenens au pré de la dessusd. maison seu priouré de Margné; à avoir, tenir, user, posseder et explecter, prandre et apprehender tout nostre dessusd. droit seu partie do dessusd. pré de tous et chacuns les religieus et honnestes qui sunt et serunt par le temps avenir prioux ou comandeurs de lad. maison seu priouré et de leur comandement dès ores en avent perpetuaument, paisiblement et quiectement. Cessans et transportans . . . . . avons promis. . . . . avons juré. . . . . renunciant . . . . . En tesmoign. . . . . avons requis cestes presentes lectres estre seellées. . . . . du seau establi aux contraiz en doynné de Thalemondois. Et ge adecertez Guillaume Gorraudea, garde dud. seau. . . . . à la relacion de Philippum Roy clerc. . . . . Ceu fut fait et donné presens ad ceu garens, oir appellez et priez, Vincent Baritaut clerc, Perre Georgea, Nicholas Malet, le jour du lundi emprès Misericordia Domini, l'an mil troys cens trente et quatre. Phelippus Regis.

154. Confirmation par l'évêque de Luçon de la ferme de la dime des novales de la paroisse du Château d'Olonne, faite le 2 juin 1332. (Carte n° 26.)

Universis. . . . . frater R. permissione divina Lucionensis episcopus, salutem in Domino. Noveritis universi quod cum Guido, tunc temporis rector ecclesie de Castro Olone, affirmavit et ad firmam perpetuam concessit, pro se et suis successoribus, religiosis viris abbati et conventui monasterii S^{ti} Johannis de Orbisterio fructus et augmenta decime, ad ipsum rectorem racione ecclesie sue spectantem tam

1334.
18 août.

in novalibus quam in pecubus et animalibus que insurguntur infra metas dicte parrochie, quas dominus Johannes quondam vicecomes Thouarcii in foresta sua de Orbisterio concessit, pro una mina frumenti et altera mina siliginis ad mensuram patrie reddendis dicto rectori et suis in perpetuum dictis religiosis, prout in lictera sigillo venerabilis viri decani Thallemundensis sigillata cui presentes nostre sunt annexe continetur, supplicaverunt nobis dictus rector et frater Petrus de Burgo, tunc temporis abbas dicti monasterii, pro se et conventu suo, ut super premissa nostrum decretum apponeremus ad perpetuam roboris firmitatem. Nos vero, prius scire volentes utrum affirmacio et concessio fructuum dicte decime in utilitatem dicte ecclesie et monasterii antedicti cedat, inquisimus diligenter de premissis. Et dicta inquisicione super hoc legitime facta, reperimus affirmacionem et concessionem dicte decime a dicto rectore dictis abbati et conventui pro monasterio suo absque decepcione factam; et canonici et civilis utriusque juris sollempnitatibus, prout decet, observatis, dictam affirmacionem et concessionem dictorum fructuum dicte decime approbamus, ratifficamus et decretum nostrum apponimus in premissis, ad perpetuam roboris firmitatem; et in premissorum testimonium presentibus licteris sigillum nostrum duximus apponendum. Datum die jovis post Assumpcionem B^{te} Marie Virginis, anno Domini millesimo CCC° tricesimo quarto.

155. Lettre du doyen de Talmont, au sujet d'un appel en cour de Rome. (Cart^e n° 208.)

1334.
10 septembre.

Sanctissimo in Christo patri ac domino, domino Johanni divina providencia sacrosancte ac universalis ecclesie summo ponthifici, suus humilis decanus Thalemundensis, Luconensis diocesis, pedum osculum beatorum. Sanctitati vestre facimus magnifestum quod cum Nicholaus Ranulphi clericus, procurator religiosi viri abbatis S^{ti} Johannis de Orbisterio, dicte diocesis Luconensis, provocaverit appellacionem nomine procuratoris a nobis decano predicto et vicario nostro et contra nos et a curia nostra et contra partem adversam, timens quod nos contra dictum abbatem dominum suum ad aliquam excommunicacionis, interdicti seu suspencionis sententiam procedemus, virtute cujusdam memorialis a curia nostra impetrati contra ipsum abbatem, in quo quidem memoriali continebatur quod idem abbas dominus suus promiserat reddere et solvere domino Hugoni vicecommiti Thoarcensi et suis certam sommam pecunie citra terminum solucionis : dicens et asserens in dicta sua appellacione quod dictum memoriale non erat passatum coram nobis nec in judicio, item quod ille qui dictum memoriale passavit, si uncquam fuit juratus de nostra curia pro tempore passacionis dicti memorialis, fuerit in nostris audienciis publice revocatus et alias erat inabilis ad passandum prout in dicta appellacione declarabat; nos vero ob reverenciam dicte sedis appellacioni ipsius duximus deffendendum, dimictentes ipsum a judicio nostro et cum istis licteris dimissoriis ad vos duximus remictendum. Datum sub sigillo nostro, die sabbati octabarum Nativitatis beate Marie Virginis, anno Domini M° CCC° tricesimo quarto.

156. Vente par Jean et Michel de Melle et Guillemette, veuve de Perrot de Melle, à Sibille, veuve de Raoul de Melle et à Jean, son fils. (Cart^e n° 169.)

A tous. . . . Guillemete, deguerpie Perrot de Melle, Johan et Michea de Melle, frères, saluz en Nostre Seigneur. Sachent tous que nous Guillemete et frères dessusd. tant pour nous que pour nous frèrescheurs avons vendu, baillé,

1334.
11 septembre.

livré et octroyé et encores vendons, baillons, livrons et octroyons à Sebille, femme feu Raoul de Melle, et à Jehan, son filz, perpetuaument et à ceulx qui d'eulx auront cause toutes et chacunes les choses que nous avions, avoir pouhons et devions en la paroisse du Givre et en lié monsʳ Joffroy de la Viaudère, chevaler, en quelxcomques choses que ceu soit, pour le prix de cent sols de monnoie courante, que noz Guillemete et frères dessusd. avons eu et receu desd. Sebille et son filz, et nous en tenons pour bien paez. Lesquelles choses . . . . . prometons . . . . . renuncians . . . . . et avons juré. . . . . En tesmoign . . . . . avons donné. . . . . cestes presentes lectres seellées. . . . du seya establi à Fontenoy pour nostre sire le roy de France. Et je adecertes Jehan dau Columber, tenens et gardens en celuy temps led. seya. . . . . à la relacion de Nicolas Renou clerc. . . . . garens à ceu, presens et appellez, Denis Pourcher, le dit Mahé dau Chastea d'Olonne et Jehan Baudinea. Donné le dymenche emprès la feste de la Nostre Dame de septembre, l'an mil troys cens trente et quatre. Ranulphus.

157. Transaction avec Jean, Vᵗᵉ de Thouars, au sujet d'une succession. (Cartᵉ nº 134.)

1335
15 janvier.
(1334, v. st.)

Sachent touz que comme nous Louys, vicomte de Thouars, sgʳ de Thallemont, deissons contre religieux homez l'abbé et le convent de Sᵗ Jehan d'Orbester que Nicholas Parvadea avoit donné au temps de sa vie à homme de bon memoire monsʳ Jehan, jadis vicomte de Thouars, nostre cher père, touz ses biens et par certaynne cause, et par ceste cause nous eussons prins et mis en nostre main tous les biens dont ilz morit vestuz et saisiz, luy alé de vie à trespassement ; lesd. abbé et religieux disse que led. Nicholas s'estoyt donné et ses biens à Dieu et à St Jehan, pour estre en bienffays de l'abbaye de St Jehan et des religieux, par donaison faicte entre vis et par avent qu'il se donnast aud. nostre cher père. Savoir fasons a touz que nouz, informez à plain que led. Nicholas s'estoit donné ausd. religieux par avent que à nostre cher père, avons desclaré que nous ne metrons ausd. religieux empeschement en d. biens dud. Nicholas par cause dud. don, en telle manère que nous demorrons quipte vers lesd. religieux de quarente livres que nostre cher père leur devoit de venisson de vin et de quinze livres que nous leur devyons par raison de Philipon de Bacqueville et de Perre des Forges, que tout ceu qu'ils auront eu desd. biens que il les rendent ausd. religieux sans deloy, et qu'il soyent aydables ausd. religieux à les faire joyr desd. biens. Donné témoign nostre séel, le dimenche emprès la St Hylaire, l'an de grace mil troys cens trente et quatre.

158. Quittance de 40 livres donnée par Jean Jousseaume, chatelain de Talmont. (Cart° n° 308.)

1335.
13 août.

Memoire est que je Jehan Joceasme, chastellain de Thallemont, ay eu de religieux homme l'abbé de St Jehan d'Orbester quarente livres monnoie courant pour nom de mons^r de Thouars, et l'en promet tenir quipte vers le dit mons^r ou li en rendre memorial de quiptance dau dit mons^r. Donné, tesmoygn mon seya, le diomenche jour de Ste Raggond, l'an mil CCC trente et cincq.

159. Reconnaissance d'une rente de cent dix sous, due par Guillaume Parvadeau. (Cart^e n° 154.)

1335.

Universis. . . . . Guillelmus Parvadellus, valetus, salutem in Domino. Noverint universi quod ego Guillelmus predictus non deceptus, non coactus, non vi, dolo seu aliqua machinacione ad hoc inductus, confiteor me debere et promicto me reddere et solvere religiosis viris abbati et conventui S^{ti} Johannis de Orbisterio centum et decem solidos monete currentis ; quem pecunie sommam eisdem, debeo et promicto annuatim et perpetuo reddere et solvere eisdem religiosis et ab ipsis causam habituris, videlicet quincquaginta quinque solidos in quolibet festo Pasche et quincquaginta quinque solidos in quolibet festo B^{ti} Michaelis archangeli; quem pecunie sommam, ut dictum est, sibi annuatim et perpetuo debeo racione deffuncti Nicholai Parvadelli fratris mei et donati sui, pro omni successione tam paterna quam materna eisdem religiosis racione dicti Nicholai suscepta, michi a dictis religiosis pro dictis centum et decem solidis annui et perpetui redditus traddita et perpetuo affirmata. Ad quos centum et decem solidos annui et perpetui redditus eisdem religiosis et ab ipsis causam habituris annuatim et perpetuo reddendis et solvendis terminis supradictis obligo. . . . . renuncians. . . . . juravique. . . . . In cujus rei testimonium dedi. . . . . licteras sigillo nobilis viri domini Ludovici vicecomitis Thouarcensis in castellania S^{ti} Egidii super Viam. . . . . constituto, una cum sigillo venerabilis viri domini decani Thallemondensis. . . . . sigillatas. Ego vero Thomas de Dynant clericus, custos dicti sigilli pro dicto nobili. . . . . ad relacionem Johannis de Villanova clerici. . . . . Nos autem Stephanus, gerens vices dicti decani et custos ejus sigilli. . . . . ad relacionem domini Guillelmi Motet presbiteri. . . . . [1].

---

[1]. Les sept ou huit dernières lignes contenant la fin du protocole d'apposition des sceaux, la liste des témoins et la date, sont illisibles. On aperçoit cependant de cette dernière millesimo CCC° tricesimo quinto et la signature du notaire J. de Villanova.

160. Quittance de 30 livres donnée par Denis de Bessay, chatelain de Talmont. (Carte n° 184.)

Memoire est que je Denys de Bessay, chastellain de Thalemond, ay eu et receu de religieulx home l'abbé de St Jehan d'Orbester trente libres de monnoie courante : c'est assavoir vingt libres remaynnans de la somme de cent libres qu'il devoit par cause d'une composiction de priz faicte sur la Beillère o mons^r de Thouars, et des diz libres de la somme que led. abbé devoit par cause dau don qu'il a fait de l'ayde de la chevalerie monseigneur; desquelles desd. trente libres je le promet faire tenir quipte vers led. mons^r de Thouars. En tesmoign de laquelle chose, je en ay donné aud. abbé cestuy present memoire, seellé de mon seyau, ensemblement o le seyau establi ès-contraiz en la chastellenie de Thalemond pour led. mons^r de Thouars, le dimenche emprès la feste St Lucas, l'an mil troys cent trente et sex.

1336.
19 octobre.

161. Vente de trois boissélées de terre, faite par Jeanne de Port Juré et Jean, son fils, à Jean Moriceau. (Carte n° 152.)

Universis..... Johanna de Porjure, relicta deffuncti Guillelmi dau Doit, et Johannes, ejus filius, salutem in Domino sempiternam. Noveritis quod nos predicti, Johanna de Porjure et Johannes, ejus filius, unanimes et concordes, vendidisse, tradidisse et concessisse perpetuo confitemur Johanni Moricea tres boissellatas terre, videlicet duas boicellatas terre sitas juxta cheintram dau Jumcher, et aliam boicellatam terre et unam cheintram sitam in tenemento de la Raymbaudère in feodo et dominio de Motha Achardi, precio sexaginta et sex decim solidorum monete currentis, de quibus nos tenuimus et adhuc tenemus plenarie pro pagatis. Quas

1337.
9 mars,
(1336, v. st.)

predictas tres boicellatas terre et predictam cheintram predicto Johanni et suis tenemur et promictimus..... renunciantes..... juramento..... In cujus rei testimonium dedimus..... licteras sigillo nobilis viri domini Ludovici vicecomitis de Thouarcio quo utitur adpud Sanctum Egidium..... sigillatas. Ego vero Thomas de Dynant clericus, tunc temporis custos dicti sigilli..... ad relacionem Petri Rouilloni clerici..... Datum dominica post Cineres, testibus presentibus et ad hoc evocatis Andrea Taillender, Guillelmo Ferret, Johanne Dora, dicta die, anno Domini millesimo CCC° tricesimo sexto. P. Rouillon.

162. Echange fait avec Catherine Garat, femme de Jean Arnaut, et Guillaume Arnaut, son fils. (Carte n° 157. Orig. aux Arch. de la Vendée.)

1337.
1er juin.

A touz..... Katerine Garate, femme Johan Arnaut, et Guillaume Arnaut son fil saluz en Nostre Seignour. Sachent touz que noz Katerine et son fil desus diz havons baillé, livré et octreié, e encores baillons, livrons et octreions à religious homez à l'abbé et au convent du mouter de Sain Johan d'Orbester, perpetuaument, et à ceaus qui d'eaus hauront cause, totez et chacunez les choses que noz haviens, haveir poiens et deviens en fe dou Rabaudeys et pour reson dou dit fe, seent cens, taylleez, terragez, devers, homagez et autres choses. Les quaus choses tenuez à fey et à homage des diz religious noz lour havons baylé en permutaciun et en eschange perpetuau d'une mine de seylle, à la mesure de la Mote Achart, de annau et perpetuau rende, size à la Chevetelere..... prometans..... renuncians..... En tesmoin de la quau chose..... havons doné..... letrez seelleez..... dou sea establi a Sain Gile sus-Vie pour noble home nostre seignour de Thoars..... garens a cou presens et appellez Colin Veyllet, Johan Letissea et Johan Pichenit. Doné le dyomenc enprès la feste de l'Ascensiun Nostre Seigneur, l'an de grace mil treys cens trente et sept. Ranulphus.

163. Constitution d'une rente de deux charges de sel et abandon de la nue propriété de salines par Jean Le Breton au profit de Jean Maurat. (Cart° n° 135.)

A tous. . . . . Jehan Le Breton, antiennement dit de la Catuysère, saluz en Dieu Nostre Seigneur pardurable. Sachent touz présens et futurs quar je Jehan Le Breton dessusd. confesse moy avoir baillé, livré, octroyé et encore baille, livre et octroye à Jehan Maurat, valet, c'est assavoir deux charges de sau, o tout le droit et cessure que je y ay, avoir puys et doy, partens pour non devis o douez autres chargez que je ay baillé à l'abbé et au convent de l'Isle Chauvet, lesquelles charges sont sises et delyvrez sur le fié propre et commun de la Catuysère, perpetuaument. Encore ay baillé aud. Jehan Maurrat quarente ayres de salinez sises en mon maroys de la Gabinère, partens. o moy led. Jehan de la Catuysère par non devis; à tenir et explecter, exequter, posseer lesd. quarente ayres le viage daud. Jehan Maurrat tant soulement. Lesquelles chouses dessusd. ay baillé aud. Jehan Maurat en retour et en recompensacion de la quarte partie des chouses que je avoye autreffoyz baillé et assigné aud. Jehan Maurrat, pour raison de la donaison que feue Katerine ma seur, femme daud. Jehan Maurat, li avoit autreffoyz fait; laquelle quarte partie dessusd. l'abbé et le convent dessusd. li avoit tolu par jugement par ceu qu'il leur eret venu par la succession de Margarite, seur à lad. Katerine et à moy led. Le Breton, et par la mort d'Olive, feille à lad. Katerine et aud. Jehan Maurat, par laquelle Olive lad. quarte partie eret eschete à lad. Margarite. Lesquelles deux chargez de sau je ay baillé aud. Jehan perpetuaument, à luy et aus siens et à

1339.
20 juin.

touz ceulx qui de luy auront cause, o tout le droit que je y ay et avoir puys et doy et qui par raison des douez charges me puyt et doit appartenir et quarente ayres de salinez, si come dessus est dit. Lesquelles chouses et chacune d'icelles je Jehan Le Breton dessusd. promet et suys tenu garir, garentir et deffendre perpetuaument en la manère dessusd. aud. Maurat et à touz ceulx qui de luy auront cause. Item, cognoys et confesse je led. Jehan de la Catuysère devoir aud. Jehan Maurat douze charges de sau bonne et marchande, c'est assavoir à paher dedans la me aougst prochainement venant huyt chargez et quatre chargez dedans l'autre me aougst ensegant, lesquelles douze charges de sau je luy prometz et suys tenuz rendre et paher dedans les termes dessusd. et demourent tous faiz et convenencions faites de moy led. Jehan de la Catuysère o led. Jehan Maurat en leur ferte et en leur vertu, sans ceu qu'elles puissent estre anulleez, enfrainctes ou destruictes en aucun cas et demourent tousjours en leur ferte et en leur vertu de l'asentiment et de la volunté de moy led. Jehan de la Catuysère. Et à toutes cestes chouses tenir et inviolablement garder je Jehan de la Catuysère dessusd. oblige. . . . . et ay juré. . . . . et ay renuncié . . . . . En tesmoign. . . . . ay donné. . . . . presentes seellées. . . . . du seya duquel l'on uset ex contraiz jadis establi à la Roche sur Oyon pour noble homme et puissant nostre sire le roy de France. Et je addecertes Robert Jame, garde en cestuy temps dud. seya. . . . . à la relacion de Guillaume Burrischart clerc. . . . . Fait et donné garens presens et appellez Estiene Bertet, Colin de la Lende, Jehan Fradet, Jehan Maurat clerc, le dimenche avent la St Jehan Baptiste, l'an de grace mil troys cens trente et neuf. G. Burrechart.

164. Don par Etienne Negreteau à Pierre du Bourg d'une rente de dix-huit deniers sur la Bougrelière. (Cart⁰ n° 15.)

A tous. . . . . Estiene Negretea saluz en Dieu pardurable. Sachent tous que je led. Estiene non contrains, non perforcé, ne par aucunes machinacions ad ce conduiz ne amenez, mès de ma bonne, pure et plenère volunté, hay donné, baillé, livré et octroié, par donacion non revocable faicte entre vis, et encores donne, baille, livre et octroye à frère Perre du Borc, moynne du mouster de S¹ Jehan d'Orbester, pour les bons et léaux services lesquelx il m'a fait en temps passé, desquelx je m'en tiens pour bien payé, et pour estre en remembreez et en commémoracion des bienffaiz de lad. abbaye, diz et huyt deners d'annuau et perpetuau ferme, lesquelx me devent Guillaume Bocea, tant pour luy que pour le fil Perrine Bocea femme. . . . . ¹ d'une part, et Thomas Roussea et Jehan Gueignardea pour noms de leurs femmes et Jehan Malore, tant pour luy que pour ses frères filz et hériters de feu Denis Malore et frère desd. femmes, sur tout le droit que je avoie et avoir pouhoie et devoie, tant pour moy que pour ma femme, sur tout le tenement de la Bougrelère, rendablez tous les ans en chacune feste de Nostre Dame me aougst; à avoir, tenir, posseder et explecter lesd. diz et huyt deners dud. frère Perre et des sons pour les causes dessusd. dès hores en avent perpetuaument, pasiblement, quiptement. Et iceulx je led. Estienne promet. . . . . et lesd. diz et huyt deners nous Guillaume, Thomas, Jehan et Jehan promectons. . . . . renunciant. . . . . serement . . . . . En tesmoign desquelles choses, je Denys de Bessay valet, gardens en celluy temps le seya establi en la chastelle-

1339.
30 juin.

---

1. Ce nom en blanc, et un illisible dans les témoins.

— 196 —

nie de Thalemond aux contraiz pour noble prince mons' Loys vicomte de Thouars chevaler. . . . . à la relacion de Nicolas Tesson clerc. . . . . garens presens et oyens, à ceu oyr appellez, Jehan Gyrart et Jehan. . . . . Fait et donné le mercredi emprès la nativité de St Jehan Baptiste, l'an de grace mil CCC trente et neuf. N. Tesson.

165. Échange avec Guillaume Normandeau. (Carte n° 167.)

1339.
26 septembre.

A tous. . . . . frère Perre, très religieux homme et honneste, humble abbé de l'abbaye de St Jehan d'Orbester, et frère Jehan de Vayré, moynne et procureur de lad. abbaye, de abbé et de convent, et Guillaume Normandea, valet, saluz en Dieu Nostre Seigneur pardurable. Sachent touz presens et à venir que nous les dessusd. pour nous et pour nous successeurs et pour tous ceulx qui de nous auront cause, d'une volunté et d'un commun assentement, avons fait eschange et permutacion léau et perpetuau des choses à nommer en la manère et en la forme qui s'ensuyt. C'est assavoir que nous les dessusd. abbé et led. procureur, pour nous et pour nostre d. abbaye, avons baillé, livré et octroyé et encores baillons, livrons et octroyons perpetuaument, pour nom de perpetuau permutacion et eschange, sans jamès venir ne faire venir encontre, au dessusd. Guillaume et à ses hers et à ses successeurs et à tous ceulx qui de luy auront cause quinze sols en deners de monnoie courante de annuau et perpetuau rente, lesquelx nous avons et avoir pouhons et devons sus Foucquetaut Guoysilon dau Retail; à avoir, tenir, possider, user et explecter, prandre et lever dès jà perpetuaument lesd. quinze sols dud. Guillaume et de ses hers et de ses successeurs et de ceulx qui de luy auront cause, à en faire toute sa plenere volunté comme de sa propre rente. Et moy le dessusd. Guillaume, pour moy et pour mes hers et successeurs et pour ceulx qui de moy auront cause, ay baillé, livré et octroyé et encores baille, livre et octroye perpetuaument au dessusd. abbé et convent et à leurs successeurs et à ceulx qui d'eulx auront cause, en recompensacion et eschange perpetuau desd. quinze sols de rente, une pipe de vin bon et pur, laquelle je led. Guillaume avoye et avoir pouvoye et devoye perpetuaument chacun an sur le fié de Champcloux, laquelle pipe de vin Guillaume Normandea, mon frère, me avoit baillé pour porssion héritère, ensembleement ob autres choses ; à avoir, tenir, user, possider et explecter, prandre et lever daud. abbé et daud. convent dès jà perpetuaument, paziblement, à proprieté, héritage ou rente et à faire toute leur plenère et perpetuau volunté et oultre pour tiltre dud. eschange. Et cessons et transportons. . . . . et prometons . . . . . les seremens. . . . . renunlcians. . . . . En tesmoign . . . . . avons donné. . . . . lectres doublées seellées. . . . . dau seyau dau contrait duquel l'on uset à St Gile-sur-Vie pour noble mons^r Loys vicomte de Thouars chevaler. Ceu fut fait et donné et passé sur le jugement de la court daud. noble et seellé en d. seya par moy Thomas de Dynant clerc, garde en celuy temps dud. seya, à la requeste desd. parties et à la féal relacion de Jehan Suria clerc, mon juré, en quel je adjouste plenère foy, garens à ceu presens Guillaume Mestoyer presbtre et Phelippon Boutiller, le dymenche avant la St Michea archange, l'an de grâce mil CCC trante et neuf.

166. Vente de certaines rentes par Étienne Groleau à Jean Groleau. (Carte n° 186, vidimus donné le 26 janvier 1367 par Jean Boucher, garde du sceau de la châtellenie du Château d'Olonne.)

A tous. . . . . Estiene Grolea, de la Chaulme, saluz en Nostre Seigneur pardurable. Sachent tous presens et futurs que je Estiene dessusd. de ma bonne, pure volunté, cognois

1340.
16 juillet.

et confesse moy avoir vendu, baillé, livré et en nom de vainczon perpetuelle octroyé à Jehan Grolea, clerc, troys sols de rende, les quelx me estoyent deuz de annuau et perpetuau ferme chacun an sus la maison Guillot Pellé, de la Chaulme, et ung boiceau froment, lequel me devient Jehan Grenet et Johanne la Bloye de la Perre levée chacun an d'annuau et perpetuau ferme en jour de l'Assumpcion de Nostre Dame Virge pour raison de troys boicellées de terres assises en terrouer de la Rocherie, pour le prix de cinquante sols de monnoie courante, desquelx je me suis tenu plenèrement pour bien paé; à avoir, tenir, possider et explecter lesd. troys sols et led. boiceau de froment d'annuau et perpetuau ferme dessusd. dud. Jehan et de ses hers et de ses successeurs perpetuaument, pasiblement et quiptement, par la vainczon dessusd. Et suys tenu et promet. . . . . et ay renuncié . . . . . serement. . . . . En tesmoign. . . . . ay donné . . . . . lectres seellées. . . . . du seel de noble homme mons^r Loys vicomte de Thouars establi en sa chastellenie du Chastea d'Olonne. Et je addecertes Denys de Bessay valet, garde en celuy temps dud. seel. . . . . à la relacion de Colin Septer clerc. . . . . Donné garens, présens et appellés, Colas Artuys et Jehan du Reffe texier, le dymenche emprès la Magdalene, en l'an de grace mil troys cens quarente.

167. Transaction avec Pierre Clavier, de Vairé, Lambert Clavier, son fils, et Jean Servant, son gendre. (Cart^e n° 315.)

1341.
17 avril.

A tous. . . . . . Perre Claver, de Vayré, Lambert son filz et Jehan Servant, d'Olonne, gendre dud. Perre, saluz en Nostre Seigneur pardurable. Comme je Perre dessusd. eusse autreffoiz donné et octroyé perpetuaument à religieux hommez l'abbé et le convent du mouster de S^t. Jehan d'Orbester moy et tous mes biens quelxconques, et pour certainne cause et je heusse retenu end. biens à moy led. Perre us et fruiz mon viage, si come cestes choses sont plus plenèrement contenus en lectres seellées dau seya du juge ordinayre, et feu Estiene Claver, filz à moy led. Perre, et Pernelle, feille à moy aussi Perre dessus nommé, eussent auxi donné aud. religieux tous leurs biens qui leur poeent appartenir pour raison de la succession de leur feue mère, et pour certaine cause, si come nous avons esté de ceu plenèrement informé, et je Perre dessusd. heusse, tenisse et expletasse lesd. biens aud. religieux appartenant pour raison dud. feu Estiene et de lad. Pernelle, et lesd. religieux me requissent que je leur en feisse delivrance et leur rendisse, anssement les arrérages du temps passé de plusieurs ans; sachent touz qu'il este parlé et accordé entre lesd. religieux et nous Pérre, Lambert et Jehan dessusd. en la forme et en la manère qui s'ensuit. C'est assavoir que pour raison desd. biens ausd. religieux appartenans pour raison dud. feu Estiene et de lad. Pernelle et en eschange et permutacion perpetuau d'iceulx, lesd. religieux et ceulx qui d'eulx auront cause hauront, tendront et explecteront dores en avent perpetuaument toutes les maisons et les ruages et cayruages que je led. Perre ay en la ville de Vayré, en fié desd. religieux, et touz les courtillages qui appartennent ausd. maisons, sauve et excepté ma prochienne maison assise près de la maison Jehan Bouet et des courtillages scelon le large de lad. maison; la quelle maison et courtil je Perre desusd. auray, tiendray et explecteray, mon viage tant solement, et emprès la mort et le deceps de moy sera lad. maison et led. cortil aud. religieux perpetuaument et à ceulx qui d'eulx auront cause; et auront aussi lesd. religieux et ceulx qui d'eulx auront cause dores en avent perpetuaument toutes les vignes que je Perre dessusd. ay et tien en leur fié, en icelle manère que pour raison d'icelles lesd. religieux seront tenuz me rendre et paer, tous les ans que je vivray, huyt sommes de vendenge bonnes et convenables; et auront et tendront et explecteront lesd. religieux et ceulx qui d'eulx auront cause dès ores en avent perpetuaument toute l'osche à moy Perre dessusd. qui est assise jouste la vigne Guillaume Meschin, d'une partie, et jouste la terre Guillaume Venon et sa seur, d'autre, en telle manère que pour raison de lad. osche lesd. religieux seront tenuz rendre et paer à moy Perre dessusd., tous les ans mon viage, une mine de froment, à la mesure du païs, et sera au choys et à la volonté de moy Perre dessusd. de tenir et explecter lad. osche, mon viage, et ne me rendront pas lesd. religieux lad. mine de froment, ou de la laysser ausd. religieux et me rendront lad. mine de ferme, si come dessus est dit ; et auront lesd. religieux et ceulx qui d'eulx auront cause perpetuaument et emprès la mort et le deceps de moy led. Perre sept sols et ung dener mains d'annuau et perpetuau rendde que me doibt tous les ans ung nomié de la Royllère. Et toutes les chouses quelxcomques aud. religieux appartenans pour raison dud. feu Estiene et de lad. Pernelle, sauve celles qui sont dessus desclarez, seront et demourront perpetuaument dores en avent à nous Perre et Lambert dessusd. et à Johanne Clavère, feille à moy led. Perre et femme à moy Jehan Servant, et aud. Jehan Servant pour raison de lad. sa femme, sans ceu que lesd. religieux ne autres pour nom d'eulx y puissent jamès rien avoir ne demander. Les quelles toutes et chacune d'icelles chouses. . . . . obligeons. . . . . reciant. . . . . En tesmoign. . . . . avons donné. . . . . lectres seellées. . . . . du seya jadis establi à St Gile sur Vie pour noble homme mons^r Loys vicomte de Thouars. . . . . . Fait et donné presens maistre Jehan de Villeneufve clerc, Guillaume Cochon, d'Olonne, et Estiene Pischaut, le mardi emprès le diomenche que l'on chantet Quasi modo, l'an de Nostre Seigneur mil CCC quarente et ung. G. Nepotis.

168. Arrentement d'une maison et de vignes à Vairé fait à Pierre Giraud. (Cart° n° 75.)

Sachent touz que je Perrot Giraud, de Vayré, cognois et confesse moy devoir à religieux hommes l'abbé et le convent du mouster de St Jehan d'Orbester troys sols et six deners de annuau et perpetuau ferme, annuaument et perpetuaument en chacune feste de Pasques, pour raison d'une maison assise en la ville de Vairé, jouste ma maison, d'une partie, et jouste la maison Guillaume Charreter, d'autre, et pour raison de tout le droit et la raison que lesd. religieux avoient et avoir pouhoient et devoient pour nom et pour raison de Jehan Fort leur donné en une plante de vigne assise près de la Bauduère, laquelle plante fut jadis à feu Colin Fort père dud. Jehan Fort, laquelle plante et vigne je ay prins et accepté desd. religieux perpetuaument pour lesd. troys sols et six deners de rente, annuau et perpetuau ferme à rendre et paier annuaument et perpetuaument de moy Perre dessusd. et de mes hers et de mes successeurs ausd. religieux ou à leurs successeurs ou à ceulx qui d'eulx auront cause en chacune feste dessusd. Es-quelx troys sols et six deners à rendre et paier de moy Perre dessusd. et de mes hers et successeurs ausd. religieux et à leurs successeurs et à ceulx qui d'eulx auront cause annuaument et perpetuaument en chacune feste dessusd. je oblige. . . . . renunciant. . . . . et ay juré. . . . . En tesmoign. . . . . ay donné. . . . . lectres seellées. . . . . du seya jadis establi à Sainct Gile sur Vie pour noble homme mons^r Loys vicomte de Thouars. . . . . Fait et donné presens Guillaume et Perrot Bouhers, frères, le mercredi emprès la feste de la Nativité St Jehan Baptiste, l'an de Nostre Seigneur mil trois cens quarente et ung. G. Nepotis.

1341.
27 juin.

169. Renonciation par Jean, fils aîné du Vte de Thouars, au don que lui avait fait Jean de Melle de sa personne et de ses biens. (Cart^e n° 188.)

1343.
29 décembre

A tous. . . . . . Jehan de Thouars, aynsné filz de noble homme et puissant mons^r Loys, vicomte de Thouars, s^{gr} de Thalemond, saluz. Comme à nous Jehan de Thouars, dessusd. eust donné et octroyé en temps passé Jehan de Melles soy et tous ses biens, pour quoy nous le norrissions et proveissons de toutes choses à luy necessères scelon son estat et son viage; et nous, heue sur ce grant délibéracion et l'ayde et avis des sages du conseil dud. nostre cher seigneur et père, bien considéré et actendu l'estat de sa personne et la faculté de ses biens, avons esté adcertené à plain que lad. donaisòn ne choiet pas à nostre prouffit ou moult petit. Par quoy nous, à la requeste et supplicacion dud. Jehan et de nostre pure et absolue volunté et franche libéralité, avons quipté, remis et delaissé et encores quiptons, remectons et delaissons pour nouz et pour les noz et pour ceulx qui de nouz et de noz ont ou auront cause led. Jehan et tous ceulx qui de lui hont et auront cause de lad. donacion, sans ce que par lad. donaison nouz ne les noz puissons jamès riens querre ne demander ne prandre ne avoir en sesd. biens; et li donnons licence, plain povoir et auctorité, si mestier est, de en user et de en faire en toutes manères toute sa plenère volunté perpetuaument, tout anci come il peussoit faire avans le temps de lad. donayson; et promect en bonne foy non venir à nul jour mès contre cestuy nostre fait ne contre ceste quiptance par nous ne par autres; et ceu fasons savoir à touz par ces presentes lectres seellées à nostre requeste du séel réal establi ex contraiz en la chastellenie de Fontenoy. Fait et donné tesmoins presens noz chers, amez et feaulx mons^{r.} Jehan Joceasme chevaler, Guillelmin de St Germain escuyer, le lundi emprès la Nativité Nostre Seigneur, l'an de grace mil troys cens quarente et troys. J. de Boign.

170. Don par Jean de Melle et Martine, sa femme, de la nue-propriété de tous leurs biens. (Cart° n° 168; et n° 129, vidimus donné le 14 août 1346 par Thomas de Dynant, garde du sceau aux contrats de Talmont.)

A touz..... Jehan de Melle, de la paroische de Chastea d'Olonne, et Martine, sa femme, auctorisée de luy quant ès chouses qui s'ensuivent, saluz en Nostre Seigneur. Sachent touz que je led. Jehan non contrains, non perforcé, ne par aucune machinacion à ceu amenez, mès de ma bonne et pure volunté, cognoys et confesse avoir autreffoiz lont temps ha donné et octroié, par donacion non revocable faicte entre vis, à Dieu et à religieux hommes à l'abbé et au convent du mouster de St Jehan d'Orbester, perpetuaument, pour le nourriment de mon propre corps et pour me ministrer et pourvoir mon viage, scelon mon estat, desd. religieux les chouses qui me sont necessères, et pour le saluz de mon âme, moy et touz mes biens meubles et immeubles, presens et à venir, seent gentilx ou rousturiers, en quelxcomques chouses, lieux, fiez et seigneuries que les chouses soient ou puissent estre; et encore done et octroie toutes et chacunes les choses dessusd. ausd. religieux perpetuaument par la manère et par la cause dessusd., en louent et en approuvent et confirment la donacion dessusd. autreffoiz faicte de moy led. Jehan ausd. religieux, laquelle donacion je cognois estre vraye et l'ay et auray perpetuaument ferme et estable. Et je lad. Martine, auctorisée dud. mon seigneur quant à ce, et de sa volunté et de son commandement, dons et octroys par donacion non revocable faicte entre vis à Dieu et ausd. religieux, pour le salut de mon âme et pour m'aministrer et pourvoir mon viage, scelon mon estat, desd. religieux les

1344.
13 mars.
(1343, v. st.)

choses qui me seront necessères, moy et tous mes biens meubles et non meubles, presens et à venir, soyent gentilx ou rousturiers, en quelconques chouses, lieux, fiez et seigneuries qui les choses soient ou puissent estre. Et si ceste donacion ne povent valoir et tenir en toutes et chacunes les chouses dessusd. nous Jehan de Melle et Martine, sa femme, voulons et octroyons qu'elle valigent et tiengnent en tant come elles porrent valoir et tenir de droit et de coustume. A avoir, tenir, user, possider et explecter desjà desd. religieux et de ceulx qui d'eulx ont ou auront cause toutes et chacunes les chouses dessusd. perpetuaument, paisiblement et quietement, on tout le droit de proprieté, de poccession et de seigneurie que nous mariez dessusd. et chacun de nous avons, avoir pouhons et devons en toutes et chacunes les chouses dessusd. cognoissans et confessans nous mariez dessusd. et chacun de nous avoir cessé et transporté. . . . . obligeons. . . . . renunciant. . . . . et avons juré. . . . . En tesmoign. . . . . avons donné. . . . . lectres seellées . . . . . du seya de la seneschaussie de Poictou jadis establi à la Roche sur Oyon pour messire le roy de France. Je addecertes Robert Jame, tenens et gardens en celuy temps led. seya. . . . . à la relacion de Nicolas Renou clerc. . . . . garens à ceu presens et appellez frère Guy Raiole priour en cely temps de l'aumosnerie d'Olonne, frère Jeoffroy Meteerea. Donné le jeudi emprès Letare Jherusalem, l'an de grace mil troys cens quarente et troys. Ranulphus.

171. Revocation par Jean Martin, de Massoigne, d'une donation faite à Guillaume Martin, son fils, pour la transporter à Orbestier. (Carte n° 25.)

1344.
20 juin.

A tous. . . . . Jehan Martin, de Massoigne, clerc, saluz en Nostre Seigneur. Comme je led. Jehan heusse autreffoiz donné et octroyé à Guillaume Martin, mon fil, pour le norriment de mon propre corps et pour m'aministrer et pourvoir, mon viage, scelon mon estat, toutes et chacunes les choses qui me seroient necessères, aud. mon fil mes biens, si come il est contenu en unes lectres seellées du seyau nostre sire le roy de France, et led. mon fil ayt defaillé et deffaillet de jor en jor de me faire la provision et norriment si come il est tenu et scelon la teneur des lectres sus ceu confectes, en coys ayt baillé et transporté led. mon filz en autres persoynnes les choses qui m'estoyent assignées à me faire la provision et norriment dessusd. et mis hors de sa main ; pour quoy je led. Jehan, ciertenans le peril du temps à venir et me doubtans du norriment et de la provision dessusd., en tant comme je puis rappelle et revocque la donacion dessusd. et vueil qu'elle soit de nul effect et qu'elle teiget ad neant, et dons et octroye à religieux hommes à l'abbé et au convent du mouster de St Jehan d'Orbester, pour le saluz de mon âme et pour me faire la provision et norriment dessusd. en la manère que led. mon filz m'estoit tenuz à moy, tous et chacuns mes biens meubles et immeubles, présens et à venir, que je leur puys donner de droit ou de coustume, en quelxcomques choses, lieux, fiez, seigneuries que les choses seent ou puissent estre, seent gentizes ou rousturières ; et si ceste chose ne povoit valoir et tenir en la manère dessusd. je led. Jehan dons et octroy ausd. religieux, pour le saluz de mon ame, soixante livres de monnoie courant, enquelx led. mon filz m'estoyt et est tenuz, et tous autres meubles quelxcomques ; à avoir, tenir, user, possider et explecter desjà toutes et chacunes les choses dessusd. . . . . . cessans et transportans. . . . . promet. . . . . renunciant. . . . . et ay juré. . . . . En tesmoign. . . . . ay donné. . . . . lectres seellées. . . . . du seyau de la senechaussée de Poictou jadis establi à la Roche sur Oyon pour nostre sire le roy de France. Et je adecertes Robert Jame, tenens et gardens en celuy temps led. seyau. . . . . à la relacion de Nicolas Renoul clerc. . . . . garens ad ceu presens et appellez Guillaume Perochon et Colin Riverea. Donné le dimenche avent la feste S+ Jehan Baptiste, l'an de grace mil troys cens quarente et quatre. Ranulphus.

172. Changement d'hypothèque d'une rente de froment, due par Aimery Letard, s^{gr} de l'Ile-Bernard. (Cart^e n° 69.)

1344.
26 août.

A tous. . . . . . Aimeri Letart, valet, s^{gr} de l'Isle Bernard, salut en Nostre Seigneur. Sachent touz que come je led. Aimeri et mes parsonners fussons tenuz et obligez envers religieux hommes l'abbé et le convent de St Jehan d'Orbester en un quarter de froment, à la mesure de Thalemont, d'annuau et perpetuau legat sur l'Isle Bernard et sus les appartenances d'icelluy lieu; sachent tous que je led. Aimeri, tant pour moy que pour mes autres parsonners et pour mes hers et successeurs, ay baillé, livré et octroyé et assis et assigné ausd. religieux et à ceulx qui d'eulx ont et auront cause ung quarter de froment à lad. mesure d'annuau et perpetuau rente, que je avoye et percevoye chacun an dans ung village sis en la paroische de St Hylère de Thalemont, vulgaument appellé Letrepays, sur les heriters de feu Jehan Mannelet et de Typhaine, sa femme, par cause et pour raison d'une baillette ou fermerie perpetuau à eulx faite en temps passé de Mayngnart Jodoin duquel je ay le droit et la raison, si come toutes ces chouses sont plus à plain contenues en lectres seellées du juge ordynaire sur ce confectes; à avoir, tenir, posseder et explecter led. quarter de froment d'annuau et perpetuau rente sur les hers desd. mariez et sur leurs biens perpetuaument, paisiblement et quiptement, dès ores endroit à tous jours mès, en eschange et perpetuau permutacion dud. quarter de froment qu'il avoient sur lad. Isle Bernard, et leur en ay baillé de fait saisine et poccession en la personne de frère Perre du Bourc leur procureur generaument qui la prist et accepta pour eulx; cessans et transportans

promet..... renunçant..... serement.....
En tesmoign..... ay donné..... lectres doublées
et seellées..... du seya establiz ès-contraiz en la
chastellenie de Thalemont pour noble homme et puissant mons' Loys vicomte de Thouars. Et je addecertes
Perre des [Asnes], en celuy temps garde dud. seel.....
à la relacion Jehan de Boing clerc..... garans ad ce appellés Jehan Patras et Jehan Grelaut, clers. Fait et donné le
jeudi emprès la St Bartholomé appoustre, l'an de grace mil
CCC quarente et quatre. J. de Boign.

173. Transaction avec Jean et Guillaume Martin, père et fils.
(Cart^e n° 162.)

A tous..... religieux homme frère Perre, humble abbé
en celuy temps du mouster de St Jehan d'Orbester, et frère
Perre du Bourc, procureur de abbé et de convent daud
mouster, et Jehan Martin clerc et Guillaume Martin clerc,
filz dud. Jehan Martin, saluz en Nostre Seigneur. Sachent
touz que comme contens et debaz feussent esmeuz ou esperance de esmouvoir entre nos d. religieux, d'une part, et
lesd. Jehan et Guillaume Martin, d'autre part, sur ceu que
nos d. religieux dissions et proposions contre led. Guillaume
Martin clerc, comme Jehan Martin, son père, se fust autreffoiz donné aud. Guillaume, son filz, soy et tous les siens,
pour le norrissement de son corps et pour luy administrer,
tout son viage, scelon son estat, les choses qui luy sereent
neccessaires, et que led. Guillaume fust defaillent et refusant
de faire led. norrissement aud. Jehan Martin, son père, luy
requis suffisamment : et depuys led. Jehan Martin se soyt
donné à nos d. religieux et ses biens pour estre en bienffais
de nostre mouster et avoir le norrissement dessusd. et pourveance de son corps; pour quoy nos d. religieux requeir-

1344.
30 décembre.

rions led. Guillaume Martin qu'il nous fist la delivrance de tous les biens qu'il avoit et tenoit dud. Jehan Martin pour raison dud. don; et led. Guillaume Martin dizens pour devers moy plusieurs raisons au contrayre, pour quoy je n'estoye pas tenu à faire lad. delivrance, pour ceu que led. mon père seret donné par avent à moy soy et ses biens, et que moy d. Guillaume luy avoye fait la proveence par la manère que je estoye tenu luy faire; à la parffin, emprès maintes paroles et altercacions, heu sur ceu le conseil de sages, avons pacifié, transigé et acordé, moy led. Guillaume Martin et noz led. abbé et frère Perre dau Bourc, procureur des d. abbez et convent, avens povoir en lad. procuracion de faire les choses qui s'ensuyvent. Ceu est assavoir que je led. Guillaume ay voulu, octroyé et acordé et encores vueil, octroye et accorde, et de l'assentement et volunté dud. Jehan Martin mon père, que lesd. abbé et convent ayent perpetuaument, pour le don que led. mon père leur a fait et pour luy faire le norrissement enquel je luy ay esté tenu et obligé, ceu est assavoir l'erbergement de la ville d'Olonne, o ses appartenances de vergers et de cortilz et le troyl et les ruages appartenans ausd. herbergement et appartenances de la Cochetère et les prez de lad. Cochetère et le.....[1] et les vignes de Marches Brau et la terre de Regnaud et Colas de Violère et toutes autres choses sises dès la ville d'Olonne envers le ponth Chertemps et envers la porte d'Olonne, le Chastea d'Olonne, la fourest d'Orbester et envers St Jehan d'Orbester, sauve et excepté le fié de Baudouère, que je led. Guillaume avoye baillé par autre accort à Phelippon dau Bourc; à prandre, lever, et explecter..... promectons..... renuncians..... et avons juré..... En tesmoign..... avons donné..... lectres seellées et doublées...... dau seyau de la senes-

---

1. Ici une lacune de deux ou trois mots illisibles, ainsi qu'un nom dans la liste des témoins.

chaussée de Poictou jadis establi à la Roche sur Oyon pour messire le roy de France. Je adecertes Robert Jasme, tenens et gardens en celuy temps led. seyau. . . . . à la relacion de Nicolas Renou clerc. . . . . garens à ceu presens et appellez Jehan Chevaler l'eynné et Nicolas son filz, Robert . . . . . et Guillaume Cochon. Donné le jeudi emprès la feste St André apostre, l'an de grâce mil troys cens quarente et quatre. Ranulphus.

174. Arrentement de biens dans la paroisse de St-Vincent-sur-Graon fait à Simon Auger et Jeanne Raymond, sa femme. (Cart^e n° 59.)

A tous. . . . . frère Lucas Fardea priour du priouré de Mareigné en celuy temps, procureur suffisamment fondé de religieux hommes l'abbé et convent de St Jehan d'Orbester, si comme il apparest par dessoubx la teneur de cestes presentes lectres, d'une pars, et Symon Auger et Johanne Raymonne, sa femme, auctorisée suffisamment de luy, d'autre part, saluz en Dieu Nostre Seigneur pardurable. Sachent touz que je led. frère Lucas, procureur si come dessus est dit, regardé et considéré nostre grant proffit et utilité et de nostre moustier dessusd., cognoys et confesse moy avoir baillé, livré, octroyé et encores baille, livre et octroye perpetuaument aud. Symon Auger et Johanne, sa femme, toutes et chacunes les chouses qui à nostre d. moustier povent et doivent compecter et appartenir pour nom et pour raison de feue Perrenelle Raymonne jadis donnée à nostre moustier, estans lesd. chouses en la parroische de St Vincent sur Grahon, soyent maisons, cortilz, cayruages, ayrauds, prés, vignes, terres coytivées ou non coytivées, maroys, oyzillayées ou autres choses quelques elles soyent, sauves et exceptes les chouses que en tient André Bossers ; à avoir, tenir, user, possider et explecter toutes et chacunes les choses des-

1347.
13 mars.
(1346. v. st.)

susd. desd. Symon et Johanne et de ceulx qui cause ont et auront d'eulx perpetuaument, pasiblement et quietement, dès jà, pour le prix de ung miler et demi de oyzi sept fendu, c'est assavoir ung miler de sex pez de long et le dime de huyt pez, renduz et payez de nousd. Symon et Johanne et de chacun de nous pour tout aud. abbé et convent en chacune feste de St Jehan Babtiste chacun an à leur maison de Mareigné. Ausquelles chouses rendre et payer, tenir, garder, acomplir en terme dessusd. nous Symon et Johanne et chacuns pour le tout obligeons. . . . . et avons renuncié . . . . . et avons juré. . . . . Il s'ensuit la teneur de la procuracion : Universis presentes licteras inspecturis et audituris frater Petrus, humilis abbas monasterii S^{ti} Johannis de Orbisterio, ejusdemque loci conventus. . . . . die jovis ante festum B^{ti} Andree apostoli, anno Domini millesimo CCC° quadragesimo quarto [1]. En tesmoign. . . . . avons donné. . . . . lectres seellées. . . . . du seya de mons^r Loys vicomte de Thouars establi en la chastellenie de Thalmont. Et je addecertes Michea . . . . . [2] clerc, garde dud. seya en celuy temps. . . . . à la relacion de Perre Letart clerc. . . . . garens presens ad ceu oyr appellez et requis Guillaume Blanchart, Jehan. . . . . Guillaume Boursseguyns. Ceu fut fait et donné le mercredi emprès Letare Jherusalem, l'an de grace mil CCC quarante et six. P. Letart.

---

1. Le Cartulaire renferme plusieurs procurations données pour vacquer aux affaires de l'abbaye. Comme elles sont toutes identiques, sauf les noms des procureurs, il a paru suffisant de donner la plus complète au point de vue des termes de procédure ; elle est ci-dessous n° 309. On peut au surplus s'assurer, par le n° 259 qui en contient une autre émanée d'une autre source, qu'elles étaient toutes rédigées sur le même modèle.

2. Le nom de ce garde du sceau ainsi que celui d'un des témoins sont illisibles.

175. Arrentement d'une maison à la Raoulère fait à Jean Grouselier et Jeanne Boucaud, sa femme, par Colin, Bienvenue et Catherine Frogereau, frère et sœurs. (Cart° n° 50.)

1347.
18 mars.
(1346, v. st.)

A tous. . . . . Benvenue Frogerelle et Colin Frogerea et Guillaume Bellon et Katerine Frogerelle, sa femme, saluz en Nostre Seigneur pardurable. Sachent touz presens et futurs que nous persoynnes dessusd. d'un assentement et d'une volunté avons baillé, livré et perpetuaument affermé à Jehan Grouseler et à Jehanne Bocquaude, sa femme, ung chief de maison assise à la Raoulère, tenens de la maison feu Michea Chevalier et de la maison feu Hylère Symon, et une planche de courtilz, tenens joste le cortilz Guillaume Frogerea et joste le cortilz à Guillaume Symon, pour quatre sols monnoie courante d'annuau et perpetuau ferme, à rendre et à paier chacun an et jour de la feste St Michea archange; à avoir, tenir, possider et explecter les choses. . . . . summes tenuz et prometons. . . . . et avons renuncié. . . . . serement. . . . . En tesmoign. . . . . avons donné. . . . . lectres seellées. . . . . du seya à noble homme mons^r Loys vicomte de Thouars establi en sa chastellenie d'Olonne . . . . . Donné garens, presens et appellez, Guillaume Botinea et Colin Chastellet, le dymenche que l'ong chantet Judica me, en l'an de grace mil troys cens quarente et six.

176. Obligation par Pierre Crespineau à Nicolas et Pierre de Luçay, frères. (Cart° n° 222.)

1347.
18 octobre.

Sachent. . . . . que je Perrot Crespinea, frère et principal heriter de feu Jehan Crespinea, clerc, cognoys et confesse moy devoir bien et léaument à Nicolas et Perre de Lucay, clers, frères, quinze sols d'annuau et perpetuau rente, pour raison de certaynnes obligacions enquel led. deffunct mon frère estoyt tenu et obligé envers les dessusd. clers au

— 212 —

temps qu'il vivoit. Laquelle d. rente je led. Perre Crespinea assie, situe et assigne ès-d. clers et ès-leurs en et sur tous et chacuns mes biens tant meubles que immeubles, presens et futurs quelxcomques, et icelle d. rente promet pour moy et pour tous ceulx qui cause auront de moy rendre, payer et entérigner ès-d. Nicolas et Perre de Lucay, clers, et à leurs hers et successeurs et à tous ceulx qui d'eulx ont et auront cause chacun an en chacune feste de Tous Sainçts. Et ad ce je oblige. . . . . renunciant. . . . . le serement. . . . . En tesmoing. . . . . ay donné. . . . . . lectres seellées . . . . . du seel establi ès-contraiz en la chastellennie du Chasteau d'Olonne pour noble homme et puissant seigneur monsr le vicomte de Thouars. Et je adecertes Thomas de Dynant clerc, garde en celuy temps dud. seel . . . . à la relacion de Huguet Jodon clerc, ... Fait et donné presens et oyens Jehan David clerc et Colin Groseler, garens à ce appellez, le jeudi feste St Lucas, l'an de grâce mil troys cens quarente et sept. H. Jodon.

177. Arrentement d'une pièce de terre dans la forêt d'Orbestier fait par le Vte de Thouars à Geoffroy Sion. (Carte n° 79.)

1348.
14 avril.

A tous. . . . . nous Loys, vicomte de Thouars, comte de Dreux, sgr de Thallemond, saluz. Sachent tous presens et à venir que Loys vicomte dessusd. non fraudez, non deceuz, par aucune machinacion mauvaise ad ce amenez, mès de nostre bonne, pure, absolue volunté, avons baillé, livré et octroié et encores baillons, livrons et octroyons pour nous et nous hers et successeurs qui de nous auront cause perpetuaument à Jouffroy Syon et à ses hers et successeurs qui de luy auront perpetuaument cause une pièce de terre assise en circonstances de nostre fourest d'Orbester, en la paroisse du Chastea d'Olonne, laquelle pièce de terre nous avons veu et avons esté dessi en nostre compaignie monsr Jouffroy

Massé chevaler, Ferrant de la Sale, Jehan de Mirebea, valez, Jehan Suryo nostre chastellain de Thallemond pour le temps, au quel nous avons comis et comectons à la bonnoer au d. Jouffroy ainsi et par la manère que nous la li avons monstrée en la présence des daventd. et de Jehan Combaut et Guillot de Launay, nous sergens en nostre fourest dessusd.; laquelle pièce de terre dessusd. se tient, d'une part, à nous plasses de lad. fourest qui sont sus les prez Michea Mestoyer et, d'autre part, aus terres et aus prez dud. Michea et, d'un chept, à la terre Phelipin de la Toušche valet, et, d'autre chep, au pré Tinglo; à avoir, tenir, possider et explecter lad. pièce de terre dissi en avent perpetuaument dud. Jouffroy et de ses hers et successeurs qui de luy auront cause, pour le pris d'une mysne d'avoynne, à nostre mesure d'Olonne, d'annuau et perpetuau cens, rendu et paié chacun an perpetuaument à nous et à nos hers et successeurs qui de nous auront cause à nostre chastea d'Olonne en chacune feste de St Michea archange dud. Jouffroy et de ses hers et successeurs qui de luy auront cause perpetuaument. Laquelle pièce de terre dessusd. nous Loys vicomte dessusd. promectons. . . . . et avons renuncié. . . . . et avons juré. . . . . En tesmoign. . . . . avons donné. . . . . lectres seellées. . . . . dau seyaulx establi au contraiz en la chastellenie de Fontenoy-le-Comte pour très noble et très excellent prince nostre sire le roy de France, ensembleement ou nostre petit seel pendent lequel nous avons appouzé en d. cestes lectres à plus grant confirmacion des chouses dessusd. Et je addecertes Guillaume Loubart, garde en celuy temps dud. seya establi en lad. chastellenie de Fontenoy. . . . . à la relacion de Jehan David clerc. . . . . . Donné garens presens ad ce appellez et requis mons^r Jehan Joceasme chevaler, mons^r Jehan de Pellevesin chevaler, messire Jehan Denya presbtre, le quatorzesme jour d'avril, l'an de grâce mil troys cens quarente et huyt. J. David.

178. Don par Marguerite, veuve de Guillaume Achard, de tous ses biens meubles et immeubles. (Cart⁰ n° 100 [1]. Orig. aux Arch. de la Vendée.)

1349.
23 février.
1348, v. st)

A touz. . . . . . Marguarite, deguerpie de Guillaume Achart valet deffunt, saluz en Nostre Signour pardurable. Sachent touz que ge Marguarite desus dicte, non decehue, ne pourforcée, ne pour auqunes machinacions à ceu amenée, mes de ma bone, pure e absolue volunté e bien acertenée de mon fait, hay donné, livré e otroyé e enquores done, livre e otroy perpetuaument à De e à la beneste gloriose Virge Marie, sa preciouse mère, e aut mouster de Saint Johan d'Orbester e à l'abbé e aut convent dou dit mouster, pour le saluz e remede de m'erme e pour estre ens biens fay en prieres e en commemoracions dou dict monster, touz mes biens moubles et immoubles presens e futurs, en quocumques chatelleniez que ils seyent, e pour quocumques noms qu'il seyent diz e nomez, tant seyent e nouble fe que en rousturaige, retenut vys e fruyz en chouses desus dictes mon viage tant solement. Enquores ge la dicte Margarite especiaument e expressement hay donné, livré e otroyé e enquores done, livre e otroy perpetuaument, sens esperence de james revoquier, aus diz religioux, pour la cause desus dicte e pour le bon e leau servige que ils me hont desja fait, dont ge me suys tenue e enquores me tient plenerement e enterineement pour bien payée, une donacion laquelle Johanne ma fille autrefoyz haveit fait e donné a moy Margarite desus dicte, eynci que les diz religioux serent tenuz à

---

1. Le n° 340 du Cartulaire est le même acte, très-littéralement traduit en latin, signé par le même notaire, mais agissant cette fois comme notaire de la cour du doyenné de Talmondois, et scellé, d'après le protocole final, du sceau de la dite cour ecclésiastique.

faire le provision e administracion de la dicte Johanne ma fille, tant quant elle vivra tant solement ; havoir, tenir, possider, explecter, user toutes e chasqunes les chouses desus dictes daus diz religioux e de ceaux qui d'eaux hauront cause perpetuaument, pasiblement e quiptement, pour la cause desus dicte. E desja cede e transporte. . . . . promet. . . . . e renuncie. . . . . sayrement. . . . . En tesmoign. . . . . hay donné. . . . . lettres sellées. . . . . dou seya à nouble e puyssent home monsignour Loys viconte de Thouars establi en sa chatellenie d'Olone e à la relacion de Perres Boterit clerc. . . . . Donné guarens presens e especiaument appelez Maurisse dou Borc clerc, Aymeri Amyot, Colin Riveerea e plusours autrez, le lindi avent les Cendres, en l'an de grace mil treis cens quarente e oyt. P. BOUTERIT.

179. Don par Robin le Mosner et Jeanne Blanc, sa femme, de leurs personnes et biens. (Carte n° 137.)

1249.
22 avril.

A tous. . . . . Robin le Mosner et Johanne Blanche, sa femme, saluz en Nostre Seigneur pardurable. Sachent touz que nouz mariez dessusd. non contrains, non perforcez, ne par aucune machinacion à ceu amenez, mès de nous bonnes et absolues voluntés, avons donné et octroyé et encores donnons et octroyons par donacion non revocable à religieux homes l'abbé et convent de St Jehan d'Orbester et à ceulx qui d'eulx auront cause perpetuaument nos et touz nous biens meubles et immeubles, presens et à venir, en quelconque lieu et seigneurie où ilz soyent et puissent estre trovez et diz et nommez, tant pour la provision et norriment de nous propres corps et pour nous aministrer toutes et chacunes les choses qui nous seront neccessères scelon nostre estat à vie et à mort, pour laquelle provision et administration dessus nous mariez dessusd. avons sauvé et retenu en nosd. biens us et fruz nos viages tant seulement, sans ren en empirer ; et si lesd. us et fruz ne nous poent souffire à nous faire lad. provision, lesd. religieux seront tenuz à la nous faire et nous les en requerons ; cessons et transportons end. religieux touz les droiz, noms, actions que nous avons et pouvons avoir en nosd. biens, sauve et retenu us et fruz que dessus est dit. Laquelle donacion dessusd. nous mariez dessusd. avons ferme, estable et agreable et promectons. . . . . et avons renuncié. . . . . serement. . . . . En tesmoign . . . . . avons donné. . . . . lectres seellées. . . . . du seya duquel l'on use ès contraiz en la chastellenie du Chastea d'Olonne pour noble homme et puissant mons' Loys vicomte de Thouars. Et je addecertes Jehan Boscher valet, garde en celuy temps dud. seya. . . . . à la relacion de Guillaume Mesnager clerc. . . . . Donné garens, presens ad ce oyr appellez, Guyot de Gastine valet et Guillaume Burea alias Mesnager. Fait et donné le mercredi emprès le dimenche que l'on chantet Quasimodo, en l'an de grâce mil troys cens quarente et neuf. G. Mesnager.

180. Quittance de cent sous donnée par le châtelain des Essarts.
(Carte n° 216.)

1349.
14 octobre.

Memoyre est que je Robbert Rennoul, chastellain des Exars pour noble homme mons' Savari de Vivonne sg' dudit lieu, confesse moy avoir heu et receu de religieux homme mons' l'abbé d'Orbestier, à cause d'une finance sur li et ses hommes de Vayré imposée pour le mariage de la fille aisnée de mond. seigneur, cent sols monnoie courant ; de laquelle somme d'argent je me tiens à bien payez pour mond. seigneur, et en promet led. abbé tenir quipte vers mons' et touz ceulx à qui quiptance en puet et doit appartenir. Et en tesmoignage de verité, je ay seellé ces presentes lectres de mon propre seel dont je use en ladite chastellenie. Donné aux Exars, le mercredy après la St Denis l'an mil trois cents quarente et neuf.

181· Donation par Guillaume de Launay à Guillemete Metayer, sa femme. (Cart⁰ n° 203.)

A tous. . . . . Guillaume de Launay, valet, parochien du Chastea d'Olonne, salut en Dieu Nostre Seigneur pardurable. Sachent touz presens et futurs quar je Guillaume dessusd. non contrains, non perforcez, ne par aucune machinacion ad ceu indué ne amenez, mès de ma bonne, pure et absolue volunté, ay donné, livré et octroyé et encorez donne, livre et octroye, pour pure, absolue et perpetuau donacion faite entre vis et sans nulle espérance de jamès la revocquer, perpetuaument, par moy et par les miens à ma très chère et laille espouse Guillemete Meteère, pour le bon, leau et amiable servige qu'elle m'a fait en plusieurs manèrez, duquel je me tiens pleinement pour bien apaiez, tous et chacuns mes biens meubles et tous mes acquès et la tierce partie de tout mon héritage et aus siens, perpetuaument, à en faire sa plenère volunté, sans ceu que je Guillaume de Launay dessusd. ne ceulx qui de moy ont ou auront cause puissent jamès rien demander en d. choses et faiz; si je Guillaume de Launay dessusd. avoye fait en temps passé aucunes obligacions, donacions ou autres contraiz desd. choses, je le revocque et anulle du tout en tout, en approuvent, ratifient ceste presente donacion, laquelle je vueil, promet et octroye qu'elle tienge et vaille sans jamès la revocquer; et cesse. . . . . oblige. . . . . et ay renuncié. . . . . et ay juré. . . . . En tesmoign. . . . . ay donné. . . . . lectres seellées. . . . . dau seiau de noble et puissant prince monsʳ Loys vicomte de Thouars, comte de Druex, sᵍʳ de Thalmont, establi ès contraiz en la chastellenie du Chastea d'Olonne. Et je addecertes Jehan Bouscher valz, garde en celuy temps dud. seya. . . . . à la relacion de Regnault Bouscher presbtre. . . . . Ceu fut fait et donné garens, presens et appelés, Jasme Mestoyer et

1350.
28 février.
(1349, v. st.)

— 218 —

Guillaume le Boscher, le mardi emprès le dimenche que l'on chanta Occuli mei, l'an mil troys cens quarante et neuf. R. Boscher.

182. Desistement par le Vte de Thouars de ses prétentions sur un legs fait par Jean Combaut. (Cart^e n° 82.)

1350.
16 mars.
(1349, v. st.)

Nous Louys, vicomte de Thouars, comte de Dreux, s^{gr} de Thallemond, à touz. . . . . saluz. Comme nous Loys vicomte dessusd. dessissons et propoussons que tous les biens quelxconques dont mourut vestuz et saisi Jehan Combaut, sergent jadis de nostre fourest d'Orbester, nous appartenoient et devoient appartenir par plusieurs causes et raisons evidentes et magnifestes, lesquelles nous ouffrons à desclerer en lieu et temps, si mestier estoit, ou faire desclerées par nous conseilz ; et par ceste cause les biens dessusd. eussent esté saisis par Jehan Bouscher, nostre chastellain, et arresté et mis en nostre main, à la requeste de Guillaume Burgoignon, nostre procureur par le temps, à la conservacion du droit que nous disions avoir en d. biens et deffendu à tous autres qu'il n'abitissent au d. biens ; et depuys religieux homme frère Perre du Bourc, abbé du mouster de St Jehan d'Orbester, soit venuz humblement par devers nouz et nous ayt remonstré par informacion bonne et suffizante que le d. Jehan avoit donné à luy et au mouster dessusd. pour le salut et la redempcion de son âme tous ses biens meubles quelxconques et sur son heritage vingt sols en deners et cincq boeceaux froment d'annuau et perpetuau rende, et nous ait requis affectuesement et en grant instance que nous le voulissons de laisser et mectre au delivre entèrement sans riens retenir les biens meubles qui furent aud. Jehan, et sur l'éritage lesd. vingt sols et cincq boeceaux de froment d'annuau et perpetuau rende, comme dessus est dit, à luy et aud. mouster appartenant par cause du don dessusd. ; nous Loys vicomte dessusd. premèrement et avent tout euvre informé sommèrement et de plain du droit daud. abbé et dau mouster dessusd., heue grant déliberacion o nostre conseil, avons trouvé pour l'advis et esgart des sages que nous n'avons point de droit en biens dud. Jehan et qu'ils sont et appartenent et dèvent appartenir de droit et de raison aud. abbé et au mouster dessusd. Pourquoy nous Loys vicomte dessusd. faisons assavoir à touz que nous avons delivré, quipté, remis et delaissé et encores delivrons, quiptons, remectons et delaissons pour nous et pour nous hers et successeurs et qui cause auront de nouz perpetuaument et aud. abbé et au mouster dessusd. tous les biens meubles quelxconques qui furent aud. Jehan Combaust, et dont il estoit vestut et saisi au temps qu'il ala de vie à trespassement et par avent, et lesd. vingt sols et cincq boeceaux froment d'annuau et perpetuau rende sur l'éritage qui fut aud. Jehan Combaut, et tous les autres droiz que led. abbé et mouster dessusd. y porroient avoir, sans ce que nous ne les noz ou qui cause auront de nous perpetuaument puissent jamès riens demander end. chouses ne en faire reclamacion contre led. abbé et mouster dessusd. Et avons renuncié. . . . . promectons en bonne foy. . . . . En tesmoign de ce nous en avons donné aud. abbé cestes presentes lectres seellées de nostre propre seyau. Ceu fut fait et donné aus Herbers Jucail, le jour du mardi emprès Judica me, l'an mil CCC quarante et neuf.

183. Echange entre Jean Baudet et Pernelle Regnaud, sa femme, d'une part, et Perrot Mareschaut et Eustachie Sureteau, sa femme, d'autre. (Cart° n° 48.)

A tous. . . . . Jehan Baudet et Pernelle Regnaude salut en Dieu Nostre Seigneur pardurable. Sachent tous presens et futurs que nous mariez dessusd. d'un assentement et d'une volunté, avons baillé et pour nom d'eschange perpe-

1350.
16 mars.
(1349, v. st.)

tuau octroyé a Perrott Mareschaut suyre et Heutesse Suretelle, sa femme, dimée maison o ses appartenances davent et darrère, assise en bourc novea à mons^r de Thouars en la ville d'Olonne, partens o Jehan Dugué : c'est assavoir pour une pece de vigne assise en menentère, tenens jouste la veigne à Jehan Fromi et joste la veigne à Jehan de la Ralère ; à avoir, tenir, possider et explecter lad. dimée maison o ses appartenances des dessusd. Perrot et Heutaisse et de leurs hers et de leurs successeurs dores en avent perpetuaument, pasiblement et quictement, pour raison de l'eschange perpetuau dessusd. duquel nous sommes tenuz plenèrement pour bien paiez ; et désjà cedons et transportons. . . . . et promectons . . . . . o payent les devoirs feaudaux c'est assavoir à Guillaume la quarte partie d'ung chappon et ung dener de devoir feaudaux. . . . . et avons renuncié. . . . . serement. . . . . En tesmoign. . . . . avons donné. . . . . lectres seellées. . . . du seya noble homme mons^r Loys, vicomte de Thouars, establi en sa chastellenie d'Olonne. . . . . Donné garens, presens appellez, Pasquier Aurry et Guillaume Regnaud, le mardi emprès Judica me, en l'an de grâce mil troys cens quarente et neuf.

184. Don de trois boisselées de terre, fait par Jean et Guillaume Gobineau à Colette Davie. (Cart^e n° 99.)

1350.
18 avril.

A tous. . . . . Jehan et Guillaume Gobineas frères salut en Dieu. Sachent touz presens et à venir que nous Johen et Guillaume dessusd. non contrains, non perforcez, non decebuz, mès de nous bonnes, pures et absolues voluntés, avons donné, livré et octroyé et encores donnons, livrons et octroyons, par le titre de perpetuau donaison faicte entre vis et non revocable, à Colete Davie et à ses hers et à ses successeurs et à tous ceux qui de lie ont ou auront cause troys boecelées de terre assises en troys lieux en fé du Bruyl, tenant une pièce à la terre. . . . . [1], d'une part, et, d'autre part, à la terre au prieur de Syoulx, et la seconde pièce atenant de la terre Jehan Morillon, d'autre part, et l'autre pièce tenant à la terre de Jehan Dugué, d'une part et d'autre. Item, une pièce de terre. . . . . , d'une part, et d'autre, au courtil dau dessusd. pour les bons et loyaulx serviges que lad. Colete Davie nous a fait de toutes manèrez ; desquelx nous nous tenons de tout et chacun en droit soy plenèrement pour bien paiez et en clamons quiptes lad. Colete et les siens ; à avoir, tenir, user, possider et explecter toutes et chacunes les choses dessusd. de lad. Colette Davie et de ses hers et de ses successeurs et de tous ceulx que de lie auront cause dès hores en avant perpetuaument, pasiblement et quiptement. Et cessons et transportons. . . . . et promectons. . . . . ob rendent et payent tous les ans au seigneur dau fief ung deme quarteau de froment et quatre deners. . . . . et avons renuncié. . . . . seremens. . . . . En tesmoign. . . . . . avons donné . . . . . lectres seellées. . . . . du seyau establi aux contraiz en la chastellenie de Thalmont pour très noble et puissant seigneur monsr Loys vicomte de Thouars. Et je addecerte Jehan Bouscher chastellain en celuy temps, tenant le d. seyau de Thalmont. . . . . à la relacion de Jehan Boulas clerc. . . . . Donné presens et oyens et à ceu oir appelez Colin Richart et Estiene. . . . . le dymenche que l'on chante Jubilate, en l'an de grâce mil troys cens cinquante. Boulat.

185. Don par Guillot le Mosner et Blanche Aymon, sa femme, de leurs personnes et biens. (Carte no 176.)

A tous. . . . . . Guillot le Mosner et Blanche Aymone, sa femme et auctorisée quant ès choses qui s'ensuivent et jadis

1350.
12 juin.

---

1. Cette confrontation et une autre un peu plus bas ainsi que le nom d'un des témoins sont illisibles.

femme de Robin le Mosner deffunct, saluz en Nostre Seigneur pardurable. Sachent touz que nouz mariez dessusd. non deceus, non perforcez, ne par aucune machinacion à ceu amenez, mès de nouz bonnes, pures et absolues voluntez, premèrement moy lad. Blanche auctorisée solempneement dud. Guillot mon seigneur, avons donné, livré et perpetuaument octroyé, encores donnons, livrons et perpetuaument octroyons sans jamès revocquer en temps qui est à venir à Dieu et aus saincts et au mouster de St Jehan d'Orbester et à l'abbé et au convent d'icelluy lieu, pour estre en prières et en bienffaiz et en commemoracion du d. mouster, pour le saluz de nous âmes et de nous parens et pour la remission de nous peschés, nous et tous nous biens meubles et immeubles, presens et à venir, retenu us et fruiz end. biens nostre viage et le viage du derrer vivent de nous deux pour nostre provision. Et si les yssues et les fruiz de nous biens dessusd. ne nous puehent forrenir ou le derrer vivant de nous deux, lesd. religieux seront tenuz nous pourvoir et faire provision le temps de nostre vie et du derrer vivent de nous deux ; à avoir, tenir, possider et explecter, user tous les biens meubles et immeubles dessusd. dausd. religieux dores en avant, perpetuaument, pasiblement et quictement pour la cause dessusd., retenu us et fruiz, si come dessus est dit ; et désjà cedens et transportens. . . . . et promectons. . . . . et avons renuncié. . . . . serement. . . . . En tesmoing . . . . . avons donné. . . . . lectres seellées. . . . . du seya à noble homme mons^r Loys vicomte de Thouars establiz en sa chastellenie du Chasteau d'Olonne. . . . . Donné garens, presens et appellez, Robert et Guillaume Mesnager dau Sables-d'Olonne, le dymenche emprès la feste St Bernabé appoustre, en l'an de grace mil CCC cincquante.

186. Don d'une pièce de vigne par Jean de Thouars, sgr de la Chaize. (Carte n° 180.)

A tous. . . . . Jehan de Thouars, sgr de la Chèze et de Monescou, saluz en Dieu pardurable. Sachens tous presens et futurs que nous Jehan dessusd. bien adcertené de nostre fait, penssans et considerans ens choses espiritueles, avons donné, livré et perpetuaument octroyé et encores donnons, livrons et perpetuaument octroyons, tant pour nous que pour les noz, à Dieu et au moustier de St Jehan d'Orbestier et à l'abbé et au convent du d. moustier, pour estre en bienffaiz, en prières et en commemoracions dud. moustier, pour le saluz et remede de nostre ame, une pece de vigne assise en fié et en la seigneurie aus seigneurs de la Gobinère, appellé vulgaument leur fié de la Fontaynne aus hommes estant en la paroisse d'Olonne, laquelle pece de vigne acquesta jadis monsr Guillaume Golart, chevalier deffunct, de Morea Blanchart et de Katherine sa femme ; à avoir, tenir, possider et explecter lad. piece de vigne desd. religieux et de ceulx qui d'eulx ont ou auront cause dores en avent, perpetuaument, pasiblement et quiptement, ensemblement o tous droiz, fermeries, noms, actions quelxcomques que nous y avons et avoir pouhons et devons et qui à nous appartenient et devoyent et puyent appartenir vers quelxcomques persoynnes et pour raison d'icelles ; et avons promis et encores prometons, tant pour nous que pour les noz, en bonne foy la teneur de cestes presentes lectres tenir et garder leaument et feaulment sans jamès venir encontre par nous ne par autres. En tesmoign desquelles choses nous Jehan dessusd. avons donné ausd. religieux cestes presentes seellées de nostre grant seyau. Fait et donné le xe jour de septembre en l'an de grâce mil troys cens cincquante.

1350.
10 septembre.

187. Donation par Guillaume de Nieul à André de Nieul, son frère. (Cart⁰ n° 93.)

1351.
1ᵉʳ janvier.
(1350, v. st.)

A tous..... Guillaume de Nyeul, fils de feu Jehan de Nyeul jadis sʳ de la Sanzenère, saluz en Dieu Nostre Seigneur pardurable. Sachent tous presens et futurs que come je led. Guillaume de ma bonne et absolue et délivre volunté, sans jamès revoquer, heusse donné à messire André de Nyeul, presbtre, mon frère, moy et tous mes biens universaux quelxcomques que je avoye et avoir pouvoye et devoye avoir pour quelcomque droit, qui me povoyent et devoyent appartenir tant de eschete devers père que devers mère, pour la provision et aministracion de mon propre corps scelon ce que mon estat requert et doit avoir, c'est assavoir vie et vestemens ; je led. Guillaume de Nyeul ratiffie et confirme celle donacion, donne et octroye aud. messire André, mon frère, moy et tous mes biens quelxcomques, en quelque lieu et seigneurie qu'ils soyent et puissent estre trouvez, pour la provision et aministracion de mon propre corps ; à avoir, tenir, possider, uzer et explecter touz et chacuns mes biens meubles et immeubles quelxcomques daud. messire André ou de ceulx qui de luy auront cause perpetuaument, pasiblement et quiptement pour la raison dessusd. ; et promet ..... et cede et transporte ..... et ay renuncié ..... serement..... En tesmoign..... ay donné ..... lectres seellées du seya establi aux contraiz en la chastellenie du Chastea d'Olonne pour très noble et puissant sᵍʳ monsʳ Loys vicomte de Thouars. Et je addecertez Jehan Bouscher valez, garde en celuy temps dud. seya..... à la relacion de Clemens Aguylon clerc..... Donné garens, presens à ceu oyr et appellez, frerre Hugues Sauvestre priour de l'aumonerie d'Olonne, messire Lucas Lambert presbtre, Florance Olivère, Parnelle Gaymarde, Osanne Symonnete, le mardi en jour de la Circonscision Nostre Seigneur, en l'an de grace mil CCC cinquante. C. Aguillon.

188. Confirmation par Marguerite des Nouhes, veuve de Guillaume Achard, de la donation par elle faite le 23 février 1349. (Cart^e n° 38. Orig. aux Arch. de la Vendée.)

A touz..... Margarite des Noes, deguerpie fehu Guilame Achart, saluz en Deu Nostre-Seigneur pardurable. Sachent touz presens et futturs que ge la dessusdicte Margarite non contrainte, non parforcée, non decehue, ne par auscune machinacion à ce induyte, mès de ma bone et absolue volunté et certainne esciance et non pas par errour, cognoys et confesse moy havoir doné et otreié, et encore donch done et otreie, pour nom et pour titre de perpetuelle donacion non revocable faicte entre vis, à Deu et au moster, à l'abbé et au convent de Saint Johan d'Orbester, moy et touz mes biens moubles et immoubles, presens et futturs, quelque part qu'il seyant ou peuchant estre, tant pour le saluz de mon âme que pour la provision de mon propre corps selon la faculté de moy tant come ge vivray ens chouses humainnes; et come ge la dessusdicte Margarite hausse autrefoiz doné et otroié au dit mouster moy et touz mes biens par certain titre, si come il aparoist et est contenu ens unes lettres seellées dau seau monseigneur de Thoars, ge la dicte Margarite eue louhé, aprouvé et ratiffié ladicte donacion et vuyl, consent et otreie qu'elle vayloit; à havoir, tenir, user, pairecevoir et explecter les dites chouses des abbé et convent des orez en avant perpetuellement, o tout droit de proprieté, de pocession, de sezine et de seignorie, que ge la dicte Margarite havays et havoir poheie et devoys ens dictes chouses et chascune d'ycelles; et hay baillé ge la dicte Margarite èsdiz abbé et convent désja et à present sazine et corporau

1351.
5 février.
(1350. v. st.)

pocession, reaument et de fait par la tradicion et acordance de cestes presentes lettres, et les en foys vrayx seignours, proprietayres, pocessours et procurous en lour chouses ; et cede et transporte..... et ay obligé..... et hay juré..... et hay renuncié..... En tesmoing..... hay doné..... lettres seellées..... dau seau de noble home monsʳ Loys vicomte de Thoars establi ès contraz en la chastellenie de Thalmont par le dit..... Et ge adecertes Jehan Boscher, portans en celuy temps de ladicte chastellenie le dit seau...... à la relacion de Perre Tardi clerc..... Et nos officialis Lucionensis, ad relacionem dicti Petri..... Datum testibus presentibus et audientibus fratribus Petro de Burgo, Guillelmo Norment et fratre Stephano Afouart, monachis dicti monasterii, Thoma Baudri et aliis testibus ad premissa vocatis, die sabbati post Purifficacionem Beate Marie Virginis, anno domini Mᵒ CCCᵒ quinquagesimo.   P. TARDI.

189. Contrat de mariage de Jean Chabot avec Catherine de la Forest. (Cartᵉ nᵒ 104.)

1351.
5 février.
(1350, v. st.)

A tous..... Margarite Gauveygne, deguerpie feu Perrot de la Forest, valet, parrochien de Sᵗ Julien des Landes, saluz en Nostre Seigneur. Sachent tous que je lad. Margarite de ma bonne, pure et absolue volunté, non contraincte, non perforcée, ay donné, baillé, livré et octroyé et encores donne, baille, livre et octroie sans esperance de jamais le revocquer, perpetuaument, à Katerine de la Forest, ma fille, à ses hers et à ses successeurs et à tous ceulx qui de lie auront cause en temps à venir, en la prolocution et faveur du mariage parlé et acordé de Jehan Chabot, valet, et de lad. Caterine, ma fille, doze livres d'annuau et perpetuau rente assis, situées et assignées en et sus tous mes biens immeubles presens et à venir, à l'assiete, usage et coustume de Brandoys, et quatre vingt livres en deners monnoie courante, à rendre et poyer la moité davent dedans le jour de la benoisson et l'autre moité dedans la feste de Tous Sains ensuyvent qui sera l'an mil iij^c cincquante et ung, pour tout le droit qui puyt appartenir à lad. Katerine en successions de père et de mère; à avoir, tenir, user, possider et explecter lesd. choses et lesd. doze livres d'annuau et perpetuau rente, à usage et coustume de Brandoys, de lad. Katerine, de ses hers et successeurs et de touz ceulx qui de lie auront cause, perpetuaument, pasiblement et quiptement; lesquelles doze livres d'annuau et perpetuau rente je lad. Margarite Gauveygne promet et suis tenue de rendre et paier à lad. Katerine et aus sons au plus près de lie [ou aud. Jehan Chabot] son seigneur qui sera si Dieu plaist; et jusques [à ce que je les] aye assises et situées je lad. Margarite [Gauveigne promet et suis tenue] rendre et payer chacun an par chacune feste de St Georges, jusques à ce que je aye fait et ceulx qui de moy auront cause lad. assiette, lesd. doze livres de rente, à us et à coustume de Brandoys, come dit est. Et lesquelles chouses et chacune d'icelles, en point et en la manère qu'elles sont par dessus dictes et declerées, je lad. Margarite promet..... renunciant..... et ay juré..... En tesmoign..... ay donné..... lectres seellées ..... du seel de noble home et puissant mons^r Loys vicomte de Thouars establi ès-contraiz en sa chastellenie de Thalmont. Et je adecertes Thomas de Dignant, garde en celuy temps dud. seyau..... à la relacion de Perre Roucetea clerc..... Donné garens, presens, appellez et requis, Perre Gaudin, Regnaud des Cloudiz, Jehan [Cumersset] et plusieurs autres, le jour du semapdi emprès la Purificacion de Nostre Dame Virge, l'an de grace mil troys cens cincquante. P. Roussetea.

190. Echange de biens à Olonne fait entre Jean du Gué et Bienvenue, sa femme, d'une part, et Pierre Mareschaut, cordonnier, et Eustachie, sa femme, d'autre part. (Carte n° 118.)

1351.
25 avril.

A tous. . . . . Jehan Dugué et Bienvenue, sa femme, saluz en Nostre Seigneur pardurable. Sachent tous presens que nous mariez dessusd. d'un assentement et d'une mesme volunté, avons baillé, livré et pour nom d'eschange perpetuau octroyé, et encores baillons, livrons et perpetuaument octroyons à Perrot Mareschaut suyre et à Heutaisse, sa femme, dimée maison perrine, o touz les cortils que nous avons ou povons avoir en cortillages pour detroys lad. maison, ensemblement o son cairuage, franche et quipte lad. maison et lesd. cortilz de tous deners en fermeriez, o payent les devoirs feaudaux tant seulement, assise lad. maison et lesd. cortilz en la ville d'Olonne en fé monsr de Thouars, pour ung cortil tenens jouste le cortil aux hers Guillaume Dolonea, d'une part, et joste le cortil aux hers Colin Suretea deffunct, d'autre part, frans et quiptes de tous deners, o payent ung dener et maile de cens aus hers Guillaume Salon. Et encores cognoissent et confessent avoir baillé et enterigné au dessusd. Perrot et Heutaisse sept seillons de terre assis en terroir de Galer devers la terre à Perrot Boterit clerc ; et lesd. Perrot et Eutaisse nous avent enterigné huyt seillons de terre assis end. terroir devers le pré tenens joste lesd. seillons ; desquelx d. ouyt seillons de terre et dud. cortil que lesd. Perrot et Eutaisse nous avoient baillé nous sommez tenuz plenèrement pour bien payé pour l'eschange perpetuau du dessusd.; à avoir, tenir, posséder et explecter lad. dymée maison, o ses cortilz dessusd. et o son ruage et lesd. sept seillons de terre, dud. Perrot et de ses hers et successeurs dores en avent, perpetuaument, pasi-

blement et quiptement ; et dèsja cedons et transportons
. . . . . et promectons. . . . . et avons renuncié. . . . .
screment. . . . En tesmoign. . . . avons donné. . . . lectres
seellées. . . . . du seya à noble homme mons^r Loys vicomte
de Thouars establi en sa chastellenie d'Olonne. . . . . Donné
garens, presens et appellez, Perrot Tenet et Perrot Racede, le
lundi emprès Quasi modo, en l'an mil CCC cincquante
et ung.

191. Arrentement d'un ayraud aux Sables, consenti par Guillaume Bureau à Jean Pineau et Catherine Bitet, sa femme. (Cart^e n° 107.)

Sachent. . . . . que nous Jehan Pineau et Caterine Bitete, ma femme, cognoissons et confessons nous devoir à Guillaume Burea et à ceulx qui de luy auront cause huyt sols monnoie courante d'annuau et perpetuau rente, à cause et pour raison d'ung ayraut estans en Sables d'Olonne, tenans jouste: . . . . [1] d'une part, et, d'autre, à la rue par ou l'on vait à l'iglize, à rendre et payer aud. Guillaume ou à ceulx qui de luy auront cause de nous mariez dessusd. en deux termes, c'est assavoir quatre sols en chacune feste de Nativité Nostre Seigneur et autres quatre en chacune feste de Nativité St Jehan Baptiste. Et à acomplir et payer lesd. huyt sols de nous aud. Guillaume avons nous mariez dessusd. obligé. . . . . et avons renuncié. . . . . et avons juré. . . . . En tesmoign. . . . . avons donné. . . . . lectres seellées. . . . . du seel dauquel l'on uset aux contraz en la chastellenie du Chastea d'Olonne pour noble home et puissant prince mons^r Loys vicomte de Thouars, comte de Dreux . . . . . garens presens, nommés et appellez, Loys Prevost et

1351.
29 mai,

---

1. Confrontation illisible.

Guillaume Mayteron. Fait et donné le dymenche emprès l'Ascension de Nostre Seigneur, l'an de grace mil troys cent cincquante et ung.

192. Jugement du sénéchal de la Mothe-Achart, au sujet de l'hommage du village de Porchet. (Carte n° 121 [1].)

1351.
8 juin.

Comme religieulx homme l'abbé de St Jehan d'Orbestier aye requis à nous Nicolas Robinea, seneschal de la Mothe Achart, en playnne assise que comme led. abbé eust et tenist la Florancère et les appartenances qui furent à feu Guillaume Achart, desquelles led. abbé est en la foy et hommage de mons^r de Rays, et led. abbé posast davent nous que Guillaume Poictevin tenoit ung village vulgaument appellé Porchet en gariment dud. Guillaume Achart, et depuys les chouses dud. Guillaume Achart sont cheuez end. abbé comme personne estrange, et aussi led. Guillaume Poictevin avoit transporté ses chouses de Porchet qu'il tenoit en gariment dud. Achart en Jehan Guynement comme personne

---

1. C'est en vertu des faits expliqués dans cet acte que les aveux suivants furent rendus aux abbés d'Orbestier à cause de leur hôtel de la Florencière, aveux dont l'analye la plus sommaire paraît suffisante.

7 avril 1396. Aveu d'une maison et terres à Porcher, rendu par Laurens Biraud, à cause de Caterine Boylinelle sa femme, tenue à foy et hommage plain, à 2 s. 6 d. de service et à rachat. (Carte n° 289.)

6 juin 1413. Même aveu par Catin Boillinelle. (Carte n° 285.)

20 avril 1412. Aveu de la moitié du fief de la Barbière-Raniron, p^{sse} de la Chapelle-Achart, indivis avec les sg^{rs} de Bazoges-en-Pareds et de la Chevestelière, rendu par Etienne Jamon, au nom et comme tuteur de Jamete Faveresse fille de feu Jehan Fèvre et Jehanne Aujouère, tenu à foy et hommage plain, à 6 d. de service et à rachat. (Carte n° 266.)

12 septembre 1427. Même aveu rendu par Jehan Beraud, à cause de Jamete Favresse, sa femme. (Carte n° 276.)

8 juin 1440. Aveu de son hôtel de la Florencière rendu par Jamet Poitevin, à foy et hommage plain à 3 s. de service et à rachat. (Carte n° 281.)

estrange, lequel estoit venuz au chastellain de la Mothe offrir à faire l'homage ; pour quoy nous requeroit led. abbé que l'offre de l'omage faiz aud. chastellain li fust rendue et que à luy devoit appartenir. Pour quoy nous seneschal dessusd. avons eu advis sur ce, et suffisamment informé du droit aud. abbé avons descleré par jugement que ceulx qui ont fait l'offre aud. chastellain feront la foy aud. abbé. Donné soubz nostre seel ès-assises dud. lieu tenens par nous Nicolas dessusd. le mercredi emprès la Pentecouste, presens ad ceu maistre Aymeric Raclet, Guillaume Proust, Jehan Barbotin et messire Guillaume Mestoyer gouverneur de l'eglise de la Mothe et plusieurs autres, l'an de grâce mil CCC cincquante et ung.

193. Reconnaissance d'une rente due par Jean Feye. (Cart° n° 151. Orig. aux Arch. de la Vendée.)

1351

Sachent..... que ge Johan Feye, de la parroiche de Vayré, dey e confesse deveyr à religious homes l'abbé e le convent do mouster de Saint Johan d'Orbester cinc trueleas d'aveine, à la mesure de Brandeys, de annau e perpetuau rende, pour nom et pour raison des chouses que ge hay et tien en l'omage que souloit tenir et expleicter Guillame Girardea. Les quaux cinc truelleas d'aveyne de annau e perpetuau rende desus diz ge le dit Johan Feye promet e suy tenuz rendre et paier aus diz religious touz jors mès perpetuaument, chaqun an, en la feste de l'Assumpcion Nostre Dame Virge, sur l'obligacion de tous mes biens moubles e immoubles, presens e à venir. E nous l'abbè e le convent desus diz voulons, octroyons e consentons que le dit Johan Feye et ceaus qui de luy haront cause en temps à venir tiengent, posseyent e expleictent tous jors mès perpetuaument les chouses desus dictes, o renddent et peyent à nous les diz religious les desus diz cinc trueleas d'avaynne d'annau e perpetuau rende chaqun an perpetuaument en la feste desus dicte e prometons nonvenir encontre pournous nepour autres en aueuns temps à venir. Fait o mey frore Perre do Borc, religious do diz mouster et procureur suffizamment fondéz des diz abbé et convent et o mey Johan Feye desus dit en ma persone; havons juré..... En tesmoign..... havons doné les uns aus autres...... lettres doubles sael-lées.... do sela de noble home e puissant monsignour Loys viconte de Thouars establi aus contraiz à Saint Gile sur Vie..... garens a ceu presens e appellez e requis Guillame Letissea clerc et Joffrey Fougere. Doné et passé par André Fruchart, juré e passour de la court do dit noble, le lundi emprès la Saint Bris, l'an de grâce mil treys cens cinquante e un. A. FRUCHAR.

194. Don par Louis Vte de Thouars, de ses cens de sel dans les paroisses d'Olonne, la Chaume et Château d'Olonne. (Cart° n° 84, vidimus donné le 24 juin 1361 par Jehan Bouscher, garde du sceau de la châtellenie du Château d'Olonne.)

1352.
23 juillet.

A touz..... nous Loys, vicomte de Thouars, conte de Drueux, S^{gr} de Thal lemont, saluz en Dieu Nostre Seigneur. Comme nostre très cher seigneur et père, mons^r Jehan, jadis viconte de Thouars, s^{gr} de Thallemont et d'Olonne, heust donné et octroyé perpetuaument au temps de sa vie aux religieux abbé et convent de St Jehan d'Orbester ung maroys, vulgaument appellé les Roussères, o toutes les appartenances d'icelui, dès les maisons aus Raouleas jusques au maroys Jehan Fromi, tenent d'une partie au maroys des Places et d'autre partie à l'ecluze des moulins Philippon de la Tousche, o tout le droit et seigneurie que yl y avoit, poet et devoit avoir end. chouses, retenu à luy et à ses hers end.

chouses haute justice tant seulement, pour quoy lesd. religieux celebrassent en leurd. mouster tous jours mès perpetuaument chacun jour une messe, tant pour l'âme de lùy et de ses hers et successeurs que pour l'âme de madame Blanche de Brebant, nostre chère mère, et depuys le vimer de la mer en ondacion d'ayves lesd. chouses sont perdues sans ce qu'elles puissent jamès estre recouvrez, [et pour] ce lesd. religieux ne porrient servir ne faire le divin office dessusd. ne n'y seroyent tenuz quand il n'aurient prouffit desd. chouses. Pour quoy, nous adcertennez de lad. ordennance daud. nostre très cher père et que lesd. chouses sont perdues pour les causes dessusd., havens affection du repos de l'ame de nostre cher père et de nostre chère mère et de nouz et de nos parens et amis, avons donné et baillé, donnons et baillons dores en avent à tous jours mès perpetuaument ausd. religieux et à leur mouster, pour cause de recompensacion des chouses dessusd., tous nos cens des saulx que nous avons et avoir pouhons et devons en maroys salens et qui devent saler, faiz et à faire temps presens et à venir, et en deners ou cas que lesd. maroys ne salerient, lesquelx maroys sont assis et édiffiez ès parroiches d'Olonne et de la Chaulme et de l'Isle d'Olonne. Et voulons que lesd. religieux puissent prandre et venger èsd. lieux sus les cens pour cause desd. cens non payez et les trayre et faire venir à amende simple davent eulx pour deffault o despens non payez, touttes fois que le si aferra ; à avoir, tenir et explecter les chouses dessusd. perpetuaument, pasiblement et quiptement pour ceulx et pour leurs predecesseurs. Et lesd. chouses avons promis et promettons en bonne foy tenir et garder et garentir ausd. religieux perpetuaument sus l'obligacion de tous mes biens vers touttes persoynnes de tous empeschemens, et lesd. religieux seront tenuz de chanter et faire le divin office, selon la forme et ordonnence de nostre très cher père et de nous et de noz parens. En tesmoign de laquelle choze nous avons donné èsd. religieux cestes presentes lectres seellées de nostre grant seel. Donné le lundi emprès la feste de la Magdalenne, l'an de grâce mil CCC cincquante et deux.

195. Quittance pour solde de tous comptes donnée par Georges Bersuyre et Jeanne Patraud, sa femme. (Cart° n° 35.)

1353.
9 juillet.

Sachent touz que en la presence de moy Jehan David, passeur, juré et auditeur de la court du seya establi ès-contraiz en la chastellenie de Thalmont pour noble et puissant seigneur mons^r Loys, vicomte de Thouars, s^{gr} dud. lieu, personnellement establiz en droit Georget Bersuyre et Johanne Patraude, sa femme, cognouèrent et confessèrent eulx avoir quipté, remis et delaissé et encores de leur bon gré et plenère volunté quiptant, remistrant et deleissant perpetuaument religieux hommes l'abbé et le convent de St Jehan d'Orbester de toutes les deptes quelxcomques, en quelx leur pouhoient estre tenuz lesd. religieux par cause de feu Jehan Martin jadis leur donné, et de toutes autres actions, peticions, causes, querelles et sequelles et demandes quelxcomques qu'il avoyent et avoir pouhoient et devoyent vers lesd. religieux en queque manère que ceu soit pour raison dud. Jehan Martin; et jurèrent ès-sains evangiles Nostre Seigneur lesd. mariez et chacun d'eulx de non venir ne faire venir à nul jour mès encontre ceste presente quiptance. Et à ceste chose faire, consentir, jurer et accorder donna led. Georget à sad. femme plain povoir, auctorité et exprès consentement. En vertuz desquelles choses toutes et chacune d'icelles donnirant lesd. mariez Georget et Johanne, sollempneement octorisée dud. Georget son seigneur, ausd. religieux cestuy present memoyrial seellé du seel dessusd. Ceu fut fait et donné garens presens Guillaume Daulphin autrement dit Malore, Leger Baudri clerc, Vincent Guillochon et plusieurs autres le ix⁰ jour du moys de juillet, l'an mil troys cens cincquante et troys.

196. Arrentement d'une maison, à Château d'Olonne, fait par Martin Rudeau et Jeanne Barbotin, sa femme, à Geoffroy Sion. (Carte n° 58.)

A tous. . . . . . Martin Rudea et Johanne Barbotine, autrement appellée Peniguce, sa femme, saluz en Dieu pardurable. Sachent tous presens et à venir que nous dessusd. mariez d'un acort et d'une volunté et d'un commun assentement sur ceu, lad. femme sollempneement octorisée scelon forme de droit avant tout euvre quant ès-chouses faire cy-dessoubx à nommer de moy led. Martin son seigneur, et en ay esté jugé de mon assentement par le jugement de la cour cy-dessoubx escripte, cognoissons et confessons nous avoir baillé, livré, octroyé et affermé et encores baillons, livrons, octroyons et affermons à Geoffroy Syon, demourant au Chastea d'Olonne, et ès siens une maison borrine et ung appentiz teublin tenans et appartenans à lad. maison, o ses ruages, cayruages davant et darrère et le cortil tenant à lad. maison, lesquelles choses sont assises en la ville du Chastea d'Olonne en fié et en la seigneurie de mons⁹ de Thouars, laquelle maison et led. cortil se tenent, d'une part, à la ligence dau seigneur de la Tem. . . . .¹ et, d'autre part, au cortil et maisons des horis feu Guillaume de la. . . . . et lesd. cayruages se tenent ès-cayruages de Jasmes Jaquellot; à avoir, tenir, user, lever, possider et explecter toutes les chouses dessusd. et chacune d'icelles dud. Jeoffroy et de ses hers et de ses successeurs et de touz ceulx qui de luy ont et auront perpetuaument cause et dores en avent perpetuaument, pasible-

1354.
10 août.

---

1. La fin de ce nom et celle d'un autre à la ligne suivante illisibles.

ment et quietement, pour quatre sols de monnoie courante d'annuau et perpetuau ferme, rendables et poiables perpetuaument tous les ans en chacune feste de Noel, en la ville du Chastea d'Olonne, dud. Geoffroy et des siens dessusd. à nous dessusd. mariez Martin et Johanne et ès-noz. Lesquelles choses dessusd. et chacune d'icelles pour soy nous dessusd. mariez promectons..... renunciant..... les serremens..... En tesmoign..... avons donné..... lectres seellées..... du seel establi ès-contraiz en la chastellenie de Thalmont pour très noble homme et puissant seigneur mons^r Loys, vicomte de Thouars, s^{gr} dud. lieu. Et je addecertes Jehan David, en cely temps garde dud. seya .... à la relacion de Nicholas Tesson clerc.... garens, à ceu oyr appellez et presens, Jehan Baconeys clerc, Colin d'Oubuigné clerc, Jehan Bigaut alias de Paris, et plusieurs autres. Fait et donné le xe jour d'aougst, l'an de grace mil CCC cincquante et quatre. N. Tesson.

197. Reçu par Guillaume Bicoleau, de l'Hermenault, d'une somme de quarante livres à lui due pour fourniture de meules de moulin. (Cart^e n° 292.)

1354.
15 octobre.

A tous..... Guillaume Bicolea, fils de feu Jehan Bicolea de Lermenaut, saluz en Nostre Seigneur pardurable. Sachent touz que comme feu Jehan Martin, d'Olonne, donné de l'abbaye de St Jehan d'Orbester, fust tenuz et obligé vers led. mon feu père, Jehan Bicolea, au temps qu'il vivoiet en soixante libres de tornois petiz, pour cause de vainson de meulles à moulins, si comme il appert plus à plain contenu en unes lectres seellées du seya réau establi à Fontenoy pour nostre sire le roy de France, en quelles d. lx livres estoient tenuz l'abbé et le convent de lad. abbaye en dos parties, c'est assavoir en quarante livres; je led. Guillaume Bicolea, pour moy, pour mes hers et pour mes successeurs, comme héritiers dud. feu Jehan Bicolea, mon père, confesse moy avoir heu et receu desd. religieux lesd. quarente livres de lad. monnoye en bonne pecune numbrez, renuncians je led. Guillaume Bicolea à toute excepcion de pecune non eue, non numbrée et non receue, desquelles d. quarante livres je led. Guillaume clame quipte lesd. religieux et prometz autresci les en portez quiptance vers toutes autres persoynnes et de toutes autres actions despendans d'icelle tant réaux que personaux; et promet. . . . . renunciant. . . . . le serment. . . . . En tesmoign. . . . . ai donné. . . . . lectres seellées. . . . . du seya establi à Fontenoy pour nostre sire le roy de France. Et je addecertes Pierre Guyart, garde dud. seya. . . . . à la relacion de Pierre Richart clerc. . . . . Donné presens et oyens, garens ad ceu appellez et requis, messire Guillaume Boudaut presbtre et Jasme Beacoste, le mercredi emprès la feste de St Denis, l'an de grace mil troys cens cincquante et quatre. P. Richart.

198. Reçu de quarante écus d'or donné par Nicolas Septier, receveur de Talmond. (Cart° n° 88.)

1355.
13 février.
(1354, v. st.)

Mémoyre est que je Nicholas Septer, receveur en celuy temps de la terre de Thallemondoys et de Brandoys pour noble homme et puissant mons' de Thouars, et dau commandement de madamme de Thouars gouverneresse de lad. terre, cognoys et confesse avoir eu et receu de religieux homme l'abbé de St Jehan d'Orbestier quarente escuz d'or, pour une composicion de paiz faicte entre lad. madame de Thouars et luy. Et je led. Nicholas promet et suys tenuz à tenir quipté led. abbé desd. quarente escuz d'or vers madamme dessusd. sus l'obligation de touz mes biens meubles et immeubles et li faire d'avoir memoire de quiptance de madamme dessusd. En tesmoign de laquelle chouze je en ay donné aud. abbé cet present memoire seellé de mon seel ensembleement o le seel daux contraiz de la chastellenie dau Chastea d'Olonne. Donné le vendredi avent la St Valentin, l'an de grace mil CCC cincquante et quatre.

199. Don par Hardouin de Cholet au prieuré de Marigné. (Cart^e n° 356.)

1355.
23 octobre.

A tous. . . . . . Nicolas de Dynant, clerc, garde du seel establi jadis à Thalemont pour noble et puissant seigneur mons^r Loys, vicomte de Thouars, s^{gr} dud. lieu de Talmont, salut en Dieu Nostre Seigneur. Sachent touz presens et à venir que establi en droit personnelment par devant Jehan Bouscher, juré et passeur des lectres faictes, passées et accordées soubz led. seel, Hardoyn de Cholet cogneut et confessa se avoir donné en pure et perpetuelle aumosne à Dieu et à la meson et prieuré de Margné tout le droit et raison que il avoit et povoit et devoit avoir sur led. prieuré de St Sauvour de Margné, tant en terrages que en desmes, ensembleement o tout autre droit que il y puet avoir, pour le salut et remede de son ame et de tous ses amys et pour estre en bienffaiz et prières des religieux dud. prieuré perpetuelment. Et à toutes et chacunes les choses dessusd. . . . . . obligea . . . . . et renuncia. . . . . et jura. . . . . En tesmoign . . . . . donna. . . . . lectres seellées. . . . . dud. seel, si come par le papier et registre dud. Jehan Bouscher m'est apparu ; lequel papier et registre ge ay pris devers moy, pour ce que led. juré et passeur est alé de ceste vie à trespassement avent que il eust redigé les choses dessusd. en forme ; et en ma presence j'ay fait rediger en forme, à la relacion dud. juré, si come j'ay trouvé en susd. papier et registre, auquel j'ay ajousté plenère foy sur ce, et en cestes presentes lectres led. seel ay apposé en tesmoign de verité, sauve le droit aud. noble et l'autrui. Donné, faiz et jugé, presens monsʳ Denis de Rison chevaler, Robert dau Bourg, Guillaume Burea alias Mesnager, le vendredi emprès la Sᵗ Lucas, l'an mil troys cens cincquante et cincq.

200. Transaction avec Catherine de Beaulieu, veuve de Jean de Monbail, au sujet de son douaire. (Cartᵉ nº 89.)

A tous. . . . . . frère Perre du Bourc, religieux, procureur de l'abbé et dau convent dau moustier de l'abbaye Sᵗ Jehan d'Orbestier, comme il apparut à moy juré si dessoubx à nommer par unes lectres scellées dau seyau daud. abbé et convent, de laquelle lectre la teneur s'ensuit en ces paroles : Universis presentes licteras inspecturis et audituris frater Petrus, humilis abbas monasterii Sᵗⁱ Johannis de Orbisterio, ejusdemque loci conventus. . . . . . die sabbati ante festum Decollacionis Bᵗⁱ Johannis Baptiste, anno Domini millesimo CCCº quincquagesimo primo [1] ; et Katerine de Beaulieu, deguerpie de feu Jehan de Monbail, saluz en Dieu perdurable. Sachent touz que comme contems fust en esperance d'esmouvoir entre moy lad. Katerine, d'une part, et lesd. religieux, d'autre, sur plusieurs demandes que je lad. Katerine fasoie aud. religieux, exspeciaument sur ce que je demandoie ausd. religieux douze livres de rente, lesquelles je disoie que feu Jehan de Monbail, mon seigneur au temps qu'il vivoit, me avoit assis et assigné en et sur sa terre en retour et recompensacion de douze livres de rente lesquelles il avoit vendu de mon heritage ; et aussi et parce que au temps et à la foyee que led. Jehan mon seigneur avoit donné

1355.
31 décembre.

---

1. Même observation que pour le nº 174 ci-dessus. Les noms des procureurs sont ici : Maître Regnaud de Villeneuve valet, Colin Chevalier clerc, et frère Pierre de Bourg moine profès d'Orbestier.

soy et tous ses biens ausd. religieux, qu'il avoit esté parlé et acordé entre led. Jehan et lesd. religieux que si je Katerine dessusd. sorvivoye emprès la mort daud. mon seigneur que je aroye à mon viage touz les fruyz de sa terre de Vayré ; et aussi requeroye qu'il me rendissent, assistent et assignassent lesd. douze livres de rente et qu'il me rendissent les arréages du temps passé qui bien montyent quatre cens livres de bonne monnoie, et aussi qu'il me rendissent ceu qu'il avoyent levé du fruit de lad. terre jusques à l'extimacion de cent livres de la monnoie surd. Le procureur desd. religieux disoit, propousant du contraire, c'est assavoir que je ne povoye demander lesd. douze livres de rente, pour ce que je les avoye autreffoiz doné ausd. religieux, si come il disoit estre, et auxi pour ce que Phelipon Gauveign et mon frère qui estoit donné au d. Jehan en avoyent transigé o moy, si come led. procureur en nom que dessus dist et propouse, à la moyté de tous les fruyz et les levees des doues pars de la terre de Vayré, et pour ce que je avoye en sex coupples de beufs que lesd. religieux m'avoyent baillé, si come disoit, et que je avoye ars et depecé ung trueil qu'il avyent fait à Vayré et que je avoye laissé les veignes qui leur appartenoyent à cause de lad. donaison gastez et que je avoye lessé choir les maisons de l'erbregement de Vayré, lesquelles je devoye tenir en estat si come il disoit ; et disoit que par cestes causes qu'il estoient dommagez jusques à cincq cens livres et en autres cincq cens livres pour les fruiz des doues pars de lad. terre que je avoye levé, si come il disoit. A la parfin, par le conseil de prodez hommez, a esté paciffié, transigé et acordé entre moy lad. Katerine et led. procureur en nom que dessus havens povoyr de transiger, si come il apparoist par lad. procuracion, presens led. abbé et de son commandement, en la forme et en la manère qui s'ensuit : c'est assavoir que je lad. Katerine ay quipté, remis et deleissé et encore quipte, remetz et delaisse ausd. religieux tout le droit et la raison que je avoye en fruyz et en leveez de lad.

terre de Vayré perpetuaument, ainsi et par telle manère que lesd. religieux me rendront et poyeront à moy et à mes hers et à ceulx qui de moy aront cause par chacun an deux sexters de froment et deux sexters de seille, à la mesure du pays, et diz livres en deners, pahables led. blé et lesd. deners par deux termes, c'est assavoir la moyté en chacune feste Nostre Dame me aougst et l'autre moité en chacune feste de la Nativité Nostre Seigneur, et quatre vergez de drap suffisant scelon l'estat de moy chacun an, une pipe de vin chacun an et troys douzaynnes d'echevos et ung miler de late une foiz à paher ; et auray en oultre à perpetuité toutes et chacunes les chouses qui furent jadis Perre. . . . . estant en fié desd. religieux, en point et en la manère que led. Perre les tenoit ; ainsi et par telle manère que j'aray lesd. chouses franchement mon viage sans en poier èsd. religieux aucuns devoirs, et emprès la mort de moy seront tenuz mes héritiers et ceulx qui de moy auront cause à paer ausd. religieux tous les devers que leur payet led. Perre tant qu'il tendront lesd. chouses et me demourront tous les meubles qui sont end. herbregement ou ailleurs, sauve et excepté [vans et brichez] desquelx je n'aray mès tant come Phelipon du Bourc et Barbotin diront. Et je frère Perre, procureur dessusd. en nom que dessus, confesse toutes et chacunes les chouses dessusd. surd. estre vrayez et les avoir voulu, octroié et accordé en la presence dud. abbé et de son commandement, et encores les vueil, octroye et consente et les prometz. . . . . Et je lad. Katerine. . . . . oblige. . . . . renunciant nous frère Perre du Bourc, procureur dessusd. et en nom que dessus, et Katerine dessusd. et chacun de nous. . . . . et avons juré. . . . . En tesmoign. . . . . avons donné. . . . . presentes seellées et doublées. . . . . dau seyau ès contraiz establi à St Gile sur Vie pour noble homme et très puissant monsr Louys vicomte de Thouars. . . . . Fait et donné, garens ad ce presens Nicholas Robinea, Jehan de la Fourest, Raoul du Boys, [Jehan] Morisson, le jour du jeudi emprès la Nativité de Nostre Seigneur l'an de luy mil troys cens cincquante et cincq. Sergon.

201. Amortissement par Geoffroy Sion de la rente par lui due à Martin Rudeau et Jeanne Barbotin sa femme, au terme d'un acte passé le 10 août 1354. (Cartᵉ nᵒ 57.)

1356.
12 janvier.
(1355, v. st.)

A tous..... Martin Rudea et Johanne Barbotine, autrement appellée Peniguce, sa femme, saluz en Dieu pardurable. Sachent tous presens et à venir que nous dessusd. mariez, d'un acort et d'une volunté et d'un commun assentement sur ceu, lad. Johanne sollempnelment octorisée scelon forme de droit et avant tout euvre quant ès chouses faire cy dessoubz à nommer de moy led. Martin son seigneur, et en ay esté jugé de mon assentement par le jugement de la court cy dessoubx escripte, cognoissons et confessons nous avoir vendu, baillé, livré et octroyé et encores baillons, livrons et octroyons et vendons par titre de perpetuau vainczon à Geoffroy Sion, demourant au Chastea d'Olonne, et ès siens quatre sols de annuau et perpetuau ferme, lesquelx nous devoit perpetuaument tous les ans led. Geoffroy pour nom et pour raison de certainnes choses de nous à li affermées, si come il est à plain contenu en unes lectres sur ceu confaictes, lesquelles sont seellées du seel duquel ces presentes sont seellées, pour le priz et somme de diz libres de monnoie courante, c'est assavoir esterllin compté pour huyt deniers, et de une demée alne de bon drap. Lesquelles chouses et chacune d'icelles pour soy nous avons eu et receu dud. Geoffroy, et nous en tenons plenèrement pour bien payez et pour comptens, et en clamons quipte perpetuaument led. Geoffroy et les siens..... ¹ Fait et donné le xijᵉ jour du mois de janver mil troys cens cincquante et cincq.

---

1. Le reste identique à la fin du nᵒ 196, sauf la date.

202. Confirmation par Louis, Vte de Thouars, d'un don fait par Guy de Thouars, son aïeul. (Cart^e n° 164.)

1357
11 avril.

Sachent tous que nous Loys, vicomte de Thouars, comte de Dreux, s^{gr} de Thallemont, avons veu une clause qui est en une lectre seellée du roy nostre sire d'une convenance qui se fist entre noble homme et puissant mons^r Guy, jadis vicomte de Thouars et s^{gr} de Thalemont, nostre eoul, et religieux homme l'abbé et le convent de St Jehan d'Orbester ; laquelle clause est telle et dit ainsi que led. noble vicomte de Thouars veult que le courcea et l'ayve qui court, qui est en boisson de la Pyronnère devers lad. abbaye d'Orbester, soyet et demearget ausd. religieux, pour faire ediffier ou reediffier ung moulin en celuyd. courcea qui est appellé le vueil molin, où lesd. religieux avient autreffoyz moulin ; laquelle clause et teneur d'icelle nous voulons et consentons et confirmons et octroyons pour nous et pour les noz. Et enchores avons donné et donnons plain povoir et especial commandement ausd. religieux de faire leur molin et leurs chaussées et escluzes et les boz et toutes les chouses qui porront appartenir aud. moulin et qui y seront neccessayres. Et si lesd. religieux ne pouhent faire les chaussées et les autres chouses qui appartenent au moulin en leur terre ligement, nous voulons que il les puissent faire en nostre terre daud. boysson en ung lieu ou en plusieurs ; et ceu qu'il en prandront pour led. moulin et chaussées et autres choses neccessayres pour led. moulin nous leur donnons pour estre en bienffaiz dud. mouster, o toute seigneurie haulte et basse, o tout droit et destroit que nous y avons et avoir povons pour nous et pour les noz sans riens y retenir, et prometons pour nous et pour les noz que nous ne vendrons jamès encontre. Et à ceu tenir ferme et estable perpetuaument obligeons nous et noz hers et successeurs. En tesmoign de laquelle chose nous avons donné ausd. religieux cestes presentes seellées de nostre seel, le mardi après Pasques, l'an mil CCC cincquante et vij.

203. Reçu de Guy, évêque de Luçon, du droit de procuration pour l'année 1358. (Carte n° 32.)

1358.
13 mai.

Memoriale est [quod nos] Guido, miseracione divina Lucionensis episcopus, notum facimus quod hodie nos habuimus et recepimus ab abbate S^{ti} Johannis de Orbisterio, pro procuracione hujus anni octo vigenti grossos turonenses, cujus summe ipsum solvimus et quiptavimus penitus. In cujus rei testimonium, sigillum nostrum quo in talibus utimur presentibus duximus apponendum. Datum xiii^a die mensis maii, anno Domini millesimo CCC° l° viii°.

204 Don par Etienne Marchant, prêtre, d'une rente sur la Girardière, p^{sse} de Ste-Foy. (Cart° n° 73.)

1358.
15 juillet.

A toux. . . . . messire Estiene Marchent, presbtre, saluz en Nostre Seigneur pardurable. Sachent tous presens et à venir quar je led. messire Estiene non contrains, non par forces, ne par aucune machinacion à ceu amené, mès de ma bonne, pure et absolue volunté, cognoys et confesse moy avoir donné, livré et octroyé et encores donne, livre et octroye, par donacion non revocable faicte entre vis, au mouster de St Jehan d'Orbester, quarente sols monnoie courante d'annuau et perpetuau rende, emprès le deceps de moy, sus le village et sur les appartenances vulgaument appellé la Girardère preys de Ste Foy, estans en lad. paroiche, renduz et poyez chacun an en chacune feste de Nostre Dame me aougst Virge, pour estre en bienffaiz et en remembrées et en commemoracion dud. mouster; et si je led. messire

Estiene povoye avoir ou acquerre lesd. quarente sols d'annuau et perpetuau rende en lieu aussi suffisant comme led. village, les religieux dud. mouster seroyent tenuz à les [accepter] perpetuaument; à avoir, tenir, garder, user, possider et explecter les dessusd. quarente sols de annuau et perpetuau rende, emprès le deceps dud. messire Estiene, desd. religieux dud. mouster perpetuaument, paisiblement et quiptement par la donacion dessusd. Cessans et transportans. . . . . promet. . . . . et ay renuncié. . . . . serement. . . . . En tesmoign. . . . . ay donné. . . . . lectres seellées. . . . . du seya noble homme et puissant mons' Loys vicomte de Thouars duquel l'on uset en la chastellenie de Thalemont. Et je addecertes Guillaume Demot, garde dud. seya en celuy temps. . . . . à la relacion de Jehan Trio. . . . . Donné garens, presens ad ceu ouyr, Vincent dau Bois, Symon Cayllea barber, le jour du dymenche avent la feste de la Magdalene, l'an de grace mil CCC cincquante et huyt. Trio.

205. Donation mutuelle entre vifs au dernier vivant par Guillaume Salebœuf et Nicole Daure, sa femme. (Cart° n° 3, vidimus donné le 19 mars 1374 par Guillaume de Sanay, garde du sceau de la châtellenie de Talmont, et Jean Royrand, sénéchal de Talmont.)

1362.
3 décembre.

Sachent. . . . . que je Guillaume Salebeuf et je Nichole Daure, sa femme, lad. Nichole sus ce octorisée de moy led. Guillaume sollempneement avant tout euvre, avons donné et octroyé et encores donnons et octroyons, par donacion perpetuelle faicte entre vis et non revocable l'un de nous à l'autre au derrer vivant de nous deux, pour les bons et loyaulx services que l'un de nous a fait à l'autre, desquelx chascun de nouz en droit soy nous tenons pour bien paiez, tous nous biens meubles et immeubles, presens et futurs, et tous nous adcquests faitz et à faire, et la terce partie de tous nous héritages; à avoir, tenir, lever, possider et explecter toutes et chacunes les choses dessusd. du derrer vivant de nous deux et de ses hers et successeurs perpetuaument et de tous ceulx qui de luy auront cause, pasiblement et quietement, et à en faire sa plenère volunté dud. derrer vivant à vie et à mort sans nul contredit, en cas qu'il ne viendreit her hers de nostre char et do mariage; et emprès la mort du derrer vivant de nous deux demorroit her ou hers de nostre char, n'en porroit le derrer vivant de nous deux vendre, donner, transporter, aliener par nulle cause nul de nous d. biens à nulle persoynne estrangère au préjudice de nosd. hers, encores demorroient nosd. biens à nosd. hers perpetuaument et à leurs hers, scelon droit, usage, raison et coustume du pays. Et voulons et octroyons nous lesd. mariez Guillaume et Nichole dessusd. que ceste d. donnacion l'un à l'autre faicte pour la cause dessusd., tenir et proficter au derrer vivant et à nosd. hers perpetuaument par toute manère que elle porra valoir, tenir et proficter, scelon droit, usage, raison et coustume du pays, sans ce que nous ne la puissons jamès anichiler ni revocquer; renunciant. . . . . serement . . . . . En tesmoign . . . . . avons donné . . . . . lectres seellées. . . . . du seel dont on uzet à Thallemont aux contraiz pour noble et puissant seigneur mons' de Thouars. . . . . Ceu fut fait et donné, presens, garens ad ce oyr appellez et requis, Thomas Berant et Colin Lambert, le sepmadi avant la S⁺ Nicolas d'yver, l'an de grace mil troys cens soixante et deux.

206. Donation mutuelle entre-vifs au dernier vivant par Thibaut de la Girardière et Marguerite Bernardin, sa femme. (Carte nᵒ 95.)

1363
21 mars.
(1362. v. st.)

Sachent touz que par devant Berthomé Parère, juré, passeur et notaire de la court du seel establi ès-contraiz en la chastellenie du Chastel d'Olonne pour très noble et très puissant s^{gr} mons^r Loys, vicomte de Thouars, s^{gr} de Thalmont et dud. Chastel d'Olonne, en droit personnelment establi Thibaut de la Girardère, parrochien de l'eglise de l'Isle d'Olonne, d'une part, et Margarite Bernardine, femme espouse dud. Thibaut, lad. femme suffisamment auctorisée dud. Thibault son seigneur quant ès-choses qui s'ensuivent, d'autre part; cogneurent et confessèrent lesd. parties surd. et chacun d'eulx renunciant au beneffice de division et lad. femme au droit de velleyen et à touz autres droiz en faveur des femmes, avoir donné, baillé, livré et octroyé, quipté, remis, deguerpi et delaissé, cedé et transporté par donnacion mutue faicte entre vis non revocable l'un à l'autre au derrer vivant d'eulx deux et à ceulx qui dud. derrer vivant auront cause perpetuaument, assavoir touz et chacuns universaument leurs biens meubles quelxcomques, presens et à venir, et touz les acquests, faiz et à faire, et la terce partie de touz leurs immeubles, pour les bons, feaulx, leaulx et agreables serviges que lesd. conjoins et chacun d'eulx ont fait l'un à l'autre et fant tous les jours, desquelx serviges ilz se sont tenuz pour contens et pour bien paiez et satisfaits et s'en sont relevez l'un l'autre de toute charge de preuve, retenu aud. Thibaut à prandre sur lesd. biens surd. six livres une foiz paées desquelles il pourra faire à sa volonté à vie et à mort sans nul contredit; lesd. conjoins et chacun d'eux à ce presens, acceptans et retenens led. don cession et transport de la volonté et consentement d'eulx et de chacun d'eulx, et cedant et transportant. . . . . ont promis. . . . . seremens. . . . . renuncians. . . . . En tesmoign . . . . . lectres seellées et doublées. . . . . du seel de la court surd. Et je adecertes Jehan Bouscher, garde en celuy temps dud. seel. . . . . à la feal relacion du passeur et notaire surd. . . . . . Ceu fut fait et donné presens, garens ad ce oyr appellez et requis, Guillaume Richard et Guillaume Rabarea, le mardi emprès le dymenche que l'on chante en saincte eglize Judica me, l'an mil troys cens soixante et deux. B. Parère.

207. Vente d'une maison, aux Sables, faite par Jeanne de Laval à Guillaume Salebeuf. (Carte n° 333.)

1363. 10 novembre.

A tous..... Johanne de Laval saluz en Dieu Nostre Seigneur pardurable. Sachent touz que je Johanne dessusd. cognoys et confesse avoir vendu, baillé, livré et octroyé et encores vens, baille, livré et octroye, pour nom et pour tiltre de perpetuelle vainczon faite entre vis non revocable, à Guillaume Salebeuf de Laustumère, à ses hers et successeurs et à ceulx qui de luy auront cause perpetuaument, c'est assavoir une maison boscrine, assise en la ville des Sables d'Olonne, o toutes ses appartenances de ruages, cayruages, appartenans à lad. maison, laquelle maison est près ou environ du four feu Joliboys, pour le prix de soixante sols monnoie courant et deux verges de drap de rousset; laquelle somme d'argent dessusd. et lesd. deux verges de drap je lad. Johanne cognois et confesse avoir eu et receu bien et leaument dud. Guillaume Salebeuf, et m'en tien enterement pour bien paée et en clame quipte led. Guillaume et ses hers perpetuaument, renunciant je lad. Johanne en cestuy mon fait à tote excepcion de pecune non nombrée, non baillée, non eue et non receue; à avoir, tenir, user, posseer et explecter lad. maison dud. Guillaume Salebeuf, de ses hers et successeurs et de ceulx qui de luy auront cause dores mais en avant perpetuaument, pasiblement et quiptement, sans aucune raison, allegacion ou defencion de fait, de droit ou de coustume de pays dire, propouser, ne metre en contre. Laquelle maison dessns d. je lad. Johanne de Laval promet ..... serement..... ay renuncié..... En tesmoing ..... ay donné..... lectres seellées..... du seel establi aux contraiz en la chastellenie du Chastea d'Olonne pour noble et puissant s^gr mons^r Loys, vicomte de Thouars, s^gr de Thalmont. . . . . . Ceu fut fait et donné presens, garens, Colin Teixeron et Estienne Menot, le vendredi emprès la feste des octabes de Tous Sains, l'an mil troys cens soixante et troys.

208. Mandement du prince Edouard à tous ses officiers de faire exécuter les lettres, par lesquelles il a confirmé les franchises et priviléges d'Orbestier. (Cart° n° 43.)

1364.
12 mars.
(1363. v. st.)

Edwardus, illustrissimi domini Dei gracia regis Anglie primogenitus, princeps Aquitanie et Wallie, dux Carnubie et Comes Cestrie, senescallo nostro Xanctonie ceterisque senescallis, officiariis sive ministris nostris, eorum vel tenentibus, necnon aliis quibuscumque quorum intererit vel interesse poterit in futurum, ad quos presentes lictere pervenerint salutem. Quia nonnulla privilegia abbati et conventui monasterii S^ti Johannis de Orbisterio, veteris ordinis S^ti Benedicti, per predecessores nostros olim concessa confirmavimus non est diu, prout in nostris licteris lacius continetur, vobis et vestrorum singulis, prout ad eum pertinuerit, precipimus et mandamus quatenus in eorum libertatibus et franchisiis manuteneatis et deffendatis et de aliis quibuscumque in eorum previlegiis per nos, ut predicitur, confirmatis, contentis et lacius declaratis predictos abbatem et conventum, ac eorum membra juxta nostrarum confirmacionum formam, seriem et tenorem, uti et gaudere permittatis et ab aliis permitti faciatis, nec contra ipsarum actemptare presumatis. In cujus rei testimonium, licteras nostras fieri fecimus has patentes, teste me ipso apud Pictavis, xii^a die mensis marcii, anno domini millesimo tricentesimo sexagesimo tercio.

209. Enquête sur l'état mental du Vte de Thouars, faite par ordre du Prince de Galles. (Cart^e n° 342, vidimus donné le 10 mars 1366 par Jehan Noyraut, garde du scel établi aux contrats à Fontenay-le-Comte pour le Prince d'Aquitaine.)

1364.
11 août.

Guillaume de Falleton, chevalier de très hault, très noble et très puissant seigneur mons^r le prince d'Aquitaine et de Galles, et son seneschal en Poictou et son commissère en ceste partie, à tous ceulx qui ces lectres verront salut. Nous avons receu deux paires de lectres de mond. seigneur, les unes patentes soubz son general seel et les autres clauses seellées de cyre roge soubz le seel de son fect, desquelles la teneur sensuyt, et premèrement des patentes : Eduward, ainsné filz du noble roy d'Angleterre, prince de Aquitaine et de Gales, duc de Cornouaille et comte de Cestre, à nostre seneschal de Poictou salut. Nous vous mandons, et si mestier est commettons, que veues ces presentes vons transportez ou lieu ou demeure nostre cher et feal le vicomte de Thouars, veue la personne de ly, vous informez diligemment s'il est en tel estat que il est mestier de curateur ou cumsercieur pour gouverner sa personne, ses biens et sa terre; et s'il vous appert que il en ayt besoign de li donner, appellez tel prochiens parens de lignage dud. vicomte et autres qui seront à appeller, pourvoiez li de bon curateur et suffisant au profit dud. vicomte et de la garde de sa terre et à la salvacion d'icelle et à la seureté de nous et de noz subgiz. Et mandons et commandons à touz noz subgiz que en ce fassant vous obeïssent et entendent. Donné à Peyctiers le xvIII^e jour du moys de juillet l'an mil troys cens soixante et quatre. Sensuyt la teneur desd. lectres closes : De par le prince d'Aquitaine et de Gales, cher et feal, nous vous envoyons une commission soubz nostre grant seel, par laquelle nous vous

donnons povoir de pourveoir de curateur au vicomte de
Thouars, en cas qu'il vous apparra qu'il en ayt mestier ; et
en celuy cas voulons et vous mandons que vous lui donnez
et ordonnez de par nous ses curateurs noz chers et leaulx
sires Miles de Thouars s^{gr} de Pouzauges et sire Aymeri de
Thouars son frère. Et se ainsi est qu'il ne ayt besoign de
curateur, le requerez de par nous que à nostre requeste il
vueille ordenner et establir capitaine et garde du chastel et
ville de Thouars led. sire Aymeri de Thouars, pour la seureté et garde de nostre pays. Et ad ce faire metez bonne diligence, ainsi comme nous en confions en vous, et ce ne
lessiez à faire en aucune manère. Donné en nostre cité de
Peyctiers, soubz nostre privé seel, le xxe jour du moys de
juillet. Par vertu et auctorité des quelles lectres, nous nous
sommes transportés en nostre propre personne au chastel
dud. vicomte appellé Thalmont-sur-Mer, auquel nous trou-
vasmes led. vicomte. Et avons diligemment veu et consideré
et regardé la personne, l'estat et le gouvernement dud. vicomte de Thouars ; et pour ce qu'il nous est apparu, tant
par l'inspection et examen de sa personne par nous fait en
plusieurs et diverses manères que par le tesmoignage fait par
les seremens de honnourables et religieuses personnes frère
Denys Rasclet abbé de Thalmont, frère Denys Beuf abbé de
Jart, frère Perre du Bourg abbé d'Orbester, frère Jehan de
Pont de Vie prieur de Fontaynnes et maistres en divinité, et
de nobles personnes mons^r Loys Chabot, mons^r Morice Catus, mons^r Quehedin Chabot, mons^r Jehan Catus, chevaliers,
et de maistre Maurice Rasclet, de Regnaud des Clousdiz, Morice du Bourc, Oliver d'Aubuigné et Jehan Boschet, escuiers,
et de Guillaume Blanchardin, Georges Bersuyre, Simon
Simes, messire Thomas Marchent presbtre, André Cerclet,
de frère Perres Marrelea aiguer de l'abbaye de Thalemont et
de plusieurs autres bourgeis et habitans de Thalemont et d'O-
lonne, lesquelx tous ensemble et chacun par soy sont hommes de foy, justiciables et subgects dud. vicomte, lesquelx

et chacun par soy nous ont tesmoigné led. vicomte estre de bonne vie, de bon gouvernement et de honneste conversacion, telle que il n'a mestier de curateur, avons discerné et descleré, discernons et descleyrons par droit, par sentence et par jugement led. vicomte de Thouars estant tel personne et de tel gouvernement qu'il n'a mestier de curateur; et la main de mons' le prince assise sur les biens et terres dud. vicomte avons levé et levons au prouffiz dud. vicomte; mandons et commandons à toux ceulx qui aucune chouse en ont levé que il les rendent et restituent aud. vicomte et à ses atournez, de sa terre et de ses biens le laissent user et joir pasiblement par le temps à venir. Et led. vicomte a voulu et consenti, à nostre requeste et pour obeyr au plesir et volunté dud. mons' le prince, que ledit mons' Aymeri de Thouars soit garde et cappitaine du chastel et ville de Thouars, en faisant les seremens appartenans en tel cas. Fait et donné aud. chastel de Thalemont, soubz nostre propre seel, absent cely de lad. seneschaucie, le xie jour du moys d'aougst, l'an mil troys cens soixante et quatre.

210. Fondation d'une messe, chaque jour par Louis Vte de Thouars et Isabelle d'Avaugour, sa femme. (Cart^e n° 77. Orig. aux Arch. de la Vendée.)

1366.
4 avril.
(1366, v. st.)

Universis. . . . . Johannes Noyraudi, custos sigilli domini Principis Acquitanie apud Fonteniacum Comitis ad contractus constituti, salutem in Domino. Noveritis quod in jure personaliter constituti, coram Clemente Lathomi, jurato, notario et passatore curie dicti sigilli et meo commissario in hac parte, nobilis et potens dominus Ludovicus, vicecomes Thouarcii, dominus de Thalemundo, ac nobilis domina, domina Yzabellis Davaugour, ejus uxor, ipsa domina presens et ante omnia a predicto domino suo sollempniter autorizata quoad faciendum et concordandum ea que sequuntur, ipsi conjuges, eternorum intuitu premiorum, volentes terrena cum spiritualibus felici commercio, annuante Domino, commutare, confessi fuerunt et publice recognoverunt se mera liberalitate sua et proprio motu dedisse et concessisse et adhuc dederunt et concesserunt, in puram et perpetuam helemosinam, Deo et monasterio Beati Johannis de Orbisterio, ordinis Beati Benedicti, Lucionensis diocesis, et religiosis viris abbati et conventui dicti loci, donacione perpetua et irrevocabili facta inter vivos, pro salute et redempcione animarum suarum, parentum et eciam amicorum suorum, et ut dicti religiosi inducantur et teneantur singulis diebus unam missam in dicto monasterio celebrare pro salute et remedio animarum dictorum nobilium conjugum et amicorum suorum, videlicet unam peciam nemoris, vulgaliter appellatam Dumus de la Pironere seu le Boisson de la Pironere, tangentis ex una parte nemus dictorum religiosorum, vocatum les Brocez et protenditur usque ad villagium nuncupatum la Pironere et ex altera parte tangentis cursum veteris molendini et ex altera litus maris seu costere dictorum religiosorum, cum omnibus et singulis juribus, pertinenciis, exitubus, proventibus, fructibus et esmolumentis universis, et cum omni jure, juridicione, mero et justo imperio, dominio utili et directo, vindicta et emanda, nichil sibi retinentes in premissis omnibus et singulis; habenda, tenenda, possidenda, explectanda, levanda et percipienda, ex nunc et in perpetuum, omnia et singula premissa a dictis religiosis, qui sunt et qui pro tempore fuerunt successive et ab ipsis causam habituris. Cedentes et transferentes. . . . . voluerunt que et consencierunt dicti nobiles conjuges et eorum quilibet quod si ipsi vel sui heredes vel successores vel ab ipsis causam habentes vel habituri contra premissa vel eorum aliqua casu aliquo vel ingenio facere, actemptare, venire, procurare per se vel per alium, tacite vel expresse, palam vel oculte presumpserint, incurrere versus predictum dominum principem Acquitanie penam quingentarum librarum monete pro tempore currentis si et quando tociens et quociens et pro qualibet vice venerint, fecerint, actentaverint et procuraverint contra premissa et eorum singula, promictentes. . . . . obligaverunt. . . . . Renunciaverunt que . . . . . Juraveruntque . . . . . In cujus rei testimonium. . . . . dederunt. . . . litteras sigillo dicti domini principis Acquitanie apud dictum locum constituto. . . . . sigillatas. . . . . una cum sigillo dicti nobilis vicecomitis et cum sigillo Reverendi in Christo patris domini Guillelmi, Dei et apostolice sedis gracia Lucionensis episcopi, ad majorem rei firmitatem. Et ego vero prefatus Johannes Noyraudi, custos dicti sigilli. . . . . ad relacionem dicti Clementis. . . . . Et nos vero Episcopus antedictus. . . . . ad relacionem dicti Clementis. . . . . Datum presentibus et audiantibus nobili viro domino Mauricio Catuys milite, religioso et honesto viro fratre Johanne Fabri ordinis fratrum minorum, Philipo Lonbat armigero capitaneo de Thallemundo, Johanne Bobel castellano dicti loci, Amicia de Maurie domicella et Johanne Barberea, testibus ad premissa vocatis, die sabbati in vigilia festi Pasche, anno domini millesimo tricentesimo sexagesimo quinto. C. Masson concordavit.

211. Reçu donné par le Vte de Thouars du prix de la coupe du bois de la Pironnière. (Cart^e n° 366.)

1366.
16 mai.

Sachent tuit que nous Loys, vicomte de Thouars, s^{gr} de Thallemont, cognoissons et confessons nous avoir heu et receu de religieux et honneste personne frère Perre du Bourc, abbé du mouster St Jehan d'Orbester, à cause de son d. mouster deux cens livres monnoie courante, en laquelle some de pecune frère Perre du Bourc, procureur et en nom de procureur de religieux homes l'abbé et convent de St Jehan d'Orbester, pour nom et pour raison de leur d. mouster nous estoit tenu et obligé par suffizante obligacion de luy à nous donnée sur ce, remaignens de maire some de la vendicion de la cuillete seu toysons du boys du boisson de la Pironnère de nous exd. religieux autreffoiz vendue et livrée; de laquelle some dessusd. nous nous summez tenuz et tenons enchores desd. religieux pour bien comptent et appaié et les en avons quipté et quiptons encores et delaissons du tout en tout, sans riens à nous y retenir en chouses dessusd. Et avons promis. . . . . et avons renuncié. . . . et avons juré. . . . . En tesmoign. . . . . avons donné . . . . . lectres seellées. . . . . du seya de mons^r le prince d'Aquitaine establiz au contraiz à Fontenoy le Comte. Et ge addecertes Jehan Noyraut, garde dud. seel. . . . . à la relacion de Charlot Masson notaire. . . . . Donné, fait et passé et jugé presens et oyens Phellippot Lebat valet capitayne de Thalmond, Guillaume Bouteiller, Guillaume Blanchardin d'Olonne et religieux home frère Jehan Seignourat de l'ordre des frères prescheurs de Borneuf en Rays, garens ad ce requis et appellez, le sepmadi emprès l'Asencion, l'an mil troys cens soixante et six. C. Masson.

212. Arrêt rendu aux assises de la Menrière contre Jean Belineau.
(Cart^e n° 207.)

Establiz en droit aujourduy en ces presentes assises de la Menrrière tenues par nous Nicholas Layller, senechal pour très noble et puissant seigneur mons^r Girart s^{gr} de Rays, Jehan Masson, procureur et en nom de procureur des religieux hommes l'abbé et le convent de St Jehan d'Orbester à cause de leur d. mouster suffisamment fondé, demandeurs d'une part, et Jehan Marchent, clerc, procureur et en nom de procureur de Jehan Belinea l'enné suffisamment fondé par inpotence, deffendeur d'autre part; sur ce que lesd. religieux disoient et proposoient contre led. Belinea que feu Jehan Chauceron avoit donné octroyé à legate ausd. religieux

1367.
7 mai.

en nom que dessus, pour le salut et redempcion de son âme, c'est assavoir cincq sols en deners, deux chappons et troys gelines d'annuelle et perpetuelle rente en et sus tous ses biens meubles et immeubles, presens et futurs, et à rendre et payer èsd. religieux lad. rente il avoit obligé soy, ses hers et tous ses biens dessusd., et que led. Chauceron par luy ou par autres en son nom et de son commandement, luy avens ferme et estable, en avoit fait saisine et poccession èsd. religieux ou à autres en leur nom, eulx avens ferme et estable, par plusieurs an et par plusieurs foiz ; et que led. Chauceron estoit alé de vie à trespaz et que led. Belinea par luy ou par autres en son nom et de son commandement, luy avans ferme et estable, s'estoit emparé de certains lieux et les avoit et tenoit, à monstrer par le jugement de la court de ceans, sis pres de Bersonère, lesquelx furent aud. feu Chauceron et que il avoit et tenoit au temps de lad. obligacion ; et requeroient lesd. religieux en nom que dessus contre led. Belinea que il leur continuast et fist la saisine et la poccession delad. rente ou leur deguerpist lesd. chouses à lui monstreez par jugement, si mieux ne volie paier lad. rente de seize ans, par lesquelx lad. rente ne leur avoit esté pas paiée, et que led. Belinea avoit cogneu et confessé lesd. chouses estre vrayes plusieurs foiz et en plusieurs lieux, et requeroient lesd. religieux en nom que dessus que led. Belinea leur fust condampné par jugement ond. chouses. Laquelle demande ainsi desclerée, monstrée, jugée, faite, enterignée en lad. demande, led. Belinea advouha à garie la deguerpie Regnault de Villeneufve deffunct, tant en son nom que come interessée ou loyale amministeresse de ses enfants et dud. Regnaut myneurs d'âge par tant que il lui touche ou puet toucher et doibt en nom que dessus, et Jehan de Villeneufve hers principal dud. feu Regnaut par tant que il luy touche. Emprès ce furent donnez plusieurs declaracions aud. Belinea pour avoir lesd. gariens où l'un d'eulx, et pour ce que lad. deguerpie en nom que dessus et led. Jehan de Ville neufve furent suffisamment requis, come dit led. Belinea, et appellez par devant nous à la requeste dud. Belinea, si come il nous est deuement apparu suffisant par la relacion de Estiene Coillaudin, sergent de lad. court, faicte à nous par led. sergent de vive voiz, ont esté dit negligens et en deffaut de venir prandre led. gariment desd. chouses, avons condampné par jugement led. Belinea en la personne de sond. procureur en la demande desd. religieux, c'est assavoir à deguerpir lesd. choses de lad. rente, si mieulx ne voloit faire et continuer èsd. religieux la saisine et la poccession de lad. rente dores en avent perpetuaument et à leur rendre et paier les arrerages de lad. rente de seize ans derrers passés et en la somme de quinze livres monnoie courante pour les despenses et dommages du plait et en la demande pour chef de querelle envers la court. Donné soubz nostre scel end. assises de la Menrrière, tenues par nous led. seneschal ensemblement o le seel establi en lad. chastellenie pour led. noble, lequel nous voulons que y soit mis à plus grant affirmacion et qu'elles soyent doublées, le jour du vendredi avent la translacion St Nicolas, l'an de grace mil troys cens soixante et sept.

213. Don par Pierre Mareschaut à Jeanne Suchaud de divers immeubles sis à Olonne. (Cart^e n° 145.)

1367.
26 juillet.

A tous..... Jehan Cheviller, garde du seya establi ès contraiz à Fontenoy le Comte pour très excellent prince m^{gr} le prince d'Aquiptaynne et de Gales, salut en Dieu Nostre Seigneur pardurable. Sachent touz qu'en droit par davent nouz personnelment establi Perrot Mareschau se confessa soy avoir donné et octroyé et encore pour la teneur de ces presentes lectres donnet et octroyet à Jehanne Suschaude, pour les boms et leaulx serviges jà pecza de lad. Johanne aud. Perrot faiz et desquelx il se tenet pour bien

17

appaié et en clame quipte lad. Johanne, pour donacion pure et absolue entre vis et non revocable, les choses qui s'ensuyvent : c'est assavoir une maison sise en la ville d'Olonne en la terre de monsʳ de Thouars, tenent à la maison dud. Perrot qui fut jadis à Jehan Bodet et à sa femme, l'une partie et l'autre à Jehan dau Guy et Vernetone, sa femme, ensemblement o la porte et l'alée par laquelle l'on vait au puyz et led. pouyz de lad. maison ; Item, ung cortil tenent à lad. maison, aligné dau puygnon de la maison dud. Perrot envers le cymentère et vait aligné au cortil à la Gachete envers la Requeire ; Item ung cortil sis à Gisler, tenent au cortil de Maurice Requien ; Item, ung journault de vigne assis en plantes de Gisler, en fié monsʳ de Thouars ; Item, une corde de vigne, en fié de Champclox sus Freler et sus Perrot Blanchardin, tenent à la vigne à la feille Desirée ; Item, la terre par dessouz Abouerea ; Item, sept seillons de terre sis en terrour de Gisler, tenent à Jehan Suretea et à la fille Desirée ; Item, cincq seillons de terre sis en terrour de Gisler, appellez les champs Orgriez, tenent à la Lavandère et à Perrenelle Montouselle ; à avoir, tenir, possider et explecter les chouses dessusd. de lad. Johanne et des siens et de ceux qui de lie ont ou auront cause, empreys la mort dud. Perrot et non avent, perpetuaument, pasiblement, franchement et quiptement, ob payent les devoirs enciens ès-seigneurs feaudaux, si aucuns en y a ; et lesquelles choses led. Perrot a promis..... et juré..... et a renuncié..... En tesmoign..... a donné..... lectres seellées ..... du seel dessusd. Et nous addecertes Jehan Cheviller, garde dud. seel..... à la feal relacion de Estiene de Bouign..... Donné garens presens Guillaume Rivart et Jehan Fremillon, le lundi emprès la Magdalenne, l'an mil CCC soixante et sept. E. de Bouign, passeur.

214. Don par Pierre Mareschaut à Etienne Bugeon et Hylarie Grolier, sa femme. (Cart° n° 199).

A tous. . . . . Jehan Boscher, garde en celuy temps du seel establi ès-contraiz en la chastellenie du Chastea d'Olonne pour noble et puissant seigneur mons' Loys, vicomte de Thouars, s^{gr} de Thalemont et dud. lieu, saluz en Nostre Seigneur pardurable. Sachent touz que par davent Jehan de Moustaing clerc, juré et notaire de la court dud. seel, personnellement establiz Perre Mareschaut suyre, demourant en la ville d'Olonne, d'une part, et Estiene Bugeon taillander et Hylère Grollère, sa femme, lad. femme suffisamment et sollempnement auctorisée dud. Estiene son seigneur et espoux quant à faire les choses qui s'ensuivent, demourans en lad. ville d'Olonne, d'autre part; led. Perre Mareschaut non contrainct, non perforcé, ne par barat ad ce induyt ne ammonnesté, mès de son bon gré, de son propre esmovement, bien adcertaynné de son propre fait et de sa certaynne science, pour les bons, feaulx, leaux et agreables serviges que lesd. conjoins luy ont fait, desquelx il se tient pour content, pour apaié et satisfaict et en releva lesd. conjoins de toute charge de preuve, et pour ce quar très bien luy plest, donna, quipta et octroya, deguerpit et delessa, ceda et transporta, tant pour luy que pour ses hers et successeurs et pour tous ceulx qui de luy ont ou auront cause perpetuelment aud. conjoins, à leurs hers et à leurs successeurs et à ceulx qui d'eulx auront cause perpetuelment, lesd. conjoins ad ce presens, prenans, acceptans et retenans led. don, cession et transport, la proprieté, le droit et la seignourie de tout le droit et la raison qui à luy compectet et appartenet, peut et doit compecter et appartenir par quelxcomque cause, droit, nom, titre et action quelxcomque en toutes et chacunes les choses qui jadix furent à Nicholas Suretea et à Pernelle, sa femme, jà deffuncts, et à Heutaisse,

1368.
7 décembre.

leur feille, jà deffuncte, jadix femme dud. Perre Mareschaut, soyent lesd. choses maison, vergers, ruagez, carruagez, cortillagez, terres, veignes, prez et autres choses quelxcomques ; et en oultre la terce partie de tous ses biens meubles, retenu aud. Perre Mareschaut usufruit end. choses durant le cors de sa vie tant seulement, et retenu aussi aud. Perre Mareschaut tous les acquests faiz entre lui et lad. feue Eutaisse Suretelle, sa femme, durant le mariage d'eulx deux, pour en faire toute sa plenère et delivre volunté à mort et à vie perpetuelment et sans nul contredit; à avoir, tenir, user, prandre, demander, possider et explecter toutes et chacunes les choses dessusd. par lesd. conjoins, leurs hers et successeurs et par tous ceulx qui cause auront d'eulx à proprieté, à droit et à domaynne, pour en faire leur plenère et delivre volunté perpetuelment et sans nul contredit, retenu aud. Perre Mareschaut son usufruit end. choses et tous les droiz acquests à perpetuité, come dit est, et sans ce que lesd. conjoins ne autres pour nom d'eulx en puissent jamès durant le viage dud. Perre Mareschaut renz empirer, vendre, permuter, doner ne aliener encontre cestuy don et ad ce revoquer ne venir, obicer ne atempter encontre en aucune manère. Et si de fait lesd. conjoins ou autres par nom d'eulx le faisoient dores en avant, qu'il soit dès ycy et dès jà tenu pour non fait et de nul effect et de nulle valeur et que toute audience de tout juge leur soit interdicte. Et ont promis lesd. parties. . . . . ont renuncié. . . . . et juré. . . . . En tesmoign. . . . . ont donné. . . . . lectres doublées et seellées du seel dessusd. . . . . à la relacion dud. Jehan de Moustaing. . . . . Ceu fut fait et donné presens, garens ad ce appellez et requis. Perre Ameron et Nicholas Doyron, le septiesme jour du mois de decembre l'an mil troys cens soixante et huyt. J. de Moustaing.

215. Accord entre l'abbé Pierre du Bourg et ses religieux. (Carte n° 391.)

In nomine Domini, amen. Universis presentis instrumenti publici seriem inspecturis pateat evidenter quod die septima mensis marcii, videlicet die mercurii post dominicam qua cantatur in ecclesia Domini Oculi mei, in cappitulo monasterii S^ti Johannis de Orbisterio, ordinis S^ti Benedicti, Luconensis diocesis, circa horam nonam, indicione septima, pontifficatus sanctissimi in Christo patris ac domini nostri domini Urbani Dei digna providencia pape quinti anno septimo, et anno ab Incarnacione dominica millesimo tricentesimo sexagesimo octavo, in mei notarii publici infrascripti et testium subscriptorum presencia personaliter constitutus Reverendus in Christo pater, frater Petrus de Burgo, permissione divina humilis abbas monasterii antedicti, ad minoracionis vicium removendum ac sui ipsius et successorum suorum et conventus ejusdem monasterii consulere commodis et precavere dispendiis cupiens, ut dicebat, et quare, ut idem abbas allegavit, ad infrascripta facienda posset in futurum per superiores suos auctoritate ordinaria coartari, cum consilio et accensu tocius conventus sui, nullo aliquatenus discrepante, Sancti Spiritus gracia primitus invocata, statuit ac eciam ordinavit in modum qui sequitur et in formam : quod cum diu ante per antecessores suos fuisset ordinatum et usque in hodiernum diem in eodem monasterio extiterit observatum quod abbas dicti monasterii, qui pro tempore foret, dicto conventui suo de ustensilibus ad potandum providere tenebatur et tenetur, atque pro dicta servitute, quam dictus abbas et ejus successores dicto conventui tenentur facere, et pro faciendo unum anniversarium quolibet anno specialiter pro ipso domino abbate in ecclesia dicti monasterii pro salute et redempcione anime sue, non

1369.
7 mars.
(1368, v. st.

obstante hoc quod dictus conventus secundum statuta ordinis sui quolibet anno et pro quolibet abbate deffuncto facere tenetur, voluit et consensiit dictus abbas pro se et successoribus suis quod omnes aqueste seu covrencie quas poterunt vel possent facere vel acquirere religiosi dicti conventus monasterii prefati aliquo casu, titulo vel ingenio temporibus futuris a quibuscumque personis, religiosis, ecclesiasticis et secularibus, sint et remaneant ex nunc in perpetuum dicto conventui successoribusque suis dicti conventus, una cum omnibus et singulis donacionibus quibuscumque et a quibuscumque personis religiosis et aliis faciendis dicto conventui et ad respectum dicti conventus de quibus se voluerit honerari; ita tamen quod dictus conventus servicia et alia honera racione donacionis, adquisicionis vel alii in se suscepta tenebitur facere, absque eo quod dictus abbas in aliquibus teneatur; et cum uno sextario siliginis bone et mercabilis, ad mensuram de Motha Achardi, annui et perpetui redditus quod reddere et solvere tenetur dicto domino abbati singulis annis in quolibet festo Assumpcionis B^{te} Marie Virginis Johannes Chaisteigner in vilagio de la Beraudere, quod sextarium siliginis annui et perpetui redditus dictus abbas adquisivit ab eodem; que omnia et singula premissa dictus domiuns abbas voluit et consensiit quod dictus conventus haberet et levaret, possideret et explectaret, recipiet et percipiet per se vel per alium ejusdem conventus nomine et mandato ex nunc et in perpetuum, nichil aliud in premissis pro se nec pro successoribus suis ad se in eisdem retinendo. Item, voluit et consensiit dictus abbas quod quoddam breviarium, cujus de presenti frater Stephanus Affouardi possidet, obtinet, de consensu ipsius fratris Stephani religiosi ipsius monasterii, quantum sua interest, ex nunc et in perpetuum remaneat conventui antedicto et suis futuris successoribus in futurum, absque eo quod dictus abbas et sui futuri successores dictum breviarium valeant exigere vel retinere quoquo modo, sed remaneat eisdem conventui tanquam thesaurus et domanium eorumdem. Et ut predicta statuta, convenciones et concordie futuris temporibus inviolabiliter valeant observari, prefati abbas et conventus Reverendo in Christo patri ac domino domino Luconensi episcopo, licet absenti, tenorem presentis instrumenti publici humiliter supplicaverunt quatinus dignetur in et super hujus modi statutis et ordinacionibus et concordiis apponere auctoritatem suam ordinariam et ea laudare, ratifficare et approbare et sui interposicione decreti confirmare et presens instrumentum sui sigilli, una cum sigillis eorumdem et signo mei notarii publici infrascripti, appensione muniri. Insuper, sepedicti abbas et conventus non nullorum maliciis et fraudibus quantum cum Deo possint obviare volentes, cum instancia requisierunt per me notarium infrascriptum unum, duo, tria, quatuor vel plura confici publica instrumenta unius et ejusdem tenore observanda ubicumque voluerint. Nos vero Guillelmus, miseracione divina Luconensis episcopus, quia diligenter inquiri fecimus per certos commissarios a nobis deputatos et commissos utrum premissa redundarent in utilitatem et commodum dictorum abbatis et conventus, quia per inquestam per dictos commissarios super premissa factam nobis relactam nobis constitit atque constat premissa sic gesta et concordata redundare non modicum in utilitatem et commodum dictorum abbatis et conventus respective, idcirco ea laudamus, ratifficamus et approbamus et per nostri interposicionem decreti confirmamus, ut perpetuo convallescant. In quorum omnium fidem et testimonium, nos episcopus, abbas et conventus predicti, quantum ad quemlibet nostrum spectat et nos et nostrum quemlibet tanget, presentibus licteris sive in instrumento presenti publico sigilla nostra quibus in talibus utimur duximus apponenda. Acta fuerunt hec presentibus et audientibus venerabilibus et discretis viris, dominis Dionisio Galteri rectore ecclesie de Castro Olone et Johanne Bernardi, presbiteris, et Guillelmo Mesnager seniore, testibus ad premissa vocatis et rogatis, anno, die, mense, hora, indicione et pontifficatus predictis. Et ego Guillelmus de Ponte Vite clericus, Lucionensis diocesis oriundus, publicus apostolica et imperiali auctoritate notarius, premissis omnibus et singulis, dum sic in dicto capitulo agerentur et concordarentur modo et forma quibus supra scribitur et narratur, una cum testibus suprascriptis presens fui et presens instrumentum publicumque per alium scribi feci, me tunc pluribus arduis et inevitabilibus negociis occupato, et in hanc formam publicam redegi et hic me subscripsi et signum meum apposui cum instancia requisitus et eciam rogatus.

216. Don d'un pré, dans la paroisse du Bernard, fait par Pierre Bardon. (Cart^e n° 252.)

1370.
8 janvier.

Notum sit omnibus quod ego Petrus Bardon confiteor et recognosco me dedisse et concessisse et adhuc do, concedo, donacione perpetua et inrevocabili facta inter vivos, Deo et ecclesie, abbati et conventui B^{ti} Johannis de Orbisterio et suis unum pratum situm et situatum in parrochia dau Bernard, continentem in se jornalia quatuor falcatorum vel circa, retento michi predicto Petro usufructum in dicto prato quamdiu vixero solum modo, pro salute et redempcione anime mee et parentum meorum et pro essendo in precibus dictorum abbatis et conventus et quod teneantur facere perpetuo in quolibet anno unum anniversarium de octo missis in die obitus mei solemniter celebratum et cantatum; habendum..... cedens et transferens..... promictens ... renuncians....juravique.... In cujus rei testimonium dedi..... licteras sigillo venerabilis et honnesti viri domini decani Marolii sigillatas..... Et nos vero gerens vices domini decani predicti..... ad relacionem Petri Rouffini clerici..... Datum testibus presentibus et vocatis Mauricio de [Vergerio] valeto, Symone Noyron presbitero et Petro Dalet alias Pison, die martis post Epiphaniam Domini, anno ejusdem M° CCC° sexagesimo nono. P. Rouffin.

217. Faculté de réméré accordée par Savary de Boisregnart au prieur de Curzon. (Cart⁰ n° 244).

1371.
10 décembre.

Sachent touz que par devant Jehan Garnaudea clerc, juré et notaire de la court du seel establi ès-contraiz en la chastellenie de Thallemond, en droit personelment establi noble homme monsʳ Savari de Bois-Regnart, chevaler, que come il ayt acheté et aquesté de Estiene Coillebaut, prieur de Curzon, un quarter de froment, mesure de Thallemond, d'annuelle et perpetuelle rende rendu et poié en chacune feste de Nostre Dame me-aoust en son herbergement de Curzon, pour le priz et quantité de soixante diz et huyt souls monnoie courante, pour lesquelx led. chevalier baillat troys deners d'or appellez francs; sachent touz que led. chevaler, de son bon esmouvement sans nulz perforcemens vousist, consentit et accorda et encores veust, consentet et accordet quar si led. Estiene apportet, offret et livret aud. chevaler lad. some d'or au dedans de la feste de Sᵗ Michea prochainement venant et arreages, si aucuns en sont deuz, que il soit et demeure perpetuelment quipte, delivré et franc de lad. debte envers led. chevaler et les siens, sans aucun contredit ne empeschemens. Et lesquelles choses toutes et chacunes led. chevaler a promis. . . . . renunciant. . . . En tesmoign. . . . . a donné. . . . . presentes seellées . . . . . dud. seel. Et je led. Michea, garde d'yceluy . . . . . à la feal relacion dud. mon juré. . . . . Fait et donné et jugé presens, requis et appellez, Frerabraz de Challonge, André Sourdin, Martin Savary, le xɪxᵉ jour du moys de decembre, l'an mil CCC soixante et unze.

248. Réception d'un aveu rendu à Savary de Vivonne, sgr de Thors et des Essarts [1]. (Carte n° 215).

1372.
24 juin.

Nous Savari de Vivone, sgr de Thors et des Exars, fasons assavoir à tous par la tenour de ces presentes que le jour de la feste de la Nativité St Jehan Babtiste, l'an mil IIIc soyxante et douze, receusmes à nostre homme de foy plain frère Guillaume Baudet, procureur et en nom de procureur des religieux et honestes l'abbé et le convent de St Jehan d'Orbester, avens povoir de faire foys et hommage et seremens de fealtés, si come il nous est apparu par une procuracion seellée des seelx dud. abbé et convent de laquelle nous avons retenu copie par devers nous, des choses desquelles les predeccesseurs dud. abbé et convent avient acoustumé à faire foys et hommage à nous et à noz predecesseurs à cause de nostre houstel des Exars et par cause de leurd. mouster [2].

---

[1]. Quatre autres actes conçus en termes semblables mentionnent la présentation ou réception du même aveu à différentes époques. L'analyse la plus sommaire en paraît suffisante.
7 septembre 1424. Offre d'hommage par Nicolas abbé à Jean Labbé, commis et député par monsr Richard, fils du duc de Bretagne, cte d'Etampes et sgr de Clisson, pour recevoir les foys et hommages dus au dit sgr en pays de Poitou. (Carte n° 277.)
19 octobre 1424. Présentation du même aveu par écrit aux assises des Essarts, tenues par Jean Fouquerant, sénéchal du dit lieu, faite par Perrot Dorin, procureur de l'abbé et du couvent. (Carte n° 278.)
9 novembre 1430. Présentation du même aveu par écrit aux assises des Essarts, tenues par Nicolas Meignen, sénéchal du d. lieu, faite par Jean Bertrand, procureur de l'abbé et du couvent. (Carte n° 275.)
11 août 1439. Offre d'hommage à made la Ctesse d'Etampes, comme ayant la garde et gouvernement de monsr le Cte d'Etampes son fils, faite par Jean Perrot, procureur de l'abbé et du couvent, reçue par Jean Macayre, sénéchal dudit lieu; dans laquelle il est dit que frère Loys abbé, obs-« tant l'empeschement des gensd'armes qui sont de present sur le pays, « ne osoit venir faire en sa personne le d. hommage. » (Carte n° 288.)
[2]. La moitié par indivis de l'hotel et hebergement de Vairé, tenu à foy et hommage plain et 5 sols de service en chacune fête de St Jean-Baptiste.

Et lequel procureur en nom de procureur nous a fait foy et serement de fealté, en nom et povoir dud. abbé et convent, d'eschiver nostre dommage et de procurer nostre proffit, come homme plain de foy est tenu de le faire à son seigneur. Et avons commandé aud. procureur, et aud. abbé et convent en sa personne, bailler par escript le fié qu'il tient par hommage de nous dedans le temps de la coustume, et si fait ne l'a nous metons désjà les choses comprinses end. hommage. en nostre main, et auxi avons commandé aud. procureur. que icelles choses il les metent hors de leur main et entre mains de primers possesseurs dedans le temps de la coustume, mesmement coment il les ont acquises de nouvel de gens seculiers, en continuant les commandemens autreffoyz faitz, ou en faisant noveas commandemens si mestier est; garens à ce presens et appellés, Guillaume et Jehan des [Essars], Jehan Prevost, messire Perre Maugars presbtre et plusieurs autres. Donné et fait et seellé de nostre seel, sauve nostre droit et l'autruy, l'an et le jour que dessus.

219. Echange avec Jean Santeron. (Cart° n° 156[1].)

A tous. . . . . Jehan Santeron, de la ville de Vayré, d'une part, et frère Guillaume Baudet, procureur fondé et en nom de procureur dau mouster de S*t* Jehan d'Orbester, d'autre part, saluz en Dieu Nostre Seigneur. Sachent tous que personelment establi en droit Jehan dessusd. cognoys et confesse moy avoir baillé, livré, octroyé et encores bail, livre. . . . . toutes et chacunes les. . . . . feille feu André . . . . . moy led. Jehan Santeron, sises lesd. choses en la

1372.
29 septembre.

---

1. Cette charte est fort détériorée ; impossible de déchiffrer plusieurs passages. Il est regrettable particulièrement de ne pouvoir lire le nom de famille de l'abbé dont on ne peut voir que la terminaison *lle*.

paroisse de Landeveille en ung village vulgaument appellé la Gaubretère, en paent led. procureur tous devers et. . . . . sont sur les choses dessusd.; à avoir, tenir, user, possider et explecter toutes et chacunes les choses dessusd. . . . . daud. mouster perpetuaument, dores en avent, pasiblement et quiptement; en eschange et permutacion perpetuau d'ung quarter de seille, à la mesure du pays, d'annuau et perpetuau ferme, assis sur les choses que tenoit feu Regnaut de . . . . . en ung village vulgaument appelé la Feronère, en la paroisse dud. Landeveille, lequel quarter de seille religieux homme frère Nicholas. . . . . abbé en celuy temps dau dessusd. mouster autreffoiz avoit baillé à moy led. Jehan Santeron si come il appert. . . . . par ces lectres seellées des seax. . . . . daud. mouster. Lesquelles choses dessusd. toutes et chacunes d'icelles je Jehan Santeron dessusd. promet. . . . . et renuncie. . . . . et ay juré. . . . . En tesmoign. . . . . ay donné. . . . . lectres seellées du seel establi à St Gile-sur-Vie. Et je adecertes porteur et garde dud. seel. . . . . à la relacion de Perrot Sanzin clerc. . . . . Fait et donné garens à ceu presens, Jehan Morisson et Perrot Veillet le [mercredi] feste de St Michel archange, l'an de grace mil troys cens soixante et douze. P. Sanzin.

220. Arrentement d'une maison fait par Guillaume Bernardeau à Guillaume Vasnier. (Cart^e n° 349.)

1372.

Sachent. . . . . que je Guillaume Vaxnier cognoys et confesse moy avoir pris et affermé et encores afferme par manère d'affirmacion perpetuau de Guillaume Bernardea, de Champcloux, tout le droit et la raison que led. Guillaume a en une maison assise à la Popetère, tenant à la maison à Katerine Gaschete vulgaument appellée Friouze, pour le priz de diz sols de ferme seu rente chacun an perpetuaument en chacune feste de Nostre Dame Virge me-aoust, paiez et renduz aûd. Guillaume Bernardea et à ses hers et successeurs qui de luy auront cause perpetuaument, chacun an et chacune feste susd.; à avoir, tenir, lever, uzer, possider et explecter daud. Guillaume Bernardea, de ses hers, successeurs et de tous ceulx qui de luy auront cause perpetuaument lesd. diz sols monnoie courante d'annuau et perpetuau ferme. Et promet..... et ay renuncié..... serement.... En tesmoign...... ay donné..... lectres seellées..... du seya establiz ès-contraiz en la chastellenie du Chastea d'Olonne pour très noble et puissante damme madamme Isabeau d'Avougour vicomtesse de Thouars, damme dud. lieu..... Fait et donné et jugé, sauf le droit de lad. court et tout autruy, ad ce presens, garens et appellez, Jehan Fourner, Hileret Gauteron, Colin Vaxnier, le jeudi emprès la feste sainct apoustre [1], en l'an de grace mil CCC soixante et douze. C. Jeudi.

221. Don par Guillaume Civalon au prieuré de Marigné. (Cart^e n° 355.)

1374.
15 avril.

Universis..... officialis Luconensis salutem in Domino. Noverint universi quod in presencia Nicholai Fabri, clerici, curie nostre notarii et jurati commissariique nostri quo ad hec que secuntur, personaliter constituti religiosus vir frater Guillelmus Normani, prior prioratus de Margneyo, membri monasterii S^{ti} Johannis de Orbisterio, ex una parte, et Guillelmus Civalon, parrochianus S^{ti} Vincencii super Grahon, ex altera; predictus Guillelmus Civalon non vi, non metu, nec aliqua mala machinacione ad hec inductus, sed sua mera liberalitate et spontanea voluntate, dedit et conces-

---

1. Sic. le copiste a omis le nom de l'apôtre.

sit, donacione facta inter vivos et sine spe revocandi in futurum, Deo et prioratui S^{ti} Salvatoris de Margneyo predicto et predicto fratri Guillelmo priori dicti loci, in puram et perpetuam helemosinam, tres pecias terre sitas in parrochia S^{ti} Vincencii super Grahon; predictarum quarum peciarum terre una est sita apud Ladonne, continentem in se viginti sex sulcos terre vel circa tam longe versonnie quam curte, et tenet dicta pecia terre Petri Buent, ex una parte, et terre monasterii B^{te} Marie de Brollio Gollandi, ex altera; et secunda pecia terre est sita apud [Laraon] et continet in se viginti septem sulcos terre vel circa tam longe versonnie quam inallia curta, et tenet, ex una parte, ad terras es Guillelmins et ad terram Stephani Paillisson, ex altera; et tercia pecia est sita retro noham Aubuni et continet viginti septem sulcos terre vel circa, et tenet, ex una parte, ad terram dicti Chubait et ad terram Stephani Paillisson, ex altera parte. Tradiditque idem Guillelmus Civalon et concessit priori prioratus predicti, causis et racionibus antedictis, duodecimam partem domus prioris continentem quatuor jornalia vel circa, siti apud la nohe Aubuni, partentem cum dictis les Finez et cum dictis les Guillemins; habenda, tenenda et explectanda omnia et singula premissa, prout premictitur, a dicto fratre Guillelmo priore predicto et aliis prioribus, qui pro tempore fuerint in perpetuum priores dicti loci, pacifice et quiete. Cedens et transferens. . . . . . promisitque . . . . . deffendere et garire ab omnibus deveriis, honeribus, obligacionibus, perturbacionibus, impedimentis quibuscumque et specialiter et expresse versus Petronillam, uxorem suam, de dote qui sibi competeret et competere posset eidem Petronille in premissis sub obligacione. . . . . lide ab eodem. . . . . renuncians. . . . . In cujus rei testimonium . . . . . .dedit. . . . . . presentes licteras sigillo curie nostre quo ad contractus utimur sigillatas. Nos vero officialis predictus. . . . . . ad fidelem relacionem predicti Nicholai Fabri. . . . . Datum testibus ad premissa vocatis et rogatis, Guillermo Guillemin, Anthonio Brahonnea et Thoma Filleron, die sabbati post octobas Pasche, anno Domini millesimo CCC° septuagesimo quarto. N. Fabri.

222. Arrêt rendu aux assises de Talmont contre le procureur dudit lieu. (Cart^e n° 153.)

Sur ce que le procureur de la court poursuivoit les religieux abbé et convent de St Jehan d'Orbester, comparoissans par frère Guillaume Baudet leur procureur suffisamment fondé, et disoit que Guillaume Sallebeuf estoit mort vestu et saisi de plusieurs biens meubles et immeubles et Colete Davie, sa femme, sans hers de leur chair ou autres qui puissent et deussent se faire heriters d'eulx ou de l'un d'eux, lesquelx biens appartenent à la court comme biens vacans, concluent contre lesd. religieux tenens et avens lesd. biens qu'ilz fussent condampnez à les delaisser. Lesd. religieux proposoient à leurs deffences que led. Guillaume Sallebeuf et lad. Colete avoient donné au derrer vivent d'eulx tous leurs biens et que lad. Colete comme sourvivente avoit pris et apprehendé la saisine et poccession des biens dud. Salebeuf, et que lad. Colete estoit donnée èsd. religieux pour la provision de son corps, laquelle provision lesd. religieux luy avoient faicte à son temps et offert à faire, que quessoit par eulx n'estoit demeuré si elle ne luy avoit esté faict; desquelx dons transpors il offroyt à faire prest et convenable enseignement. Sur lesquelx faiz informacion fut faicte par maistre Jehan Boutaut, chastellain de Thalemont pour mons^r le duc d'Anjou, et par Guillaume de Sanay procureur d'iceluy. Laquelle informacion veue et leue et trouvées les chouses par lesd. religieux proposées estre vrayes, par le conseil et advis dud. chastellain et de Perre Macé, receveur de mond. s^r en Thallemondoys, et par le conseil et advis de plusieurs

1374.
19 juillet.

autres sages, lesd. religieux avons absoubz de lad. demande et poursuyte, et levée par la main de la court au prouffit desd. religieux, si aucune avoit esté assise sur lesd. chouses par 'l'aventd. cause. Fait et donné par davent nous Jehan Royrand, seneschal de Thallemont pour mond. s^r le duc d'Anjou, soubz son seel establi ès contraiz en la chastellenie de Talemont et soubz nostre seel, le mercredi avant la feste de la Magdalene, l'an mil troys cens soixante quatorze.

223. Arrentement d'un hebergement, en la p^{sse} de St Hilaire de Talmont, à Colin de Bellenoue. (Cart^e n° 331.)

1374.
19 décembre.

A tous. . . . . Colin de Belle Nohe, parrochien de St Hylère de Thalmont et demourant en ung lieu vulgaument appellé Laustumère, saluz en Dieu Nostre Seigneur pardurable. Sachent touz presens et futurs que je led. Colin cognoys et confesse moy avoir pris et accepté pour moy et pour mes hers et pour mes successeurs et pour touz ceulx qui de moy ont et auront perpetuaument cause de frère Nicolas, humble abbé du mouster de St Jehan d'Orbester, et du convent d'icelluy lieu et encore prans et accepte perpetuaument les chouses qui s'ensuivent: c'est assavoir ung hergement assis et comprins en lad. parochie de St Hylère end. lieu de Laustumère, o toutes et chacunes ses appartenances, circonstances et appendances, c'est assavoir courtilx, ruages, cayruages, vasois, bociz, vivers, rivère, prez, vignes et une ousaye, assises et comprinses lesd. chouses et chacune d'icelles pour soy en fié, en la seigneurie et juridicion des seigneurs du Broyl, entre le grant chemin qui vait et vient de la maison Champion au pont de Laustumère, d'une part, et l'achenal qui vait et vient dud. pont de Laustumère a l'erbergement des hers de feu Jehan de Bellouche et des hers de feu Perrot Sauvage et, d'autre part, au cayruage qui

vait et vient de la maison dud. Champion à la maison de
Jehan Requain des Tebleriez, et led. herbergement assis davent et auproys d'un four à cuyre teble qui est aud. Champion et Requain, et led. cayruage qui est en terme led. four
et led. herbergement; Item, deux peces de terre assises end.
fié des seigneurs du Broyl, contenant en elles dix boecellées ou
environ, poy plus poy moins, l'une terre tenant, d'une part, à
la terre de Jehan Requain et, d'autre part, à la terre de Jehan
Taconnet autrement appellé Camus, et l'autre pièce de terre
se tenant, d'une part, à la terre de . . . . . [1] et dou chief
dessoubz au chemin par lequel l'on vait de Laustumère à la
Raquaudère, et six sols de monnoie courante d'annuau et
perpetuau rente, lesquelx leur doit perpetuaument touz les
ans en chacune feste de . . . . . . led. Camus Taconnet à
cause de feue Collete Davye, jadis leur donnée et jadis femme
de feu Salibef, et lesquelles choses dessusd. et chacune d'icelles
pour soy furent jadis à lad. Colete et aud. Guillaume jadis son
seigneur, pour quatre livres de monnoie courante d'annuau
et perpetuau rente, rendables et poyables perpetuaument
touz les ans de moy led. Colin ou de mean dessusd. èsd.
religieux et à toulz ceulx qui d'eulx et de leurd. mouster ont
et auront cause perpetuaument en leurd. mouster en quatre
festes, c'est assavoir en chacune feste de Pasques vingt sols
de monnoie courante, en chacune feste de la nativité St Jean
Babtiste ensuivant vingt sols de monnoie courante, et en chacune feste de St Michea archange ensuivant vingt sols de
monnoie courante, et en chacune feste de Noel ensuivant
vingt sols de monnoie courante. Et lesquelles chouses dessusd. et chacune d'icelles pour soy les dessusd. abbé et convent
m'ont baillé perpetuaument pour lesd. quatre livres de monnoie courante d'annuau et perpetuau rente, si come il est
plus à plain contenu en unes lectres sur ceu confectez et les-

---

1. Cette confrontation et une date ci-dessous en blanc dans le Cartulaire.

quelles ilz m'ont données et seellées de leurs propres seaulx et desquelx ilz usent en telles choses. Es quelles chouses dessusd. . . . . ay obligé. . . . . renunciant. . . . . serement. . . . . En tesmoign. . . . . ay donné. . . . . lectres. . . . . seellées. . . . . du seel duquel l'on uset ès contraiz en la chastellenie de Thalemont pour très haut, noble et puissant seigneur mons{{r}} le duc d'Anjou, s{{gr}} dud. lieu de Thalemont, ensemblement et du seel de la court de honorable homme, sage et discret, mons{{r}} le dain de Thalemondoys. Et nos vero Johannes de Cheza presbiter, tunc temporis gerens vices dicti domini decani Thallemondensis et tenens et custodiens sigillum curie dicti venerabilis. . . . . ad relacionem Nicolai Tesson clerici. . . . . testibus presentibus et audientibus Guillelmo Vincenter presbitero, Dionisio Veillet, Andrea Giraut, clericis, Johanne Jobertea et quam pluribus aliis. Datum, actum et judicatum xix^a die mensis decembris, anno Domini millesimo tricentesimo septuagesimo quarto. N. Tesson.

224. Ratification par Bertrande Chabot d'une transaction faite par Pierre de la Saminière, son mari. (Cart{{e}} n{{o}} 106.)

1374.
31 décembre.

Sachent touz que come contemps fussent autreffoyz esmehu par devant nous Jehan Royrand, seneschal de Thalmont et d'Olonne pour mons{{r}} le duc d'Angeou, s{{gr}} des lieux dessusd., entre Perre de la Saminère à cause de Bertrande Chabote, sa femme, d'une part, et Regnaud de la Forest, d'autre, sur le debat de doze livres de rente, à us et à coustume de Brandoys, avecques les arrerages de cinq ans, que Margarite Gauveygne, mère dud. Regnaud, de laquelle il avait transport tant par son droit que come heriter de Jehan de la Forest, son frère, avoit autreffoyz donné et promis à Caterine sa feille, mère de lad. Bertrande, en la proloqucion du mariage à contracter de lie. et de Jehan Chabot, père de lad. Bertrande, sur lequel debat lesd. parties estient venues à certaynne transaction et accord, laquelle transaction et accord avoit promis led. Saminère faire tenir et avoir o tout estable à lad. Bertrande, sa femme, et en avoit obligé ses biens, si come cestes chouses sont plus à plain contenues en la lectre dud. accord, lad. Bertrande aujorduy establie en droit personnelment par devant nous seneschal dessusd. ratiffia, confirma, loua et approuva, o l'auctorité dud. Saminère son seigneur, touz et chacuns les accors, transaccions, quiptances et renunciacions et promesses contenues en icelles. Et lesquelles choses et chacune d'icelles promit et sera tenue lad. Bertrande, o l'auctorité que dessus, tenir, garder et acomplir fermement et leaulment sans venir encontre, et en fut jugée et condampnée de son assentement par le jugement de la court de mond. seigneur. Fait et donné soubz le seel establi ès contraiz en la chastellenie de Thalmont pour mond. seigneur, ensembleement o le noustre, presens ad ce maistre Johan Boutaut, Perre de la Garinère, Jehan Bouscher et plusieurs autres, le derrer jour du moys de decembre, l'an mil troys cens soixante et quatorze. J. Boschart, de mandato judicis.

225. Arrentement d'une maison à Olonne consenti à Vincent Nantoys. (Carte n° 102.)

A tous. . . . . . Martin Roillon, garde du seel establi ès contraiz en la chastellenie du Chastea d'Olonne pour monsr le duc d'Anjou, sgr dud. lieu, salut en Dieu Nostre Seigneur pardurable. Sachent touz que par devant Jehan de Mostaing, juré et notaire de la court dud. seel, personnelment establiz religieux homme et discret frère Guillaume Baudet, procureur et en nom de procureur des religieux abbé et convent de St Jehan d'Orbestier, d'une part, et Vincent Nautoys, demourant en la ville d'Olonne, d'autre part; cogneut et confessa led. Vincent Nautoys soy avoir pris et affermé dud. procureur desd. religieux abbé et convent une maison sise en lad. ville d'Olonne, en fié à l'abbé et au convent de Ste Croix de

1376.
31 août.

Thalmont, et par dedans la closture de l'herbregement desd. religieux, laquelle fut jadis à feu Jehan Martin, appelée lad. maison la maison de la Cusme, pour le prix de seix sols de annuau et perpetuau rente. Lesquelx seix sols d'annuau et perpetuau rente dessusd. promist et est tenu led. Vincent Nautoys rendre et paier èsd. religieux et à ceulx qui cause auront d'eulx chacun an, perpetuaument, en chacune feste de la Nativité de Nostre Seigneur en la ville d'Olonne et non ailleurs; à avoir, tenir, user, possider et explecter lad. maison dud. Vincent Nautoys, de ses hers et de ses successeurs et de ceulx qui de luy auront cause dès ores en avent à droit et à domainne, perpetuaument, pasiblement et quiptement, pour la cause dessusd. en rendent et paient la rente dessusd. comme dit est. Et en oultre promist et est tenu led. Vincent à delivrer et descharger lesd. religieux d'Orbestier d'une fourche de bian dehue par chacun an sus lad. maison au prieur de S_{te} Croiz d'Olonne pour fener le pré de la Planche. Et icelle maison doit tenir led. Vincent bien couverte et en bon estat. Et en cas que led. Vincent ou les siens n'auront cure de lad. maison et par leur deffaut, s'en porroient emparer lesd. religieux en celuy cas de leur auctorité come de leur propre chouse et domaine sans les appeler à droyt; et ne la pourront vendre, donner ne eschanger à gens d'église ne de religion ne autres gens ne la charger de dons ne de legatz ne vendre ne donner rende par dessus, si ce n'est ains de la volunté et du conseil desd. religieux[1] .... Et en oultre promist..... serement..... En tesmoign..... a donné..... lectres seellées..... du seel dessusd. Et je addecertes Martin Roillon dessusd..... à la relacion de Jehan de Mostaing..... Ceu fut fait et donné presens garens, à ce appellez et requis, Jehan Boerea alias Chantecler, Jehan Baudet, Perrot Mestoyer, le derrer jour du moys d'aoust, l'an mil troys cens seixante et seize. Jehan de Mostaing.

---

1. Suivent cinq ou six lignes illisibles, dans lesquelles on reconnaît seulement qu'il s'agissait d'un droit de passage.

226. Arrentement d'une maison à Olonne à Jean Royrand, prêtre.
(Cart° n° 36.)

Sachent tous que establi en droit personnelment par devant Jehan de Moustang, juré, passeur et notaire en la court du seel establi ès contraiz en la chastellenie du Chastea d'Olonne pour très escellent prince et seigneur mons⟨r⟩ le duc d'Angeou, messire Jehan Royrand, presbtre, demourent en la ville d'Olonne, cogneut et confessa avoir pris et affermé perpetuelment, tant pour luy que pour ceulx qui de li auront cause, des religieux abbé et convent de St Jehan d'Orbester une maison sise en la ville d'Olonne, en bourg des religieux abbé et convent de Ste Crois de Thalmont, ensembleement o son verger et cortillage, ruages et caruages tenant à lad. maison, laquelle maison fut jadis à Jehan Martin donné desd. religieux d'Orbester, laquelle maison souloit jadis tenir feu Estienne Depaux, laquelle maison se tient, d'une part, ès choses et appartenances dud. abbé et convent et, d'autre part, au verger et appartenances de Jehan Oriaz autrement dit Peloux, à la ferme de trente sols monnoye courante. Lesquelx d. trente sols de perpetuau ferme led. messire Jehan, tant pour luy que pour ceulx qui de luy auront cause, a promis rendre et paier perpetuaument èsd. religieux ou à leur receveur ad ce député en leur maison d'Olonne, assavoir est moitié en chacune feste de Nativité St Jehan Baptiste et l'autre moitié en chacune feste de Nativité Nostre Seigneur; par ainsi que led. messire Jehan et ceulx qui de luy auront cause seront tenuz de paier les devers anciens, si aucuns estoient deuz sur lad. maison et appartenances d'icelle, et mesmement deux forchées de bian deues sur lesd. chouses au priour de Ste Croix d'Olonne. Et ne porroit led. messire Jehan et ceulx qui de luy auront cause aliener ne transporter lesd. choses en autre eglize et convent

1377.
26 janvier.
(1376, v. st.)

que desd. religieux d'Orbester ni les charger de legaz ou autres devers, si non o la volunté et assentement desd. religieux. Lesquelx choses susd. et chacune d'icelles led. messire Jehan pour luy et pour ceulx qui de luy auront cause a promis. . . . . renunciant. . . . . serement. . . . . .
En tesmoign. . . . . a donné. . . . . lectres seellées. . .
. . . . du seel susd. Et je addecertes Martin Rouillon, garde dud. seel. . . . . à la feal relacion du dessusd. . . . .
Fait et donné presens ad ce Jehan Cochet, Denis Bernard et Perre Cochet, le xxvi⁰ jour du moys de janver, l'an mil iij⁰ soixante et seze. J. de Moustang.

227. Reconnaissance par Pierre Macé d'un bail à lui fait pour sa vie seulement. (Cart⁰ n⁰ 140.)

1378.
7 octobre.

A tous. . . . . Pierre Macé salut en Nostre Seigneur pardurable. Savoir fais que comme Reverend Père en Dieu frère Nicolas, abbé d'Orbestier qui ores est, avec son convent me ayent donné et octroyé de leur bonne grâce et certaynne science leur mestoyerie qui fut feu Guillaume Salebeuf et feue Colete Davie, sa femme, sise près de Bourgenest, ensembleement avecques leur fié de veignes appelé le Lozet près des costes de Jart, à tenir lesd. choses le cours de ma vie durant tant seulement, ainsi comme il est contenu en unes lectres que lesd. mons' l'abbé et sond. convent m'en ont donnéés seellées de leurs seaulx, que je led. Perre Macé ne vueil pas ne n'est mon entende que l'exploit que je feroy d'icelles choses le cours de mad. vie leur puisse tourner à consequence en aucune manère après mon deceps qu'il ne les repraignent de fait, sans contredit, comme leur domaine et heritage; et en oultre, pour contemplacion des biens qui par led. mons' m'ont esté faiz cza arrères et sont encores de jour en jour en plusieurs manères, desquelx je me tiens pour bien content, je promet en bonne foy garder perpetuelment les droiz dud. moustier et des personnes d'icelluy vers tous et contre tous à tout mon plain povoir, quelque part et en quelque lieu que je seray, mon honneur estat gardé, sauve et excepté n'ir contre mons^{gr} d'Anjou et contre ceulx à qui je auroys fait serement par avant le date de ces presentes. En tesmoign desquelles choses j'ay signé ces lectres de ma main et seellé de mon seel le viie jour d'octobre, l'an mil troys cens soixante et diz huyt. P. Macé.

228. Transaction avec Perrot Robert au sujet d'une rente d'avoine.
(Cart^e n° 316.)

Establiz en droit frère Vincent Chandener, comparant en nom de procureur suffisamment fondé des religieux abbé et convent de St Jehan d'Orbester, d'une part, et Perrot Robert come heriter principal de son père, d'autre part, pour la demande et poursuyte que faisoient lesd. religieux sur ce que ilz disoient que Guillaume Achart, père de frère André Achart, religieux d'iceluy lieu, heriter de sond. père avoit joy et heu sasine et poccession dau droit d'avoir et poursuyr huyt truelcas d'avoinne de rente de Guillaume Robert, père de Jocelin Robert père dud. Perrot, et duquel il est heriter par la main de sond. père, et aussi en avoit eu saisie de sond. père, et disoient lesd. religieux à eulx appartenir lad. rente et concluyoient contre luy qu'il fust condampné faire autelle saisie et poccession èsd. religieux de lad. rente come les predeccesseurs de luy surd. avoyent acoustumé faire aud. Guillaume Achart, ensemblement et des arrerages de vingt ans cheuz au temps du plait commencé et à icelle rente payer en l'avenir. Plusieurs debatz euz sur ce d'une partie et d'autre, a esté pacifié, transigé et acordé entre lesd. parties par la manère qui s'en-

1380.
18 septembre.

suit : assavoir est que led. Robert a promis et est tenu rendre et poyer sur l'obligacion de touz ses biens presens et à venir èsd. religieux quatre truèleas d'avoinne, mesure de la Mothe Achart, chacun an en chacune feste de Noel en l'ebergement de la Florencère, jusques à tant que il les leur effet assis en bonne assiete et noble, laquelle lesd. religieux seront tenuz de prandre. Et parmi ce, de l'assentement du procureur desd. religieux, est et demoure aud. Perrot et ès sons une piece de terre contenant deux bocellees de terre ou environ, tenant, d'une part, à la garenne dud. Perrot et, d'autre, au boys de la Bironnère ; par ainsi que led. Perre est et demoure quipte du sourplus de la demande surd. de touz arreages d'icelle et despens et dommages de plet ; lesquelles chouses surd. led. procureur a promis tenir et garder en et sur l'obligacion des biens dud. mouster. Sur lesquelles chouses tenir et garder lesd. parties chacun en son article ont esté jugées et condampnées par nous Jehan Royrand, seneschal et tenans le grans assises de la Mothe Achart par très noble et puissante damme madame Ysabeau d'Auvaugour, vicontesse de Thouars, damme de Maynne, à peine du rachapt à le à venir par le mariage de madamme de Rays, le diz et neufvieme jour de mars l'an mil troys cens Lx^{te} et xix. J. Bochart.

229. Don par Pierre Mareschaut et Catherine Crestien, sa femme, à Jeanne Suchaud. (Cart° n° 253.)

1380.
18 septembre.

Sachent touz que establiz en droit par devant Jehan de Mostaing, juré, passeur et notaire de la court du seel establi ès contraiz en la chastellenie du Chastea d'Olonne pour très noble et très puissante damme madamme Ysabeau d'Auvaulgour, vicomtesse de Thouars, damme de Maynne, Perre Mareschaut et Caterine Crestienne, sa femme, lad. Caterine auctorisée suffisamment dud. Perre son seigneur quant ès choses qui s'ensuivent, d'une part, et Johanne Chuchaude, d'autre part ; cogneurent et confessèrent lesd. conjoings, eulx et chacun d'eulx renunciant au benefice de division et lad. femme au droit de velleyen et à touz autres droiz introduiz en faveur et ayde des femmes, avoir donné, baillé, livré, octroyé et transporté, par donacion faicte entre vis et non revocable, à lad. Johanne Chuchaude et ès-siens et à ceulx qui cause auront de lie perpetuaument, c'est assavoir douez cordes de veigne sis en Rondellay, en fief de Regnaud des Cloudiz, tenent l'une desd. cordes, d'une part et d'autre, à la veigne Jehan Maillet, et l'autre corde est tenent, d'une part, à la veigne Jehan Begaut et, d'aultre part, à la veigne Jean Bordea de la Chaulme, pour les bons, feaulx et agreables serviges que lad. Johanne leur a fait et fait tous les jours, desquelx ilz se sont tenus pour contens et pour apaiez et satisfait et l'en ont relevé de toute charge de preuve, lad. Johanne ad ce presente, prenante, acceptante et recevante led. don, cession et transport de la volunté et du consentement desd. conjoings. Et ont cedé et transporté. . . . . ont promis. . . . . serement. . . . . renunciant. . . . . En tesmoign. . . . . ont donné. . . . . lectres seellées. . . . . . du seel de la court surd. . . . . Ceu fut fait et donné presens, garens ad ce appellez et requis, Estiene Begaut et Estiene Bugeon, le dix huytesme jour du moys de septembre, l'an mil troys cens quatre vings. Jehan de Mostaing.

230. Don par Thibaut de la Girardière de la nue-propriété de tous ses biens. (Cart° n° 94.)

A tous. . . . . Martin Rouillon, garde du seel establi ès-contraiz en la chastellenie d'Olonne pour très puissante damme madamme Ysabeau d'Auvaugour, vicomtesse de Thouars, damme de Maenne, salut en Dieu. Sachent tous

1381.
16 janvier.
(1381, v. st.)

presens et qui seront que Tybaut de la Girardère, paroissien de l'Isle d'Olonne, d'une part, et frère Vincent Chandener, religieux et procureur du moustier de St Jehan d'Orbestier, avens povoir de faire, transiger et acorder, si come par la teneur de sa procuracion clerement apparoit, de laquelle teneur est cy dessoubz incorporée, d'autre part, en droit par devant André Bastart clerc, juré, passeur et notaire de la court dud. seel, cogneurent et confessèrent eulx avoir fait les acors et convenances cy dessoubz à nommer en la manère qui sensuit. Assavoir est que led. Tibaut non contrains, non perforcé, ne par aucune fraude, tricherie ou machinacion ad ce amené, mès de son vray propoux et pure volunté, confessa avoir donné et donna, bailla et livra à l'abbé et au convent du moustier surd. et à cause dud. moustier tous ses biens meubles et immeubles presens et futurs quelxcomques, tant pour le salut de son âme et estre en prières des religieux dud. moustier que pour la provision et norreture de son corps, pour laquelle provision et norreture led. Thibaut fit retenue à son viage dans tous ses biens meubles et tous les fruiz, revenues et yssues de ses biens immeubles de la volonté et assentement dud. procureur present come dit est et prenant et acceptant led. don et promectant aud. Thybaut lad. provision et norreture, en cas que ses biens meubles, fruiz et yssues de ses biens immeubles ne parviegnent à souffire à sad. provision et norreture, o protestacion faicte par led. Tybaut qu'il n'est son entende donner et comprendre en cely don le droit come end. biens surd. porroit compecter et appartenir à Margarite sa femme et à André Bernardin tant de droit comme d'usage et coustume de pays. Et ceda et transporta. . . . . led. Thibault et led. procureur obligèrent. . . . . S'ensuyt la teneur de la procuracion surdite : Universis presentes licteras inspecturis et audituris frater Nicholaus, humilis abbas monasterii B^{te} Marie de Orbisterio, totusque ejusdem loci conventus. . . . . die jovis post Concepcionem beate Marie Virginis, anno Do-

mini M⁰ trecentesimo septuagesimo octavo ¹. Et renuncièrent. . . . . serement . . . . . En tesmoign. . . . .
ont donné. . . . . lectres seellées. . . . . du seel surd. Et
je adecertes led. garde en celuy temps dud. seel. . . . . à
la relacion de André Batard. . . . . Fait et donné garens,
presens ad ce et appellez, Denis Veillet, Colas Gaubart et
Colas. . . . . ² le sepsayme jour du moys de janver, l'an de
grâce mil troys cens et quatre vings. André Bastart.

231. Reconnaissance par Pierre Blanchardin à Perrot Bérart de
l'exécution d'un contrat de vente de dix charges de sel.
(Cart⁰ n⁰ 311.)

A tous. . . . . Martin Rouillon, garde du seel establi ès-
contraiz en la chastellenie du Chastel d'Olonne par très-
puissante dame madame Ysabeau d'Avaugour, vicontesse
de Thouars, dame de Maenne, saluz en Dieu. Sachent touz
que Perre Blanchardin, establiz en droit en la court dud.
seel en la presence de André Batart, clerc, juré, passeur et
notaire d'icelle et des tesmoigns cy dessoubz à nommer, led.
Perre cogneut et confessa soy avoir quipté, remis et delaissé
et quipta, remist et delaissa à perpetuité Perrot Berart de la
vente que disoit led. Blanchardin à li avoir esté faicte dud.
Berart de diz charges de sel, mesure du pays, chacune
charge le priz de soixante sols monnoie courante, prins led.
sel oprès ou environ du pont de Champcloux, sans ce que
led. Blanchardin ne les siens et qui cause auront de luy en
puissent jamès rens demander ne avoir action ne demande
de lad. vente et deppendances d'icelle vers led. Berart ne les

1381.
5 décembre.

---

1. Même observation que pour le n⁰ 174 ci-dessus. Les noms des procureurs sont ici : Vincent Chandenier et Guillaume Jouffrion, moines
d'Orbestier.
2. Nom illisible.

siens ne ceulx qui cause auront de luy. A laquelle chouse tenir. . . . . oblige.. . ; . . . et renuncia. . . . . serement. . . . . En tesmoign. . . . . donna. . . . . lectres de quiptance seellées du seel surd. Et je addecertes led. Martin Rouillon. . . . . à la relacion dud. André Batart. . . . Fait et donné garens, presens ad ce et appellez, homme sage en droit maistre Jehan Royrand seneschal de Thalmont, Colas Berthomé et Perrot Peillaut, le cincquiesme jour du moys de decembre l'an mil CCC iiij^{xx} et ung. A. Bastart.

232. Transaction avec Pierre Macé. (Cart^e n° 130.)

1382.
15 mai.

A tous. . . . . Perre Macé, clerc, salut. Sachent tous que comme jà piecza mess^{rs} les religieulx abbé et convent de St Jehan d'Orbester pour certaynnes et jostes causes qui à ce les esmouvoient, de leur propre et liberal volunté, me eussent donné et octroyé une mestoyerie qui jadis fut feu Guillaume Salebeuf et Colete Davie, sa femme, assise près du Boucquetau avecques toutes les appartenances et appendances d'icelle, ensemblement avecques ung fié de vigne appellé Lozet assis près du village des coustes de Jart, si come il se poursuit avecques toutes ses appartenances ; à tenir, possider et explecter lesd. choses de moy et de ceulx qui de moy auront cause ma vie durant tant soulement, si come par lectres sur ce faictes et seellées de leurs seaulx puit apparoir ; et depuys, aujourduy en plain chappitre, nousd. s^{rs} de leur volunté et assentement aient confirmé et ratiffié lad. donacion et d'abundant aient voulu et esté d'assentement que moy et mes hers et successeurs et avans cause de moy ayons, teignons, possidons et explectons à touz jours mays perpetuelment par heritage lad. mestoyerie, en paient par chacun an ma vie durant au s^{gr} de Thallemont vingt sols de cens deuz sur icelle, et que après mon deceps mes heriters ou avans cause de moy et qui lad mestoyerie tiendront et explecteront seront tenuz paier iceulx vingt sols de cens aud. s^{gr} de Thallemont perpetuelment ; et en oultre seront tenuz paier à tous jours mays perpetuelment ausd. s^{rs} les religieux par chacun an au jour de Noel dix sols de rente par cause et raison de lad. mestoyrie, ainsi et par telle manère que touteffoiz et quanteffoiz que moy et mes hers ou avans cause de moy bailleront et assieteront ausd. religieux en la chastellenie de Thalemont ou d'Olonne dix sols de rante bien et suffisamment assis, ils seront tenuz les prandre sans les pouhir reffuser, et dès lors sera et demorra lad. mestoirie et les tenens et possidens icelle quiptes et deschargez des diz sols de rante dessusd. si come par lectres desd. religieux sur ce faictes puyt plus à plain apparoir ; je led. Pierre Macé cognoys et confesse avoir pris à perpétuité desd. religieux lad. mestoirie en la manère et convencion dessus desclerée scelon la forme et teneur des lectres desd. religieux que j'ay par devers moy. Et à rendre et payer ausd. religieux les diz sols de rente dessusd. par chacun an après mon deceps o lad. condicion que dessus je oblige par ces presentes lad. mestoirie o toutes ses appartenances et les tenens, possidens et explectens icelle avecques tous les ediffices, reparacions et amendemens qui par moy ou par autrres y seront faiz ; et promet en bonne foy non venir encontre. En tesmoign. . . . . ay donné . . . . . lectres seellées. . . . . du seel establi aux contraiz en lad. ville et chastellenie de Thalemont pour très noble et puissante damme madamme Ysabeau d'Auvaulgour, vicomtesse de Thouars, damme de Maenne et dud. lieu de Thouars Thalemont. Et je addecertes Guillaume de Sanay, garde dud. seel. . . . . à la feal relacion de Jehan du Chasteller clerc. . . . . Ceu fut fait et donné presens, garens ad ce appellez et requis, Perrot Galorneau et Colin Gentis, le xve jour de may feste de l'Ascension de Nostre Seigneur, l'an de grace mil troys cens iiij^{xx} et deux. J. Chasteler.

233. Testament de Pierre Mareschaut, cordonnier à Olonne.
(Cart° n° 293.)

1382.
11 juillet.

Au nom du Père et du Filz et du Sainct Esperit, amen. Je Perres Mareschaut, suyre, demourans en la ville d'Olonne, estans en ma bonne pancée et en mon memoire, volens penser et ordonner de mes chouses, foys et ordonne mon testament et ma derrère volunté en la manère qui s'ensuit : primèrement je comande mon âme et mon esperit à Nostre Seigneur Dieu Jhesus Crist et à la benoiste Vierge Marie sa preciouze mère et à toute la compaignie celestiau de paradis. Item, je eleys mon ensepulture estre faicte en sainct cymentère de l'eglise de Nostre Dame d'Olonne. Item, je vueil, comande et ordonne que mes amendes soyent faictes et acomplies et mes debtes payées par la main de mes executeurs cy dessoubz à nommer. Item, je ratiffie, confirme, loue et approuve le don, renunciacion et transport par moy czà arrères faict et octroyé en temps passé à Estiene Bugeon, taillander, et à Hillère Grollère, sa femme, de certaynnes chouses comprinses et contenues en une lectre passée par Jehan de Moustaing et seellée du seel jadis establi ès contraiz en la chastellenie du Chasteau d'Olonne pour très noble et puissant seigneur mons' Loys vicomte de Thouars, en celuy temps s^{gr} de Thalmont et dud. Chastel d'Olonne. Item, je donne et legue, baille, livre et octroye, cede et transporte dès yssi et dès ja par donacion faicte entre vis et non revocable aud. Estiene Bugeon et à lad. Hilère, sa femme, et à leurs hers et à ceulx qui d'eulx auront cause perpetuaument c'est assavoir deux boecellées de terre sises en fié de la Lebaudère, en fié du Grant seigneur, tenant à la terre Martin Rouyllon et à la terre Florance Vayronnelle; item une boecellée de terre sise aus Granges; item troys jornaux de vigne sis en la Bechée, tenant à la vigne Lucaze Cassirone

et à la vigne Jehan Rortea; item ung jornau de vigne franc
sis en plantes de Gisler, tenant à la vigne Perre Blanchardin
et à la vigne Hyleret Bischat; Item troys journaux de vigne
end. plantes de Gisler, tenant d'une part et d'autre à la vigne
Martin Royllon; Item dyme journau de pré sis en pré de
Gisler, partant o Colin de la Bauduère et tenant au pré Maturin Peyraud et au pré aus Morissons; item toute la maison
ou je foys à present ma mencion et demoure en laquelle est la
charrée en puygnon par darrère, ensembleement et tout le
courtil dès la cornère dud. puygnon de lad. maison devers
le cymentère en alant tout du long dès la rue jusques au
courtil de la Gaschete, ainsi comme lad. cornère dud.
puygnon de lad. maison en porte; item leur poyser et leur
aler et leur venir tant par jour que par nuyt à mon poys qui
est à present en mon appartenance, et ung lit de plume
garni de linceoux de sarge et de tappiz; pour les bons,
feaulx, leaux et agreables services que led. Bugeon et sad.
femme m'ont fait et fant tous les jours, desquelx je me tiens
entèrement par bien payé et satisfait et les en releve de toute
charge de preuve. Retenu à moy led. Perres usufruit en
d. chouses durant le cours de mon viage tant soulement,
et sans riens en empirer, si ce n'estoit de la volunté et du
consentement dud. Bugeon et de sad. femme; et si aucuns
explectz je fasoye dores en avent en d. chouses ou autres
pour nom de moy, je me constitue à le faire en nom et
aoups dud. Bugeon et de sad. femme et de ceulx qui d'eulx
auront cause et au proffit d'eulx et sans riens y retenir fors
tant seulement mon usufruyt come dit est. Item, je donne,
baille, livre et octroye et legue, cede et transporte dès yssi et
dès jà par donacion non revocable faicte entre vis à Johanne
Chuschaude ma chamberère et à ses hers et à ceulx qui de lie
auront cause perpetuaument, c'est assavoir la maison qui fut
à Jehan Dugué et Agnés Desirée, sa femme, et tout le courtil tenant à lad. maison en alent tout du long au courtil à la
Gaschete, ensembleement et le courtil qui est par davent led.

puygnon de lad. maison ou je foys à present ma mencion et demoure, par ainsi que je vueil, ordrenne et commande que lesd. Bugeon et sa femme et ceulx qui d'eulx auront cause hayent veue et regart perpetuaument par les fenestres de la maison ou est la charrée en courtil surd., sans ce que lad. Johanne ne les siens la leur puissent deffendre ne occuper en temps à venir en aucune manère; item sept seillons de terre sis en terrouer de Giler, tenant à la terre qui fut Agnès Desirée et à la terre Jehan Suretea; item ung journau de vigne sis en Champcloux, tenent à la vigne qui fut Desirée; item ung journau de vigne sis en Martinère, tenent à la vigne Hylère Marchande et à la vigne Perrot Semonci ; item cincq seillons de terre sis en Champs Orgies, tenent à la terre Maturin Peiraud et à la terre Regnaud Peyraud, et une planche de cortil sise sur la fontaynne de Gisler, tenent au courtil Guillaume Belhome et au courtil Maurice Requien; pour les bons, feaulx, leaux et aggreables serviges que lad. Johanne m'a fait et fait tous les jours, desquelx je me tiens entèrement pour bien paé et satisfait et l'en relève de toute charge de preuve. Retenu à moy led. Perres usufruyt en d. chouses durant le temps de mon viage tant seulement, et sans riens en empirer si ce n'estoit de la volunté et du consentement de lad. Johanne. Item, je foys, ordrenne et institue mes executeurs generaulx et especiaulx mes feaulx et bons amys led. Estiene Bugeon et sad. femme et lad. Johanne Chuchaude touz troys ensemble, èsquelx je donne plain povoir, licence et commandement de prendre et de distrayre tous mes biens quelxconques et desjà je leur en baille la saisie et la poccession par la teneur de ces presentes pour faire et acomplir mon exequcion et sans ce qu'il n'en soyent tenuz de en rendre compte à nulle personne que ce soit. Lesquelles chouses surd. toutes et chacunes d'icelles je led. Perres Mareschaut promet tenir, garder, enteriginer et acomplir sans jamès les revoquer ne venir encontre par la foy et serment de mon corps et soubz l'obligacion de tous mes biens meubles et immeubles quelxcomques presens et à venir. Et en tesmoign de ce je leur en ay donné et octroyé ces presentes lectres seellées à ma requeste du seel establi ex contraiz en la chastellenie du Chastel d'Olonne par très noble et puissante damme madamme Ysabeau d'Avaugour, vicomtesse de Thouars, damme de Maenne, et en fuz jugé et condampné de mon bon gré et de mon assentement et de ma volunté par le jugement de la court dud. seel. Ceu fut fait et donné presens, garens, ad ce oyr appellez et requis, Regnaud Peyraud, Perrot Maurrat, Perrot Belhome, Perrot Lambert, Perrot Boutevillain et plusieurs autres, le xj^e jour du moys de juillet, l'an mil CCC iiij^{xx} et deux. J. de Moustaing.

234. Composition à la somme de deux francs d'or avec le commissaire du roi sur le fait des nouveaux acquêts en Poitou. (Cart^e n° 81.)

Sachent touz que nous Pierre Juylli, conseiller de mons^r de Berri et general commissère pour le roy nostre sire sur le fait des finances des nouveaulx acquests faiz on conté de Poictou puys xl ans en cza, confesse que frère Vincent Champdener, procureur suffisamment fondé de l'abbé et convent de St Jehan d'Orbester, pour huyt soubs de rente acquis ou acquerre durant nostre povoir, oultre la plus grant valleur de quoy autreffoyz ont finé lesd. abbé et convent avec nos predecesseurs commissères sur led. fait, led. procureur ond. nom a finé, transigé ou composé avec nous de son consentement à la somme de deux francs d'or. Et quant satisfaction sera faicte au receveur sur ce ordonné pour le roy nostre sire à recevoir les deniers des dictes finances, led. abbé et convent et leurs predeccesseurs tendront et explecteront paisiblement lesd. chouses sans ce que dores en avent il en soyent tenuz d'en faire aucune finance au roy nostre d. sire ne à ses successeurs on temps à venir, reservé au

1382.
25 octobre.

roy nostre d. sire son droit en autres chouses et l'autruy en toutes. Si deffendons à tous sergens, comis et deputés sur led. fait que les dessusd. abbé et convent pour cause de ce ne traveillent ou adjornent en aucune manère. Donné soubz nostre seel le xxve jour d'octobre, l'an mil CCC iiij^{xx} et deux. Mahaut.

235. Reçu de la composition ci-dessus. (Cart^e n° 80.)

1382.
28 octobre.

Sachent tuit que je Jehan Devaux, lieutenant de honnorable home et sage Jehan Merri receveur en Poictou pour le roy nostre sire sur le fait des finances des nouveaulx acquests fayz ond. pays puys xl ans en cza, confesse avoir eu et receu de Reverend Père en Die l'abbé de St Jehan d'Orbester la somme de deux francs d'or pour cause d'une composicion ou finance par luy faicte avec le commissère du roy nostre d. sire pour les causes et raisons contenues ès lectres dud. commissère par lesquelles ces presentes sont ennexées, de laquelle somme je me tien pour bien comptent et en quipte led. abbé et ces predeccesseurs. Donné le xxviij^e jour d'octobre, l'an mil troys cens iiij^{xx} et deux.

236. Reconnaissance par Catherine Crétien, veuve de Pierre Mareschaut, de la remise de la moitié des meubles de la succession de son mari. (Cart^e n° 309.)

1384.
8 décembre.

Sachent touz que je Katerine Crestienne, jadis femme de feu Perres Mareschaut, cognoys et confesse moy avoir heu et receu de Estiene Bugeon et de Johanne Chuchaude la moité de touz les biens meubles desquelx morit vestu et saisi led. Perres Mareschaut, à moy appartenans pour ma part par l'usage et par la coustume du pays ; de laquelle moyté des biens meubles surd. je me tiens entèrement pour bien paée et satisfaicte, et en clame quipte led. Estiene Bugeon et lad. Johanne Chuchaude et leurs hers perpetuelment, et les en prometz à tenir quipte perpetuelment envers toutes personnes quelxcomques qui demande leur en pourroient faire pour le temps à venir. Lesquelles choses surd. . . . . promet. . . . . serement. . . . . renunciant . . . . . En tesmoign. . . . . ay donné. . . . . lectres seellées . . . . . du seel à present establi ès-contraiz en la chastellenie du du Chastel d'Olonne soubz la main et povoir du roy nostre sire. . . . . Ceu fut fait et donné presens, garens ad ce oyr appellez et requis, Jehan Suretea, Jehan Galernea, Jehan Leger et Estiene Brechon, le vIII⁰ jour du moys de decembre, l'an mil troys cens IIII^{xx} et quatre. J. de Moustaing.

237. Constitution d'une rente d'une mine de froment faite par Pierre de Nieul, sgr de la Saminière au profit de Nicolas Couraut. (Cart⁰ n⁰ 301.)

1385.
27 mars

Sachent. . . . . que par devant moy Jehan Huchelou, juré, notaire et passeur de la court du seel jadis establi ès-contraiz à St Gile sur Vie pour très noble et puissant seigneur monsʳ le vicomte de Thouars, comte de Bennon, sgr de Talemont, en droit personnelment establi Perres de Nyoil, sgr de la Saminère, lequel de son bon gré, pure et absolue volunté, cogneut et confessa soy avoir vendu et octroié et encores vent et octroye, par tiltre de vendicion perpetuelle sans esperance de jamès le revoquer, à Nicolas Couraud, pour luy, ses hers et successeurs et cause aura de luy, une mine de froment de rente, mesure de Thalemont, bon blé novea et marchent et recevable, pour le priz et somme de huit francs d'or de bon et leal poys du coign du roy de France nostre sire; lesquelx huyt francs d'or dessusd. led. Perres de Nyoil cogneut et confessa avoir euz et receuz dud. Nicolas et l'en quipta et les siens, renunciant led. de Nyoil en cestuy son fait à toute excepcion de pecune non numbrée, non heue et non receue. Laquelle mine de froment dessusd. et à la mesure dessusd. d'annuelle et perpetuelle rente led. Perres de Nyoil par luy et par les siens sist, situa et assigna aud. Nicholas Couraut et ès-siens et à ceulx qui de luy auront cause perpetuelment en sur touz et chacuns ses biens meubles et immeubles presens et futurs et de ses hers et successeurs. Et aud. Nicolas Courant et à ses hers et successeurs et à ceulx qui de luy auront cause led. Perres de Nyoil, s^{gr} de la Saminère, par li et par les siens et ceulx qui de luy auront cause lad. mine de froment de rente à la mesure surd. promist rendre et payer par chacun an, en chacune feste de Nostre Dame me aougst perpetuelment, à ses propres cousts et despens à St Hilère de Talemont de la Fourest à l'oustel du père dud. Nicolas. Et lad. mine de froment de rente garir. . . . . obligea. . . . . a juré . . . . . renunciant. . . . . En tesmoign. . . . . a donné. . . . . lectres seellées. . . . . du seel de la cour dessusd. Et je addecertes Jehan Millon, garde en celuy temps du seel surd. à la feal relacion dud. juré. . . . . Ceu fut fait et donné garens presens et appellés ad ce oyr, Jehan Morea de la Chèze Giraud, et Michea Massonea parrochien de Soulans, le xxviie jour du moys de mars, l'an mil CCC iiii^{xx} et cincq. J. Huchelous.

238. Reconnaissance donnée à Pierre de Nieul, s^{gr} de la Saminière, par Guillaume Veillon. (Cart^e n° 192.)

1385.
27 août.

Sachent. . . . . que pour davent moy Nicholas Couraud clerc, juré, passeur et notayre de la court du seel establi à St Gile sur Vie pour très noble et puissant seigneur mons^r le vicomte de Thouars, en droit personelment establi Guillaume Veillon, s^r de la Veillonnère, bien adcertenné de son fait, de sa propre volunté et sans nul parforcement et de certain propoux, cogneut et confessa par luy et les siens devoir bien et leaulment à Perrot de Nyoil, sires de la Saminère, les arreages de quatre livres de rente, ung septer de seille et ung septer d'avoynne de rente, mesure de Brandoys, de cincq années derrèrement passées, non comprins en ce ceste presente année, come sergent foyé du seigneur d'Olmes en la terre de St Martin de Bram et illecques environ ; laquelle rente dessusd. avoit esté assise, située et assignée aud. Perres de Nyeul à cause de sa femme par feu Regnaut de la Fourest, jadis s^{gr} dud. lieu, à lever lad. rente dessusd. par led. Veillon come sergent dessusd. ayant esté sauvacion faicte par led. Veillon que en cas qu'il porroit monstrer aucun payement par luy fait aud. Perres, à cause que dessus, ou par Jehan Veillon son frère germain, lequel a tenu en exercice led. office de sergentie et levé les rentes dessusd. du temps desclairé, led. de Nyeul est tenu à le luy desduyre en compte desd. cincq années. Et desquelx arrerages de la rente dessusd. dud. Guillaume Veillon dehue aud. Perre de Nyeul, à cause que dessus come sergent foyé dessusd. led. Perres a promis à tenir quipte, delivré et deschargé led. Veillon et les sons vers Perrot Forner et vers tous autres, qui à ce aucune question et demande luy en porroient faire en temps present ou à venir. Et pour ce led. Veillon est tenu et obligé et promist pour le serement de son corps et sur l'obligacion de tous et chacuns ses biens meubles et immeubles, presens et à venir et de ses hers et successeurs rendre et poyer aud. Perres de Nyol ou ès sons ou à ceulx qui de luy ont ou auront cause, c'est assavoir moité des arreages de la rente dessusd, du temps desclairé dedans la feste de Toussains prochainement venent et l'autre moyté dedans la feste de Nouel prochainement ensuyvent et amender aud. Perres touz cousts, misions, despens et interests qu'il dira à son simple serement, sans autre prouve, soy avoir soubstenu et fait par cause du poyement dessusd. non fait ès-termes dessus desclairés et non venir encontre en temps à venir en aucune manère ; renunciant lesd. parties. . . . . En tesmoign. . . . .

ont donné. . . . . lectres doublées et seellées. . . . . du seel surd. . . . . Et je addecertes Jehan Millon clerc, garde en celluy temps du seel surd. . . . . requis aud. Nicolas Couraud. . . . . . Ceu fut fait et donné garens presens, requis et appellez, Guillaume Jolivet, Jehan Menuyea clerc et plusieurs autres, le dimenche emprès la St Berthomé, l'an mil CCC quatre vingts et cincq. N. Couraud.

239. Transaction avec André Bernardin et Marguerite Bernardin, sa sœur, veuve de Thibaud de la Girardière, au sujet du legs fait par ce dernier le 16 janvier 1381. (Carte nos 96 et 343. Orig. aux Arch. de la Vendée.)

1386.
26 mars.
(1385, v. st.)

A tous. . . . . Johan de Moustayng, garde du seel establi ès contraiz en la chastellenie d'Olonne par très puissant seigneur monseigneur Tristan, viconte de Thouars, seigneur de Tallemont et d'iceli lieu d'Olonne, salut en Dieu. Sachent touz que par davant André Batart, juré et passour de la court dud. seel, establiz en droit frère Vincent Chandener, procureur et en nom de procureur des religieux abbé et convent du mouster de Nostre Dame d'Orbester, d'une part, et André Bernardin et Margarite Bernardine sa seur, deguerpie de feu Tibaut de la Gerardère, d'autre part, cogneurent et confessèrent eulx avoir fait les acors et convenances cy dessoubs à nomeer en la menère qui s'ensuit. Assavoir est que come led. feu Tibaut par le temps de sa vie heust fait transport universsau de tous ses biens tant meubles que immeubles quelxconques on diz religieux en num et à cause dud. mouster, à prandre et lever les diz biens emprès la mort dud. Thibaut; lequel alé de vie à trespassement, lesd. religieux avyent prins, emporté et mené par eulx ou par autrez tous les biens meubles desd. Bernardin et sadicte feue, ou que que soit la mayre partie, et plus avyent emporté touz les biens meublez qu'il disoient à eulx appartenir par le don fait dud. Tibaut en eulx ; lesquelx biens ladicte deguerpie disoit à le appartenir par un don fait en elle dud. Tibaut son mari et par avant le don fait de li èsd. religieux, si come elle disoit ce clèrement apparoir et l'offroit à le monstrer ; parquoy disoient lesd. Bernardin et sa seur que lesd. religieux torsonnèrement avyent lesd. biens et les demandoient avoir. Plussieurs debaz et altercacions heuz sur ce entre eulx, ffut pacifié, transsigé et acordé entr'eulx en la menère qui s'ensuyt, que led. procureur et en num de procureur est tenu et a promis rendre, bailler et livrer ès dessusd. Bernardin et sa seur et conduyre et mener aud. vilage de la Gerardère, parroisse de l'Isle d'Olonne, tous lesd. biens meublez prins et emportés, lesquelx sont et demourent èsd. Bernardin et sa seur ; et emprès ce lesd. Bernardin et sa seur, pensens au salut de leurs âmez, de leurs proprez esmovemenz, de leur liberal volunté et sens aucunne cohercion, cognehurent, et confessèrent eulx et chescun d'eulx avoir donné et donyrent à perpetuité tous leurs biens tant meublez que inmeublez presens et futurs quelxconquez à Deu et ès religieux surd. à cause dud. mouster ; et ne sont poynt comprins en cesti don les biens inmeubles que lesd. Bernardin et sa seur ont au dehors de la parroisse de l'Isle d'Olone, mes tant soulement ceulx qu'il ont en ladicte parroisse de l'Isle lequel don lesd. Bernardin et sa dicte seur ont fait èsd. religieux à cause que dessus tant par le salut de leurs âmez et de chescune que par la provision et norreture de leurs corps, sauve et retenuz à eulx deux jornaux de pré en la dicte parroisse de l'Isle d'Olone, desquelx il porrent ordrener à leur volumpté. Desquelx biens surd. tant meublez que immeublez lesd. Bernardin et sadicte seur ont retenu l'administracion et l'usuffruyt leur viage tant soulement et du derrer vivent, pour leur dicte provision et norreture, et chéant par expres en ceste retenue faicte desd. Bernardin et sa seur par leur provision tous les biens meublez et l'usuffruit des fruiz des biens inmeublez qui èsd. religieux appartenent à cause du don fait en eulx dud. feu Thibaut et de l'assentiment dud. procureur ; et en cas que lesd. biens meublez et les fruiz des biens inmeubles ne porroyent suffire à ladicte provision, led. procureur et en num de procureur est tenu et a promis à parfaire ladicte provision èsd. Bernardin et sa seur et chescun selon l'estat d'eulx et de chescun leur viage, et emprès la mort d'eulx et du derrer vivent tous lesd. biens tant meubles que inmeubles demourront èsd. religieux par la cause surdicte sauve que des biens meublez que aura le derrer vivent il em porra ordrener et donner une vache et sa sequence et dymée dozeyne d'oaille, led. procureur presens, prenans et acceptans led. don par la menère davant dicte. S'ensuit la copie de la procuracion dud. procureur. Universis presentes litteras inspecturis et audituris frater Nycholaus, humilis abbas monasterii beate Marie de Orbisterio, totusque ejusdem loci conventus. . . . . anno Domini millesimo CCC° octuagesimo quinto [1]. Es quelles chouses. . . . . obligent l'une partie à l'autre. . . . . et renuncent. . . . . serement. . . . . En tesmoign. . . . . ont donné. . . . . lettres doublées et seellées . . . . . du seel susd. Et ge adcerte led. Johan de Moustayng . . . . . à la relacion dud. André Batart. . . . . Fait et donné garens, presens ad ce et appellez, Bertrant de Vaux escuer et Johan Couroller, le vingt et sezeyme jour du moys de mars, l'an de grace Nostre Seigneur mil trois cens quatre vings cinq. André BATART.

---

[1]. Même observation que pour le n° 174 ci-dessus. Les noms des procureurs sont ici : Vincent Chandenier, Guillaume Jouffrion et Jean Le Clerc, moines d'Orbestier, Jean Potuyau, Jean Beauvallet, Jean Boscher, Jean Tillon, Nicolas Boistard et Michel Valet.

240. Constitution d'une rente de trois quartiers de seigle, faite par Pierre de Nieul, sgr de la Saminière, au profit de Nicolas Couraut. (Carte n° 128.)

A tous..... Estiene Abaillea clerc, notaire, juré et passeur de la court du seel establi ès-contraiz en la chastellenie de la Mothe Achart et de la Menrrière par très noble et puissante dame madame de Rays et desd. lieux, ensembleement de la court du seel de venerable homme et discrect monsr le doyen de Thallemondoys, saluz en Nostre Seigneur pardurable: Sachent touz que en droit personnelment establi Perre de Nyoil, sires de la Saminère, lequel cogneut et confessa soy avoir vendu et octroyé et encores vent et octroyet à Nicholas Couraut, present et acceptant, à perpetuité pour le prix et somme de diz livres sept solz six deners monnoie courante, de laquelle somme led. Perre s'est tenu pour contemps et bien paié, et les a confessé avoir eu et receu dud. Nicholas en bonne pecune numbrée, renunciant led. Perre de Nyoil sur ce à excepcion de decepcion de pecune non numbrée, non comptée et non receue et à toute excepcion de decepcion d'oultre moité de droit prix, c'est assavoir troys quarters de seille de rente, mesure de Talemont, assis et assigné sur tous et chacuns ses biens meubles et immeubles quelxcomques presens et futurs, rendables et poiables dud. Perre de Nyoil, de ses hers et successeurs perpetuelment aud. Nicholas et ès-siens et à ceulx qui cause auront de li perpetuelment à St Hylère de la Fourest, à l'oustel de Aymeri Couraut propre père dud. Nicholas, chacun an en chacune feste de Nostre Dame me aougst; à avoir, tenir, uzer, possider et explecter, prandre, lever et recevoir dud. Nicholas, de ses hers et successeurs et de ceulx qui de luy auront cause dores en avent perpetuelment, pasiblement et quieptement lesd. troys quarters de seille d'annuelle et perpetuelle rente. Cedant et

1386.
11 mai.

transportant..... promist..... a obligé..... a renuncié..... a juré..... En tesmoign..... a donné..... lectres seellées..... des seaulx surd..... Et nos vero gerens (vices) domini decani Tallemundensis..... ad relacionem dicti jurati..... Et je addecertes Jehan Beavalet clerc, garde du seel surd..... à la feal relacion du notayre surd..... Ceu fut fait et donné garens ad ce presens, appellez, nommés, requis, Lucas Fortin et Michea Denis, le xie jour du moys de may, l'an mil CCC iiii[xx] et six. E. Abaillea.

241. Obligation de Pierre Robin à Pierre Bérart. (Cart[e] n° 175 [1].)

1386.
19 novembre.

Universis..... gerens vices domini decani Thalemundensis salutem in Domino sempiternam. Noverint universi quod in curia nostra in jure personaliter constitutus Petrus Robin, de Variaco, supponens se et omnia quecumque bona sua juridicioni et coherciori dicte nostre curie quo ad hec que secuntur, confessus fuit suo mero proposito liberaque voluntate et publice recognovit se debere bene et legitime Petro Berardi quatuor francos auri, boni et legitimi ponderis, de cunno domini nostri regis Francie, ex residuo majoris summe pecunie quam ipse Robinus debuerat dicto Berardo in aliquo tempore preterito; quos quatuor francos auri idem Robinus promisit et tenetur reddere dicto Berardo vel ab ipso causam habituris infra terminos inferius nominandos, videlicet infra Ramos Palmarum proxime venientes duos francos et infra festum Assumpcionis B[te] Marie Virginis deinde et immediante sequans duos francos. Ad quam solu-

---

1. Le même acte fut rédigé en français le 12 avril suivant par le même notaire, comme passeur des cours du scel établi aux contrats en la châtellenie d'Olonne pour le Vte de Thouars et du scel du doyenné de Talmond, et scellé des deux sceaux desdites cours, témoins Aimery Galent et Jean Fromy. (Cart[e] n° 177.)

cionem integre faciendam a dicto Robino dicto Berart termino declarato obligavit..... juramento..... In cujus rei testimonium..... dedit..... licteras sigillo curie dicti domini decani..... sigillatas. Et nos vero has vices gerens..... ad relacionem Nicolai Batardi ejusdem domini decani notarii..... Datum et actum testibus presentibus ad premissa Petro Bastart et Stephano Bernardi, decima nona die mensis novembris, anno Domini millesimo CCC° octuagesimo sexto. N. Bastart.

242. Vente par Pierre de Nieul, sgr de la Saminière, à Nicolas Couraut d'un pré et d'une rente de sept boisseaux de froment. (Carte n° 239.)

Sachent..... que pour davent Symon Secrestain clerc, juré, passeur et notaire de la court de honorable homme monsr le doyen de Thalemondois, personnalment establi Perre de Nyoil, sire de la Saminère, cogneut et confessa soy avoir vendu et octroyé et encores vent et octroyet à Nicolas Couraut, present, prenant et acceptant, à perpetuité, pour le priz et somme de doze francs d'or, de bon et leal poys, compté à vingt et deux sols la pièce, du coign du roy de France nostre sire, desquelx doze francs led. Perre de Nyoil se tint et se tient pour bien contemps et apaié et le confessa et confesset avoir eu et receu en paiement dud. Nicolas Couraut en bonne pecune numbrée, renunciant led. de Nyoil sur ce à excepcion de decepcion de pecune non baillée, non numbrée, non comptée, non receue et à toute excepcion de decepcion oultre moyté de droit priz, c'est assavoir journau à ung home de pré assis jouxte le pré..... [1] partens o le

1387.
27 mars.

---

1. Cette confrontation ainsi que le nom d'un des témoins sont illisibles.

s^{gr} de la Guyonnère et sept boiceaux de froment d'annuau et perpetuau rente, mesure de Thalemont, assise sur tous et chacuns ses biens meubles et immeubles quelxcomques presens et futurs come dessus, rendables et poyables dud. Perre de Nyoil, sire de la Saminère, de ses hers et successeurs perpetuaument aud. Nicolas et ès-siens et à ceulx qui cause auront de luy perpetuaument à St Hylère de la Fourest, à l'oustel de Aymeri Couraut père dud. Nicolas chacun an en chacune feste de Nostre Dame me-aougst; à avoir, tenir, user, possider et explecter, prandre et lever et percevoir dud. Nicolas Couraut et de ses hers et successeurs et de ceulx qui de luy cause auront perpetuaument dores en avant, pasiblement et quietement, les choses dessusd. Cedant et transportant. . . . . promist. . . . . et en oultre a promis led. sire de la Saminère et est tenuz des choses dessusd. donner lectres aud. Nicolas de la court du seel establi ès-contraiz en la ville et chastellenie de Thalmont pour très noble et puissant seigneur mons^r le vicomte de Thouars. A toutes et chacunes les choses dessusd. . . . . a obligé . . . . . et renuncia. . . . . le serement. . . . . En tesmoign. . . . . a donné. . . . . lectres seellées. . . . . du seel surd. Et je adecertes Perre des Bordes presbtre, garde dud. seel. . . . . à la relacion dud. Secrestain. . . . Fait et donné garens à ceu presens, requis et appellez, Simon Chozia et Berthomé. . . . . le vingt et [septesme] jour du moys de mars l'an mil troys cens quatre vingt et sept. S. Segrestain.

243. Sous-location par Mathieu Gaignardeau, fermier du quart du sel en la chatellenie d'Olonne, à Pierre Berard d'une partie de sa ferme. (Cart^e n° 37.)

1387.
7 décembre.

Sachent touz que par davant Nicholas Berthomé, juré, passeur et notaire de la court du seel establi aux contraiz en la châstellenie d'Olonne pour très-noble et très-puissant seigneur mons^r le vicomte de Thouars, comte de Bennon et s^{gr} de Thalemont, en droit personnelment establi Mathé Gueignardea, en nom et come fermier du quart du sel en lieu de la gabelle par tant de foiz que il sera vendu, revendu ou eschangé ès-parroisches de Notre Dame d'Olonne, la Chaulme, l'Isle et le Chasteau d'Olonne, d'une part, et Perrot Berart, d'autre part; led. Mathé en nom que dessus afferma et confesse soy avoir baillé et affermé aud. Perrot Berart le quart du sel en lieu de la gabelle par tant de foiz que il sera vendu, revendu ou eschangé de tous et chacuns les saux vendues, revendues ou eschangées en tout le maroys de Vertou, à commencer dès le gué des Ances jusques au village de Champcloux et au terrouer dessoubx le village de Gisler, en quelque manère que lesd. saulx soyent vendues, revendues ou eschangées, tant [amassées] en grant monceas que charroyées o bestes hors dud. maroys en quelque aultre que ceu soit, sauve et retenu aud. Mathé les saulx qui seroyent charroyées en nefz et vaissealx à estre emmenées hors par la mer, et sauve et retenu aud. Mathé les monceas des saulx qui porroient estre vendues qui n'ont pas esté levé et fait des saulx dud. maroys de Vertou et ceulx qui sont hors d'iceluy maroys, et sauve et retenu aud. Mathé ce que porront vendre Jehan Billotea, Denis Boulyé et Jannot Gauteron; et oultre ce doit avoir led. Berart le quart du sel qui seroit charroié et baillé ès-vaissealx des pors de la Chaulme et des Sables à porter o eulx sur la mer pour saler les peissons seulement; pour le priz et pour la somme de vingt livres monnoie courante, à payer par led. Berart ou qui cause aura de li aud. Mathé ou qui cause aura de li ès-termes qui s'ensuivent : assavoir est aujourduy cent sols, à la feste de Pasques prochainement venant cent sols, à la feste de St Jehan Baptiste prochainement ensuivant cent sols, à la feste de St Michea prochainement ensuivant cent sols monnoie courante. Et fut acordé que se autre marché avoit esté fait entre led. Mathé et led. Berart à cause dud. quart du sel avant aujourduy, il est et demeurre nul et de nul effect et en demourront perpetuelment quiptes l'un vers l'autre. Esquelles choses surd. . . . . ont promis et juré par la foy et serement. . . . . ont obligé. . . . . En tesmoign. . . . . ont donné. . . . . l'une partie à l'autre. . . . . lectres deuement seellées. . . . . du seel surd. ensembleement celuy de venerable homme et discret mons^r le doyen de Thalemondoys establi en son doyenné. . . . . Fait et donné presens garens ad ce Richart Galer et Jannot Gauteron, le vij^e jour de decembre, l'an mil CCC iiij^{xx} et sept. N. Berthomé.

244. Quittance du premier payement stipulé dans l'acte précédent. (Cart^e n° 170.

1387.
19 décembre.

Sachent. . . . . que en la court du seel establi aux contraiz en la chastellenie du Chastea d'Olonne pour très noble et puissant seigneur mons^r le vicomte de Thouars, comte de Bennon, s^{gr} de Thalemont et dud. lieu du Chastea d'Olonne, en droit personnelment establi Mathé Gueignardea, en nom et comme fermer du quartage du sel vendu en la chastellenie d'Olonne pour le roy de France nostre sire, si come il disoit, d'une part, et Perrot Berart, commis et deputé dud. Mathé en nom que dessus à lever, cueillir et recevoir led. quartage de tout le sel vendu en maroys de Vertou et fermer d'icelluy en certaynne forme et manère, si come l'on dit plus à plain apparoir par lectres sur ce faictes seellées de seel autentique, d'autre part; led. Mathé en nom que dessus, de son bon gré, de sa bonne, pure et absolue volunté et de son propre esmouvement, cogneut et confessa avoir heu et receu dud. Perrot Berart cent sols tournoys monnoie courante en les rebatent et desduyent de la somme de vingt livres tournois monnoie courante, en la quelle somme de vingt livres tournois monnoie courante led. Perrot Berart estoit tenuz et obligé aud. Mathé pour cause de l'affermacion dud. quartage apparoissant par lectres si come dessus est dit. De laquelle somme de cent sols tournois monnoie courante led. Mathé Gueignardea s'est tenuz pour contemps et à bien payé, et en a quipté et clamé quipte led. Perrot Berart, ses hers et successeurs et tous autres à qui quiptance en puet et doit appartenir, et a promis led. Mathé tant en son privé nom que come fermer dessusd. en aquipter et tenir quipte led. Berart, ses hers et successeurs et cause avans de luy vers toutes personnes qui aucune choze leur en porroyent demander. Laquelle quiptance et tout le contenu de ces presentes lectres led. Mathé en nom que dessus a promis. . . . . serement. . . . . soubz l'obligacion. . . . . En tesmoign. . . . . a donné . . . . . lectres seellées. . . . . du seel dessusd. . . . . garens presens, ad ce oyr requis et appellez, Jehan Billotea et Jannot Gauteron. Donné le xixe jour du moys de decembre, l'an mil CCC iiij^{xx} sept. Rousselot.

245. Don par Pierre de Nieul, s^{gr} de la Saminière, à Bertrande Chabot d'une pipe de vin blanc de rente. (Cart^e n° 299.)

A tous. . . . . Perre de Nyoil, s^{gr} de la Saminère, saluz en Dieu Nostre Seigneur pardurable. Sachent tous presens et futurs que je Perre dessusd. non contrains, ne deceuz, ne par forcez en manère de machinacion à ceu amenez, mès de ma bonne, pure et absolue volunté, cognoys et confesse moy avoir donné, livré et octroyé et encores done, livre et octroie, par tiltre de perpetuau donaison faicte entre vis et sans esperance de jamès revocquer, c'est assavoir à Bertrande Chabote damoiselle et à ses hers, heriters et successeurs et à ceulx qui de lie auront perpetuaument cause c'est assavoir une pipe de vin blanc d'annuau et perpetuau rente sur mon fié de la Nosère, vulgaument appellé la Chasserie, de bon vin pur blanc ou claret au chois de lad. Bertrande per-

1389.
14 septembre.

petuaument par chacun an ; parceque je Perre de Nyoil dessusd. devoye bailler à perpétuité à Perre de la Garinère, valet, certaynnes chouses sises en la parroiche de Nostre Dame d'Olonne partans o le curé de lad. parroiche, lesquelles chouses sont de l'eritage de lad. Bertrande. Et lad. pipe de vin je led. Perre promet. . . . . serement. . . . . renunciant . . . . . En tesmoign. . . . . j'ay donné. . . . . lectres seellées. . . . . du seel duquel l'on uset ès-contraiz en doyenné de Tallemondoys pour très honnourable homme et discret mons^r le doyen dud. lieu. Et je addecertes Perre des Bordes presbtre, garde dud. seel en cely temps. . . . à la feal relacion de Thomas Biret clers. . . . . Ceu fut fait et donné garens presens, à ceu oyr requis et appellez, Jehan Veri parrochain de St Vincent sur Grahon et Perre Faverea et Morice Guoguya parrochain d'Avrillé et plusieurs autres, le xiiij^e jour du moys de septembre, l'an mil CCC iiij^{xx} et neuf. T. Biret.

246. Constitution d'une rente de soixante sols et d'une pipe de vin blanc faite par Pierre de Nieul, s^{gr} de la Saminière, au profit de Jean Geruth autrement dit Normand. (Cart^a n° 303.)

1390.
4 février.
(1389, v. st.)

Sachent. . . . que en la court du séel orendroit ès contraiz en partie de la seneschaussie de Poictou à la Roche sur Oyon pour très excellent prince mons^r le duc de Berri et d'Auvergne, comte de Poictou, en lieu de celuy qui jadis souloit estre à lad. Roche pour nostre sire le roy de France, et en la court de mons^r l'official de Luczon, en la presence de Jehan Fevre clerc, juré et notaire desd. cours et de chacune par soy, en droit par devant luy personelment establi Perrot de Nyoil valet s^{gr} de la Saminère, lequel de son bon gré et de sa bonne volunté, sans contrainte, doubte, fraude ne mauvaise machinacion, mès pour ceu que bien luy plaist, vendit, bailla, livra et octroya perpetuelment par luy et par ses hers et successeurs et pour ceulx qui de luy auront cause perpetuelment et soy avoir vendu, baillé, livré et octroyé perpetuelment, purement et absoluement, par tiltre de vente perpetuelle solempneement faicte à Jehan Geruth autrement dit Norment, demourant à Paluya, presens, prenans et acceptans lad. vente pour luy et pour ses hers et successeurs perpetuelment, c'est assavoir une pipe de vin blanc de rente, creu par chacun an en ung fié de vigne que icelluy Perrot a auprès de la Nozère, en pays de Talemondoys, bon vin marchent et recevable, en sourplus mis en bon fust de pipe neuf estans bien barré et couvert à neuf, et aussi la somme de soixante sols en deners de rente perpetuelle de bonne monnoie courante au temps du paiement pour chacun ; pour le priz et somme de soixante et dix deners d'or, vulgaument appellez francs du coign du roy nostre sire ; lesquelx soixante et diz francs d'or de bon poys, leal et juste ledit Perrot de Nyoil eut et receut purement dud. Jehan Geruth en la presence dud. notaire et des tesmoigns cy dessoubx à nommer, et s'en tient pour comptent et à bien leaument paié et en clama quipte led. Jehan Geruth et ses hers perpetuelment, et sur ceu il renuncia à l'excepcion d'or non eu, non compté, non poisé, non baillé, non livré et non receu ; lesquelx pipe de vin blanc et soixante sols en deners de rente, dont pardessus est faicte mencion, led. Perrot de Nyoil promist et est tenu rendre et paier perpetuelment pour chacun an aud. Jehan Geruth et à ses hers et successeurs et cause avans par la forme et manère et ès termes qui s'ensuivent, c'est assavoir lad. pipe de vin de rente en troil de Perrot Penoton à la Sigoigne ou à la Nozère, au choix et election d'iceulx lieux que plerra aud. Jehan et à ses hers perpetuelment, entre les vendenges qui seront perpetuelment et la feste de Toussains, et lesd. soixante sols de rente en deners perpetuelment chacun an en chacune feste de Toussains en la ville de Paluya en l'oustel et maison ou led. Jehan fera sa residence et mansion ;

et icelle pipe de vin blanc de rente et lesd. soixante sols en deners dont pardessus est faicte mencion icelluy de Nyoil sist, situa et assigna perpetuelment aud. Jehan et à ses hers en et sur sond. fié de vigne de lad. Nozère et sur touz et chacuns ses autres biens inmeubles et chouses quelxcomques soient nommeez et censeez par heritage qu'il a et puyt et doyt avoir et qui à luy pouhent et devent compecter et appartenir en et soubz quelxcomque fié, povoir, destroit ou juridicion et seigneurie. qu'ilz soyent. Et en cas ou led. de Nyoil n'auroit satisfait, rendu et paié lesd. pipe de vin de rente creu par chacun an end. fié de lad. Nozère et lesd. soixante sols en deners de rente aud. Jehan Geruth et à ses hers et successeurs par chacun an ès-lieux et termes dessusdiz, divisez et desclerez par la forme et manère que dit est dessus, il promist et est tenu par luy et par ses hers et successeurs perpetuelment rendre, ressarcir et amender aud. Jehan et à ses hers, et successeurs perpetuelment touz les cousts, faiz, mises, interests, despens et dommages que led. Jehan aura eu et soubstenu et ses hers perpetuelment, tant en ploidoient, si mestier estoit, que autrement, que par deffault des paiemens de lad. pipe de vin de rente et desd. soixante sols en deners de rente non faiz et acompliz ès-termes et lieux dessus diz, divisez, speciffiez et desclerez ; à avoir, tenir, user, prandre, cuillir, lever, recevoir et amasser perpetuelment dud. Jehan et de ses hers et successeurs perpetuelment iceulx pipe de vin blanc et soixante sols en deners de rente dud. Perrot et de ses hers et successeurs perpetuelment, paisiblement, quiptement et franchement, sans ceu que jamès en aucun temps perpetuelment led. Perrot y puisse riens querre, debatre ne demander, ne soy douloir, complaindre, appeller ne reclamer à nulle personne quelle que elle soit ne ses hers et successeurs. Et à toutes et chacunes les chouses dessusd. . . . . . obligea. . . . . et renuncia. . . . . il jura. . . . . En tesmoign. . . . . donna. . . . . lectres. . . . . seellées des seelx desd. cours et de chacune d'icelle. . . . . Et je addecertes Perres de la Gaubretère clerc, en celuy temps garde dud. seel dud. mons' le comte, et nous official de Luczon dessusd..... à la feal relacion dud. notaire..... Donné, jugé, fait, passé et ammonesté, garens presens, ad ce ouyr appellez et requis, Perrot Penoton et Perrot Cantin, le IIIIe jour du moys de fevrer, l'an de grace mil troys cens IIII^{xx} et neuf. J. Fevre.

247. Arrentement d'un ayraud et courtil, à Olonne, fait à Colas Mestoyer, cordonnier, et à Denyse Morineau, sa femme. (Cart° n° 200.)

Sachent touz que par davent moy Estienne Sayvet presbtre, juré, passeur et notaire de la court du seel establi ès contraiz en la chastellenie du Chastea d'Olonne pour très noble et puissant seigneur mons' le vicomte de Thouars, comte de Bennon, s^{gr} de Thalemond et du lieu surd. ensemble et d'icelluy establi en doynné de Thalemondoys pour honorable homme et discrect mons' le doyen d'icelluy lieu, en droit personnelment establiz Colas Mestoyer suyre et Denise Morinelle, sa femme, bien, suffisamment et solempneement auctorisée dud. Colas son seigneur quant ès choses qui s'ensuivent; lesquelx Colas et Denise, eulx et chacun d'eulx renunciant au beneffice de division et lad. femme au droit de velleyen et à touz autres droiz introduictz en faveur et en ayde de femmez, d'un commun assentiment et pour ce que très bien leur plaist, prinsirent et affermèrent et confessent avoir prins et affermé à perpetuité des religieux abbé et convent de St Jehan d'Orbester c'est assavoir une place d'un ayraud o les muragez d'icelluy et le cortil qui est darrère led. ayraud, ainsi come le mur dud. ayraud en levet et de longour jusquez à vingt et six brasses ou environ, et sont sises lesd. choses en l'enclose de l'herbergement que lesd. religieux abbé et convent ont en la ville d'Olonne et sont tenens, d'une part, à la rue qui est davent la maison Jehan Creux et,

1390.
6 mars.
(1389, v. st.)

d'autre, aud. herbergement et, d'un des boux, à la grant porte dud. herbergement et, d'autre, ès ayraud Colin Belhome le mur dud. cortil entre deux ; et porront lesd. Colas et Denise et les leurs perpetuelment prandre et poiser ayve en poyz dud. herbergement pour toutes leurs neccessités ; pour le priz et somme de vingt sols d'annuau et perpetuau rente. Lesquelx vingt sols les dessusd. Colas et Denise promictrent, doyvent et sont tenuz rendre, payer, bailler et livrer èsd. religieux abbé et convent, assavoir est chacun an perpetuelment en chacune feste de St Michea archange diz sols, et en chacune feste de la resurrection Nostre Seigneur dix sols ; et oultre ce, doyvent et sont tenuz les dessusd. Colas et Denise aquipter perpetuelment lesd. religieux abbé et convent d'une forche de biam, en laquelle ilz estoyent tenuz au prieur de Ste Croix d'Olonne pour aider à fener le fain du pré de la Grange ; et doyvent en oultre et sont tenuz lesd. Colas et Denise et ceulx qui d'eulx auront cause tenir le mur dud. cortil en bon estat et cloux bien et convenablement, ainsi come en levet de longour led. cortil desd. Colas et Denise, et en telle manère que lesd. religieux abbé et convent n'y aient dommage. Et ad faire solucion et paiement desd. vingt sols de rente ès dessusd. religieux abbé et convent en termez dessus nommez et tenir et acomplir en oultre les choses dessusd. et chacune d'icelles ont obligé. . seremens. . . En tesmoign. . . . . ont donné. . . . lectres seellées. . . . des seelx surd . . . . Ce fut fait et donné garens presens, ad ce oir appellez et requis, messire André Hennequin presbtre, Jehan Templeron et Perrot Achardea, le vi^e jour de mars, l'an mil troys cens quatre vings et neuf. E. Sayvet.

248. Arrentement d'un ayraud, à Olonne, fait par Pierre Girard et Marguerite Fromi, sa femme, à Jean Marchand. (Cart^e n° 60.)

1390.
7 juin.

Sachent touz que en la court du seel establi ès contraiz en la chastellenie du Chastea d'Olonne pour très noble et très puissant seigneur monsr le vicomte de Thouars, comte de Bennon, sgr de Thalmont et du lieu surd. par davent moy Jehan de Moustaing, juré, passeur et notaire de la court surd. en droit personnelment establiz Perre Girard, de Thalmont, tant en son nom que en nom de Margot Fromie, sa femme, à laquelle led. Perre promist faire tenir, ratiffier et conffirmer, louer et approuver, excecuter o tout effect toutes et chacunes les choses cy dessoubx à nommer, d'une part, et Jehan Marchent gendre Colin Furet, d'Olonne, d'autre; led. Perre Girard ès-noms que dessus bailla, livra et perpetuelment affirma et confessa avoir baillé, livré et perpetuelment affirmé aud. Jehan Marchent et à ses hers et à ses successeurs et à ceulx qui de luy auront cause perpetuelment c'est assavoir ung ayraut sis en la ville d'Olonne, en fié au Grant seigneur, o toutes ses appartenances de ruages, cayroages et courtillages, tenant, d'une part, aux appartenances Guillaume Robert et à ses parsonniers et, d'autre part, à l'ayraut et aus appartenances Nicholas Marchent, des Sables d'Olonne; Item, ung autre ayraut sis en lad. ville d'Olonne, en fié au priour de l'aumonerie d'Olonne, o toutes ses appartenances de ruages, cayruages, vergers et cortillages, tenant, d'une part, à l'eyraut et aux appartenances dud. Nicholas Marchent et, d'autre part, aux appartenances Hyleret Roussea, pour le priz et somme de quinze sols en deners de perpetuelle rente ou ferme; laquelle rente ou ferme surd. led. Nicholas Marchent promist et est tenu rendre et paer, bailler, et livrer aud. Perre Girard et à lad. Margot Fromie, sa femme, et à leurs hers et à ceulx qui d'eulx ont ou auront cause chacun an, en chacune feste de la Nativité Nostre Seigneur sept sols et six deners, et en chacune feste de la Nativité St Jean Babtiste sept sols et six deners; et en oultre doit, promist et est tenu led. Jehan Marchent rendre, paier, bailler et livrer chacun an perpetuelment touz et chacuns les devoirs enciens et feaudaux dehuz et acoustumez à l'estre chacun an sur lesd. chouses. Et icelles d. choses led. Perre

Girard en nom que dessus promist et est tenu garir. . . . .
serement. . . . . renunciant. . . . . En tesmoign. . . . .
ont donné. . . . . lectres doublées et seellées. . . . . du
seel de la court surd. . . . . Ceu fut fait et donné, presens
garens, ad ce oyr appellez et requis, Maturin Alevaz, Maturin
Peyraud, Perrot Pascquaut et Jehan Renou, le septesme
jour du moys de juign, l'an mil CCC IIII^{xx} et diz. J. de Moustaing.

249. Arrentement d'un terrain, à Olonne, fait à Jean des Bancs et
Guillemette Laurent, sa femme. (Cart° n° 198.)

1390.
24 juin.

Sachent touz que par davent Estiene Sayvet, presbtre, juré, passeur et notaire de la court du seel establi ès-contraiz en la chastellenie du Chastea d'Olonne pour très noble et puissant seigneur monsr le vicomte de Thouars, comte de Bennon, sgr de Thalemond et du lieu surd. ensembleement et d'icelluy establi ès-contraiz en doyenné de Thalemond pour honorable homme sage et discrect monsr le doyen d'icelluy lieu, en droit personnelment establiz Jehan des Bancs et Guillemete Laurence, sa femme, led. Jehan donnans à lad. Guillemete plain povoir et auctorité de faire, vouloir, passer et accorder les choses cy-dessoubx escriptes, emprès ce lesd. Jehan et Guillemete eulx et chacun d'eux renuncians au benefice de division et lad. Guillemete au droit de velleyen et à tous autres droiz introduitz en faveur et en ayde de femmes, de leur bonne, pure et agreable volunté et pour ce que très bien leur plaist, cogneurent et confessèrent avoir jà peczà prins et affermé et encore prenant et afferment, par nom et titre de perpetuelle ferme ou rente des religieux abbé et convent de St Jehan d'Orbester, c'est assavoir une partie du cortil et verger, qui est en l'enclose de l'erbergement que lesd. abbé et convent ont en la ville d'Olonne et le poiz dud. verger, contenant lad. partie de cortil jornée à ung homme ou environ, tenent, d'une part, à la rue qui est par davent le grant cymentère et, d'autre, à la route ou sentier par laquelle l'on vait de lad. rue end. herbergement et, d'autre part, ès bonnez et devis qui ont esté mises entre le cortil desd. religieux abbé et convent et lad. prinze desd. Jehan et Guillemete, pour le priz et somme de quinze sols d'annuelle et perpetuelle rente : retenu èsd. religieux abbé et convent et à ceulx qui seront dores en avent demourans en leurd. herbergement leur poizer end. poiz touteffoys et quanteffoys qu'il leur plaira. Lesquelx quinze sols de rente surd. lesd. Jehan et Guillemete tant par eulx que pour ceulx qui d'eulx auront cause perpetuelment ont promis, devent et sont tenuz rendre et paier, bailler et livrer èsd. religieux abbé et convent en termes qui s'ensuivent, assavoir est chacun an en chacune feste de St Michea archange sept sols et six deniers, et en chacune feste de resurrection Nostre Seigneur sept sols et six deniers. Et devent lesd. Jehan et Guillemete faire edifier maison en lad. prinse et tenir perpetuelment clox led. verger devers led. cymentère, ainsi come contient de longueur lad. prinse. Et ne porront lesd. Jehan et Guillemete ne les leurs vendre, engager, eschanger ne aliener ne charger d'aucuns devoirs et cappitacions lesd. choses sans l'assentiment desd. religieux abbé et convent; et lesquelx lesd. Jehan et Guillemete doivent acquipter perpetuelment envers le prieur de Ste Croiz d'Olonne de une forche de biam, en laquelle il leur estoyent tenuz par raison de leurd. herbergement pour aider à fener le fain du pré de la Grange. Et à faire solucion et paiement desd. quinze sols de rente èsd. religieux abbé et convent en la manère que dit est et à garder, entériner et acomplir en oultre toutes et chacunes les choses dessusd. et non venir encontre lesd. Jehan et Guillemete ont obligé. . . . . seremens. . . . . En tesmoign. . . . . ont donné. . . . . lectres seellées. . . . des seelx des cours surd. . . . . Ceu fut fait et donné garens presens, ad ce oir appellez et requis, Denis

Veillet, Estiene Bouherea et Jehan Goynea, ce vingt et quatresme jour du moys de juign, l'an mil CCC quatre vings et diz. E. Sayvet.

250. Arrentement de divers immeubles fait par Mathieu Godinet à Jean Cruyon. (Carte n° 237.)

1391.
22 février.
(1390, v. st.)

Universis..... Officialis Lucionensis salutem in Domino. Notum sit omnibus quod in presencia Johannis Achaleti presbiteri, curie nostre jurati et passatoris, personnaliter constitutis Matheo Godinet, ex una parte, et Johanne Cruyon, ex altera; dictus Matheus non coactus, non deceptus, nec aliqua mala machinacione ad hoc inductus, sed sua spontanea et mera liberalitate, traddidit, concessit et perpetuo pro se et suis affirmavit dicto Johanni Cruyon et suis omnes et singulas res immobiles, videlicet domus, cairuagia, cortillagia, terras, vineas, prata, nemora, maresia, alberias et omnia alia quecumque immobilia in parochiis de Berthoneria, de Podio Alto, de Magnillis, de Chaunayo, de Leruzio, de Cleya et de Cultura vel alias, in quocumque loco sint situata, predicto Matheo ex successione deffuncte Theophanie Cruyone matris sue spectancia et pertinencia; habenda, tenenda, possidenda et explectanda predicta immobilia a dicto Johanne Cruyon et suis futuris successoribus ab ipso causam habentibus vel habituris ex nunc in perpetuum, libere, pacifice et quiete, precio novem solidorum monete currentis ab ipso Johanne Cruyon et suis predicto Matheo et suis futuris successoribus ab ipso causam habentibus singulis annis in quolibet festo Assumpcionis Bte Marie Virginis reddendorum et solvendorum. Promisitque..... cessit et transtulit..... juramento..... obligans..... renuncians....... In cujus rei testimonium..... dederunt..... licteras sigillo curie nostre..... sigillatas..... Datum presentibus et audientibus Johanne Giraud et Guillelmo Coyeset testibus ad premissa vocatis, die vicesima secunda mensis febroarii, anno Domini millesimo CCC° nonagesimo. J. Achale, passeur.

251. Echange de vignes entre Pierre Berard et Jeanne Audouin, sa femme, d'une part, et Pierre Pascaud et veuve Rogron, sa femme, d'autre part. (Cart° n° 295.)

1391.
15 avril

Sachent touz que par devant moy Jamet de Beaulieu, juré, passeur et notaire de la court du seel establi ès-contraiz en doynné de Thallemont pour honnourable homme, sage et discrect mons^r le doyen dud. lieu, en droit personnellement establiz Perrot Berard et Johanne Audouyne, sa femme, lad. femme suffisamment auctorisée de son d. seigneur quant à faire passer et acorder les chouses qui s'ensuivent, d'une part, et Perrot Pascaud et veuve Roguerone, sa femme, lad. veuve suffisamment auctorisée dud. Pascaud quant à faire, passer, et acorder les chouses qui s'ensuivent, d'autre part; les dessusd. et chacun d'eulx, renunciant au benefice de division et lesd. femmes au droit de velleien et à touz autres droiz introduitz en faveur et en aide des femmes, firent eschange et permutacion entr'eulx, de leurs volunté et assentiment, des chouses cy dessoubz à nommer en la manère qui s'ensuit : c'est assavoir que lesd. Berart et sa femme baillirent et octroyèrent et cogneurent avoir baillé et octroyé èsd. Pascaud et sa femme à perpetuité, par nom et tiltre de perpetuel eschange, une pièce de vigne rousturère, assise en la grant Pinelère, en fié de l'aiguer de l'abbaie de Ste Croiz de Talmont, contenant lad. vigne troys journaux de vigne ou environ tenant, d'une part, à la veigne de Maurice Ferret et, d'autre part, à la veigne de Guiote Morissonne; et paieront dores en avent lesd. Pascaud et sa femme les devoirs feaudaux dehuz sur lad. veigne. Et en rectour, recompensaction et par eschange de lad. vigne lesd. Pascaud et sa femme baillèrent, octroyèrent, cogneurent avoir baillé et octroyé à perpetuité èsd. Berart et sa femme deux journaux de vigne rousturers ou environ assis en fié de Champcloux en deux pièces, en fié de maistre Jehan Royrand et des heriters de feu Perre Blanchardin, et est tenant l'une desd. pièces à la veigne Colas Bardin et d'autre à la veigne de Guillaume Dupas, et l'autre desd. pièces est tenant, d'une part, à la veigne dud. Colas Bardin et, d'autre part, à la veigne feu Jehan Bouer de Champcloux; et paieront dores en avent lesd. Berart et sa femme les devoirs feaudaux deuz sur lesd. deux journaux de vigne. Lesquelles chouses surd. et chacune d'icelles lesd. parties chacune en son article promistrent..... serement..... renunciant..... En tesmoign..... ont donné..... lectres doublées et seellées..... du seel de la court surd. Et nos vero, gerens vices predicti domini decani Thallemundensis..... Datum et actum testibus presentibus et eciam audientibus Johanne Chabot et Thoma du Reffe, quindecima die mensis aprilis, anno Domini millesimo tricentesimo nonagesimo primo. J. de Beaulieu.

252. Arrentement de dix-huit journaux de vigne fait à Jean Charles et Colin Nya. (Carte n° 171.)

1392.
23 mars.
(1391, v. st.)

Sachent touz que par devant moy Jehan Barbérea, juré et notaire de la court de venerable homme et discreet monsr le doyen de Thalemont, Jehan Challez et Colin Nya le jeune, filz de Perrot Nya de Bourneuf, bien avisez, bien conseillez et de leurs faiz applain acertainez, chacun par soy et pour le tout renunciant au benefice de division, cogneurent et confessèrent avoir pris à perpetuité de religieux et honnorable homme frère Nicholas Ruffin, procureur et en nom de procureur de honnorable et reverend l'abbé de St Jehan d'Orbester et du convent dud. lieu, une pece de vigne assise en fé desd. religieux abbé et convent, contenant lad. vigne journaux à dix et huyt hommes ou environ, tenent, d'un cousté, à la veigne Jehan Achardea et . . . . [1] c'est assavoir par led. Jehan Challes la moyté et led. Colin Nya l'autre. Et ont promis les desusd. Jehan et Colin rendre la sixte partie des fruiz croissans. . . . . ont obligé. . . . [2] renunciant. . . . . et ont juré. . . . . serement. . . . . Et nos gerens vices prefatti venerabilis . . . . . ad fidelem relacionem dicti Johannis Barberelli. . . . Fait et donné presens, requis et appellez, Guillaume Josdon, Colas Mestoyer, Jehan Boucherea et plusieurs autres, le xxiiie jour du moys de mars, l'an de grace mil CCC iiii[xx] et onze. J. Barberea.

253. Constitution d'une rente de quarante sous faite par Pierre de Nieul, sg[r] de la Saminière, au profit de Jean Geruth, de Palluau. (Cart[o] n° 127.)

Sachent. . . . . que en la court du seel establi ès-contraiz en la chastellenie de Thalemont pour très noble et puissant seigneur mons[r] le vicomte de Thouars, comte de Bennon et sg[r] dudit lieu de Talmont, par davent Estiene Rousselot clerc, juré, passeur et notayre de la court dud. seel, en droit personelment establi Perre de Nyol valet, sg[r] de la Saminère, soubmectant soy et touz ses biens quant ad ce qui sensuit à la jurisdicion et cohercion de la court dud. seel sans autre advouer, louer ny requerre, d'une part, et Jehan Geruth autrement dit Norment, demourant à Paluya, d'autre part ; led. Perre de Nyoil de son bon gré, de sa

1392.
29 mars.

---

1. Ici une ligne complétement illisible comme ci-dessous après des fruiz croissans, avant d'arriver aux formules.
2. Avec la stipulation habituelle de l'hypothèque de tous leurs biens, les preneurs s'engagent en outre « à ne charger ni obliger la d. vigne de « nulle charge ni transport, ni de la transporter en autruy mains. »

bonne, pure et absolue volunté, de son propre esmouvement et de sa certaynne science, cogneut et confessa et addecertes par la teneur de ces presentes lectres cognoist et confesse soy avoir vendu, baillé, livré et accordé, cedé et transporté, par tiltre de vainczon perpetuelle, aud. Jehan Geruth prenant, stipulant et acceptant pour luy, ses hers et successeurs et ceulx qui de luy ont ou auront cause perpetuelment quarente sols d'annuelle et perpetuelle rente monnoie courante, escuz neufz d'or du coign du roy de France nostre sire valent xx et deux sols six deners de lad. monnoie, à rendre et paier dud. Perre de Nyoil, de ses hers et successeurs et de ceulx qui de luy ont ou auront cause perpetuelment aud. Jehan Geruth, à ses hers et successeurs et ceulx qui cause auront de luy perpetuelment, dores en avent chacun an en chacune feste de Toussaincts ; pour le priz et somme de vingt et cincq livres monnoie courante ; lesquelx vingt et cincq livres led. Perre de Nyoil a cognu et confessé avoir eu et receu dud. Jehan Geruth, et s'en est tenu pour content et à bien paiez, et led. Jehan Geruth en a quipté et clamé quipte perpetuelment pour luy, ses hers et successeurs, à toute excepcion de lad. somme de pecune non eue, non receue, non comptée et numbrée renunciant led. Perre de Nyoil expressement. Lesquelx quarente sols de rente perpetuelle led. Perre de Nyoil a promis. . . . . perpetuelment aud. Jehan Geruth, à ses hers et successeurs et à ceulx qui de luy ont ou auront cause perpetuelment chacun an en chacune feste de Toussains, come dit est, et en oultre à li amender, rendre et paier et plenèrement ressarcir touz cousts, frez, missions, despens, jornées, interests et dommages quelxcomques qu'il feroit, auroit ou soubstiendroit en aucune manère en plaidoient ou autrement par deffault du poyement desd. quarente sols de rente au simple serement dud. Jehan Geruth ou de ses successeurs sans charge d'autre preuve, fait led. serement par davent juge ordinaire, et ad ce led. Perre de Nyoil a obligé et obliget par la teneur de ces presentes lectres soy, ses hers et ses successeurs et ceulx qui cause ont ou auront de luy et tous et chacuns universaument ses biens meubles et immeubles presens et à venir et par espécial son fié de l'Eschasserie; et a voulu, consenti, accordé et octroyé led. Perre de Nyoil que par deffaut de payement desd. quarente sols de rente chacun an en chacune feste surd. led. Jehan Geruth ou ses hers et successeurs et cause avans de li puissent par la vertu de ces presentes lectres sans autre mandement ne autorité de justice aucune prandre, venger et exequuter sur led. fié de l'Eschasserie ou sur les autres biens meubles et immeubles presens et à venir quelxcomques dud. Perre de Nyoil ou de ses hers et successeurs quelque part qu'ilz soient ou puissent estre diz, nommez, censez, appellez en aucune manère ou sur aucuns d'iceulx ainsi que bon leur semblera dores en avent perpetuelment, ensemblement et pour les dommages et arrerages desd. quarente sols de rente si aucun en y avoit reaument et de fait comme l'on feroit et porroit faire de chouse jugée, finée et determinée par arrest de parlement, sans ce que led. Perre de Nyoil ne ses successeurs ne autres pour nom de luy en puissent jamés appeller ny reclamer ne soy opposer encontre en aucune manère; renunciant. . . . . serement. . . . . En tesmoign . . . . . a donné. . . . . lectres seellées. . . . . du seya davent dit. Et je addecertes Jehan Requien clerc, garde en celuy temps dud. seel. . . . . à la feal relacion dud. Estiene Rousselot. . . . garens, ad ce oyr presens requis et appellez, Jehan Vergnoux clerc et Perrot Cantin. Fait et donné le xxixe jour de mars, l'an de grace mil CCC iiii^{xx} et douze. E. Rousselot.

254. Constitution d'une rente d'un septier de froment faite par Jean Renou, taillandier, d'Olonne, au profit de Pierre Berard, de Champcloux. (Cart⁰ n° 325.)

1392.
20 mai.

Sachent touz que en la court du seel establi au contraiz en la chastellenie du Chastea d'Olonne pour très noble et puissant seigneur mons⁽ʳ⁾ le viconte de Thouars, conte de Bennaon, s⁽ᵍʳ⁾ de Thalemond et du lieu surd. et en la court du seel establi aux contraiz en doynné de Thallemondoys pour mons⁽ʳ⁾ le doyen dud. lieu, par devant moy Jehan de Moustaing, juré, passeur et notaire des cours surd. en droit personnelment establiz Jehan Renou taillender, demorans à present en la ville d'Olonne, d'une part, et Perre Berard, de Champclou, d'autre part ; led. Jehan Renou vendit et confessa avoir vendu pour manère et pour tiltre de vainsson perpetuelle aud. Perre Berard et à ses hers et à ses successeurs et à ceulx qui de luy auront cause perpetuelment, c'est assavoir un septer de froment de perpetuau rente, à la mesure d'Olonne, pour le priz et somme de seze livres monnoie courante ; laquelle some de seize livres surd. led. Jehan Renou eut et recéut et confessa avoir eu et receu bien et leaument et entèrement dud. Perre Berard, et s'en tient entèrement pour bien paié et satisfait, et en clame quipte led. Perre Berard et ses hers perpetuelment. Lequel septer de froment de perpetuelle rente à la mesure surd. led. Jehan Renou doibt, promist et est tenuz rendre et paer, bailler et livrer et conduyre à ses propres cousts et despens aud. Perre Berard et à ses hers et à ceulx qui de luy auront cause chacun an pertuelment à l'oustel dud. Perre, à Champclou, en chacune feste de Assumpcion Nostre Damme Virge, et aud. Perre Berard et à ses hers et à ceulx qui de luy auront cause amender, rescourre et ressarcir, rendre et paer touz cousts, fraiz et missions, despens, interests et dommages lesquelx led. Perre Berard et ses hers et ceulx qui de luy auront cause dirroyent eulx avoir faiz, euz et soubstenuz par defaut de paiement ou autrement à croyre pour la desclaracion de leur simple serement, sans autre preuve, fait led. serement en l'ascence dud. Jehan Renou et non appellé pour davent juge ordinayre, lesquelx despens et dommages ainsi jurez porront estre mis à execucion comme le principal et chose finée et determinée. Lesquelles choses pardessus dictes toutes et chacune d'icelles led. Jehan Renou promist. . . . . serement. . . . . En tesmoign. . . . . ay donné. . . . . lectres seellées. . . . . des cours surd. . . . . Et nos gerens vices domini decani Thallemondensis. . . . . ad relacionem notarii antedicti. . . . . Ceu fut fait et donné presens garens, ad ce oyr appellés et requis, Jehan Lochet le jeune et Thomas Pasquer, le xxe jour du moys de may, l'an mil CCC iiii^{xx} et douze. J. de Mostaing.

255. Arrentement de certains immeubles fait à Denis Burrier et Jeanne Blasme, sa femme. (Cart^e n° 33.)

1392.
9 juin.

Sachent tous que en la court du seel establi ès contraiz en l'officialité de Luçon par devant Estiene Sayvet presbtre, juré et notaire de la court dud. seel, en droit personnellment establiz Nicolas Ruffin, procureur et en nom de procureur des religieux abbé et convent de St Jehan d'Orbester, d'une part, et Denis Burrer et Johanne Blasme, sa femme, deuement auctorisée de sond. seigneur, d'autre part; lesquelx Denis et Johanne, eux et chacun d'eulx renunciant au beneffice de division et lad. femme au droit de velleyen et autres droits produiz en faveur et en aide des femmes, de leur bon gré et de leur assentiment et volunté et parceque ainsi leur plaist, prindrent et affermèrent dud. procureur [le droit desd. religieux] en toutes et chacunes les choses immeubles, heritages [que tenoit et] et explectoit feu André

Burrer, père dud. Denis, au temps qu'il vivoit, lesquelles choses [soyent] maisons, ayrauds, ruages, cayruages, cortillages, terres, vignes, prez, pasturages et autres choses quelxcomques, pour le priz et somme de huyt sols monnoie courante d'annuelle et perpetuelle rente. Lesquelx huyt sols les dessusd. Denis et Johanne sa femme promistrent, doyvent et sont tenuz rendre et paier, bailler et livrer ès d. religieux abbé et convent en leurd. abbaye chacun an perpetuelment, en chacune feste de St Michea archange, en et sur l'obligacion. . . . . et renuncièrent. . . . . les seremens. . . . . En tesmoign. . . . . ont donné. . . . . lectres seellées. . . . . du seel surd. . . . . Ceu fut fait et donné presens garens Estienne du Port juré, Thomas Fevre et Alexandre Bitart, le ixe jour de juign, l'an mil CCC quatre vings et doze. E. Sayvet.

256. Arrêt de la Cour du Parlement, au cours d'un procès entre l'abbaye et les sg^{rs} de Talmont, au sujet du droit d'usage dans la forêt d'Orbestier. (Cart^e n° 389. Orig. aux Arch. de la Vendée.)

1392.
3 août.

Karolus, Dei gracia Francorum rex, universis presentes litteras inspecturis salutem. Notum facimus quod constitutis in nostra parlamenti curia dilectis et fidelibus nostris vicecomite ac vicecomitissa Thoarcii appellantibus, ex una parte, et religiosis abbate et conventu sancti Johannis Orbisterii appellatis, ex altera, pro parte dictorum appellancium propositum extitit quod licet ipsi fuissent et essent domini de Talemundo et de foresta dicti loci Orbisterii ibidemque haberent omnimodam juridicionem et justiciam soli et in solidum, absque hoc quod alicui cujuscumque foret status et maxime dictis religiosis liceret ligna grossa nec minuta in dicta foresta scindere vel scindi facere, extirpare vel extirpari facere, nec eciam peccora seu animalia quecumque pro ibidem depascendo et maxime in dicte foreste locis ab antiquo prohibitis ducere aut duci facere absque dictorum appellancium vel saltem magistri seu custodis dicte foreste licencia atque congedio, ita videlicet quod per dictos appellantes vel magistrum predictum foret locus designatus ac limitatus ubi in dicta foresta premissa vel eorum aliqua faciendi licenciam concederent, de hoc que fuissent et essent in possessione et saisina ac usi et gavisi fuerant pacifice videntibus et scientibus dictis religiosis ac aliis hoc videre ac scire volentibus per tantum temporis spacium de cujus contrario hominum memoria minime recordatur aut saltem per tempus sufficiens ad bonam possessionem et saisinam acquirendam et retinendam, nichilominus prefati religiosi vel eorum gentes et officiarii aut alii quorum factum, ratum et gratum habuerint ligna grossa et minuta summam quinquaginta librarum vel eo circa valencia scinderant et extirpaverant seu scindi et extirpari in dicta foresta fecerant ac suis usibus applicaverant, vel alii pro sue libito voluntatis disposuerant de eisdem, necnon animalia sua duxerant vel duci pro depascendo in eadem foresta et eciam in dictis locis prohibitis fecerant, sine tamen dictorum conjugum vel magistri sive custodis predicte foreste congedio, ipsos in dictis suis possessionibus et saisinis impediendo et perturbando indebite et de novo; et ob hoc certas in casu novitatis et saisine querimonie litteras a nobis obtinuerant, quarum execucioni dicti religiosi vel eorum procurator se opposuerant et idcirco fuerant coram baillivo nostro exempcionum Andegavie, Cenomanie et Pictavie dictarum nostrarum litterarum vigore ad certam diem adjornati; coram quo dictis partibus comparentibus, supradicti conjuges premissa proposuerant et insuper restabilimentum primitus et ante omnia realiter et de facto sibi fieri requisierant, dicendo quod dicti religiosi ad aliquid proponendum non erant admittendi quousque dictarum rerum per eosdem ut promittitur ablatarum restabilimentum fecissent. Dicti vero religiosi titulos suos allegando e contrario proposuerant quod premissa sine dictorum conjugum licencia facere potuerant et poterant nec ad restabilimentum faciendum compelli debebant, et si facere tenerentur quod semper parati erant ordinacioni justicie obtemperare eorumque titulis attentis petendo recredenciam in casu dilacionis sibi adjudicari. Que tamen omnia cause cognicionem requirere supradicti conjuges proponebant pro parte quod secundum usum et communem observanciam ac privilegium in casu novitatis et saisine restabilimentum impedire non poterant nec ad recredenciam attento quod ipsi erant domini dicte foreste in casu dilacionis litis concludebant. Qui baillivus vel ejus locum tenens quod dicti religiosi infra octo dies tunc immediate proximos restabilimentum facerent pronunciaverat; de recredencia vero habito consilio sibi reservaverat ordinare, et tamen, die crastina immediate proxima et antequam tempus restabilimenti faciendi fuisset elapsum ac illud preveniendo, idem baillivus dictis religiosis licet de eorum titulis eidem minime constitisset recredenciam premissorum adjudicaverat, per quod dicta sentencia restabilimenti eisdem conjugibus inutilis fuerat effecta et ob hoc ipsi ad nostram parlamenti curiam appellaverant, ut dicebant, quare dictum baillivum male judicasse ipsosque bene appellasse et dictos religiosos in eorum expensis condempnari debere petebant et concludebant. Prefatis religiosis ex adverso proponentibus et dicentibus quod ipsi et eorum monasterium dudum per comitem Pictavensem dominum dicti loci Taillemundi et dicte foreste Orbisterii fuerant fundati, et per eum nonnullis possessionibus ac usu eorum pro suis necessitatibus suis in dicta foresta quodque in locis vacuis ejusdem foreste laborare et peccora vel animalia sua facere depasci extiterant dotati et specialiter fuerant eorum privilegia per dominum Ricardum Acquitanie ducem confirmata; qui quidem Ricardus voluerat et consenserat quod de cetero domini de Talemundo ad contenta in dicte fundacionis litteris tenenda et observanda per nos seu curiam nostram condampnarentur ac dum opus esset compellerentur; hiisque titulis erant et fuerant inter ceteras eorum possessiones in possessione et saisina in dicta foresta Orbisterii ligna pro suis necessitatibus quibuscumque scindendi et extirpandi seu scindi et extirpare faciendi animaliaque sua in dicta foresta pro depascendo ducendi seu duci faciendi et in eadem laborandi et laborari faciendi libere et absque dictorum conjugum vel alterius cujuscumque licencia, prout ex litteris superdicta fundacione confectis, per nonnullos successores dicti comitis confirmatis et approbatis, liquide constare dicebant; insuper dicebant quod ab anno citra dicti conjuges contra ipsos religiosos eo quod guetum et excubias in suo castro de Olona facere recusaverant, prout nec tenebantur, odium conceperant in tantum quod dictas querimonie litteras contra eos impetraverant, virtute quarum ipsos coram dicto baillivo, ut prefertur, adjornari fecerant; coram quo dictis partibus litigantibus et in factis contrariis appunctatis; inter cetera per dictos religiosos quod restabilimentum juxta ipsius baillivi ordinacionem per signum fecerant fuerat propositum quod sufficiebat nec aliud per eos fieri debebat nec poterat cum de quodam jure incorporali scilicet licencia premissa faciendi inter dictas partes ageretur in hac parte; ad finem autem recredencie iidem religiosi suos usus, possessiones et jura, notorum ac eorum litteras et titulos proposuerant eosdemque titulos et litteras in judicio presentando de ipsis lecturam fieri fecerant; quibus lectis presente dictorum conjugum procuratore cum dictus procurator nullas raciones aut facta contra eosdem titulos et litteras proposuisset seu proponere voluisset, idem baillivus prenominatis religiosis recredenciam premissorum adjudicaverat; ex quibus dictum baillivum bene judicasse attento maxime quod dicti religiosi non habebant aliud quod ex dictis nemoribus unde sustentari possent, dictos vero conjuges ut appellantes non esse admittendos aut saltem male appellasse ipsosque in eorumdem religiosorum expensis condempnari petebant, ad hoc concludendo et insuper requirendo quod prefato baillivo mandaretur quatinus dictis conjugibus ac aliis ad quos spectaret inhiberet seu inhiberi faceret ne ligna dicte foreste per dictos religiosos vel ad eorum usum abscisa in ipsorum religiosorum prejudicium mensurarent nec deliberarent seu mensurari nec eciam deliberari aliis facerent, sicque fieri debere eorum titulis attentis dicebant, et ut supra concludebant. Supradictis conjugibus replicando dicentibus quod cum ad ipsos solos et in solidum dicte foreste domanium pertineret, prout satis ex dictorum religiosorum propositis colligi poterat, iidem religiosi aliquid in dicta foresta capere vel levare non poterant nec debebant, nisi ab eisdem conjugibus vel magistro dicte foreste primitus obtento congedio, ymo omnia per eos ut prefertur ablata seu levata realiter et de facto restituere tenebantur, quodque sic de omnibus rebus corporalibus erat in casu novitatis fieri consuetum; et dato quod dictus baillivus realiter et de facto predictum restabilimentum fieri non specificasset aut per signum, debebat tamen ejus sentencia quod illud realiter et de facto fieret interpretari; quo vero ad recredenciam, dicebant ut supra quod eidem baillivo de dictis titulis minime constiterat, et quod super hoc primitus veritatem inquirere debuisset, ulterius dicebant quod dicta requesta nisi parte vocata et audita fieri non debebat, et quod super ea non fuerant adjornati; ex quibus et aliis per eos lacius propositis ut supra concludebant. Dictis religiosis duplicantibus et dicentibus quod dicti conjuges eos dumtaxat de congedio non recepto arguebant, videlicet quod premissa et in eorum querimonia specificata absque ipsorum licencia et congedio aut magistri predicte foreste fecerant; per quod iidem religiosi apparere dicebant quod dictum restabilimentum fieri per signum sufficiebat, et supposito quod realiter et de facto fieri debuisset, et quod ipsi in mora restabiliendi fuissent vel per unum aut duos terminos illud facere expectassent, hoc tamen eis minime debebat imputari sed pocius dictis conjugibus qui predictas res de quibus restabilimentum fieri pretendebant appreciari seu estimari facere primitus tenebantur ; dicebant insuper quod dicta recredencia eorum titulis attentis et cum, ut prefertur, non haberent aliud unde sustentari possent, eisdem merito fuerat adjudicata ; nec propter dictam recredenciam quindum opus esset dictum restabilimentum facere potuissent impediebantur ex premissis, dictum baillivum bene judicasse, et aliud prout supra concludendo. Tandem auditis partibus antedictis in omnibus que circa premissa et tam replicando quam eciam duplicando dicere et proponere voluerunt, ac ipsis super hoc in arresto appunctatis, visis insuper certis litteris et titulis parcium predictarum, consideratisque et attentis circa hoc attendendis et considerandis et que dictam curiam nostram movere poterant et debebant, per arrestum ejusdem curie dictum fuit prefatum baillivum nostrum bene judicasse et dictos conjuges male appellasse, et emendabunt appellantes ipsos in expensis hujus appellacionis cause, condempnando earumdem expensarum taxacione dicte nostre curie reservata ; et per idem arrestum, dicta curia partes predictas coram predicto baillivo nostro exempcionum remisit et remittit processuras ut fuerit racionis. In cujus rei testimonium, presentibus litteris nostrum jussimus apponi sigillum. Datum Parisiis in parlamento nostro, tercia die augusti, anno Domini millesimo CCC° nonagesimo secundo et regni nostri duodecimo.

257. Echange de biens entre Pierre de Nieul, s_{gr} de la Saminière, et Bertrande Chabot, sa femme. (Cart° n° 142.)

Sachent touz que en la court du seel establi ès-contraiz en doyenné de Thallemondoys pour honnourable homme et discrect mons^r le doyen dud. lieu en droit personnelment establiz Perres de Nyoil, sires de la Saminère, d'une part, et Bertrande Chabote, sa femme, d'autre part ; comme led.

1392.
26 novembre.

Pierres deist avoir esté tenuz et obligez à Perres, sires de la Garinère, en une pipe de vin bon, pur et noveau et marchent d'annuelle et perpetuelle rente, et à la fabrice de l'eglise du Chastea d'Olonne en cincq sols de rente perpetuellé; pour laquelle pipe de vin de rente led. Perres de Nyoil avoit baillé et assigné aud. de la Garinère ung fié de veignes sis en sa paroisse d'Olonne, et aussi pour lesd. cincq sols de rente deuz à lad. fabrice avoit baillé et assigné à icelle fabrice cincq souls de rente en la paroisse de la Chapelle Achart, led. fié de vignes et lesd. cincq sols de rente de l'eritage de lad. Bertrande; led. Perres de Nyoil, de sa bonne, pure, libre et absolue volunté et très bien adcertenez des chouses surd. et d'icelles voulens satisfaire à lad. Bertrande, en rectour et recompensacion desd. chouses a assis, situé et assigné à lad. Bertrande et à ceulx qui d'elle auront cause une pipe de vin blanc pur, bon et marchent, à la mesure de Talemont, enfustée en bon fust et convenable, en et sur tous et chacuns ses biens immeubles, et cincq sols de rente en et sur Jehan Chaille, d'Avrillé. De laquelle pipe de vin de rente led. Perres a promis et est tenuz faire saisine et poccession et icelle continuer perpetuelment à lad. Bertrande et à ceulx qui d'elle auront cause chacun an en la saison de vendenges, et oultre ce faire faire saisine et poccession par led. Chaille desd. cincq sols de rente et icelle perpetuelment continuer à lad. Bertrande et à ceulx qui d'elle auront cause. Desquelx cincq sols de rente led. Perres a cedé et transporté . . . . . a obligé. . . . . renunciant . . . . . serement. . . . . En tesmoign. . . . . a donné . . . . . lectres seellées. . . . . du seel surd. Et nos vero gerens vices predicti domini decani. . . . . ad fidelem relacionem Johannis Bouchardi clerici. . . . . Datum et actum presentibus et audientibus testibus domino Alexandro Bitart rectore ecclesie S^{ti} Hilarii de Foresta et Petro Bounineau, vicesima sexta die mensis novembris, anno Domini, millesimo CCC° nonagesimo secundo. J. Boschard.

258. Paiement par l'abbé Guillaume de ses taxes en cour de Rome.
(Carte n° 220.)

1393.
4 février.
(1392, v. st.)

Universis presentes licteras inspecturis Franciscus, miseracione divina archiepiscopus Narbonensis, domini pape camerarius, salutem in Domino. Ad universitatis vestre noticiam dedimus quod venerabilis in Christo pater, dominus frater Guillermus, abbas monasterii S^{ti} Marie [et] S^{ti} Johannis de Orbisterio, ordinis S^{ti} Benedicti, Lucionensis diocesis, pro totalibuz quatuor serviciis familiarium ac officialium domini pape, in quibus erat camere apostolice obligatus, sex florenos auri de camera, quatuor solidos et quatuor denarios monete currentis clericis dicte camere pro ipsis familiaribus et officilialibus receptos per manus magistri Guillermi Dausserii procuratoris sui die ante penultima solvi fecit; de quibuz sic solutis ipsum dominum abbatem, monasterium suum et successores ipsius ac eorum bona tenore presencium quitavimus et absolvimus. Insuper eundem dominum abbatem ab excommunicacionis, suspensionis et interdicti sententia ac reatu perjurii et aliis penis quod et quas incurrerit occasione retardate solucionis premissorum auctorite qua fungimur in hac parte duximus absolvendum; secum super irregularitate si quam contraxit interea sit ligatus se immiscendo divinis aut aliis, non tamen in contemptum clavium, eadem auctoritate misericorditer dispensamus. In quorum testimonium, presentes licteras fieri et sigilli nostri camerariatus officii fecimus appensione muniri. Datum Avinioni, die quarta mensis februari, anno nativitatis Domini millesimo CCC° nonagesimo secundo, indiccione xv, pontificatus domini nostri Clementis pape vii anno quarto decimo.

259. Réméré d'une rente vendue par Pierre de Nieul, Sʳ de la Saminière, à la Confrérie de St Nicolas des Moutiers les Maufaits, exercé par Bertrande Chabot, sa veuve. (Carte n° 122.)

1294.
11 mai.

Sachent tous presens et futurs que en la court du seel establi ès-contraiz en daenné de Thalemondoys pour très honnourable homme et sage monsr le doyen dud. lieu en droit personnelment establi et pour davent Jehan Couhenea clerc, juré, passeur et notaire de lad. court et nostre commissère quant ad ce, messire Jehan Gandruchea presbtre, procureur et en nom de procureur de la confrerie de St Nicolas de may celebrée en l'esglize des Mousters des Mauffaiz, de laquelle procuracion la teneur s'ensuit : Universis presentes licteras inspecturis et audituris Stephanus, miseracione divina Luczonensis episcopus, salutem in Domino. Noverint universi quod in presencia Johannis Barret presbiteri, curie nostre notarii et jurati personaliter constituti frater Raymondus de Blanchefort prior de Monasteriis de Malefactis, frater Jacobus Ranulphus, Guido Canterelli rector ecclesie de Givro, Egidius Faber rector ecclesie de Monasteriis de Malefactis et Johannes Raymond, major et sanior pars fratrum confratrie Bti Nicolai de may annuatim in ecclesia predicta de Monasteriis de Malefactis celebrate, unanimi et concordes, nomine et racione dicte confratrie, coram quibuscumque judicibus scilicet ecclesiasticis vel secularibus quacumque auctoritate vel potestate fungentibus et functuris, in omnibuz et singulis causis, litibuz et negociis dicte confratrie agendi et deffendendi conjunctim vel divisim fecerunt, constituerunt ac eciam ordinaverunt dilectos suos dominum Alexandrum Bitardi presbiterum, Johannem Gandruchelli presbiterum, Nicholaum Mouraut, Johannem Bouschart, Leonardum du Verger, Johannem Oynt, Johannem Prepositi, clericos, Guillelmum Chantenolie, Guillelmum de [Contoy], clericos, dominum Johannem du Chaigne presbiterum, Johannem Baroni, Guillelmum Chauvea et Johannem Mollope, clericos, procuratores suos generales et nuncios speciales et eorum quemlibet in solidum, ita quod condicio occupantis melior non existat sed quod per unum ipsorum inceptum fuerit per alium prosequi valeat et finiri ; dantes dicti constituentes et eciam concedentes nomine dicte confratrie dictis procuratoribus suis et eorum quilibet in solidum plenam et liberam potestatem agendi pro ipsis nomine quo supra, ipsosque deffendendi, libellum seu libellos et articulos dandi et recipiendi, litem seu lites contestandi, jurandique in animas suas de calumpnia seu de veritate dicenda, ipsosque semel vel pluries excusandi et excusaciones veriffcandi et in animas suas jurandi easdem fore veras, faciendique cujuslibet alterius generis juramentum quod postulat ordo juris, ponendi et articulandi, posicionibus et articulis respondendi, testes, licteras et alia instrumenta per modum probacionis vel alias producendi et predicta pro parte adversa reprobandi, in testes et eorum dicta dicendi, et in causis excipiendis replicandi, dupplicandi, opponendi, concludendi et renunciandi, deffectus et interlocutorias sentencias audiendi, appellandi et provocandi, appellaciones seu provocaciones prosequendi, intimandi et insinuandi, apostolos petendi et recipiendi eosdem et si sibi denegati fuerint iterum appellandi, applegendi, contrapplegendi, applegiamenta seu contrapplegiamenta prosequendi, expensas in licte factas vel alias jurandi, petendi et recipiendi easdem, deliberaciones et recredencias bonorum dicte confratrie cum fidejussoribus vel alias petendi et obtinendi, garitorem unum vel plures adoptandi et garimenta suscipiendi, compromectendi, compromissa fide et plena vellendi, jura, res et bona, redditus, proventus, exitus et emolumenta et alia deveria dicte confratrie petendi, levandi, percipiendi et recipiendi et de receptis quiptanciam dandi, domos dicte confratrie reparandi sumptibus et expensis dicte confratrie tociens quociens fuerit opportunum, compotos ad receptam procuratorum administratorum dicte confratrie qui pro tempore preterito usque nunc fuerint dicte confratrie ministrantes audiendi et eos ad compotos appellandi et eisdem compoto audito et recepto ab eodem legitimo compoto licteram quiptancie dandi, unam vel plures secundum quod in talibus est fieri consuetum, bona mobilia dicte confratrie ad utilitatem et commodum ipsius vendendi et eciam permutandi tociens quociens fuerit necessarium propter reparaciones aut necessitates dicte confratrie, et omnibus aliis et singulis faciendi que circa dictam confratriam et domos ipsius necessaria fuerint seu eciam opportuna; ratum, gratum, firmum, stabile habentes et habituri quicquid per dictos procuratores suos vel aliorum alterum actum, gestum fuerit in premissa et singula premissa seu eciam procuratum; promictentes pro ipsis et ipsorum quolibet si necesse fuerit judicatum solvi cum suis clausulis universis opportune judicio sisti; et ipsos qualibet relevacione relevatos volentes ab omni honere satisdandi sub obligacione et ypotheca rerum et bonorum confratrie predicte. Datum sub sigillo curie nostre die lune ante festum beati Bartholomei apostoli, presentibus et audientibus Petro Baudri clerico et Petro Barberii, anno Domini millesimo CCC° octuagesimo nono. Cogneut et confessa led. procureur avoir passé et accordé les choses qui s'ensuivent : assavoir est que come Perre de Nyoil eust vendu perpetuaument pour luy et pour les siens sur tous et chacuns ses biens universaulx aus frères de lad. confrerie une pipe de vin blanc, rendue et poyée en la ville des Mousters des Mauffaiz ausd. frères par led Perre de Nyoil ou par les siens chacun an en chacune feste de Toussains, pour le priz et somme de onze francs d'or euz et receuz dud. Perre de Nyoil par la main du procureur de lad. confrerie, et led. procureur de sa bonne grâce eust donné recousse aud. Perre et aus siens jusques à troys ans; et led. Perre soit alé de vie à trespassement par avent que le temps de lad. recousse fust passé ; est venue le jour de la date de ces presentes Bertrande Chabote, deguerpie dud. Perre de Nyoil, à la recousse comme heritère de li et comme administresse naturelle de ses effens, et a baillé et aporté aud. messire Jehan Gandruchea, procureur de lad. conffrerie, lesd. onze francs ; et led. procureur les a pris et receu et s'en est tenu par bien payé et l'a receu à lad. recousse ; et desd. onze francs dessusd. et de lad. pipe de vin de rente led. procureur a quipté, remis et delessé perpetuaument lad. Bertrande Chabote et les siens et les hers dud. Perre de de Nyoil sans jamès riens leur en demender, et les en a promis tenir quiptez vers les frères de lad. confrerie. Aus quelles choses. . . . . a obligé? . . . . serement. . . . . En tesmoign. . . . . a donné. . . . . quiptance seellée. . . . . du seel dessusd. Et nos vero gerens vices dicti domini decani. . . . . ad fidelem relacionem dicti jurati. . . . . . Fait et donné presens et oyans frère Raymond de Blanchefort priour des Mousters des Maufaiz, Colin Moraut, Jehan Baritaut, frère Guillaume Baritaut priour de St Cire, Colin Fremyet, le priour de St Sornin et plusieurs autres garens ad ce appellez et requis, le xie jour du moys de may, l'an mil CCC iiii^{xx} et quatorze. J. Couhenea.

260. Faculté de réméré d'une rente accordée par Perrot Gilet, d'Aizenay, à Bertrande Chabot, veuve de Pierre de Nieul. (Cart^e n° 305.)

1395.
18 mars.
(1394, v. st.

Sachent touz que en la court du seel establi aux contraiz en la chastellenie de Talemont pour très noble et puissante damme madame la vicontesse de Thouars, contesse de Bennon et damme desd. lieux, par devant Estiene Rousselot clerc, juré, notaire de la court dud. seel, en droit personnelment establiz Bertrande Chabote, deguerpie de feu Perre de Nyeul valet, d'une part, et Perrot Gilet, demorant en Aisenoys, soubmectant li et touz ses biens à la jurisdicion et cohercion de la court dud. scel quant à vouloir, passer et accorder les chouses cy dessoubx à nommer, d'autre part ; comme lad. Bertrande eust aujourduy par davant l'acordance de ces presentes lectres vendu, baillé, livré et octroyé, cedé et transporté par tiltre de vainczon perpetuelle purement et absoluement audit Perrot Gilet pour lui et les siens assavoir est quatre livres monnoie courante en deners de rente perpetuelle, ung septer de seille et ung septer d'avoinne, mesure de Brandoys, de rente perpetuelle, que lad. Bertrande avoit et avoir pouhoit et devoit avoir sur Guillaume Veillon, s^{gr} de la Veillonnère, ou queques soit sur aucunes autres personnes habitans et resseans en lad. chastellenie de Brandoys ou ressort d'icelle, tant en la parroisse de St Julien des Landes, en la parroisse de St Martin de Bram que ailleurs, pour le priz et somme de quatre vings deux livres tournois, si come ceste vainczon puet plus clerement apparoistre par lectres obligatoires sur ce passées seellées de seel autentique, led. Perrot Gilet, de sa propre, liberal et absolue volunté, de son certain propoux et de sa certaynne science, a donné et octroyé et par la teneur de ces presentes donnet et octroyet à lad. Bertrande pour elle, ses hers, heriters et successeurs et qui cause ont et auront d'elle retraite et recousse de lad. rente de deners et de blez et de la vainczon surdicte jusques à quatre ans prochenement amproys le date de ces presentes lectres. Et a promis, doibt et est tenu led. Perrot Gilet recevoir lad. Bertrande et ceulx qui de lie ont ou auront cause au retrait et recousse desd. rentes de deners et de blez touteffoiz et quanteffoiz durant lesd. quatre ans que lad. Bertrande ou les siens li apportera ou apporteront, poieront et rendront reaulment et de fait lesd. quatre vings deux livres tournoys, sans aucune contradiccion sur ce faicte en et à cause des chouses dessusd. les arrerages desd. rentes de deners et de blez rendus et paiez aud. Perrot Gilet ou ès siens si aucuns en estoyent deuz. Et sur ce led. Perrot Gilet a promis, promet et est tenuz donner quiptance perpetuelle de lad. rente à lad. Bertrande et ès-siens par ainsi que lad. Bertrande on cas surdit li amenderont touz cousts, fraiz, missions, interests, despens et dommages quelxcomques que led. Perrot feroit et faire porroit par les ventes, honneurs et finances desd. rentes non payées. Ausquelles chouses. . . . . a obligé. . . . . renunciant. . . . . serement. . . . . En tesmoign. . . . . a donné. . . . . lectres seellées. . . . . du seel davent dit. Et je addecertes Jehan Requien clerc, garde en celuy temps dud. seel, ... à la feal relacion dud. Estiene Rousselot. . . . . garens presens, ad ce oir requis et appellez, Denis Mellea clerc et Jehan Roussetea valet. Fait et donné le xviiie jour de mars, l'an mil CCC iiii^{xx} et quatorze. E Rousselot.

261. Réméré d'une rente fait par Bertrande Chabot, veuve de Pierre de Nieul. (Cart^e n° 302.)

1395.
20 mars.
(1394, v. st.)

Sachent toux que en la court du seel establi aux contraiz en la chastellenie de Talemont pour très noble et très puissante damme madame la vicontesse de Thouars, contesse de Bennon et damme desd. lieux, par devant moy Estiene Rousselot clerc, juré, notaire et passeur de la court dud. séel, en droit personelment establiz Estiene Jamon, clerc, soubmectant soy et touz ses biens quant ad ce qui s'ensuit à la jurisdicion et cohercion dud. seel, d'une part, et Bertrande Chabote, deguerpie de feu Perre de Nyoil valet, damme du Boys Chabot, d'autre part; comme lad. Bertrande eust cza arrères vendu, baillé, livré, octroyé, cedé et transporté purement et absoluement par tiltre de vainczon perpetuelle aud. Estiene Jamon pour luy et les siens assavoir est quatre livres en deners de rente perpetuelle, ung septer de seille et trente deux reix d'avoynne, mesure de Brandoys, que lad. Bertrande avoit et avoir povoit et devoit avoir en la terre de Brandoys en et sur plusieurs personnes, si come elle disoit, pour le priz et some de soixante livres tournoys monnoie courante; et à lad. rente de deners et de blez rendre et payer perpetuelment aud. Estiene Jamon et aus siens lad. Bertrande eust obligé sa terre de Brandoys, ensembleement et touz ses autres biens; et depuys lad. vente, led. Estiene Jamon, de sa bonne, pure et absolue volunté, eust donné temps et terme de venir au retrait ou rescousse delad. rente à lad. Bertrande, et à recevoir lad. Bertrande à la rescousse d'icelled. rente en luy baillent et aportent lad. somme de soixante livres, si come cestes choses povent plus à plain aparoistre par lectres sur ce faictes seellées de seel autentique; assavoir est que aujourduy en la presence de moy juré et notaire surd. et des tesmoins cy dessoubx nommez et desclerez, led. Estiene Jamon a receu lad. Bertrande Chabot au retrait et rescousse delad. rente purement et absoluement, et a eu et receu d'elle lad. somme de soixante livres tournois monnoie courante en bonne pecune d'or et d'argent comptée, nombrée et asommée; et de laquelled. somme de soixante livres led. Estiene Jamon s'est entèrement tenuz pour comptent et bien payez, et en a quipté et clamé quipte perpetuelment lad. Bertrande, ses hers, heriters et successeurs et tous autres à qui quiptance en puet et doit appartenir, ensembleement et de la rente de deners et de blez dessusd. et desclerez et dès arrerages d'icelle, sans ce qu'il en puissent jamès riens demander ne faire question ne demande à lad. Bertrande ne à autres en aucune manère. Et en oultre ce led. Estiene Jamon a promis, promet et est tenuz rendre et bailler à lad. Bertrande les lectres obligatoires que il a sur lie delad. rente et sur ses biens en paient ce qu'elles luy ont cousté à delivrer de celuy qui les passa, et parmi ce que lad. Bertrande a promis. . . . . ou soubstaindroit en aucune manère par non avoir payé ventes et honneurs et finances sur et pour cause delad. rente et l'en y a aujourduy donné et passé lectres soubz l'obligacion de touz ses biens.

A laquelle quiptance et tout le contenu en ces presentes....
a obligé..... renunciaut. .... serement..... En
tesmoign..... a donné..... lectres seellées.....
du seel davent dit, garens presens, ad ce ouyr requis et appellez, Jehan Billotea, Jehan Roussetea et Aymeri Girart clerc.
Fait et donné le xxe jour du moys de mars, l'an mil
CCC. mj^{xx} et quatorze, le jugement de la court dud. seel sur
ce [meygnant]. E. Rousselot, signé pour grosse.

262. Vente d'une rente d'un septier de froment par Jean Guilbaut à Guillaume Olivier. (Cart^e n° 114.)

1395.
10 avril.

Sachent touz que en la court du seel establi aux contraiz en la chastellenie de Thalemont pour très noble et très puissante damme madamme la vicomtesse de Thouars, comtesse de Bennon, et damme dud. lieu de Thalmont, et en la court de honorable homme et discrect mons^r le doyen de Talemont, par davent Estiene Rousselot clerc, juré et notaire desd. cours, en droit personnelment establiz Jehan Guilbaut, parroissien de Longeville, d'une part, et Guillaume Oliver, parroissien de St Perre de Thalmont, d'autre part; led. Jehan Guilbaut, de son bon gré et de sa propre, liberal et absolue voluntė, cogneut et confessa soy avoir vendu, baillé, livré, octroyé, cedé et transporté et encores par la teneur de ces presentes lectres vend, baillet, livret, octroyet, cedet et transportet pour luy et pour les siens et ceulx qui de luy cause auront aud. Guillaume Oliver present, prenant et acceptant tant pour luy que pour ses heriters et successeurs à perpetuau heritage un sexter de froment, mesure de Thalmont, d'annuau et perpetuau rente [poiable et rendable de luy, de ses hers], heriters et successeurs et de ceulx qui de luy auront cause dores en avent aud. Guillaume Oliver, à ses hers, heriters et successeurs et à ceulx qui de luy auront cause en la ville de Thalmont, en la maison dud. Guillaume Oliver ou des siens dores en avant perpetuaument, chacun an en chacune feste de Nostre Dame me-aougst, pour le priz et somme de seze francs d'or du coign du roy nostre sire et de bon pois ; lesquelx seze francs d'or et de bon pois led. Jehan Guilbaut a eu et receu dud. Guillaume Oliver en la presence dud. notaire et des tesmoins cy dessoubz nommés et desclerés et s'en est tenu pour content et pour bien paié et en a quipté et quiptet par la teneur de ces presentes led. Guillaume Oliver, ses hers, heriters et successeurs et tous ceulx qui de li auront cause. Lequel sexter de froment de rente perpetuau [mesure surd.] bon, novea et bien marchent led. Jehan Guilbant pour luy et pour les siens a promis, promet, doit et est tenuz rendre et poyer aud. Guillaume Oliver, à ses hers, heriters et successeurs et tous ceulx qui de luy auront cause en sa maison de la ville de Thalmont dores en avent, perpetuaument, par chacun an en chacune feste dessusd. et desclerée. Lesquelles choses toutes et chacunes dessusd. led. Jehan Guilbaut a promis, promet, doit et est tenuz curer o tout effect que Katin Cousine sa femme les tienge fermes, estables et agreables en la manère qu'elles sont dictes, divisées et desclerés et li en fera donner lectres obligatoires, touteffoiz et quanteffoiz que led. Guillaume Oliver l'en requerra. Et en oultre ce led. Jehan Guilbaut a promis..... a obligé.... a renuncié...... serement .... En tesmoign.... a donné.... lectres seellées.... des seelx des cours dessusd...... Et je addecertes Jehan Requien clerc, garde en celuy temps dud. seel establi excontraiz en lad. chastellenie de Thalmont..... à la feal relacion dud. Estiene Rousselot...... Et nos vero gerens vices dicti domini decani..... ad fidelem relacionem predicti Stephani Rousseloti...... garens presens, ad ce oir requis et appellez, messire...... Baudouin presbtre rectour de l'eglise de St Hilaire de [Thalmont],..... valet

et Vincent. . . . . . [1]. Fait et donné, passé et accordé le dixiesme jour d'avril, l'an mil troys cens quatre vingt quinze.
E. Rousselot.

263. Faculté de réméré accordée par Nicolas Couraut à Bertrande Chabot pour une vente de terres. (Cart^e n° 298.)

1395
15 juin.

Sachent toux que en la court du seel establi ès-contraiz en la chastellenie de Talemont pour très noble et très puissante dame madame la vicomtesse de Thouars, comtesse de Bennaon, dame de Talemont surd. en droit personnelment establiz Nicolas Couraut, parrochien de la Trinité de Machecoul en la diocèse de Nantes, d'une part, et Bertrande Chabote, d'aultre part; comme lad. Bertrande ay vendu aud. Nicolas vingt et quatre journaux de prez pour le priz de quarente et cincq livres monnoie courante, si come ces chouses povent à plain apparoir par lectres sur ce confectes seellées du seel duquel ces presentes sont seellées ; led. Nicholas de sa bonne, pure, libre et absolue volunté et aussi pour ce que très bien luy a pleu et plaist, a voulu, consenti, octroyé, promis et est tenu à lad. Bertrande que toutes et quanteffoys lad. Bertrande, ses hers, heriters ou successeurs ou ceulx qui d'elle auront cause ou l'un d'eulx apporteront aud. Nicholas ou à ceulx qui de luy auront cause lad. somme de quarente et cincq livres, dedans quatre ans prochainement venant emprès le date de ces presentes, les recevoir où l'un d'eulx à la rescousse desd. vingt et quatre journaux de prez et les quipter, remetre et delaisser à lad. Bertrande ou ès-siens surd. ou à l'un d'eulx. Esquelles toutes et chacunes les chouses surd. . . . . a obligé. . . . . renunciant. . . . . serement. . . . En tesmoign. . . . . a donné. . . . . lectres

---

1. Quatre noms ou prénoms, dans ces témoins, illisibles.

seellées. . . . . du seel surd. Et je addecertes Nicholas Berthomé, garde dud. seel. . . . . à la foial relacion de Jehan Bouchart juré. . . . . Fait et donné, passé et jugé, garens ad ce oyr presens, requis et appellez, messire Alixandre Bitart presbtre rectour de l'eglize de St Hilère de la Fourest, Jehan Roussetea s^{gr} de la Bayllère et Hemeri Marionnca, le quinzesme jour du moys de juign, l'an mil troys cens iiij^{xx} et quinze. J. Bouchart.

264. Don de tous ses biens par Bertrande Chabot, veuve de Pierre de Nieul. (Cart° n° 115. Orig. aux Arch. de la Vendée.)

1396.
4 mai.

Sachent tous que en la court du seel establi à Saint Gile sur Vie pour très noble et très puissante dame madame la vicontesse de Thouars, contesse de Bennon, dame de Thalemond, en droit personnelment establie Bertrande Chabote dame de Boys Chabot, vefve de Perre de Nyoil, à la juridicion, cohercion et destroit de la quelle court du dit seel la dicte Bertrande a soubmis soy et touz et chascuns ses biens premèrement et avant tout euvre quant à faire, tenir, passer, acorder, enteriginer et acomplir et non venir encontre les chouses qui s'ensuyvent; la dicte Bertrande de son propre mouvement, certainne science et avis, de son bon et continue propox, sans seduction ou introduction d'aucqun ne aucqun parforcement et aussi pour quoy elle et ses parens deffunts soient participans ès bienffaiz, prieres et oresons qui en moustier de Saint Johan d'Orbestier sont faictes par chascun jour et seront par l'advenir et aussi par ce que très bien li plaist, par la provision et norriment de son corps, a donné et donnet à perpetuaulté par nom et tiltre de perpetuelle, simple, pure et absolue donnaison faicte entre vis et non revoquable, non voulens la dicte donnaison estre censée pour donnaison faicte par cause de mort ny d'aultre manière qui soit revoquable, et encore cogneut et confessa avoir donné, baillé et octroié et par les causes que dessus ès religieux et honestes homes abbé et convent du moustier de Saint Johan d'Orbestier, en la diocèse de Luçon presens ad ce, prenens et acceptans ci emprès le dit octroy, don et acceptacion, de rechief stipulant la dite donnaison frère Michea Durentea en nom et come procureur des diz abbé et convent et partant que mestier est ayant de ce pouvoir, c'est assavoir touz et chascuns ses biens meubles, toutes et chascunes ses acquisitions et en oultre tous et chascuns ses heritages et biens immeubles et aussi tous et chascuns ses aultres droiz, noblesses, fiez et homages soit en faisent ou en recepvant, avecques toutes et chascunes ses aultres chouses, quelsconques presens et à venir, soient les dites chouses maisons, houstels, herbergemens, cortilx, vergers, boys, vignes, complans, terrages, cens, rentes, fermez, garennez, estangs, prés, rivèrez, pasturages, terres cultivées et à cultiver, fiez, justices et juridicions, homages en faisent et recepvant et aultrez chouses quelsconques quelque elles soient et de quelque nature en quelconque leu, terre, fié, justice, juridicion, povoir et seigneurie qu'elles soient sises, situées et assignées et par quelque nom que les dites chouses et chascune d'icellez soient nomeez, censées ou appellées. Et ceda et transporta lad. Bertrande ès diz religieux et leurd. moustier tous les droiz de proprieté, domainnes, seigneuries, fiez, justices, juridicions, saisinez et possessions, homages, noblesses, droiz, noms, raisons, actions directes et utiles qu'elle avoit et avoir povoit et devoit ès chouses susdites et chascune d'icelles qui à elle à cause et pour raison des chouses susdites et chascune d'icelles povyent et devoient compecter et appartenir, et les en a fait vrays seigneurs et maistres proprietaires, possesseurs et procureurs comme en et de leur propre chouse, et par l'octroy et acordence de ces presentes en a adiqué et adiquet de soy toute proprieté, domainnes, saisine et possession en les transportant par la manière susdite on diz religieux et à cause que dessus et desia et à present s'en est devestu et dessaisi et a voulu et consenti que les diz religieux, leur procureur ou procureurs en puissent de leur auctorité prendre royalment et de fait la saisine et possession, et en oultre a consenti que s'il avenoit auquns possoier ou explecter lesd. chouses ou auqunes d'icelles que ce soit en nom et au prouffit desd. religieux et de leur dit moustier; supplians la dicte Bertrande au seigneur ou seigneurs desquelx les dites chouses sont tenues à foy et homage et aultre devoir que lesd. religieux ou leur procureur ils recoipvent à la foy et homages des dites chouses le presente ou absente; et non obstant que donnatoyre ne soit tenu de faire gariment de, la dite Bertrande a promis tant pour le que pour les siens et ceulx qui d'elle aurant cause pour l'avenir garir, garentir, delivrer et descharger et deffendre ès diz religieux et leur dit mouster les dites chouses données et chascune d'icelles perpetuaument vers touz et contre tous de tous debaiz, troubles, litiges, charges, obligacions, perturbacions et alienacions quelsconques; et par l'octroy et acordence de ces presentes veust et consent la dicte Bertrande que touz et chascuns ses debteurs et qui à elle et à cause des dictes chouses données ou auqunes d'icelles pourroient ou devroient estre tenus, en paient yceulx devoyrs et debtes èsd. religieux qui à elle pourroient estre dehues, ilz soient et demeurent quiptez vers la dicte Bertrande et les siens, ainci et en telle manière que elle ne les siens ne les en puissent jamais poursuivre par action directe ny autrement. Et parmy ce le dit frère Michea Durantea procureur et en nom de procureur des diz religieux abbé et convent a promis, doit et est tenu à la dicte Bertrande faire la provision et norriment de son corps selon l'estat de sa personne et la faculté de ses chouses par le données ès diz religieux en leur dit moustier. Esquelles toutes et chacunez les chouses..... les dictes parties chascune en son article ont obligé..... renuncians..... serement..... En tesmoign..... ont donné..... lettres doublées et seellées. . . . . du seel susdit, ensembleement et du seel establi ès contraiz en daenné de Thalemondoys par venerable home, sage et discret monseigneur le doyen d'icelui daenné. Et je adecertes Huguet Prevost, seelleur et garde du dit seel establi ès contraiz à Saint Gile sur Vie. . . . . à la feale relacion de Johan Roussetea juré. . . . . Et nos vero gerens vices predicti domini decani. . . . . ad fidelem relacionem Johannis Rossetelli clerici. . . . . Datum et actum presentibus testibus ad premissa audienda vocatis et rogatis Petro Gaborin et Johanne Garnaud, quarta die mensis maii, anno Domini millesimo tricentesimo nonagesimo sexto.   J. ROUSSETEA.

265. Arrentement aux Maynard des biens légués par Thibaut de la Girardière. (Carte nº 262.)

Sachent tous presens et à venir que establiz personnelment en droit en la court du seel establi aux contraiz à St-Gile-sur-Vie pour très noble, très puissante et très redoubtée damme madamme la vicomtesse de Thouars, comtesse de Bennaon, damme de Thalemont, et en la court du seel establi aux contraiz en doynné de Thalemondoys pour honnourable home sage et discrect maistre [Maturin Boschet] doyen dud. doynné pour davent Jamet Lavender, juré, passeur et notaire desd. cours, religieux hommes frère Guillaume Baudet, pour la grâce de Dieu abbé du mouster de St Jehan d'Orbester, et frère Michea Durentea, procureur et en nom desd. abbé et convent et pourvu de procuracion des religieux abbé et convent dud. mouster, et frère Nicholas Ruffin et frère Nicholas Pasquaud et frère Guillaume Geoffrion et plusieurs autres religieux, la plus sayne partie et la mayre du convent d'icelluy mouster si come l'on disoit, d'une part, et Guillaume Maynnart et André Maynnart, frères, et. . . . . [1] Caillonnelle

1397.
14 janvier.
(1396, v. st.)

---

1. Le nom est illisible.

femme Guillaume Mennart et Guillaume Caillonnea et Caterine Maynnarde sa femme, d'autre part; lesquelx Maynnars et Guillaume Caillonnea, premier et avant tout octorisant suffisamment et solempneement leursd. femmes aux quelles ils ont donné plein povoir et octorité et especial commandement de faire, passer et acorder, enteriguer et acomplir toutes et chacunes les choses contenues et escriptes en ces presentes lectres et soubmectent et soubposent eulx et touz et chacuns leurs biens meubles et immeubles presens et à venir ès-juridicions et cohercions desd. cours et de chacune quant ad ce qui s'ensuyt, et lesd. femmes renuncient en cestuy leur fait au benefice du droit de velleyen, à l'espitre divi Adriani et à touz autres droiz octroyez et introduiz en ayde et faveur des femmes, lesquelx Maynnars et Caillonnea et leursd. femmes et chacun d'eulx cogneurent et confessèrent et encores cognoissent et confessent avoir prins et affermé et encores prenent et afferment desd. religieux abbé et convent et procureur dessusd. assavoir est toutes et chacunes les choses immeubles que lesd. religieux avoient et avoir pouvoient et devoient en la paroisse de l'Isle d'Olonne à cause et pour raison de feu Thibaut de la Girardère et Margot Bernardine, sa femme, jadis donnée dud. mouster de St Jehan surd. soyent maisons, ayraus, cayruages, cortillages, terres, veignes, prez, pasturages et autres chouses immeubles quelxcomques assises et situées en la paroisse de l'Isle surd. pour le priz et somme de cincquante sols monnoie courante pour chacun an d'annuau et perpetuau rente ou ferme, renduz et payez perpetuaument desd. Maynnars et Caillonnea et de leurs d. femmes et des leurs et de ceulx qui d'eulx auront cause perpetuaument ès-dessusd. abbé et convent et à leurs successeurs ou ès-procureurs qui par le temps à venir seront gouverneurs dud. mouster chacun an en deux termes, assavoir est chacun an en chacune feste de la Nativité Nostre Seigneur vingt et cincq sols et chacun an en chacune feste de St Jehan Babtiste vingt et cinq sols monnoie courante et par chacun an perpetuaument paiez en mesme forme et manère, et ressarcir, rendre et paier touz cousts, frez, missions, interests et dommages que lesd. religieux diront avoir eu et soubstenu par deffault de paiement desd. cincquante sols non rendus en chacun des termes dessusd. à croyre à la declaracion des seremens d'iceulx sans charge d'autre preuve; lesquelles chouses dessusd. et chacune d'icelles lesd. Maynnars et Caillonnea et leurs d. femmes cogneurent et confessèrent avoir pris et affermé desd. religieux abbé et convent et procureur en la manère dessusd. Es-quelles et chacune d'icelles..... promectirent..... serement..... renunciant..... En tesmoign...... ont donné..... lectres seellées desd. seelx..... Et je adecertes Huguet Prevost, garde en celuy temps dud. seel de St Gile...... à la feal relacion dud. Jamet Lavender clerc..... Et nos vero gerens vices domini decani Thallemondensis..... ad fidelem relacionem dicti Jameti..... Ceu fut fait et donné presens garens, ad ce oyr appellez et requis, Colin Perot, Raoul Darent, André Fradion, le xiiij^e jour du moys de janver, l'an mil CCC iiij^{xx} et seize. J. Lavender.

266. Arrentement d'une maison à Angles consenti par Bertrande Chabot à Jean Raoul. (Cart^e n° 178.)

1397
23 février.
(1396, v. st.)

Sachent tous que pour davent Perre Roucea clerc, juré et notayre de la court du seel de venerable et discrecte personne mons^r le doyen de Thalemondoys, en droit personnelment establie Bertrande Chabote non contrainte, non perforcée, mès de sa bonne, pure et absolue volunté, a cogneu et confessé et encores cognoist et confesset soy avoir baillé, livré et octroyé et encores baillet, livret et octroyet à Jehan Raoul, à ses hers et successeurs c'est assavoir ung courtil, lequel est sis et situé à la ville d'Angles tenant, d'une part, à la maison dud. Jehan Raoul et, d'autre part, à la maison Jehan

Rousset, pour le priz et somme de six sols monnoie courante d'annuau et perpetuau rente, à rendre et payer dud. Jehan Raoul et des siens en chacune feste de St Jehan Babtiste chacun an perpetuelment; à avoir, tenir, user, possider et perpetuelment explecter lesd. choses dud. Raoul et des siens paziblement, librement et quictement. Et s'est devestue et dessaisie. . . . . a promis. . . . . Lesd. parties, chacune par soy en son article, ont obligé. . . . . et ont renuncié . . . . . et ont juré. . . . . En tesmoign. . . . . a donné . . . . . lectres seellées et doublées. . . . . du seel dessusd. Et nos vero gerens vices domini decani predicti. . . . . ad fidelem relacionem dicti Petri. . . . . Fait et donné presens garens, ad ce ouyr appellez et requis, Jehan Tirant et Blaisot Thomas, le vingt et trezayme jour du moys de feuvrer, l'an mil troys cens iiij^{xx} et seze. P. Roucea.

267. Don par Jeanne Teilleau veuve de Jean Geruth et Olivier son fils d'une pipe de vin blanc et de cent sols de rente. (Cart^e n° 304.)

1397.
4 avril.

A toux. . . . . Jehan Massé clerc, garde et seelleur du seel establi ès-contraiz en certaynnes parties de la seneschaucie de Poictou pour très noble et très excellent prince mons^{gr} le duc de Berri et d'Auvergne, comte de Poictou, de Bouloigne et d'Auvergne, en lieu du seel jadis à la Roche sur Oyon establi pour le roy de France nostre sire, saluz en Dieu Nostre Seigneur pardurable. Sachent touz que en la presence de Nicolas Quarteron notaire, juré de la court dud. seel, en droit personelment establiz Johanne Teilleille, vefve de deffunct Jehan Geruth alias Norment, et Oliver Geruth alias Norment filz dud. deffunct Jehan Geruth alias Norment et de lad. Johanne, parrochiains de Palluya de la diocèse de Luczon, lesquelx et chacun d'eulx en tant comme le puit et doibt touscher et appartenir cogneurent et confessèrent de leur bon gré, non perforcez, sans aucune machinacion, fraude ou barat à ce induitz, mès de leur propre et pure volunté avoir voulu, fait et octroyé toutes et chacunes les chóuses qui s'ensuivent, ainsi et par la manère qui s'ensuit. C'est assavoir lesd. Johanne et Oliver et chacun d'eulx renunciant au beneffice de division si mestier est, eulx avec touz et chacuns leurs biens presens et futurs à la jurisdicion, destroit et cohercion de la court dud. seel quant ad ceu qui s'ensuit soubmectant, regardens et considerens que les chouses temporelles et mondaynnes sont transitoires et labiles, desirans les euvres de charité, de pitié et misericorde en leur temps faire et acomplir et les chouses temporelles et terriennes par voie spirituelle en chouses pardurablez dignement permuter et eschanger, affin que à perpetuelle memoyre le l. Jehan Geruth alias Normant deffunct, jadis mari de lad. Johanne et père dud. Oliver, Jehan Teillea, Sibille sa femme, deffuncts, lesd. Johanne et Oliver, leurs parents et amis deffuncts soyent associés et participans en toutes et chacunes les oraysons, prières, commemoracions, suffrages, obsecracions, ausmosnes et autres euvres de pitié et misericorde qui en mouster de St Jehan d'Orbester, de la diocèze de Luczon, pour l'abbé et convent d'icelluy et leurs successeurs seront faiz perpetuelment, eulx et chacun avens effeict et devocions à Dieu omnipotens, à la Virge Marie et à tous les saincts de la court de paradis et à l'intercession d'eulx pour le salut et remede des âmes des dessusd. de leurs parens, hers et successeurs, en pure et perpetuelle ausmone par donaison faicte entre vis et non revocable jamès en temps à venir, ont donné, legué, consenti et octroyé et addecertes par la teneur de ces presentes lectres donnant, leguant et octroyant perpetuelment ès-dessusd. abbé et convent dud. mouster d'Orbester en la personne de frère Micheau Durenteau, religieux dud. mouster et procureur desd. abbé et convent lad. donaison, legat et octroy en nom dud. mouster, desd. abbé et convent d'icelluy stipulans, recevans et acceptans tant par eulx que par leurs successeurs perpetuelment, et les dessusd. Jehan Geruth, Jehan Teillea et Sibille sa femme, Johanne Teillelle et Oliver et touz et chacuns leurs parens et amis en prières, oraisons, commemoracions, suffrages, obsecracions et autres euvres de charité, de pitié et misericorde qui seront perpetuelment faiz et acompliz end. mouster agregans et associens; c'est assavoir une pipe de vin blanc de rente, creu par chacun an en ung fié des vignes que jadis avoit Perrot de Nyoil s^{gr} de la Saminère auprès de la Nozère en pays de Thalemondoys, bon vin marchent et recevable, mis en ung bon fust de pipe neuf, estans bien barré et couvert à neuf et aussi la somme de cent sols en deners de rente perpetuelle de bonne monnoie courant par chacun an ; lesquelles chouses et chacune dessusd. doivent et estoient tenuz rendre et paier èsd. Johanne Teillelle et Oliver Geruth alias Norment par certains tiltres, causes et raisons contenuz ens autres lectres, come il disoient, les hers dud. deffunct Perrot de Nyoil, c'est assavoir lad. pipe de vin blanc de rente anuelment come dessus est dit entre les vendanges qui seront perpetuelment par chacun an et la feste de Toussains prochainement ensuivans lesd. vendanges au troil de Perrot Penoton à la Sigoigne ou à la Nozère au chois d'eulx et election d'eulx, et lesd. cent sols de rente perpetuelle par chacun an en chacune feste de Toussains o certaines condicions et convenances contenues en autres lectres passées et accordées octroyées jadis entre lesd. Perrot de Nyoil et Jehan Geruth alias Norment deffuncts, avecques touz et chacuns les droiz, raisons et obligacions qui à eulx appartenent à cause desd. chouses et chacune. Et ainsi les dessusd. Johanne Teillelle et Oliver Geruth alias Norment et chacun tant par eulx que leurs coheriters et successeurs ont perpetuelment cedé, transferé et transporté en dessusd. abbé et convent et leurs successeurs touz et chacuns leurs droiz, noms, causes, raisons, actions, peticions, persecucions, obligagacions, quereles, demandes et interdis à eulx et chacun appartenans end. chouses et chacune et par raison d'icelles tant vers lesd. heriters dud. deffunct Perrot de Nyoil que contre autres quelxcomques personnes de quelxcomque condicion qu'ilz soyent et les ont mis et induit en reale et actuelle poccession et saisie naturelle et civile de toutes et chacunes les chouses dessusd. en personne dud. procureur et les en ont vestu et saisi reaulment et de fait mesmement par la tradicion et octroy de ces presentes lectres. A avoir, tenir, lever, recevoir, posseder et explecter perpetuelment desd. religieux et leurs successeurs dud. mouster toutes et chacunes les chouses dessus desclairées pasiblement et quietement. Et ont donné et donnent lesd. Johanne et Oliver et chacun tant par eulx que par leurs frerrescheurs et coheriters especial mandement et commandement à tous et chacuns les hers dud. deffunct de Nyoil et à tous autres debteurs des rentes et chouses dessusd. et chacune que dores en avent ès dessusd. abbé et convent et leurs futurs successeurs lesd. rentes de vin, d'argent avec les autres condicions contenues en lectres enquelles est dessus faicte mencion rendent et paient et leur servant obeissent et respongent à jamès perpetuelment desd. chouses et chacune, et par les paier et en rendre èsd. abbé et convent et leurs successeurs lesd. Johanne et Oliver tant pour eulx que leurs frerreschaux et coheriters desd. chouses et chacune les ont quipté perpetuelment et delaissé, et ont promis et sont tenuz les acquipter et tenir quiptes perpetuelment vers heulx leurs frerrescheurs et coheriters et successeurs par la cause dessusd. Et en oultre ont promis. . . . . ont obligé. . . . . seremens. . . . . et ont renuncié. . . . . En tesmoign. . . . . ont donné. . . . presentes lectres seellées. . . . . du seel dessusd. Et je addecertes led. Jehan Massé, garde en celuy temps et seelleur dud. seel. . . . . à la foiale relacion dud. Nicolas Quarteron. . . . . Fait et donné garens ad ceu ouyr presens, requis et appellez, Guillaume Gueignart et Guillaume Ferron, le quart jour du moys d'avril, l'an mil CCC iiij^{xx} et diz et sept. N. Quarteron.

268. Abandon par les commissaires du duc de Berry, préposés au rachat de la vicomté de Thouars, de leurs demandes à l'abbaye. (Cart° n° 52. Orig. aux Arch. de la Vendée.)

1398.
4 septembre.

A tous. . . . . Denis Gilier et Jacques Courau conseillers de monseigneur le duc de Berry et d'Auvergne, comte de Poictou, de Bouloigne et d'Auvergne, et gouverneurs du rachapt de la viconté de Thouars et des baronies de Tallemont et Mauleon et autres terres subjectes à rachapt, advenir et appartenant ledit rachapt à nostre dit seigneur par la mort de noble dame Pernelle vicontesse de Thouars et damme des dites baronies, salut. Comme nous eussions mis ou fait mettre realment et de fait en la main de nostre dit seigneur la temporalité de l'abbaie de Saint Jehan d'Orbestier et icelle baillée à lever, gouverner et recevoir à certains commissaires pour ce que on disoit icelle estre partie du domainne des seigneurs et dammes de Tallemont, qui par le temps passé ont esté, et pour ce ycelle appartenir à lever et exploicter à nostre dit seigneur pour ceste presente année pour cause de son dit rachapt ; et il soit ainsi que frère Micheau Durenteau, procureur de l'abbé et du convent de la dite abbaye, se soit trait par devers nous à Poicters et nous ait dit et exposé comme ladite abbaie soit d'ancienne fondacion des contes de Poicters et de ce nous ait souffisament informez par unes lettres de Guillaume dux de Guyenne, conte de Poicters et seigneur de Tallemont, seellées de paste en lacz de soie rouge, données l'an de l'Incarnacion Nostre Seigneur mil sept ans, et par unes autres lettres de Richard filz Hanry roy d'Angleterre, conte de Poicters et seigneur de Tallemont données l'an mil cent iiij^{xx} deux, à la copie desquelles lettres ces presentes sont attachées soubx noz signez, et aussi nous ait dit et alegué le d. procureur comme pluseurs rachaptz soient advenuz en la conté de Poictou pour la mort dez vicontes et vicontesses de Thouars et des seigneurs et dammes de Talemont, qui pour le temps passé ont esté, sans ce que aucun empeschemens fussent mis en la temporalité de ladite abbaie pour cause de rachapt, et de ce ont esté frans et pasibles lesdiz abbé et convent par tel et si longtemps qu'il n'est nul memoire au contraire. Nous, ces choses considerées et pour certaines autres causes qui ad ce nous ont mehu, de present, sanz prejudice des droiz, saisines et possessions de nostre dit seigneur, la temporalité de ladite abbaie de Saint Jehan d'Orbetier ainsi empeschée comme dit est avons mis et mettons à plenère delivrance, et la main de nostre dit seigneur mise et assise sur icelle avons levée et levons au prouffit des diz abbé et convent, et donnons en mandement par ses presentes au seneschal et chastellain de Talmont et à tous autres à qui il appartiendra que d'icelle laissent et seuffrent jouyr et user pasiblement les diz abbé et convent sanz les empescher ne souffrir estre empesché au contraire; et si aucune chouse en a esté levé par les commissaires ordonnez à lever ladite temporalité ou par autres par cause dud. rachapt, que ilz le facent rendre et restituer tantost et sanz delay aus diz abbé et convent. Donné soubz noz seiaulx le quart jour du mois de septembre, l'an mil CCC iiij^{xx} dix et huit.

269. Jugement aux assises d'Olonne, dans un procès entre Perrot Roy et les taillables de la Chaume. (Cart° n° 67.)

Sur ce que le procureur de la court de ceans, Perinon Perrot et Colin Brechos, Jannot Gauteron et chacun d'eulx, et eulx et chacun d'eulx par tant que leur tousche comme tailloins de la taillée de la Chaume, de la Raoulère et des autres villages estans en bailliage de lad. taillée, poursuivoient Perrot Roy et proposoient contre luy que madamme la vicomtesse de Thouars à cause de son chastel et chastellenie d'O-

1399.
5 mai.

lonné avoit droit d'astraindre touz et chacuns les mansionnaires et habitans en la ville de la Chaulme, en village de la Raoulière et ès autres villages estans on bailliage de la Chaulme à imposer et lever sur eulx, selon la faculté de chacun d'eulx, la somme de huyt vings huyt livres de taillée par chacun an, à deux festes par moité, assavoir est à la feste de Nouel et à la feste de la Nativité Sainct Jehan Babtiste, et d'icelle somme de huyt vings huyt livres imposée et tauxée par les tailloains de la d. taillée, lever et exiger par ses sergens et officiers sur chacun des d. mansionnaires et habitans scelon l'impost et taux dessus d. et de astraindre chacun des d. mansionnaires et habitans à lui poier les à quoys il a esté impozé; et qu'il estoit droit et coustume general en la chastellenie d'Olonne que dès ce que aucun avoit fait saisine et poccession de contribuer en icelle taillée, qu'il estoit tenu d'icelle saisine et poccession continuer à son vivant; et que des droiz susd. et chacun d'eulx mad. dame par elle et ses predecesseurs, seigneurs des chastel et chastellenie d'Olonne, avoit esté et estoit en saisine et poccession par tel et si long temps qu'il n'est memoire du contraire, ou au moins qu'il suffit et doibt suffire quant à bonne saisine et poccession avoir acquise et celle garder et retenir et droit si mestier est de le dire; et mesmement au regart du d. Perrot Roy mansionnaire et habitans ès-lieux ès-quelx led. Roy fait sa mansion et demeure assise on bailliage de lad. taillée, qui sont une maison tenant, d'une part, au mazeuz feu Jehan Brechou et, d'autre, à l'eyrault des enffans feu Perrot Oliverea et, d'autre, à la rue par ou l'on vait de la maison Jehan Maussion à l'eglise, et des autres mansionnaires et habitans ès-d. lieux par avant luy tant par les causes davent dictes que par raison desd. lieux, quequessoit desd. mansionnaires et habitans ès-d. lieux de par avent luy par les causes davent d. ou d'aucune d'icelles, et que led. Roy mansionnaire et habitans ès-d. lieux avoit esté imposé par les tailloains d'icelle taillée pour chacune desd. festes cheues depuys sept ans au temps du plait commancé à la somme de dix sols monnoie courante, et avoient autreffoys luy et les d. mansionnaires et habitans ès-d. lieux et chacun d'eulx ou l'un d'eulx acoustumé à contribuer à la d. taillée et en avoyent fait la saisine et poccession à mad. damme ou à ses predeccesseurs par tant qu'il est mestier de le dire, ou quequessoit avoit fait chouse qui equiploit à lad. saisine et poccession; et lesquelles sommes imposées aud. Perrot Roy il avoit esté reffusans et contredisans de poier mad. damme, luy suffisamment requis; pour laquelle contradiccion et reffús lesd. tailloains avoyent poié à mad. damme lesd. sommes à luy et sur luy imposées en acquit et descharge de luy et en avoyent esté en dommages jusques à dix livres; et pour ce requeroient lesd. procureur et tailloains et chacun d'eulx par tant qu'il leur tousche qu'il fust dit et desclaré par jugement led. Roy estre taillable et taillée devoir estre imposée sur luy, et qu'il fust condampné à contribuer dores en avent à icelle taillée et à en faire et continuer dores en avent la saisine et poccession à mad. damme, et à rendre et poier ès-d. tailloains par tant que à chacun tousche lad. somme de dix sols pour chacune des festes susd. cheues depuys le temps dessus descleré, et à leur amender leurs dommages jusques à l'estimacion surd. ou ce que la court esgarderoit, s'il confessoit les faiz, offrens en cas de neance à en faire preuve par la manère qu'il devroient de raison. A esté led. Roy en deffense que luy et lesd. mansionnaires et habitans ès-d. lieux de par avent luy tant par raison d'eulx que pour raison desd. lieux, quequessoit] lesd. mansionnaires et habitans ès-d. lieux de par avent luy, aient acoustumé à contribuer à lad. taillée et en ayent fait saisine et poccession par les causes susd. à mad. damme ny à ses predeccesseurs ne à l'un d'eulx ne autres pour nom d'eulx ou aucun d'eulx par la manère proposée par les dessusd.; et a dit et proposé par faiz divers et contraires si et par tant que mestier luy estoit qu'il avoit esté par luy et ses predeccesseurs dont il a droit et cause demourans et habitans ès-d.

lieux en poccession, franchise et liberté de non poier taillée à mad. dame ne à sesd. predeccesseurs par tel et si long temps qu'il n'est memoire du contraire, quequessoit qui suffit et doibt suffire quant à bonne deffense avoir acquise et telle que s'en puet et doibt deffendre. Desquelles chouses incy proposées lesd. procureur et tailloains ont esté en deffense. Emprès lesquelles chouses, contestacion de cause sur ce faicte, juré de verité, posé et respondu, en neant d'une partie et d'autre faicte prouve, adjugé à chacune desd. parties à prouver de leurs faiz chacun par tant qu'il leur tousche qui leur devroit suffire, et fut commis à Nicolas de la Bauduère et Jamet de Beaulieu faire les enquestes; lesquelles faictes et parfaictes par lesd. commissaires, aujourduy leues et publiées en jugement, oy tout ce que l'une partie et l'autre a voulu dire et proposer, actendu la deposicion desd. tesmoigns produiz d'une partie et d'autre et tout ce que lesd. parties ont voulu dire et proposer ainsi que les tesmoigns produitz d'une partie et d'autre, led. Perrot Roy avons licencié et absols des peticions, demandes et poursuites dessus d. Donné et fait ès grans assises d'Olonne tenues par nous Guillaume Taveau, seneschal dud. lieu pour très noble et très puissant seigneur mons^r de Cossé et desd. lieux, le cincquième jour du moys de may, l'an mil CCC III^{xx} diz et neuf. Bauduère, pour registre.

270. Transaction avec Guillaume de Meules sgr de St Sornin.
(Cart^e n° 371.)

1400.
27 mars.

A tous. . . . . Jehan Hisvuert clerc, seelleur en celuy temps et garde du seel establi ès-contraiz en partie de la seneschaucie de Poictou pour très excellent et très puissant prince mons^r le duc de Berri et d'Auvergne, comte de Poictou, de Bouloigne et d'Auvergne, en lieu d'iceluy qui fut jadis establi ès-contraiz à la Roche sur Oyon pour le roy de France nostre sire, et l'official de Luczon salut en Nostre Seigneur pardurable. Sachent tous que en la presence de Jehan Bacon, clerc, juré, passeur et notaire des cours susd. et nostre commissaire en ceste partie, en droit personnelment establiz Guillaume de Meulez escuyer, s^{gr} de St Saornin, d'une part, et frère Michea Durentea, procureur et en nom de procureur suffisamment fondé des religieux abbé et convent de St Jehan d'Orbestier, avans povoir de pacifier, transiger et acorder, si come par la teneur de sa procuracion puyt plus à plain apparoir, d'autre part ; sur et pour cause daus debatz et contens ja meuz entre led. escuyer et lesd. religieux pour cause et occasion de ce que disoit et proposoit led. escuyer [à l'encontre des] d. religieux à la court et au siege du gouverneur de la ville de la Rochelle ou son lieutenant, sur ce qu'il disoit et proposoit à lad. court à l'encontre desd. religieux que jà soit ce que scelon raison, usage et coustume de pays et les ordennances royaulx concernant les gens d'eglise et autres quelxcomques de mortemain ne puyssent et ne doyvent tenir, occuper ny explecter en realme de France par titre d'achapt, de don, de transport ny autrement aucuns biens immeubles non amortiz envers le roy et aultres seigneurs en seigneuries desquelx lesd. biens immeubles sont assis et situés, et que nonobstant les religieux abbé et convent de St Jehan d'Orbestier tenoient et explectoient neanmoins sans amortiment certains heritages [1] . . . . . biens immeubles qui furent de lad. Bertrande Chabote en certains fiez et tenemens dud. Guillaume de Meulez, led. Guillaume . . . . . eust faire commandement. . . . . ès-d. religieux que lesd. choses qu'il tenoient sans l'assentiment dessusd. ilz meissent hors de leur main . . . . . sur paynne acoutumée en tel cas. . . . . il eust fait metre lesd.

---

1. Cette pièce est si détériorée que plusieurs passages ici et ci-dessous n'ont pu être déchiffrés.

choses en la main du roy, en consentir lad. main mise par devant come dessus est dit. Par lesquelles lectres leur estoit mandé et commis que on cas donné entendre par lesd. lectres royaulx lesd. religieux ne feussent receuz à aucune opposicion ; et requeroit led. escuyer à l'encontre desd. religieux ilz fussent condampnez et contrains à metre hors de leur main lesd. choses par les causes susd. et parce qu'ilz avoient desobei aux commandemens à eulx faiz par led. escuyer de metre lesd. choses hors de leur main dedans le temps acoustumé en tel cas qu'il fust dit et decleré icelle chose à li estre et appartenir et delaissée à domaynne et que lesd. religieux fussent condampnez et contrains à les li deleisser et à luy rendre et restituer les fruiz et revenus et esmolumens qui par lesd. religieux leur gouverneurs, officers ou autres. . . . . . avoient esté pris et perceu depuys lesd. commandemens et desobeissance, qui bien povoient monter cent livres ou environ, en cas d'affirmacion et en cas de neance offroit à montrer par telle preuve qui suffiroit. Contre les quelles choses ainsi dites et proposées et offertes à. . . . . lesd. religieux repondoient on cas donné entendre de non les recevoir à opposicion que les d. religieux avoient empetré certaynnes lectres royaulx par les quelles estoit mandé. . . . . au d. sergent de les recevoir à opposicion et en cas de les recevoir et en oultre de les adjorner au siege de la Rochelle pour les voir plus à plain recevoir en lad. opposicion ; lesquelles d. lectres royaulx avoient esté executées, adjornement aud. escuyer [donné à] jour compectent pour proceder..... que Bertrande Chabote dame à celuy temps du Boys Chabot, appartenances et deppendances d'iceluy lieu ..... immeubles, droiz, noblesse et heritages..... transporté et donné par donacion faicte entre vis et non revocable aux religieux abbé et convent de St Jehan d'Orbestier. . . . ses biens immeubles, droiz, noblesses et heritages quelxcomques en quelque lieu et jurisdiccion qu'ilz fussent assiz, situez et assignez tant pour estre en bienffaiz et prière dud.

moustier que pour li faire provision et norriment perpetuel le cours de sa vie en certaynne forme et manère, si come il appert plus à plain par certainne lectre sur ce passée entre lesd. religieux et lad. Bertrande, et que à faire lad. provision tenir et acomplir à lad. Bertrande le cours de sa vie lesd. religieux li avient obligé touz et chacuns les biens de leurd. moustier. Et disoient que à cestuy titre de don ilz avoient pris et apprehendé saisine et cession desd. choses à eulx données par lad. Bertrande et ainsi en avoient esté vrays seigneurs; et auxi que par vertuz de leurs privilèges ilz porroient tenir et explecter lesd. choses ja soit ce qu'elles fussent en fié dud. escuyer et qu'ilz les eussent acquis depuis quarente ans en cza. Et alé avent de ce, si disoient-ilz que ès assises de Poicters qui furent tenues le xviij^e jour de novembre l'an mil CCC iiij^{xx} dix et huyt, qui fut longtemps emprès lesd. commandemens maintenuz avoir esté faiz par led. escuyer ès-d. religieux de metre hors de leur main lesd. choses, que led. escuyer ou son procureur avoit voulu et consenti que tous et chacuns les commandemens par luy faiz ès-d. religieux de metre hors de leur main lesd. choses par avent led. xviij^e jour fussent nulz et de nul effet et tennuz pour non faiz. Et ainsi disoient lesd. religieux que tant pour les faiz, causes et raisons dessusd. que pour autres faiz, causes et raisons qu'ilz pretendoient ilz se povoient et devoient deffendre. A la parfin par le conseil d'une partie et d'autre, affin d'eschiver contemps et debatz a esté pacifié, transigé et acordé entre lesd. parties de et sur les choses susd. en et par la manère qui s'ensuyt : c'est assavoir que led. escuyer fera et sera tenu de faire à ladite Bertrande Chabote telle et semblable provision le cours de sa vie come lesd. religieux avoient promis et estoient tenuz de li faire et come il appert plus à plain par lectres faictes et passées sur ce, et en sera tenu quipter, delivrer et descharger lesd. religieux et leurs biens envers lad. Bertrande et les en garder de tous dommages et despens. . . . . . led. escuyer, ses heriters et successeurs et qui cause auront de luy et sur leurs biens de toutes et chacunes les. . . . . par les susd. paction et acordance qui entre lad. Bertrande et lesd. religieux ont esté faict . . . . . et en telle manère qu'elle puyt et porroit à l'encontre desd. religieux et leurs biens et que si elles avoient esté passées et acordées entre led. escuyer et lad. Bertrande. Et en oultre a promis et promet le d. escuyer tant pour li que pour les siens contenter et faire tenir contente lad. Bertrande de lad. provision et procurer en tout effect que elle ne qui cause aura d'elle ne feront jameis question ne demande ausd. religieux. Et en oultre a promis et promet led. escuyer tant pour luy que pour ceulx qui de luy auront cause rendre et poier ausd. religieux abbé et convent la some de soixante et dix escuz d'or, tant pour tout le droit que lesd. religieux avoient ou povoient avoir ès choses qui par cestuy acort demourent aud. escuyer si aucun droit y avoient que pour touz despens et dommages faiz et soubstenuz par eulx par cause et occasion dud. playt, dedans la feste de St Jehan Baptiste prochenne venent. Et parmy ce en cestuy acort faisent le d. procureur des d. religieux, avent povoir par lad. procuracion de pacifier, transiger et accorder ainsi come dessus est dit, cedet et transportet end. escuyer, ses heriters et successeurs et en ceulx qui de luy auront cause perpetuaument tous les droiz, noms, raisons et actions que lesd. religieux avoient, avoir povoient et devoient et qui à eulx porroient et devoient compecter et appartenir tant end. lieu du Boys Chabot, appartenances et appendances d'iceluy que en toutes et chacunes les choses qui ès-d. religieux et à leur d. mouster tant à cause du transport à eulx fait par lad. Bertrande que autrement en quelque manère et par quelxcomque titre, droit ou cause que ceu soit ou puisset estre compectoient et appartenoient, povoient et devoient compecter et appartenir tant ès parroches de St Saornin, de Chanay, en villages ou tenemens de la Maynère, Bougie et Landetain que ailleurs en quelque lieu que ceu soit et qui furent et appartindrent à

Jehan Chabot père de lad. Bertrande et par droit de succession qui au temps à venir. . . . . à lad. Bertrande au regart de. . . . . les choses assises en la paroisse d'Angles et de Longeville et ce qu'elle a et puyt avoir en la terre de. . . . . et autres biens immeubles et heritages qui furent. . . . . de lad. Bertrande. Et auxi par cestuy acort sont et demourent aud. frère Michea Durentea prieur de la Barre et aud. prieuté perpetaument deux pieces de terre semées en boys assis entre led. prieurté de la Barre et le champ au prieur de St Sornin et le village de la Fourest et sont tenens c'est assavoir l'une d'un des coustés ès-boys desd. prieutez de la Barre et de St Sornin et l'autre au boys dud. prieuté de St Sornin. Et est auxi reservé ausd. religieux le droit de succession qui on temps à venir porroit eschoir et avenir à lad. Bertrande et au regart de la ligne et branchage de sa mère seulement. Et lesquelles choses qui par cest accort demeurent aud. escuyer sont, seront et demourront perpetuaument franches et quiptes delivreez et deschargeez envers lesd. religieux et leurs successeurs et leurd. mouster de tous actions, peticions, querelles et demandes reelles et personnelles ou mixtes, dons ou legat que lesd. religieux ou leurd. moustier pour le temps presens ou à venir peussent avoir demander par quelxcomque cause que ceu soit en et sur icelles choses et contre led. escuyer et les siens à cause delad. Bertrande tant par don, legat ou transport à eulx fait par lad. Bertrande par avant le transport universal dessusd. ou par icelluy que autrement, sans ce que lesd. religieux ne les leurs en puissent jameis faire question ny demande aud. escuyer ne aus siens. Et icelles choses qui aud. escuyer sont et demeurent par cest accort, sauve et excepté lad. provision et autres choses ès-quelles led. escuyer demeure obligé par cestuy accort, sont tenuz lesd. religieux garentir aud. escuyer de troublez, empeschemens qui par leur fait y porroient estre mis, querelles ou demandes. Et auxi par ceste transaction et accort sont et demeurent ès-d. religieux et leur d. mouster tous et chacuns les autres droitz et actions, noblesses, foyz et hommages et autres biens immeubles et heritages quelxcomques qui ès-d. religieux et leurd. mouster avoient esté transportés par le transport universal à eulx et leur d. mouster fait par lad. Bertrande ou qui depuis led. transport lesd. religieux come avans droit de lad. Bertrande ou autrement avoient rescoux, retraitz ou à eulx et leurd. mouster. . . . . et acquis. Et sera tenu led. escuyer de faire lad. provision à lad. Bertrande par la manère dessus desclerée par la foy et serement de son propre corps et soubz l'obligacion de soy et de ses hers, heriters et successeurs et de ceulx qui de luy auront cause perpetuaument et tous et chacuns ses biens meubles et immeubles quelxcomques pour la provision dessusd. sauve et excepté ceulx qui sont et demeurent aud. escuyer aussitôt et par la manère que dessus est dit et descleré. Et auxi a esté parlé et accordé entre led. escuyer pour et en nom de Meulet de Meulez son filx come avant transport de Perrot de Lussay et Caterine Chabote, d'une part, et lesd. religieux, d'autre part, que pour ceste transaction et accort lesd. religieux et lesd. biens qui à eulx et leur d. mouster ont esté et sont acquis pour cause et occasion du d. transport, autres que ceulx qui par cestuy accort sont et demourent au d. escuyer, sont et demourent perpetuaument quiptes et deschargez et desobligez de six vings quatre livres en deners monnoie courante et auxi de soixante sols de rente et de touz cousts, missions, interests et despens et dommages ; lesquelles six vings quatre livres monnoie courante et lesd. soixante sols avecques lesd. arrerages et despens led. Meulet come avant droit et transport du d. Perre de Lussay et de lad. Caterine Chabote come dessus est dit demandet et poursuyt à la court et au siege des assises de Poicters ; et procurera o tout effect avec led. Meulet son filx comme avans le d. transport desd. Lussay et Caterine Chabote come dessus est dit que lesd. choses il louera, approuvera, ratiffiera et aura ferme, estable et agreable et en devra lectre soubz seel autentique ès-d. religieux touteffois et quanteffoix qu'il en sera requis. Et en oultre a promis led. escuyer ouster lesd. religieux et lad. Bertrande des cours de parlement de Chinon, de Poicters et de la Rochelle à ses propres cousts et despens, et en oultre curera ou tout effect que Meulet de Meulez les oustera de Poicters. Et ont promis l'une partie à l'autre amander, rendre et paer et establir et ressarcir tous cousts, interests, despens et dommages que l'une partie ou l'autre auront et soubstendront ou auront euz ou soubstenuz pour cause et occasion des choses surd. ou aucune d'icelles non faictes et acompliez. Et par cest accort present ont promis et sont tenuz lesd. religieux bailler aud. escuyer coppie par manère de vidisse du transport ou transpors à eulx faitz par lad. Bertrande et exiber l'original ou originaux en jugement ou dehors touteffoix et quanteffoix que led. escuyer en auroit neccessité ou que par luy en seroient requis. Et toutes et chacunes les choses dessusd. . . . . . oblige. . . . . et ont renuncié. . . . . En tesmoign. . . . . ont donné. . . . . lectres doublées et seellées . . . . . des seelx susd. . . . . [Et je] addecertes gader dud. seel. . . . . à la feale relacion du d. mon notaire. . . . Et nos officialis Lucionensis. . . . . ad fidelem relacionem dicti Johannis Baconi clerici. . . . . Ceu fut fait, passé et donné presens ad ce frère Guillaume abbé dud. mouster, frère Guillaume Geoffrion prieur de clauystre, Jehan Pileron, Nicolas Ruffin, Louys Favereau, Louys. . . , Jehan. . . . , Nicolas Pasquaud, . . , . . Perre Louer, religieux dud. mouster, frère Vincent Benoist abbé du mouster de Nostre Damme de Bruyllarbaut, frère Jehan Benoist prieur de Maché, maistre Perre Macé, maistre Leonart du Verger, Jehan Arnaud et plusieurs autres, le vingt et septesme jour de mars l'an dieu grace mil quatre cens. J. Baconi, passeur.

271. Arrentement du pré du Polaiz, près les Sables, consenti à Marguerite Morcheynie et à Jean Mauverteau, son fils. (Cart⁰ n° 326.)

1400.
16 juin.

Sachent. . . . . que en la presence de messire Jehan Jeudi presbtre, notaire, juré de la court de monsʳ l'official de Luczon, messire Jehan Mauvertea presbtre et Margarite Morcheynie sa mère, tous deux ensemble d'un commun assentiment, cogneurent et confessèrent par eulx et par leurs hers avoir prins et affermé à perpetuité des religieux abbé et convent de Sᵗ Jehan d'Orbester ung pré cloux, appellé le Polaiz, sis et situé près des Sables, tenent, d'une part, au pré Reau et, d'autre part, au chemin par ou l'on vait de la petite rivère au Chastea d'Olonne, pour le priz et somme de trente sols monnoie courante et demye libre de cire de annuau et perpetuau ferme seu rente, renduz et payez lesd. trente sols dud. presbtre et a desd. mère ou de leurs hers èsd. religieux entre deux termes, assavoir est en chacune feste de la Purificacion Nostre Damme quinze sols et lad. demie livre de cire et les autres quinze sols en chacune feste de Nostre Damme me aougst, en et sur l'obligacion de tous et chacuns leurs biens meubles et immeubles presens et à venir et de leurs hers et successeurs et de tous ceulx qui d'eulx auront cause perpetuelment. Et est parlé entre lesd. parties que si aucunes lectres avient esté faittez ou acordez par avent le date de ces presentes sur led. fait, elles sont et demorent de nul effect; et led. presbtre et sad. mère ont promis et sont tenuz de eulx obliger par lectre sur ce faicte et passée de cour seculière touteffoiz et quantes que il playra ès-d. religieux abbé et convent. Lesquelles choses. . . . . ont

---

1. En vertu de cette clause le même acte en termes presque identiques fut passé le 3 décembre 1400 par Regnaud de la Baudière, notaire de la

promis. . . . . serement. . . . . En tesmoign. . . . .
ont donné. . . . . lectres seellées. . . . . du seel establiz
ès-contraiz en la court de mond. s' l'official de Luczon. Nos
qui relacionem dicti presbiteri. . . . . Datum et concordatum testibus presentibus Johanne de Sanay et Johanne du Pont Loay, decima sexta die mensis junii, anno Domini millesimo quadringentesimo. J. Jeudi.

272. Arrêt rendu aux assises de Fontenay-le-Comte en faveur de Bertrande Chabot. (Cart^e n° 109.)

Establiz en droit en ces presentes assises Bertrande Chabote, demanderesse d'une part, et frère Nicolas Ruffin procureur suffisamment fondé des religieuses personnes l'abbé et convent de St Jehan d'Orbestier, deffendeur d'autre part, sur ce c'est assavoir que lad. Bertrande disoit et proposoit que elle avoit donné autreffoiz ausd. religieux tous et chacuns ses biens meubles et immeubles et debtes quelxcomques par la provision de son corps [sa vie durant et] autres choses aretées à elle estre faictes par lesd. religieux [scelon son estat] en faisant lad. donacion ou autrement, [lad. donacion] faite parmi ce que lad. Bertrande auroit ses biens meubles et debtes reservé pour en ordenner à sa volunté le cours de sa vie et aussi qu'elle auroit, prandroit, leveroit, cuildroit et persevroit touz les prouffictz, fruiz et esmolumens de ses biens immeubles et heritages à en faire à son gré et ordennance de sa volunté et que lesd. religieux la quitèrent et promirent tenir quipte de toutes debtes qu'elle povoit et pourroit devoir, disant lad. demanderesse que lesd. religieux ne li avoient faicte aucune provision, aincoys en estoyent et en avoient

1401.
22 avril.

---

cour d'Olonne, témoins m^{tre} Pierre Royrand, Louis Sayvet et Perrinet Queter, il est transcrit au Cartulaire n° 225.

esté contredisans et reffusans, ny aussi n'avoient acomplies les autres choses surd. jà soit et que dehument lesd. religieux en eussent esté requis par lad. Bertrande, et concluoit lad. Bertrande à l'encontre desd. religieux ad ce qu'il fust dit et descleré considerées lesd. donacions et lad. provision et l'acomplissement des autres non fait [que à lie] appartenent lesd. biens nommés et debtes qui furent de lad. Bertrande Chabote et lesd. religieux estre condampnez et contrains à lie les delaisser et les revenus et fruiz pris et levées d'icelles depuis lad. donacion s'il sont ou sinon la somme de deux cens livres de monnoie courante et aussi li rendre et restituer ses biens meubles ou sinon la somme de cent livres, et en oultre condampnez à aquipter et tenir quipte lad. Bertrande de toutes ses debtes envers ses crediteurs, en ses despens, interests et dommages pour cause des chouses susd. la somme de troys cens livres. Repondant ès quelles choses ainsi proposées par lad. Bertrande lesd. religieux disoient en bonne foy lesd. dons et transports et provision dessusd. estre vray, [mais ont] proposé que plusieurs desd. biens meubles et heritages de lad. Bertrande estoient estans et resseans aux mains de Guillaume des Meulles lequel leur avoit fait commandement et fait faire par l'auctorité de la court de ceans de mettre touz lesd. biens hors de leurs mains, pour lesquelx commandemens les avoient baillé, livré et delessé aud. desMeulles lequel avoit promis faire lad. provision à lad. Bertrande et iceulx religieux en tenir quiptes et deschargés envers elle, et que led. Guillaume avoit offert faire provision à lad. Bertrande à la descharge desd. religieux et aussi les descharger de toutes les choses dictes et promises par lesd. religieux et leur procureur à lad. Bertrande. Ainsi est il que les choses susd. proposées d'une partie et d'autre, establiz en droit par devant nous lesd. parties et Jehan Letart procureur de Guillaume de Meulles, des consentemens desd. parties et dud. procureur de Guillaume des Meulles a esté et est prononcé et jugé que led. Guillaume des Meulles et lesd. religieux sont condampnez à faire lad.' provision à lad. Bertrande selon son estat et condicion et à lui rendre ses biens meubles et les fruiz par eulx pris et levés sur les biens immeubles de lad. Bertrande, et aussi a esté commandé aud. Guillaume et ausd. religieux de aquipter et tenir quipte lad. Bertrande envers tous ses crediteurs de toutes lesd. debtes, et condampné lesd. religieux et led. Guillaume à faire lad. provision à lad. Bertrande [en la terre du Boys Chabot] auquel lesd. religieux et Guillaume sont condampnez à continuer à lad. Bertrande demourant sa vie, et aussi commandé lesd. religieux la laisser joir pasiblement de tous les fruiz de ses biens immeubles tant qu'elle vivra ; et a esté d'assentement le procureur dud. des Meulles que cestuy appoinctement ne fust ne adjournast aucunement le procureur desd. religieux qu'ilz ne peussent poursuyr et requerre à l'encontre dud. des Meulles touz faiz et gariment et autres choses autreffoys faiz, passées et convenues entre lesd. religieux et led. Guillaume par la manère qu'il eussent par avent cestuy present apoinctement et sans que par icelluy si l'en soit aucunement derogié ne prejudicié. Fait et jugié ès-assises de Fontenoy-le-Comte, lesquelles commancèrent à tenir le xxii° jour du moys daupril l'an mil quatre cens et ung.

273. Arrentement d'une maison à Château d'Olonne consenti par Raoulet le Vaillant et Valère de Launay, sa femme, à Jean Angibaut. (Cart° n° 98.)

Sachent touz que en la court du seel establi aux contraiz en doenné de Thalemondois uni à la table de très reverend père en Dieu mons' l'evesque de Luczon et à son chapitre personnelment establi en droit par davent moy Jehan Jousdouin presbtre, juré, passeur et notaire de lad. court, Raoulet le Vaillent et Valère de Launay, sa femme, porreschiens du Chastea d'Olonne, d'une part, et Jehan Angi-

1402.
5 juin.

baud, parrochien dud. lieu du Chastea d'Olonne, d'autre part; led. Raoulet Le Vaillant, octorisant suffysamment et solempneement lad. Valère sad. femme à la quelle il a donné plain povoir et octorité et commandement especial de faire et accorder toutes et chacunes les choses contenues et escriptes en ces presentes lectres, et lesd. parties soupmetant et suppousant eux et tous et chacuns leurs biens meubles et immeubles presens et à venir à la juridicion, povoir et cohercion de lad. court quand ad ce qui s'ensuit, et lad. Valère de Launay, octorisée comme dit est, renunciant en cestuy son fait au beneffice du droit de velleyen et à tous autres droiz octroyez et introduiz en aide et faveur des femmes par lesquelx elle porroit estre relevée de l'execucion de ces presentes; et emprès ce lesd. Raoulet et Valère d'un commun assentement cogneurent et confessèrent et encore cognoissent et confessent de leur bonne, pure et absolue volunté et sans contraincte eulx avoir baillé et affermé, livré et octroyé, encore baillent, afferment, livrent et octroyent leur heritage à tous jours mais pour eulx et pour les leurs et pour ceulx qui d'eulx ont ou auront cause perpetuaument aud. Jehan Angibaud et ès-siens et à ceulx qui de luy ont ou auront cause, c'est assavoir une maison couverte de teuble sise en ung des bouz de la ville du Chastea d'Olonne susd. c'est assavoir devers les Sables d'Olonne avecques ses appartenances, ruages, cayruages, entrées et yssues et ung courtil tenant à lad. maison contenant à fenier deux tiersaux de froment ou environ, tenant lad. maison et led. courtil, d'une part, au courtil de Jehan Jonet et, d'autre, au chemin public par lequel l'on vait dud. lieu du Chastea ès-Sables susd. lesquelles choses, maison et courtil lesd. Raoulet et Valère sa femme baillent et afferment aud. Angibaut au priz et à la ferme de sex sols monnoie courante d'annuau et perpetuau rente seu ferme, rendable et poyable dud. Angibaut et des siens et de ceulx qui de luy ont ou auront cause perpetuaument èsd. Raoulet et Valère sad. femme, à leurs hers et à ceulx qui d'eulx ont ou auront cause perpetuaument chacun an en chacune feste de Pasques. Lesquelles choses led. Angibaut prist et accepta de son bon gré desd. Raoulet et Valère sad. femme au priz et à la somme desd. sex sols; lesquelx sex sols led. Angibaut promist et est tenu rendre et poyer èsd. Raoulet et Valère sad. femme et ès-leurs chacun an chacun jour de feste de Pasques; à avoir. . . . . Cedens et transportans. . . . . obligèrent. . . . . renunciant. . . . . serement. . . . . Et en tesmoign. . . . . ont donné. . . . . lectres doublées et seellées. . . . . du seel de la court dessusd. . . . . Fait et donné garens ad ce presens, priez et requis, Guillaume Vignaut clerc, Guillaume Mestoyer alias Jacquelot, le ve jour du moys de juign, l'an mil quatre cens deux. J. Jousdouin.

274. Quittance de 20 écus d'or payés à Madame de Rays, dame de la Mothe-Achart. (Cart^e n° 132.)

1402.
30 juin.

Sachent toux que je Guillaume Gryau presbtre, receveur de la Mothe Achart et de la Menrrière pour très noble et très puissante damme madame de Rays, de Rouxeville et desd. lieux, cognois et confesse avoir eu et receu de religieux homme frère Guillaume Baudet jaddis abbé d'Orbester la somme de xx escuz, valent chascun escuz xxii^s vi^d, par composicion faicte entre les gens et officers de mad. damme en temps cza arrères et led. frère Guillaume par le temps qu'il estoit abbé, sur le fait de ce qu'il demandoyent à avoir touz et chacuns les biens de Jehan Berart de Champcloux, de laquelle somme de xx escuz je led. receveur me tiens pour bien comptens et apayé et en clame quipte et delivre led. frère Guillaume et touz autres à qui quiptance en puet et doit appartenir. En tesmoign de ce je en ay donné aud. frère Guillaume ceste presente quiptance signée de mon seign manuel et seellée de mon seel. Fait et donné le derrain jour du moys de juign, l'an mil iiiie et deux. G. Gryau.

275. Sentence du conservateur des priviléges de l'Université de Paris, dans une cause pendante entre le prieur de Notre-Dame d'Olonne et l'abbé d'Orbestier. (Cart° n° 329.)

1402.
2 août.

Johannes Guyoti, decretorum doctor, canonicus Eduensis, Parisius commorans, vices gerens reverendi in Christo patris ac domini domini Silvanectensis episcopi, judicis et conservatoris una cum quibusdam aliis collegis suis cum illa clausula quatenus vos vel duo aut unus vestrum per vos vel alium seu alios et cetera privilegiorum universis magistris, doctoribus et scolaribus Parisius studentibus a sancta sede apostolica indultorum, ab eadem sede deputati, omnibus presbiteris, vicariis, curatis et non curatis ceterisque ecclesiarum rectoribus ac tabellionibus publicis ad quem seu quos presentes nostre lictere pervenerint salutem in Domino et mandatis nostris ymo verius apostolicis firmiter obedire. Cum quadam causa, mota nuper et pendente coram bone memorie viro venerabile et circumspecto magistro Petro de Themicuria, decretorum doctore tempore quo vivebat et decessit, priore prioratus Sancti Georgii prope Hisdinum, Morinensis diocesis, ac vices gerente prefati reverendi in Christo patris domini Silvanectensis episcopi, inter religiosum virum fratrem Johannem du Jon priorem prioratus beate Marie de Olona, Lucionensis diocesis, scolarem Parisiensem, auctorem ex una parte, et venerandum patrem dominum Guillelmum quondam abbatem monasterii d'Orbester, dicte diocesis, reum ex altera, prenominatus quondam abbas dicto suo monasterio cesserit et eidem renunciaverit : ea propter pro parte dicti scolaris nobis fuit humiliter supplicatum et requisitum quatenus citaciones contra et adversus Nicolaum nunc abbatem dicti monasterii d'Orbester ad resumandum hujusmodi processum in statu in quo erat inter dictas partes et ad procedendum ulterius in ea ut esset racionis concedere dignaremur et vellemus ; nos , hujusmodi requisicioni tamquam juste et juri consone ammonentes, auctoritate apostolica qua fungimur in hac parte vobis omnibus et singulis, in virtute sancte obediencie et sub penis suspensionis et excommunicacionis, quam vel quas in vos vel vestrum quemlibet feremus nisi feceritis quod mandamus districte precipiendo, mandamus quatenus ad hujusmodi mandatum nostrum exequendum alter vestrum alterum non expectet nec unus per alium se excuset, citetis pro hoc Parisius apud Sanctum Mathurinum coram nobis vel coram tunc dictas vices gerente ad diem lune post instans festum beati Andree apostoli, nisi et cetera, alioquin et cetera, prefatum dominum Nicolaum nunc abbatem dicti monasterii d'Orbester reum, videlicet ad resumandum processum coram dicto vices gerente agitatum, factum et habitum in dicta causa jamdiu mota et pendente coram dictas vices gerente inter prenominatum priorem scolarem, actorem ex una parte, et dictum dominum Guillelmum quondam abbatem dicti monasterii, reum ex altera, processurum quod et procedi visurum coram nobiscum prenominato priore scolare actore in hujusmodi causa secundum ejusdem cause statum prout de jure fuerit procedendum; de quo statu ad dictam diem liquebit cum intimacione in talibus necessaria et fieri consueta; et quid inde feceritis nobis fideliter rescripbatis. Datum Parisius sub sigillo curie dicte conservacionis, anno Domini millesimo CCCC° secundo, die secunda mensis augusti. J. Jeudi.

276. Transaction avec Marguerite de Thouars, dame de Talmont, et Jean Requien. (Cart° n° 11.)

Sachent tous que comme contens et debatz fussent esmeuz entre très noble et très puissante damme madamme Margarite de Thouars, damme de Thalemond et de la Chèze

1402.
3 novembre.

le Vicomte, et Jehan Requien, demandeurs d'une part, et les religieux abbé et convent de St Jehan d'Orbester, d'autre part; sur ce que lad. dame disoit qu'elle estoit dame du lieu et de la fourest de Thalemond, et qu'elle avoit droit et estoit en poccession et saisine à raison d'icelle fourest d'explecter par soy, ses officers et ses gens et les terres fruictes et gastes ou autres en quelles y a bois estans en icelle, et dans les fins et mectes d'icelle bailler et arenter à tous ceulx à qui bon lie semble et qui voulans icelle prendre, arenter, accenser à telx priz comme hom est d'accord, et les terres ainsi baillées et accensées par labour et autrement user et explecter en telx usages comme bon semble; et que des droits, saisines et poccessions dessusd. lad. dame par lie et ses predeccesseurs seigneurs dud. lieu de Thalemond et de lad. fourest avoit joi et usé par tant de temps que n'estoit memoire du contrayre, quequessoit par temps suffisant qui valent et suffisent à telx droiz et chacun d'iceulx avoir acquis; et disoient mad. dame et led. Requien que nagueres mad. dame avoit baillé et accensé aud. Requien certain tenement gaste estans en lad. fourest appellé la Salle le Roy avec ung tenement appellé la Barre du Calleillays et autres gastes tenens à icelle et une nohe appellée le Riffe Bretin, ainsi come lesd. choses sont confrontées, pour le prix et à l'ascense de diz sols à estre renduz et payez dud. Requien et des siens à mad. dame et à ses successeurs seigneurs dud. lieu de Thalemond par chacun an en chacune feste de Pasques, et que à la edificacion, garde, gouvernement et labourage d'icelle chose led. Requien avoit faictes plusieurs mises tant pour les fossés, extirper boys et ageons et dresser nouhe que autrement qui bien pouhent monter à la valeur ou mise de trente escuz, et que en fasent faire lesd. choses lesd. religieux avoient perturbé et empesché tant de fait que autrement led. Requien en faisent avaler lesd. foussé et en perturbant certaynnes personnes avant charruyes et [empeschant de] labourer lesd. terres; pour laquelle contradiction, empeschement et perturbacion mad. dame et led. Requien disoient grandement estre endomagez et concluoient à l'encontre desd. religieux telx droiz et chacun d'eulx à eulx en tant comme à chacun tousche estre et appartenir et lesd. religieux torsonnèrement avoir fait lesd. empeschemens et qu'ilz fussent contrains et condampnez à l'amande. Par lesquelx religieux abbé et convent fut dit et proposé en deffense les faiz et choses qui s'ensuivent : premièrement que par messeigneurs les predeccesseurs de mad. dame seigneurs de Thalemont ilz avoient esté fondez et dotez, et que en la fondacion et dotacion de leurd. moustier ilz leurs avoyent donné plusieurs choses contenues en certains privilèges qu'ilz monstroyent et exhiboient; entre lesquelles ilz avoient voulu, consenti et octroyé que on cas que de lad. fourest demourrent aucunes terres gastes que lesd. religieux en puissent prandre et faire labourer tant qu'ilz porroient et vouldroient labourer tant pour eulx que pour leurs colons, et que si autres terres aucuns autres faisoient semencer et labourer que lesd. religieux y eussent la quinte partie des fruictz croissans en icelles, et que attendu ce ilz avoient deuement fait lesd. perturbacions et empeschemens. A quoy fut replicqué pour mad. damme que supposé que par leurs privilèges ilz eussent le droit par eulx proposé si ne s'entendoient ilz pas en tant que mad. damme ne peust et eust droit de bailler lesd. gastes venans, que alentour d'eulx en avoit très grande quantité d'autres et qu'ilz n'avoient point labouré, et aussi que oncques ils n'avoient fait semblent d'iceulx gastes baillez aud. Requien prandre ne labourer ; et aussi que ainsi mad. dame et ses predecesseurs en avoient joy. Et au regart dau cincquième des fruiz que ilz dient à eulx appartenir end. terres et gastes si autres les labouroient, que oncques lesd. religieux n'en avoient joy de nulles autres gastes qui aient autreffoiz esté baillez et accensés par mad. dame et sesd. predeccesseurs, ains en avoyent demouré les teneurs d'iceulx demouré francs et quiptes et mad. dame en poccession et saisine d'iceulx tenir ou faire tenir francs, quiptes et libres quant ad ce. Plusieurs debatz et altercacions euz sur ce d'une partie et d'autre, a esté paciffié et accordé sur lesd. choses en la manère qui s'ensuyt : c'est assavoir que lesd. choses par mad. dame baillées et accensées aud. Requien sont et demourrent ausd. Requien et ès-siens sans ce que lesd. religieux abbé et convent y puissent pour jamès avoir, querir ne demander aucune chose en proprieté, devoir, terrage ne autrement. Et du tout si aucuns droits s'en sont despartiz et delaissez, ainsi toutes voyes que par ceste presente baillete et cense ne leur sera fait aucun prejudice par le temps à venir en aucuns gasts et que si aucuns [sont baillés] par mad. dame et ses successeurs qui ne le puissent deffendre et demander ainsi qu'ilz peussent par avant cest accord et sauve ausd. religieux d'avoir recours devers mons' de Thouars et mad. dame par manère de supplicacion d'avoir et recouvrer à leur prouffit les diz sols deuz par led. Requien pour raison desd. choses en recompensacion d'iceulx s'ilz voient que faire fasse. En tesmoign desquelles choses et de verité lad. madamme et lesd. religieux abbé et convent ont mis et appousé en ces presentes et en double d'icestes leurs seelx. Donné et fait le segond jour de novembre l'an mil quatre cens et deux.

277. Vente d'un pré par Raoulet le Vaillant et Valère de Launay, sa femme. (Cart^e n° 381. Orig. aux Arch. de la Vendée.)

1404.
15 janvier.
(1403, v. st.)

Sachent tous que pardavent Nicolas Chalon prestre, juré, passour et notaire de la court du seel duquel l'on uset en doynné de Tallmondoys uny à la table de reverend père en Dieu mons^r l'evesque de Lucon et à son chappitre, personnellement establi en droit Raoulet Levaillent et Valère Delaunay, sa femme expouse par le temps, perrechiens du Chastea d'Olonne, la dite femme premèrement et avent toute œuvre solempnellement otorisée de son d. seigneur pour faire, tenir et acomplir fermez et establez toutez et chacunes les choses ci desous escriptes et deviseez, d'une part, et frère Nicolas Ruffin, priour du convent du mouster saint Johan d'Orbester et à cause dud. priourée, d'autre part ; lesd. mariez Raoulet et Valère otorisée [1] comme dessus, non contrains, non perforcés, non deceuz, non amonestez ne par aucune subornacion ad ce induit ne amenez, mès parce que très bien leur a pleu et plest, ont vendu et octroiez et par ces presentes cognoissent et confessent eulx avoir vendu et à perpetuité et octroié par eulx, leurs heritiers et successeurs et par ceulx qui d'eulx auront cause perpetuelment, pour non de titre de proprieté vaincon faicte entre vis et non revocable, aud. frère Nicolas priour susd. et à cause d'icelli priourée present, prenans et acceptans à li et à ses successeurs priours dud. prieurée de lad. vaincon et octroy, c'est assavoir un pré contenant en soy cinc jornau ou environ six en la paroiche du Chastea d'Olonne, en la seigneurie de monseign^r de Thouars, tenant, d'un cousté, à la fourest de mond. seigneur de Thouars et, d'autre cousté, ès-terres de Nicolas Marchent et, d'un des bous, à la rivère ou pré de Jehan Porcher, pour le priz et some de doze escuz en or ou en monnoie courante, valent chascun escus vingt et deux solx six deners ; de laquelle some de doze escuz monnoie susd. lesd. mariez Raoulet et Valère ont cogneu et confessé avoir eu et receu quatre escuz en monnoie susd. dud. priour en la presence du notaire susd. et des tesmoins cy dessoubs à nommer, et s'en sont tenuz pour bien comptent et bien poiez, et en ont quipté et clamé quipte led. priour et ces successeurs en les relevent sur ce de toute charge de preuve, et a promis led. frère Nicolas priour susd. pour la foy et serement de son corps de bailler ès-d. conjoings les aultres huit escus toutezfoiz et quantezfoiz que ilx les demenderont aud.

---

1. Le texte porte à tort *non* otorisée.

priour. Item, fut parlé et acordé entre lesd. mariez Raoulet et Valère et les leurs et led. priour que cil apportienteulx ou les leurs aud. priour ou à ceulx qui de li auront cause dud. priourée dedens deux ans prochainnement venant, lesd. deux à commencer dès le jour de la Purificassion Nostre Dame Virge juquez à deux ans conté an pour an l'un emprès l'autre, les diz doze escuz monnoie susd. que ilx les prendra et recevra desd. conjoings et deguerpiront et delessesseront led. pré frenchement et quiptement ès diz conjoings Raoulet et Valère et ès-leurs sens jamès riens y demander. Item, fut parlé et acordé entre les dites partiez dessusdites que ci les diz conjoings Raoulet et Valère sa dite fame ou les leurs venient à la recousse dud pré durant lesd. deux ans, ilx ont voulu et conssenti de leur assentiment que led. priour ou ceulx qui de li auront cause levessent et cueyllissent la levée dud. pré l'année amprès lad. recousse. Et a promis led. priour tant pour li que pour ceulx qui de li auront cause pour l'avenir de poyer à perpetuité chascun an doze deners de rente dehuz à cause dud. pré à mond. s^{gr} de Thouars et en quipté lesd. conjoings et les leurs. Duquel pré dessusd. lesd. conjoings Raoulet et Valère s'en sont despoillez, devestuz, dessaiziz du tout et en ont vestu et saisi reaument et de fait led. frère Nicolas et seulx qui de li auront cause de sond. priourée et iceulx faiz vrais seigneurs, proprietaires, pocesseurs et procureurs come de sa propre chouse, en li baillent reaument et de fait saizine et pocession dud. pré. Et ont promis. . . . . serement. . . . . renunciens. . . . . . En tesmoig . . . . . ont donné . . . . . lectres seelleez. . . . . du seel susd. . . . . Ceu fut fait et donné presens garens, ad ce oir requis et appellez, messire Nicolas Mesteyer prestre, Maurisse Baudoin, Guillaume Vinart, le xve jour de janver, l'an quatre cens et troys.   N. CHALON.

278. Reconnaissance par Etienne Ferron d'une rente d'un chapon dûe par lui. (Carte n° 352.)

1405.
4 février.
(1404. v. st.)

Sachent touz que en la cour du seel establi ès contraiz à St Gile sur Vie pour très noble et puissant seigneur mons^r d'Amboise, v^{te} de Thoars, c^{te} de Bennon, s^{gr} de Talmont, ensembleement et en la cour du seel establi aux contraiz en doyenné de Talemondois par davent Robert Lucas clerc, juré et notaire des cours surd. et en chacune d'icelles, en droit personnelment establiz Estiene Ferron, de la Mothe Achart, d'une part, et frère Nicolas Ruffin, procureur et en nom de procureur de mess^{rs} les religieux abbé et convent de St Jehan d'Orbester, d'autre part; led. Ferron cogneut et confessa devoir èsd. religieux abbé et convent à cause dud. mouster ung chappon de rente perpetuelle assise sur tous ses biens presens et à venir quelxcomques, à cause du prieurté de Lande Chauve membre dud. mouster, assis led. prieurté en la paroisse de la Chappelle Achart, rendable et poyable dud. Ferron et des siens pour chacun an perpetuelment en chacune feste de Noel en la ville de la Mothe Achart au procureur ou receveur desd. religieux et à cause dud. prieurté, assis led. chappon sur la maison et appartenances dud. Ferron; lequel chappon de rente susd. led. Ferron a promis, doit et est tenu rendre, poyer, bailler et livrer dores en avent pour chacun an perpetuelment en chacune feste surd. et end. lieu de la Mothe Achart au procureur et receveur desd. religieux abbé et convent à cause de leurd. prieurté. Lesquelles choses dessusd. led. Ferron a promis et juré..... serement..... soubx l'obligacion...... renunciant ...... En tesmoign..... a donné..... lectres seellées..... des seelx des cours susd..... Ceu fut fait et donné presens garens, ad ce oyr appellez et requis, Jehan Rondea et Jehan Guynement, le mercredi emprès la S Blays, l'an mil quatre cens et quatre.

279. Echange entre Jean Cruyon, de la Jonchère, d'une part, et Jeanne Beraud, femme de Jean Pirard, et Perrot Blouyn, d'autre part. (Carte n° 382.)

1405.
4 avril.

Sachent tous que en nostre court de l'officialité de Luczon par davent messire Michea Bernardea presbtre, juré, passeur et notaire de nostre d. court et nostre commissaire en ceste partie, en droit personnelment establiz Jehan Cruyon, parrochien de la Jonchère, d'une part, et Jehanne Beraude, femme de Jehan Pirart, lequel a auctorisé sad. femme quant ad ce et li par tant qu'il lui touche à cause d'elle, et Perrot Bloyn, d'autre part; lesd. parties de leur bonne volunté ont fait eschange et permutacion entr'eulx des choses qui s'ensuyvent en et par la manère qui s'ensuyt : assavoir est que led. Cruyon bailla, livra et octroya et avoir baillé, livré et octroié cogneut et confessa pour lui et les siens et pour ceulx qui de luy auront cause perpetuelment à lad. Jehanne et aud. Pirart son seigneur par tant qu'il lui touche à cause d'elle et aud. Bloyn par tant que à chacun thouche et puet appartenir et ès-leurs et à ceulx qui d'eulx auront cause pertuelment toutes et chacunes les choses touchant heritages et rentes à lui deues à cause desd. choses qu'il avoit et qui lui competoient et appartenoient en parroichez de la Berthonère, de la Claye, des Maignis, de Poyaut et de Layroux, soient lesd. choses maisons, vergers, cairois, ruages, terres, vignes, prez, auberoies, marois, pasturages, quelque part et en quelque fief, juridicion et seigneurie que lesd. choses soient sises, situées et assignées, nommées, censées et appellées. Et en retour et recompensacion desd. choses, lad. Jehanne et led. Pirart par tant qu'il lui touche à cause d'elle et led. Bloin et chacun d'eulx par tant qu'il luy touche et puet appartenir baillèrent, livrèrent et octroièrent et avoir baillé, livré et octroyé par le tiltre d'eschange dessusd. cogneurent et confessèrent eulx et les leurs et pour ceulx qui d'eulx auront cause perpetuelment aud. Jehan Cruyon et à ses hers, hériters et successeurs et à ceulx qui de luy auront cause perpetuelment toutes et chacunes les choses touchant heritages et rentes si aucunes en y a qu'il avoyent et qui leur compectoient et appartenoient en la parroiche de la Jonchère, en village de la Garde et en autres parroiches delà le Loys en Talemondoys, soyent lesd. choses maisons, vergers, cairois, ruages, terres, prés, vignes, boys, auberoyes, pasturages, quelque part et en quelque fié, seigneurie ou jurisdicion que lesd. choses soyent sises, situées ou assignées, nommées, censées ou appellées ; et pour ce que lesd. choses ne sont de si grant valoir come celles que led. Cruyon leur a baillé lad. Jehanne et led. Pirart par tant qu'il luy touche à cause d'elle et led. Bloyn et chacun d'eulx pour soy et pour le tout ont promis et sont tenuz pour eulx et les leurs et pour ceulx qui d'eulx auront cause perpetuelment rendre et poier aud. Jehan Cruyon et ès siens et à ceulx qui de lui auront cause perpetuelment une mine de froment bon, nouvea et marchant, à la mesure de Luczon, de annuelle et perpetuelle rente en chacune feste de Nostre Dame de septembre. A avoir. . . . . Cedans et transportans. . . . . ont promis. . . . . serement. . . . . ont obligé. . . . . ont renuncié. . . . . En tesmoign. . . . . ont donné. . . . . lectres doublées et seellées. . . . . du seel duquel l'on use en nostre d. court de l'officialité de Luczon. . . . . Et nous adecertes l'official surd. . . . . Ceu fut fait et donné presens garens, ad ce oir appellez et requis, André des Maignis, Nicolas Morea, le quart jour du moys d'apvril, l'an mil quatre cens et cincq. M. Bernardea.

280. Arrêt défendant aux religieux de continuer à poursuivre les frères Blanchardin devant l'officialité de Luçon. (Carte n° 250.)

Sur ce que le procureur de monsgr le duc de Berri et d'Auvergne, cte de Poictou, d'Estampes, de Bouloigne et

1405.
4 novembre.

d'Auvergne, poursuivoit à ces assises de Fontenoy-le-Conte les religieux abbé et convent de St Jean d'Orbester, apparessans par frère Michea Durantea leur procureur suffisamment fondé, et disoit contre eulx que lesd. religieux ou leur procureur pour eulx avoient mis en cause et procès par davant l'official de Luczon Jehan, Jacques et Jehan Blanchardin frères, sur et pour cause de cincquante livres de rente et arrerages de certain temps, données et legueez lesd. cincquante livres à eulx et leurd. mouster par feue Marie Blanchardine [1] et de laquelle ils sont heriters en certaynne pars et porcion et bien tenans, et tant avoit esté procedé que libelle en avoit esté donné èsd. Blanchardins par lesd. religieux ; par lequel libelle lesd. religieux concluoient entr'autres choses que lesd. Blanchardins feussent compellez et contrains à bailler et assigner au procureur desd. religieux pocession valable et delivre desd. cincquante livres d'annuelle et perpetuelle rente sur tous les biens immeubles et heritages à plain desclairés ond. libelle, et à leur rendre et poier les arrerages de lad. rente montant jusques à mil livres ; et disoit led. procureur [de mond. seigneur le duc] que indehuement lesd. religieux avoient traicté et convenu lesd. Blanchardins à la court surd. pour cause de lad. rente et que par ce ils devoient estre mis et constitué en amende envers mond. seigneur le duc, pour ce qu'il disoit que lesd. faiz et conclusions estoient reelx et tenuz pour certains, [et concluoit] quar ainsi fust dit et desclairé et qu'ilz feussent condampnez et contrains par la prinse de leur temporel à eulx desister dud. procès et aussi qu'il leur fust fait comman-

---

1. Par testament fait le 27 août 1374, Marie Blanchardine, femme de Johan Boutaut, avait fait élection de sépulture dans l'église d'Orbestier et donation à l'abbaye de 50 livres de rente sur une maison à la Rochelle, rue de la Poulaillerie, 25 livres de rente sur les moulins de la Roulière et 200 aires de marais salants au marais Macé. Ce testament est conservé en original aux Archives de la Vendée.

dement de par nostre d. seigneur le duc [de ne traicter et convenir lesd. Blanchardins], et que pour l'avoir fait il en fussent mis et constitué en amende. Pour la partie desquelx religieux a esté dit et confessé estre vrai qu'ilz avoient mis en cause pardevant led. official lesd. Blanchardins, sur et pour cause de lad. rente, et leur en avoient donné libelle et fait leur conclusion par la forme et manère [que dessus est dit] et pourtant n'en estoient amendables [pour ce qu'il avoient] fait led. commandement parceque lad. rente avoit esté donnée et leguée par lad. Marie ès d. religieux et leurd. mouster par son testament ou codicille tant pour le saluz de l'ame de ses amys et parents que pour autres causes à plain contenues ond. testament ou codicille si come ilz offrent [à faire apparoistre], et ainsi estoit ung legat faict par forme et manère de testament ou codicille par raison [duquel cellui par devant qui] fut fait led. legat, qui est l'evesque de Luczon [devoit] à lui en appartenir l'execucion et par consequent la court dud. official, quar ainsi par raison l'execucion lui est deue et permise ; et encores il est veu qu'il puet par sa court et censure ecclesiastique contraindre les debiteurs [à poier] legatz ainsi fait [et pourquoy est que] lesd. religieux pour avoir led. legat avoient esleu action personnelle provenent dud. testament par laquelle [avoient procedé] par la manère dessusd. et ne avoient pas pris [ne traicté] aucune action reelle ne ypotheque ; et aussi disoient lesd. religieux qu'ilz avoient bien et dehuement intenté et fait led. procès et poursuyte tant pour les fais, causes, raisons dessusd. que pour plusieurs aultres qu'ilz pretendoient. Contre lesquelles choses proposées par lesd. religieux fut dit et proposé par le procureur de nostre d. seigneur que, veu et consideré led. libelle, les conclusions contenues en icelluy, la chouse demandée estoit concernant et regardant temporalité à la juridicion temporelle et n'en puet ne povoit tenir led. official court ne cognoistre, disant led. procureur que non obstant les faiz, causes, raisons proposées par lesd. religieux ses requestes lui devoient estre faictes et acomplies. Emprès lesquelles chouses, veu et consideré tout ce qui fust à considerer en ceste matière, heu advis de plusieurs sages seans en la court de ceans, avons dit et declaré par jugement [lad. cause] estre reelle et touchant la realité, et que la court de l'officialité (de Luczon) ne doit ne ne puet avoir entrepris tenir court ne jugemens des chouses susd. ne lesd. religieux en traicter et convenir lesd. Blanchardins ; et avons faict deffence ausd. religieux que plus avant ilz ne traictent lesd. Blanchardins en lad. court à la paynne de cent livres à acomplir les deffences, et fait commandement à semblable peynne de cent livres à lad. court dud. official [de cognoistre et continuer lad. poursuyte contre lesd. Blanchardins]. Donné ès-presentes assises de Fontenoy-le-Conte qui commencèrent le IIIIe jour de novembre, l'an mil quatre cens et cincq. N. Roigné. Barbe, pour registre.

281. Ferme du treuil de St Benoît consentie à frère Nicolas Rufin.
(Cart^e n° 113.)

1406.
17 avril.

Sachent touz que en la court du seel establi aux contraiz en doyenné de Thalemondois uni à la table de reverend père en Dieu mons^r l'evesque de Luczon et son chappitre, personnelment establi en droit par davent Nicolas Mestoyer, juré et notaire de lad. court, frère Nicolas Ruffin, religieux du mouster St Jehan d'Orbester, d'une part, et reverend père en Dieu Nicolas du Verger, abbé dud. mouster, d'autre part ; led. frère Nicolas Ruffin cogneut et confessa avoir pris et affermé de reverend père en Dieu Nicolas du Verger, abbé dud. mouster, et du convent dud. lieu les choses cy-dessoubz à desclerer, pour icelles avoir et tenir et explecter et percevoir les prouffiz et emolumens durant le cours de sa vie, c'est assavoir le trueil que lesd. abbé et convent à cause de leurd. mouster ont à St Benest o ses appartenances, soyent pocessions, fiefz, terrages, rentes et autres chouses quelxcomques : item, seize sols et diz huyt boeceaux de froment de perpetuelle rente que leur doivent par chacun an à cause de leurd. moster Denis Boissonea, Jehan Esbaupin de la Claie et leurs parsonniers : item, dix sols que leur doit par chacun an Jehan de Puyminait. . . . . [1] quelxcomques qu'il ont à cause dud. mouster. . . . . boiceaux de froment que leur doit par chacun an. . . . . Junchère : item, ung quarter de froment que leur doit par chacun an. . . . . presbtre de St Cire : item, deux jornaux de prez . . . . . tenent d'une part aus choses du rectour de St Benest et d'autre part. . . . . item deux jornaux en la rivère Doulce : pour le priz et somme de quatre livres diz sols monnoie courante et de ung tonnea de vin et une pipe de vin blanc et une pipe de vin claret ; laquelle somme de quatre livres diz sols comme dessus led. frère Ruffin a promis, doit et est tenu rendre et poier par chacun an durant le cours de sa vie come dit est aud. abbé ou à ses successeurs abbez dud. mouster par moyté ès festes de la nativité Nostre Seigneur et festes de la nativité St Jehan Baptiste, à commencer le premier paiement à la feste de Noel prouchain venant ; et aussi a promis, doit et est tenu led. frère Nicolas Ruffin rendre et paier par chacun an durant sa vie come dit est aud. abbé ou à ses d. successeurs abbez dud. moustier led. vin come dessus est dit et descleré en chacune saison de vendange, à commencer à la prouchaine, parmi ce que led. abbé ou ses successeurs est tenu de bailler vaisseaulx pour mestre led. vin en d. lieu de St Benest ou led. abbé et ses successeurs sont tenuz de prendre led. vin tout ainsi comme dessus est dit et divisé. Item led. frère Nicolas Ruffin a pris et affermé desd. abbé et convent en certaynne forme. . . . . de lec-

---

1. Cette lacune et huit autres ci-dessous n'ont pu être comblées, vu le mauvais état de cette pièce dans le Cartulaire.

tres faictes sur ce avec lesd. abbé et convent les biens ès-d. abbez et convent appartenans à cause de certaynne donacion à eulx faicte par Raoul le Vaillent et Valère de Launay, sa femme, pour iceulx d. biens avoir, tenir, explecter et percevoir les prouffiz et esmolumens durant le cours de sa vie seulement, pour le priz et somme d'une pipe de vin de la veigne..... ou deux escuz d'or valant chacune pièce vingt et deux sols six deners monnoie courante au choix et election dud. Ruffin laquelle pipe de vin ou deux escuz d'or, ainsi que vouldra eslire led. Ruffin, icelluy Ruffin promet et est tenu rendre et poier par chacun an durant le cours de sa vie aud. abbé ou à ses successeurs abbez dud. moustier en la ville du Chastea d'Olonne en chacune saison de vendange. Item, doit et est tenu led. frère Nicolas Ruffin de demourer aud. lieu de St Benest et y faire sa residence personnelle; et ensembleement est tenu de poier tous et chacuns les devoirs acoustumez à poier sur toutes cestes choses par dessus dictes à ses propres cousts et despens. Es-quelles choses..... a obligé ..... serement..... a renuncié...... Fait et passé presens ad ce frère Pierre Louher religieux dud. mouster, ... Jacquea et Guillaume Le Blanc, le dix septesme jour du moys d'apvril, l'an mil quatre cens et six. N. Mestoer.

282. Reçu de seize écus d'or payés par le prieur de la Jonchère à Jean Cruyon et Marie Maurapte, sa femme. (Cart^e n° 110.)

1406.
Novembre.

Sachent touz que comme autreffoiz cza arrères Jehan Cruyon et Marie Maurapte, sa femme, paroissiens de la Junchère, eussent esté tenuz et obligez rendre et paier à religieux et honneste personne frère Nicolas Gelinea, prieur de la Junchère, la some de seize escuz d'or du coign du roi nostre sire, chacune piece valans vingt et deux sous six deners, de monnoie courante pour certaynne cause, si come cestes choses apparessent plus à plain par certaynnes lectres sur ce faictes seellées du seel duquel l'on uset en l'officialité de Luczon pour religieux et honnourable home et sage mons^r l'official dud. lieu, [pour ce que le d.] Jehan Cruyon et sad. femme eussent vendu [sur] tous et chacuns leurs biens aud. prieur ung septier de froment de rente perpetuelle [à rendre et poier] led. septier de froment desd. conjoygns aud. prieur et à ses successeurs end. prieuré chacun an en chacune feste de Nostre Dame me aoust, pour la some de seize escuz d'or dont dessus est faicte mencion pour en estre quipte perpetuelment envers led. prieur, par ainsi que led. prieur voulit, consentit, octroya et acorda que si led. conjoigns ou ceulx qui d'eulx auront cause apportent et paiessent à icelluy prieur dedans certayn temps lad. some de seize escuz, qu'ilz en fussent quiptes, delivrés et deschargez dud. septier de froment de rente ; et promist icelluy prieur à prandre et recepvoir lesd. seize escuz, tant que il les apporteroient durant le temps qui fut acordé entr'eulx pour la cause dessusd. si come cestes choses pouvoient plus à plain aparoistre par lectre obligatoire sur ce passée soubz seel autentique et si come lesd. conjoigns et led. prieur estoient à acort par devant juré et notaire et par devant les temoigns si dessoubz nommés ; a esté aujourduy led. prieur establi en droit par devant moy Estiene Rousselot, juré de la court du seel establi aux contraiz en la chastellenie de Thalmont durant le rachapt avenu à très haut et très excellent prince mons^r le duc de Berry et d'Auvergne, c^{te} de Poictou, de Bouloigne et d'Auvergne, pour la mort de très noble et très puissante dame madame Margarite de Thouars, dame dud. lieu de Thalmont et de la Chaize-le-Vicomte par le temps qu'elle vivoit ; a cogneu et confessé icelluy prieur de sa propre, liberale et absolue volunté que lesd. conjoigns li ont paié bien et leaulment lesd. seize escuz en la valeur dessusd. et s'en est tenu pour contens et pour bien paié et iceulx conjoigns, leurs hers, heritiers et successeurs en a quipté et quipte perpetuelment et semblablement dud. septier de froment de rente perpetuelle et de tous les arrerages d'icelle, sans ce qu'il leur en puisse jameis rien demander. Laquelle quiptance et tout le contenu en ces presentes lectres led. prieur a promis. . . . . serement. . . . . a renuncié. . . . . En tesmoign. . . . a consenti. . . . . lectres seellées du seel dessusd. . . . . garens presens, ad ce oyr requis et appellez, ... [1] Petit et Jehan Regnaut. Fait et donné, passé et jugé le. . . . . jour de novembre, l'an mil iiij^e et six. E. Rousselot.

283. Arrentement d'une maison à Champcloux consenti à Jean Gauteron. (Carte n° 261.)

1407.
10 avril.

Sachent touz que en la court du seel establi ès-contraiz en la chastellenie d'Olonne durant le rachapt advenu à très haut et très excellent prince et redoubté seigneur mons^{gr} de Berri c^{te} de Poictou, de Bouloigne et d'Auvergne, pour la mort de noble et puissante damme madamme Margarite de Thouars damme de Thalmont et dud. lieu d'Olonne, par devant moy André Ragodi juré, passeur et notaire de la court surd. en droit personnelment establi Jehan Gauteron de la paroisse dud. lieu d'Olonne, lequel Jehan Gauteron prist, accepta, afferma et cogneut et confessa avoir pris, accepté, affermé, pour luy, ses heriters et successeurs et pour ceulx qui de luy auront cause perpetuelment de religieux hommes l'abbé et convent du mouster de St Jehan d'Orbester c'est assavoir une maison assise en village de Champcloux en lad. paroisse d'Olonne, en laquelle maison est le truyl desd. religieux et laquelle tint Perre Berart par le temps qu'il vesquit, avecques ses appartenances de ruages, cayruages, vergers et cortilz et quatre journaux de vigne. . . . . [2] en fief de Martroys soubz Guillaume Girard

---

1. Illisible ce prénom et le quantième du mois à la date.
2. Ici et ci-dessous trois passages indéchiffrables, ainsi qu'un nom dans la liste des témoins.

tenant d'une part à la vigne de Symon et Jehan Achardeas et d'autre part à la vigne des heriters feu Estiene Berchou, pour le priz et somme de huyt sols en deners de perpetuelle rente ou ferme, laquelle rente ou ferme susd. led. Jehan Gauteron promist et est-tenu rendre et payer, bailler et livrer ausd. religieux et à leurs successeurs et à ceulx qui d'eulx auront cause chacun an perpetuelment en termes et festes qui s'ensuivent, c'est assavoir chacun an en chacune feste de St Michea archange quatre sols et en chacune feste de la Nativité . . . . . ensuivant quatre sols. Et en oultre promist, doit et sera tenu led. Jehan Gauteron rendre et payer, bailler et livrer chacun an perpetuelment touz et chacuns les devoirs anciens feaudaux deheuz et acoustumés estre payez sur lad. maison et vigne au. . . . . . laquelle maison susd. et ses appartenances et deppendances led. Jehan Gauteron ne les siens ne porroient vendre ne donner en eschange ne en quelque manère aliener, transporter ne mectre par dessus rente ne legatz [ne en mectre aucune chose] hors de leur main se ce n'estoit du consentement et volunté desd. religieux. Lesquelles choses et chacune d'icelles led. Jehan Gauteron promist. . . . . serement. . . . . soubz l'obligacion. . . . . renunciant. . . . . Ceu fut fait et passé presens, garens ad ce, Perrot Routi, Jehan Chantecler et Guillaume Gu. . . . . le dixieme jour du moys d'avril, l'an mil quatre cens et sept. A. Ragodi.

284. Visite de marais salants au cours d'une action intentée par Jeanne Fillon, veuve de Jean Robert, contre Colas Peschete et André d'Aizenay. (Carte n° 124.)

1410.
28 novembre.

A honnourable homme et sage mons^r le chastellain de Thalmont et d'Olonne, son lieutenant ou commissaire pour très noble et très puissant seigneur mons^r d'Amboyse, v^{te} de Thouars c^{te} de Bennon, s^{gr} desd. lieux, Leonart Vaciner sergent de mond. s_{gr} on d. lieu d'Olonne en bailliage de la Garenne et le vostre o toute leaulté, reverence, subjecion et obeissance soy recommande. Très honnouré seigneur, plese vous savoir que pour faire et enterigner la monstre ou monstres jugées à faire en vous assises derrères en la demande ou demandes que Johanne Fillonne vefve de Jehan Robert fait et poursuit èsd. assises à l'encontre de Colas Peschete et André d'Aysenoys et contre chacun d'eulx, si come par parties et actés, desd. assises à moy baillé et presenté de la partie de lad. vefve m'est apparu, je sergent susd. assignay jour èsd. assises mesmement aud. Pechete et d'Aysenoys en personne de Nicolas Bastart leur procureur au xII^e jour de septembre l'an mil III^c et diz pour estre et comparoir par devant moy d. sergent celuy jour en maroys de Boursaudère à heure de souleil levant et donnant deffense à heure de prime; ausquelx jour, lieu et heure susd. lad. vefve comparut en personne par devant moyd. sergent et lesd. deffendeurs ne aucun d'eulx ne aultres par eulx n'y comparurent aucunement, et ce fait me requist deffault lad. vefve à l'encontre desd. deffendeurs et chacun d'eulx, auquel emprès ce je luy donnay par tant que faire le povoie et devoie; et emprès ce nonobstant l'absence desd. deffendeurs me monstra lad. vefve ung champ de maroys salans o ses appartenances de viviés assis en Boursaudère enquel ha trente et deux ayres de maroys et les vivyés tenent d'une partie auterres dud. Colas Peschete et d'autre ès-terres delad. Johanne Fillonne et d'ung bout au maroys de feu messire Estiene Sayvet prebstre, lesquelx choses elle dist et desclara qu'elle entendoit monstrer ausd. deffendeurs et chacun d'eulx s'ils eussent esté presens et icelle chose disant lad. vefve pour bien monstrée, et je l'en jugeai par tant que faire le povoye et devoye. Et ce, très-honnouré seigneur, je vous certiffie par ceste moye presente relacion seellée de mon seel duquel je use en mon office de sergent. Donné et fait le jour susdit, l'an que dessus. Donné par coppie collacion faicte o l'original ès-assises des prevostés d'Olonne commancées à tenir par nouz chastellain susd. le xxvıɪj° jour de novembre, l'an mil quatre cens et dix. J. Tillon, signé pour coppie.

285. Transaction et accord avec le Seigneur de Talmont. (Cart° n° 390, vidimus donné le 7 mai 1431 par Louis Sayvet, garde du sceau établi à Château d'Olonne.)

A touz ceulx qui ces presentes lectres verront et orront Pierre, sire d'Amboyse, vicomte de Thouars, comte de Bennon et seigneur de Thalemond, salut. Savoir faisons à touz que de la partie des religieux abbé et convent de St Jehan d'Orbester nous a esté supplié très humblement que come de très grant ancienneté noz predecesseurs seigneurs de Thalemont aient fondée leur d. abbaye, et que à la fondacion et dotacion d'icelle aient fait et donné plusieurs beaulx droiz, octroys et privilèges ; et que entre autres choses noz d. predecesseurs fundeurs dud. mouster Richart, filz de Henry roy d'Engleterre, conte de Poictou et seigneur de Thalemont, avoit donné à l'abbaye et aux moynnes de St Jehan d'Orbester le lieu et place en quoy lad. abbaye estoit fondée, o toutes ses appartenances quelxcomques et en quelque lieu qu'elles fussent en sa seigneurie de Thalemont, fussent lesd. appartenances terres labourées et non labourées, prez, veignes, boys, fourests, ayves, maisons, possessions quelxcomques, dès l'ayve ou fleuve nommé ond. privilège torrens Illicon jusques au Port Juré et toute l'entrée d'iceluy port, d'une part, et, d'autre, jusques au relais de la mer et l'estant dud. Port Juré jusques à certains prez appellez les Prez Ogier et desd. prez jusques au Chaigne Crux avecquez toutes les landes maritimes jusques au Chaigne Crux et dès icelluy Chaigne Crux jusquez à ung pré appellé le Pré Asselin et la moité d'iceluy pré, ainsi come il est divisé par certainnez

1411.
1er mars.

metez, et dès icelluy Pré Asselin jusques à l'issue de la fourest d'Orbester jusquez à la voye par laquelle l'on vait du port d'Olonne à Talemont jusquez au torrent ou fleuve qui descent et decourt par la goule des Doiz en la mer jusquez au relays de la mer et tout le boys qui dedans les metes dessus nommées et declairées est contenu et enclos à en faire leur plenère volunté ; et aussi leur avoir donné et octroyé usage plener, franc et delivre par toute sa fourest d'Orbester à en faire telz ouvres et ediffices come ilz vouldroient par tout son territoire de Talemont pour faire et construyre telx edifices ou pour iceulx reparer, construyre et reedifier, sanz ce que luy ne sès hers ou successeurs, ses baillis, fourestiers ou de ces successeurs les en peussent aucunement deffendre ne les y empescher ; et oultre leur avoit donné les pasturages pleners, frans et delivres à toutes leurs bestes norrir et pasturer de quelque genre que soyent lesd. bestes, fussent lesd. bestes ès-d. religieulx propres on parçonnères, et tout letterage par toute sa forest d'Orbestier ; et en oultre leur avoit donné la ville de la Lavenderie près de Talemond, o toutes ses appartenances et avec tous les hommes et habitans ou qui habiteroient par l'avenir dedans les metez dessus nommées, o tout droit de seigneurie que il avoit et avoir povoit en et sur les choses dessus desclerées, sans riens à luy ne à ses hers et successeurs y retenir ; et en recompansacion de ce que lesd. religieulx li avoient donné les Prés Ogier, enquelz il avoyt fait construyre et edifier ung estang, icelluy Richart nostre predecesseur leur avoit donné oultre les choses dessusd. son propre four de Talemont, o tout droit de seigneurie que il y avoit et avoir povoit avec les chauffage neccessaires aud. four à prandre en sad. fourest de certain genre de boys plus à plain descleré ond. privilège ; et avoit led. Richart fondeur de lad. abbaye voulu et octroyé ès-d. religieux que si les terres de sad. fourest d'Orbester demourroient gastes et non labourées, que lesd. religieux en peussent avoir, prandre et explecter franchement, pasiblement et quictement tant come lesd. religieux en vouldroyent et pourroient labourer à en faire leur plenère volunté et les bailler à labourer à telx colons que bon leur sembleroit; et donna et octroya ausd. religieux led. Richart que ceulx qui ainsi pour et ou nom desd. religieux laboureroient lesd. terres feussent francs et quictes par toute sad. forest d'Orbester de toute coustume et service humain, et oultre eussent lesd. laboureurs usage en lad. fourest à faire et construyre leurs ediffices, charretes et charruyes et toutes autres chouses neccessayres pour le fait du labourage et chauffage plenier en lad. fourest, au besoign et neccessité desd. laboureurs, du fief fourester et de brande et pasturage à toutes leurs bestes et lecterage par toute sa fourest d'Orbester; et en oultre avoit led. Richart fondeur de lad. abbaye donné et octroyé ès-d. religieux que tout ce que lesd. religieux porroient acquerre en toute sa province de Poicters par quelcomque tiltre que ce fust, fust de luy ou de ses successeurs, de ses hommes liges, plains ou costumers, que lesd. religieux peussent tenir, possider et explecter lesd. acquests franchement, pasiblement et quictement, sans ce que luy ne ses successeurs en ce peussent aucune chose contredire ou empescher lesd. religieux; et que pour ce tenir et garder led. Richart seigneur de Talemont avoit obligé luy et sa terre, ses hers et successeurs en la main du roy de France et de l'evesque de Poicters et qui seront par l'avenir; et que l'abbé et les religieux de lad. abbaye qui par lors estoient, pour contemplacion des dons et octrois davant diz, avoient octroié à nostre d. predecesseur prier Dieu et bien faire pour luy spirituellement en sa vie et en sa mort et en oultre ung presbtre qui pour luy, ses davancers et successeurs et pour tous deffuncts chacun jour celebraret une messe ond. moustier; et que desd. dons et octroys et chouses dessusd. nostred. predecesseur leur en avoit donné lectres seellées de son propre seel du date de l'an mil cent iiij^{xx} et deux. Item et disoient en oultre lesd. religieux que Guillaume de Mauleon, seigneur de Thalemont iceluy temps, avoit donné ès-d. religieux vingt et cincq sols en cens d'Olonne, à avoir en chacune feste de Noel pour tenir une lampe en lad. abbaye et leur en avoyt donné lectre seellée de son seel et de celuy de Savari de Mauleon, laquelle ilz disoient estre du date de l'an mil deux cens et unze. Disoient en oultre lesd. religieux que Raoul de Mauleon leur avoit donné ung home en la ville ou rue de Vayré, si come ilz disoient ce apparoir par lectre dud. Raoul. Item et aussi disoient lesd. religieux que Savari de Mauleon seigneur de Talmont, nostre predeccesseur, leur avoit donné et octroié trente sols en cens d'Olone à avoir et prandre desd. religieux en chacune feste de Noel et en oultre la maison de Jehanne Chessarde de Talmont; et en oultre avoit voulu et octroié ès-d. religieux led. Savari de Mauleon, en reeompensacion des maulx qu'il disoit avoir fait à lad. abbaye et ès-moynnes d'icelle et pour autres causes contenues ès-lectres dud. Savari, que s'il advenoit sa fourest d'Orbestier estre vendue ou gastée et que les lieux et places desd. boys venduz fussent labourage, que lesd. religieux auroient et prandroient la quinte partie des fruiz qui de ce à li ou à ses successeurs pourroient parvenir et que icelle quinte partie lesd. religieux eussent paisiblement, franchement et quictement, et s'il advenoit que lesd. lieux et places ne fussent point mis à labourer et demourassent non coitivez que lesd. religieux auroient et prandroient la quinte partie d'icelles et à eulx appartiendroient à avoir et tenir franchement, pasiblement et quictement, à en faire toute leur plenère volunté et à les coitiver et labourer par eulx ou par aultres, ainsi toutevoyes que les laboureurs desd. religieux auroient usage en sad. fourest d'Orbestier à leurs ediffices, charruyes et charruyages et à toutes choses neccessaires pour leur labourage avec tout lecterage; et aussi disoient lesd. religieux que led. Savari avoit confirmé et rattiffié tous les dons, concéssions, octroys et privilèges faiz, donnez et octroyez èsd. religieux tant pour lui que pour ses devancers et predeccesseurs seigneurs de Talmont, et que à tenir, garder et enteriguer les dons par luy faiz et octroyez ès-d. religieux et aussi les confirmacions et approbacions et toutes les choses contenues ès-lectres dud. don il avoit obligé lui et sa terre et ses hers presens et futurs en la main et en la garde du comte et de l'evesque de Poicters; et sont lesd. lectres dud. don et confirmacion du date de l'an mil deux cens vingt et neuf. Item disoient aussi lesd. religieux que Loys, vicomte de Thoars, comte de Dreux, seigueur de Thalmont, nostre predeccesseur on temps de sa vie, pour certaynnes causes contenues ès-lectres dud. don, avoit donné et pour que lesd. religieux celebrassent en leurd. moustier tous jours mays perpetuelment et chacun jour une messe, tant pour l'ame de son très cher seigneur et père mons^r Jehan, jadis vicomte de Thouars, seigneur de Talmont et d'Olonne, de ses hers et successeurs que pour l'âme de dame Blanche de Brebans, mère dud. vicomte Loys, avoit donné à perpetuité ausd. religieux et à leurd. moustier tous ses cens de saulx qu'il avoit et avoir povoit et devoit en maroys salens et qui devoient saler faiz et à faire en temps present et à venir et en deners ou cas que lesd. maroys ne saleroient, lesquelx maroys sont situez et assis ès-parroiches d'Olonne, de la Chaulme et de l'Isle d'Olonne; et vouloit led. vicomte que lesd. religieux peussent prandre et vanger end. maroys sur les teneurs pour cause desd. cens non poiez et les traire et faire convenir à amende simple davant eulx pour cause desd. cens non poiez, toutteffoiz que le cas y adviendroit; et ad ce tenir et garder et garentir èsd. religieux obligea èsd. religieux tous ses biens, si come lesd. religieux disoient ce apparoir par les lectres seellées de son grant seel et du date de l'an mil troys cens cincquante et deux. Disoient aussi lesd. religieux que Jehan, vicomte de Thouars et seigneur de Talmont, nostre predeccesseur, avoit confirmé, approuvé et ratiffié toutes les donacions, concessions, graces, largicions, dons, ratifficacions, franchises et libertez, privilèges et immunitez faictes, données et octroiées à Dieu et à l'abbaye dud. lieu de St Jehan d'Orbestier par messire Savari de Mauleon et ses predeccesseurs et par messire Guy, vicomte de Thouars, père dud. vicomte Jehan, et avoit en oultre led. vicomte voulu et octroyé ausd. religieux que nulz faiz, saisies ou exploitz que luy ou ses predeccesseurs, hoirs ou successeurs eussent fait on temps passé ou feissent on temps à venir encontre les privilèges, lectres, libertez ou immunitez ausd. religieux peussent tenir, ne porter nul prejudice, nuysance ou domage ne à leurs lectres, privilèges ou libertez; et que ad ce tenir, garder, enterigner et acomplir led. Jehan vicomte avoit obligé lui et ses hoirs et successeurs, si come tout ce ilz disoient apparoir pour ses lectres seellées de son seel lesquelles il disoient estre du date de l'an mil troys cens vingt et sept. Et disoient lesd. religieux que en tant que touche le terrour, domainne et tenement contenu et comprins ès-metez de lad. fondacion, nous et nosd. predeccesseurs nous estions emparez aussi come de la plus grant partie et empeschoions que lesd. religieux n'en joissent et aussi les empeschoions qu'ilz ne joissent des terres qui demourient gastez en nostre fourest d'Orbester, ce que faire ne devions scelon le contenu de leurs lectres et privilèges. Et en tant que touche le don fait à eulx de acquerre en nostre terre et de tenir lesd. acquests franchement, delivrement et quictement, disoient aussi lesd. religieux y estre empeschés par nous et noz officers en pluseurs manères; et primèrement, disoient lesd. religieux qu'ilz avoient acquis de certaynnes personnes une mestoerie appellée la mestoerie du Boys près Bourgenest, et que icelle mestoerie nous avions pris et tenions en nostre main sans la leur rendre ne restituer; et aussi qu'ilz avoient acquis pluseurs heritages et poccessions estans en nostre povoir de Raoulet le Vaillent et de Valère de Launay, sa femme, lesquelx heritages ou poccessions ou aucuns d'iceulx de paravent qu'ilz feissent led. acquest nous estoient chargez et affez à une mine d'avenne, une mine de froment, doze deners, le tout de cens ou rente annuelle, et que nonobstant que par la teneur de leurs lectres et privilèges lesd. religieux ne fussent plus tenuz de poier lesd. rentes que nostre procureur les y vouloit contraindre et les en avoit mis en plait et procès. Et aussi disoient lesd. religieux que au tiltre du don et privilège à eulx fait par led. Richart ilz avoient tenu leur assise d'Orbester en village de la Lavenderie et y exploicté toute justice et juridicion et pour temps suffisant, et que noz gens et officers empeschent qu'ilz ne joissent de lad. justice et juridicion et ne tenissent leur assise end. village de la Lavenderie; et aussi disoient lesd. religieux que de fait nous tenions et explections led. four de Thalmont et empeschions qu'ilz n'en joissent et lequel ilz disoient leur appartenir par le don à eulx fait par led. Richart; et en tant que touche les vingt et cincq sols de cens que led. Guillaume de Mauleon leur avoit donné et aussi les trente sols que Savari de Mauleon leur avoit donné sur ces cens d'Olonne, qu'ilz n'en estoient point payez. Et aussi disoient que au regart du don que Raoul de Mauleon leur avoit fait dud. homme de Vairé, demourans en une maison que tient à present ung nommé Jehan Fevre et que souloit tenir Mathurin Fevre son père par le temps qn'il vivoit, tenant, d'une part, lad. maison au grant chemin Brandoys et, d'autre, au verger dud. Fevre et à l'ayraut de Berthomé Bonnet et, d'un des bouz, à l'appentiz dud. Berthomé et, d'autre bout, au verger Colas Arnaut, et aussi du don que Savari de Mauleon leur avoit fait de lad. maison de Chassarde de Thalemont, qui est à present la maison de Jehan Borgnoys, au tiltre desquelx dons lesd. religieux avoient fait tenir leur assise en lad. maison de Vayré et en lad. maison qui fut Chessarde, et que nostre procureur en ce les avoit empeschés et pour ceste cause les en avoit mis en plait et procès. Et au regart du don que led. Savari de Mauleon leur avoit fait de la quinte partie du prouffit qui leur povoit parvenir des terres labourées et places et lieux ou le boys auroit esté vendu ou degasté, disoient lesd. religieux que noz gens et officers ont baillé et arenté plusieurs places en nostred. fourest à cens et deners ès-quelx ils deussent avoir la quinte partie, de quoy ils n'avoient riens et empeschions qu'ilz n'en joissent; et au regart du don que leur fit le vicomte Loys des cens des saulx des maroys salans faiz et à faire en parroches de la Chaulme et d'Olonne et de l'Isle d'Olonne, disoient lesd. religieux que nous ou nous predeccesseurs depuis led. don avions baillé et arenté plusieurs lieux et places situées et assises ès-d. parroiches ou aucunes d'icelles, ès quelx lieux et places les preneurs et arenteurs ou les aians leur droit et cause ont ediffié et fait ediffier marois saloains, et que noz gens et officers prenoient et levoient à nostre prouffit lesd. cens et arentemens et empeschent qu'ilz n'en joissent. Et oultre ce disoient lesd. religieux qu'ilz n'estoient ne devoient estre noz subgiz en justice, jurisdicion ne souveraineté en aucune manère, tant au regart de leurd. fundacion et chouses d'icelle que autres à eulx depuys icelle données et octroiées, parce que lesd. choses de leurd. fondacion et autres depuis à eulx données avoient esté données par noz predecesseurs o tous les droiz de seigneurie et destroyt qu'ilz y avoient ; et requeroient lesd. religieux que de ce les voulissons lesser joyr, et nous ont très humblement supplié que nous les voulissons lesser joir et user des dons, privilèges, franchises et libertez contenues ès-d. lectres et privilèges. A quoy a esté respondu par nostre procureur que au regart de ce que lesd. religieux se douloient que nous estions emparez d'une partie du domaine, terrour et tenement de leur fundacion contenue et comprins dedans les fins et metez par eulx desclerez et si come ilz dient estre contenues ès-lectres dud. Richart leur fundeur, que nous ne tenons ne exploictons aucunes choses ne domainnes qui oncques ne fussent ne soient de lad. fundacion, ainçois les tenent en tout lesd. religieux et y a et ont acoustumé estre d'ancienneté certains devis et separacions autrement appellez bonnes qui divisent nostre terre et domainne et celle desd. religieux qui fut de leurd. fundacion et que d'ancienneté et come de leurd. fundacion ilz ont acoustumé explecter et exercer et aussi que nous et noz predecesseurs emprès la fundacion de leurd. abbaye et depuys led. don à eulx fait par led. Richart avons tenu et explecté paisiblement les choses que à present tenons come nostres et de nostre domainne, mès que supposé ores qu'elles feussent de leurd. fundacion, come n'estoyent, que encores nous en pourrions deffendre par scripcion. Et au regart de ce que ilz se douloient que nous empeschions qu'ilz ne preissent et exploictassent les terres gastes de nostre d. fourest, a esté respondu par nostred. procureur que depuis temps qu'il n'est memoire du contraire nous avons acoustumé et estions en bonne pocession et saisine de ainsi le faire sans ce que lesd. religieux y demandassent oncques mès à riens y prandre ne avoir, et que ainsi nous avons par escript et bonne deffence à l'encontre desd. religieux. Et au regart de ce que lesd. religieux se douloient de la mestoerie du Boys et de ce que nostre procureur les vouloit contraindre à poier lesd. rentes deues sur les biens et heritages desd. Raoulet le Vaillent et sa femme, disoit nostre d. procureur à l'encontre desd. religieux que nous avions bonne deffence et preuve au regart de lad. mestoirie du Bois, parce que n'appareissoit par privilège ne autrement deuement qu'elle leur appartenist et aussi que noz predeccesseurs et nous l'avons tenu et exploicté par tel et si long temps qu'il n'estoit memoire du contraire, quequessoit par temps suffisant à deffence. Et au regart desd. rentes deues sur les biens et heritages desd. Raoulet et sa femme, disoit nostre d. procureur que supposé que par leurs lectres et privilèges ilz eussent povoir de acquerre en nostre terre et de tenir lesd. acquests franchement, delivrement et quictement, que ce s'entendoit et devoit estre entendu que nous ne povions contraindre lesd. religieux mectre lesd.

choses hors de leur main come novelle acquest ne à nous en poier ventes et honneurs, non pas que s'ilz acqueroient aucunes choses qui nous feussent chargées de devoirs que pour tant ilz fussent quictes et deschargez desd. devoirs ains seroient tenuz de les nous poier nonobstant leurs lectres et privilèges, et que ainsi en cas semblables nous en avons joy de et envers lesd. religieux par plusieurs foyz et par temps suffisant ad ce avoir acquis, garder et retenir. Et au regart du village de la Lavenderie enquel lesd. religieux disoient avoir droit de tenir leur assise, disoit nostred. procureur que suposé que led. Richart leur eust donné led. village et tout ce que il y avoit, que pourtant n'estoit-il pas veu leur avoir donné son droit de sa chastellenie, justice et jurisdicion et est à presumer que led. fundeur à celuy temps estoit seigneur domenier dud. village et que ce il leur estoit veu donner, lequel domaine nous ne tenons à present et que ainsi nous pouvions deffendre à l'encontre desd. religieux, et que aussi en verité avons tous temps exercé justice et jurisdicion end. village et par tant de temps qu'il n'est memoire du contraire. Et au regart de ce que lesd. religieux se douloient du four de Talemont lequel ilz disoient à eulx devoir appartenir par le don dud. Richart, disoit nostre d. procureur que le four que à present tenons n'estoit pas le four duquel est faicte mencion ès privilèges desd. religieux et que suposé que ce fust à entendre d'iceluy, come n'estoit, si est il vray que oncques lesd. religieux n'en avoient joy ne eu aucune poccession et que nous et noz predecesseurs l'avions tenu et explecté tous jours depuis le temps qu'ilz vouldrent dire led. Richart leur avoir donné led. four, au moins par tant de temps qu'il n'est memoire du contraire, quequesoit pour temps suffisant quant à nous deffendre. Et aussi au regart que lesd. religieux disoient avoir droit de tenir leur assise d'Orbester en la ville de Vayré, en une maison qui fut aud. Mathurin Fevre qui à present est aud. Jehan Fevre son filz, et aussi en la maison qui fut Chessarde en la ville de

Thalemont qui est à present aud. Jehan Borgnoys, que il n'appert mie par leurs privilèges que lesd. maisons leur fussent données, mès que supposé que par leurs privilèges lesd. maisons leur eussent esté données et qu'il apparust par iceulx, come non fait, pourtant ne leur fut pas donné la justice et jurisdicion, et que si nostre d. procureur en ce les avoit empesché que pourtant il n'avoyent cause d'eulx en douloir et que d'ancienneté y avions acoustumé à excercer toute justice et jurisdicion, sans ce que lesd. religieux y eussent que voir ne cognoistre. Et au regart de ce que lesd. religieux se douloient de ce qu'ilz ne se joyent de la quinte partie du proffit des terres par nous baillées et arentées en nostre fourest d'Orbester, laquelle quinte partie ilz disoient à eulx appartenir par le don à eux fait par led. Savari de Mauleon, disoit nostre d. procureur que lesd. religieux n'en avoient oncquez joy et que nous et noz predeccesseurs avions joy et avions la poccession desd. arentemens et prouffiz sans ce que lesd. religieux en feissent oncquez mès à nous ne à noz predeccesseurs question ne demande. Et au regart que lesd. religieux se douloient de ce qu'ilz disoient que nous ou noz predeccesseurs avions affermé et arenté pluseurs lieux et places ès-parroisses de la Chaulme, d'Olone et de l'Isle d'Olonne ou aucune d'icelles, ès-quelles places l'en avoit ediffié maroys saloains, et que nostre receveur en prenoit et recevoit les cens et aplicquoit à nostre recepte, ce que faire ne devoit actendu le don et privilège à eulx fait par led. Loys vicomte de Thouars des cens des saulx plus à plain par dessus desclerez, disoit nostre d. procureur que nous et noz predeccesseurs avons acoustumé et sommes en bonne poccession et saisine de affermer et arenter tous les lieux et places gasts estans et assis dedans les fins et metez desd. parroisses, et que si lesd. preneurs où arenteurs ou les aians leur droit et cause ediffioient maroys en iceulx maroys salens de tenir les arenteurs ou leurs aiens droit et cause frans et libres au regart desd. cens de saulx envers lesd. religieux et touz autres o nous poient lesd. arentemens et que ainsi nous n'avions baillé ne noz predeccesseurs ond. pays d'Olonne aucuns marois salens à cens ne fait chose en ce à quoy leur privilèges se peussent ne deussent entendre, mès bien povoit estre que avions nous ou nosd. predecesseurs baillé places en nostre d. pais à devoirs de cens lesquelles n'estoyent maroys pour lors, et que supposé que depuys y ait esté fait maroys si ne se entendroient pas leursd. privilèges ad ce. Et au regart de ce qu'ilz disoient qu'ilz n'estoyent pas subgiz de nostre d. court de Thalemont, disoit nostre d. procureur que si estoient, ne leurs privilèges ne les exemptoient aucunement, quar supposé que leurs privilèges portassent que les choses de leur fundacion fussent données par noz predeccesseurs o tout droit qu'ilz y avoient, sans riens à eulx y retenir, ce ne se devroit entendre raisonnablement que au regart du fait domenier que nosd. predeccesseurs avoient end. choses et non le droit de ressort à nostre d. court de Thalemont, et aussi que depuis le temps de leur d. fundacion eulx et leurs d. hommes avoient acoustumé obeir à nostre d. court de Thalemont come subgiz d'icelle. Et ainsi disoit nostre d. procureur que, actendu les causes, faiz et raisons par dessus proposées, nous nous povoions deffendre à l'encontre des demendes par dessus proposées par lesd. religieux. Et emprès cestes deffenses ainsi proposées par nostre d. procureur, nostre d. procureur dist et proposa à l'encontre desd. religieux que jà soit ce qu'ilz eussent leur usage en la fourest, ainsi qu'il est contenu et comprins ès-lectres et privilèges à eulx donnés par led. Richart leur fundeur dessus nommé, que d'iceluy il avoient mal usé en ce que du boys de lad. fourest ilz avoient fait faire pipes et autres fustailles pour mectre leurs vins, lesquelx vins avecquez lesd. fustailles ilz avoient vendu à personnes estranges, et que ainsi ilz estoient veuz vendre le boys de nostred. fourest, ce que faire ilz ne povoient ny ne devoient, posé que leurs privilèges fussent telx qu'ilz decleroient ; disoit aussi que les mestoers o colons desd. religieux avoient mal usagé de leur usage en ce qu'ilz prenoient leur chauffage de tout boys come faisoient lesd. religieux, et par la teneur du previlège que proposant et allegant lesd. religieux ilz ne devoient avoir chauffage fors du bois fourester et de brande, et en faisant contre lesd. religieux conclusion et contre lesd. colons qu'il fust dist eux avoir commis leur usage, quequessoit qu'ilz en feussent mis et constituez en amende et qu'ilz cessent de plus ainsi le faire ; et aussi que lesd. religieux prenoient bois en pluseurs et divers lieux de nostre d. fourest et ne le prenoient ensemble ne en ung lieu, qui estoit la destruction et degastement de notre d. fourest. Contre lesquelles choses ainsi proposées par nostre d. procureur lesd. religieux ont proposé à leurs deffences : en tant que touche le fait desd. pipes et fustailles par eulx vendues et faictes du boys de nostre d. fourest et de prandre boys là où ilz voulient en nostre d. fourest, ilz le povoient faire veue, actendue et considerée la teneur de leurs lectres et privilèges, et que au tiltre dud. don dud. usage ilz sont et ont acoustumé de ainsi en joir et user et estre en bonne poccession et saisine de ainsi le faire et en ont joy et usé pasiblement pour tel et si lontemps qu'il n'est memoire du contraire, quequesoit pour temps suffisant à bonne poccession et saisine avoir acquise, garder et retenir ; et en tant que touche lesd. mestoiers et colons desd. religieux, dient lesd. religieux que leursd. mestoiers et colons ont acostumé et sont en poccession de ainsi le faire et est la raison de leur exploit parce que nostre fourester affermet le boys sec aferment et les simeaulx il les prend et convertit à son prouffit, car le boys sec et les symeaulx est ce que on appelle le boys fourester, et parceque ainsi lesd. mestoiers et colons n'ont peu user dud. boys fourester pour les empeschemens dessusd., il ont joy et usé de tout chauffage de tout boys en nostre d. fourest, nous et noz predeccesseurs voyans, savens et povens voir et savoir et par temps suffisant. Disoit oultre nostre d. procureur à l'encontre desd. religieux que suposé que par leurs privilèges ilz eussent droit de prandre tout boys pour ediffier, construyre et repparer maisons et ediffices en nostre territoire de Talemond, que pourtant ilz n'avoient pas droit de ediffier du boys de nostre d. fourest en autres lieux qui ne seroient pas de nostre territoire de Talmont, et que lesd. religieux avoient fait et ediffié une maison du boys de nostre d. fourest en leur lieu de la Florencère, qui est en la chastellenie de la Mothe Achart qui n'est pas de notre d. territoire, et que en ce faisant ilz avoient mal usé et requeroit qu'ilz amendassent et cessassent de plus ainsi le faire. A quoy a esté respondu par lesd. religieux que la chastellenie de la Mothe Achart, en laquelle est située et assise lad. maison de la Florencère, est mouvante et tenue par foy et hommage de nostre terre et seigneurie de Thalmont et que ainsi lad. chastellenie est bien de nostred. territoire, disant en oultre que il est presumpcion que lad. chastellenie de la Mothe fu et parti de nostre terre et seigneurie de Thalemont et que ainsi seroit et doit estre entendu à l'entencion desd. religieux lad. chastellenie de la Mothe estre de nostre d. territoire de Talemond, et que si ilz avoient fait et ediffié maison aud. lieu de la Florencère du boys de nostre d. fourest que ce ilz poient et devoient bien faire. A l'encontre desquelles deffences ainsi proposées par nostred. procureur à l'encontre des demandes et douliances desd. religieulx lesd. religieux ont proposé plusieurs faiz, causes et raisons, par lesquelles ilz disoient lesd. deffences estre non valables et par especial au regart des usemens, longues tenues et possessions, pacience et franchises proposées par nostre d. procureur que de ce nous ne povoions nous aider à l'encontre desd. religieux parceque Jehan, vicomte de Thouars, seigneur de Talemont, nostre predeccesseur, voulit, octroya et acorda ausd. religieux que nulz faiz tenent saisies ou exploiz que luy ou ses predeccesseurs, ses hers ou successeurs eussent fait on temps passé ou feissent on temps à venir encontre les privilèges, lectres et libertez données ausd. religieux on temps passé par luy et ses predeccesseurs peussent tenir ne porter nul prejudice, nuysance ou dommage ne à leurs lectres, privilèges ou libertez, donné led. privilège par led. vicomte Jehan en l'an mil troys cens vingt et sept ; et que actendu ce privilège et que ce sont les choses de leur fundacion nous ne povoions nous deffendre à l'encontre de leurs d. demandes et requestes et pour autres causes, faiz et raisons qu'ilz pretendoient : nostre procureur disant le contraire et que ce n'estoit valable et que ce nonobstant nous et messieurs noz predecesseurs ne peussons bien avoir par escrit. Emprès lesquelles raisons et altercacions proposées d'une partie et d'autre, lesd. religieux nous ont très humblement suplié et requis que nous voulissons voir et visiter toutes les lectres de donnacions, concessions, largicions, graces, dons, ratifficacions, franchises, libertez, privilègez et immunitez faictes, données et octroiées à Dieu et à l'abbaie de St Jehan d'Orbester par noz predeccesseurs ; et emprès ce, heu advis et grant deliberacion o nostre conseil, avons fait voir et visiter leursd. lectres et privilèges ; et, tant pour le bien et augmentacion du divin service que pour le salut et remede de nostre âme et des âmes de nos predeccesseurs et de touz noz parens et pour estre pour le temps present et à venir en bienffaiz et prièrez des religieux de lad. abbaye tant en chief que en membre de lad. abbaye et eglise, avons accordé o lesd. religieux sur et pour cause des choses dessus dictes et proposées, contenues et escriptes en ces presentes, tant pour la partie de nostre d. procureur que pour la partie desd. religieux, par la forme et manère qui s'ensuyt : c'est assavoir que nous avons deleissé et deleissons ès-d. religieux à perpetuité une place de nostre d. fourest, en laquelle il a planté boys et contenant quinze sexterées de terre ou environ, en laquelle place nous avons fait bournoier et y metre bonnes et devis tout à l'entour devers nostre d. fourest, et se tient lad. place, d'une part, au chemin et santer qui vait de Bourdigale au Chastea d'Olonne descendens au marcheis des Lorers et d'autre, au chemin qui vait dud. marcheis aux Sept Caireffours et, d'autre, au chemin qui vait desd. Sept Caireffours à la Nohe Juguelin et, d'autre, au chemin qui vait de lad. Nohe Juguelin à la prinse de Jehan Le Berton et, d'autre, à la terre desd. religieux d'Orbestier, et laquelle place ilz disoient estre de leur ancienne fondacion ; et au regart de leur usage qu'ilz dient avoir en nostre d. fourest, est dit, appoincté et accordé qu'ilz en useront scelon la forme et teneur de leurs privilèges bien et raisonnablement et non autrement; et au regart de leurs mestoiers et colons, en useront iceulx d. mestoiers et colons scelon la forme et teneur desd. privilèges desd. religieux, qui est qu'ilz prandront et porront prandre en nostre d. fourest à leur chauffage de boys fourester et de brande ; et au regart des terres qui demorront gastes dores en avant seulement en nostre d. fourest, lesd. religieux les porront prandre et les labourer ou faire labourer et en joir scelon la forme et teneur de leursd. privilèges, et aussi auront et prandront à perpétuité lesd. religieux la quinte partie du prouffit que aurons ès-terres ou arentemens d'icelles que nous ou noz successeurs baillerons et arenterons dores en avant des lieux et places dont nous ou noz predeccesseurs aurons vendu ou extirpé le boys de notre d. fourest et que ferions nous ou noz successeurs par l'avenir, ès quelx bailletes et arentemens faire seront appellez lesd. religieux pour y estre presens; et par ces presentes avons deleissé et deleissons ès-d. religieux quarante sols de cens que nous avions et prenions en Olonne par raison de certains arentemens faiz par nous ou noz predeccesseurs de certainnes places, ès quelles a à present maroys salens, lesquelx maroys salens s'appellant les marois de Folatère, et desquelx quarante sols lesd. religieux joyront par la main de nostre receveur d'Olonne; et au regart de lad. mestoierie du Boys, nous avons deleissé et deleissons par ces presentes ausd. religieux et à leurd. mouster tons les droiz que nous avons en icelle et tout droit de rente ou devoir annuel que pour et à cause d'icelle nous seroit deu, sauve et reservé à nous toute justice et jurisdicion en icelle mestoierie et en toutes autres choses cy dessoubz et dessus declerées qui par ces acors desmeurent et leissons èsd. religieux par iceulx et de nostre volunté et devocion, ès quelles chouses ilz n'auront aucune justice ne jurisdicion, excepté ès-metez susd. de notre d. fourest que leur deleissons et on boisson de la Pironnère èsquelz ilz auront autelle justice et jurisdicion come ès choses de leur ancienne fundacion ; et pour contemplacion des choses dessusd. et en charité et aumosne et pour estre en prières et bienffaiz desd. religieux, avons quipté, remis et deleissé èsd. religieux et à leurd. moustier à tous jours meis lad. mine d'aveynne et lad. mine de froment et lesd. doze deners de cens que nous avions et qui nous estoyent deuz pour cause et pour raison des biens et choses qui furent desd. Raoulet le Vaillent et sa femme avec tous les arrerages du temps passé, si aucuns nous en estoient deuz. Et au regart de ce que lesd. religieux disoient avoir droit par leurs privilèges de tenir leurs noveas acquests sans nous poier ou faire les devoirs ou servitutes que nous aurions par dessus par avant qu'ilz acquissent lesd. choses, a esté dit et acordé que si lesd. religieux acqueroient aucunes choses qui nous feussent subgites à aucuns devoirs ou servitutes par avant qu'ilz acquissent lesd. choses qu'ilz nous poieront et seront tenuz de poier et faire les devoirs et servitutes qui seroient par dessus et lesquelz acquests en paient et faisant lesd. devoirs et servitutes ilz tendront et porront tenir sans ce que nous ne noz successeurs les puissons contraindre à les metre hors de leur main ny à nous en poier ventes et honneurs, et en icelles aurons toute justice et jurisdicion sans ce que lesd. religieux y puissent avoir ne demander aucune justice ne jurisdicion si toutevoyes ceulx de qui ilz les acquerroient n'y avoient justice et jurisdicion, mès si ilz y avoient justice et jurisdicion lesd. religieux l'auront autelle et paraille come l'avoient ceulx desquelx ilz auroient acquis lesd. choses; et n'auront lesd. religieux aucun droit de tenir leur assise d'Orbester ne de excercer ny avoir aucune justice ne jurisdicion ès-villages de la Lavenderie, en lad. maison qui fut Chessarde ou souloit demeurer Borgnoys et qui s'apellet à present le trueil d'Orbester, ne aussi en lad. maison située et assise en lad. ville de Vayré, encoys nous est et demeuret en tout; et par ces presens acors lesd. religieux de leurs consentemens et volunté se departent de la demende qu'il nous fasoient en nostre four de Thalemont, et aussi de ce qu'ilz nous demandoient lesd. trente sols et lesd. vingt et cincq sols qu'ilz disoient qne Guillaume et Savari de Mauleon leur avoient donné sur leurs cens d'Olonne, et de tout le droit et action qu'il avoient et avoir pouvoient et devoient ond. four et en d. trente sols et end. vingt et cincq sols de cens soit pour cause de leurs lectres et privilèges ou autrement, et pour tant qu'il est mestier transportent en nous les droiz qu'ilz y ont ou povent avoir; et aussi pour ces acors demeuret ès-d. religieux le boisson de la Pironnère o telx droiz et noblećes come ilz tenent les choses de leurd. fundacion; et au regart des personnes appellées sauners qui font sauner les maroys d'Olonne estans en l'ascenserie desd. religieux, iceulx d. religieux porront et auront droit de les faire convenir à leur assise d'Orbester pour les cens desd. marois non poiez et les tenans et explectans lesd. marois scelon le contenu de leursd. privilègez; et aussi n'auront droit ne porront lesd. religieux prandre boys en nostre d. fourest pour les reparacions et edifficacions et autres choses proffitables ou neccessaires de leursd. hostelx et maisons quelxcomques estans hors du territoire de Thalemont, fors et excepté à leur hostel de la Florencère auquel ilz auront droit de le faire; et parmi les choses dessusd. aurons et nous demorront du consentement desd. religieux tous droiz de souveraineté et ressort de et sur lesd. religieux, leurs homes et biens estans en notre povoir de Talemont, d'Olonne et de Curzon, sans ce qu'ilz en puissent decliner par privilège ne autrement. Et parmi les chouses susd. et pour contemplacion desd. religieux et pour les causes dessus escriptes et pour ce que très bien nous plaist, voulons, consentons, donnons et octroions, ratiffions et expresseement confirmons de mot à mot en chacun article desjà et à perpetuité à Dieu et à l'abbaie et au convent d'icelle abbaie toutes les donnacions, concessions, graces, largicions, dons, ratiffcacions, confirmacions, franchises, libertez, privilègez et immunitez faictes, données et octroyées à Dieu, à l'abbaie dud. lieu de St Jehan d'Orbestier par led. Richart, filz dud. Henry roy d'Angleterre, par messire Savari de Mauleon et par touz noz autres predeccesseurs, seigneurs de Thalemont et d'Olonne, fors et excepté les chouses dessusd. et ce qui nous appartient et demeure par ces acors; lesquelles donnacions, concessions, graces, largicions, dons, ratifficacions, confirmacions, franchises, previlègez, libertez et immunitez nous ont apparu par lectres et en avons esté acertenez à plain avant tout euvre par la veue et lecture desd. privilèges; à avoir, parcevoir, tenir, user et exploicter desd. religieux et de leurs successeurs par le temps present et à venir à perpetuité toutes les chouses contenues et escriptes et comprises en leursd. lectres et privilèges franchement, quictement, delivrement et pasiblement, sans nul empeschement que nous ne les noz en temps presens et à venir y puissons ou doyons faire ne metre, fors et excepté au regart des droiz et choses qui par ces presens acors et convencion nous demeurent du consentement desd. religieux. En tesmoign de ce nous en avons donné ès-d. religieux ces noz presentes lectres seellées de notre seel, le premier jour du moys de mars, l'an de grace mil quatre cens et dix.

286. Ordre d'assigner les frères Blanchardin devant la cour des exemptions d'Anjou, Maine et Poitou à Chinon. (Cart^e n° 226.)

1411.
21 avril.

Nous avons donné et donnons en commandement au premier sergent royal de ceste baillie sur ce requis adjourner Jehan Blanchardin l'enné et Jacquez Blanchardin le jeune et Jacquez Blanchardin, frères, c'est assavoir lesd. Jehan Blanchardin l'enné et Jacquez Blanchardin o jugement l'acertenant après desliberé et led. Blanchardin le jeune o jugement au ij^e jour de l'assise prochaine envers l'abbé et convent de S_t Jehan d'Orbester, apparoissans par Berthelot Lopin leur procureur suffisamment fondé, demandeur par vertu de certaynnes lectres royaulx par eulx impectreez, pour ce que autreffoyz fust commandé et non fait. Donné en l'assise de Chinon tenue par nous Guillaume de Pourbail, licencié en loix, lieutenant general de mons^r le bailli de Tourainne et des ressors et exempcions d'Anjou, du Maynne et de Poictou, commissaire du roy nostre sire en ceste partie, le xxj^e jour d'avripl après Pasques, l'an mil quatre cens et onze [1].

287. Condamnation aux assises de Brandois, contre Jean Leurre, débiteur d'une rente de seize deniers. (Cart^e n° 255.)

1411
6 juin.

Condampné est par jugement de son consentement Jehan Leurre rendre et paier perpetuelment seze deniers, et d'icelle

---

[1]. En vertu de ce mandement, Symonet Brecho sergent royal assigna le 24 juin 1411 Jacques Blanchardin et Jehan Blanchardin le jeune et Jehan Blanchardin l'aîné à comparaître aux prochaines assises de Chinon. L'assignation est conçue à peu près dans les mêmes termes que le mandement. (Cart^e n° 378.)

rente faire et continuer à tous jours mès la poccession en terme dessusd. ès-religieux abbé et convent de St Jehan d'Orbestier, à cause de leur maison et terre de Vayré, presens en jugement à lad. condampnacion pour nom desd. religieux frère Loys Veillet, religieux dud. moustier et procureur desd. religieux, aujourduy poursuivant et requerant en jugement lad. rente. Fait et donné ès-grans assises de Brandois tenues par nous Guillaume Tavea chevalier, seneschal d'icelles. Fait et donné le vj^e jour de juign, l'an mil quatre cens et unze. J. Requien, pour registre.

288. Condamnation aux mêmes assises, le même jour et en termes identiques à la précédente, contre Etienne Texier débiteur d'une rente de dix deniers. (Cart^e n° 256 [1].)

289. Condamnation aux mêmes assises, le même jour et en termes identiques aux précédentes, contre Perrot Denis débiteur d'une rente de neuf deniers et maille. (Cart^e n° 257 [1].)

290. Condamnation aux mêmes assises, le même jour et en termes identiques aux précédentes, contre Denys Guiot débiteur d'une rente de dix deniers. (Cart^e n° 258 [1].)

---

1. Même que le n° 287, en changeant le nom du débiteur et le chiffre de la créance.

291. Condamnation aux assises de la Mothe-Achard contre les enfants mineurs de Perrot Chevalier. (Carte n° 19.)

1412.
11 novembre.

Establiz en droit en ces presentes assises de la Mothe-Achart frère Pierre Louer, procureur et en nom de procureur suffisamment fondé des religieux abbé et convent de Sainct Jehan d'Orbestier, demandeur d'une part, et Jehan Chevalier, en nom et comme tuteur des effens feu Perrot Chevalier, deffendeur d'autre; sur ce que disoit led. demandeur que lesd. religieux par eulx ou autres de leur comandement, eulx avens ferme et estable, ont joy et heu saisine et poccession de trois sols de cens ou rente poiable à la feste de Noel ou au mains uneffoiz l'an des avens, posseans et explectans certains lieux veuz et monstrés par le jugement de la court de ceans, qui sont une maison perrine appellée le Porteau Chevalier assise aud. lieu de la Mothe Achart, tenant, d'une part, à la grant rue par laquelle l'on vait de la maison qui fut feu Jehan Billotea à l'eglise de la Mothe Achart, d'autre, à l'eyre qui fut dud. Chevalier et, d'un bout, à la maison Estiene Bitet et, d'autre, à la maison teubline dud. Chevalier; Item, une maison teubline tenant, d'une part, à lad. rue et, d'autre, à lad. ayre et, d'un des bouz, aud. Portau et, d'autre, à la maison qui fut feu Jehan Chosson que tient à present André Milcendea; et par cause d'iceulx et par temps suffisant quant à bonne poccession et saisine avoir acquis, garder et retenir; et que led. Jehan Chevalier, en nom que dessus, avoit et tenoit lesd. lieux et avoit esté sommé et requis de leur poyer lesd. troys sols de cens ou rente et en avoit esté contredisant et reffusant; et disoit led. procureur desd. religieux qu'il estoit en arrères du poyement desd. cens ou rentes de six ans cheuz au temps du plait commencé; et pour ce concluoit led. demandeur que pour cause desd. lieux led. deffendeur fut contrains et condampné par jugement à faire et continuer èsd. religieux autelle et semblable poccession et saisine dud. cens ou rente en la feste susd. ou au mains uneffoiz l'an, comment faisoient les avens et tenens lesd. lieux par avent luy, et par raison d'iceulx condampé en arrerages du temps dessus descleré ou en leurs despens et domages du plait jusques à cent sols ou ce que la cour esgarderoit s'ilz confessent les faiz dessus proposés, et en cas d'escondie led. demandeur en offre à monstrer et prouver de fait ou de confession qui lui devroit suffire. Et lequel Jehan Chevalier, en nom que dessus a proposé à sa deffense que les predeccesseurs desd. menores et dont il ont droit et cause en ceste partie led. tuteur à cause desd. minores ou les aucuns d'eulx avens et tenens lesd. lieux sont demourés en pacience, franchise et liberté de non payer lesd. cens ou rente ausd. religieux par x, par xx, par xxx, par xl ans et par plus longtemps, quequessoit par temps suffisant quant à bonne pacience, franchise et liberté de non paier lesd. cens ou rente avoir acquis, garder et retenir, ou au mains deffendre contre lad. demande, neans et deffendans touz et chacuns les faiz proposés contre led. deffendeur, fors ce qu'il ha confessé qu'il est tuteur et qu'il tient lesd. lieux monstrés, offrant à prouver des faiz et choses par lui proposées qui leur devroit suffire. De la partie duquel demandeur a esté dit et repliqué que depuis le temps qu'il suffit à demandeur et que led. deffendeur ne puet avoir par escript, lesd. religieux ou autres pour nom d'eulx ont joy et eu saisine et poccession dud. cens ou rente par la manère dessusd. et que led. deffendeur l'a cogneu et confessé, neans et deffendans les chozes et la prescription proposées par led. deffendeur, offrant comme dessus à monstrer et prouver des faiz et chozes par lui proposées, des unes ou des autres de fait ou de confession qui lui devroit suffire. Emprès lesquelles chozes, contestacion de cause sur ce faicte, juré de verité, pousé et repondu en nyent d'une partie et d'autre à estre prouvé, ajugié à l'une partie et à l'autre à prouver des faiz et chozes proposées, des unes ou des autres de fait ou de confession qui leur devra suffire, et du consentement desd. parties fut autreffoys comis à messire Loys Sayvet presbtre et André Milcendea et chacun d'eulx faire l'enqueste sur ce, en tant que touche les faiz prins à prouver par lesd. religieux, et tout ce que en tel cas appartient ; et depuys fut aussi comis ausd. comissaires et à chacun d'eulx à faire l'enqueste et tout ce qui y appartient, en tant que touche les faiz et chozes proposés par led. deffendeur. Lesquelles enquestes ont esté faictes et parfaictes par led. Sayvet commissaire susd. en tant que touche les faiz et chozes prins à prouver par led. procureur desd. religieux, et en tant que touche led. deffendeur ne furent aucunement lesd. enquestes faictes ne parfaictes par lesd. commissaires ny aucuns d'eulx, ne point n'en voulit faire, come autreffoyx il disoit en jugement, et par ce de son consentement en fut forclus. Et lesquelles enquestes faictes par la partie desd. religieux ont aujourduy esté ouvertes et les noms et sournoms des tesmoins contenus en icelles baillez aud. deffendeur pour les y reprocher si faire le vouloit, lequel ne les a aucunement voulu reproucher et par ce en a esté forclus ; et lesd. enquestes leues et publiées en jugement, sont venuez lesd. parties à acort de et sur les faiz surd. en la manère qui s'ensuit : c'est assavoir que led. deffendeur a promis, doit et est tenu rendre et poyer dores en avant perpetuellement ausd. religieux en chacune feste de Noel troys sols en deners de rente perpetuelle par raison desd. lieux susd., et parmi ce il est et demoure quipte envers lesd. religieux des arreages susd. et de touz despens et domages de plait ; sur lesquelles chozes susd. nous l'avons jugié et condampné de son consentement et volunté et aussi led. procureur desd. religieux par tant que luy touche. Fait, jugié, ès grans assises de la Mothe Achart commencées à tenir par nous Perre Royrand senneschal d'icelles le xie jour de novembre, l'an mil iiij^c et douze. J. Tillon, pour registre.

292. Enquête au cours d'un procès entre Jean Jaudouin de la Roussière et Jean Veillon pour une rente de seigle. (Cart° n° 300.)

1413.
17 juillet.

In nomine Domini, amen. Tenore hujus presentis instrumenti cunctis pateat evidenter quod anno ab Incarnacione Domini millesimo CCCC° x° III°, die vero xª VIIª mensis julii, ponthificatus sanctissimi in Christo patris ac domini domini Johannis pape XXIII indictione VI anno tercio, in mei notarii publici testiumque infrascriptornm presencia personaliter constitutis Johanne Joudoyn de la Rousciere juniore armigero, ex una parte, et Johanne Fradet, Petro Rivolea, Petro de Greva et Guillelmo Mouchet, ex alia parte; qui quidem Johannes Fradet, circa horam tercie, ad hec que secuntur non coactus, ymmo sponte sua, dixit atque deposuit quod, citra septem annos ultra elapsos et ut prius, in villa de Berthicola, ante portam domus Philipi Crocheti, vidit et audivit quod predictus Joudouynus petebat atque dicebat quod dictus Veillonus sibi debebat et eidem tenebatur in summa octo boicellorum siliginis annui et perpetui redditus, quos ab ipso habere petebat; propterea vero dictus Johannes Veillonus confessus fuit se debere dicto Johanni Joudouyni sex boicellos silliginis annui et perpetui redditus et non plus, et causa hujus sibi promisit situare quatuor boicellos silliginis dicti redditus super Guillelmum Bouchart de la Canterie parrochianum beati Martini de Bram, quos dictus Veillonus dicebat atque asserebat quod dictus Bouchart sibi debebat quolibet anno annui et perpetui redditus; et ulterius promisit dictus Veillonus reddere et solvere dicto Joudouyno atque suis duos alios boicellos silliginis dicti redditus quolibet anno perpetuo, donec ipsos situaverit super bonam situacionem et valentem; nichillominus vero ulterius dixit idem Veillonus quod si predictus Joudouynus poterat sibi ostendere licteram obligacionis causam dictorum octo boicellorum silliginis dicti redditus quod sibi redderet atque solveret ipsos predictos octo boicellos secundum formam atque tenorem dicte lictere. Item Petrus Rivolelli predictus dixit atque deposuit super predicta totaliter modo et forma ut predictus Fradet. Item Petrus de Greva et Guillelmus Mouschet, voce consona, una die dominica intra festum Nativitatis Domini a carnicapiente citra unum annum ultra elapsum, presentes fuerunt in villa de Berthicola ante magnam januam ecclesie dicti loci de Berthicola, magna missa dicti loci dicta, presentibus Guillelmo Crespin, Johanne Veillon de la Sauzaye armigero, Johanne Bouscherelli, Nicolao Roussetelli atque pluribus aliis ibidem asistantibus, viderunt et audierunt quod dictus Jodoynus dicebat dicto Veillono quod sibi traderet atque solveret octo boicellos silliginis annui et perpetui redditus, quos sibi debebat ut dicebat idem Joudouynus : dicens dictus Veillonus quod salva sua gracia sibi non debebat nisi sex boicellos silliginis annui et perpetui redditus, et ipsos sibi confitebatur debere et ei promitebat solvere, et racione arreagiorum dictorum sex boicellorum silliginis dicti redditus promisit predictus Veillonus credere atque tenere dictum et sensum nec non facere ad ordinaciones predictorum Johannis Boucherelli, Petri de Greva et Nicolai Roussetelli, et ulterius quod si predictus Joudouynus poterat sibi ostendere licteram obligacionis super octo boicellos silliginis dicti redditus confectam ipsos predictos octo boicellos dicti redditus sibi solveret modo et forma in dicta lictera contentis. Item plus dicunt predicti de Greva et Moschet quod predictus Veillonus emere voluit predictos sex boicellos dicti redditus, et ab illis dare voluerit octo libras monete currentis, nec defficit nisi quod predictus Joudouynus noluit dare quiptanciam dicto Veillono causa predicte pecunie persolvende usque ad octo dies proximos inde sequtos. Item predictus Nicolaus Roussetea dixit atque deposuit super predicta totaliter modo et forma sicut predicti de Greva et Mouschet faciunt. Que predicta et eorum singula sic atextata, deposita atque relata modo et forma quibus supra, predicti Fradet, Rivolea, de Greva, Mouchet et Roussetea in animabuz suis deposuerunt fore vera; de quibus omnibuz et singulis supradictis modo et forma quibuz dictis prefatus Joudouynus a me notario publico infra scripto peciit unum vel plura, publicum seu publica, instrumentum seu instrumenta sibi dari et confici, quod et que sibi concessi peragenda. Acta fuerunt hec anno, die, mense, indicione et pontificatus quibuz supra, presentibuz ad hec, quoad deposiciones predicti Fradet Eutachio Morelli et Johanne Prepositi, et quoad deposicionem predicti Rivolea Stephano Laydet, Stephano Multorum et Johanne Morin, et quoad deposicionem predictorum de Greva et Moschet Simonne Mouchet et Johanna Boucherelle uxore Johannis Guilloni, et quoad deposicionem dicti Roussetea Johanne Freslin et Johanne Mehée, testibus ad premissa vocatis specialiter et rogatis. Et ego Robertus Lucas clericus, Maeloviensis diocesis oriundus, publicus auctoritate imperiali notarius, narracionibuz, deposicionibus et requisicionibus premissis, omnibus et quibuzlibet singulis predictis dum ut sic primititur dicerentur, atextarentur atque deponerentur, una cum prenominatis testibuz vocatus, presens personaliter interfui, eaque sic fieri vidi et audivi et in notam recepi, de qua presens publicum instrumentum manu mea propria scriptum in hanc publicam formam redegi signumque meum juralibuz consuetum eidem apposui, una cum appensione sigilli ad contractus in castellania de Cheza Giraudi pro nobili et potenti domino nostro domino de la Muce et dicti loci de Cheza Giraudi statuti; tamquam dicti sigilli sigillifer sigillavi, per prefattum Joudouynum cum omni instancia requisitus et rogatus, in veritatem et testimonium omnium et singulorum premissorum.

293. Transaction avec Jean Gaimard chevalier. (Carte n° 103.)

1413.
30 septembre.

Sachent touz que en la court du seel establi ex-contraiz en la chastellenie d'Olonne pour très noble et très puissant seigneur monsr d'Amboise, vicomte de Thouars, comte de Bennon, sgr de Thalmont et dud. lieu d'Olonne, par davent Jehan Tillon et Guillaume le Blanc clercs, jurez et notaires de lad. court, en droit personnelment establi frère Michea Durentea en nom et comme procureur des religieux abbé et convent de St Jehan d'Orbestier, d'une part, et noble home monsr Jehan Gaimard chevalier, d'autre part; comme contens et debatz fussent meuz et pendans en la cour du Chastellet par devant le prevost de Paris entre lesd. religieux demandeurs d'une part et led. noble deffendeur d'autre part sur et pour ce que disoient et proposoient lesd. religieux que led. chevalier avoit. . . . . [1] contract de vente sonnant ou equipolent à vente de. . . . . un village appellé Cabirant avecques ses appartenances et appendances situé et assis led. village en la parroiche de Vayré, lequel village Cabirant estoit mouvans et tenu par hommage plain desd. religieux; et ainsi à droit leur appartenoit à avoir lesd. choses vendues par puissance de fief. . . . . o poiant aud. chevalier le sort que avoyent cousté lesd. choses ou avoir les ventes et honneurs pour cause dud. contract scelon l'usage et la coustume du pais au choix et election desd. religieux; lequel contract led. chevalier ou autre en son nom devoit apparoir ou notiffier à iceulx d. religieux dedans le terme de huyt jours quequessoit de quarante jours emprès icelluy fait et contracté afin que lesd. religieux peussent choisir et eslire avoir lesd. choses ou en prandre les ventes et honneurs. Et disoient iceulx d. religieux que led. chevalier n'avoit aucunement apporté ne notiffié à

---

1. Encore une pièce si détériorée que plusieurs passages n'en ont pu être déchiffrés.

eulx led. contract. . . . . davant d. et neant moins avoit fait fruiz et levée de choses pouhant valoir à l'extimacion de diz livres, et requeroient à ce qu'il fut condampné et contrains à bailler et delaisser lesd. choses moyennant led. sort et some et à leur rendre les fruiz et levées qu'il avoit fait desd. choses depuys le temps dud. contract et à leur. . . . . Lequel chevalier proposoit plusieurs faiz et raisons au contraire tendant à ce que les conclusions desd. religieux ne fussent faictes ne acomplies; et mesmement disoit led. chevalier que lesd. choses il avoit eu et atrait à soy. . . . . par vray contract de permutacion et eschange, come ces choses disoit plus à plain apparestre par lectres sur ce faictes et passées. Lesquelx religieux disoient plusieurs choses à ce contraires. Emprès lesquelx faiz et choses proposées d'une partie et d'autre, a esté transigé, pacifié et acordé entre led. procureur desd. religieux abbé et convent et en la presence de reverend père en Dieu frère Nicolas abbé dud. moustier d'Orbestier, d'une part, et led. chevalier, d'autre part, en la manière qui sensuyt : c'est assavoir que led. chevalier et qui cause auront de luy auront et tiendront perpetuelment led. village et appartenances pour leur et à eulx appartenir à foy et homage plain desd. religieux ainsi que acoustumé avoit esté et à devoir de rachapt; ainsi que led. chevalier et les siens rendront et poieront et seront tenus rendre et poier ès-d. religieux pour lesd. choses homagées chacun an cincq sols de servige en chacune feste de nativité St Jehan Babtiste renduz à leur houstel dud. lieu de Vayré et ce. . . . . que lesd. religieux ont ou auroient eu à cause desd. choses. . . . . et oultre ce rendra et poera et sera tenu rendre et poyer led. chevalier et les siens ès-d. religieux eu chacune feste de nativité St Jehan Babtiste pour raison desd. choses six boeceas de seille de rente à la mesure de la Mothe-Achart à eulx poyez ond. village de Cabirant dud. chevalier et des siens, ainsi toutevoyes que ung bocea de seille de rente que les heriters feu André Garin de la Rouillère doyaient ès-d. religieux à cause des chouses qu'ils tenoient end. tenement de Cabirant est et demoure aud. chevalier et ès-siens, et en ont transporté lesd. religieux end. chevalier et en siens les droiz qui leur en appartenoient. Et lesquelx servige et rente led. chevalier ne les siens ne seront tenuz poier ès-d. religieux l'année que lesd. choses courront en rachapt. Et oultre ce et parmi ce, est et demoure ès-d. religieux le destroit et contrainete de contraindre les habitans et qui par le temps à venir habiteront ond. village et tenement de Cabirant de moudre leurs blez au moulin ou moulins d'iceulx d. religieux. . . . . la banleue. . . . . et habitacions desd. habitans et qui par le temps à venir y habiteront et pour non y avoir moulin yceulx d. habitans et ceulx qui habiteront faire convenir et appeller à leur assise dud. lieu de Vayré et d'en avoir interest dud. mesturage et amende coustumière. Et ainsi par ces acors et convencion led. chevalier est et demeure quipte des fruiz et levées desd. choses par luy pris et perceuz du temps dud. contract et lesd. parties quiptes l'une envers l'autre de touz despens et dommages de plait. Et à toutes et chacunes les choses dessusd. . . . . renunciant . . . . . En tesmoign. . . . . ont donné. . . . . presentes seellées. . . . . du seel dessusd. . . . . Ceu fut fait et donné garens presens, ad ce oir appellez et requis, honnourable . . . . . Perre Royrand et Leonard du Verger. . . . . et plusieurs aultres, le derrer jour du moys de septembre, l'an mil quatre cens et treze. J. Tillon. G. Leblanc.

294. Transaction avec Jean Arnoul de St Hilaire de Talmont.
(Carte n° 14.)

1414.
14 janvier.
(1413, v. st.)

Sachent tous que en la court du seel establi aux contraiz en la chastellenie de Thalemond pour très noble et très puissant seigneur mons^r d'Amboise, vicomte de Thouars, comte de Bennon et seigneur dud. Thalemond, personnellement establiz en droit par devant Regnauld de la Baudućre et

Jehan Requien, jurés, passeurs et notaires de lad. court, reverend père en Dieu frère Nicholas, par la grâce de Dieu humble abbé du mouster de St Jehan d'Orbester, et frère Perre Louher, procureur en chief et en membrez des religieux abbé et convent dud. mouster, demandeurs d'une part, et Jehan Arnoul, parrochain de St Hylère de Thallemond, deffendeur d'autre part ; sur ce que led. reverend et led. frère Perre Louher, procureur et en nom de procureur susd. poursuivans led. Arnoul, disoient à l'encontre de luy que ung lieu estans entre Lautumère et le prieuré de Borgenest, appellé la mestoyerie du Boys, o toutes et chacunes ses appartenances et appendances estoit leur domaynne ancien et leur appartenoit pour et à cause de leur fundacion ou autrement, et l'avoyent tenu et explecté par eulx ou autres en leurs noms par tant de temps que n'estoit memoyre du contraire, quequessoit par temps suffisant ; et que led. Arnoul s'en estoit emparé oultre et contre leur volunté et en avoyt fait fruiz et levées montans à la valeur de soixante livres ou environ ; et requeroyent à l'encontre de luy qu'il leur delessasse led. lieu et appartenances pour en joyr par eulx pour l'avenir et leur rendist lesd. fruiz et levées en la valeur susd. cil confessoit ce que dit est, et en cas de neance ilz offroient à monstrer et prouver de leurs faiz susd. qu'il leur devroit suffire. Lequel Arnoul propousa à ses deffenses que led. mons^r d'Amboise, s^{gr} dud. lieu de Thalemont, lui avoit baillé et affermé à perpetuité led. lieu et appartenances pour le prix et somme de soixante sols tornoys de rente ou ferme à luy estre renduz et poyez et à ses successeurs seigneurs dud. lieu de Thalemont à perpetuité, poyables et rendables par moité à Noel et à la feste de la nativité St Jehan Babtiste, et le luy avoit promis à garentir et deffendre perpetuellement vers et contre tous ; et lequel lieu et appartenances au temps de lad. baillée estoit le domaine et heritage dud. mons^r d'Amboise à cause dud. lieu de Thalemont et que à cause de cestuy tiltre il s'estoyt emparé dud. lieu et appartenances et l'avoit tenu et exploicté par l'espace de quatre ans ou environ, et ainsi s'en povoit led. Arnoul deffendre. Led. reverend et led. Louher procureur et en nom de procureur susd. disoient lad. baillée estre de nulle valeur et effet par plusieurs causes, faiz et raisons qu'ilz pretendoient sur ce. Lequel Arnoul disoit et propousoit plusieurs causes, faiz et raisons tendans affin contraire. Emprès lesquelles choses, plusieurs debatz et altercacions euz sur ce entre lesd. parties, a esté transigé, paciffié et accordé entr'eulx de et sur lesd. debatz en et par la forme et manère qui s'ensuyt : c'est assavoir que led. Jehan Arnoul' pour lui et pour les siens et qui de luy auront cause rendroit et paeroit et a promis rendre et payer dores en avent perpetuellement ausd. religieux abbé et convent dud. mouster d'Orbester et à leurs successeurs religieux d'icelluy mouster soixante et diz sols tornois pour chacun an, par moité aus termes susd. et par esgal porcion c'est assavoir de Noel et de St Jehan Babtiste pour raison dud. lieu et appartenances de la mestoierie du Boys ; et parmi ce led. reverend et led. Louher procureur et en nom de procureur susd. ont baillé et delessé à perpetuité aud. Arnoul led. lieu et appartenances de la mestoyerie du Boys ; cedans et transportans. . . . . ont promis. . . . . Et parmi lesd. transaction et accort led. Arnoul est et demoure quipte envers lesd. religieux de touz fruiz et levées qu'il a pris et perceu desd. choses de tout le temps passé jusques aujourduy. . . . . et soubx l'obligacion. . . . . ont renuncié. . . . . serement . . . . . Ceu fut fait et passé aud. lieu de Thalemont presens garens, maistre Perres Royrand licencié en loix chastellain de Thalemond et Gillet Suires, le quart jour de janver, l'an mil quatre cens et treze. R. Bauduère, J. Requien.

295. Echange de marais salants fait avec André Gueignardeau et Guillaume Forgeau à cause de Jeanne Gueignardeau, sa femme. (Cart⁰ n° 221.)

1415.
1ᵉʳ juin.

Sachent touz que establiz en droit personnellement par davent nous Loys Sayvet presbtre et Guillaume Le Blanc, jurez et notaires de la court du seel establi aux contraiz en la chastellenie de Thalemont pour très noble et très puissant seigneur monsʳ d'Amboyse, vicomte de Thouars, comte de Bennon et seigneur dud. lieu de Thalemont, frère Loys Veillet, en nom et comme procureur des religieux abbé et convent de monsʳ Sainct Jehan d'Orbester, d'une part, et André Gueignardea et Guillaume Forgea, à cause de Johanne Gueignardelle sa femme et en son nom par tant qu'il li touchet à cause d'elle et à laquelle il a promis faire tenir, louer et aprouver les choses en ces presentes contenues [1], d'autre part ; lesd. parties ont fait eschange entr'elles et permutacion des chouses cy dessoubx à desclerer. Par lequel eschange led. frère Loys en nom et comme procureur susd. a baillé et octroyé à perpetuité ausd. André Gueignardea et Guillaume Forgea à cause que dessus vingt et une ayres de maroys à sau sises en maroys Dain, o toutes leurs appartenances de terres, bociz, vasois, mestèrez et autres viviez quelxcomques tenant au maroys et appartenances du seigʳ de la Court de l'Isle : Item quarente ayres de maroys gastes, o leurs appartenances quelxcomques de terres, bocis, vasois, mestèrez et autres viviez sises end. maroys entre deux pièces, savoir est en une pièce vingt ayres qui se tenent au maroys et apparte-

---

1. En vertu de cet engagement, ladite femme ratifia, le 16 novembre suivant, l'échange fait par son mari. Ce dernier acte passé par Louis Sayvet, presens Perrot Nya et Guillaume Guynement, reproduit l'autre, en y ajoutant seulement les formules de ratification. (Cartᵉ n° 223.)

nances de Jehan et Perrot Prevosts et les autres vingt ayres au maroys et appartenances des Gueignardeas et au maroys de feu Jehan de la Goyz. Et a cedé et transporté à perpetuité led. frère Loys en nom et comme procureur susd. aus diz André Gueignardea et Guillaume Forgea à cause quedessus et en leurs et qui d'eulx auront cause lesd. choses et chacune d'icelles o touz et chacuns les droiz, noms, raisons et actions, saisines et poccessions que lesd. religieux y avoient, avoir povoient et devoient et vers quelxcomques personnes et biens pour raison d'icelles et les en a faiz et establiz vrais seigneurs proprietaires et poccesseurs comme de leur propre chose et domaynne et mis en poccession et saisine par la teneur et acord de ces presentes, et les leur a promis garir, garentir, delivrer et desempescher et deffendre perpetuellement vers et contre tous de touz liains, obligacions, evicions, charges, troubles et empeschemens quelxcomques o poient les cens deu sur leurd. maroys et le terrage deu sur leursd. terres selon l'usement dud. maroys. Et pour retour et recompensacion de ce lesd. André Gueignardea et Guillaume Forgea à cause de sad. femme et en son nom et par tant qu'il li touchet à cause d'elle ont baillé et octroyé à perpetuité par eulx et les leurs aud. procureur desd. religieux par eulx et qui d'eulx auront cause quinze ayres de maroys assau, o leurs appartenances de terres, bociz, vasoys, mesterez et autres viviez sises en maroys de Garinellère tenant d'une part au maroys de Symon et Jehan Gueignardeas et d'autre au maroys du sgr de la Vergne Cornet. Item de dix sept ayres de maroys sises end. maroys de Garinellère joignant d'une part aud. maroys dud. seign^r de la Vergne Cornet et d'autre ausd. quinze ayres dessus confrontées, en ont baillé et octroyé lesd. André Gueignardea et Forgea à cause que dessus aud. procureur desd. religieux à cause que dessus huyt ayres, qui sont parçonnères par indevis o led. Symon Gueignardea qui y prent les autres neuf ayres. Item ont baillé et octroyé à perpetuité lesd. André Gueignardea et Guillaume Forgea à cause que dessus aud. procureur desd. religieux ung bocion de terre contenant une boicellée ou environ qu'ilx avoient aud. maroys de Garinellère tenant d'une part au petit ester et d'autre à la terre de la chappellenie St Thomas desservie en l'Isle d'Olonne et d'autre à la terre de Jehan Joli. Et lesd. choses et chacune d'icelles ont cedé et transporté . . . . . . ont obligé lesd. parties. . . . . et ont renuncié . . . . . Ceu fut fait et passé presens ad ce Nicolas Bastart, Jehan Joli, Colas Godet, Maurice Glenerea et plusieurs autres, le primer jour du moys de juign, l'an mil quatre cens et quinze. L. Sayvet. G. le Blanc.

296. Jugement aux assises de Talmont contre Nicolas Bourdeau.
(Cart^e n° 68.)

1417.
12 novembre.

Establiz en droit en ces presentes assises frère Perre Louher, procureur et en nom et comme procureur des religieux abbé et convent de St Jehan d'Orbester, demandeur d'une part, et Colas Bordea, deffendeur d'autre part; pour la demande ou demandes que faisoit et proposoit led. procureur desd. religieux à l'encontre dud. Bordea, sur et pour cause de ce qu'il disoit que les lieux qu'il offroit à mostrer par le jugement de la court de ceans ou bailleroit par declaracion, qui sont une maison teubline o ses ruages et cayruages, vergers et osches, assise en la ville de Curzon dedans les quatre portes et tenant, d'une part, au grant chemin par ou l'on vait du cymentère de lad. ville à la grant eglise et d'autre, à la maison et herbergement de messire Jehan Buor chevaler et, d'autre part, à la douhe qui depart les quatre portes de Curzon et, d'autre part, à la Plante des Clers, et contient led. verger quatre journaux ou environ et l'osche qui est comprinse en ceste confrontacion une boicellée de terre ou environ, estoient chargez et affez èsd. religieux de cincq livres de cire de rente par chacun an en chacune feste de Pasques, quequessoit une foiz l'an ; et que lesd. religieux par eulx ou autres de leur commandement et en leur nom, eulx avens ferme et agreable, avoient eu bonne poccession et saisine touz temps des avans, tenans, possidans et explectans lesd. lieux pour raison d'iceulx et mesmement dud. Bordea et de ses predeccesseurs avens et tenens lesd. lieux ou d'autres pour nom d'eulx, eulx avens ferme et estable, par tel et si long temps qu'il n'est memoire du contraire, quequessoit par temps qui vault et suffit quant à bonne poccession et saisine avoir acquise, garder et retenir ; et que led. Bordea avans et tenans lesd. lieux avoit cessé et contredit de leur poyer lesd. cincq livres de cire depuys deux ans au temps du primer ajornement sur ce à li baillé ; et disoit que led. Bordea avoit cogneu et confessé touz et chacuns les faiz susd. proposés par led. procureur desd. religieux estre vrays, et par ce requeroit led. procureur desd. religieux à l'encontre dud. Bordea qu'il fut dit et descleré par jugement lesd. lieux estre chargez et affectz ès-d. religieux desd. cincq livres de cire chacun an en chacune feste susd., quequessoit une foiz l'an, et icelluy Bordea condampné et contrains à faire et continuer la poccession et saisine de lad. rente èsd. religieux dores en avent et au terme susd. pour raison desd. lieux, et leur rendre et paer les arrerages d'icelle rente du temps dessus descleré et des despens et dommages du plait jusques à vingt sols, ou ce que par la court sera esgardé, on cas de confession, et en cas de neance led. procureur desd. religieux offroit à mostrer et prouver desd. chouses par luy proposées, des unes ou des autres qui doivent suffire. Emprès laquelle desclaracion ainsi faicte de lad. demande ou demandes desd. religieux et faicte declaracion desd. lieux, led. Bordea acertenné d'iceulx come il disoit a cogneu et confessé en jugement tous et chacuns les faiz proposés par led. procureur desd. religieux estre vrays, et luy estre tenu au poiement de lad. rente chacun an au terme de Pasques pour raison des lieux et chouses dessus desclerées, lesquelles il disoit avoir et tenir. Et par ce, de son consentement et volunté, avons dit et decleré par jugement lesd. lieux estre chargez et affectz èsd. religieux au poiement desd. cincq livres de cire de rente au terme dessus descleré, et led. Bordea avons condampné faire et continuer la saisine et poccession de lad. rente ès-d. religieux perpetuellement dores en avent pour chacun an en chacune feste susd. pour raison des lieux et chouses dessus desclerées, et avec ce leur rendre et poier dedans huyt jours prochainement venant diz livres de cyre pour les arrerages de lad. rente deuz de deux ans dessusd. et demoure quipte led. Bordea de despens de plait envers lesd. religieux, du consentement dud. Louher procureur et en nom de procureur susd. Donné et fait ès-petites assises de Thalmont tenues par nous Perre Royrand chastellain dud. lieu, le xiie jour de novembre, l'an mil CCCC dix et sept. G. Leblanc, pour registre.

297. Jugément aux assises d'Olonne contre Louis Marchant.
(Cart^o n° 23.)

A tous. . . . . . . Pierre Royrand, chastellain d'Olonne pour très noble et très puissant seigneur mons^r d'Amboyse, vicomte de Thouars, comte de Bennon, s^{gr} de Thalmont et dud. lieu d'Olonne, saluz. Comme frère Louis Veillet, procureur et en nom et comme procureur des religieux abbé et convent du mouster de Sainct Jehan d'Orbester eust autreffoiz fait ajourner, convenir et appeller à droit à la court et siege des petites assises dud. lieu d'Olonne qui commencèrent le xixe jour de may l'an mil quatre cens dix et sept Loys Marchent, par cause et occasion de la demende ou demendes que icelluy procureur desd. religieux entendoit à proposer, poursuyr et intenter à lad. court dud. lieu d'Olonne contre led.

1418.
18 février.
(1417, v. st)

Marchent, assavoir et pour cause de ce qu'il entendoit à dire et proposer contre icelluy Marchent que iceulx religieux abbé et convent d'Orbester ou autres pour nom d'eulx et de leur commandement, eulx avens pour agreable, avoient joy et eu bonne poccession et saisine dud. Marchent ou d'autres pour et en nom de li et de son commandement, li avens ferme et estable, de trente sols en deners de rente perpetuelle par chacun an en chacun jour de mardi gras quequesoit une foys par an par tel et si long temps qu'il n'estoit memoire du contraire ou au moins qui suffisoit, povoit, et devoit suffire pour bonne poccession et saisine de lad. rente avoir acquis et droit d'icelle garder et retenir par tant que besoign fust, [et nonobstant] que led. Marchent avoit cessé, contredit ou delayé de leur payer lesd. trente sols de rente de deux ans cheuz au temps du primer ajornement sur ce baillé, jà fust ce que d'iceulx poyer il a esté deument somé et requis et que les faiz susd. quequesoit partie d'iceulx qui peust et deust suffire icelluy Marchent avoit cogneu et confessé, et entendoit à conclure de la partie desd. religieux contre led. Marchent ad ce qu'il fust contrains et condampné à rendre et poyer perpetuellement à iceulx d. religieux abbé et convent lesd. trente sols en deners de rente par chacun an en chacun terme dessus decleré quequesoit une foys l'an et à rendre et poyer les arrerages du temps decleré et en tous despens et dommages faiz et à faire en la poursuite de cestes on cas de confession et on cas de neance [d'en faire telle] preuve qui lui deust suffire. Èsquelles assises lesd. parties eussent comparu et obei en lad. court, savoir est lesd. religieux abbé et convent par frère Loys Veillet leur procureur suffisamment fondé et led. Marchent en sa personne; emprès lesquelles comparucions led. Marchent eust excepté d'ajornement affin de repondre en lad. demande ou demandes desd. religieux [a esté ajorné aus] assises de ceans lors prochainnes ensuivans pour respondre à la demande ou demandes desd. religieux, si come ce nous est apparu deument par acte de la court. Lesquelles assises commancèrent à tenir le xviii[e] jour de juign l'an mil iiii[c] dix et sept. Èsquelles assises lesd. religieux abbé et convent eussent comparu et obei par Jehan Tillon leur procureur suffisamment fondé et led. Marchent eust defailli dud. ajornement à li baillé par lad. court, et oultre ce eust esté donné deffault aud. procureur desd. religieux à l'encontre dud. Marchent ; et emprès ce eussions fait commandement à touz et chacuns les sergens de lad. court d'ajourner led. Marchent ès-assises de ceans lors prochainnes et sur deffault et o jugement pour repondre à la demande ou demandes desd. religieux abbé et convent, si come ce nous est deument apparu par acte de la court de ceans. Lesquelles assises commencèrent le quart jour d'aoust l'an mil iiii[c] dix et sept, èsquelles lesd. parties eussent comparu et obei savoir est lesd. religieux par Jehan Tillon leur procureur suffisamment fondé et led. Marchent par Jehan Marchent son procureur suffisamment fondé ; emprès lesquelles comparucions lad. demande ou demandes eussent esté laissé en estat du consentement desd. parties jusques ès assises de ceans prochainement lors ensuivant, èsquelles jour eust esté assigné ès-d. parties mesmement aud. Marchent en presence de sond. procureur sur deffault [et decleré] proceder et aler avant entr'eulx scelon procès et erremens desquelx il apparoit si come raison seroit, si come ce nous est deument apparu par acte de la court. Lesquelles assises commancèrent à tenir le quart jour de septembre l'an mil iiii[c] dix et sept, et ès quelles lesd. parties eussent comparu et obei savoir est lesd. religieux par frère Perre Louer leur procureur suffisamment fondé et led. Marchent par Jehan Marchent son procureur suffisamment fondé ; emprès lesquelles comparucions led. procureur dud. Marchent eust demandé [ajournement], qu'il avoit deliberacion de conseil et l'eust juré, [et par ce] eust été donné par la court; et ce fait eust esté jour assigné esd. parties ès-assises lors prochainement ensuivant mesmement aud. Marchent en presence de sond. procureur sur deffault [affin de] proceder et aler avant entr'eulx scelon procès et erremens si come raison seroit, si come ce nous est dehument apparu par acte de la court. Lesquelles assises commencèrent le ive jour d'octobre l'an mil iiiⁱc dix et sept. Esquelles lesd. religieux abbé et convent eussent obei par frère Louys Veillet leur procureur suffisamment fondé et led. Marchent se fust defailli dud. ajornement sur deffault et o jugement à li baillé en court en presence de Jehan Marchent son procureur come dit est, et par ce eust esté donné en commandement à tous et chacuns les sergens de la cour de ceans si come à chacun appartiendra deffault aud. procureur desd. religieux à l'encontre d'icelluy Marchent. . . . [1] ajournement sur deffault . . . . . et oultre ce eust esté donné en commandement à touz et chacuns les sergens de la court de ceans si come à chacun appartiendra d'ajourner led. Marchent ès assises prochainnes lors ensuivant en mesme manère que dessus....... oultre le droit de deffense de qu'il se diroit avoir qu'il ne fut tenu de rendre et poier lesd. trente sols èsd. religieux en deners de rente perpetuelle chacun an et terme susd. de mardi gras quequefust une foiz l'an et aussi leur rendre et poier les arrerages du temps de deux ans cheuz au temps du plait . . . . : . . . . pour repondre à la demande ou demandes desd. religieux ainsi que de raison, si come ce nous est dehument apparu par acte de la court. Lesquelles assises commancèrent à tenir le xe jour de novembre l'an mil iiiⁱc dix et sept. Esquelles lesd. parties eussent comparu et obei, savoir est lesd. religieux par frère Loys Veillet leur procureur suffisamment fondé et led. Marchent en sa personne, emprès lesquelles comparucions eussent esté lad. demande ou demandes continuées en estat jusquez aux assises de ceans lors prochainnes ensuivant. Esquelles lesd parties eussent esté ajournées mesmement led.

---

1. Ici et ci-dessous quelques passages indéchiffrables.

Loys ond. ajournement avoir. . . . . . comme dessus est dèclaré proceder et aler avant entr'eulx scelon procès, demande et erremens desquelx il apparoit si come raison seroit, si come est dehument apparu par acte de la court de ceans. Lesquelles assises commencèrent le xxe jour de decembre l'an mil quatre cens dix et sept; èsquelles lesd. religieux eussent comparu et obei par Estiene Prevost leur procureur suffisamment fondé et led. Marchent se fust defailli dud. ajournement. . . . . . . de court desd. assises precedentes, si comme par acte de la court nous feust dehument apparu ; et par ce eust esté donné deffault aud. procureur desd. religieux à l'encontre dud. Marchent. Et oultre ce eust esté icelluy Marchent ajourné en court et de court en presence de Jehan Marchent son procureur autreffoiz fondé ès assises de ceans lors prochaines ensuivant semblablement que dessus et oultre o intimacion d'abondant pour repondre à la demande ou demandes desd. religieux, si come ce nous est dehument apparu par acte de la court. Lesquelles assises commancèrent le xviie jour de janver l'an mil iiii{c} dix et sept; èsquelles lesd. religieux eussent comparu et obei par frère Thomas Perraut leur procureur suffisamment fondé et led. Marchent se fust defailli dud. ajournement o intimacion emportée de court aux assises precedentes comme estoit, si come de ce apparoissoit par acte de lad. court; et par ce eust été donné deffault dud. ajournement et intimacion aud. procureur desd. religieux abbé et convent à l'encontre dud. Marchent et tout le prouffit qui s'en povoit et devoit ensuivre, si come ce nous est dehument apparu par acte de la court de ceans. Aujourduy en ces presentes assises est venu par devers nous frère Thomas Perraut procureur et on nom et comme procureur desd. religieux requerant declaracion du prouffit et utilité desd. deffaulx et contumaces par nous li estre faicte, disant qu'au moien et à cause d'iceulx deffaulx et contumaces il devoit estre dit et descleré par nous et à droit led. Marchent estre forclus et non jamès estre partie qui fust. . . . .

recevoir ne dust estre oyz ne receuz..... debatre la demande, requeste et question desd. religieux et pourtant icelluy Marchent..... condampné à rendre et poyer èsd. religieux lesd. trente sols en deners de rente perpetuelle en chacun terme dessusd. quequesoit une foiz l'an avec les arrerages declerez, et oultre ce en leurs despens et dommages du plait..... le demourant selon la raison, l'usage et la coustume du pays et stile de la court de ceans. Oye la quelle requeste à nous faicte par le procureur desd. religieux, veuz et visitez par nous les deffaulx et contumace dont dessus est faicte mencion, desquelx il y a tant come en tel cas appartient scelon le stille et usage gardé et observé en court de ceans, eu advis o plusieurs sages estans en court de ceans, avons dit et decleré, disons et declerons par jugement led. Marchent contumax et non estre..... oir ne recevoir à contredire, deffendre ne debatre lad. demande ou demandes desd. religieux abbé et convent. Et partant icelluy Marchent avons condampné et condampnons par jugement rendre et poyer auxd. religieux abbé et convent trente sols en deners de rente perpetuelle chacun an en chacun terme dessus decleré quequesoit une foiz l'an et à lenr rendre, poier et bailler les arrerages de lad. rente du temps par eulx demandés et oultre en leurs despens, interests et dommages par eulx faiz, euz et soubstenuz en la deducion par eulx faicte d'icelle demande ou demandes, la taxacion à nous reservée. Si donnons en commandement à tous et chacuns les sergens de la cour de ceans de metre ces presentes à execucion à l'encontre dud. Marchent et sur ses biens; et neantmoins d'ajourner icelluy Marchent en assises prochaines de ceans pour venir voir nous taxer iceulx despens et dommages, o intimacion qu'il veignet ou non nous nonobstant son absence proceder à lad. taxacion comme de raison. Donné et fait ès-presentes assises dud. lieu d'Olonne commancées à tenir par nous chastellain susd. le xviiie jour de feuvrer, l'an mil quatre cens dix et sept.

298. Injonction à Jean de Lussay, prieur de la Sebrandière, et Jean Benaston, prieur de Marigné, de comparaître en la cour ecclésiastique de l'évêché de Saintes. (Cart° n° 214.)

1421.
2 décembre.

Noverint universi quod in jure coram nobis Ludovico Le Roux, in legibus licenciato, judice curie proprie ecclesiastice domini episcopi Xanctonensis ac communis ejusdem reverendi patris episcopi et dominorum decani et capituli Xanctonensis apud Ruppellam, Xanctonensis diocesis, personaliter constitutis fratre Johanne de Lussay, priore prioratus de Sainbranderia, Malleacensis diocesis, ac fratre Johanne Benaston asserente se priorem prioratus Sancte Catherine de Magneyo, Xanctonensis diocesis, dicto de Lussay contra ei asserente a monasterio S^{ti} Johannis de Orbisterio, veteris ordinis S^{ti} Benedicti, Lucionensis diocesis, immediate dependere. Dicti inquam de Lussay et Benaston proposuerunt et mutuo confessi fuerunt quod inter ipsos erat discordia et lis pendens in curia gubernamenti dicti loci de Ruppella, occasione dicti prioratus Ste Caterine secundum intencionem dicti Benaston et domus ruralis sine titulo prioratus secundum intencionem dicti de Lussay, quem prioratum seu domum Ste Catherine quelibet dictarum parcium dicebat sibi pertinere; et quia dictus prioratus seu domus Ste Catherine erat situatus infra fines et limites jurisdicionis dicti domini episcopi et subditus ecclesiastice curie supradicte, idcirco volebant et voluntate libera consensiebant quod nos, tanquam judex predictus, de dicto negocio cognosceremus ac summarie et de plano, partibus auditis ac terminis abreviatis, decideremus et alteri dictorum contendencium dictam domum seu prioratum adjudicaremus cui de jure et cum justicia bona nobis videretur adjudicandum cum suis juribus et pertinenciis universis : et quatenus ut judici predicto non pertineret judicatura domus seu prioratus predicti, pro dicta judicatura inter ipsos facienda, in nos tanquam judicem predictum jurisdicionem prorogaverunt, nobis humiliter supplicantes quatenus onus dicte cognicionis et decisionis in nos vellemus suscipere et dicte sue discordie atque liti finem dare; promittentesque mutuo et invicem in animas suas et ipsorum cujuslibet jurantes quod nostre sentencie in dicto negocio ferende acquiescent et ipsam emologabunt et sequentur, et ipsorum quilibet acquiescet, emologabit et sequetur, cessantibus opposicionibus, appellacionibus ac contradicionibus quibuscumque, quibus etiam opposicionibus et appellacionibus dicti contendentes et ipsorum quilibet ex nunc prout ex tunc et ex tunc prout ex nunc renunciaverunt et renunciant. Quibus auditis, nos judex predictus, attendens bonam affectionem quam dicti contendentes gerebant ad finiendum dictam suam discordiam, et quia ad nos tanquam judicem ecclesiasticum predictum melius pertinet cognoscere et decidere negocium supradictum, idcirco dictum honus prout dicte partes requirebant tanquam judex predictus in nos assumpsimus et assuminus, dictas partes et ipsorum quamlibet de premissis per ipsas oblatis, requisitis, promissis et juratis tenendis et adimplendis cum effectu de ipsarum voluntate et assensu judicavimus et judicamus. Et hiis actis, dictis partibus et ipsarum cuilibet diem mercurii proxime venturam que erit post festum B^{ti} Andree apostoli assignavimus et assignamus, ad comparendum personaliter coram nobis in Ruppella et intencionem suam per modum posicionum seu articulorum separatim dandum; quibus receptis nos ipsos et eorum quemlibet super dictis posicionibus et articulis separatim, eorumdem medio juramento, faciemus respondere, et dictis responsionibus factis, si necesse fuerit et aliqua documenta, licteras vel instrumenta seu etiam testes producere voluerint, dicta producenda admittemus; et deinde in dicto negocio summarie et de plano procedemus prout nobis videbitur de jure debite faci. Acta fuerunt hec in Rupella, in domo habitacionis mei judicis predicti, presente una cum dictis partibus Johanne Maynardi, dicte mee curie notario jurato, quem notarium ad dictum nomen processum faciendum et conscribendum et ceteros processus faciendum inter dictas partes occasione premissorum, de consensu parcium, nobiscum in testem publicum recepimus et nobiscum adjunximus, die secunda mensis decembris, circa duas horas post meridiem, anno Domini millesimo quadringentesimo vicesimo primo. J. Mainnardi.

299. Abandon par les commissaires du dauphin préposés au rachat de la vicomté de Thouars de leurs demandes à l'abbaye. (Carte n° 51.)

1422.
10 juin.

A tous. . . . . Jehan Rabateau et Herbert Taunay conseillers pour très hault et très puissant prince monsr le regent le royaume dauphin de Viennois, duc de Berri, de Tourainne et comte de Poictou, et gouverneurs du rachapt de la vicomté de Thouars et des baronies de Thallemond, Maulleon et autres terres subgectes à rachapt, avenu et appartenant led. rachapt à nostred. sire pour la mort de noble et puissant messire Perre d'Amboise, jadis vicomte de Thouars et seigneur desd. baronies, salut. Comme nous eussons mis. . . . . [1] Donné soubz l'un de nos seyaulx le [dixiesme] jour de juign, l'an mil CCCC vingt et deux.

300. Affrétement d'un naviré espagnol pour transporter en France des hommes d'armes Ecossais. (Carte n° 376.)

1423.
26 octobre.

Jehan Stwart, conte de Bocquen, connestable de France, Franczoys Talleran seigneur de Graingnaux, chambellan,

---

1. Sauf le préambule et la date, cette pièce est la reproduction littérale du n° 268 ci-dessus.

Guillaume de Quiefdeville, maistre des requestes, conseilliers, et Guillaume le Bouscher, escuyer d'escuierie du roy nostre sire, et ambaxadeurs pour luy envoyez en ce reaulme d'Escoce, à tous ceulx qui ces presentes lectres verront salut. Savoir faisons que le mardi xxvj^e jour d'octobre, l'an mil iiij^c xxiij, pour et au nom du roy nostre souverain seigneur, nous avons traicté, accordé et appoincté o Peruche de la Sau, maistre du baliner Saincte Marie, en la manère qui s'ensuit : C'est assavoir que, oultre et par dessus les quinze jours qu'il doibt demourer on port de Dombretaing, en ced. reaulme d'Escoce, aus despens du roy nostre sire, come il appert par les lectres d'affretement par luy sur ce faictes en Castille avec maistres Jehan Benouyn, Guillaume . . . . . et Jehan Go. . . . .[1] il demourera devant Grenoc, ond. port Dombretaing, ung moys entier commencent le vj^e jour de novembre prouchain venent et finissent le vj^e jour de decembre prouchain après ensuyvent, et aura deffret pour led. moys ung escu et demy du coing du roy nostred. sire pour le port de chacun tonnel à quoy sa nef est estimée; laquelle nef nous avons estimé et estimons à vij^{xx} tonneaulx, dont il sera poyé en ce reaulme d'Escoce ung escu pour le port de chascun tonnel et le demi escu qui restera luy sera paié à la Rochelle, xxxij jours après ce qu'il aura descendu en France ou en Bretaigne les gens d'arsmes et de traits de ce reaulme d'Escoce qui passeront en sad. nef. Et oultre, aura sa part de mil escus d'or dud. coing que avons accordé à tous les maistres d'Espaigne ensemble venent en ce present voiage, qui sont xij en nombre, lesquelx mil escus il ont respartiz selon l'estimacion dud. port de leursd. nefz et luy en appartiennent pour sa part soixante et . . . .[2] coronnes. Et si led. Peruche sert plus longuement que led. moys, il sera poié

---

1. Deux noms indéchiffrables.
2. La dernière partie du nombre est illisible.

pro rata pour moys et jour au priz dessusd. tant de frait comme des chansses, jusques ad ce que les troupes qui seront chargez en sa nef seront descenduz en France ou en Bretaigne, come dit est. Et aussi s'il demeure par decza ou sur la mer, en nous retornens en France, plus longuement que led. moys et il a à besoigne de vitaille, c'est assavoir pain, char, poisson et cervose, on lui en baillera ce qu'il aura mestier, en rabatant de ce que on lui porra devoir sur le frait du temps qu'il servira plus que led. moys, et lui baillera l'en bescuit au priz qu'il a cousté à la Rochelle. Item lui est accordé et promis que s'il advenoit, que Dieu ne vueille, que sa nef perist par fortune, tormente de temps ou par quelque autre manère, le roy nostre sire sera tenu la paier au dit des mariniers et gens ad ce congnoissans. Toutes lesquelles choses nous ambaxadeurs dessus nommés avons promis au nom de nostred. sire, et par ces presentes en vertu de povoir par luy à nous donné promectons tenir, faire et acomplir de point en point et tout scelon la forme et manère dessusd. et ad ce avons obligé et soubmis, obligeons et soubmectons aud. Peruche tous et chascuns les biens meubles et immeubles de nostred. sire, presens et à venir. Et en cas que faulte y auroit de le paier au jour dessusd. nous li promectons faire paier par nostred. sire par chascun jour de faulte deux escuz d'or. Cy après ensuit la teneur dud. povoir : Charles, par la grâce de Dieu roy de France, à touz ceulx qui ces presentes lectres verront salut. Comme, pour nous aidier et secourir à l'encontre des Angloys, nous enciens ennemys, ayons fait requerre plusieurs seigneurs et autres du reaulme d'Escosse, come nous bienvueillans amys et aliez, lesquelx, de leur grant liberalité, se sont gracieusement offers et presentés nous aidier et secourir, moyennant que nous leur deussions envoyer certaynne some d'argent, navires, vivres et autres choses ; et il soit ainsi que pour le très grant peril et danger qui de present est sur la mer, parce que nosd. ennemys, qui ont sceu que led. secours nous debvoit venir, se sont mys à puissance sur la mer, en esperance, que Dieu ne veuille, de destrousser et ruer sus les navires et bastimens que nous avyons ordenné envoyer ond. pays d'Escosse, come dit est, nous n'ayons voulu metre en si grant aventure une si grosse finance come celle à quoy porroit monter lad. armée, mais n'y envoyons seulement que une partie d'icelle pour faire aucuns prestz à ceulx qui nous voldront venir servir et autres despenses pour le bien de lad. armée; pour laquelle encores derechief requerir de par Nous et icelle amener et conduyre par decza, envoyons presentement ond. reaulme d'Escosse nostre très cher et amé cousin le conte de Boucquen, connestable de France, et en sa compaignie nous amez et feaulx conseillers Franczois seig^r de Gringnaux, chevalier, nostre chambellan, maistre Guillaume de Quiefdeville, maistre des requestes de nostre hostel, et Guillaume Le Bouscher, nostre escuier d'escuierie; savoir fasons que Nous, confians à plain des sens, leaulté et bonne proudomie de nosd. cousin, conseillers et escuier, et affin que, par faulte de lad. finance ou de bonne asseurance d'icelle, lad. armée, qui tant nous est necessaire, ne soit retardée, iceluy nostre cousin, appellez avecques luy nosd. conseillers, avons chargé, commis et ordonné, chargeons, commectons et ordonnons par ces presentes de traicter et accorder avecques tous patrons, maistres de navires et mariniers de Nous servir à tel temps, par telle manère et pour tel priz qu'ilz verront estre convenable pour le bien de lad. armée. Pour le paiement et fornissement du quel traicté et marché ainsi fait avecques iceulx patrons, maistres de navire et mariniers, avons à nosd. cousin et conseillers donné et donnons par ces presentes plain povoir, auctorité et mandement especial de y obliger et soubmectre tous et chascuns nos biens meubles et immeubles, presens et à venir; lesquelles promesses et obligacions, qui par nostred. cousin ainsi se feront, appellez avecques lui nosd. conseillers, ou qui en l'absence ou empeschement de nostred. cousin se feront par iceulx nos conseillers seulement, nous promectons en bonne foy et parole de roy avoir agreables et icelles fornir, ratiffier et acomplir de point en point, sans jamais aler ne venir au contraire en quelque manère que ce soit, et dès maintenant pour lors y obligeons et ypothequons tous nosd. biens meubles et immeubles; et avecques ce voulons que toute la finance, vitaille et autres choses que Nous enveions presentement ond. reaulme d'Escosse, pour le bien et avancement de lad. armée, soit baillée et delivrée à nostre amé et feal secretaire maistre Nicolas de Voisines, lequel Nous avons commis et comectons par cesd. presentes à la distribucion d'icelle, pour et en nom de nostre amé et feal tresorier de noz guerres Hemon Roignier. Et par rapportant ces presentes ou vidimus d'icelles, avecquez certifficacion de nosd. cousin et conseillers, ou de nosd. conseillers seulement, et quictance suffisante de ceulx à qui celles finance et vitaille seront baillée et delivrée, Nous voulons tout ce que paié ou distribué en sera par nostred. secrétaire, pour le bien et avancement de lad. armée, estre aloué ès-comptes et rabatu des receptes de nostred. tresorier par noz gens de noz comptes ou autres qu'il appartiendra; ausquelx Nous mandons par ces mesmes presentes que ainsi le facent sans contrediz ou difficulté. En tesmoign de ce Nous avons fait maistre nostre seel à ces presentes. Donné à Borges, le xvij^e jour de may, l'an de grace mil iiij^c xxiij et de nostre regne le primier. Et nous, Archambault, conte de Douglas, s^{gr} de Galouay et de Matardale et gardien de la frontière d'Escosse, Jehan, conte de Boucquen, connestable de France, Franczois seig^r de Gringnaux, Jehan Cranath, esleu confirmé de Cathenilz, Guillaume de Quiefdeville et Guillaume Le Bouscher avons promis et promectons, par les foy et serement de noz corps, faire tenir, payer et acomplir toutes et chacunes les choses dessusd. à nostred. souverain seigneur; et on cas que faulte y auroit, nous promectons en propres et privés noms payer et accomplir les choses dessusd. et pour ce avons obligé et obligeons aud. Peruche touz nouz biens meubles et immeubles, presens et à venir. En tesmoign de ce, nous, Archambault conte de Douglas, Jehan conte de Bocquen, Franczois seig^r de Gringnaux, Guillaume de Quiefdeville, Guillaume Le Bouscher, avons seellé ces presentes de noz seaulx, et nous Jehan Cranath, esleu confirmé de Cathenilz, avons signé de nostre saing manuel, en l'absence de nostre seel. Fait en la cité de Glasco, le xxvj^e jour d'octobre, l'an de grace mil iiij^c xxiij. Crannath.

301. Emprunt de 394 écus d'or contracté par Barthelemy de St Vincent. (Cart^e n° 374.)

1423.
10 novembre.

Sachent touz que je Bartholomé de St Vincent cognoys et confesse devoir à reverend père en Dieu mons^r l'abbé d'Orbester la some de trois cens quatre vings et quatorze escuz d'or, pour cause de bon et loyal prest de lui à moi fait, et auxi pour vainczon de blez et de vins que led. reverend m'a venduz, baillez et livrez, dont je me tiens entèrement pour comtens; et laquelle some de troys cens quatre vings quatorze escuz d'or susd. je promet rendre et paier aud. reverend en bonne foy en et soubz l'obligacion de tous et chascuns mes biens meubles et immeubles, presens et à venir, toutes et quantes fois que par lui ou autres pour nom de luy en seray requis. En tesmoign de ce j'ay donné aud. reverend ceste presente cedule signée de ma main et seellée de mon seel et applus grant garantie et probacion signée à ma requeste du seign manuel de Guillaume Leblanc, notaire de court laye. Et furent ad ce presents Bordot Hugo dit Lerat escuier d'escuierie du roy de France, [Jeanin] Perraud et Colas Perraud d'Olonne, le xe jour de novembre, l'an mil iiij^c vingt et troys. Bartholomé. G. Leblanc, signé à la requeste dud. Bartholomé.

302. Délégation donnée par Peruche de la Sau, sur la somme à lui due par le roy de France. (Carte n° 375 [1].)

1424,
3 juin.

Sachent tous que come je Peruche de la Sau, maistre du balener Saincte Marie du pays d'Espaigne, doyve et soye tenu et obligé rendre et poyer à reverend père en Dieu l'abbé de St Jehan d'Orbester la some de troys cens quarente et sept coronnes, pour certainne cause contenue en une cedule escripte et signée de ma main que je lui ay baillée en tesmoign de verité, laquelle some susd. je led. Peruche ne puis de present bonnement rendre et poyer aud. reverend ainsi que promis avoye et estoye tenu, je lad. some de troys cens quarente et sept coronnes susd. ay assigné et assigne par ces presentes aud. reverend à estre par lui prise sur la some de quatre cens trente et troys escuz à moy promise et assignée par le roy de France le xxvuj^e jour d'avril après Pasquez l'an mil quatre cens vingt et quatre, pour avoir esté au voiage d'Escoce pour querir gens d'armes, come appert plus à plain par ses lectres royaux desquelles j'ay baillé aud. reverend le vidimus soubx le seel royal establi ès contraiz en la ville de la Rochelle avec la lectre d'afretement de mond. balener; et pour laquelle somme de troys cens quarente et sept coronnes requerre, demander, prandre et recevoir pour et en nom de moy de et sur lad. some de quatre cens trente et troys escuz j'ay fait, constitué et establi et par ces presentes fais, constitue et establis mon procureur general led. reverend, auquel j'ay donné et donne plain povoir et mandement d'icelle d. some de troys cent qua-

---

1. Le 22 juin 1424 le même Peruche de la Sau donnait une procuration à peu près identique; le texte en est si détérioré qu'on ne peut distinguer si elle donnait, comme celle-ci, pouvoir à l'abbé d'Orbestier ou à d'autres mandataires. (Carte n° 117.)

rente et sept coronnes demander, prandre et recevoir et d'en donner bonne et valable quiptance soubx seel autentique ou autrement dehument et de y faire tout ce que raison dovra et qu'il voyra estre expedient et convenable; et promet je led. Peruche en bonne foy et soubx l'obligacion de mes biens quelxcomques avoir et tenir ferme et agreable tout ce qui par led. reverend en ce sera fait et negocié et non venir jamais encontre par moy ne par autres. En tesmoign de ce j'ai donné aud. reverend ces presentes lectres seellées à ma requeste du seel establi ès contraiz en la chastellenie d'Olonne pour très noble et très puissant seigneur mons^r d'Amboise, vicomte de Thouars, comte de Bennon, s^{gr} de Thalemont et dud. lieu d'Olonne, et signées du seign manuel du notayre cy après escript. Ceu fut fait et donné presens ad ce oir appellez et requis Perre Grox et Jehan Perno, le tiers jour du moys de juign, l'an mil quatre cens vingt et quatre. G. Leblanc.

303. Arrêt rendu contre Perrot Morineau et Garon de Laille sa femme. (Cart^e 365.)

1425.
24 mai.

Establiz en droit en ces presentes petites assises de Thalemont Guillaume Le Blanc, procureur et en nom come procureur suffisamment fondé des religieux abbé et convent de St Jehan d'Orbestier, demandeurs d'une part, et Perrot Morinea et Garon de Lailhe sa femme, à cause d'elle deffendeurs d'autre part, pour la demande ou demandes que faisoit et poursuivoit à la court de ceans led. procureur desd. religieux à l'encontre desd. deffendeurs sur et pour cause de ce qu'il disoit que feue Perrete Chomarde par soy ou autres de son commandement ou en son nom; lie avans ferme et estable, avoit à son vivant fait poccession et saisine ès-d. religieux ou leur procureur ou à autres pour et en nom d'eulx de sezé sols de rente ou devoir annuel par chacun an en chacune feste de St Michel, quequessoit une foiz l'an, et icelle poccession et saisine avoit continué ès-d. religieux ou leur procureur par tant de temps qu'il n'estoit memoire du contraire; quequessoit par temps suffisant quant à bonne poccession et saisine de lad. rente ou devoir annuel avoir acquis, garder et retenir, par tant que mestier estoit de le dire : et que icelle Perrete estoit alée de vie à trespassement delaissez led. Colas Ardenais et lad. Garon de Lailhe femme de Perrot Morinea ses enffens et heriters seulx et en tout, savoir est ung chacun d'eulx en la moité, lesquels depuis la mort de lad. Perrete leur mère avoient esté et estoient contredisans et refusans, quequessoit delaians et en demeure de faire et continuer ès-d. religieux la poccession et saisine de lad. rente et icelle leur poier, et que arrerages en estoient cheuz et deuz de six ans au temps du premier ajornement sur ce donné; et par ce requeroit led. procureur desd. religieux à l'encontre desd. deffendeurs qu'ilz feussent contrains et condampnés par jugement à faire et continuer dores en avant ès-d. religieux la poccession et saisine de lad. rente en la moité chacun an au terme dessus decleré, quequessoit une foiz l'an, et aussi à leur poier la moité des arrerages d'icelle cheuz et deuz du temps dessus decleré et qui cherront pendant le plait et en leurs despens et dommages du plait jusques à cent sols ou ce que la court esgarderoit s'ilz confessoient ce que dit est, et en cas de neance led. procureur disoit qu'il offret à monstrer et prouver des faiz et choses par luy proposées, des uns ou des autres, fait ou confession qui lui devroit suffire. En et sur lesquelles choses ainsi proposées lesd. deffendeurs ont cogneu et confessé tous et chacuns les faiz et choses proposées pour la partie desd. religieux estre vraies; et pour ce les avons condampné et condampnons par jugement et de leur consentement faire et continuer dores en avant perpetuellement ès-d. religieux la poccession et saisine de lad. rente et la moité en chacune feste et terme dessus decleré, et pour la moité desd. arrerages et despens avons iceulx deffendeurs condampné rendre et poier dedans huyt jours prochainement venant la some de quarente et cincq sols ès-d. religieux et du consentement de leur d. procureur. Si donnons en commandement à tous et chacuns les sergens de la court de ceans, non obstant qu'il soit en leur office, povoir ou bailliage, de metre ces presentes à execucion deue en et sur les biens desd. deffendeurs. Donné et fait ès-assises susd. tenues par nous Jehan Requien chastellain d'icelles, le xxiiij^e jour de may, l'an mil quatre cens vingt et cincq. J. Peyraut, pour registre[1].

304. Arrentement d'un airaud en la ville des Sables fait à Jean Forestier. (Cart^o n° 21. Orig. aux Arch. de la Vendée.)

1425
4 août.

Sachent touz que en la court du seel establi es contraiz en la chastellenie d'Olonne pour très noble et très puissant seigneur mons^r d'Amboise, vicomte de Thouars, conte de Bennon, seigneur de Talemont et dudit lieu d'Olonne, par davant Guillaume Leblanc clerc, notaire et juré de lad. court, en droit personnellement establi Jehan Fourester des Sables d'Olonne, lequel de son bon gré, pure et absolue volunté a cogneu et confessé, et par ces presentes cognoist et confesset soy avoir pris et affermé à perpetuité par manère de ferme perpetuelle des religieux abbé et convent de St Jehan d'Orbester c'est assavoir un ayraut assis en la ville des Sables d'Olonne, tenant d'une part à la maison Alixandre Cantin et d'autre à la maison dudit Fourester, lequel ayraut fut à Jacques Boillea, pour le priz et à la ferme de sept sols monnoie courant de ferme ou rente perpetuelle, rendable et

---

1. Le 27 février 1426, jugement semblable et en termes identiques rendu contre Colas Ardenais aux assises d'Olonne. (Cart^e n° 364.)

poyable ès-d. religieux et leur dit moster et dedans iceli mouster dud. Fourester et des siens et qui cause auront de là chacun an en chacune feste de Pasques. Lesquelx sept sols de ferme ou rente perpetuelle le dit Fourester a promis, promet, doit et est tenu rendre et poier dores en avant perpetuellement chacun an en terme susd. èsd. religieux et leur dit mouster et dedans icelli, comme dit est, pour raison du dit ayraut et poier les charges et devoirs anciens et feodaux deuz et acoustumés estre poiez sur et pour raison dudit ayraut ; et ad ce a obligé. . . . renunciant. . . . En tesmoign. . . . a donné. . . . lettres seellées. . .. . du seel dessusdit . . . Ceu fut fait et donné presens ad ce Jehan Breniquet et Guillaume Pommer, le quart jour du mois d'aoust, l'an mil quatre cens vingt et cinq. G. BLANC.

305. Arrêt rendu aux assises de Talmont contre Louis Metayer dit Jacquelot. (Cart° n° 7.)

1425.
7 septembre.

Perre Royrand licencié en loix, seneschal de Thalemont pour très noble et très puissant seigneur monsr d'Amboyse vte de Thouars, cte de Bennon, sgr dud. lieu de Thalemont, à messire Lois Sayvet, Nicolas de la Bauduère et Nicolas Ymbert salut. Venuz est par devers nous Guillaume Le Blanc, procureur et en nom et come procureur des religieux abbé et convent d'Orbestier, disant que iceulx religieux avoient fait convenir et appeller par adjornement Loys Mestoyer dit Jacquelot par davant nous à la court des grans assises dud. lieu de Thalemont ; à laquelle court ilz faisoient et intentoient certaine demande ou demandes à l'encontre d'icelluy Jacquelot, sur et par cause de ce qu'ilz disoient que feu messire Jehan Auberoie presbtre à son vivant avoit fait saisine et poccession ès-d. religieux, leurs procureurs ou autres en leur nom et de leur comandement, eulx avans ferme et agreable, de treze sols de rente ou devoir payable chacun an en chacune feste de Noel, quequessoit une foiz l'an ; laquelle rente avoit led. presbtre on temps de sa vie cogneu et confessé devoir ausd. religieux et leur moustier, à cause et pour raison de tous et chacuns ses biens immeubles et heritages qu'il avoit en la parroiche de Ste Foy, et que à present led. Jacquelot tenoit et explectoit lesd. chouses et estoit contredisans et refusans de paier lad. rente ès-d. religieux ; et que à monstrer et prouver les chouses susd. lesd. religieux avoient plusieurs tesmoins veilz, faibles, valetudinayres et autres, et se doubtent que si pendant le plait qui par aventure porra avoir long trait lesd. tesmoins aloient de vie à trespassement ou se absentoient du pays, actendu les grans guerres qui à present ont cours en ce royaulme, lesd. religieux ne porroient finer de leursd. tesmoins quant besoign leur seroit pour monstrer et prouver leur entencion, et ainsi seroyent en aventure de perdre leur bon droit qu'il se dient avoir sur ce par deffault de preuve, laquelle choze seroit en leur grand grief, prejudice et dommage, et si par nous ne leur estoit pourveu du remede et justice' requerre icelluy. Pour ce est il que nous, actendu ce que dit est, vous mandons et commandons ou à deux de vous, en commectant si mestier est, que, appellez par davant vous ou deux de vous ceulx qui pour ce seront à appeller, recevez et faictes jurer tous et chacuns les tesmoins ès-juridicions susd. et autres qui de la partie desd. religieux seront produiz et amenez, et iceulx exauciez sur les choses ci-dessus desclerées, et leur depposicion metez et redigez par escript en forme ordennée par manère d'enqueste affin de perpetuel memoire, et icelle signée des seigns manuelx de vous qui ad ce aurez vacqué et seellées de vous qui ad ce aurez vacqué et seellées de vous seelx stable choze apportez ou envoyez par devers nous pour la metre et bailler en bonne et sehure garde, affin que lesd. religieux s'en puissent servir et aider en lieu et en temps quant mestier sera et ainsi qu'ilz porront et devront. De ce faire vous donnons plain povoir et mandement et avons mandé et com-

mandé à touz et chacuns les officers et subgectz de mond.
seigneur que à vous en ce faisant obeissant et entendant diligemment. Donné soubx nostre seel le vij^e jour de septembre, l'an mil iiij^e vingt et cincq. J. Faverea, pour registre.

306. Arrentement de Taillepied à Micheau Peyraudeau. (Cart^e n° 330.)

Sachent touz que par davent Guillaume Le Blanc et messire Loys Sayvet presbtre, notaires jurez de la court du seel establi aux contraiz en la chastellenie de Thalemont pour très noble et très puissant seigneur mons^r d'Amboise v^{te} de Thouars, c^{te} de Benaon et s^{gr} dud. lieu de Thalemont, personnellement establiz en droit reverend père en Dieu, frère Nicolas du Verger, abbé du mouster St Jehan d'Orbester, d'une part, et Michea Peyraudea parrochien de St Pere du Luc, soubmetans soy, ses hers et successeurs et touz et chacuns ses biens meubles et immeubles quelxcomques presens et à venir à la juridicion et cohercion de lad. court quant ès-chouses en ces presentes contenues, d'autre part; led. reverend père en Dieu, frère Nicolas abbé dud. mouster St Jehan d'Orbestier, a baillé et octroié à perpetuité aud. Michea Peyraudea pour luy et les siens ung lieu et herbregement vulgaument appellé Tailleppé, situé et assis en lad. parroiche St Pere du Luc, o toutes et chacunes ses appartenances, circonstances et deppendances quelxcomques, tenant, d'une part, au tenement de la Peiraudère ung ruissea d'ayve entre deux, d'autre, au tenement de la Goychonnère, d'autre, au grant chemin par ou l'on vait du Luc à Legé, d'autre, au tenement de la Gauterie et, d'autre, au tenement de la Savarière; pour icelluy lieu et herbregement avoir, tenir perpetuellement dud. mouster St Jehan d'Orbestier par led. Peiraudea et les siens, pour le priz et somme de six livres en

1425.
3 novembre.

deners monnoie courante de rente ou ferme perpetuelle estre rendueeset poyées dores en avent perpetuellement dud. Michea Peiraudea et des siens aud. reverend père, à ses successeurs religieux abbé et convent dud. mouster et qui d'eulx auront cause et dedans icelluy mouster par chacun an en chacun dymenche que on chantet en saincte eglise Quasi modo, premer dymenche emprès Pascques. Et a cedé et transporté perpetuellement led. reverend père end. Michea Peiraudea et en siens led. lieu et herbregement. . . . . Et parmi cest contraict a esté dit que led. Michea ne les siens ne porront transporter lesd. choses ne aucune d'icelles en nulles autres persoynnes quelxcomques fors que end. religieux seulement, ne sur icelles choses mectre ne assoir charges ne cappitacions en aucune manère; et aussi a esté dit que si en temps à venir led. Michea Peyraudea ou les siens bailloient assoyte de cent sols de rente aud. reverend père ou à ses successeurs religieux abbé et convent dud. mouster qu'ilz seront tenuz de les prendre et acepter, ainsi que lesd. cent sols de rente soient situez et assis en bon lieu noble et suffisant en une pièce et amortiz, et sera tenu led. Payraudea leur faire faire poccession et saisine de lad. rente qu'ilz bailleront en assiete et en faire joir lesd. religieux abbé et convent dud. mouster perpetuellement, et les autres vingt sols de rente poyeront led. Michea et les siens par leur main èsd. religieux abbé et convent perpetuellement pour recognoissance que lesd. chouses ont esté d'eulx et de leurd. mouster. Esquelles chouses. . . . . ont obligé lesd. parties. . . . . et ont renuncié. . . . . serement. . . . . et en ont esté jugées et condampnées de leur assentiment et volunté et par le jugement de la court dud. seel par nous notaires dessusd. Ceu fut fait et passé presens ad ce Colas Riolea et Estiene Peyraut, le ters jour du moys de novembre, l'an mil iiij^c vingt et cincq. L. Sayvet. G. le Blanc.

307.. Arrêt rendu aux assises de Beauvoir contre Guillaume Rousseau et Perrot Simon. (Cart° n° 44.)

1425
22 novembre.

Condampné avons par jugement et de leur consentement Guillaume Rousea et Perrot Symon rendre et payer dedans huyt jours prochainement venant ès-religieulx abbé et convent de St Jehan d'Orbestier la somme de dix livres monnoie courante et deux fromages, pour les arrerages de cent sols et d'un fromage le tout de rente que lesd. Rousea et Symon ont confessé en jugement devoir ès-d. religieulx pour chacun an en chacune feste de St Michel archange, pour raison de certains lieux et choses appellez les maroys Mauffaiz. Si donnons en commandement à tous et chacuns les sergens de la court de ceans, si come à chacun appartiendra, de metre et faire metre à execucion deue en et sur les biens desd. Rousea et Symon led. terme passé, sans les recevoir à opposicion si elle [est faicte] depuys le date de ces presentes. Donné et fait ès-grandes assises de Beauvoir-sur-Mer tenues par nous Jehan Mauvertea seneschal dud. lieu, le xxij° jour de novembre, l'an mil quatre cens vingt et cincq. M. Guybert, pour registre.

308. Enquête au cours d'un procès pendant aux assises de Talmont entre l'abbaye et Louis Metayer dit Jacquelot. (Cart° n° 112.)

1426.
4 novembre.

Honnourable homme et sage mons^r le seneschal de Thalemont, son lieutenant ou commissaire, pour très noble et très puissant seigneur mons^r d'Amboise, v^{te} de Thouars, c^{te} de Bennon et s^{gr} dud. lieu de Thalemont, Nicolas Bordea sergent de mond. s^{gr} on d. lieu de Thalemont et le vostre o tout honnour, service, reverence, subjecion et obeissance soy recommande. Très honnouré seigneur, pleise vous savoir moy [avoir veu un mandement] donné en vous derrères grans assises de Thalemont [à la requeste et de] la partie de Louys Mestoyer dit Jacquelot [contre] les religieux abbé et convent de St Jehan d'Orbester [ou leur procureur] poursuivant ès-d. assises contre led. Mestoyer [pour certaines choses desquelles] la monstre ou monstrée avoit esté autreffoiz jugée et faicte estoit ou declarée à estre faicte à la requeste dud. Mestoyer; par la vertu et auctorité duquel procès et à la requeste dud. Mestoier je sergent susd. assignay jour ès-d. parties pour faire lad. [monstre ou monstrée et mesmement ausd.] religieux en personne de Guillaume le Blanc leur procurer au. . . . . [1] de l'an mil iiij^c vingt et six à assembler par devant moy icelluy jour en la cohue de Thalmont heure de prime; et ausquelx jour, lieu et heure lesd. parties comparaissans, led. Mestoyer en personne et lesd. religieux par led. Guillaume le Blanc leur procureur suffisamment fondé, decevra, detria et declara led. Mestoier des choses à luy autreffoiz monstrées par lesd. religieux en la presence dud. procureur desd. religieux abbé et convent qui sont : premèrement deux maisons, l'une teubline, l'autre boscrine, o leurs appartenances de vergers, ruages et cayruages et bois, tenant, d'une part, au chemin par lequel on vait de Ste Foy à Gastine, d'autre, ès appartenances Jehan Mousner, d'autre, au cymentère [de Ste Foy]; item un grant tenement contenant en soy une sexterée de terre ou environ tant gaste que gaingnable et quatre journaux de prez ou environ, tenant, d'une part, led. tenement au chemin par lequel l'on vait de Ste Foy à Gastine, d'autre, de lad. yglise de Ste Foy à l'Establère, d'autre, ès-heritâges de Boschet, d'autre, ès-heritages de la Girardère; Item ung quart de journaux de pré ou environ, tenant des troys bouz ès-he-

---

1. Date illisible.

ritages de Jehanne Mosnère et, d'autre, à lad. Girardère; Item une pièce de terre gaste tenant d'une part au chemin par ou l'on vait de Ste Foy à l'Establère et, d'autre, ès-terres de Colin Gentis et, d'autre, ès-appartenances de Jehan Mosner; Item une autre pièce de terre en pasturages de landes contenant une quarterée de terre ou environ, tenant, d'une part au chemin par ou l'on vait de Ste Foy à [Gastine], d'autre, ès-prez de la Gautière, d'autre, ès-heritage de Boschet et, d'autre, ès-heritages de Jehan Mosner. Lesquelx choses susd. et chacune d'icelles led. Mestoyer decevra, detria et declara des choses à luy autreffoiz mostrées par. lesd. religieux et dit et declaira que lesd. choses avoit et tenoit et les entendoit à deffendre et debatre de lad. preuve ou demande desd. religieux o l'aide de son conseil et que les autres choses à luy mostrées et par luy non decevreez il ne avoit [ne à present] ne au temps du premer ajornement à luy sur ce donné, ne les entendoit aucunement à deffendre ne debatre de lad. preuve ou demande desd. religieux. Et lesquelx choses susd. ainsi que dit est par led. Mestoyer decevrées, detriées et desclerées icelluy Mestoyer donna pour bien decevrées, detriées et desclerées et je l'en jugeay par vous comme faire le povoie et devoie. Et ce très honnouré seigneur je vous certiffie par ceste moye presente relacion seellée de mon seel duquel je use en mond. office de sergenterie faisant, et furent presens à faire [detrier et] decevrer Michea Guilloton et Jehan Gaudon. Donné les jour et an que dessus. Donné et fait par copie, collacion faicte à l'original ès-grans assises de Thalmont commencées à tenir le quart jour de novembre, l'an mil iiij^c vingt et six.

309. Procuration donnée par l'abbé Louis de Machecou. (Cart° n° 322.)

1429.
1" novembre.

Universis presentes licteras inspecturis et audituris L. Dei et apostolice sedis gracia humilis abbas monasterii S^{ti} Johannis de Orbisterio, ordinis S^{ti} Benedicti, Lucionensis diocesis, totusque ejusdem loci conventus salutem in Domino sempiternam. Noveritis quod nos abbas et conventus predicti, in capitulo nostro congregati ad sonum campane hora capituli, ut moris est, unanimes et concordes, in omnibus et singulis causis, litibus et negociis nostris prioratum nostrum de Barra dicte diocesis Lucionensis tangentibus, et de consensu et voluntate fratris Nathalis Jacquea dicti nostri prioratus prioris ac eciam idem prior, tam pro nobis quam contra nos nomine quo supra tam agendo quam deffendendo, conjunctim vel divisim, tam in causa officii quam aliis contra omnes et singulos adversarios nostros, coram quibuscumque judicibus ecclesiasticis et secularibus et aliis quacumque auctoritate vel potestate fungentibus seu functuris, fecimus, constituimus et ordinavimus et adhuc tenore presencium facimus, constituimus et ordinamus procuratores nostros generales et nuncios speciales videlicet dictum fratrem Nathalem Jacquea priorem prefatum, fratres Johannem Moricet, Hugonem Mosner, conmonachos nostros, Guillelmum Le Blanc, Johannem Faverea, Nicolaum de la Bauduere, Johannem Pascaud, Johannem Peyraut, Johannem Gaborin, Johannem Marchent, Petrum Chaille, Johannem Masse, Guillelmum Galer, Nicolaum Galer, Johannem Durant, Johannem Prevost, Johannem Queyre, Johannem Merser, Stephanum Boudaut, Johannem Generat, Petrum Tudea, Philipum Borgueignon et eorum quemlibet in solidum, ita quod non sit melior condicio occupantis sed quod per unum ipsorum inceptum fuerit per alium seu alios prosequi, terminari valeat et finiri. Dantes et concedentes dictis procuratoribus nostris et eorum cuilibet in solidum plenam potestatem ac mandatum speciale agendi pro nobis, nomine quo supra, nosque deffendendi, ponendi, respondendi, libellum seu libellos dandi et recipiendi, repplicandi, dupplicandi et tripplicandi, litem seu lites contestandi, jurandi in animas nostras de calumpnia et de veritate, dicendi et subeundi alia juramentorum genera que postulat ordo juris, testes, licteras, instrumenta et alia probacionis documenta producendi pro modo probacionis vel alias, productaque a parte adversa reprobandi, licteras ac mandata regalia et alia execucioni debite mandari, petendi, opponendi, requestas et opposiciones prosequendi, garitorem seu garitores advohandi, garimentum seu garimenta suscipiendi, applegia, contrapplegia, applegiamenta et contrapplegiamenta prosequendi, jura, arresta, interlocutorias et diffinitivas sentencias audiendi et appellandi, appellacionesque prosequendi, intimandi et insinuandi, apostolosque petendi et si denegati fuerint iterum appellandi, curiam, retoruriam et obcissanciam hominum et subditorum dicti nostri prioratus petendi et obtinandi, assecuritatem ydonea forma juris petendi, obtinandi, dandi et jurandi expensas, dampna et interesse facta et facienda petendi et recipiendi, delivranciam seu recredenciam rerum et bonorum prioratus nostri predicti requirendi et obtinandi, et generaliter omnia alia et singula faciendi, procurandi et exercendi que in premissis erunt necessaria seu eciam opportuna et que nos faceremus et facere possemus et deberemus, nomine quo supra, si presentes interessemus, eciam si talia sint que mandatum exigant magis speciale. Promictentes bona fide et sub ypotheca et obligacione rerum et bonorum dicti nostri prioratus ratum, gratum et firmum habere quidquid per dictos procuratores nostros et eorum quemlibet in solidum actum, gestum et procuratum fuerit in premissis, ac pro ipsis et eorum quolibet judicio sisti et judicatum solvi cum suis clausulis opportunis, ipsosque relevandi ab omni onere satisdandi. In cujus rei testimonium presentibus licteris sigilla nostra quibus in talibus utimur duximus apponenda. Datum et actum in capitulo nostro, die prima mensis novembris, anno Domini millesimo quadringentesimo vicesimo nono.

310. Foy et hommage rendu à la seigneurie de la Chèze-Giraud.
(Cart^e n° 286 [1].)

1430.
6 mars.
(1429, v. st.)

Sachent touz que aujourduy, en ces presentes assises de la Chèze Giraud, tenues par nous Henri Marionnea seneschal dud. lieu, est venu frère Loys de Machecoul, abbé du mouster de St Jehan d'Orbester, lequel nous a offert à faire la foy et hommage plain, baiser et serement de feaulté que avoyent acoustumé faire ses predeccesseurs abbez dud. mouster à monseigneur de la court de ceans. A laquelle foy et hommage et serement de feaulté nous l'avons receu, sauf le droit de mond. seigneur et tout autre, reservé le baiser à la prochaine venue de monseigneur qu'il fera de par decza, parmi ce qu'il nous a promis et juré ès sains evangiles Nostre Seigneur et par la foy et serement de son corps estre feal et leal à mond. seigneur, ainsi que homme de foy par led. hommage le doit estre; et luy avons commandé bailler son fief par escript dedans le temps de la coustume, ou autrement dès lors comme de present et de present comme dès lors l'avons desaisi des chouses dud. hommage. Donné ès-assises dessusd. tenues par nous seneschal susd. le vj^e jour de mars, l'an mil iiij^c xxix. J. Gaborin, pour registre.

---

1. Le 14 janvier 1433, frère Louis de Machecoul, abbé d'Orbestier, offre en personne le même hommage à Guillaume de la Muce, sgr de la Chèze-Giraud et de la Guerche. (Cart^e n° 272.)

Le 17 décembre 1439, aux assises de la Chèze-Giraud, tenues par Jacques Alexandre, sénéchal dud. lieu pour Guillaume de la Muce, frère Jean Peyrot, procureur de l'abbé Louis de Machecoul, présenta son aveu par écrit. (Cart^e n° 270.)

Le 28 mars 1452, aux assises du même lieu tenues par le même sénéchal, frère Charles Rouleau présenta le même aveu. (Cart^e n° 271.)

311. Bail d'une maison à St Benoît fait à Jean Fleury, moine.
(Carte n° 42.)

Universis. . . . . L. Dei gracia humilis abbas monasterii beati Johannis de Orbisterio, ordinis S^{ti} Benedicti, Lucionensis diocesis, totusque ejusdem loci conventus salutem in Eo qui omnium efficitur vera salus. Noveritis quod nos abbas et conventus predicti in capitulo nostro ad sonum campane, ut moris est, pariter congregati, unanimes et concordes, matura deliberacione perhabita, confidentes ad plenum de discrectione et cura pervigili fratris Johannis Florius monachi nostrum ordinem predictum S^{ti} Benedicti expresse professi, eidem Johanni Flori cummonacho nostro dedimus et concessimus et tenore presencium damus et concedimus domum nostram S^{ti} Benedicti, ejusdem Lucionensis diocesis, cum omnibuz et singulis suis juribus et pertinenciis, scilicet feodis, vineariis, terris, pratis, pascuis et deveriis quibuscumqne nobis ad causam dicte domus spectantibus et pertinentibus; habendam, tenendam et possidendam nomine nostro et pro nobis ab hac hora in antea a dicto fratre Johanne Flori, quoad vixerit, dictam domum nostram cum suis juribus et pertinenciis, solvendo tamen nobis a dicto fratre Johanne Flori annis singulis et quolibet festo S^{ti} Albini decem scuta auri boni et legitimi ponderis annue pensionis sive prestacionis, et faciendo a dicto Flori in dicta nostra domo reparaciones infrascriptas, infra septennum deinde et immediate sequentem, scilicet unum pignon et unum caminum in dicto pignone et unum plancarium infra tres annos proximos venturos et unum caminum in uno appendicio infra quatuor annos inde sequentes; que quidem decem scuta auri annue pensionis ponderis predicti annis singulis solvere et reparaciones antedictas facere et adimplere promisit nobis idem frater Johannes Flori : et hiis faciendis

1430.
4 juin.

et adimplendis eamdem nostram domum una cum suis juribus et pertinenciis quibuscumque promictimus bona fide eidem Flori quoad vixerit garire et deffendere erga quocumque ab omni evicione, solvendo tamen nobis ab eodem Flori quoad vixerit annis singulis et termino jam dicto dicta decem scuta ponderis predicti annue pensionis et faciendo in eadem domo reparaciones antedictas infra tempus jam declaratum et ipsam acquiptando a quibuscumque serviciis et deveriis si que sint sub obligacione rerum et bonorum dicti nostri monasterii quorumcumque; Ita tamen quod si contingat, quob absit, dictum fratrem Johannem Flori indigne et inhoneste vitam ducere regimenque et curam dicte domus et pertinencias ipsius male gerere et agere, eamdem domum nostram cum pertinenciis ejusdem sibi poterimus amovere et ad nos et dictum nostrum monasterium illico revocare. In quorum fidem et testimonium premissorum nos abbas et conventus prefati sigilla nostra hiis presentibus licteris duximus apponenda. Datum die quarta mensis junii, anno Domini millesimo quadringentesimo tricesimo.

312. Commandement fait à l'abbé Louis de Machecou de payer ses taxes en cour de Rome. (Cart° n° 187.)

1431.
26 mai.

Johannes Varigne, canonicus et helemosinarius de Credonio apostolicusque in civitate et diocesi Lucionensi subcollector specialiter deputatus, universis et singulis capellanis curatis et non curatis in dictis civitate et diocesi Lucionensi ubilibet constitutis et eorum cuilibet in solidum salutem in Domino et nostris ymo verius apostolicis firmiter obedire mandatis. Vobis et vestrum cuilibet in virtute sancte obediencie et sub excommunicacionis pena mandamus quatenus reverendum in Christo patrem et dominum Ludovicum de Machecolio, modernum abbatem monasterii de Orbisterio nuper autem de Brolio Golandi, dicte Lucionensis diocesis, si et in quantum meruerit excommunicari virtute cujusdam monicionis auctoritate apostolica per dominum collectorem contra prefatum dominum abbatem ob moram et deffectum solucionis septuaginta florenorum auri de camera ad causam restarum certe composicionis facte in camera apostolica pro vacante dictorum monasteriorum, ut idem dominus collector per dictam suam monicionem asserit debite factam, loco dicti domini collectoris et nostri absolvatis et absolutum si sit opus publice nuncietis, [eumdem] eciam dominum abbatem super irregularitate si quam se divinis inmiscendo vel alias incurrerit, dum tamen in contemptum clavium sancte matris ecclesie hoc non fecerit, dispensantes ; insuper certis de causis ad hoc nos moventibus eidem domino abbati, qui dictam auri summam in camera apostolica ut asserit solvit seu solvi fecit, terminum videlicet diem primam mensis decembris proxime venturam ad docendum de quictanciis supradicte summe LXX^{ta} florenorum pro omni dilacione summe solvende assignavimus. Datum sub sigillo quo in curia domini decani Marolii utitur, in absencia nostri, et sub signo nostro manuali, die xxvj^a mensis maii, anno Domini millesimo quadringentesimo tricesimo primo. Varigne.

313. Transaction et accord avec Catherine Vallée, veuve de Léonard du Vergier. (Cart° n° 368.)

1432.
24 août.

Sachent tous que en la court du seel establi ès-contraiz dont l'on uset à present en la ville et chastellenie de Thalemond pour le roy nostre sire, par devant Jehan Gaborin clerc, juré, passeur et notaire d'icelle court, ensembleement et en la court du seel establi ès-contraiz en doyenné de Thalemondoys pour honnourable homme et sage mons^r le doyen dud. lieu, par devant Guillaume Le Blanc clerc, juré, passeur et notaire d'icelle court, en droit personnellement establiz frère Nicolas Ruffin prieur de cloistre du convent de St Jehan d'Orbester, procureur et comme procureur suffisamment fondé des religieux abbé et convent dud. lieu d'Orbester, si come par la teneur de sa procuracion appert à plain de laquelle la teneur s'ensuit : Universis presentes licteras inspecturis et audituris frater Ludovicus, Dei et sancte sedis apostolice gracia humilis abbas monasterii S$_{ti}$ Johannis de Orbisterio, totusque ejusdem loci conventus. . . . . vicesima tercia die mensis augusti, anno Domini millesimo quadringentesimo xxxij° : [1] d'une part, et Caterine Valée, vefve de feu maistre Leonart du Verger, d'autre part. Comme contens et debatz fussent esmeuz ou en esperance de esmouvoir entre lesd. religieux abbé et convent, demandeurs à cause dud. mouster d'une part, et lad. Caterine Valée, deffenderesse d'autre part, sur ce que led. procureur desd. religieux abbé et convent disoit et proposoit contre lad. Caterine Valée que on temps cza arrères certains transpors, pactions, accors et convenances avoient esté faiz, passez, promis et accordez entre Leonart Valinea filz de Lucas Valinea et de feue Caterine du Verger à son vivant seur dud. feu maistre Leonart du Verger, d'une part, et lad. Caterine Valée, d'autre part; par lesquelx transpors, pactions, accors et convenances led. Leonart Valinea avoit delessé, cedé et transporté tant pour luy que pour les siens et qui de luy auroient cause à lad. Caterine Valée ad ce presente, prenante et acceptante pour lie et les siens, c'est assavoir tous et chacuns les droiz, noms, raisons, actions, quereles et demandes, saisine, proprieté et aultres droiz quelxcomques qui à yceluy Valinea compectent et appartenent et pouent compecter et appartenir en quelque manière que ce fust ou peust

---

1. Même observation que pour le n° 174 ci-dessus. Les noms des procureurs sont ici : Nicolas Ruffin prieur claustral et Thomas Peiraud prieur de St-Lambert. Cette procuration, outre les formules générales, donne pouvoir particulier de transiger avec Catherine Valée pour les faits relatés dans la charte, en termes que cette dernière reproduit intégralement.

estre en tous et chacuns les biens immeubles et heritages quelxcomques à luy obvenuz par la mort et decès de feue Caterine du Verger feille dud. feu maistre Leonart du Verger et de lad. Caterine Valée, prouche parente ycelle du Verger dud. Leonart Valinea au regart et du cousté dud. maistre Leonart du Verger oncle maternel dud. Leonart Valinea et père de lad. Caterine du Verger, fussent yceulx biens nobles ou rosturers, houstelz nobles et non nobles, vergers, terres, prez, boys, cens, rentes, maroys et aultres choses quelxcomques en quelque fief ou jurisdicion que iceulx biens et choses immeubles peussent estre diz, censez et appellez, et d'iceulx biens et choses immeubles se desvestit et desaisit icelluy Leonart Valinea et en vestit et saisit lad. Caterine et les siens, parmi ce que icelle Caterine Valée tant pour elle que pour les siens promist et fust tenue rendre et poyer aud. Valinea et qui de luy auroient cause perpetuellement par chacun an les choses dont la declaracion s'ensuyt : c'est assavoir deux sexters de froment bon, novea et marchent, à la mesure de Talemont, en chacune feste de Nostre Dame meaost et à mesure marchende, laquelle elle et les siens sont et seroient tenuz faire aud. Leonart Valinea en luy poient led. blé à lad. mesure dix et sept boiceaux pour chacun sexter, Item deux pipes de vin bon, pur, novea et marchent, l'une blanche et l'autre clarete, enfustée en deux bons feusts et suffisants, tenent ou pouhent tenir chacun dix cousterées de vin; et dix livres en deners de rente de forte monnoie, à compter escu d'or pour vingt et deux sols six deners; et icelle rente de vin et deners susd. lad. Caterine Valée promist et fust tenue rendre et poier et les siens perpetuellement aud. Leonart et ès-siens en chacune feste de St Denis à commancer à faire le primer poyement des rentes susd. aud. Valinea au terme et festes dessuz declerez en l'an que l'on dist mil quatre cens vingt et quatre en la ville de Thalemont là ou bon sembleroit aud. Valinea; et oultre ce avoit esté dit et acordé entre led. Leonart Valinea et lad. Valée que si lad.

Caterine Valée estoit contredisante ou refusante et deffaudroit de faire aud. Valinea le poyement des rentes dessusd. au termes et festes dessus declerez, icelluy Valinea dès lors se porroit prandre ausd. biens immeubles à luy obvenuz par le decès de lad. Caterine du Verger sa parente et iceulx biens immeubles et heritages dès lors exploicter d'ilec en avent paisiblement come de sa propre chose et domainne ; ès-quelles choses faire, tenir, garder et acomplir lesd. Valinea et Caterine Valée chacun d'eulx en son article et par tant qu'il li touche avoient ypothequé et obligé l'un à l'autre et qui d'eulx auroyent cause tous et chacuns leurs biens meubles et immeubles et choses quelxcomques et en avoient esté jugez et condampnez par jugement de court seculère ; et disoit led. procureur desd. religieux abbé et convent que dès lors lad. Caterine Valée estoit tenue rendre et poier en chacun terme dessus descleré et par chacun an aud. Leonart Valinea et ceulx qui de luy auront cause lesd. rende de blé, vin et deners, et en deffault de ce se povoit led. Valinea et ceulx qui de luy avoient cause emparer desd. choses et joir dès lors en avent come de son domainne par la nature du contrait sur ce fait entre lesd. Valinea et Valée ; et disoit oultre led. procureur desd. religieux abbé et convent que depuis ce led. Leonart Valinea, qui depuis ce estoit devenu presbtre et ainsi estoit appellé messire Leonart Valinea, par certain tiltre et clause abille et suffisante à ceder et transporter les rentes dessusd. avecques tous et chacuns les droiz, noms, raisons et actions qu'il avoit, avoir povoit et devoit en icelles rentes de blé, vin et deners et arrerages d'icelles et vers et contre quelxcomque personne que ce feust ou peust estre pour et à cause de ce avoit cedé et transporté ès-d. religieux abbé et convent et mouster d'Orbestier icelle rente et arrerages o touz les droiz qu'il y povoit avoir ; et ainsi par le moyen d'icelluy transport à iceulx religieux abbé et convent compectoient et appartenoient icelles rentes et chacune d'icelles avecques les arrerages d'icelles et de chacune d'icelles et avoient droit de les demander et avoir ; et disoit oltre led. procureur desd. religieux abbé et convent qu'il avoient notiffié et exibé à lad. Caterine leurd. contrait et transport et l'avoient somé et requis de leur poier les arrerages desd. rentes deuz depuis le temps dud. contrait sur ce fait entre led. Valinea et elle en l'estimacion de la plus grant valoir d'iceulx, dont icelle Valée avoit esté contredisante et refusante; et concluoient contre lad. Valée ad ce que si elle confesse les choses par eulx proposées elle fut condampnée et contraincte à leur deguerpir et deleisser par ypothèque et come ypothèque tous et chacuns les biens et choses meubles, immeubles et heritages qu'elle avoit et tenoit en povoir, justice et jurisdicion de Talemont, par l'auctorité de laquelle court ou fust led. contrait elle fut jugée et condampnée, oultre ce pour le susd. deffault et non poiement des arrerages des rentes dessusd. et pour la convencion dessusd. mise et apposée ond. contrait fust contraincte et condampnée à vuider et deleisser ès-d. religieux abbé et convent come avans droit et transport dud. messire Leonart Valinea lesd. biens et choses par li à elle baillées ond. contrait et en leurs despens, interests et dommages jusques à quarente livres ou ce que par justice seroit esgardé on cas de confession, offrant on cas de neance à faire preuve des faiz et chouses par eulx proposés, des uns ou des aultres, fait ou confession à suffire. Et par la partie de lad. Caterine Valée a esté dit et proposé à ses deffences que bien estoit vray qu'elle avoit pris et arenté à perpetuité dud. messire Leonart Valinea les choses et droiz dessusd. ès-rentes et devoirs dessusd. à luy et qui de luy auroyent cause poiables par chacun an ès-termes dessus desclerez en la ville de Thalemont là ou bon sembleroit aud. messire Leonart, mès que led. messire Leonart ne li avoit point decleré la place et le lieu où elle feroit mener lesd. choses en lad. ville, et aussi qu'elle n'avoit aucunement esté acertainée desd. transpors dud. messire Leonart dont se vantent lesd. religieux abbé et convent, et ainsi n'est aucunement en demeure d'avoir poié lesd. choses, supposé que ainsi fust que dient lesd. religieux, et ainsi ne devroit poier lesd. choses en l'estimacion susd. sinon en la valeur qu'elles auroient esté au temps de chacun terme ; disoit oultre que led. feu messire Leonart du Verger à son vivant avoit esté donné tutour ès-frères et seurs mineurs d'ans de lad. Caterine Valée et par le moyen de lad. tutelle avoit eu de leurs biens montant à la some de troys cens livres et plus dont il ne avoit fait ne rendu à sesd. frères et seurs aucun compte ne satisfaccion, de quoy lad. Caterine estoit à present poursuivante pour iceulx sesd. frères et seurs, en quelles choses lesd. religieux abbé et convent ou leur procureur avans droit dud. messire Leonart seroyent tenuz de li faire et porter gariment et la deffendre. . . . . [1] Et de la partie dud. procureur desd. religieux abbé et convent fut dit et proposé eulx non aucunement estre tenuz ès-choses proposées et requises par lad. Caterine Valée pour certainnes causes, faiz et raisons qu'ilz pretendoient. Emprès lesquelles choses proposées d'une partie et d'autre, par le conseil et avis de plusieurs amys d'une partie et d'autre, pour eschiver plaitz, procès, contens et avantures de jugement qui sont [doubteuses], lesd. parties establies en droit come dessus est dit, a esté pacifié, transigé et acordé entre icelles parties, sur ce à plain deliberé, de leur bon et entier consentement et volunté, de et sur les choses dessusd. en la forme et manière qui s'ensuyt. C'est assavoir que lad. Caterine Valée pour estre et demourer dores en avant quipte et deschargée . . . . quelxcomques et ceulx qui d'eulx cause auroyent desd. deux sexters de froment, deux pipes de vin et dix livres en deners de rente dessusd. et arrerages, dont elle autreffoiz estoit tenue aud. messire Leonart Valinea en suivant le contrat dont dessus est faicte mencion, a presentement

---

1. Le reste de cette pièce est si détérioré qu'il présente, ici et ci-dessous, plusieurs passages indéchiffrables; on les a remplacés par des points.

baillé, poié et nombré aud. procureur desd. religieux abbé et convent. . . . . la some de trente escuz d'or en un noble . . . . . ung franc à pié, soixante et quinze reaulx de poix . . . . . deux mars d'argent pour douze reaulx, lesquelles choses led. procureur desd. religieux a eu et receu, en la presence des notaires susd. . . . . a baillé transporté et deleissé lad. Caterine ung quarter de froment de rente en quel lie estoyent tenuz ès noms que dessus Boursaut et Loise Giraudelle sa femme par certains transpors autreffoiz faiz d'iceluy quarter de froment de rente. . . . . aud. maistre Leonart du Verger à celuy temps mari de lad. Caterine. . . . . Caterine a aujourduy baillé aud. procureur desd. religieux et en est demourée quipte envers eux, pour icelluy quarter de froment de rente avoir, tenir, possider, user et explecter perpetuellement dores en avant par lesd. religieux et ceulx qui d'eulx auront cause; duquel quarter de froment de rente lad. Caterine a promis, doit et est tenue faire une foiz seulement poccession et saisine ès-d. religieux ou leur procureur par ceulx qui à celuy quarter de froment de rente sont tenuz, et en a cedé et transporté icelle Caterine end. religieux et mouster touz noms, actions, saisine et possession quelxcomques, et mandet et commandet icelle Caterine par ces presentes à ceulx qui à celuy quarter de froment de rente poier sont tenuz que iceluy dores en avant sans contredit. . . . . par ainsi le poyent ès-d. religieux les en quiptant perpetuellement. Et en oultre parmi ce promet, doit et est tenue lad. Caterine Valée tant pour elle que pour ceulx qui d'elle auront cause et povoir en vertu de l'accort et transaction dessusd. rendre et poier dores en avant ès-d. religieux abbé et convent d'Orbester et en chaque année et en chacune feste de Noel quarente sols de rente de monnoie courante jusques ad ce que elle ou ses successeurs aient assis, situé et assigné ès-d. religieux abbé et convent en bonne assiete et suffisante en la chastellenie de Thalemont ou d'Olonne; laquelle assiete lesd. religieux abbé et convent et leurs successeurs seront tenuz prandre et accepter et dès lors icelle Caterine demourera quipte d'icelle rente ; et en outre ont promis, doivent et sont tenuz lesd. abbé et convent rendre et bailler à lad. Caterine Valée les lectres du don et transport fait par led. feu messire Leonart Valinea end. religieux abbé et convent et descharge et quiptance des arrerages dessusd. avec les lectres obligatoires que lad. Caterine Valée avoit donné aud. messire Leonart Valinea en prenant de luy lesd. heritages. Et en oultre a promis, doit et sera tenu led. procureur desd. religieux abbé et convent garentir et deffendre perpetuellement lad. Caterine et les siens de tous troubles, empeschemens et perturbacions quelxcomques. . . . . qui lie porroyent estre faiz pour occasion des choses dessusd. Et aussi lad. Caterine a promis, doit et est tenue garentir et deffendre led. quarter de froment de rente par elle baillé de tous empeschemens qui y pourroient estre faiz ou mis pour occasion des choses dessusd. mesmement lad. Caterine des rentes et arrerages susd. envers lesd. religieux abbé et convent et autres personnes quelxcomques et lesd. religieux envers elle et autres de tout ce en quoy ilz porroient estre tenuz pour occasion des choses par lad. Caterine proposées, et les en a lad. Caterine promis acquipter et descharger. Esquelx accors, transaction et convenances et pactions. . . . . lesd. parties ont obligé. . . . . renunciant. . . . . serement. . . . . Ceu fut fait et passé presens ad ce reverend père en Dieu frère Louys de Machecoul abbé du mouster d'Orbester, frère Thomas Perraud prieur de St Lambert près Mauléon, frère Jehan Moricet prieur de la Saimbrandère membre despendant dud. mouster, frère Guillaume. . . . . [religieux d'icelluy mouster], maistre Henri Marionnea, Maturin Penart,. . . . . Sornin, Jehan Mestoyer dit Charlot et plusieurs autres, le xxiiij^e jour du moys d'aougst, l'an mil quatre cens trente et deux. J. Gaborin. G. Leblanc.

314. Accensement d'une pièce de terre fait à Jean Roy, barbier.
(Cart° n° 139. Orig. aux Arch. de la Vendée.)

1434.
2 octobre.

Sachent touz que en la court du seel establi ès-contraiz en la chastellenie d'Olonne pour le roy nostre seigneur par davant Guillaume Leblanc clerc, notaire, juré de ladicte court, en droit personnellement establi Jehan Roy barber, demourans ès Sables d'Olonne, lequel de son bon gré, de sa bonne, pure et absolue volunté et sanz aucun perforcement a cogneu et confessé et par ces presentes cognoist et confesset avoir pris et acensé des religieux abbé et convent du mouster Saint Johan d'Orbester, on diocèse de Lucon, c'est assavoir une nohe ou marchay appellé le Rousea assis, situé et perceant en leur boisson de la Pironnère, ainsi que la dicte nohe ou marchay est bonnoié et confronté, pour le priz et somme de trois sols quatre deniers, monnoie courant, de cens renduz et poiez dudit Jehan Roy et des siens et qui de li auront cause par chacun an perpetuelment en chacune feste de Noel aus diz religieux et leur dit mouster ; laquelle somme de trois sols quatre deniers de cens susd. ledit Jehan Roy a promis, promet, doit et est tenu rendre et poier ausd. religieux et leur dit mouster par chacun an perpetuelment au terme susdit pour raison de la dicte nohe ou marchay. Et oultre ce a voulu et consenti ledit Jehan Roy que li ne les siens ne les aians de li cause puissent james aliener ne aucunement transporter les dictes choses en autres personnes quelzcomques fors esd. religieux et leur dit mouster seulement ne sur icelles mettre ne imposer aucunes charges, obligacions ne cappitacions qui soient contre ne ou prejudice desd. religieux et leurd. mouster. Et à tout ce que dessus. . . . . ledit Roy a obligé. . . . . serement. . . . . renunciants. . . . . Ceu fut fait et donné presens garens, ad ce oir appellez et requis, religieuse et honneste personne frère Maurice Lesin, carme,

Jehan Rolend et Guillaume Cortet, le second jour du moys d'octobre l'an mil quatre cens trente et quatre.

G. BLANC.

315. Composition faite avec les commissaires du roi sur le fait des francs fiefs et nouveaux acquêts en Poitou. (Carte n° 97.)

1435.
10 décembre

A tous. . . . . Jehan Rabateau, conseiller et president en la chambre des comptes du roy nostre sire, et Maurice Claveurier, lieutenant general du seneschal de Poictou, commissaires ordonnez par le roy nostred. sire sur le fait des admortissemens, francz fiefz et nouveaulx acquests faiz ès pais, conté et seneschaucie de Poictou, salut. Sachent tous que par l'autorité des lectres de commission du roy nostred. sire à nous données par icelluy desquelles la teneur s'ensuit : Charles, par la grace de Dieu roy de France, à tous qui ces presentes lectres verront salut. Comme par l'advis et deliberacion de nostre conseil nous ayons advisé, conclud et deliberé de metre et nommer commissaires sur le fait des francz fiefz et nouveaulx acquests faiz en nostre royaume tant par gens d'eglise de quelque manère que ce soit comme par gens non nobles de choses nobles et des appartenances et deppendances, pour en avoir et recouvrer les deniers deus et reputez pour et à cause de ce à Nous appartenir et iceulx employer à noz affaires, savoir faisons que Nous ces choses considerées et adcertenés à plain des sens, loyaulté et bonne diligence de noz amez et feaulx maistres Jehan Rabateau, conseiller et president de nostre chambre des comptes, et Maurice Claveurier, lieutenant du seneschal de Poictou, iceulx par l'advis et deliberacion d'aucuns des seigneurs de nostre sang et lignage et autres de nostre grant conseil avons commis et ordonné et par la teneur de ces presentes commectons et ordonnons commissaires de par Nous en la ville de Poicters et par toute la conté, pays, seneschaucie et ressort de Poictou, en quelxcomques diocèses que iceulx seneschaucie et ressort se puissent estre, en et sur le fait des francz fiefz et nouveaulx acquests faiz tant par gens d'eglise soit par achapt, donnacions, ausmosne, legatz comme autrement en quelque manière que ce soit comme par gens non nobles de quelxcomques choses nobles et autrement en quelque manière que ce soit touchans et regardans lesd. droiz à Nous appartenans et les deppendances d'iceulx; auquelx noz conseillers et commissaires dessus nommés ou à leurs commis ou subdeleguez Nous avons donné et donnons par cesd. presentes auctorité, pleine puissance et mandement especial de cognoistre, decider et determiner d'iceulx droiz, et pour ce faire convenir et adjourner par davent eulx et contraindre à ce, se mestier est, toutes manières de gens d'eglise et non nobles à leur bailler, monstrer et exiber par declaracion tous et chacuns leurs acquests des condicions dessusd. qui par eulx et leurs predeccesseurs dont ilz ont cause ont esté faiz tant par achaptz et donnacions ou legatz comme autrement en quelque manière que ce soit en nosd. pais, conté, seneschaucie et ressort de Poictou, avecques toutes les lectres, tiltres, contraictz et autres enseignemens qu'ilz en ont ou povent avoir, et aussi Nous en paier les finances et autres droiz et devoirs qui Nous en sont ou porroyent estre deuz, et de sur ce ordonner, decider, [determiner par] sentences, appoinctemens on ordonnances, jugemens, commandemens et absolucions, se les cas le requierent, ou d'en finer ou composer avecques les non nobles des choses nobles par eulx acquises ; et aussi leurs avons donné et donnons par cesd. presentes auctorité, pleine puissance et mandement especial [de taxer] ausd. gens d'eglise les acquisicions, achaptz, donnacions, aumosnes et legatz par eulx et leurs predeccesseurs euz et faiz en choses [censées nobles], estans hommagez, fiefz et justices nobles jusquez à teles sommes que nozd. conseillers et commissaires ou leursd. commis ou subdeleguez verront estre à faire et que en ce ilz procedent tant par commandemens [et contraintes], se mestier est, comme par composicions voluntaires et amiables ; voulans et ordonnans par ces mesmes presentes que tous ceulx qui ainsi que dit est seront par nosd. commissaires ou leursd. commis ou subdeleguez condampnez ou qui auront avecquez eulx finé et composé à cause desd. acquisicions, dons et legatz en soyent et demeurent et leurs successeurs ou avans cause à tous jours quictes et pasibles, et dès maintenant les en quictons par nous et noz successeurs à tous jours mais perpetuellement. Et pour ce que nosd. conseillers et commissaires ne porroient vacquer ne [metre à] execucion de leurd. commission en tout nostred. pais de Poictou si promptement ne neccessairement comme mestier Nous est, veu les grans affaires que de present Nous asupportons, avons voulu et ordonné, voulons et ordonnons par ces presentes que soubx et on lieu d'eulx ilz puissent commectre, ordonner et subdeleguer commissaires particuliers à aler ès-lieux ou ilz verront que ilz n'avoyent facilité de vacquer ; ès-quelx commissaires ou subdeleguez par eulx ainsi ordonnez avons donné et donnons plaine puissance de povoir besongnier et vacquer en lad. commission comme si y estoient en leurs personnes et tout ainsi que par leurd. lectres verront estre à faire, en rapportant touteffoyes par eulx et chacun d'eulx pour tant qu'il lui touchera les lectres de nosd. commissaires ou leursd. commis ou subdeleguez èsquelles ces presentes soient incorporées èt soubz leurs seaulx ou signetz et signé du seing manuel de nostre amé et feal notaire, secretaire et greffier en la chambre de noz comptes, maistre Nicole Savari greffier on fait de ceste commission, avecques quictance sur ce de nostre amé et feal notaire et secretaire maistre Jehan Gilier par nous commis à recevoir et faire venir ens les deniers desd. francz fiefz et admortissemens ès-d. conté, seneschaucie et ressort de Poictou, et que en ce faisent par iceulx non nobles et lesd. gens d'eglise, [ils] tengnent et possident dores en avant à tous jours mais quiptement et pasiblement touz et chacuns les acquestz, dons, legatz, cens, rentes et autres choses par eulx acquises, à eulx ou leurs predeccesseurs données et leguées, pour et à cause desquelles chouses ilz auront finé et composé comme dessus est dit, sans ce que Nouz ou noz successeurs les puissions jamais contraindre à en paier aucune autre finance ne les mectre hors de leurs mains, et que des condampnacions et composicions que nosd. conseillers ou commissaires et leurs commis et subdeleguez auront sur ce faictes ilz baillent leurs lectres contenant par escript lesd. cens, rentes, heritaiges et autres choses à cause desquelles lesd. finances seront payées ; lesquelles leurs lectres qu'eulx auront ou l'un d'eulx données signées comme dit est, Nous voulons qu'elles soient valables et estables à tous jours pareilles que seellées estans de nostre grant seel et veriffiées par la chambre de noz comptes et les confirmerons par les nostres se requis en sommez. Voulons et ordonnons en oultre que nosd. conseillers et commissaires puissent commander et ordonner touz voyages, salayres d'escriptures neccessaires faiz pour le fait et execucion de cested. commission et iceulx [payez] par led. receveur, lesquelx en seront allouez aud. receveur rapportans lectres de certifficacions ou tauxacion d'iceulx par nosd. conseillers et commissaires et subdeleguez et de ceulx ausquelx par la teneur d'icelles il aura baillé pouvoir. Et pour certaynes causes à ce Nous mouvans et par la deliberacion dessusd. avons revocqué et d'abondant par la teneur de ces presentes revocquons et adnullons toutes autres lectres de commission ou puissance pour ce données à quelxcomques autres personnes que ce soit autres que les dessus nommez. Et donnons en mandement par ces mesmes presentes à nosd. conseillers et commissaires que nostre presente voulenté o puissance et commission ilz mectent ou facent mectre à execucion deue scelon la forme et teneur de ces presentes, contraignant à ce tous ceulx qui pour ce seront à contraindre par voyes et manières qui est acoustumé à faire par nos gens et commissaires et nonobstant toutes reclamacions, demandes ou appellacions à ce contraires et en faisant ces presentes publier se mestier est en leurs auditoires et partout ailleurs ou ilz verront que à faire sera. Et pour ce que l'en pourra avoir à faire de ces presentes en plusieurs lieux, Nous voulons que au vidimus d'icelles fait soubz seel royal ou autre seel autentique foy soit adjoustée comme à ce present original. Et en tesmoing de ce nous avons fait mectre nostre seel à ces presentes données et octroyées le dix^{me} jour de fevrer, l'an de grace mil quatre cens trente et cincq et de nostre regne le treziesme, seellé soubz nostre seel ordonné en l'absence du grant. Ainsi signé : par le roy en son conseil. . . .[1] avons fait convenir et adjourner par devant nous les religieux abbé et convent de St Jehan d'Orbetiers et leur avons ordonné et enjoint par maistre Perre des Friches, leur procureur suffisamment fondé quant ad ce, nous bailler au vray par escript par declaracion tous et chacuns les acquests, dons, legatz et aumosnes à lad. abbaye advenuz non admortis avecques toutes les lectres et tiltres qu'ilz en ont, en leur faisant comandement en la personne de leurd. procureur par le roy nostred. sire et nous de tous et chacuns lesd. acquests . . . . . pour ce remis et appartenans au roy nostred. sire. Lesquelx religieux abbé et convent de lad. abbaye de St Jehan d'Orbestier, comparans par led. maistre Perre des Frisches leur procureur suffisamment fondé pour ce, ont dit et declairé avoir et tenir les choses qui sensuivent, c'est assavoir une pièce de terre qui contient bien. . . . . de terre ou environ qui est assise auprès de l'issue du boys. . . . . alent du boys au lon du chemin par ou l'on vait de Thalemont aux Sables d'Olonne, en laquelle pièce de terre a une maison couverte. . . . . Item une autre piece de terre assise auprès

---

1. Signature illisible. A partir de cet endroit la pièce est si détériorée qu'il a fallu remplacer par des points huit passages absolument indéchiffrables.

de Lautumère, appellée Salbeuf. . . . . par led. maistre
Perre des Frisches, procureur desd. religieux abbé et convent de lad. abbaye de St Jehan d'Orbestier, après ce que
nous a eu juré bon et leal serement que iceulx religieux
abbé et convent n'ont et ne tiennent autres acquests. . . . .
appartenans au roy nostred. sire, et lesquelx on dit cas ou
que ne les auroyent hors de leurs mains ou admortiz dedens
jour prochainement venant, nous les maintenant pour lors,
les avons declairé et declairons par ces presentes estre et appartenir au roy nostred. sire et uniz à son domaine pour en
faire et joyr comme de sa propre chose. A finé et composé
led. procureur au nom dessusd. pour l'admortissement d'icelles à la somme de dix royaulx d'or, à laquelle finance de
dix royaulx d'or l'avons receu et recevons par ces presentes
et pour le paiement desd. royaulx d'or [l'avons renvoyé aud.]
notaire et secretaire du roy nostred. sire et par luy commis à
recevoir lesd. finances qui vendront et y seront desd. admortissemens, francz fiefz et nouveaulx acquests ès-d. pais, conté
et seneschaucie de Poictou, Xaintonge, ville et gouvernement de la Rochelle. Et iceulx religieux abbé et convent de
lad. abbaye de St Jehan d'Orbestier et leurs successeurs religieux abbé et convent de lad. abbaye pour ceste cause tendront de cy en avant et perpetuellement les choses cy-dessus
declairées et tout ce qui a esté et sera baillé pour l'assiette
d'icelles et seront fiefz nobles et justice comme admortiz
. . . . . quictes à tous jours mais envers le roy nostred.
sire et ses successeurs roys de France de tous devoirs et services qu'ilz porroient devoir en et sur les choses dessusd.
par led. maistre Perre des Frisches. . . . . sans ce que lesd.
religieux abbé et convent soyent tenuz jamais de les mectre
hors de leurs mains, ne que pour eulx les receveurs et procureur du roy nostred. sire leur en puissent pour ce aucune
chose demander, ne pour le temps advenir ne à l'occasion de
lad. composicion ou finance non faicte ou payée le temps
passé les mectre ou tenir en aucun procès, sauf et reservé

au roy nostred. sire son droit de souveraineté ès-d. choses et l'autruy en toutes. Donné en tesmoign de verité soubz noz seaulx, le dix° jour de decembre, l'an mil CCCC trente et cincq. Collacion faicte, N. Savari.

316. Désistement par Louis d'Amboise v^{te} de Thouars de ses demandes contre Jean Requien de Talmont. (Cart° n° 393.)

1438.
Juillet.

Louys, sire d'Amboyse, vicomte de Thouars, comte de Bennon et s^{gr} de Thallemont, à toux. . . . . salut. Comme nous aions aujourduy fait convenir par devant nous Jehan Requien, naguères nostre chastellain dud. lieu de Talmont, en nostre chastel dud. lieu par plusieurs causes que avons dit et descleré contre luy; et primèrement que en venant contre son serement et leaulté qu'il avoit à nous il avoit dit et prononcé de sa bouche, nous estans en prisons du roy [1], qu'il estoit grant peché dont le roy ne nous a fait morir et que ne ferions jamès bien et plusieurs autres chouses qui estoyent contre nostre honneur et estat, quelle chose ne luy appartenoit pas à dire et en estoit à puygnir en corps et en biens; Item que les gens du roy estans en nostre chastel de Talemont et qui en ont eu la garde durant le temps que estoyons detenu prisonner, led. Requien estoit avecq eulx et les favorisoit contre nous et prenoit avecq eulx de toutes chouses qui sourvenoyent la moeté, mesmement des revenues de nostre terre dud. lieu et les applicquoit à son prouffit; Item qu'il auroit prins, heu et receu de messire Jehan du Puy du Foul, chevaler, trente reaulx qui nous estoyent dehuz de la ferme du rachapt de la

---

1. Au sujet de cet emprisonnement de Louis d'Amboise, de sa cause et de ses conséquences. V. Histoire de Thouars, par H. Imbert, p. 155 et suiv.

terre de St Vincent de Jard, à nous avenu et appartenans par avant que fussons detenu prisonner, et iceulx trente reaulx mis à son prouffit et fit contraindre led. chevaler à iceulx luy poier et par ce prandre et arrester ses chevaulx on chastel de Talmont jusquez à plain poiement fait d'icelle somme aud. Requien; Item que led. Requien avoit prins, mis et encloux en son domaine de la mestoyerie de la Salle le Roy la valeur de cincq ou six sexterées de terre de nostre fourest dud. lieu, oultre ce qui autreffoyz luy avoit esté donné par nos predeccessurs, dont il avoit fait plusieurs prouffiz et levées montant à grant somme de deners et icelles apliquées à soy ; Item que led. Requien avoit autreffoyz esté receveur de noz terres de Talmont, d'Olonne et de Brandoys et de plusieurs grans rachapz advenuz au temps de sa recepte, et les receptes par luy faictes, quequessoit la plus grant partie d'icelles, avoit retenu à soy et à son prouffit sans en faire comptes tant du temps de noz très chères dammes et tantes damme Pernelle, vicomtesse de Thouars, et dame Margarite de Thouars, damme de Thalmont, et de nostre très cher seigneur et oncle messire Perre d'Amboise, vicomte de Thouars et seigneur dud. lieu de Talmont, et aussi avoit eu à son prouffit de leurs tresours plusieurs grans chevances à nous appartenans, qui povent monter cincq cens mars d'argent : requierant contre luy ce nous restituer en la valeur dessusd. et avecq ce les autres revenues par luy prises et receues ainsi que dit est en la valeur de mil livres et à pugnicion de son corps et commission de ses biens envers nous; disant que ainsi devoit estre, si come tout ce nous avoit esté rapporté et dit tant par led. messire Jehan du Puy du Foul que autres. Par lequel Requien nous ont esté dites plusieurs causes, faiz et raisons contre les chouses dessusd. à ses deffenses : et mesmement que en ce qui touche les parolles et injures dictes de nous, que sauve nostre honneur oncques ne les dist et quicomques les avoit raporté que mal les avoit rapportez et le neyoyt et deffendoit; et au regart d'avoir prins et eu les deners de noz receptes, nous estans prisonner, les gens du roy estans en nostre chastel dud. lieu de Talemont, et mesmement qu'il avoit prins et receu de messire Jehan du Puy du Foul [trente reaulx] d'un rachapt à nous avenu de la terre de St Vincent de Jard, dit que ung nommé Robert Peach et le commandeur de Bagnioux et autres à la garde dud. chastel avoyent prins et retenu les chevaulx aud. du Pie du Foul pour lad. somme de trente reaulx, et que par avant que on mist en vente lesd. chevaulx convint que led. Requien fust par les champs amasser pour led. chevaler jusquez à la somme de vingt et cincq reaux et demi, desquelx led. du Pie du Foul à son plege emprès ce luy bailla et donna deux taxes d'argent, deux petites cuillères d'argent et ung noble de Henrri pour gage, ainsi dit que s'il ne delivroit lesd. gages dedans certain jour nommé que led. Requien bailleroit lesd. gages aud. Robert et commandeur, dedans lequel jour ne après led. du Pie du Foul ne rescoussit lesd. gages ny ne le voulit faire, et ainsi les bailla led. Requien èsd. Robert et commandeur, et en ceste manère le confesse avoir receu lesd. gages et non autrement, disant que raisonnablement le povoit faire et n'en estoit tenu autrement en respondre; et au regart des autres receptes avoir par luy esté faictes, dit que oncques n'en fist nulles qui parvenissent à son prouffit et le nye et deffend; et ad ce qu'il a esté receveur desd. terres, pris, eu et receu les prouffiz et revenues et de plusieurs rachaptz avenuz on temps qu'il estoit receveur, dit et confesse qu'il en a esté receveur pour nosd. seigneurs et dammes par long temps, mès qu'il en a bien compté et dehuement et est prest de enseigner de ses descharge et quitance à luy suffire; et au regard d'avoir pris et eu des tresours de nosd. seigneurs et dammes, les avoir aplicqué à son prouffit, dit et respond que oncques ne le fit si non desd. receptes, de quoy il en a compté comme dit est, et ne s'en trouvera ja et le nye et deffend; disant que actendu lesd. chouses par luy ainsi propousées à ses deffences, qu'il offroit à monstrer dehument si mester est, le devions tenir quipte et deschargé desd. chouses pour luy ainsi demandées par nous et indeuement à nous avoir esté contre luy dictes et rapportées, nous suppliant ainsi par nous estre dit et descleré. Emprès lesquelles chouses, consideré les faiz et chouses par led. Requien dictes et propousées à ses deffences et que du donné entendre à nous [par gens bien] informez, enquis de la renommée dud. Requien, [cognoissans] que bien et dehuement et longuement il noz a servi et noz predeccesseurs, heu mure deliberacion sur ce avec nostre conseil, [et reconnu] led. Requien non estre cappable des choses dessusd. de nostre bonne grace et volunté et certaine science et par plusieurs causes qui nous en ont meu et mouvent, icelluy Jehan Requien par ly et les siens et ceulx qui de luy auront cause avons quipté, remis et delaissé, quiptons, remectons et delaissons à perpetuité des demandes des chouses dessusd. et de toutes autres causes, actions et demandes personnelles que porrions avoir contre luy et les siens, poursuyr et demander, et promectons en bonne foy et soubx l'obligacion de nouz biens par nouz et par les noz ne luy en faire ne ès-siens question ne demande à jamès par le temps à venir. Et avec ce, par contemplacion des bons services par led. Requien à nous et à noz predeccesseurs faiz, de nostre bonne grace et volunté, à icelluy pour luy et pour les siens et pour ceulx qui de luy auront cause tous les dons, lectres, bailletes, octroys, graces, privilèges, eslargimens et ennoblimens et toutes autres chouses quelxcomques par noz predeccesseurs données et octroyées, baillées et transportées aud. Requien, à icelluy par luy et par les siens et qui cause auront de luy avons loué, approuvé, ratiffié et confirmé, louons, approuvons, ratiffions et confirmons et les luy faisons de novel si mester est, et les avons et promectons avoir fermes, estables et agreables, sans jamès venir encontre par quelcomque chouse ou cause que ce soit ou puisse estre on temps à venir. Et pour nous aider à delivrer nous terres empeschées et engagées pour le fait de nostre delivrance, nous a baillé led. Requien la somme de six vingts reaulx d'or, bons et de poix, et l'en quiptons et les siens. En tesmoign desquelles chouses et de verité nous en avons donné et octroyé aud. Requien pour luy et les siens ces nostres presentes lectres, lesquelles nous avons signé de nostre main et fait seeller de nostre seel le. . . . .[1] jour de juillet, l'an mil quatre cens trente et huyt.

317. Levée d'une saisie faite sur les biens de l'abbaye en la seigneurie de Poiroux. (Carte n° 377.)

1438.
4 août.

Sachent toux que en ces presentes assises de Peiroux commencées à tenir par nous Jehan Macaire, licencié en loix, seneschal dud. lieu, durant le rachapt naguères advenu de très redoubté et puissant seigneur monsr d'Amboyse, vicomte de Thouars, conte de Bennon et sgr de Thalmont, à cause de sa seigneurie d'icelluy lieu par le deceps de feu monsr le compte d'Estampes, naguères sgr dud. lieu de Peyroux, est venu frère Jehan Peirot, religieux du mouster de St Jehan d'Orbester et procureur suffisamment fondé tant en chep que en membres des religieux abbé et convent dud. mouster, ainsi qu'il est aparu par ses lectres de procuracion, disant qu'il estoit venu à sa notice et cognoissance que à la requeste du procureur de la court de ceans nous avoyons saisi ou fait saisir et mestre en la main de lad. court touz et chacuns les fruiz, prouffiz, revenus et esmolumens des houstelx et appartenances de la Barre, Marchieul, la Borderie et de Marigné appartenans ès-d. religieux abbé et convent et

---

1. En blanc

à iceulx fruiz, prouffiz prandre, cuillir et recevoir avoions ordonné certains commissaires, requerant led. procureur desd. religieux au procureur de lad. court de ce qu'il desclarast la cause desd. saisies et main mise, et iceulx desclerées en demandoit la delivrance ou recreance. Lequel procureur de lad. court a dit et proposé en desclerant lad. cause que lesd. houstelx et appartenances de la Barre, de Marchieul, Borderie et Marigné avoient autreffoiz esté donné ès-d. religieux par les seigneurs ou dammes dud. lieu de Peiroux et de la doctacion et fondacion d'iceulx, lesquelx don et doctacion n'avoyent pas esté faiz à iceulx religieux du vouloir et consentement de mess^{rs} ou dammes dud. lieu de Talmont dont meut et deppend lad. seigneurie de Peyroux, et pour ce mond. seigneur de Talmont avoit droit par led. rachapt de lever lesd. chouses pour ceste année. Emprès laquelle desclaracion ainsi faicte et que led. procureur desd. religieux nous a deuhement informé dud. don fait desd. houstelx et appartenance par Guillaume d'Aspremont, lors seigneur dud. lieu de Peiroux, par les lectres dud. don, duquel don nous avons fait bailler coppie aud. procureur de lad. court, et aussi nous a exhibé certainnes autres lectres données par Richart, en son vivent conte de Poictou et s^{gr} de Thalemont, desquelx nous avons semblablement distrais coppie aud. procureur de la court, par lesquelles appert que icelles chouses et autres appartenans ausd. religieux ont esté et sont amortiez deuement, et avecques ce nous offroit monstrer et informer deuement du long tenement que ont fait iceulx religieux desd. chouses durant les rachaptz qui ont esté par troys rachaptz et plus, à icelluy procureur desd. religieux abbé et convent pour les causes dessusd. avons fait la delivrance desd. chouses en la presence des chastellain et procureur de lad. court. Si mandons et commandons à touz et chacuns les officers et subgetz de lad. court que en ce ne meytent ou facent metre ès-d. religieux aucun destroist, ennuy ou empeschement en aucune manière. Donné et fait

ès-assises surd. commencées à tenir par nous seneschal susd.
le quart jour du moys d'aougst, l'an mil iiij° trente et huyt.
J. Gaborin, du comandement de mons' le seneschal.

318. Arrentement de 62 aires de marais salants à Guillaume Robin prêtre. (Cart° n° 111.)

1440.
5 mai.

Sachent touz que par davent Guillaume le Blanc, notaire juré de la court du seel establi ès-contraiz en la chastellenie d'Olonne pour très noble et très puissant seigneur mons' d'Amboyse, vicomte de Thouars, comte de Bennon, s^{gr} de Thalmont et dud. lieu d'Olonne, ensembleement et par davent messire Jehan Mestoyer presbtre, notaire juré de la court de l'officialité de Luczon, ainsi que par l'une desd. cours ne soit derogié ne prejudicié à l'autre en aucune manère, en droit personnellement establi messire Guillaume Robin presbtre, lequel de son bon gré et volunté a pris et accepté, a cogneu et confessé avoir pris et accepté par ces presentes des religieux abbé et convent de St Jehan d'Orbester les choses qui s'ensuyvent : c'est assavoir sexante et deux aires de maroys salens o leurs appartenances de vasoys, mesterez, viviez et bocis, situées et assises en maroys de Reboulère, tenant d'un des coustés au maroys [de la Bauduère] et d'autre au maroys Jacques Regnaud, [d'autre au maroys] dud. lieu de la Bauduère et de la fabrice (de l'eglise de la Mothe Achart) et d'autre au maroys dud. Jacques Regnaud. Pour raison desquelx maroys susd. led. messire Guillaume Robin tant pour luy que pour les siens et ceulx qui de luy auront cause a promis, promet, doibt et est tenu rendre et paier ès-d. religieux et leur mouster par chacun an les cens à eulx deus et acostumés estre poiez sur et pour raison desd. maroys, tout ainsi et en la manère que acostumé est d'ancienneté poier lesd. cens; et yceulxd. maroys metra et tiendra led. messire Guillaume Robin en bon estat et suffisant; et ne les porra

— 473 —

led. presbtre ne les siens ceder ne transporter en aucunes personnes fors ès-d. religieux et leurd. mouster, ne sur yceulx mectre ne imposer aucunes charges, legatz, obligacions ne capitacions quelqu'elles soyent contre ne au prejudice desd. religieux et leurd. mouster; et si propoux et volunté luy venoit ou ès-siens de quipter ou deleisser lesd. maroys ès-d. religieux, en celluy cas led. presbtre et les siens seront tenuz de les laisser en bon estat et suffisant, tout prests et abillez à sauner. Et à tout ce que dessus. . . . . a obligé. . . . . serement. . . . . et a renuncié. . . . . et en a esté jugé et condampné. . . . . Ceu fut fait et donné presens garens, ad ce ouyr appellez et requis, Denys Oliverea et Jehan Parère de la Bauduère et plusieurs autres, le cincquieme jour du moys de may, l'an mil quatre cens quarente. G. Leblanc. J. Mestoer.

319. Arrentement de 74 aires de marais salants à Denys Olivereau. (Carte n° 255.)

Rédigée le même jour et par les mêmes notaires que la précédente, cette pièce lui est identique, sauf le nom de l'arrenteur, celui des témoins messires Jehan Boucher et Guillaume Robin presbtres, et l'énumération des marais arrentés qui est ici :

1440.
5 mai

C'est assavoir trente aires de marois salans o leurs appartenances de vasoys, mesterez, viviez et bocis, situées et assises en marois de Borsaudère, tenant d'une part au maroys Jehan Nya et d'autre au marois de Bretonnea le bocis entre deux, d'autre au chep du marois par ou l'on vait au pont neuf. Item diz aires de marois salans en Violère, tenant d'une part au marois des religieux de Jard et d'autre au marois de Jehan Rouillon. Item trente et quatre aires en Reboulère, tenant d'une part au marois Jacques Regnaut, d'autre au marois de la fabrice de l'eglise de la Mothe Achart et d'autre au marois feu maistre Perre Royrand.

320. Arrentement de 170 aires de marais salants à Jean Rousseau. (Cart° n° 236.)

1440.
5 mai.

Rédigée le même jour et par les mêmes notaires que les deux précédentes, cette pièce leur est identique, sauf le nom de l'arrenteur, celui des témoins messires Guillaume Robin et Jehan Boucher presbtres, Denis Oliverea, et l'énumération des marais arrentés qui est ici :

C'est assavoir sept vingt ayres de maroys salans situées et assises en maroys de Ligonnère, qui autreffoiz furent feu Jehan de Badiole, tenant d'une part au maroys Jehan Rouillon et ses frerescheurs, d'autre part à la charrère des Desmes, d'autre au vasois de Ligonnère et d'autre part au maroys feu maistre Perre Royrand. Item trente ayres de marois salans situées et assises en maroys des Veilletens qui furent aud. Badiole et Jehan Bouscherea de Berteignolles, tenant d'une part au maroys des Brethonneas et d'autre au maroys du seigneur du Verger.

321. Rescrit du cardinal grand pénitencier pour l'"absolution d'un religieux. (Cart° n° 74.)

1441
13 décembre.

Venerabili in Christo patri Dei gracia episcopo Lucionensi vel ejus vicario in spiritualibus Nicolaus, miseracione divina tituli Ste Crucis in Jerusalem presbiter cardinalis, salutem et sinceram in Domino caritatem. Porrectis nobis ex parte fratris Renaut Jacquea presbiteri, monachi professi monasterii S^{ti} Johannis de Orbisterio, ordinis S^{ti} Benedicti, vestre diocesis, supplicacionibus quantum cum Deo possumus benignius annuentes, auctoritate domini pape, cujus penitenciarie curam gerimus, circumspectioni vestre commictimus quatinus, ipsius monachi confessione diligenter audita, si inveneritis ipsum monachum in suos commonachos vel conversos et religiosas alias personas, presbiteros et clericos seculares, manus violentas usque et citra sanguinis effusionem temere injiciendo, absque tamen alio excessu defficili vel enormi, arma infra septa dicti monasterii et extra tenendo et portando, ad taxillos et alios illicitos ludos ludendo, tabernas, ortos, vineas, prata, blada et alia loca vetita et inhonesta intrando, habitum suum, non tamen animo apostatandi, temere dimictendo, obedienciam suis superioribus denegando et contra eos conspirando, septa sui monasterii sine licencia exeundo, eucharistiam et alia sacramenta ecclesiastica ministrando aliquibus personis parrochialium presbiterorum licencia non obtenta, excommunicatis et interdictis presentibus divina officia celebrando et cum eis alias non tamen in crimine participando, collectas, taillias, decimas et alias imposiciones et debita necnon doctoribus, magistris, bedellis et banchariis salaria quibus tenebatur statutis terminis non solvendo, constituciones insuper, statuta et mandata alia generalia tam provincialia quam synodalia legatorum, delegatorum, subdelegatorum, executorum, subexecutorumque sedis apostolice et aliorum judicum ordinariorum, officialium, rectorum, scolarium et aliorum superiorum suorum et regularium mandatorum ac statuta sui ordinis transgrediendo, excommunicacionis, suspensionis et interdicti incurrisse sentencias in tales generaliter promulgatas, perjuria et peccata alia commisisse, horasque canonicas dicere obmisisse, postquam passis injuriam si non satisfecit et in quibus per predicta perjuria vel alias ex premissis ad satisfactionem tenetur satisfecerit competenter, ipsum monachum a dictis sentenciis, perjuriorum reatibus, horarum predictarum omissione et peccatis suis aliis, nisi talia fuerint propter que merito sit predicta sedes consulenda, absolvatis hac vice favore religionis, in forma ecclesie consueta, et injuncta inde sibi pro modo culpe penitencia salutari et aliis que de jure fuerint injungenda; quodque si licita sint juramenta, ad eorum et dictarum horarum observanciam redeat ut tenetur; eoque ad tempus, prout expedire videritis, a suorum ordinum execucione suspenso, demum suffragantibus sibi meritis et alio non obstante canonico, super irregularitate, quam si forte ligatus per simplicitatem et juris ignoranciam in suis, non tamen in contemptum clavium, ordinibus ministrando vel alias se officiis inmiscendo divinis contraxit, dispensetis auctoritate predicta nostra cum eodem. Datum Florencie sub sigillo officii penitenciarie, Idibus decembris, pontificatus domini Eugenii pape iiij anno undecimo [1].

322. Arrentement d'une maison à Olonne consenti à Jean Viseré.
(Carte n° 245.)

1443.
22 septembre.

Sachent touz que en la court du seel establi ès-contraiz en la chastellenie d'Olonne pour très doubté et très puissant seigneur monsr d'Amboise, vicomte de Thouars, comte de Bennon, sgr de Thalmont et dud. lieu d'Olonne, personnellement establiz en droit par devant moy Jehan de l'Eglise, juré et notaire de lad. court, reverend père en Dieu frère Loys de Machecou, humble abbé du moustier de St Jehan d'Orbester, d'une part, et Jehan Viseré, demourant en Olonne, d'autre part; led. reverend père en Dieu a baillé et octroyé à perpetuité, baillet et octroyet à jamès par ces presentes au

---

1. A la même date, rescrit semblable fut adressé à Louis, abbé d'Orbestier, en faveur de Jérôme Billaut, prêtre, moine profès de Talmont. (Carte n° 105.)

dessusd. Jehan Viseré pour luy et les siens et de lui aians cause une maison couverte de teuble avecq ses appartenances et appendances de ruagez, cairuiz et cortillages, tenant, d'une part, lesd. choses à la rue ou chemin par ou l'on vait du grant cymentère dud. lieu d'Olonne à la rue ou chemin par lequel on vait à la maison de Symon Achardea et à l'airaut de l'esguer de l'abbaie de Talmont, d'autre, au chemin par lequel l'on vait de la maison de Colas Gilbert au college des frères de St François dud. lieu d'Olonne et, d'autre part, au vergier ou cortil de Pascaud Peyraud; pour icelle maison et sesd. appartenances dessus confrontées avoir et tenir dores en avant perpetuellement par led. Jehan Viseré et cause aiens de lui au priz et somme de huyt sols quatre deners de rente annuelle et perpetuelle, rendables et poiables d'iceluy Viseré et des siens et qui cause auront de lui aud. reverend père en Dieu et à ses successeurs abbez dud. moustier par chacun an, moité en chacune feste de Nativité St Jehan Baptiste et moité en chacune feste de St Michel archange. Cedans et transportans led. reverend père. . . . . a promis garir. . . . . Et lequel Jehan Viseré à ce present, prenans et acceptans dud. reverend père en Dieu les choses dessus desclerées et confrontées a promis, doit et est tenu pour lui et qui cause auront de lui rendre et poier et à sesd. futurs successeurs lesd. huyt sols quatre deniers perpetuellement èstermes et festes dessus nommées par moité, come dit est, et en oultre les charges et devoirs deuz et acoustumés ou ilz appartiendront, si aucuns en sont. Et par cestuy contrait et bail a esté dit et conclut que led. Viseré ne les siens ne pouront asseoir ne mectre sus, vendre, aliener ne transporter aucunement lesd. choses ainsi à lui baillées come dessus sans le congé et licence dud. reverend père en Dieu et de ses futurs successeurs abbez dud. moustier. Es-quelles chouses par dessusd. . . . . ont obligé. . . . . renuncians . . . . . serement. . . . . et sur ce ont esté jugés et condempnés. . . . . Ceu fut fait et donné presens ad ce

Maturin Senatz, Jehan Godet et Jehan Bonnevie, le vingt et deuxième jour de septembre, l'an mil quatre cens quarente et troys. J. de l'Eglise.

323. Reconnaissance et confirmation par le Vte de Thouars du droit des religieux au cinquième des arrentements de terres défrichées dans la forêt d'Orbestier. (Cart^e n° 385.)

1444.
2 janvier.
(1443, v. st.)

Louys, sires d'Amboyse, vicomte de Thouars, comte de Bennon et s^{gr} de Thalmont à toux. . . . . salut. Savoir faisons que aujourduy par devers nous sont venuz les religieux abbé et convent de St Jehan d'Orbestier, lesquelx nous ont fait dire et expouser plusieurs choses touchant leurs droiz, privilèges, largicions, concessions, dons, franchises et libertez et immunitez octroyez et donnez par nos predicesseurs ès-d. religieux et à l'abbaie dud. lieu d'Orbestier; et mesmement que par leursd. privilèges, dons, largicions, franchises et libertez nosd. predicesseurs leur ayent donné et octroié et consenti entr'autres choses, ainsi que par les lectres desd. privilèges il nous est deuement apparu, la quinte partie du prouffit des lieux, terres et places arrentées et accensées par eulx et leurs successeurs en nostre fourest de Thalmont, dont le boys de nostred. fourest aura esté estirpé ou seroit extirpé par nous et noz successeurs en temps advenir : ès-quelles bailletes et arrentemens faire lesd. religieux doyvent estre appellez pour y estre presens et prandre desd. bailletes et arentemens icelle quinte partie ; disans iceulx religieux abbé et convent que nosd. prediccesseurs et nous avons baillé et arrenté plusieurs places et lieux de lad. fourest, dont lesd. religieux abbé et convent n'avoient eu la quinte partie desd. bailletes et arrentemens ainsi qu'ilz devoient et n'avoyent esté appellez ad ce faire, ainsi qu'ilz devoyent estre par leurs privilèges ; requierans iceulx religieux abbé et convent que les delaissassons jouir et user de lad. quinte partie d'iceulx baillete et arrentemens faiz tant par nous prediccesseurs que par nous le temps passé que aussi qui se feroient ou pourroient faire par le temps advenir. Emprès laquelle requeste par lesd. religieux abbé et convent faicte et que avons esté deuement adcertainez et informez des droiz de lad. quinte partie à eulx appartenans par leursd. privilèges à nous exibez et monstrez, par eulx maintenuz à eulx devoir compecter et appartenir, eu advis sur ce avecquez pluseurs des gens de nostre conseil et autres, voulans par tant que à nous est faire et impartir justice et raison à ung chacun complaignant ainsi que raison est, avons voulu, consenti et octroié, voulons, consentons et octroyons par ces presentes que lesd. religieux abbé et convent d'Orbestier dores en avant perpetuellement soyent appellez à faire les baillectes et arrentemens dessusd. et que en icelles faisans que ilz ayent et pregnant lad. quinte partie, sans ce que par nous et noz successeurs ou ayans cause de nous leur soit donné ne fait aucun destourbier ou empeschement. Et en tant que thouche la doliance et complaincte à nous faicte desd. religieux abbé et convent des baillectes et arrentemens desd. lieux et places faictes tant par nosd. prediccesseurs que par nous, avons ordonné et commandé, voulons et commandons par ces mesmes presentes à nostre seneschal de Thalemont et d'Olonne et autres noz officers desd. lieux que, sens diminucion des baillectes et arrentemens des lieux et places dessusd. par noz prediccesseurs et nous faictes le temps passé, ilz donnent conseil, confort et aide ès-d. religieux abbé et convent de prandre et avoir de ceulx et celles qui ont fait lesd. prinses et arrentemens de nosd. prediccesseurs ou de nous leurd. quinte partie, ou tel autre devoir oultre et par dessus lesd. baillectes et arrentemens que lesd. religieux abbé et convent et nostre seneschal et autres noz officers ès-d. lieux adviseront estre à faire sens le grief et prejudice toutes voyes desd. preneurs d'icelles baillectes et arrentemens. Et par tant que mestier est, par ces mesmes presentes ratiffions, approuvons et confirmons les dons, concessions et largicions faictes par nosd. prediccesseurs à iceulx religieux de lad. quinte partie et autres, et voulons dores en avant perpetuellement tant pour nous que pour noz successeurs et ayans cause de nous sortir leur primier effect ; et d'abondant, pour recompanser aucunement lesd. religieux des baillectes et arrentemens faictes par nosd. prediccesseurs et nous, dont nous les recompansons sur ce qui le temps passé a esté accensé et arrenté, nous quiptons lesd. religieux perpetuellement de la some de vignt sols qu'ilz nous doyvent et à cause de nostre terre et seigneurie d'Olonne pour raison des maroys neufs estans en la parroisse dud. lieu d'Olone. En tesmoign desquelles choses nous en avons donné à iceulx religieux abbé et convent d'Orbestier ces presentes lectres seellées de nostre propre seel et à plus grant confirmacion et approbacion merchées de nostre main, le segond jour du moys de janver, l'an mil quatre cens quarente et troys. Loys d'Amboyse. Par commandement de monseigneur, J. Cornu.

324. Arrentement d'une maison à Château Gautier, consenti à Orbestier par le Vte de Thouars. (Cart^e n° 320.)

1444.
9 janvier.
(1443, v. st.)

Jehan Jau, escuier, lieutenant de Chastea Gaulter, et Jehan Guymar, chastellain de Thallemont et d'Olonne, commissaires en ceste partie de très doubté et très puissant seigneur, mons^r d'Amboise, vicomte de Thouars, comte de Bennon, s^{gr} de Thallemont et d'Olonne et dud. Chasteau Gaulter, à touz ceulx qui cestes presentes lectres verront et orront salut. Receu avons les lectres de mond. s^{gr}, signées de sa main et seellées de son seel, desquelles la teneur s'ensuit : Loys, seigneur d'Amboyse, vicomte de Thouars, comte de Bennon, s^{gr} de Thallemont, Chastea Gaulter, Olonne et Brandoys, à

touz ceulx qui cestes presentes lectres verront et orront
saluz. Comme au dedans de nosd. chasteas et forteresses de
Thalmont, Bram et Chastea Gaulter ayt plusieurs logeis ja
piecza ediffiiez, à nous appartenans, exploictez par aucunes
personnes sans notre congé, volunté et licence et sans ce que
eu veignet à nous et à nostre recepte aucun prouffit, et aussi
en nosd. chasteas et forteresses ayt plusieurs places inutiles,
et avec ce en nosd. terres et seigneuries ait plusieurs terres,
places, vignes et autres heritages inutiles et de nulle valeur et
sans ce qu'elles soient aucunement baillées, accensées et
arentées, et il soit ainsi que ad ce vuillons pourvoir ainsi que
de raison est, considerez les grans dommagez et interests que
avons et pouhons avoir en ceste matère, savoir faisons que
pour plusieurs chouses bailler, accenser et arenter pour et
en nom de nous et nostre prouffit avons commis et commectons par ces presentes noz chers et bien amez Jehan Jau, lieutenant de Chastea Gaulter, maistre Jehan Guymar, nostre
chastellain de Talmont, et Loys Viger, ou à deux d'eulx,
appellés avecq eulx les procureur et receveur de nosd. terres
et seigneuries èsquelles lesd. chouses seront baillées, arentées ou accensées, avons donné et donnons plain povoir,
auctorité et mandement especial d'iceulx logis, places vuides
et autres chouses dessusd. bailler, arenter et accenser au
meulx et plus prouffit que faire se porra, en gardant en ce
la solemnité en telx cas appartenant ; lesquelles baillete et
arentement, par vous ou deux de vous come dist est ainsi
faiz, promectons avoir fermes et agreables pour nous et les
nostres sans jamès faire ne venir encontre. Et ad ce obligeons
nous et noz biens et les nostres, volons que par vous ou deux
de vous come dist est en soit baillé lectre ausd. preneurs,
lesquelles voulons estre dautel valeur et effect comme si elles
estoyent de nous données. Donné soubx noz seel et main
en tesmoign des chouses susd. le xxviij^{me} jour de decembre,
l'an mil quatre cens quarante et troys. Ainsi signé, Loys
d'Amboyse. Par vertu et auctorité desquelles lectres et du

povoir à nous donné par icelles, nous, ad ce appellé Estiene
Prevost procureur et receveur du dit lieu d'Olonne, avons
accensé et accensons ès religieux abbé et convent de St Jehan
d'Orbester ung logeis assis au dedans du bouloart dud. Chastea Gauter, tenant, d'une part, au logeis de Pierre du Puy du
Foul, d'autre, au logeis de Joachim de la Garinère et, d'autre
part, à la douhe dud. Chastea Gaulter et, d'autre, au logeis
André Clerjaud une alée entre deux, pour le priz et à la cense
de. . . . . ¹ poiables à mond. seigneur et à sa recepte d'O-
lone à deux termes, moyté à la feste de St Jehan Babtiste et
moyté à la feste de Noel par chacun an. Lesquelz. . . . . ,
lesd. religieux doyvent et sont tenuz rendre et poier dores en
avant perpetuellement à mond. seigneur et à sad. recepte ès
termes et en la manère susd. Et ad ce ont obligé led. logeis,
et icelluy ont promis tenir en bon estat et suffisant. Et nous
commissaires susd. avons promis et promectons pour et en
nom de mond. seigneur garentir et deffendre led. logeis ès
d. religieux et leur mouster perpetuellement. En tesmoign de
ce nous en avons donné à iceulx religieux ces presentes signées de nouz mains et seellées du seel establi ès contraiz en
la chastellenie d'Olonne, le ixme jour de janver, l'an mil quatre cens quarente et troys. Jehan Jau. J. Guymar.

325. Lettres patentes de Charles VII, en faveur de l'abbaye.
(Cart° n° 47.)

1444.
16 janv:er.
(1443. v. st.)

Charles, par la grâce de Dieu roy de France, au premier
huissier de nostre parlement et à tout autre sergent qui sus
ce sera requis salut. De la partie de noz chiers et bien amez
les religieulx abbé et convent de St Jehan d'Orbestier, du
vueil ordre de St Benest, on dioceze de Luczon, nous a esté

---

1. Le prix est resté en blanc dans le cartulaire ici et ci-dessous.

exposé que la dicte abbaye est de grant, notable et ancienne fondacion, fondée et dotée par les seigneurs et dames de Thalemond et Olonne. Lesquelx exposans, entre les autres choses à eulx appartenans à cause de la fondacion et dotacion de lad. abbaye, ont droit de prandre et avoir la cincquième partie des fruiz, prouffiz et revenues quelxcomques des arrentemens et autres prouffiz qui puent venir et yssir des lieux èsquelx les bois ont esté coppez ou estirpez en la fourest d'Orbestier qui est belle et grant forest ; lequel droit de cincquième partie lesd. exposans ont droit de prandre èsd. lieux baillez et arrentez, comme dit est, par don et octroy et confirmacion des seigneurs desd. chastel et chastellenie de Thalemond et Olonne tant par feu Perres d'Amboise, naguyeres et derrain seigneur de lad. seigneurie, lequel veult et expressement consenty que lesd. exposans joyssent dud. droit et fussent appellez et mandez ausd. bailletes et arrentemens et deleissa ausd. exposans quarente sols de cens qu'il avoit et prenoit chacun an aud. lieu d'Olonne pour raison de certains arrentemens pour lui faiz et ses prediccesseurs, à prandre lesd. quarente sols par les mains du receveur dud. lieu d'Olonne, si come par lectres dud. d'Amboise données et octroyées sur ce ausd. exposans ilz dient plus à plain apparoir. Par lesquelx seigneurs desd. lieux et seigneuries de Thalemont et Olonne et leurs officiers ont été baillés plusieurs lieux à censes ou rantes sans appeller lesd. exposans à moindres pris que ne valent lesd. choses baillées et acensées, à Guillaume Bordigale et Colas Morillon et plusieurs autres, et ont esté baillées plusieurs pièces de heritages lesquelles ne sont pas bien et deuement baillées, mès ont été baillées à moindre pris qu'elles ne valent ; et combien que lesd. exposans ayent voulu joyr et user de lad. cincquième partie des rantes et censes données pour raison desd. lieux extirpez et aussi desd. quarente sols et qu'ilz ayent sommé et requis plusieurs foiz les receveurs et officers des seigneuries de Thalemond et Olonne qu'il les en souffrissent et laissassent joyr et leur payassent les arrerages deuz desd. quarante sols de rente, neantmains ilz ont esté et encores sont de ce faire refusans et en deniture et aussi d'appeller lesd. exposans à faire lesd. baillectes et fermes, qui est on très grant gref, prejudice et domage desd. exposans et diminucion des droits de lad. abbaie, et plus seroit ce par nous ne leur estoit sur ceu pourveu de remede convenable, si come ilz dient humblement requerans icelluy. Pour quoy nous, actendu ce que dist est, voulans les droiz de l'eglise dont nous sommes protecteur et garde estre favorablement traictez, te mandons et commectons par ces presentes tu faces exprès commandement de par nous à noz chiers et bien amez cousins Loys d'Amboise et Jehan de la Trimoille, seigneurs desd. lieux de Thalemond et d'Olonne, à leurs officers desd. terres et autres qu'il appartient et dont tu seras requis, soubz certaynnes et grosses paynnes à nous à aplicquer, que lesd. exposans ilz facent, souffrent et laissent joyr et user plainement et pasiblement de lad. cincquième partie desd. fermes, censes ou rentes à quoy ont esté et seront baillez lesd. lieux extirpez ou desquelx bois ont esté et seront coppez en lad. forest, et appellent ou facent appeller lesd. exposans à voir faire lesd. bailletes ou leur procureur pour eulx, et aussi paient ausd. exposans les arrerages de la rente de quarante sols deuz du temps passé et le continuent dores en avent aux termes en la manère acoustumez, en leur faisant inhibicion et deffense de par nous, soubx certaynnes et grant paynnes à nous à aplicquer, que dores en avent ilz ne baillent et facent bailler aucuns lieux extirpez ou dont les boys seront coppez à aucune rente ou cens sens appeller lesd. exposans, en les contraignent ad ce, et tous autres qui pour ce seront à contraindre, par toutes voies et manères dues et resonnables ; et en cas d'appel ou de reffuz ou delay, adjourne les opposans ou delayans à certain et compectent jour pour devant le seneschal de Poictou ou son lieutenant à son siège de Poicters pour dire les causes des opposicions, reffuz ou delay et, ce mester est, voir lesd. bailletes moins deuement baillées et faictes estre dictes anichillées, cassées, rescindées et anullées se mester est et [pour deuement] respondre ausd. exposans sur les choses dessusd. et leurd. deppendences, proceder et aler avent en oultre ce que de raison, en certiffiant suffisamment aud. jour led. seneschal ou sond. lieutenant de tout ce que fait aura esté sur ce auquel nous mandons. Et pour ce qu'il est question de grans procès et entre grans parties, et lesd. choses situées et assises et lesd. exposans demourans en lad. seneschaucie en plusieurs et diverses juridicions, èsquelles difficile et surepineuse chose seroit ausd. exposans le poursuir et faire d'une meme choze divers procès qui par ung seul se porront decider et determiner, et que s'il convenoit que lesd. exposans l'adreczoient davent le juge auquel la cognoissance en appartiendroit se seroit devant le seneschal de Thalemond pour nosd cousins qui seroient juges et parties, qui ne doit estre de raison, et que par devant nostred. seneschal lesd. parties fineront de meilleur et plus sur le conseil et y sera lad. cause plus jouste et à moindres fraiz et despens, cessans tous pors et faveurs, discutée et determinée que autre part, commectons que aux parties, ycelles oyes, facent bon et brief droit et acomplissement de justice, car ainsi nous plaist il estre fait nonobstant quelxcomques lectres subreptices impetrées ou à impetrer à ce contraires. Mandons et commandons à tous nos justicers et officers et sergens que à toy en ce faisant obeissent et entendent diligemment. Donné à Angiers le xvj^e jour de janver, l'an de grace mil CCCC quarante et troys et de nostre regne le xxij^e, soubz nostre seel ordonné en l'absence du grant. Par le conseil, P. Germain.

326. Arrentement d'une maison à Talmont fait par le Vte de Thouars à l'abbé d'Orbestier. (Cart^e n° 166.)

1444.
28 janvier.
(1443, v. st.)

Louys, sires d'Amboyse, vicomte de Thouars, comte de Bennon et s^{gr} de Thalemont, à touz. . . . . saluz. Savoir faisons nous avoir baillé, affermé et ascenssé et par ces presentes baillons, affermons et ascenssons pour nous et pour les noz à reverend père en Dieu frère Loys de Machecoul, abbé du mouster de St Jehan d'Orbester, tant pour luy que pour les autres abbés qui vendront après luy, assavoir est ung logeis assis en nostre chastel de Thalemont au dedans des grans murs d'icelluy, tenent, d'une part, au logeis de l'abbé d'Angles et, d'autre, à la douhe du dangeon dud. chastel et, d'autre, au logeis de feu Perrot Godet ; à avoir, tenir, user et explecter dores en avant perpetuellement dud. abbé et desd. abbez qui seront par le temps advenir led. logeis à plain droit et sans empeschement aucun y estre fait, querelle ny demande ou deny on temps advenir pour nous ny les noz, en rendant et payent à nous et à nostre recepte dud. lieu de Thalemont perpetuellement dud. abbé et ceulx qui de luy auront cause par chacun an en termes et festes de St Jehan Babtiste et de Noel par moyté dix et huyt deners de cens; promettant en bonne foy pour nouz et les noz et soubz l'obligacion de tous nous biens garentir et deffendre aud. abbé et ès-abbez qui vendront après luy led. logeis de tous troubles et empeschemens quelxcomques qui par nostre fait ou coulpe y seroyent fait ou mis on temps advenir; et d'icelluy logeis par l'octroy et tradicion de ces presentes avons baillé aud. abbé et ès-autres abbez qui seront par le temps advenir plenère poccession et saisine en nous poient lesd. cens èstermes et festes dessusd. par moyté pour raison dud. logeis et de tenir envers et encontre tout icelluy logeis et en manère que nosd. cens ne se puissent deperir. Mandons et commandons à tous noz cappitaine, seneschal, chastellain, procureur et receveur dud. lieu de Thalemont, qui à present sont et pour le temps à venir seront, et à tous à qui il appartiendra que de ceste presente nostre baillete laissent led. abbé et les autres abbez qui seront pour le temps à venir joir pasiblement dud. logeis et sans aucun empeschement, car ainsi le voulons estre par ces presentes seellées de nostre propre seel et signées de nostre commandement de la main de Jehan Cornu nostre clerc et secretayre, le xxvııjᵉ jour du moys de janver, l'an mil quatre cens quarente et troys. Loys d'Amboyse. Par commandement de monseigneur, J. Cornu.

327. Protocole de l'apposition du sceau royal à une charte sans doute perdue. (Cartᵉ n⁰ 372.)

1444.
12 juillet.

Sachent touz presens et futurs que je Guillaume Girart, garde du seel establi pour le roy nostre sire en la partie de la seneschaucie de Poictou en lieu d'icelluy qui jadis souloit estre establi à la Roche sur Oyon pour le roy nostre sire, ay mis et appousé à ces presentes lectres, à la feal relacion du notaire contenu en icelles, led. seel royal establi aujourduy pour le roy nostre sire en partie de lad. seneschaucie pour et en lieu d'icelluy de feu très resdoubté et très puissant prince monsʳ le duc de Berri et d'Auvergne, comte de Poictou, qui estoit establi pour luy en partie de lad. seneschaucie en lieu d'icelluy qui souloit estre establi à lad. Roche sur Oyon pour le roy nostred. sire. En tesmoign desquelles choses j'ay signé ceste presente annexe de ma main, le xıjᵉ jour de juillet l'an mil quatre cens quarente et quatre. J. Girart, seelleur et garde dud. seel [1].

---

[1]. A remarquer que la série des sceaux employés successivement à la Roche-sur-Yon et celle de leurs gardiens seraient utiles à établir, la première pour l'histoire féodale du chef-lieu de la Vendée, la deuxième pour

328. Aveu d'une maison à la Mothe-Achard. (Carte n° 283.)

1444.
27 juillet.

Sachent tous que de très noble et très puissant seigneur monsr de la Suze, de Virolay, de la Mothe Achart et de la Menrière, et à cause et pour raison de son chasteau et chastellenie dud. lieu de la Mothe Achart, je Loys, humble abbé du mouster de St Jehan d'Orbester, tien et advohe à tenir à foy et hommage lige, à ligence abonnie à trente sols de devoir annuel payables à mond. sr chacun an en chacune feste de St Jehan Baptiste et à rachapt quant le cas y advient scelon la coustume du pays, tant pour moy que pour ceulx qui tenent soubx moy par hommage ou autrement : c'est assavoir un houstel assis en la ville de la Mothe Achart, lequel tient à present à douze deners de devoir abonny Jehan Lucas o toutes et chacunes les appartenances dud. houstel, soient cens, rentes en blés et en deners, en chappons et en avenne, domaynnes, terrageries, boys, garennes, foys et hommages et autres appartenances quelxcomques; lesquelx choses porroient bien valoir à mond. sr si le cas y avenoit diz livres ou environ. Et lesquelles chozes je baille à mond. sr par fief ou adveu par escript, o protestacion d'acroistre, d'amender, corriger, modiffier, specifier et plus à plain desclerer cestuy mond. fief ou adveu touteffois et quanteffois

---

la date de pièces dont la chronologie serait douteuse. Le cartulaire donne le nom de neuf de ces gardes du sceau (1278 Matthieu de Rou, 1279 Pierre de Bourgogne, 1285 Guillaume d'Escurolles, 1293 André de la Boissière, 1318, 1323 Gautier des Granges, 1339, 43, 44 Robert Jasme, 1390 Pierre de la Ganbretière, 1397 Jean Massé, 1444 Guillaume Girart.) Nos recherches nous ont fait rencontrer trois d'entr'eux à des dates différentes (1292, 95, 96, 1305, 10, 14 André de la Boissière, 1340, 49, 52, 64 Robert Jasme, 1386, 90, 94 Pierre de la Gaubretière) et sept autres noms (1276 Girardus, 1281 Henri Doridon, 1333 Pierre Bonnevint, 1365, 66 Micheau Tronchoie, 1375, 76, 80 Jean Gaymart, 1395 Jean Duyllet, 1410 Jean Jobion.)

que mester sera et qu'il vendra à ma notice et cognoissance et qu'il n'est pas mon entencion de riens souprandre des droiz de mond. s^r et iceulx mestre en celement. Auquel cestuy mond. fief ou adveu bailler par escript et presenter à mond. seigneur j'ay fait, constitué, ordenné et establi mon procureur general et messager especial maistre Jehan Guymar, auquel j'ay donné et donne plain povoyr et mandement especial d'icelluy mond. fief ou adveu bailler et presenter à mond. s^r et faire en ce tout ce qui sera necessaire et convenable. Et ce je certiffie à mond. s^r par ces presentes seellées de mon seel, le xxvij^e jour du moys de juillet, l'an mil quatre cens quarente et quatre.

329. Mandement de Louis d'Amboise, pour faire dresser l'état des défrichements de la forêt d'Orbestier et faire jouir l'abbaye du cinquième de leur revenu. (Cart° n° 238.)

1444. 29 septembre.

Loys, seigneur d'Amboyse, vicomte de Thouars, comte de Bennon et s^gr de Thalemond, à noz chers et bien amés le seneschal et chastellain dud. lieu de Thalemont salut. Come par plusieurs privilèges donnez et octroyez par noz prediccesseurs seigneurs et dammes dud. lieu de Thalemont il apparoisse que les religieux abbé et convent d'Orbester ont droit et doyvent estre appellez ès bailletes et prinses qui se font par nous en l'extirpacion en partie des boys de nostred. forest et d'avoir la quinte partie desd. prinses, levées et bailletes ; et il soit ainsi que nous ayons baillé, accensé et arrenté plusieurs prinses en lad. forest sans y appeller lesd. religieux abbé et convent ne sans ce qu'ilz y aient prins lad. quinte partie ainsi que contenoient leursd. privilègez, et nous aient requis iceulxd. religieux que les voulissons laisser joir de lad. quinte partie desd. prinses et bailletes par nous faictes, ou quequessoit sur les prinses et baillectes advenir les recompanser jusquez à leurd. quinte partie; pour ce est-il que nous vous mandons et commandons et comectons si mestier est que bien et convenablement vous vous enquerez et informez des prinses et baillectes par nous faictes depuis le deceps de nostre très doubté seigneur et oncle feu messire Perre d'Amboyse, en son vivant seigneur des lieux susd. et de la valeur d'icelle quinte partie à eulx deue à cause desd. prinses et baillectes, et que sur les prinses et baillectes novelles que trouverez raisonnablement estre à faire en nostred. fourest, iceulxd. religieux appellez, vous sur icelles novelles prinses et baillectes les recompansez autant et à la valeur qui puit monter lad. quinte partie à eulx appartenant ès-d. prinses et baillectes faites par nouz puis le decès de nostre feu oncle. De ce faire vous donnons plain povoir, auctorité et mandement especial, et par ces presentes mandons et commandons à tous et chacuns nous officers dud. lieu en ce faisant vous obeir. En tesmoign desquelles choses nous en avons donné et octroyé ès-d. religieux abbé et convent ces presentes signées de nostre main et seellées du seel establi aux contraiz en nostre terre et seigneurie dud. lieu de Thalmont en absence du nostre, le penultième jour du moys de septembre, l'an mil quatre cens quarente et quatre. A durer ces presentes jusquez à la feste de Noel prochainement venant, donné coume dessus. Loys d'Amboyse.

330. Procès-verbal de l'exécution du mandement ci-dessus, par Jean Macaire, sénéchal, et Jean Guymard, châtelain de Talmont. (Carte n° 241.)

1444.
23 novembre.

A tous. . . . . Jehan Machayre et Jehan Guymar, licenciez en loix, seneschal et chastellain de Thalmont et d'Olonne pour très doubté et très puissant seigneur mons' d'Amboise, vicomte de Thouars, comte de Bennon et s^{gr} desd. lieux de Thalmont et d'Olonne, salut. Savoir faisons nouz avoir receu lectres dud. seigneur à nous presentées et baillées par reverend père en Dieu et honneste personne frère Louys, abbé du moustier de St Jehan d'Orbestier, et frère Charles Raoulea, procureur des religieulx et convent, desquelles la teneur s'ensuit : Louys, seigneur d'Amboyse,. . . . . .¹ Par vertu et auctorité desquelles lectres et du povoir à nous donné et commis par icelles, voulans proceder à leur enterignement tout ainsi et par la manère qu'il nous estoit mandé et commis, donnasmes en commandement à Jehan Vreignea et Perrot Prevost, sergens de la fourest d'Orbestier appartenant à mond. seigneur, de faire savoir et publier à tous les manens et habitans environ lad. fourest que s'il y avoit aucuns qui voulissent prandre à cens ou aultre devoir de mond. seigneur les lieux estirpez et degastez de boys en lad. fourest ou aultres lieux estans en icelle infructueux non portans prouffit à mond. seigneur, qu'ils vensissent par devers nouz les xxij^e et le xxiij^e jours de novembre l'an dessusd. mil quatre cens quarante et quatre et que nous procederions à visiter lesd. lieux ainsi extirpez et aultres dessusd. infructueux et les leurs bailleroyons et accenseroions ainsi qu'il appartiendroit par raison; et aussi donnasmes en commandement ausd. sergens et à chacun d'eulx de adjorner pardevant nous à comparoistre en bourg du Chestel d'Olonne aud. xxiij^e jour de novembre tous ceulx qui avoient pris et accensé de mond. seigneur depuys le deceps de deffunct messire Perre d'Amboise, à son vivant seigneur desd. lieux de Thalmont et d'Olonne, oncle de mond. seigneur, aucuns lieux ou places extirpez de boys en lad. forest et qu'ilz apportassent par devers nous les lectres desd. prinses à la payne de soixante sols. Et par ce, lesd. xxij^e et xxiij^e jours dud. moys de novembre, l'an susdit, nous appellez ad ce Louys Viger, lieutenant dud. lieu de

---

1. C'est la pièce précédente du 29 septembre 1444.

Thalmont, Estiene Prevost, procureur desd. lieux de Thalemond et d'Olonne, pour la conservacion des droitz de mond. seigneur, et aussi lesd. abbé et procureur d'Orbestier pour la conservacion de leurs droitz, visitasmes les lieux et places extirpez de boys en lad. fourest et aultres dont mond. seigneur n'avoit aucun soyment et mesmement une nohe assise sur le pré Asselin contenant une sexterée de terre ou environ selon le rapport desd. sergens et d'autres laboureux aians de ce cognoissance, laquelle nous feismes bonnoyer, et icelle veue et visitée, à la relacion desd. officers de mond. seigneur et mesmement de Jehan Tapon et André Vreignea et autres dessusd. ayans cognoissance en ceste matère, baillasmes pour et en nom de mond. seigneur à maistre André Clergeaul demourant en bourg des Sables au pris et somme de trente et cinq sols monnoie courante d'annuel et perpetuel cens poiables par chacun an par moité en chacune feste de St Jehan Baptiste et de Noel. Item d'ilec nous transportasmes à une petite nohe appellée la nohe du Puteis contenant par le rapport des dessusd. seix boisselées de terre ou environ, laquelle nous feismes bonnoyer, et icelle, à la relacion des dessusd. officers et autres, baillasmes et accensàsmes à Jasme Guyot et Colas Papinea demourant en la ville du Chastea d'Olonne à la somme de quinze sols monnoie courante d'annuel et perpetuel cens poiables et rendables chacun an par moité chacunes festes de St Jehan et de Noel. Item visitasmes une piece de terre extirpée de boys du temps de Rogelin Bosset, de Nicolas de Montloys, autreffoiz capitainnes du chastel dud. lieu de Thalmont, et povoit contenir pour le rapport des dessusd. troys minées de terre ou environ tenant à la prinse de Mesnager et de Baudet et icelle feismes bonnoyer et lad. piece baillasmes à la relacion des dessusd. à Franczoys et Jehan Vreigneaux au pris et somme de trente et deux sols six deners monnoie courante d'annuel et perpetuel cens rendables et poiables par chacun an ès-termes susd. par moité. Item, aussi visitasmes la nohe du Pont-

Estiene contenant huyt boecelées de terre ou environ à la relacion des dessusd. laquelle nous feismes bonnoyer et icelle baillasmes et adjugeasmes à Jehan d'Aulnis, Jehan Pieplat le jeune et Jehan Gaultier à vingt sols monnoie courante de cens poyables par moité ès-d. festes de St Jehan et de Noel. Item et paraillement visitasmes la nohe du doit de la Planche contenant seix boecelées de terre ou environ à la relacion des dessusd. laquelle nous feismes bonnoyer et icelle baillasmes et adjugeasmes à Colas Alart et Thomas Barullon à la some de douze sols seix deners monnoie courante de cens poiables ès-d. festes de St Jehan et de Noel par moité, à commancer le premer poyement des sommes dessus desclairées à la feste de St Jehan prochainement venant. Et ont promis et sont obligés les preneurs desd. prinses et chacun d'eulx et leurs hers de metre et tenir lesd. prinses en bon estat et suffisant. Item d'ilecques nous transportasmes en lad. ville du Chastel d'Olonne et feismes audiencer, publier et nommer en la presence de plusieurs estans par devant nous come tenant les assises ceulx qui avoient fait lesd. prinses de mond. seigneur en icelle forest le temps passé; et pour ce, tout consideré et calculé à vray les prinses faictes par plusieurs persoynnes depuis que mond. seigneur vint ès seigneuries desd. lieux de Thalmont et d'Olonne, avons trouvé qu'il appartenoit èsd. religieux pour la quinte partie desd. prinses la some de soixante et deux sols et des prinses dessus nommées par nous baillées et accensées pour le droit de la quinte partie la some de xxiii sols; lesquelles somes montant ainsi à la some de quatre livres et cincq sols. Et pour tant en recompensacion desd. prinses par nous baillées leur avons baillé et delaissé, baillons et delaissons, par le conseil et deliberacion des aultres officers de mond. seigneur, de et sur les prinses susd. par nous baillées et accensées come dit est les somes qui s'ensuivent : c'est assavoir en et sur la prinse dud. Clergeaut la somme de trente sols de cens, et en et sur la prinse desd. Papinea et Guyot la somme de dix sols de cens, et paraillement en et sur la prinse desd. Vreigneaux la some de vingt sols de cens, et en et sur la prinse de Vincent d'Aulnis et Jehan Pieplat et Jehan Gaultier la some de quinze sols de cens, et en et sur la prinse de Colas Alart et Thomas Barullon la some de dix sols de cens, poiables par chacun an ès-d. festes et termes de Noel et de St Jehan par moité. Et avons commandé et ordenné, commandons et ordennons ès preneurs desd. prinses que dores en avant il poiant et contentant lesd. religieux des sommes dessusd. et o. ce faisent ilz en demourront quiptes envers mond. seigneur et les siens. Et ont promis lesd. preneurs en nostre presence poyer et contenter dores en avant lesd. religieux des sommes dessusd. par eulx et les leurs à cause et pour raison desd. prinses et les en avons jugié, et le residu des somes desd. prinses avons reservé et reservons ès-receptes de mond. seigneur à la conservacion du droit de fief qu'il a sur lesd. lieux et choses par nous baillées, et le quel droit de fief nous lui avons reservé et reservons en tout par ces presentes. En tesmoign desquelles choses nous lesd. commis avons signé de nous mains et seellé de nous seaulx ces dictes presentes et à icelles fait metre et appouser à plus grant confirmacion le seel establi aux contraiz en la ville et chastellenie dud. lieu de Thalemond, led. xxiij^e jour dud. moys de novembre, l'an susd. mil quatre cens quarente et quatre. Jehan Macaire. J. Guymar.

331. Arrentement de deux maisons à Talmont fait à Jean de de Roche, clerc. (Cart^e n° 143.)

1448.
7 février.
(1447, v. st.)

Sachent toux que par devant André Chaignea notaire, juré de la court du seel establi ès-contraiz en la chastellenie d'Olonne pour très noble et très puissant seigneur mons^r d'Amboise, vicomte de Thouars, conte de Bennon, s^{gr} de Talemont et dud. lieu d'Olonne, ensembleement par davent messire Nicolas Hardi presbtre, notaire, juré de la court du seel establi en doenné de Talemondoys pour venerable homme et discrect mons·r· le doyen dud. lieu, ainsi que par l'une desd. cours ne soit derogié ne prejudicié à l'autre en aucune manère, en droit personnellement establi Jehan de Roche clerc, demourant en la ville de Talemont, lequel de son bon gré, de sa bonne, pure, liberalle et absolue volunté, sans perforcement aucun, a pris et accepté et par ces presentes cognoist et confesset avoir pris et accepté à tous jours mès perpetuellement pour luy et les siens et ceulx qui de luy auront cause des religieux abbé et convent de S·t· Jehan d'Orbester c'est assavoir deux appentiz de maison couvers de teuble joignant l'un à l'autre, aveq. ung airaut de maison et ung petit verger qui est detres led. ayraud de maison o les ruages et cayruages, venelles et yssues, lesquelles chouses estoient appellées encienement le trueil d'Orbester, situées et assises en lad. ville de Talemont entre la maison qui fut deffunct Jehan Tillon en laquelle demeure par le present Jehan du Tertre et la maison près Chaisgnevert et tenant au grant chemin par lequel l'on vient et vait du pont de l'ayve à la Choue et, d'autre, ès vergers de Jehan Maligner et du Tertre, pour le priz et somme de vingt sols de rente par chacun an à payer entre deux termes, savoir est dix sols en chacune feste de S·t· Jehan Babtiste et dix sols en chacune feste de Noel; parmi ce que lesd. religieux abbé et convent de S·t· Jehan d'Orbester ou gens pour eulx auront leur descendue ès-d. lieux par ainsi qu'il feront leur despence, et sera tenu le dit de Roche et les siens bailler chambre aud. religieux abbé et convent ou à leurs commis en la saison des vandenges pour faire les vins des fiez à eulx appartenans qui sont delà Talemont, et doit bailler led. de Roche ung lit garni, table, touaille et vaisselle à ceulx qui feront lesd. vins, et doyvent fournir lesd. religieux abbé et convent de toute fustaille neccessaire pour faire lesd. vins; et doit led. de Roche faire maison et augmentacion ès-d. lieux dedans quatre ans prochainement venans. Et à tout ce que dessus. . . . . led. de Roche a obligé. . . . . serement. . . . . renunciant . . . . . et en a esté jugé et condampné. . . . . Ceu fut fait et donné presens garens, ad ce oyr appellez et requis, messire Jehan Mestoyer presbtre et Jehan Leau, le septesme jour de feuvrer, l'an mil CCCC quarente et sept. A. Chaignea. N. Hardi.

332. **Jugement aux assises de Talmont, maintenant à l'abbaye un droit sur certaines pêcheries. (Carte n° 70.)**

1448.
19 février.

Pierres Aumosner, conseiller du roy nostre sire, seneschal de Thalemont pour très doubté et très puissant seigneur mons^r le vicomte de Thouars, s^{gr} dud. lieu de Thalemont, à toux. . . . . salut. Come plait et procès fust ja piecza meu et pendent ès grans assises dud. lieu de Thalemond de la partie de frère Jehan Pairot religieux de l'abbaye de St Jehan d'Orbester, procureur et en nom de procureur suffisamment fondé des religieux abbé et convent de lad. abbaye, demandeur d'une part, et le procureur de lad. court, deffendeur d'autre part, à l'occasion de ce que led. procureur desd. religieux abbé et convent disoit et propousoit à l'encontre dud. procureur de la court que leur mouster et abbaye de St Jehan d'Orbester avoit esté fondée et dotée anciennement par les seigneurs et dammes dud. lieu de Thalmont, et à cause de leurd. fondacion et dotacion de leur mouster ilz avoient plusieurs beaux droiz et noblesses tant en lad. seigneurie de Thalmont que en la court et seigneurie d'Olonne, appartennences et appendences d'icelles, et voyre tout droit de haulte justice et juridicion moyenne et basse et les droiz qui d'icelle pouhent descendre scelon raison et la coustume du pays; disoit oultre led. procureur desd. religieux abbé et convent que les seigneurs et dammes dud. lieu de Thalmont leur avoyent donné et octroyé entre leur autres dons et octroys povoir, congé et licence d'avoir vaisseaulx pour aler sur la mer à marchenderie et à pescherie et aussi leurs hommes vaisseaulx liges ou parsonners : desquelx vaisseaulx liges ou parsonners, appartenant tant à eulx qu'à leurs d. hommes, lesd. seigneurs leur avoient donné la coustume du poisson, quelque poisson que ce fut et qui par avent leurd. don et octroy leur povoient compecter et appartenir; et avoient voulu lesd. seigneurs et dammes que les hommes desd. avans et tenans lesd. vaisseaulx exercens pescherie fussent quiptes et frans et deschargés desd. droiz de coustume, en icelle poyent èsd. religieux, et leur en avoient cedé et transporté tous les droiz quelxcomques qui par avant led. octroy leur povoit compecter et appartenir sans ce qu'ilz peussent jamès venir encontre par aucune cause que ce fust. Et disoit led. procureur desd. religieux quar ans tiltres dessus desclerés lesd. religieux abbé et convent par eulx, leurs procureurs, receveurs et officers ou autres pour et en nom d'eulx ont joy et heu bonne poccession et saisine des droiz de coustume dessusd. ainsi à eulx donnez par lesd. seigneurs ou dammes de la court de ceans, fussent de vaisseaulx propres ou à leurs hommes et subgectz ou parsonners, et voyre en avoient joy desd. droiz de coustume par x, xx, xxx, xl ans et par temps valable et suffisant quant ad ce. Et disoit led. procureur desd. religieux abbé et convent que non obstant ce que dit est le receveur de la court de ceans et autres officers d'icelle, en venent contre le droit, poccessions et previlèges d'iceulx d. religieux, ont prins reaument et deffait depuys quatre ans en cza le droit de lad. coustume appartenant à iceulx religieux des vaisseaulx de Perrot Bloy des Sables d'Olonne et Jehan Girard de la Chaulme, leurs hommes et subgetz et desquelx vaisseaulx estoient mareens au port du Sable d'Olonne, de quoy lesd. religieux abbé et convent estoient endommagez par chacun an de la somme de cent sols. Et par ce requeroit led. procureur desd. religieux abbé et convent qu'il fust dit et descleré lesd. droiz de coustume à eulx appartenir et d'iceulx les faire et laisser joyr et user paisiblement, et led. procureur condampné à cesser lesd. troubles et empeschemens, et à leur rendre et restituer lesd. droiz de coustume prins par lesd. officers de lad. court jusques à la somme dessusd. par chacun an en cas de confession et en cas de neance il ouffre à monstrer. De la partie dud. procureur a esté dit à ses deffenses que monseigneur de la court de ceans et messieurs ses predicesseurs, estans seigneurs, barons et chastellains à cause de lad. seigneurie ou au dedans les fins et mectes d'icelle et aussi en la chastellenie d'Olonne, ilz avoyent toute haulte justice, moyenne et basse et plusieurs autres beaus droiz, prerogatives et noblesses; entre lesquelx droiz mond. seigneur avoit droit et si avoient heu messieurs ses predicesseurs d'avoir un droit de coustume de poisson sur les peschours, c'est assavoir dès le premer jour de caresme jusquez au jour de la St Jehan Babtiste, lesd. jours inclus, lequel droit estoit le quint premer et plus beau poisson d'un chacun vaisseau alens à pescherie de l'avre d'Olonne et que les peschours avoient expousé et mis en vente; et disoit le procureur de la court que mond. seigneur et messieurs ses prediccesseurs en avoient joy de toutes manères de gens des condicions susd. seuls et par le tout par temps valable et suffisant quant ad ce au veu et sceu desd. religieux, quequessoit eulx poitans voir et savoir. Et aussi disoit led. procureur de la court que, veu ce que dit est, lesd. religieux n'avoyent cause ne action contre luy et que de lad. demande il en devoit estre absols et lesd. religieux forclus, et respondoit au fait desd. religieux : premèrement ad ce que led. procureur desd. religieux disoit que à cause de la fondacion et doctacion de leur mouster et abbaye ilz avoyent plusieurs beaux droiz et noblesses, prerogatives et tout droit de haulte justice, moyenne et basse, que de ce ilz estoyent d'acord; et ad ce que led. procureur desd. religieux disoit que leur mouster estoit fondé et docté du patrimoyne de la court par messieurs lors estans seigneurs d'icelle, disoit led. procureur de la court qu'il estoit vray ; Item et ad ce que led. procureur desd. religieux disoit que les seigneurs de lad. court en especial leur avoyent donné et octroyé povoir d'avoir pour eulx ou leurs hommes et subgetz et tenir en port d'Olonne et autres pors à eulx appartenans vaisseaulx mareens, à ce respondoit led. procureur de lad. court que de ce il ne savoit riens et le nyet et deffendet : et suppousé que ainsi fust, disoit qu'il ne devoit prejudicier à mond. sieur quar lesd. religieux n'en avoyent point joy, ne aussi lesd. hommes desd. religieux n'avoyent point cessé de poyer led. droit de coustume, ainxois disoit led. procureur de la court que mond. seigneur et messieurs ses prediccesseurs ou leurs officers et commis à amasser lad. coustume du poisson avoyent joy des hommes desd. religieux comme des autres qui avoyent acoustumé à poier lad. coustume : et ès cession, privilèges et transpors aleguées par led. procureur desd. religieux disoit led. procureur de lad. court qu'il ne savoit riens et protestoit quant ilz exhiberoient lectres ou autres chouses à ceste fin de les impugner et debatre ; et ad ce que led. procureur desd. religieux disoit que les officers de monseigneur ont troublé et empesché iceulx diz religieux en leur droit de coustume en prenant icelle sur Perrot Bloy des Sables d'Olonne et Jahan Girard de la Chaulme leurs hommes, responnoit led. procureur de lad. court que lesd. officers de mond. seigneur n'ont fait aucun tort esd. religieux, que ce qu'ilz ont prins est le droit appartenant à mond. seigneur et ne se trouvera point que lesd. Bloy et Girart soyent hommes desd. religieux ; et par ainsi disoit led. procureur de la court que, veu les chouses susd. et desquelles il offre faire preuve, son entencion estoit bien fondée et que (de) lad. demande il devoit estre licencié et absols et lesd. religieux forclus et deboutez. De la partie desd. religieux estoit reppliqué plusieurs causes, faiz et raisons et au contrayre, et aussi par led. procureur de lad. cour duppliqué, un chacun d'eulx tendant à soubtenir leurs faiz affin d'obtenir leurs fins et conclusions, finablement les parties, à plain ouyes à tout ce qu'elles voulirent dire et proposer d'une partie et d'autre, furent ja piecza appoinctées en contestacion de cause par faiz contrayre et à escripre leurs causes, faiz et raisons en prose, et leur fut assigné jour pour bailler demande, deffence, repplicque et dupplicque : à quoy lesd. parties fornirent d'ung cousté et d'autre, et fut finalement le procès d'article accordé entr'eulx, et pour faire les enquestes d'une partie et d'autre leur furent baillez commissaires et aussi les produxions en telx cas appartenans. Pendant lesquelles lesd. religieux abbé et convent ont fait faire leur enqueste et icelle faicte et registrée come en telx cas appartient ont presenté et baillé devers la court, et par icelle avecques leurs lectres, privilèges, procès et autres emunimens voulirent avoir et prandre droict ; et pour la partie du procureur de lad. court n'a esté fait aucune enqueste et de son consentement ja piecza en fut forclus, et emprès ce luy ont esté baillés les noms et sournoms des tesmoins contenus ès enquestes desd. religieux pour dire oligez et reprouschez, desquelx paraillement de son consentement il a esté forclus; et emprès ce luy fut decerné coppie desd. lectres et privilègez desd. religieux pour bailler contreditz, si faire le vouloit, lequel n'a aucune chouse voulu bailler encontre, et paraillement de son consentement en a esté forclus. Emprois laquelle forclusion lesd. parties ont heu jour pour presenter et apporter tout ce de quoy chacune desd. parties soy vouldroit aider tendant à ses fins, lequel dit procureur n'a aucune chose mis et n'a voulu mectre et de son consentement en a esté forclus, et tant led. procureur que lesd. religieux se sont liées à prandre droit par ce que par lesd. religieux avoit esté presenté et baillé par devers lad. court ; et sur ce fut conclus et renoncé en cause par eulx et chacun d'eulx et jour assigné par lad. court èsd. parties à aujourduy pour venir prandre droit par ce qui estoit devers lad. cour. Savoir faisons que, lesd. parties comparans par devant nous en **jugement** et mesmement lesd. religieux par frère Charles Raoulea leur procureur suffisamment fondé et le procureur de lad. court personnellement, emprès ce que le procureur desd. religieux a esté à ung et d'acord de ces pieces contenues et desclerées en l'inventoyre sur ce fait et mises et baillées par devers lad. court, icelles par nous veues et visitées, et heu adviz avecquez pluseurs sages, paraticiens, clers et coustumers, et consideré tout ce qui fault à considerer à la matère, le nom de Dieu premèrement ad ce appellé, nous avons dit et descleré, disons et desclairons par nostre mandement, sentence, appoinctement et à droit que lesd. religieux abbé et convent ont suffisaument monstré et prouvé de leur interest ; et par ce nous leur avons adjugé et adjugeons le prouffit de lad. coustume de poisson des vaisseaulx liges de leursd. hommes dessus nommez et des vaisseaulx parsonners en la partie qui à leursd. hommes compectera et appartiendra seulement ; et à tant que touchet le dommage qu'ilz disoient avoir, nous ne leur avons adjugé aucun prouffit, parce qu'ilz ne nous font nulle prouve et qu'il ne nous en est rien apparu ; et avons condampné et condampnons led. procureur de lad. court à cesser doresnavent de leur faire touschant lad. coustume sur leursd. hommes aucuns troubles et empeschemens, en luy impousent sur ce silence perpetuel. Si donnons en commandement à tous et chacuns les sergens de la court de ceans, non obstant qu'il ne soit en leur povoir, office ou bailliage, de mectre ces presentes à execucion dehue en ce que elles requerent execucion en et sur les biens de ceulx à qui il appartiendra de raison sans les ouyr ne recevoir à l'opposicion aucune, si n'est de cause née depuys la date de ces presentes. Donné et fait ès grans assises de Talemond, comancées à tenir par nous seneschal susd. le diz et neufvème jour de fevrer, l'an mil iiij^c quarente et sept. M. du Raiffe, pour registre.

333. Assignation à divers dans un procès contre l'abbaye. (Cart® n° 259.)

1448.
15 juillet.

A noble et puissant seigneur mons^r le seneschal de Poictou pour le roy nostre sire ou à son lieutenant à son siege de Poicters Jehan Pilatron, sergent du roy nostre d. sire commis en ceste partie, soy recommande o tout honnour et reverence avecquez toute obeissance. Noble et puissant seigneur, plaise vous savoir que je suys nommé gardiateur en la sauvegarde generale donnée par le roy nostre d. sire ès-religieux abbé et convent de l'abaye de St Jehan d'Orbestier, par laquelle il appert que le roy nostre d. sire a prins et mis en sa protection et sauvegarde especiale lesd. religieux abbé et convent, homes de corps avecquez leur famile, droiz, chouses, poccessions et biens quelxcomques; par vertu de laquelle sauvegarde et la requeste desd. religieux abbé et convent je me transportay le xiiij^e jour du moys de juillet l'an mil iiij^c xLviij par devers Jehan Texer et Laurens Gendron et le xve jour dud. moys par devers Jehan Guiochet et Maurice Mestaier et [le] vallet de Colas Martin demourant en village de la Rudelère, ès-quelx et chacun d'eulx en leurs personnes je fey savoir lad. sauvegarde et leur deffendi de par le roy nostre d. sire et à chacun d'eulx que ausd. religieux abbé et convent, leurs hommes de corps, leur famile, droiz, chouses, poccessions et biens quelxcomques ilz ne meffeissent en aucune manère; et les adjornay à comparoitre par davant vous ou vostre lieutenant au xvj^e jour du moys d'aougst prochainement venant, pour aler donner asseurté ausd. religieux abbé et convent et respondre au procureur du roy nostre d. sire sur lad. sauvegarde si partie se veult faire avecques lesd. religieux abbé et convent ainssi qu'il appartiendra de raison; et derechef adjornay aussi aud. jour et lieu Colas Martin demourant aud. lieu de la Rudelère et Jehan

Mestaier pour aler donner lad. asseurté ausd. religieux abbé et convent come dessus, et premèrement et davant led. adjornement d'asseurté je leur deffendi de par le roy nostre d. sire que ausd. religieux abbé et convent ilz ne meffeissent en aucune manère, et leur feis commandement de par le roy à tous et chacun d'eulx que s'il avoient fait contre et au prejudice de lad. sauvegarde qu'ilz le reparessent et meissent au premer estat et deu. Et ce noble et puissant seigneur je vous certiffie par ceste moye relacion seellée et signée de mes seel et seign manuel les jours et an que dessus. J. Pilatron [1].

334. Jugement aux assises de Talmont contre Thomas et Jean Marchant. (Cart° n° 18.)

Sachent touz que comme les religieux abbé et convent de St Jehan d'Orbester aient fait convenir à leurs demandes à ces presentes assises de Talemont Thomas et Jehan Marchens, enfens et heriters biens tenens de feu Nicolas Marchent leur père, pour et à l'occasion de ce que disoyent lesd. demandeurs que led. feu Nicolas Marchent cogneut et confessa ja piecza devoir et promist rendre et poier èsd. demandeurs trente sols monnoie courante de rente par chacun an pour ferme ou arrentement perpetuel de certain lieu avecq ses appartenances, appellé le lieu des Melle, assis en la paroisse du Chastea d'Olonne, lequel lieu lesd. demandeurs baillèrent et transportèrent aud. feu Nicolas Marchent à lad. rente pour l'assiete de laquelle icelluy Marchent situa et assigna ausd. demandeurs sur Jehan de Lorgère, Jehan Giffart et leurs femmes demourans en la parroisse de St Perre de Talemond

1448.
13 novembre.

---

1. Le 19 avril 1439 semblable assignation fut faite par le même sergent à Thomas, Simon et Jannyn Petrot, Maurice Mestoyer et Lucas Roy pour comparaître en jugement le 13 may suivant. (Cart° n° 383.)

trente sols de rente èsquelx il disoit les dessusd. luy estre tenuz, et leur promist faire avoir poccession et saisine vuide et delivre de l'assiete de lad. rente, icelle leur garentir, desempescher et deffendre, et ad ce obligea luy, ses hers, successeurs et biens quelxcomques et en fut jugié et condampné ; et lequel Nicolas Marchent ne fi aucunement faire lad. saisine et poccession de lad. rente ausd. demandeurs ne paraillement lesd. deffendeurs ses heriters, mais icelle rente ont payé aucun temps par leurs mains fors depuys six ans en cza qu'ilz ont cessé et contredit de poyer lad. rente et aussi de faire faire saisine et poccession vuide et delivre ausd. demandeurs de l'assiete de lad. rente par la manère dessusd. Et pour ce requeroyent et concluoyent lesd. religieux contre lesd. deffendeurs et chacun d'eulx tendant à ung reel fait et paiement ad ce qu'ilz fussent contrains ou condampnés et contrains à deguerpir et delaisser par ipothèque tous et chacuns les biens qu'ilz tiennent dud. feu Nicolas Marchent leur père en povoir et juridicion de lad. court ou ressort d'ycelle, si meulx ilz ne vouloient faire ou faire faire saisine et poccession vuide et delivre ausd. demandeurs de l'assiete de lad. rente et icelle leur deffendre ou desempescher et faire continuer et aussi leur poyer les arrerages de lad. rente escheuz du temps dessusd. sauf à demander en plus ; concluyoent aussi à despens de plait faitz et à faire. Aujourduy comparens lesd. religieux par Jehan Gaborin leur procureur suffisamment fondé et lesd. Thomas et Jehan Marchens personnellement, c'est assavoir led. Thomas pour les deux pars et led. Jehan Marchent pour la terce partie, ont promis, doyvent et sont tenuz faire joyr, avoir poccession vuide et delivre ausd. religieux desd. trente sols de rente à eulx assis par led. feu Nicolas Marchent leur père et icelle poccession leur faire continuer, garentir et deffendre lad. assiete par la manère que avoit promis leurd. père ou leur bailler lad. rente en autre assiete bonne et suffisante autant près desd. religieux que estoit lad. première assiete et jusquez ad ce qu'ils ayent faict joir lesd. religieux de lad. première assiete par la manère dessusd. ou bailler autre assiete bonne et suffisante come dit est, lesd. Thomas et Jehan Marchens pour leurs parties et porcions dessusd. ont promis, doyvent et sont tenuz rendre et payer ausd. religieux lesd. xxx sols de rente pour chacun an à la feste de Noel, et aussi ont promis payer les arrerages du temps dessus descleré pour lesd. porcions dedans la feste prochainement venant. Et ad ce faire, tenir, garder, enterigner et acomplir ont obligé eulx, leurs hers, heriters et successeurs avecquez touz et chacuns leur biens meubles et immeubles presens et ad venir. Et parmi ce le procureur desd. religieux s'est departi et depart de l'action et poursuite dessusd. quiptant lesd. parties de touz despens, interests et dommages. Pour lesquelles chozes avoir fermes et agreables nous avons jugé et condampné lesd. parties de leur assentement et volunté. Donné et faict ès grans assises dudit lieu de Talmont commancées à tenir le xiij^e jour de novembre, l'an mil iiij^e quarente huyt.

335. Hommage de Vayré rendu par l'abbaye. (Cart^e n° 287.)

Sachent touz que de noble homme Perre du Pé du Foul, s^{gr} de la Nohe et de la Bobinière, je frère L. humble abbé du mouster de St Jehan d'Orbester, tant pour moy que pour ceulx qui tenent soubz moy par hommage en gariment, liens et advohe à tenir à foy et hommage plain et à cincq sols de servige, poiables en chacune feste de St Jehan Babtiste et à rachapt quant le cas y advient, scelon la coustume du pays, c'est assavoir : la moyté par indevis de mon houstel et herbergement de Vayré, o ses appartenances de closures, ruages, cayruages, vergers, courtilz, qui pouhent bien valoir an par autre quarente sols environ. Item, la moyté par indevis d'une fuye estans dedans les fins et mectes de la preclousure dud.

1451.
25 janvier.
(1450, v. st.)

houstel, en laquelle l'on puit prendre an par autre quatre dozaynnes de pigeons ou environ. Item, la moyté par indevis de deux pièces de vigne, l'une desquelles est appellée la Petite Plante contenant en soy douze journaux de vigne ou environ, et l'autre pièce de vigne est appellée la Grant Plante et contient en soy quarente journaux ou environ; et tient lad. vigne appellée la Grant Plante d'une part au pré Jehan Boutier, seigneur de la Combe, lequel pré est appellée le pré de Letring et d'autre part au fié du Bexon, et lad. vigne appellée la Petite Plante tient d'une part au verger de Villeneufve et d'autre part au chemin par lequel l'on vait de Vayré au pré de la Tousche. Item, la moyté par indevis du droit de complanter et de prendre et avoir par droit de complant la moyté par indevis de la sixte partie des fruiz creuz et accensés en ung fié de vigne apellé le Grant Fief assis en la parroisse de Vayré, tenant d'une part au pré de Jehan Boutier apellé led. pré de la Fontaynne et d'autre part au fief du Bexon et d'autre part à la rivère qui vient de Vreignoye et d'autre part au grant chemin qui vient de St Martin de Bram au fief de Chamoy. Item la moyté par indevis dud. droit de complanter, prendre et avoir par droit de complant la moyté par indevis des fruiz creuz et accensez en ung autre fief de vigne appellé le Fié du cymentère, tenant d'une part au chemin par lequel l'on vait d'Olonne à la Menrrière et d'autre part ès terres dud. Jehan Boutier et d'autre part au chemin par lequel l'on vait de Vayré en Aspremont. Item, la moyté par indevis des gardes et receptes deuz par cause et raison des fiez dessus specifiés et desclerés, qui pouhent bien valoir chacun an huyt sols ou environ; et pouhent bien valoir tant lesd. vignes tenues à domaynne que lesd. complans an par autre huyt pipes de vin ou environ. Item, la moyté par indevis du droit de terrager et d'avoir et prendre par droit de terrage la moyté par indevis de la sixte partie des fruiz creuz et accensez en ung fief de terre labourable appellé le fief du Plantens, tenant d'une part au chemin par lequel l'on vait de Vayré à la Mothe Achart et d'autre part au chemin par lequel l'on vait de Bourgneuf à la Chèze Giraud, et puit bien valoir tout le terrage dud. fief an par autre une mine de blé ou environ. Item, la moité par indevis d'un tenement appellé les Enclouses, tenant d'une part au chemin par lequel l'on vait de Vayré à la Menrrière et d'autre au chemin par lequel l'on vait de Lomelet à la Vayronère et s'areste au chemin par lequel l'on vait de la Menrrière au fief Foucquaut de Montasner vulgaument appellé la Vesquanterie et d'autre part au domayne de la Chaillaillère, lequel tenement est appellé les Enclouses et est à present gasts et en landes. Item, la moyté par indevis des garennes à counilz et estangs appartenans aud. houstel. Item, la moyté par indevis de boys qui sont près et joignans desd. garennes et estangs, et puent bien valoir lesd. boys, garennes et estangs dix sols de rente ou environ. Item, la moyté par indevis de quatre journaux de prez ou environ, tenant lesd. prez à lad. garenne et boys qui sont joignans desd. prez, et pouhent bien valoir lesd. prez an par aultre deux charges de fain ou environ. Item, la moyté par indevis des cens tant en deners que en chappons et gelines cy dessoubz desclerez. Premèrement Maturin Pennart sur sa maison perrine qui fut feu Perre Letissea quatre deners et sur son fourenou obole. Item led. Pennart sur ses maisons et appartenances qui furent feu Jehan Letissea ung chappon et le sixte d'un. Item messire Guillaume Fort sur sa maison qui fut Sauvé ung chappon et demie geline. Item la vefve feu Colas Bassot sur sa maison et appartenances ung chappon et demie geline. Item Maturin Feuvre et ses parsonners sur leur terre du Cayrefour deux deners, item sur le cortil de l'estang obole. Item Perrin Charron snr leur maison et appartenances qui furent feu Jehan et Michea Sanzins troys sols, item sur leur cortil de l'estang ung chappon. Item Perrot Bonnet sur ses maisons et appartenances huyt deners. Item les dessusd. troys deners. Item Maturin Feuvre et ses parsonners sur ses maisons et appartenances

— 508 —

deux chappons. Item Colas Rebillart sur sa maison et appartenances qui fut Pelerin cincq deners, item sur sa douhe ung dener et demi chappon sur le verger qui est darrères le four. Item Denis Reinaud sur le pré Gremonnet ung chappon et une geline. Item les heriters de messire Jehan Sauvé sur leurs maisons et appartenances deux chappons et quatre deners et sur sa nouhe deux deners. Item Jehan Fort sur sa maison et appartenances neuf deners. Item la vefve feu Colas du Pas de la Moretère sur le cortil Ourlon quinze deners. Item Loys Nicholas deux chappons, ung sur sa quace et l'autre sur sa maison et verger. Item Colas Arnaud sur son verger et plante deux chappons. Item led. Arnaud sur sad. maison qui fut Mynet ung chappon, item led. Arnaud sur l'ayraud qui fut Sauvé qui à present est verger ung chappon. Item Jehan Morisset sur ses maisons et appartenances ung chappon et dix et neuf deners. Item Jehan de Vrignoye sur sa maison et appartenances quart de chappon et deux deners sur sa rivère. Item les heriters feu Veillet sur leurs maisons et appartenances ung chappon. Item Michea Senteron et ses parsonners ung truellea d'avoynne et deux chappons et deux sols sur leurs maisons et appartenances. Item Jehan Achart sur son cortil les deux pars d'un chappon et ung dener sur sa chollestère et ung sur sa douhe. Item Colas Fruschart sur sa maison et cortil deux deners. Item plusieurs autres cens deuz à la S¹ Michea : premèrement Guillaume et Jannyn Nobyroux du Moulin Neuf troys sols six deners sur leurs maisons et appartenances [1]. Item s'ensuivent autres cens deuz à Pasques : premèrement Maturin Pennart sur ses maisons et appartenances qui furent feu Jehan Letis-

---

1. 12 janvier 1431. Aveu rendu à l'abbaye par Denis Novirou de maisons et terres au village de l'Aymonère tenues à foy et hommage plain, à 2 s. 6 d. de service et à rachapt. (Cart⁰ n° 269.)

24 juin 1441. Même aveu rendu par Perrot Garrea, comme ayant transport de Jehan Texier de Vayré. (Cart⁰ n° 267.)

sea seze deners. Item Perrot Gaudichon et Estiene Rouxelleau dix et huyt deners de servige deuz sur les Escharppiez. Item Huguet Belloussea sur ses vignes de la Rivère un chappon et six deners de servige [1]. Item [Jehan] Fruschart sur sa maison et cortil treze deners. Item Perrot Sauvé et ses parsonners troys sols six deners sur les choses au Girard. Item ung four assis en la ville de Vayré o tout le droit de contraindre mes hommes et subgetz demourans et habitens en lad. ville de Vayré à cuyre aud. four par droit de fornage, cuysage en destroit et o le droit d'avoir et prandre par droit de fornage de chacun boicea de farine de seigle mise en pate et cuyte aud. four ung dener et de boicea de froment troys oboles et demander et exiger amende acoustumée des cuysans à autre four et des contredisans de poyer led. dener de cuysage. Et ay end. chouses ainsi tenues par l'homage susd. tout droit de basse justice et jurisdicion et droit d'assise [2].

Item tient en gariment sur mond. hommage Jacques de Montaufueil les choses qui s'ensuivent : et premèrement

---

1. 16 juin 1418. Aveu rendu à l'abbaye par Huguet Belousser d'une pièce de terre appellée le Palhuz tenue à f. et h. plain, à 6 d. et un chapon de service et à rachapt. (Carte n° 264.)
25 août 1442. Même aveu rendu par Nicolas Milcendea à cause de Marguerite Bellouselle sa femme. (Carte n°s 240 et 263.)
2. Soit par suite de partages, ventes ou autres transactions, on ne peut établir la relation exacte avec cet aveu des suivants rendus à l'abbaye à cause de Vayré ; ils doivent y être compris sans aucun doute.
4 juillet 1391. Aveu par Jehan de la Grève du fief de Cabirant, psse de Vayré, tenu à f. et h. plain, à 12 d. de service et à rachapt. (Carte n° 273.)
2 juillet 1405. Aveu par Jehan Bobel valet de l'hebergement de la Chevestelère tenu à f. et h. plain, à 5 s. de service, une mine de seigle, une d'avoine et à rachapt. (Carte n° 268.)
19 mars 1445. Aveu par Guillaume Peschin à cause de Catherine Rondelle sa femme de la moitié par indivis avec le sgr du Plessis Jousselin du village de Louzaière, tenu à f. et h. plain, 12 d. de service et à rachapt. (Carte n° 274.)
6 mai 1447. Même aveu par Maurice..... à cause de Philippe Rondelle sa femme. (Carte n° 234.)

quinze sols de taille bleaux poyables chacun an. Item la moyté par indevis du droit de complanter et d'avoir et prendre par droit de complant la moyté par indevis de la quarte partie des fruiz creuz et accensés en certains fiefz de vigne assis, situez et assignez ès terrouers et tenemens des villages de la Chalocère et de la Tousche. Item la moyté par indevis du droit de terrager et de prendre et avoir par droit de terrage la moyté par indevis de la sixte partie des fruiz creuz et accensez en certains fiefs de terres de blez assis end. terrouers et tenemens et illec environ. Item la moyté par indevis des pasquiers dehus des bestes couchans et pasturagens ès-d. villages; et pouhent bien valoir lesd. choses ainsi tenues en gariment par led. Jacques soixante sols de rente ou environ.

Item soubz mond. hommage tient et advouhe à tenir de moy ainsi par foy et hommage plain à troys sols de servige poyables chacun an en chacune feste de St Jehan Babtiste et à rachapt quant le cas y advient, scelon la coustume du pays, Maturin Amelinea les chouses qui s'ensuivent : premèrement la moyté par indevis du village de la Frucheportère, terrouer et tenement d'icelluy village, assis led. village en la parroisse de Vayré, jurisdicion de Brandoys, en laquelle moyté de village puit estre contenues deux sexterées de terre gaingnables qui pouhent valoir an par autre trois quarterées de blé ou environ, mesure de Brandoys. Item quatre journaux de pré ou environ qui pouhent valoir an par autre deux charretées de fain ou environ. Item la quarte partie de troys minées de terres ou environ partens par indevis o Huguet Gauvaign et o les seigneurs du Bexon, sises en fief Couard de la Guyonnère autrement appellé la Piletère et pouhoit valoir led. droit tous les ans an par autre deux boiceas de blé ou environ. Item sur le tenement de la Piletère quatre truelleas d'avenne, demi chappon et six deners sur ung pré que tient Perrot de la Barbère d'annuau rente. Item la quarte partie des pasquers du fief Couard partens par indevis o les dessusd. qui pouhent valoir an par autre une beste et une toison de laynne ou environ. Item la quarte partie des lincs et chanvres croissans ès-cortilz au village de la Pilletère partant par indevis o les dessusd. qui pouhent valoir an par autre demy faiz de lincq et de chanvre ou environ ; ès-quelx chouses dud. fief Couard Estiene Chevaler et Jehan Masson tenent sobz led. hommage six deners de servige poiables en chacune feste de St Jehan Babtiste.

Item soubz led. hommage tient et advohe à tenir de moy Oliver de Coyebit par foy et hommage plain et à rachapt quant le cas y advient scelon la coustume du pays les chouses qui s'ensuivent : et premèrement l'erbergement de la Sanzinère, ensembleement et toutes ses circunstances et appendances de ruages, cayruages, vergers, cortilz, ousches, appartenans et tenans aud. herbergement. Item en boys troys sexterées de terre ou environ. Item garenne à connilz assise auprès dud. lieu de la Sanzinère. Item six journaux de prez ou environ. Item troys sexterées de terres gayngnables par chacun an à domaynne ou environ. Item six sexterées de terres non gayngnables ou environ en lendez et pasturages ; assises lesd. chouses en la parroisse de Vayré et joignant d'une part au tenement de la Bosrucière et d'autre part ès-terres de Jehan Boutier escuyer et d'autre part au tenement de la Guyonnère et d'autre part au tenement de la Crogetère. Item en tenement du village du Moulin Neuf sis en lad. parroisse terrages de blez qui pouhent bien valoir an par autre ung sexter de blé ou environ. Item sur led. village et tenement d'icelluy vingt et six sols de taille poiables chacun an en chacune feste de Noel. Item ung chappon sur une pièce de terre assise end. tenement dud. village et quatre chappons de cens dehus à lad. feste de Noel. Item ung chappon sur led. tenement dehu à lad. feste, et laquelle pièce de terre est à present plantée en vigne. Item à lad. feste de Noel dix truelleas d'avenne de rente dehus sur led. village et tenement d'icelluy. Item sur led. village et tenement d'icelluy deux boiceas de seigle de mestivage que devent et poyent les mansionnaires et habitans dud. village chacun an en chacune feste de Nostre Dame me-aougst. Item pasquiers de bestes belines et couchans et pasturagens end. fief et desmes de laynnes et d'aygneaulx. Item terrages de lincqs et chanvres croissans end. fief. Item vengence end. fief sur ses hommes jusques à sept sols six deners [1].

Item sur mond. hommage tient et advouhe à tenir de moy Jehan Boutier [2] par foy et hommage plain à six deners de servige en chacune feste de St Jehan Babtiste et à rachapt quant le cas y advient, scelon la coustume du pays, les chouses qui s'ensuivent : c'est assavoir son herbergement sis en la parroisse de Vayré vulgaument appellé Ville Neufve, o ses circumstances et appendances de ruages, cayruages et cortillages, excepté la chambre ou est le planché et le buron dessoubx et la petite garde robbe qui est joignant à lad. chambre et le petit verger qui est davent lad. chambre, lesquelles choses sont du fief de l'Ospital ; et lesquelles choses tenent, d'une part, au chemin par ou l'on vait de la porte dud. herbergement dessusd. au grant poiz de Vayré et, d'autre part, au cortil Colin Bennaston qui fut feu Francoys Fort et, d'autre part, au cortil feu Martin et Denis Giraus et, d'autre part, à mon ousche et à ma vigne et aussi au chemin par ou l'on vait de mon fief à la ville de Vayré. Item ung pré appellé le pré de la Fontaynne qui puit contenir en soy troys journaux ou environ, lequel pré tient, d'une part, ès-prez dud. Jehan Boutier appellés les Chaintres devers les vignes

---

1. 3 mai 1405. Aveu rendu à l'abbaye par Marguerite Fruscharde de la Sanzinière tenue à f. et h. plain et à rachapt. (Cart^e n° 280.)

10 décembre 1444. Même aveu rendu par Jehanne de Bessay veuve d'Olivier de Coesbit. (Cart^e n° 279.)

4 juillet 1453. — Même aveu rendu par Simon Leclere, escuyer, s^{gr} de Grandry à cause de Jeanne de Bessay sa femme. (Cart^e n° 282.)

2. En marge d'une autre écriture Guyart de Ste Flayve s^{gr} de la Combe, ainsi qu'à tous les autres passages ou se trouve le même nom.

des Escharpies et, d'autre part, à mes vignes et, d'un des boutz, au pré de feu messire Guillaume Fort presbtre à cause de sa chapellenie que fonda Guillaume Senteron et, d'autre part, au chemin par ou l'on vait de la ville de Vayré au pont Chaslon. Item une piece de vigne vulgaument appellée la veigne de Louzinet, laquelle puet contenir en soy journaux à neuf hommes ou environ et tient, d'une part, à la veigne de feu messire Jehan Roussellea et, d'autre part, à la veigne Jehan Liret. Item une piece de vigne appellée la veigne du Chiron contenant en soy journaux à quatre hommes, laquelle tient, d'une part, au grant chemin par lequel l'on vait de Vayré à la Menrrière et, d'autre part, à la veigne Perrot Gargnaut et, d'autre part, à la vigne feu Perrot Letissea, laquelle tient à present Maturin Fevre par nom dud. Jehan Boutier. Item une pece de terre appellée les Plantes contenant en soy une minée de terre ou environ, laquelle terre tient, d'une part, au chemin par ou l'on vait de Vayré à la Menrrière et, d'autre part, ès-tailles des ageaons appellées les tailles Claver. Item ung certain pré appellé le Pré de l'estang avecques ses foussez contenant en soy journau à ung homme ou environ et tient, d'une part, à ma plante et, d'autre, à mon fief des Ajaonnoys. Item la moyté par indevis du droit de terrager et de prendre et avoir la moyté par indevis par droit de terrage la sixte partie des fruiz croissans en ung certain terrouer ou tenement vulgaument appellé le Pas, laquelle part dud. Jehan Boutier puet valoir an par autre ung quarter de blé ou environ, laquelle terre ou tenement par indevis part o messire Regnault Girard chevaler et o moy et tient, d'une part, led. tenement au chemin par lequel l'on vait de Vayré au pont Chaslon et, d'autre, au tenement de la Mangeionnère et, d'autre part, à l'Ouzance et, d'autre part, au tenement de Vignoere. Item ung quarter d'aveynne, deux boiceas de froment, troys deners et obole de cens que doyvent les heriters de messire Hugues de Couloignes chevaler aud. Jehan Boutier chacun an, assavoir est lad. aveynne et lesd. troys deners et obole en chacune feste de Noel et led. froment chacun an en chacune feste de l'Assumpcion Nostre Dame Virge, par nom et par raison dud. terrouer et tenement. Item la moyté par indevis d'un pasquier de bestes pasturans end. choses, lequel pasquier puet valoir à la part dud. Jehan Boutier par chacun an deux bestes belines ou environ. Item la moyté dau sixte par droit de terrage des fruiz croissans en ung terrouer et tenement vulgaument appellé la Bobinère, excepté la desme ès-ospitalers lequel droit dud. Jehan Boutier de terrage puet valoir an par autre ung quarter de blé ou environ. Item troys chappons, deux boiceas d'avenne, troys sols de taille que luy poyent chacun an Huteusse du Plessis damoiselhe, Jehan Martin et André Morin, assavoir est lesd. chappons et lad. avenne en chacune feste de Noel et lesd. troys sols de taille en chacune feste de Assumpcion Nostre Dame Virge, pour raison desd. chouses, et la moyté du pasquier des bestes belines pasturens end. chouses qui puet bien valoir an par autre deux bestes belines ou environ, lesquelles choses partant par indevis o Amorry Maistre et tenent, d'une part, au prez dud. Boutier en alant à l'enstrée du pré du Poyzé et, d'autre part, à la Volenbuère et, d'autre part, aus vignes de Mousche Noyre. Item troys mailles de cens en chacune feste de Noel que doibt aud. Jehan Boutier Colas Arnaud sur sa terre du Planteys, laquelle contient deux boicellées de terre ou environ et tient, d'une part, à la terre de Maturin Fevre et, d'autre, à la terre dud. Arnaud. Item une geline de cens que luy poyent les heriters feu Michea Sanzins et de Colin Sauvestre sur une pièce de vigne appellée la vigne du Chiron, laquelle puet contenir journaux à quatre hommes ou environ et tient, d'une part, à la vigne feu Jehan Martin et, d'autre, à la vigne feu Guillaume Girardea et ses coheriters. Item soubz ceste foy et hommage tient et advouhe à tenir dud. Boutier à cause de sond. herbergement de Ville Neufve Colas Arnaud par foy et hommage plain à ung dener de servige en chacune feste de Noel et à rachapt quant le cas y advient, scelon la coustume du pays, assavoir son herbergement sis en la ville de Vayré avecques ses ruages et cayruages, lesquelles choses tenent, d'une part, au chemin de devant l'eglize de Vayré en alant à la maison Maturin Fevre et, d'autre part, dud. chemin aux ayrauts qui furent feu River en alent à la maison dud. Fevre. Item sur ceste foy et hommage tient dud. Jehan Boutier à foy et hommage plain André Forget à deux deners de servige en chacune feste de Noel et à rachapt quant le cas y advient, scelon la coustume du pays, assavoir est une certaynne pece de vigne contenant en soy journaux à quatre hommes ou environ, sise en Grant Fief de Vayré, laquelle piece de vigne tient, d'une part, à la vigne feu Perrot Sauvé qui fut Bennaston et, d'autre part, à la vigne dud. Forget et, d'un des boutz, sur le pré de feu messire Guillaume Fort à cause de sa chappellenie. Item soubz ceste foy et hommage tient dud. Jehan Boutier Helyes Moyreau tant pour luy que pour ses parsonners à huyt deners de servige poiables chacun an en chacune feste de Assumpcion Nostre Dame Virge et à rachapt quant le cas y advient, scelon la coustume du pays, une certaynne piece de vigne contenant en soy journaux à huict hommes ou environ, sise en Grant Fief susd. et tenent, d'une part, à la vigne Jehan Mosner et Jehan Letissea et, d'autre part, à la vigne Michea Senteron. Item soubz cest hommage tient en gariment messire Guillaume Fort presbtre, en nom et comme chappelain institué de la chappellenie que fondèrent feu Guillaume Senteron et Guillemete Sauvère, assavoir est ung son herbergement sis auprès de la ville de Vayré avecques ses circumstances et appendances de ruages, cayruages, vergers et vignes, les ruages, cayruages, vergers bien pouhent contenir deux boicellées de terre ou environ et la vigne o led. herbergement puet contenir journaux à six hommes ou environ, lesquelles choses tenent, d'une part, au grant chemin par lequel l'on vait de Vayré à Olonne et, d'autre, ès-vignes de feu Perrot Sauvé et, d'autre, au pré dud. Jehan Boutier la route et fontaynne entre deux et, d'autre, ès-vergers et vignes de feu maistre Hilère Royrand que tiennent à present la vefve et heriters de feu Jehan Bassot. Item une piece de pré contenant deux journaux ou environ, lequel tient, d'une part, au pré de la Fontaynne et, d'autre, à mon estang. Item la sixte partie par droit de terrage des fruiz croissans en ung terrouer et tenement vulgaument appellé le fief Rouilly et tenent, d'une part, au chemin par lequel l'on vait de Vayré à la Menrrière et, d'autre, ès-domaynne de la chappellenie que fonda Aymeri de la Broce et, d'autre, ès-lendes appellées les landes de Vayré. Item dix deners de cens que lui poient André Forget et les autres teneurs dud. fief et leurs parsonners en chacune feste de Noel, laquelle puit valoir l'année que blé y a ung quarter de blé ou environ. Item la moyté de la sixte partie par droit de terrage des fruiz croissans en ung terrouer et tenement vulgaument appellé le fief Crigon, lequel tient, d'une part, au chemin surd. et, d'autre, au fief Cornet et, d'autre, au chemin par ou l'on vait de Vayré à la Brisonnère, lequel droit de terrage puit bien valoir l'année que blé y a ung quarter de blé ou environ. Item sept deners que lui poyent en chacune feste de Noel Colas Robeillard à cause du fief qui fut Pelerin sur ses terres dud. fief. Item Symon Garin deux deners en lad. feste sur ses terres dud. fief. Item Perrin Chiron obole en lad. feste sur ses terres dud. fief. Item le rectour dud. lieu de Vayré ung dener en lad. feste sur sa terre dud. fief. Item André Forget obole sur ses terres dud. fief. Item a droit led. Jehan Boutier de vavasserie en basse justice en toutes et chacunes les chouses susd. et prise et vengence jusques à sept sols six deners, lesquelx chose me porroient valoir si labour n'est quant le cas y adviendroit six sols ou environ.

Item tient soubz moy et mond. hommage Guillaume Gordea sr du Bexon [1] à cause de messire Hugues de Coulongnes

---

1. En marge d'une autre écriture Katerine Gaymarde.

chevaler à foy et hommage plain et à devoir de rachapt quant le cas y advient, scelon la coustume du pays, les choses qui s'ensuivent : premèrement troys sols de servige dehus chacun an en chacune feste de St Jehan Babtiste. Item la moyté par indevis du village de la Fruscheportère, terrouer et tenement d'icelluy village, assis led. village en la parroisse de Vayré et en jurisdicion de Brandoys, en laquelle moyté de village puit estre contenu deux sexterées de terres gaingnables et une minée de terre de pasturages ou environ, lesquelx deux sexterées de terre gaingnables pouhent valoir an par autre troys quarterées de blé ou environ, mesure de Brandoys. Item quatre journaux de pré fauschable ou environ, qui pouhent bien valoir an par autre deux charretées de fain ou environ. Item la quarte partie de troys minées de terre ou environ partans par indevis o Hugnet Gauvaign s^r de Gastine et o Maturin Amelinea, sis en fief Couard de la Guyonnère autrement appellé la Pilletère, et puyt valoir le droit susd. au seigneur du Bexon tous les ans an par aultre deux boiceas de blé ou environ. Item sur le tenement de la Piletère quatre reix d'avenne et ung chappon et six deners sur ung pré que tient Perrot de la Barbère d'annuau rente. Item la quarte partie des pasquiers partant par indevis o lesd. Gauvaign et Amelinea, qui pouhent bien valoir an par autre une beste ou environ et une toyson de laynne. Item la quarte partie des lincs et chanvres croissans en cortilz dud. village de la Piletère partant par indevis o lesd. Gauvaign et Amelinea, qui pouhent bien valoir an par autre deux faiz tant de lincq que de chanvre ou environ.

Et cestes chouses je abbé surd. baille à mond. seigneur, o protestacion et sauvacion d'acroistre, d'amendier, de corriger, speciffier et desclerer cest present escript touteffoyz et quantes il vendroit à ma notice et cognoissance et que [requis en serois]. Et à bailler cest mond. fief par escript à mond. seigneur je abbé surd. ay fait, constitué, ordonné et establi et par ces presentes fayz, constitue, ordonne et establis mon procureur general et messager especial frère André Chaignea religieux de mond. mouster et promet pour luy poyer le juge, si mester est, et le releve de toute charge de satisdacion. Fait et donné soubz mon seel, le xxve jour de janver, l'an mil quatre cens cincquante.

336. Transaction avec André Chaigneau quittant l'abbaye. (Carte no 271. Orig. aux Arch. de Vendée.)

1451.
18 mars.
1450, v. st.)

Sachent touz que comme ou temps carrères messire André Chaignea presbtre se fust donné luy et touz ses biens meubles et immeubles, presens et à venir quelzcomques, et fust entré en religion dedans le mouster de Saint Jehan d'Orbester, et depus eust delaissé et se fust departi de lad. religion de son assentement et volunté, aujourduy par davant Guillaume le Blanc, notaire, juré de la court du seel establi ès-contraiz en la chastellenie d'Olonne, ensemblement et par davant messire Guillaume Guynement presbtre, notaire, juré de la court du seel establi en doenné de Talemondois pour venerable homme et discrect monsr le doien dudit lieu, ainsi que par l'une desd. cours ne soit derogué ne prejudicié à l'autre en aucune manère, en droit personnellement establiz frère Charles Raoulea, procureur et en nom et comme procureur suffisamment fondé des religieux abbé et convent de Saint Jehan d'Orbester, d'une part, et ledit messire André Chaignea presbtre, d'autre part, ledit messire André Chaignea presbtre, de son bon gré, de sa bonne, pure liberalle et absolue volunté, sanz aucun perforcement et aussi pour demourer quipte et deschargé luy et touz ses biens de lad. donnacion par luy autreffoiz faicte ès-d. religieux abbé et convent susd. a donné situé et assigné sur touz et chacuns ses biens meubles et immeubles, presens et à venir, la somme de doze sols six deners de rente, monnoie courante, renduz et poiez par led. Chaignea et les siens perpetuellement par chacun an en chacune feste de decolacion Saint Jehan Babtiste dedans led. mouster d'Orbester. Et par cest contrait est et demouret quipte led. messire André et ses biens meubles et immeubles presens et à venir de lad. donnacion par luy autreffoiz faicte ès-d. religieux abbé et convent comme dit est ; et partant que mester est, led. procureur ou nom susd. a quipté et promis tenir quipte et deschargé perpetuellemen led. messire André et les siens et sesd. biens dud. don transport par luy autreffoiz fait en iceulx diz religieux et leur d. mouster et promis la foy et serement de son corps de non en faire jamès question, peticion ne demande aud. messire André ne ès-siens par luy ne par lesd. religieux abbé et convent en manère qui soit ou puisset estre, o rendent et poient par led. André Chaignea et les siens lesd. doze sols six deners de rente ès-d. religieux comme dit est dessus. Et a esté dit et acordé entre led. procureur et led. Chaignea que touz autres dons, transpors, lettres, passemens, accors et convencions autreffoiz faiz entre lesd. religieux abbé et convent et led. messire André Chaignea seront et demorront de nulle valeur et effect jamès en nul temps. Et à tout ce que dessus. . . . . lesd. parties ont obligé. . . . . serement . . . . . renuncians. . . . . et en ont estez jugez et condampnez. . . . Ceu fut fait et passé le dix et huitiesme jour de mars l'an mil quatre cens cinquante.

G. Blanc. G. Guynement.

337. Ordonnance du sénéchal de Poitou au sujet du prieuré de Bourgenest. (Cart° n° 65.)

Louys de Beaumont, chevaler, s^{gr} du Plessis Massé et de la Fourest, conseiller et chambellan du roy nostre sire et son seneschal en Poictou, au premer sergent du roy nostre d. sire ordinayre ou de bailliage qui sera sur ce requis salut. Le

1451.
4 novembre.

procureur du roy nostre d. sire en Poictou nous a expousé que ja soit ce que le prieuré de Borgenest soit de bonne et grande revenue et que le prieur qui tient et occupet led. prieuré soit tenu de faire le divin service deu, acoustumé, ou ordonné par les fundateurs d'icelluy et soubstenir en estat les heritages, maisons et revenues d'icelluy et que ad ce, scelon raison et ordonnances sur ce faictes, les fruitz et revenues d'icelluy doyvent estre convertiz et employez, c'est assavoir la terce partie pour faire le divin service, l'autre terce partie pour paer les devoirs et charges dehuz comme dessus et l'autre terce partie pour soubstenir en estat les maisons et domaynnes dud. beneffice, neantmoins le prieur dud. beneffice a pris et prend chacun jour les fruiz et prouffiz et revenues d'icelluy montant à grant value, sans y fayre ne fayre fayre led. divin service dehu et acoustumé estre fait ne tenir en estat lesd. domaynnes et heritages; ains les a laissé et laisse cher de tout à ruyne; et par ce moyen est en aventure led. prieuré d'estre du tout destruyct et le divin service delaissé o grant retardement des âmes desd. fundateurs et aultres delinquant ; sur quoy led. exposant nous a requis en defension de justice. Pour ce est-il que nous, ces choses considerées, vous mandons et commandons par ces presentes non obstant qu'il ne soit en vostre povoir, office et baillage que, se par instruction faicte ou que ferez, appellés sur ce aucuns notayres de court laye, vous appert de ce que dit est, metez et tenez reaument et de fait en la main du roy nostre d. sire le temporel dud. prieuré et soubz icelle le baillez à traicter, regir et gouverner à personnes suffisantes d'en respondre quant et comme il appartiendra, lesquelx diviseront les fruiz et revenues dud. prieuré en troys parties scelon lesd. ordonnances reaulx, c'est assavoir la terce partie pour le divin service deu et acoustumé et l'autre pour payer les charges et devoirs et l'autre pour soubstenir en estat les domaynnes et possessions dud. prieuré. Mandons et commandons à touz les subgects du roy nostre d. sire que à vous en ce faisant obeissent et entendent diligemment. Donné soubz le seel de lad. seneschaucie, le iiij⁰ jour de novembre, l'an mil CCCC cincquante et ung. L. de Conzay, commis à tenir les assises de Fontenay.

338. Entrée en religion de François Payn. (Cart⁰ n⁰ 116.)

1452.
4 avril.

Sachent touz que en nostre court de Thallemont pardavant Thomas Marchent, juré, passeur et notaire de lad. court et messire Nicolas Hardi presbtre, juré et notaire de la court du seel establi en doynné de Talemondois, ont esté presens et personnellement establis en droit Francoys Payn, filz de feu Guillaume Payn et de Jehanne Mauvesine ses père et mère, parrochiain du Champ St Perre, d'une part, et reverend père en Dieu frère Louys, humble abbé du mouster de St Jehan d'Orbester, et tout le convent de lad. abbaye [assemblés] et estans en leur chappitre de l'ordre St Benest le vueil, d'autre part; lequel Francoys Payn de son propre esmouvement, bien advisé et conseillé come il disoit, dist et declaire en la presence desd. notaires que, pour la bonne et honneste reigle de religion et devocion qu'il avoit veu garder en lad. abbaye d'Orbester et luy desirans les choses mondaynnes delaisser pour acquerre les celestielles, il se donnoit et deffait se donna avecques tous ses biens quelxcomques, ou qu'ilz soyent, tant meubles et immeubles que heritages tant en acquests que autrement et soubz quelque nom ou forme qu'ilz soient devisez, nommez et appellez, à lad. abbaye d'Orbester et esd. abbé et convent d'icelle; et desd. biens leur feit tous cessions et transpors tant en proprieté, pocession que saisine et s'en devestit au prouffit desd. religieux en les metant dès à present come dès lors en plainière et corporelle pocession desd. biens de quelque nom, succession ou eschoicte lui puissent compecter et appartenir, en requerant humblement ausd. abbé et convent de lad. abbaie qu'il leur pleust recepvoir et accepter led. don et lui donner les vestemens dud. ordre et le recepvoir come religieux de lad. abbaie et aussi lui pourvoir des choses convenables come [ung des autres religieux]. Lesquelx abbé et convent d'icelle abbaie, [actendu l'affection] que avoit led. Payn à icelle abbaie [et obtemperans à] son desir, ont prins et accepté lad. cession et transport à eulx faiz par led. Payn et receu icelluy Payn en religion de lad. abbaye et à luy baillé les draps et vestemens de l'ordre, et aussi ont promis de le pourvoir come ung des autres religieux de lad. abbaye des choses à luy convenables [tant vestement] que autrement. Et a voulu et consenti led. Payn que cy par aucune raison il delaissoit lad. abbaye tant en reprenant sad. profession que autrement, que lesd. biens transportez et donnez à icelle abbaye soyent et demeurent neantmoins aux religieux abbé et convent d'icelle sans ce que jamais [il puisse encontre] venir ne led. don revocquer ne autrement faire chose par laquelle lesd. religieux soyent jamais empeschez de joir desd. biens donnez et transportez à lad. abbaye. Et lesquelx biens donnez come dessus est dit led. Payn a promis. . . . . lesd. parties et chacune d'icelles chacune en son article et par tant que son fait touche ainsi l'ont promis et juré. . . . . obligent. . . . . renuncient. . . . . jugées et condampneez. . . . . et en ont donné. . . . . lectres signées des seigns manuelx desd. notaires et seellées à leurs requestes des seelx dessusd. Et nous les gardes desd. seelx. . . . . Donné et fait presens et tesmoigns Juliain et Guillaume Brecaigns, frères, et [Jehan] Bigoys, le quart jour du mois d'avpril, l'an mil quatre cens cincquante et deux. T. Marchent. N. Hardi.

339. Accord entre Julien et Guillaume Brecaing et François Payn leur frère utérin. (Cart° n° 379. Orig. aux Arch. de la Vendée.)

1452.
5 avril.

Sachent tous que en nostre court de Thallemont par davant Thomas Marchant, juré, passeur et notayre de la dicte court, et messer Nicolas Hardy presbtre, juré et notayre de la court du daenné de Thallemondoys, furent presens et personnallement establiz en droit Juliain et Guillame Brecaigne, frères, parrochiens de Sainct Vincent-sur-Graon, d'une part, et Franczoys Poyn frère uterin des diz Brecaigne, parrochiain du Champ-Sainct-Père, d'aultre part; lesquelles parties, mesmement les diz Brecaigne bien advisez en leurs faitz et par ce que ainsi leur a pleu et plaist, ont fait, passé et accordé les [pacificacions] et convenances qui s'ensuivent : c'est assavoir que, comme èsdiz Brecaigns et Poyn frères uterins apparteignent les biens heritages de feue Jehanne Mauvesins, leur mère, tant en heritages anciens, acquests que aultres choses censées pour biens immeubles et chacun d'eulx selon sa porcion et quotue coustumière, aujourduy les ditz Brecaigns ont renoncé et renoncient par ces presentes, au prouffit du dit Poyn leur frère uterin et de ceulx qui de lui auront cause, icelluy Poyn à ce present, prenant et stipulant, tout le droit, partie et porcion qui èsditz Brecaigns compecte et appartaint et puit et doit compecter et appartenir ès biens immeubles et heritages dessusditz, tant en acquests que aultrement, en quelque lieu soient les diz biens et en quelque fief, juridicion qu'ilz puissent estre assis et soubz quelque nom qu'ilz puissent estre censez ou appellez, et des diz biens ont cedé et transporté, cedent et transportent par tant qu'il est mester au dit Poyn et à ceulx qui de lui auront cause tous droiz, noms, actions, seigneurie, saisines et possessions, et ont voulu et veulent que le dit Poyn et ceulx qui de lui auront cause puissent prendre et apprehender saisine et possession des diz biens et iceulx demander, poursuir et deffendre, sans que les diz Brecaigns puissent jamais faire ne aller encontre ne [jamais riens] demender, lesquelz Brecaigns ont promis, en tant qu'il est mester, garder et deffendre les diz droiz et porcion à eulx appartennans èsdiz biens [d'aucun] fait, coulpe et obligacion et en garder le dit Poyn sans domage, en poyent et en acquiptent par le dit Poyn les devoirs et charges anciens et acoustumez pour raison des diz biens. Ausquelles choses. . . . . ont promis. . . . . . serement . . . . . ont obligé. . . . . renuncient. . . . . ont donné ces presentes lettres signées des seigns manuelz des notaires susditz. . . . . Et nous adecertes la garde des diz seelz. . . . . à la foyal relacion des ditz notaires. . . . . . Ce fut fait et donné, le quint jour d'avril, l'an mil quatre cens cinquante et deux, environ huit heures au matin.

Marchant. N. Hardi.

340. Evocation au siége de la sénéchaussée de Poitou d'une cause entre le curé et les habitants de l'Ile d'Olonne. (Cart° n° 66.)

1452.
27 mai.

Louys de Beaumont, chevaler, s^{gr} du Plessis Massé et de la Fourest, conseiller et chambellan du roy nostre sire et son seneschal en Poictou, au premer sergent du roy nostred. sire ordinayre ou de bailliage qui sur ce sera requis salut. De la partie de Jehan Nyeau, Jehan Veronneau, Hillarie vefve de feu Simon Gueignardea, Jehan Peaut et Perrine Gueignardelle sa femme, manens et habitans en la parroisse de l'Isle d'Olonne, consors en ceste partie, nous a esté exposé en complaignant que tant par la coustume du pays que pour certains justes tiltres et moyens à desclerer en temps et en lieu ilz ont droit et sont en bonne poccession et saisine tant pour eulx que par leurs predecesseurs manens et habitans en lad. parroische de tenir leurs maisons et habitacions franches et quiptes de tous devoirs, fors des devoirs fonciers et feaudaux : en poccession et saisine que aucun, soit le curé de lad. cure ne autres quelxconques, ne les puent ne doyvent contraindre ne faire contraindre par censure ecclesiastique ne autrement à leur payer aulcun droit ne devoir à cause et pour raison de leurs bestes couschans en leursd. maisons, soyent aigneaulx, porceaulx ne autres bestes, par droit de dixmes ne autre droit ou devoir quelxcomque : en poccession et saisine par lad. coustume du pays que si eulx et leurs predeccesseurs ont demeuré francs, quictes et exemps de payer lesd. dixmes par xL^{te} ans paisiblement qu'il s'en puent deffendre deuement : en poccession et saisine que s'il estoit fait contestacions des poccessions et saisines dessusd. de l'interdire et empescher et de le faire repparer et amender et remetre par justice au premer estat et deu ; et des droiz, saisines et poccessions dessusd. et autres afferans à la matière lesd. complaignants ont joy et usé plainement et paisiblement tant par eulx que par leurs predeccesseurs par tel et si long temps qu'il n'est memoyre du contrayre, quequessoit par temps valable et suffisant et mesmement par les années et exploiz derreniers. Ce nonobstant lesd. complaignans estans en poccession et saisine dessusd. messire Jehan Palet, soy disant et portant curé de lad. cure et parroisse de l'isle d'Olonne, a fait citer et convenir lesd. compleignans par devant l'evesque de Luczon, son vicaire ou auditeur, et ilec s'esforce de les contraindre ou faire contraindre à luy payer la dixme desd. aigneaulx, porceaulx et des lainnes des bestes belines que iceulx compleignans ont, tiennent et ont fait pasturer au dedans des fins et metes de lad. parroisse depuys dix ans, en troublant et empeschant lesd. compleignans en leursd. droiz, saisine et poccession à tort, sans cause, indeuement et de nouvel par an et jour en cza et autrement grandement delinquent o très grant prejudice et dommage desd. compleignans, humblement requerans nostre provision sur ce. Pour ce est-il que nous, ces chouses considerées, vous mandons en comectant si mester est nonobstant qu'il ne soit en vostre povoir, office ou bailliage que, appellez par davent vous ceulx qui pour ce seront à appeller en aucun lieu de lad. parroisse pour toutes les chouses contencieuses, maintenez et gardez lesd. compleignans en leurs droiz, saisine et poccession et d'icelles et chacune d'elles les faictes, souffrez et laissez joir et user plainement et pasiblement, en contraignant ad ce et à cesser dores en avent desd. troubles et empeschemens lesd. empescheurs et tous autres qui pour ce seront à contraindre par toutes voyes deues et raisonnables. Et en cas que debat et opposicion naisce sur ce, le debat et chouses contencieuses prises et mises reaument et de faict en la main du roy nostred. sire comme souverayn seigneur et soubz icelle baillez à tracter, regir et gouverner à personne suffisante d'en rendre quant et à qui il appartiendra la notice, troubles et empeschemens ostez premèrement et avent tout retablissement fait des chouses prinses et levées, adjournez sans opposicion ou saisie led. debat à certain et compectent jour par davent nous ou nostre lieutenant à nostre siege de Poicters, auquel le roy nostred. sire nous a comis à cognoistre par prevencion de toutes les causes et matières de notorieté en son pais et comté de Poictou et des fins et mettes dud. pays, pour dire et deffinir les causes de leur opposicion ou debat, respondre, proceder et aler avent en oultre avec lesd. compleignans sur les chouses dessusd. et les despendre comme il appartiendra par raison, en faisant inhibicion et deffense de par le roy nostred. sire, sur grosse painne à luy à appliquer, aud. evesque, son official, vicaire ou auditeur que de lad. cause ainsi meue par devant nous il ne tiengnent dores en avent aucun compte ne cognoissance, de laquelle nous leur interdisons et deffendons par ces presentes, et mesmement aud. curé qu'il ne les en poursuyve par devant eulx en les contraignant ad ce par la detencion de leur temporel et par toutes autres voyes deues et raisonnables. Et en cas d'opposicion [pour le procès] tenir en suspends jusquez ad ce que par nous autrement en soit ordonné adjournez les opposans au lieu et jour dessusd. pour dire et desclerer les causes de leur opposicion, respondre si mester est au procureur du roy nostred. sire à telz fins et conclusions qu'ilz vouldront eslire, poser et requerir et proceder en oultre come il appartiendra par raison, en nous certiffient deuement de tout ce que fait aurez sur ce. Mandons et commandons à tous les subgiz du roy nostred. sire que à vous en ce faisant obeissent et entendent diligemment. Donné à Poicters soubs le seel de lad. seneschaucie, le xxvij^e jour de may, l'an mil CCCC cinequante et deux. M. Claveurier.

341. Mandement de Louis d'Amboise, confirmant et renouvelant celui du 29 septembre 1444. (Carte n°s 2 et 384.)

Louys, sire d'Amboise, vicomte de Thouars, comte de Guynes et de Bennon, prince et seigneur de Thalemond, à noz chers et bien amez maistres Jehan Macaire et Jehan Guymar, seneschal et chastellain de nosd. terres et seigneuries de Thalemond et d'Olonne, salut. Come noz chers et bien amez les religieux abbé et convent de St Jehan d'Orbester, estans de la fondacion de noz prediccesseurs seigneurs dud. lieu de Talmont, nous aiant humblement fait remonstrer qu'ilz ont droit d'avoir la quinte partie des prouffiz, baillées et arrentemens qui sont ou seront faiz par nous ou noz successeurs en nostre fourest d'Orbester et desquelles le bois aura esté ou sera extirpé et degasté, et doyvent estre appellez ès-d. baillées et arrentemens, lesquelles nous ne devons autrement faire, mesmement veues les lectres de nous et de noz prediccesseurs donneez èsd. religieulx touchans lesd. droiz, èsquelx ils dient avoir esté empeschez en ce que depuis certainnes noz lectres à eulx donneez en date du penultième jour du moys de septembre l'an mil CCCC quarante

1452.
17 juillet.

et quatre, par lesquelles nous declairasmes lesd. droiz à eulx appartenir et les feismes recompanser de la quinte partie de certaines baillées et arrentemens par nous faictes par avant led. jour en nostred. forest, nous avoions fait et baillé plusieurs autres prinses, baillées et arrentemens en nostred. forest et de grant partie d'icelle sans ad ce appeller ne faire appeller lesd. religieux et sans les faire ne delaisser joir dud. droit de quinte partie, en nous requerent humblement que, veuz les lectres et privilèges de nous et noz predicesseurs à eulx sur ce donnez, il nous pleust les restituer et reintegrer en leursd. droiz tant d'estre appellez à faire lesd. baillées que d'avoir lad. quinte partie d'icelles, laquelle quinte partie nous permissons èsd. religieux abbé et convent d'Orbester prandre, avoir et exiger des teneurs desd. prinses comme ils verront à faire, avecquez leur feissons recompensacions des fruitz et arrerages desd. prinses. Savoir faisons que, veuz les droiz et privilèges de lad. abbaye d'Orbester et les lectres sur ce donneez à lad. abbaye tant pour nous que par noz predicesseurs, par deliberacion de nostre conseil, nous avons reintegré et par ces presentes reintegrons lesd. religieux abbé et convent d'Orbestier en leurs droiz et poccessions d'estre appellez à toutes les baillées ou arrentemens que nous ou noz successeurs ferons dores en avent en nostred. fourest et d'avoir la quinte partie des prouffiz desd. prinses et arrentemens, et avons ousté et oustons tous empeschemens à eulx faiz au contrayre, sans prejudicier ès arrentemens par nous faiz lesquelx demeurent en leur estat; en voulent et voulons que par vous lesd. religieux soyent deuement et valablement recompansez, s'ilz ne l'ont esté par avent cestes presentes, sur les droiz que prenons ès-d. prinses dud. droit de quinte partie ou autrement à votre ordonnance des prinses et baillées par nous faictes en nostred. fourest puys le date de nosd. autres lectres. Si vous mandons et expresseement enjoignons de ainsi le faire, avecquez adjudicacion valable de ce que en baillerez et assignerez ausd. religieulx, et contraignez ceulx qui ont fait lesd. prinses à mectre par devers vous les lectres d'icelles, desquelles vous faictes bailler ung double à nostre procureur et ausd. religieux pour soy enquerir à nostre prouffit et desd. religieux de plusieurs abutz et sourprinses faictes èsd. baillées et oultre les limites d'icelles avecques plusieurs enormes decepcions, desquelles sourprinses et decepcions vous faictes telles reparacion et punicion à nostre prouffit et desd. religieux pour leurs interests de quinte partie que vous voirrez on cas appartenir, car ainsi le voulons estre fait nonobstant quelxcomques allegacions que on porroit dire au contraire. En tesmoign desquelles chouses nous avons signé cestes presentes de nostre main. Fait et seellé de nostre propre seel, le xiiij° jour du moys de juillet, l'an mil quatre cens cincquante et deux.

342. Vente d'une rente de quinze sols faite par Jean Bourdin.
(Cart° n° 144.)

Sachent touz que par devant messire André Chaignea, presbtre, notaire juré de la court du seel establi ès contraiz en la chastellenie d'Olonne pour très doubté et très puissant seigneur mons' d'Amboise, vicomte de Thouars, conte de Bennon, seigneur de Talemont et dud. lieu d'Olonne, ensembleement et par davent messire Nicolas Hardi, presbtre, notaire juré de la court du seel establi en doyenné de Thallemondoys pour venerable homme et discrect mons' le doyen dud. lieu, ainsi que par l'une desd. cours ne soit derogué ne prejudicié à l'autre en aucune manère, en droit personnellement establiz les religieux abbé et convent de Sainct Jehan d'Orbester, d'une part, et Jehan Bourdin demourant à Bourgneuf près Olonne, d'autre part; led. Jehan Bourdin, de son bon gré, de sa bonne, pure, liberale et absolue volunté, sans aucun perforcement, mès de son vrais propoux deliberé, a vendu, cogneu et confessé par ces presentes avoir

1452
4 octobre.

vendu par manère de vainczon perpetuelle pour luy et les siens et ceulx qui de luy auront cause ès-d. religieux abbé et convent et à leurs successeurs c'est assavoir quinze sols de rente, monnoie courante renduz et paiez chacun an en chacune feste de Noel aud. lieu d'Orbester sur touz et chacuns ses biens meubles et immeubles universaument présens et à venir quelxcomques; à avoir, tenir, lever, possider et explecter lesd. quinze sols desd. religieux abbé et convent o touz et chacuns les droiz, noms, raisons, actions, causes, peticions et demandes quelxcomques pour le priz et somme de dix livres six sols troys deners, monnoye courante, que led. Bordin a eu et receu desd. religieux abbé et convent et s'en est tenu pour contemps et bien paié et en a quipté. . . . . Cedant et transportant led. Bordin. . . . . serement. . . . . a obligé. . . . . renunciant. . . . . et en a esté jugé et condempné. . . . . Ceu fut fait et donné et passé presens ad ce Perre Moroil et Lienard Breton, le quart jour d'octobre, l'an mil iiij^c cincquante et deux. A. Chaignea.

343. Etat des défrichements faits depuis huit ans dans la forêt d'Orbestier. (Cart° n° 344.)

Vers 1452 [1].

C'est partie des prinses et baillées faictes en la fourest d'Orbester pour convertir à labourage par monseigneur, depuys huyct ans en cza.

Primo la prinse de Carail et ses parsonners, contenant huyt sexterées et plus, baillée à xxx s. et puit valoir huyt livres de rente et plus.

Item la prinse de Guillaume Baudet et Perrot Mesnager, contenant troys sexterées et plus, baillée à x s. qui en vault soixante et plus.

---

1. Les pièces 329, 330 et 341 ci-dessus ne laissent pas de doute que cet état fut dressé aussitôt après la dernière.

Item la prinse de Vincent Arnoul, contenant une sexterée et plus, baillée à xv s. en vault xx s. et plus.

Item la prinse de Falleron et Perrot Janneteau, contenant troys sexterées et plus, baillée à xxx s. qui en vault soixante et plus.

Item la prinse de Jehan Hebert et Bouet, qui ont deux prinses contenant quatre sexterées et plus, baillées à xl s. et valent quatre livres et plus.

Item la prinse de Texon mestoyer de la Sale, contenant une sexterée et plus, baillée à xx s.

Item la prinse de m^{tre} Jacques Requien, contenant une sexterée et plus, baillée à x s. qui en vault xx et plus.

Item la prinse de Lucas Roy, contenant troys sexterées et plus, baillée à xl s. qui en vault soixante et plus.

Item la prinse de Nicolas Guilbaut, contenant troys sexterées et plus, baillée à xl sols, qui en vault soixante et plus.

Item la prinse de Perrot Frogereau, contenant deux sexterées, baillées à xxx s. qui en vault xl et plus.

Item la prinse Jehan Coillaud, contenant troys sexterées et plus, baillée à xxx s., qui en vault soixante et plus.

Item la prinse Perre Bretinea, contenant deux sexterées, baillée à xxx s., qui en vault quarente et plus.

Item la prinse Symon Gaston, contenant demi boicellée et plus, baillée à vi d. qui en vault plus de xx s. veue l'assiete.

Item la prinse de Bouher, contenant quatre sexterées et plus, baillée à xxx s. qui en vault cent et plus veue l'assiete.

Et combien que ès-d. prinses soit mis nombre des sexterées baillées par vraye estimacion, il y a sourprinse en aucunes de plus du ters ou quart, et puit estre labourée la terre desd. prinses de deux ans en deux ans, et puit valoir chacune sexterée ung sexter de froment à terrage ou xxx s. et tant en pourroit-on trouver qui vauldroit à labourer à moitié ou à tout le moins xx s. pour sexterée. Et il y a plusieurs autres prinses baillées en lad. fourest puis led. temps, desquelles on vauldra declaracion si mester est.

344. Acte nouvel au lieu d'un autre de 1444 que la mort des notaires avait empêché de libeller. (Carte n° 17.)

1454.
18 mai.

Sachent tous que comme autreffoys Jehan Gaborin et Nicolas Mehé jurés, passeurs et notaires de la court du seel establi aux contraiz en la chastellenie de Talemond pour très doubté et très puissant seigneur mons^r d'Amboyse, vicomte de Thouars, comte de Guynes et de Bennon, prince et seigneur dud. lieu de Talemond, eussent fait et passé certain appoinctement entre les religieux abbé et convent de St Jehan d'Orbester, demandeurs d'une part, à l'encontre de Jehan de la Muce, escuyer, seigneur d'Aubuygné, comme bien tenant des biens de feu Perres de la Forest et de Margarite de la Forest, d'autre part; et depuis ledit appoinctement passé fussent iceulxd. Gaborin et Mehé alés de vie à trespassement, sans feyre lectre dud. appoinctement fors seulement ung registre ou prothecole signés de leurs seigns manuelx du date du xiiij^e jour de may mil quatre cens quarente quatre; pour laquelle cause lesd. religieux se seroient muz par devers mons^r le seneschal dud. lieu de Talemond, duquel auroient impetré un mandement adroissé à Jacquez Garnier et Jehan Bischatz jurés, passeurs et notaires de lad. court, duquel la teneur s'ensuit : Jehan Machayre, licencié en loix, seneschal de Talemond pour très doubté et très puissant seigneur mons^r d'Amboyse, vicomte de Thouars, comte de Bennon et de Guynes, prince et s^{gr} dud. lieu de Talemond à Jacques Garnier et Jehan Bischatz et à chacun d'eulx salut. Comme autreffoys feu Jehan Gaborin et Nicolas Mehé, en leur temps notayres de lad. court de Talemond, eussent faict et passé certain appoinctement entre les religieux abbé et convent de St Jehan d'Orbester, d'une part, et Jehan de la Muce, escuyer, s^{gr} d'Aubuygné, bien tenant des biens de feu Perres de la Forest et de Margarite de la Forest, d'autre part, faisant mencion end. contract que lesd. Perres et Margarite de la Forest par certains moyens estoient tenuz et obligés ès-d. religieux, comme avans droit, cession et transport universal de feue Bertrande Chabote, en deux sexters de seille, mesure de Brandoys, en deners trente et quatre sols et xviij reiz avoinne, ou autres sommes tant en blé que en deners, qui restoient à asseoir à lad. Chabote de douze livres de rente à us et coustume de Brandoys, et que à la parfin pour bien de paix avoit esté transigé, pacifié et acordé entre lesd. parties que led. de la Muce, tant pour luy que pour ses heriters et tenans les biens desd. de la Fourest, pour demorrer quiptes perpetuellement envers lesd. religieux abbé et convent des actions et demandes susd. et autres quelxcomques touchant lesd. douze livres deues à lad. Bertrande Chabote desd. deux sexters de seille, xxxiiij sols en deners et xviij reiz avoynne, et aussi pour estre ès bienffaiz, prières, suffragez et oraisons desd. religieux et dud. mouster, led. de la Muce promist, fut, doit et est tenu tant pour luy que pour les siens rendre et poier dores en avant ausd. religieux d'Orbester en chacune feste de Nostre Dame me-aougst diz boeceaux de seille de rente annuelle, mesure dud. Brandoys, dont lesd. parties avoyent esté jugées et condampnées de leur consentement et volunté par le jugement et condampnacion de lad. court de Talemond, ainsi que cestes choses apparoissent plus à plain par le registre et prothecole sur ce faict et passé; et lesquelx Gaborin et Mehé sont alés de vie à trespassement et n'ont fait lectre dud. appoinctement sur ce faict et passé, estant led. registre signé de leurs seigns manuelx; et laquelle lectre seroit utile tant èsd. religieux que èsd. de la Muce, come ilz dient, requerant sur ce aide et secours de justice. Pour ce est-il que nous vous mandons et commandons, en commectant à tous deux, que visitez par vous led. registre et prothecole faict et passé par les dessusd. Gaborin et Mehé notaires de lad. court de Talemond, et icelluy registre par vous ou l'un de vous veu et visité que icelluy trouvez estre signé des seigns manuelx desd. Gaborin et

Mehé en faictez et extraiez lectre bonne et suffizante pour valoir et servir ausd. parties ainsi qu'il appartiendra par raison, et icelle lectre faicte et extraicte dud. registre vous ou l'un de vous qui ad ce vacquerez signez lad. lectre de voustre seign manuel pour et en lieu desd. feu Jehan Gaborin et Nicolas Mehé, et icelle baillez et rendez ès-d. religieux en prenant d'eulx salaire compectant. Et voulons et ordonnons par cestes presentes lad. lectre faicte par l'un de vous et signée valoir ès-d. religieux tout ainsi et par la manère que si par lesd. Gaborin et Mehé en leur vivant elle eust esté signée et merchée de leurs seigns manuelx. De ce faire vous donnons plain povoir, auctorité et mandement especial par cestes presentes lectres, mandons et commandons à tous et chacuns les officers et autres subgitz de mond. seigneur en ce faisant vous obeir. Donné et fait soubz nostre seel, le quinzesme jour de septembre, l'an mil quatre cens cincquante troys. Ainsi signé P. Boliea par mandement de mond. s^r le senneschal. Pour metre et rediger en forme deue led. contract et en faire et extraire lectre bonne et suffizante scelon la teneur dud. contract, affin que lesd. religieux puissent joir des choses à eulx delaissées par icelluy et icelluy mandement acomplir, led. registre ilz ont baillé et presenté à moy led. Bischatz notaire de lad. court pour extraire lectre d'icelluy, ce que je led. Bischatz ay faict et executé scelon la forme et la teneur dud. registre ainsi qu'il suit. Comme plait et procès fut mehu et pendent ès-grans assises de Brandoys entre les religieux abbé et convent de St Jehan d'Orbester, demandeurs d'une part, à l'encontre de Jehan de la Muce, escuyer, s^{gr} d'Aubuygné, bien tenant des biens de feu Perres de la Fourest et de Margarite de la Fourest, d'autre part, lesquelx de la Fourest par certains moyens desclerez par lesd. religieux estoient tenuz et obligez à iceulx religieux, comme avans droit, cession et transport universal de feue Bertrande Chabote, en deux sexters de seille, mesure de Brandoys, en deners trente et quatre sols et diz huyt reiz avoynne ou autres sommes tant en blé que en deners de rente, qui restoient à asseoir à lad. Chabote de douze livres de rente, à us et coustume de Brandoys, comme ce lesd. religieux disoient apparoir par lectres sur ce faictes et passées, et ès-quelles sommes iceulxd. de la Forest leur estoient tenus par certains moyens qu'ilz desclayroient par leur demande, et concluoient iceulxd. religieux par ypothèque à l'encontre dud. de la Muce, comme bien tenant desd. de la Forest, tout pertinent en telle demande et en leur interest, despens et dommages à l'esgart de justice en cas de confession et en cas de neance ilz offroient de monstrer de leurs faiz fait ou confession à souffizance. Par lequel de la Muce ond. nom estoient dictes et proposez plusieurs faiz et raisons à ses deffenses et au contraire ; et mesmement faisoit icelluy de la Muce mencion des droitz et faicts desd. religieux et aussi desd. transpors, et disoit que se ores ilz avoient aucuns transpors, qu'ilz n'estoient valables ny recevables par certains moyens qu'il desclairoit, concluant sur ce à absolucion et condampnacion des despens. A la parffin, pour bien de paiz et pour eschever plaiz et procès et evenement de jugement incertain et doubteux, par l'advis et deliberacion de plusieurs sages leurs parens et amys d'une partie et d'autre, sont venuz les parties dessusd. à paiz et acord dans la forme et en la manère qui s'ensuit : savoir est reverend père en Dieu frère Loys de Machecoul, abbé dud. mouster, et frère Charles Raoulea religieux et procureur general dud. mouster, d'une part, et led. de la Muce, bien tenant des biens dessusd. d'autre part ; lequel de la Muce, de son bon gré, pure, franche et absolue volunté et sans perforcement ne esvortement d'aulcuns, mès parce que très bien luy a pleu et plaist, pour luy et les siens et pour ceulx qui de luy auront perpetuellement cause, pour estre et demourer quipte perpetuellement envers lesd. religieux abbé et convent des actions, questions et demandes susd. et autres quelxcomques touchant lesd. douze livres de rente susd. dehues à lad. Bertrande Chabote, lesd. deux sexters de blé, xxxiiij sols en deners et xviij reiz avoynne, et aussi pour estre ès bienffaiz, prières et oraisons dud. mouster et desd. religieux, a promis et promet, doibt et est tenu iceluy de la Muce pour luy et pour les siens et pour ceulx qui de luy auront cause rendre et poyer dores en avant perpetuellement ès-d. religieux abbé et convent et à leurs successeurs chacun an en chacune feste de Nostre-Dame me-aougst diz boeceaux de seille, mesure de Brandoys, d'annuelle et perpetuelle rente, à cause des biens desd. de la Forest seullement, et desquelx diz boeceaux de seille susd. ilz seront tenuz bailler bonne assiete et suffizante ès-d. religieux abbé et convent touteffoiz et quanteffoiz que par eux en seront requis et en bons lieux et suffizants pour leur paier ou icelle paier par ses mains, et mesmement iceulxd. religieux ne porront reffuzer lad. assiete touteffoiz que par led. de la Muce, les siens ou ceulx qui de luy auront cause en seront saisis, et par ce moyen iceulxd. religieux se sont departiz et departent des actions et demandes qu'ilz poursuivoient touchant les causes susd. contre led. de la Muce, et en ont quipté et quiptent iceulxd. religieux led. de la Muce les siens et ceulx qui de luy auront cause perpetuellement tenans et explectans les biens desd. de la Fourest et touz autres à qui-quiptance en puet et doibt compecter et appartenir et qu'ilz porroient poursuivre à cause desd. actions. Et par cestuy appoinctement demourent lesd. parties l'une envers l'autre quiptes de despens de plait, et led. de la Muce quipte des arreages à luy demandés par lesd. religieux. Esquelles chozes. . . . . . . ont obligé. . . . . serements. . . . . renuncièrent. . . . . et en furent jugées et condampnées. . . . . En tesmoign desquelles chozes, je led. Bischatz notayre susd. ay signé sesd. presentes par vertuz dud. mandement à moy baillé de mon seign manuel et faict seeller dud. seel establi aux contraiz aud. lieu de Talemond, le xviij° jour du moys de may, l'an mil quatre cens cinquante quatre. J. Bischatz.

TABLE

DES NOMS DE PERSONNES ET DE LIEUX[1].

A

A. 39.
— abbas Loci Dei in Jardo, 26.
— abbas Orb. V. Audeber.
— capellanus de Foresta, 26.
Abaillea (Etienne) notᵉ, 240.
Abicea (Stephanus), 98.
Abouerea, 213.
Achairie (Guillelmus), 23.
Achale, al. Achalet (Jehan) notᵉ, 250.
Achardea (Jehan), 252, 283.
— (Perrot), 247.
— (Simon), 283, 322.
Achard, al. Achart (André), moine d'Orb., 228.
— (Guillaume), 228.
— — clerc, 149.
— — valet, 136, 178, 188, 192.
— (Jehân), 335.
— (Johanne), 178.
— (Morices), 68.

Achard (Petrus), 48.
— — decanus Marolii, 6, 8, 39.
Achelinus, mon. Malleac. 8.
Aemuns (R.), 7.
Aenor, uxor D. Le Breton, 66.
Affoart, al. Affouard (Stephanus), mon. Orb., 140, 215.
Agatha, filia R. de Vayré, 75.
Agnes, uxor S. Boea, 139.
— — G. Normendea, 99.
Aguillon, al. Aguylon (Clement), notᵉ, 187.
Aimericus, celerer de Maroil, 24.
— mon. Orb., 26.
— vicecom. Thoarc., 4, 5, 53.
Airablée (l'), V. Arableya.
Ajaonnoys (fief des), cᵉ de Vairé, 335.
Alart (Colas), 330.
Aldeardis, uxor G. Molers, 64.
Alevaz (Mathurin), 248.

---

1. Les chiffres indiquent le numéro des pièces. Pour éviter des répétitions, les noms à la fois en français et en latin devront être cherchés sous cette dernière forme, les noms de famille féminisés pour les femmes suivant le patois du pays ont été remis au masculin. On n'a pas tenu compte non plus de la confusion constante de l'i et de l'y dans beaucoup de noms où ces deux lettres sont employées indifféremment. Enfin les noms de lieux ordinaires sont suivis de la désignation de la commune, ceux des chefs-lieux de commune de celle du canton, ceux des chefs-lieux de canton de celle du département.

Alexander, miles, 15.
Alexandre (Jacques), sen. de la Ch. Gir., note de 310.
Aliote, fille de J. Archeron, 128.
Amabilis, 101.
Amalvini (Petrus), canon. Burdeg. 102.
Amboyse (Loys d'), v^{te} de Thouars, 316, 323, 324, 325, 326, 329, 330, 341.
— (Perre d') v^{te} de Thouars, 285, 299, 316, 325, 329, 330.
Amelinea (Mathurin), 335.
Ameron (Perre), 214.
Amicia, al. Amice, filia G. de Bello °Loco, 34.
— uxor G. Le Barber, 147.
Amoureze (Johanne), 110.
Amyet (Perre), clerc, 103.
Amyot (Aymeri), 178.
Ances (le gué des), le gué d'Ausance sur l'Ausance, c^e de St-Martin-de-Brem, 243.
André, abbé d'Orb., 82, 83, 86, 88, 91.
— decan. Talem., 72, 76, 77.
— moine d'Orb , 68.
Angibaud (Jehan), 273.
Angles, c^{on} des Moutiers, 266, 270, 326.
Anjogers (Johannes), V. Enjuger.
Anjou (le duc d'), s^{gr} de Talm., 222, 223, 224, 225, 226.
Anricus, rex Anglie, 4.
Arableya, l'Airablée, c^e d'Avrillé, 50.
— (Durandus de), miles, 26.
— (Guillelmus de), miles, 92, 93.
Arbert (Jehan), clerc, 108.
Archambault (Aymericus), mon. Orb., 140.
Archay, Archiay c^e de St-Cyr, 113.
Archeron (Jehan), 119, 128.
— (Typhaine), 119.
Ardenais (Colas), 303, note de 303.
Areæ, Les Aires, c^e de St-Vincent-sur-Graon, 131.
Armenjardis, uxor G. de Asperomonte, V. Ermenghardis.
Arnaud, al. Arnaut, 37.
— abbas S. Leodeg., 16, 27.

Arnaud (Colas), 285, 335.
— (Guillaume), 162.
— (Jehan), 126, 162, 270.
Arnaudelli (Guillelmus), 109.
Arnoul (Jehan), 294.
— (Vincent), 343.
Artuys (Colas), 166.
— (Guillelmus), 140.
Arzillers, les Ardilliers, c^e de St-Benoît-sur-Mer, 110.
Ascelin, al. Asselin (pré d'), c^e de Château d'Olonne, 1, 4, 285, 330.
Asnes (Perre des), g^{de} du sc. de Talm., 172.
Aspremont, Apremont, c^{on} de Palluau, 335.
— (Guillaume d'), s^{gr} de Poiroux, 5, 20, 24, 27, 35, 53, 317.
— (Raoul d'), 35.
Auberais (Stephanus daus), 9.
Aubercie (Jehan), p^{tre}, 305.
Aubuigné (Aymeris sires d') ch^{er}, 54.
— (Oliver d'), es^r, 209.
Aubuni (noha), la Noue-Brun, c^e de St-Vincent-sur-Graon, 221.
Audeber, abbas Orb., 26, 29, 44.
Audouyn (Jehanne), f^e de P. Berard, 251.
Auger (Symon), 138, 174.
Aujouère (Jehanne), f^e de J. Fevre, note de 192.
Aula (Guillelmus de), 67, 69.
Aulnis (Jehan d'), al. Vincent 330.
Aumosner (Pierre), sen. de Talm., 332.
Aurry (Pasquier), 183.
Avaugour (Isabelle d'), v^{tesso} de Thouars, 210, 220, 228, 229, 230, 231, 232, 233.
Aymon (Aymericus), 94.
— (Blanche), f^e de G. Le Mosner, 185.
— (Mauricius), 94.
— moine d'Orb, 88
Aymonnère (l'), c^e de Vairé, 144, note de 335.
Aymundus (Raginaldus), 57.
Aysenoys (André d'), 284.
— (Guillaume d'), 120.

B

Babou, al Babo (Bernardus), burg. 28, 39, 47, 65.
Bacon (Jehan), not\ve{e}, 270.
Baconeys (Johannes), 139, 196.
Bacqueville (Philippon de), 157.
Badiole (Jehan de), 320.
Bagnioux (le commandeur de), 316.
Bancs (Jehan des), 249.
Barbe, 280.
Barber, al. Barbers (Guillelmus), mon. Orb., 140.
— (R), 41.
Barbère (Perrot de la), 335.
Barberea (Jehan), 210, note 252.
— le taillender, 86.
Barbereay (Stephanus), 77.
Barbère-Raniron (la), c^e de la Chapelle-Achard, note de 192.
Barberii (Petrus), 259.
Barbitonsor (Johannes), 141, 143.
Barbotin, 200.
— (Jehan), 192.
— (Johanne), f^e de M. Rudea, 196, 201.
Barbotinère (la), c^e de Château d'Olonne, 144.
Bardin (Colas), 251.
— (Guillelmus), 101.
Bardinea (Jehan), 156.
Bardon (Petrus), 216.
Barenger (Acardus), 33.
— (Aymeri), 79.
— (Etienne), 33, 71, 79.
— (Jehan), 79.
— (Nicolas), 79.
Baritaut (Guillaume), p^r de St-Cyr, 259.
— (Jehan), 131, 259.
— (Vincent), clerc, 153.
Baroni (Johannes), cleric, 259.
Barre (la), c^e de St-Sornin, 5, 59, 270, 309, 317.
— (Pierre de la) p^{tre}. 31.
Barre du Calleillays (la), c^e de Château d'Olonne, 276.

Barret (Johannes), not$_e$. 259.
Barrochon (Andreas), rector S^{ti} Vincentii in Jardo, 109.
Barullon (Thomas), 330.
Bassot (Colas), 335.
— (Jehan), 335.
Bastard, al. Bastart, Batard, Batart, Batars (André), not^e 230, 231, 239.
— (Aymeri), 68.
— (Colin), 136.
— (Nicolas), not^e, 241, 284, 295.
— (Pierre), 32, 241.
Baudet, 330.
— (Guillaume), 343.
— — abbé d'Orb., 265, 274.
— — moine d'Orb., 218, 219, 222, 225.
— (Jehan), 183, 225.
Baudouère (la), V. Bauduère.
Baudouin, curé de St-Hilaire de Talm. 262.
— (Maurice), 277.
Baudry (Guillaume), 149.
— (Johanne), 149.
— (Leger) clerc, 195.
— moine d'Orb., 122.
— (Pernelle), f^e de S. Le Charrum, 149.
— (Petrus), cler. 259.
Bauduère (la), c^e d'Olonne, 168, 173, 318.
— (Colin de la), 233.
— (Nicolas de la), not^e, 269, 305, 309.
— (Regnaud de la), not^e, note de 271, 294.
Baugerie (la), c^e de St-Vincent-sur-Graon, 138.
Beacoste (Jasme), 197.
Bealoi, al. Bealoc, Beaulieu-sous-la-Roche, c^{on} de la Mothe-Achard, 23, 29.
Beatrix, filia R. de Vayré, 75.
— uxor G. de Malo Leone, 17, 18, 33.

Beanlieu (Girart de), 117.
— (Jamet de), not⁰, 251, 269.
— (Katerine de), f⁰ de J. de Monbail, 117, 126, 200.
— (Perres de), 117.
Beaumont (Louys de), sen. de Poitou, 337, 340.
Beauplain, *entre Curzon et le port de la Claye*, 5.
Beauvallet (Jehan), note de 239, 240 g^de du se. de la Mothe-Achart.
Beauveir, Belvearium, *Beauvoir-sur-Mer* [*Vendée*], 39, 47, 65, 81.
Bechée (la), c^e *d'Olonne*, 233.
Becin (Aymeri), valet, 103.
Begaut (Etienne), 229.
— (Jehan), 229.
Beillère (la), al. Baillère, Beglère, Beslère, *la Baillère*, c^e *de Château d'Olonne*, 89, 90, 133, 134, 152, 160.
Bei-Soleil (Aimericus), 9.
Bellenohe (Colin de), 223.
Belleville (Brient de), 43.
— (Joscelin), s^gr de Belleville, 43.
— (Maurice), s^gr de la Garn. et de Mont. 85.
Bello-Loco (Guillelmus de), miles, 34.
— (Mauricius de), miles, 34.
— (Petrus de), miles, 45.
Bellon (Guillaume), 175.
Bellouche (Jehan de), 223.
Belhome (Colin), 247.
— (Guillaume), 233.
— (Perrot), 233
Beloussea, al. Belloussea (Huguet), 335, note de 335.
— (Marguerite), f^e de N. Milcendea, note de 335.
Belveario (P. de), mon, 28.
Benaston, al. Bennaston, Benaton, Benatun, 113.
— (Colin), 335.
— (Geoffroy), 62.
— (Jean), p^r de Marigné, 298.
— (Pierre), ch^er, 57, 58.
Benaum, *Benon* [*Charente-Inférieure*], 36.
Benedictus, abbas Brol. Grol., 14.
Benevenuta, uxor G. **Textoris**, 49.

Benoist (Vincent), abbé de Breuil-Herbaud, 270.
— (Jehan), p^r de Maché, 270.
Benouyn (Jehan), 302.
Berard, al. Berart (Jehan), 274.
— (Perre), 231, 241, 243, 244, 251, 254, 283.
Beraud, al. Beraut (Jehan), note de 192.
— (Jehanne), f^e de J. Pirart, 279.
— (Thomas), 205.
Bercoire (Andreas de), abbas Orb., 89. V. André.
Beretreère (la), *en Talmondais*, 106.
— (Giraudus de la), 106.
Berge (Girardus), 35.
Bernard, al. Bernart (le), c^on *de Talmont*, 2, 12, 29, 45, 48, 92, 93, 216.
— (Denys), 226.
— (Etienne), 241.
— (Hilère), 70.
— (Jehan), 80, clerc, 67, 69, p^tre, 215.
— (Pierre), 70.
Bernardea (Guillaume), 220.
— (Michea), note, 279.
— (Petrus), 100.
Bernardin (André), 230, 239.
— (Marguerite), f^e de T. de la Girardère, 206, 230, 239, 265.
Bernegoe (molendinum de), *Bernegoue*, c^e *de Jard*, 31.
Bernert (Guillelmus), 95.
Bernoneria (Colinus de), custos sigilli Talem., 106, 107.
Berry (le duc de), c^te de Poitou, 280, 282, 283.
Bersonère (la), *la Bressonnière*, c^e *de Vairé*, 212.
Bersuyre (Georget), 195, 209.
Berta, uxor G. de Asperomonte, 35.
Bertaut (Guillelmus), 29.
Bertegnolle, al. Britonelia, Berthicola, *Bretignolles*, c^on *de St-Gilles*, 116.
Bertet (Estienne), 163.
Berthicola, *Bretignolles*, c^on *de St-Gilles*, 292.
Berthomé (Nicolas), 231, note, 243.
Berthonnère (la) al. Brethoneria, *La*

Bretonnière, c^{on} de Mareuil, 127, 250, 279.
Bertrand (Jehan), note de 218.
Bertrandea (Maurice), 151.
Bessay (Denys de), chât. de Talm. 160, g^{de} du sc. d'Olonne, 151, 164, 166.
— (Jeanne de), f^e d'O. de Coesbit., puis de S. Le Clerc, note de 335.
Beuf (Denys), abbé de Jard, 209.
Bexon (fief du), c^e de Vairé, 335.
Bicolea (Guillaume), 197.
— (Jehan), 197.
Bienvenue, f^e de J. Dugué, 190.
— fille de P. Le Comte, 56, 57, 58.
Bigaut (Jehan) al. de Paris, 196.
Bignot, 110.
Bigoys (Jehan), 338.
Bigon (Guillaume), note, 103, 108, 120.
Bili (Bertrandus), custos sigilli Talem., 98, 99, 100, 101, 103, 104.
Billaut (Jérôme), moine de Talm., note de 321.
Billotea (Jehan), 243, 244, 262, 291.
Biraud (Laurent), note de 192.
Biret (Thomas), not^e, 245.
Biretent (li), 31.
Biretère (la), c^e de Château d'Olonne, 1, 71.
Bironnère (la), c^e de la Mothe-Achard, 228.
Birou, Briou, c^e de St-Cyr, 96.
Bischart (Hileret), 233.
Bischatz (Jehan), not^e, 344.
Bitart (Alexandre), 255, curé de St-Hilaire-de-la-Forêt, 257, 259, 263.
Bitet (Catherine), f^e de J. Pineau, 191.
— (Etienne), 291.
Blanchardin (Guillaume), 209, 211.
— (Jacques), 280, 286, note de 286.
— (Jehan), 280, 286, note de 286.
— (Marie), f^e de J. Boutaut, 280, note de 280.

Blanchardin (Perre), 213, 231, 233.
Blanchart (Guillaume), 174.
— (Morea), 186.
Blanche (Johanne), f^e de R. Le Mosner, 179.
Blanchefort (Raymondus de), prior de Monasteriis de Malefactis, 259.
Blasme (Johanne), f^e de D. Burrer, 255.
Bloy (Johannes), presb., 66.
— (Perrot), 332.
Bloyn (Perrot), 279.
Bobel (Jehan), chât. de Talm, 210, valet, note de 335.
Bobinère (la), c^e de Vairé, 335.
Bocea (Guillaume), 164.
— (Perrine), 164.
Bocquaude (Jehanne), f^e de J. Grouseler, 175.
Bodet (Jehan), 213.
Boea (Symon), 132, 144.
Boelles, c^e de Beauvoir-sur-Mer, 88.
Boerea (Jehan) al. Chantecler, 225.
— (Stephanus), 112.
Boez (Guillelmus), 6.
Bolfreria, c^e des Lucs, 23.
Bogeys (Dionysius), 101.
Boign (J. de), not^e, 169, 172.
Boilayve (Martin), clerc, 108.
— le peleter, 120.
Boillea (Jacques) al. Bolica, 304.
Bois (le), c^e de St-Hilaire de Talmont, 285, 294.
— (Raoul du), 200.
— (Vincent dou), 204.
Bois-Chabol (le), fief fondu au xve s^e avec St-Sornin, 270, 272.
Bois-Regnart (Savari de), ch^{er}, 217.
Boissea, al. Boisseas, Boissellus, i, Boessea (Jehan), bourgeois, 65, 81, 85, 88.
Boissière (André de la), g^{de} du sc. de la R. sur Y, 93, 94, note de 327.
— (Hugues de la), g^{de} du sc. de Chât. d'O., 142.
Boissonnea (Denys), 281.
Boistard (Nicolas), note de 239.
Boliea (P.) V. Boillea, 344.

— 542 —

Bonamy (Aymericus), clericus, 97, 101.
Bonaudus, 45.
Boneta, uxor A. Bordun, 44.
— uxor G. Bercho, 52.
Bonevint, al. Bonnevin (Aymericus), 75.
— (Johannes), 74, 75, 94.
— (Pierre), g^{de} du sc. de la R. sur Y, note de 327.
— (Regnaud), doyen de Talm, 56.
Boniot de la Bialère, 144.
Bonnet (Berthomé), 285.
— (Perrot), 335.
Bonnevie (Jehan), 322.
Borbelle (Petronilla), 44.
Bordea (Jehan), 229.
— (Nicolas), 296, 308.
Borderie (la), c^e du Bernard, 5, 317.
Bordes (Pierre des), g^{de} du sc. du doy. de Talm., 242, 245.
Bordigale (Guillaume), 325.
Bordot (Hugo), dit le Rat, 301.
Bordun (Arbertus), 44.
Borgenest (prieuré de), c^e de St-Hilaire de Talmont, 8, 21, 227, 294, 337.
Borgnoys (Jehan), 285.
Borgueignon (Philippus), 309.
Born (Aymar de), archid. d'Aunis, 70.
Borrea, al. Borreas (Aymericus), 71.
— (Guillaume), g^{de} du sc. de Font, 123, 126.
Borsaudère (marais de), Boursaudière, c^e d'Olonne, 284, 319.
Boscheria, c^e des Lucs, 43.
Boscher, al. Boschers ; Boucher, Bouscher, (Guillelmus), 11.
— (Jehan), g^d. du sc. de Chât. d'Ol., 179, 181, 182, 184, 187, not^e 199, 206, 214, 224, note de 239.
— (Regnaut), not^e 181.
Boschet, 308.
— (Jehan), not^e. 151, es^r 209.
— (Maturin), doyen de Thalm. 265.
— (Petrus), prior S. Crucis de Ol. 140.

Bosco (Amabilis de), uxor S. de Malo Leone, 36, 38.
Bosco Regnardi (Petrus de), valetus, 118.
Boscum, al. Boscum Luci, Bois du Luc, c^e des Lucs, 43, 63.
Bosrucière (la), c^e de Vairé, 335.
Bosselouz (Petrus de), valetus, 97.
Bossers (André), 174.
Bosset (Rogelin), cap^e de Talm., 330.
Botaut (Johannes), 112.
Boterit (Perrot), clerc, 190, not^e 178.
Botin (Colinus), clericus, 135.
Botinea (Guillaume), 175.
Bouchard, al. Bouchart, Bouschard, Bouschart, Boschard, Boschart, Bochart (Jean), note. 224, 228, 257, 259, 263.
— de la Canterie (Guillelmus), 292.
Boucher (Jehan), p^{tre}, 319, 320. V. Boscher.
Boucherea (Jehan), al. Bouscherea, 252, 292, 320.
— (Johanne), f^e G. Guillon, 292.
Boucquetau (le), c^{ne} de St-Hilaire de Talmont, 232.
Boudaut (Guillaume), p^{tre}, 197.
— (Stephanus), 309.
Bouet, 343.
— (Jehan), 167.
Bougie, c^{ne} de St-Sornin, 270.
Bouher, al. Bouer, 343.
— (Guillaume), 168.
— (Jehan), 251.
— (Perrot), 168.
Bouherea (Etienne), 249.
Bouin (Vendée), 81.
Bouign (Etiene de), not^e, 213.
Boulat (Jehan), not^e, 184.
Boulyé (Denis), 243.
Bouninea (Petrus), 257.
Bourdigale, c^e de Château d'Olonne, 285.
Bourdin (Jehan), 342.
Bourg, al. Borc, Bourc, Borg (Giraudus de), 6.
— (Maurice du), clerc, 178, es^r, 209.

— (Phelipon dau), 173, 200.
— (Pierre), abbé d'Orb., 154, 209, 211, 215.
— — moine d'Orb., 164, 172, 173, 193, 200, 211, 131.
— (Robert dau), 199.
Boursaut, 313.
Boursseguyns (Guillaume), 174.
Bouscher, V. Boscher.
Boutaut (Jehan), chât. de Talm., 222, 224, note de 280.
Bouteiller (Guillaume), 211.
Boutet (frère Guillaume), 110.
Boutevillain (Perrot), 233.
Boutier (Jehan), s^r de la Combe, 335.
Boutillier (Philippon), 165.
Boycère (Huguet de la), valet, 151.
Boyea, al. Boyeas (Symon), 107, 124.
Boyleves (les), c^e de *Châtillon-sur-Sèvre*, 105.
Boylinea (Catherine), f^e de L. Biraud, note de 192.
Brahonnea (Anthonius), 221.
Bram, *Brem*, c^{on} *de St-Gilles*, 52, 54, 324.
— (Johannes de), 78.
— (hesterium de), 22.
Brandoys (grand chemin), 285.
Brebant (Blanche de), v^{tesse} de Thouars, 125, 133, 194, 285.
Brecaign, al. Brecaigne (Guillaume), 338, 339.
— (Julien), 338, 339.
Brecho, al. Brechos, Bercho (Colin), 269.
— (Guillelmus), 52.
— (Simonet), note de 286.
Brechou, al. Berchou (Etienne), 236, 269, 283.
Breniquet (Jehan), 304.
Breteleria, c^e *de Châtillon-sur-Sèvre*, 13, 27, 53.
Brethoneria, V. Berthonnère.
Bretinea (Perre), 343.
Breton (Lienard), 342.

Bretonnea, al. Brethonnea, 319, 320.
Briant (Aymericus), 113.
— (Jolfray), 96.
Bricardi, al. Bricardus, Bricart (Guillelmus), clericus, 44.
Briencius, abbas Orb., 3, 4.
Brient (Gaufridus), 130.
Brisonère (la), c^e *de Vairé*, 335.
Brito (A), mon. S^{ti} Leod. 16.
— (Johannes), 13.
Britonelia, al. Bertignola, *Bretignolles*, c^{on} *de St-Gilles*, 72, 320.
Broce (Aymeri de la), 335.
Brocez (les), c^e *de Château d'Olonne*, 210.
Brochon (Andreas), note 100.
Broil (Girard dau), bourgeois, 70.
Brolii-Grolandi (abbates), V. Benedictus, Guillelmus, P.
Brolium Bernardi, *le Breuil*, c^e *du Bernard*, 50, 55.
Broteas, 7.
Brunelère (la), c^e *de St-Hilaire de Talmont*, 144.
Bruyl (fief du), *châtellenie de Talmont*, 184.
Bucnt (Petrus), 221.
Bugeon (Etienne), taillandier, 214, 229, 233, 236.
Bullio, al. Bulio (Aymericus de), miles, 2.
— (Petrus de), miles, 2, 4, 5.
Buor (Jehan), ch^{er}, 296.
Burea (Guillaume), 179, 191, 199.
Burgoignon (Guillaume), 182.
Burgundia (Petrus de), g^{de} du sceau de la R. sur Y., 75.
Burrechart, al. Burrischart (Guillaume), not^e. 163.
Burrer (André), 255.
— (Denis), 255.
Busche (Gaufridus de la), custos sigilli Castri Olone, 112, 124, 129.
Buyée (Petrus de la), 62.

C

C. abbas Malleac, 8.
Cabirant, *le Cabiron*, c^e *de Vairé*, 293, note de 335.
Cace (la), c^e *d'Angles*, 110.
Caillonnea, f^e de G. Maynard, 265.
Camus (Jehan), 121.
Canterelli (Guido), rector eccl. de Givro, 259.
Cantin (Alexandre), 304.
— (Perrot), 246, 253.
Capheas (P.), 44.
Carail, 344.
— (Stephanus), 112.
Cardie (Paganus), 9.
Cassiron (Lucase), 233.
Castro-Briencii (Gaufridus de), miles, 86.
Castro Muri (G. de), miles, 53.
Castrum Julii, *Chatelaillon en Aunis*, 36.
Cathenilz, *en Ecosse*, 300.
Catherine, f^e de P. de la Tousche, 144.
Catin, fille de J. Poytevin, 137.
Catus, al. Catuys (Morice), ch^{er}, 209, 210.
— (Jehan), valet, 88, ch^{er}, 209.
Catuysère (la), c^e *de St-Gervais*, 163.
Cavoys (Pierre), 100, 103.
Cayllea (Symon), barbier, 204.
Cayrrefour (le), c^e *de Vairé*, 335.
Cenomannensis (Stephanus), 16, 71.
Centone (Thomassia), 140.
Cerclet (André), 209.
Chabot, al. Chabotz, Chaboz (Bertrande), f^e de P. de Nieuil, 224, 245, 257, 259, 260, 261, 263, 264, 266, 270, 272, 344.
— (Catherine), 270.
— (Guillaume), 13, 136, s^{gr} de la Mothe-Achart, 114.
— (Jehan), valet, 189, 224, 251, 270.

Chabot (Loys), ch^{er}, 209.
— (Quehedin), ch^{er}, 209.
— (T.), 6.
— (Thibaut), s^{gr} de Veluire, 60.
— (feodus), c^e *d'Angles*, 1, 34.
Chaennay (Guillelmus de), miles, 25, 26.
Chaigne (Johannes du), presb., 259.
Chaignea (André), note, 331, 342, moine d'Orb., 335, 336.
Chaigne crux (le), *Quercus croulx*, *le Chêne Creux*, c^e *du Château d'Olonne*, 285.
Chaillaillère (la), c^e *de Vairé*, 335.
Chaille, al. Challez (Jehan), 252, 257.
— (Petrus), 309.
Chaintres (prés des), c^e *de Vairé*, 335.
Chaisgnevert, c^e *de Talmont*, 331.
Chaissarde, al. Chessarde, Caissarde (Johanna), 42, 71, 285.
Chaistaigner (Johannes), 215.
Chaize Giraud (la), c^{on} *de St-Gilles*, 335.
Challonge (Fierabraz de), 217.
Chalmelerie, al. Chalemelère (la), c^e *de St-Hilaire de Talmont*, 80, 144.
Chalocère (la), c^e *de Vairé*, 335.
Chalon (Nicolas), note, 277.
Chalonnère (maresium de), c_e *d'Olonne*, 78.
Chamoy (fief de), c^e *de Vairé*, 335.
Champcloux, al. Champclou, Campus-clausus, c^e *d'Olonne*, 30, 54, 99, 112, 213, 231, 233, 243, 251, 254, 283.
Champion, 223.
Chanay, Chaunayum, *Chasnais*, c^{on} *de Luçon*, 250, 270.
Chandener, al. Champdener (Vincent), moine d'Orb., 228, 230, note de 230, 234, 239, note de 239.

Chandiose, uxor B. Babou, 28, 39.
Chantecler (Jehan), 283.
Chantenolie (Guillelmus), cleric., 259.
Chanterea (Johannes), 24.
Chapelle Ratier (la), c^e du Bernard, 56, 57, 58.
Chaponens (feodus aus), c^e de Curzon, 57, 58.
Charbonea (Agnes), f^e d'O. Le Breton, 108.
— (Guillelmus), 145.
— (Marie), 108.
Charles VI, roi de Fr., 256.
— . VII, — 300, 315, 325.
Charrer seu d'Aysenoys (Guillelmus), 141, 143.
Charreter (Guillaume), 168.
Charron (Perrin), 335.
Chastea-Gaulter, c^e de Grosbreuil, 324.
Chassenun (Johannes de), 7.
Chastelier (Jehan du), not^e, 232.
Chastellers (Agnes dau), 72.
Chastellet (Colin), 175.
Château d'Olonne, castrum Olone, c^{on} des Sables, 21, 33, 38, 87, 97, 101, 243, 257, 273, 285.
Chauceron (Jehan), 212.
Chaume (la), Calma, Calma Olone, c_e des Sables, 1, 87, 243, 269, 285.
Chausserun (Johannes), clericus, 135.
Chauvea (Guillelmus), cleric., 259.
Chermelière (la), al. Chermelerie, Charmelerie, c^e d'Olonne, 67, 69.
Chevaler, al. Chevalier (Colin), clerc, note de 200.
— (Etienne), 335.
— (Jehan), 144, 173, 291.
— (Michea), 175.
— (Nicolas), 98, 173.
— (Perrot), 291.
Chevestelère (la), al. Chevestellère, Chevetelère, c_e de la Chapelle-Achard, 22, 162, note de 335.
Cheviller (Jehan), g^{de} du sc. de Font. 213.

Cheza (Johannes de), vic. ger. decan. Talm. 223.
Chiron (Perrin), 335.
— (vigne du), c^e de Vairé, 335.
Chivercea (Johanne), f^e de J. Archeron, 128.
Cholet (Hardoyn de), 199.
Chomarde (Perrete), 303.
Chosson (Jehan), 291.
Choue (la), c^e de Talmont, 331.
Chozia (Simon), 242.
Chubait, 221.
Chyrous (les), c^e de St-Vincent-sur-Graon, 130.
Civalon (Guillelmus), 221.
Clarhea (Hylarius), 101.
Clarissea (Thomas), 121.
Claver (Estiene), 167.
— (Johanne), f^e de J. Servant, 167.
— (Lambert), 167.
— (Pernelle), 167
— (Perre), 126, 167.
— (les tailles), c^e de Vairé, 335.
Claveurier (Maurice), L^t g^{al} de la sen. de Poitou, 315, 340.
Claye (la), Cleya, c^{on} de Mareuil, 73, 96, 127, 250, 279.
Cleya (Johannes de), valetus, 127.
Clement VII, pape, 258.
Clerjaud, al. Clergeaut (André), 324, 330.
Cloudiz (Regnaud des), es^r, 189, 209, 229.
Cobin (Petrus), miles, 24.
Cochet (Jehan), 226.
— (Perre), 226.
Cochetère (la), c^e d'Olonne. 173.
Cochon (Guillaume), 167, 173.
Coelli (Garinus), clericus, 140.
Coeynne (Petrus de), presb. 150
Coillat (Guillelmus), 28.
Coillaud (Jehan), 343.
— (la Frusche), c^e de Château d'Olonne, 133.
Coillaudin (Estiene), sergent. 212.
Coillebaut (Estiene), prieur de Curzon, 217.
Coilluns (Guillelmus), 22.
Columber (Johannes dau), custos sigilli de Font., 139, 156.

35

Columber (Guillaume dau), g^{de} du sceau de Font., 149.
Combaut (Jehan), sergent, 151, 177, 182.
Constancia, uxor P. Gobini, 30.
Constantinus, 37.
— presb., 20, 29.
Contoy (Guillelmus de), cleric., 259.
Conzay (L. de), 337.
Coopertoris, al. Copertoris, Cooptoris (Guillelmus), 141, 143.
— (Morellus), 112.
Coquillelli (Guillelmus), 115.
Cornet (le fief), c^e de *Vairé*, 335.
Cornetus (Johannes), 141, 143.
Cornu (Jehan), 323, 326.
Cortet (Guillaume), 314.
Cosinus, 30.
Costes de Jart (village des) *les Côtes*, c_e *de St-Vincent-sur-Jard*, 227, 232.
Couard (fief), c^e de *Vairé*, 335.
Couhenea (Jehan), not^e, 259.
Couloignes, al. Coulongnes (Hugues de), ch^{er}, 335.
Couraud, al. Couraut (Aymeri), 240, 242.
— (Jacques), 268.
— (Nicolas), 237, not^e 238, 240, 242, 263.
Couroller (Jehan), 239.
Court de l'Isle (la), c^e *de l'Ile d'Olonne*, 295.

Courtoys (Jehan), 121, 137, 138.
Cousin (Katin), f^e de J. Guilbaud, 262.
Cousson (Pernelle), f^e de J. Courtoys, 137, 138.
Coya (Michea), p^{tre}, 108.
Coyebit, al. Coesbit (Olivier de), s^r de la Sanzinière, 335.
Coyeset (Guillelmus), 250.
Cranath (Jean), élu de Cathenilz, 300.
Crespin (Guillelmus), armiger, 292.
Crespinea (Jehan), clerc, 176.
— (Perrot), 176.
Crestien (Caterine), f^e de P. Mareschaut, 229, 236.
Creux (Jehan), 247.
Crigon (le fief), c^e *de Vairé*, 335.
Crocheti (Philippus), 292.
Crogetère (la), c^e de *Vairé*, 335.
Croizete (la), c^e *de St-Vincent-sur-Graon*, 130.
Crux Sansonis, c^e de *Château d'Olonne*, 11, 16.
Cruyon (Jehan), 250, 279, 282.
— (Theophanie), 250.
Cultura, *la Couture*, c^{on} *de Mareuil*, 250.
Cumersset (Jehan), 189.
Curzon, c^{on} *des Moutiers*, 1, 57, 58, 64, 217, 296.
Cusme (la), c_e *d'Olonne*, 225.

D

Dabyre (Girardus), 1.
Dain (marais), c^e *de l'Ile d'Olonne*, 295.
Dalet (Petrus), 216.
Dannis (Johannes), 140.
Darent (Raoul), 265.
Daulphin (Guillaume), 195.
Daure (Nichole), f^e de G. Salebeuf, 205.
Dausserii (Guillelmus), 258.

David (Jehan), not^e, 176, 177, 195, g^{de} du sc. de Talm., 196.
Davie (Colete), f^e de G. Salebeuf, 184, 222, 223, 227, 232.
Demot (Guillaume), g^{de} du sc. de Talm., 204.
Denis (Michea), 240.
— (Perrot), 289.
Denya (Jehan), p^{tre}, 177.
Depaux (Estienne), 226.

Desirée, 213, 233.
— (Agnès), f° de J. Dugué, 233.
Desmes (charrère des), c° d'Olonne, 320.
Devaux (Jehan), 235.
Doderea, 104.
— (Denis), 95, 96.
— (Etienne), 95.
Doit (lo al. les), al. Doiz, Doetum, c° de *Château d'Olonne*, 1, 4, 11, 16, 31, 71, 285.
— (Guillelmus dau), 161.
— (Johannes dau), 161.
Dolonea (Guillaume), 190.
Dombretaing, *en Ecosse*, 300.
Dora (Johannes), 161.
Doridon (Henri), g^{de} du sc. de la Roche s. Yon, note de 327.
Dorin (Perrot), note de 218.
Douglas (Archambault c^{te} de), 300.

Doyron (Nicholas), 214.
Dugué (Jehan), 183, 184, 190, 233.
Dupas (Guillaume), 251.
Durand, al. Durant, Duranz, p^{tre} 30.
— (Johannes), 309.
— (Willelmus), 44.
Durentea (Michea), moine d'Orb., 264, 265, 267, 268, 270; prieur de la Barre, 280, 293.
Duyllet (Jehan), g^{de} du sc. de la Roche s. Yon, note de 327.
Dynant, al. Dignant (Nicolas de), g^{de} du sc. de Talm., 199.
— (Thomas de), g^{de} du sc. de St-Gilles, 159, 161, 165; du sc. de Chât. d'Ol., 176; du sc. de Talm. 189.

E

Ecosse (royaume d'), 300.
Edouard, prince de Galles, 208, 209.
Eglise (Jehan de l'), not° 322.
Enclouses (les), c° *de Vairé*, 335.
Enjuger, al. Anjogers (Johan, al. Johannes), chapelain de la Chapelle Ratier, 56, 57, 58.
Ermenghardis, uxor G. de Asperomonte, 24, 35.
Esbaupin (Jehan), 281.
Escharpiez (les), c° *de Vairé*, 335.
Eschasserie (l'), V. la Nozère, *en pays de Talemondois*, 245, 253.

Escuroles (Guillaume d'), g^{de} du sceau de la R. sur Y., 88.
Esplanchaz (Guillelmus), 147.
Essars (les), *Vendée*, 218, note de 218.
— (Guillaume des), 218.
— (Jehan des), 218.
Establère (l'), c° *de Ste Foy*, 308.
Estancs le Roy, étang de Portjuré, c° *de St-Hilaire de Talmont*, 133.
Estans (Jehan des), 120.
Estiene, abbé d'Orb., 6, 7, 8, 9, 13, 111, 113, 127, 130, 140.
Eugène IV, pape, 321.
Eustachia, uxor G. de Raes, 19.

F

Faber, al. Fabri (Egidius), rector eccl. de Monasteriis de Malefactis, 259.

— (Johannes), frat. minor., 210.
— (Nicolaus), not., 221.
— (P.), clericus, 28.

— (Petrus). 127.
Fachardère (la), c^e d'Olonne, 144.
Falleron, c^{on} de Palluau, 343.
Falleton (Guillaume de), sen. de Poit., 209.
Fardea (Lucas), p^r de Marigné, 174.
Faugeriis (Arnaldus de), canon. Burdeg., 102.
Faverea (Jamete), f^e de J. Beraud, note de 192.
— (Johannes), 305, 309.
— (Louys), moine d'Orb., 270.
— (Perre), 245.
Fenoyller (Alexandre dau), valetus, 74.
Feronère (la), c^e de Laudevieille, 219.
Ferrciole (Katerina), 118.
Ferret (Guillelmus), 161.
— (Maurice), 251.
Ferreyau (Nicholaus), 118.
Ferron (Guillaume), 267.
— (Etienne), 278.
Fevre, al. Feuvre (Jehan), 121, note de 192, note 246, 285.
— (Maturin), 285, 335.
— (Thomas), 255.
Feye (Jehan), 193.
Fief du Cymentère, c^e de Vairé, 335.
Fief de Vairé (le grand), c^e de Vairé, 335.
Filleron (Thomas), 221.
Fillon (Jehanne), f^e de J. Robert, 284.
Flocea (Theobaldus), clericus, 131.
Florencère (la), c^e de la Chapelle-Achard, 192, note de 192, 228, 285.
Florius (Johannes), mon. Orb. 311.
Fontanis (Ugo de), 6.
Fogere, al. Faugeré, Fougeré, c^e de St-Cyr, 57, 58, 113.
Folatère (marais de), c^e d'Olonne, 285.
Fontaynne (pré de la), c^e de Vairé, 335.
Fontaynne aus hommes (la), c^e d'Olonne, 186.
Fontaine Gisler, c^e d'Olonne, 233.

Fontaine Luce, c^e de Château d'Olonne, 144.
Fontenelles (maison des), c^e de Talmont, 108.
Forest (la), c^e de St-Sornin, 270.
— (Catherine de la), f^e de J. Chabot, 189, 224.
— (Jehan de la), 200, 224.
— (Marguerite de la), 344.
— (Perres), 189, 224, 344.
— (Regnaud de la), 224, 238.
Forester, al. Fourester (Hylère), not^e, 98, 99.
— (Jehan), 304.
Forgea (Guillaume), 295.
Forges (Perre des), 157.
Forget (André), 335.
Forgis, al. Forgiis (Germanus de), miles, 53.
— (Guillelmus de), cler., 46.
— (Johannes de), cler., 46.
— (Petrus de), 46.
Fort (Colin), 168.
— (François), 335.
— (Guillaume), p^{tre}, 335.
— (Jehan), 168, 335.
Fortin (Lucas), 240.
Fou Britone (Herveus do), 107.
Fougere (Joffrey), 193.
Fouquerant (Jean), sen. des Essarts, note de 218.
Four (Symon dau), 119.
Fourner, al. Forner (Jehan), 220.
— (Perrot), 238.
Fovea Calida (feodus de), c^e du Bernard, 5.
Fradet (Jehan), 163, 292.
Fradion (André), 265.
Franciscus, archiepisc. Narbon., 258.
Frebaudère (feodus de la), 10.
Freler, 213.
Frelon (Guillelmus), miles, 57, 58.
Fremillon (Jehan), 213.
Fremyet (Colin), 259.
Freslin (Johannes), 292.
Friches (Perre des), 315.
Frogerea (Benvenue), 175.
— (Colin), 175.
— (Guillaume), 175.
— (Katerine), f^e de G. Bellon, 175.
— (Perrot), 343.

Fromi, al. Formi (Jehan), 125, 183, 194, note de 241.
— (Margot), 248.
Fruscbard, al. Fruschart (André), note 193.
— (Colas), 335.
— (Colin), note 116.
— (Jehan), 335.
— (Marguerite), note de 335.
— (Nicolas), g^{de} du sc. de St-Gilles, 116.

Fruscheportère (la), *Fiche portière*, c$_e$ *de Vairé*. 335.
Fulcherius, abbas Orb., 1.
Furet (Benest), 153.
— (Colin), 248.
— (Martinus). 95.
G. decanus S^{ti} Laur. super Sep., 53.
— filius Aufre, 7.
— prior clem. Talm., 26.
— — de Nemore de Luco, 44.

G

Gabin (nemus de), c$_e$ *de Château d'Olonne*, 118.
Gabinère (la), c^e *de St-Gervais*, 163.
Gaborin (Petrus), 264.
— (Jehan), not. 309, 310, 313, 317, 334, 341.
Gaimard (Jean), ch^{er}, 293.
Galent (Aimery), note de 241.
Galer (Guillelmus), 309.
— (Nicolaus), 309.
— (Richart), 243.
— (tenement de), *sic pour Gisler sans doute*, 190.
Galernea, al. Galornea (Jehan), 236.
— (Perrot), 232.
Galocheas (Guillelmus), 15.
Galteri (Dionisius), rector de Castro Olone, 215.
Ganaspia, *la Garnache*, c^{on} *de Challans*, 39.
— (Petrus de), miles, 4, 5, 39.
Gandon (Jehan), 308.
Gandruchea (Jehan), p^{tre}, 259.
Garat (magister....), 74.
— (Katerine), f^e de J. Arnaut, 162.
Garde (la), c^e *de la Jonchère*, 279.
Gardin (Petrus), 59.
Gargnaut (Perrot), 335.
Garin, 122.
— (André), 293.
— (Symon), 335.

Garinellère (marais de), c^e *de l'Ile d'Olonne*, 295.
Garinère (la), c^e *de l'Ile d'Olonne*, 97, 106.
— (Joachim de la), 324.
— (Perre de la), 224, 245, 257.
Garnaudea (Jehan), note 217.
Garnier (Jacques), note 344.
Garniller (Michea), 120.
Garon de Lailhe, f^e de P. Morinea, 303.
Garrea (Perrot), note de 335.
Gaschet (Katerine), 220.
Gastine, c^e *de S$_{te}$-Foy*, 308.
— (Guyot de), valet, 179.
Gaston (Simon), 343.
Gaubart (Colas), 230.
Gaubretère (la), c^e *de Laudevieille*, 98, 144, 219.
— (Pierre de la), g^{de} du sc. de la Roche s. Yon, 246, note de 327.
Gaudetère (la), c^e *de la Chapelle-Achard*, 114.
Gaudichon (Perrot), 335.
Gaudin (Perre), 189.
Gaudinère (la), c^e *de Château d'Olonne*, 133.
— c^e *de St-Vincent-sur-Graon*, 138.
— (Colin de la), 108.
Gaufridus, filius G. Bertaut, 29.
Gaultier (Jehan), 330.
— (Jehanne), f^e de J. Percholle,

146.
Gauterie (la), ce des Lucs, 306.
Gauterius, i (Laurencius), not. 140, mon. Orb. 26.
Gauteron (Hileret), 220.
— (Jannot), 243, 244.
— (Jehan), 269, 283.
Gauvaign, al. Gauveign, 117.
— (Hugues), s^{gr} de Gastine, 335.
— (Margarite) f^e de P. de la Forest, 189, 224.
— (Phelipon), 200.
Gay (Giraut), 120.
Gaymard (Jean), g^{de} du sc. de la Roche s. Yon, note de 327.
— (Pernelle), 187.
Gelinea (Nicolas), p^r de la Jonchère, 282.
Gendron (Laurens), 333.
Generat (Johannes), 309.
Gentis (Colin), 232, 308.
Geoffrion (Guillaume), moine d'Orb., 265, prieur d'Orb., 270.
George (André de), moine d'Orb., 144.
Georgea (Perre), 153.
Germain (P.), 325.
Geruth, al. Normant (Jehan), 246, 253, 267.
— (Oliver), 267.
Gervais (Jehan), not^e 101, 123, 126.
Geser (Johannes), clericus, 89, 90.
Giffart (Jehan), 334.
Gilbert (Colas), 322.
— (Peraudus), 86.
Gilebertus, decanus Talem., 81, 87, 89.
Gilet (Perrot), 260.
Gilier (Denys), 268.
— (Jehan), 315.
Gillon (Guillaume), 116.
Gillot (essartus), c_e de Château d'Olonne, 44.
Girard, al. Girart, 335.
— (Aimery), clerc, 261.
— (Guillaume), 283.
— — g^{de} du sc. de la Roche s. Yon, 327.
— (Jehan), 164, 332.
— (Perre), 248.

— (Regnaud), ch^{er}, 335.
— s^{gr} de Rays, 212.
Girardea (Guillaume), 335.
Girardère (la), c^e de Ste-Foy, 308.
— c^e de St-Hilaire de Talmont, 144.
— (Thibaut de la), 206, 230, 239, 265.
Girardus, al. Girardi, custos sig. de Rocha sup. Oyon, note de 327.
— (Guillelmus), 11, 13, 14, 15, 21, 150.
Giraud, al. Giraut (Andreas), cler., 223.
— (Denis), 335.
— (Guillelmus), 150.
— (Johannes), 250.
— (Martin), 335.
— (P.), miles, 53.
— (Perrot), 168.
Giraudea (Loise), f^e de Boursaut, 313.
Giraudus, mon. Orb. 26.
Gisler, c^e d'Olonne, 213, 233, 243.
Glasco, en Ecosse, 300.
Glenerea (Maurice), 295.
Glorioses (les), c^u de Beauvoir-sur-Mer, 39.
Gobin, al. Gobins (Petrus), miles, 30, 35.
Gobinea (Guillaume), 184.
— (Jehan), 184.
Gobinère (la), c_e d'Olonne, 186.
Godart (Johannes), 124.
Godet (Colas), 295.
— (Jehan), 322.
— (Perrot), 326.
Godinet (Matheus), 250.
Goiset (Durant), 120.
Golart (Guillaume), ch^{er}, 186.
Gordea (Guillaume), s^r du Bexon, 335.
Goretel (Jo.), 9.
Gormanderia, c^e des Lucs, 43.
Gorradea (Thomas), 139.
Gorraudea (Guillaume), g^{de} du sceau du doyenné de Talm., 153.
Gorribon (Jehan), g^{de} du sceau du doyenné de Talm., 136.
Gouffer (Estiene), abbé d'Orb., 125.
V. Estienne.

— (Guillaume), p^tre, 125.
Goychonnère (la), c^e des Lucs, 306.
Goynea (Jehan), 249.
Goyz (Jehan de la), 295.
Grailleria, c^e de Jard, 31.
Grancha (G. de), miles, 53.
Grandet, 22.
— (Petrus), 71.
Grandetère (la), c_e de Château d'O-lonne, 4.
Grandseigneur (fief du), c^e d'Olonne, 233, 248.
Grange (la), al. les Granges, Grangia monachorum, c^e d'Olonne, 71, 233, 249.
Grangerea (Petrus), 113.
Granges (Gautier des), g^de du sceau de la R. sur Y., 94, 117.
Grangiis-Bloet (Martinus de), 13.
Graon (Guillaume), 96.
Grelaut (Jehan), clerc, 172.
Gremonnet (le pré), c^e de Vairé, 335.
Grenet (Jehan), 166.
Grenoch, en Écosse, 300.
Greste (Lucas de), sénéchal de Talm. 122.
Greve (Jehan de la), note de 335.
— (Pierre de la), 292.
Grolea (Estiene), 166.
— (Jehan), clerc, 166.
Groller (Hylère), f^e d'E. Bugeon, 214, 233.
Groseler, al. Grouseler (Colin), 176.
— (Jehan), 175.
Grox (Perre), 302.
Groye (la), al. les Groyes, c^e de St-Vincent-sur-Graon, 130, 131.
Gryau (Guillaume), p^tre, 274.
Guegnart (Johannes), 72.
Gueignardea (André), 295.
— (Jehan), 164, 295.
— (Jehanne) f^e de G. Forgea, 295.
— (Mathé), 243, 244.
— (Perrine), f de J. Peaut, 340.
— (Simon), 295, 340.
Gueignart (Guillaume), 267.
Guerri (Goffridus), 97.
Guido, episc. Lucion., 203.
— mon. Orb., 115.
— rector Cast. Olon., 145, 154.

— vicecom. Thoarc., 95, 97, 98, 99, 100, 101.
Guiemardis, uxor J. Geser, 89, 90.
Guilbaut (Jehan), 262.
— (Nicolas), 343.
Guillaume, abbé d'Orb., 258, 270, 275.
— duc d'Aquit., 1, 268.
Guillelmus, 3, 115.
— abbas Brol. Grol., 26, 31, 61.
— — Loci-Dei in Jardo. 51.
— — Malleon., 41.
— decanus Talm., 67, 69.
— episc. Lucion., 215.
— — Pictav., 3, 6.
— miles de Chastel Hairault, 20.
— senescalus de Perusio, 35.
— vicar. Marol., 73.
— vic. ger. dec. Talm., 140.
Guillemete, f^e de P. de Melle, 156.
Guillemin (Guillelmus), 221.
Guillochon (Vincent), 195.
Guillonnea (Stephanus), 135.
Guilloni (Johannes), 292.
Guilloton (Michea), 308.
Gniochet (Jehan), 333.
Guiot (Denys), 290.
Gumbault (Johannes), 142.
Guoguya (Maurice), 245.
Guoysilon dau Retail (Foucquetaut), 165.
Guy, v^te de Thouars, 71, 95, 96, 97, 98, 99, 100, 101, 103, 104, 132, 133, 202, 285.
Guy (Jehan dau), 213.
Guyart (Pierre), g^de du sc. de Font. 197.
Guybert (M.), 307.
Guybertea (Andreas), 67, 69.
— (Girardus), 67, 69.
Guymar (Jehan), chât. de Talm., 324, 328, 330, 341.
Guyet (molendinum), près Talmont, 49.
Guynement (Guillaume), note de 295, note 336.
— (Jehan), 192, 278.
Guyner (Herbert), 122.
Guyonet (Johannes), 145.
Guyonnère (la), c^e de Vairé, 242, 335.

Guyot (Jasme), 330.
Guyoti (Johannes), canon. Eduensis, 275.

Guyton (Gaufridus), 78.
— (Johanna), uxor G. de Bram, 78.

H

Hardi (Nicolas), not$_e$ 331, 338, 339, 342.
— (Perre), g^{de} du sc. de Talm., 108.
Harsendis, uxor G. Resion, 72.
Haye (Hervé de la), 122.
Hebert (Jehan), 343.
Helias, mon. Orb., 30, 44.
Helizabeth, 10.
Hennequin (André), p^{tre}, 247.
Herse (la), c^e de St-Vincent-sur-Graon, 130.
Hervetellus, al. Hervietellus (Johannes), not., 112, 124.
Hentaisse, f^e de P. Mareschaut, 190. V. Suretea.

Hillarie, f^e de S. Gueignardea, 340.
Hisvuert (Jehan), g^{de} du sc. de Font., 270.
Hodre (Petrus), 24.
Horris (Guillelmus), 23.
Huchelous (Jehan), not$_e$. 237.
Hugo, abbas Orb., 37, 38, 39, 44, 47, 58.
— filius G. Bertaut, 29.
— prior de Margnef, 26.
— vicecomes Thoarc., 155.
Hugues, bourgeois de Marans, 68.
Huguet, vicomte de Thouars, 152.
Huldricus, prior S. Philib. de Belveario, 28.
Hylère, mère de G. Parvadea, 116.

I

Illicus, al. Illicon (torrens), *ruisseau au N. d'Orbestier*, 1, 3, 4, 285.
Imbert (Nicolas), 305.
Isle Bernard (l'), c^e de St-Hilaire de Talmont, 172.

Isle-Chauvet (abbaye de l'), c^e de *Bois de Cené*, 163.
Isle d'Olonne, *l'Ile d'Olonne*, c^{on} *des Sables*, 71, 87, 239, 243, 285, 295, 340.

J

J. abbas Brolii Arb., 23.
— — Trizagii, 14.
— capellanus S^{ti} Michaelis, 30.
— mon. Orb., 30.
— papa, 16.
— prior Fontis Comitis, 15, 16.

Jacquea, 281.
— (Nathalis), p^r de Barra, 309.
— (Renaut), mon. Orb., 321.
Jadaleria, c^e *de Châtillon-sur-Sèvre*, 105.
Jadaus (Aymericus), 105.

— 553 —

— (Johannes), 105.
— (Nicholaus), 105.
— (Reginaldus), 105.
— Stephanus), 105.
Jaennet, 28.
Jamon (Estiene), note de 192, clerc, 261.
Janneteau (Perrot), 343.
Jaquellot (Jasmes), 196.
Jaquetère (la), c^e de Château d'O- lonne, 44.
Jardo (Guillelmus de), 52.
Jarroucelli (Symon), valetus, 115.
Jart, Jard, c^{on} de Talmont, 22, 39.
Jasme (Robert), g^{de} du sc. de la Roche sur Yon, note de 327.
Jau (Jehan), Lt de Château-Gaultier, 324.
Jehan (Nicolas), g^{de} du sc. de Talm., 95, 96, 97.
— XXII pape, 140, 155.
— XXIII — 292.
— v^{te} de Thouars, 107, 110, 11^1, 112, 113, 116, 118, 119, 120, 121, 124, 125, 128, 129, 131, 132, 133, 134, 142, 152, 154, 157, 194, 285.
Jehanne, femme de G. dau Broil, 70.
Jeudi (Jehan), note 271, 275.
Jobertea (Johannes), 223.
Jobion (Jean), g^{de} du sc. de la Ro- che s. Yon, note de 327.
Joceasme. V. Josseame.
Jocelins (H.), miles, 41.
Jodon (Huguet), not 176.
Jodouin (Mayngnart), 172.
Johanna, uxor G. de la Beretreère, 106.
— uxor G. Marchegays, 106.
— uxor N. Ferreyau, 118.
— uxor R. Sutoris, 141, 143.

Johanne, f^e de Jehan Archeron, 118.
— f^e d'Aymeri de St-Mars, 122.
Johannes, 52.
— abbas Loci-Dei in Jardo, 31.
— decanus Asian, 47.
— presb., 127.
— prior S^{ti} Lamberti, 13.
— rector Castri Olone, 101.
Joli (Jehan), 295.
Joliboys, 207.
Jolivet (Guillaume), 238.
Jon (Johannes du), prior S$_e$ Marie de Olona, 275.
Jonchère (la), c^{on} des Moutiers, 282.
Jonet (Jean), 273.
Josdon (Guillaume), 252.
Joslain (boisson et pratum), c^e de Château d'Olonne, 11, 16, 89, 90.
Josseame, al. Joceasme (Hugo), 112.
— (Jehan), chât. de Talm., 158.
— — ch^{er}, 169, 177.
Joudon, 99.
Joudouinus de la Roussière (Johan- nes), armiger, 292
Jouffrion (Guillaume), moine d'Orb. note de 230, note de 239. V. Geoffrion.
Jousdouin (Jean), note 273.
Jubaolina, al. Jubajolonia (meteeria) c^e de Châtillon-sur-Sèvre, 13, 27, 53.
Jugaere (marais de la), c^e de Beau- voir, 65.
Jugun (Goffridus de), miles, 19.
Juliene, fille d'H. Mosneer, 70.
Juliote (Theophania), 146.
Jumcher (cheintra dau), c^e de la Mothe-Achard, 161.
Juylli (Pierre), 234.

K

Katerine, f^e de M. Blanchart, 186.
— — J. Gaubaud, 100.
— — P. L'Abbé, 80.
— — J. Maurat, 163.
— — G. du Perche, 87.
— — A. Pesjotars, 68.

L

L. abbas Orb. V. Loys de Machecou.
— uxor G. Bertaut, 29.
L'Abbes, al. L'Abbé (Perre), 80.
— (Jean), note de 218.
La Bloye (Jehanne), 166.
La Douve, c⁰ de St-Vincent-sur-Graon, 221.
Laguillum, l'Aiguillon, c⁰ⁿ de Luçon, 27.
Lailler (Johanna), 63.
Lambert (Colin), 205.
— (Lucas), pᵗʳᵉ, 187.
— (Perrot), 233.
Landa vetus, Landevieille, c⁰ⁿ de St-Gilles, 94.
Lande (prieuré de la), la Lande en Beauchêne, c⁰ de Beauvoir, 65.
Lande chauve (prieuré de), c⁰ de la Chapelle Achard, 278.
Landetain, c⁰ de St-Sornin, 270.
Landricus mon. Orb. subprior. 8.
Laraon, c⁰ de St-Vincent-sur-Graon, 221.
Lasses (les), c⁰ de Beauvoir, 39.
Lathomus, al. Latomus (Clemens), V. Masson.
— (David), 146.
Launay (Guillaume de), valet, 181.
— (Guillot de), sergent, 177.
— (Valère), fᵉ de R. Le Vaillant, 273, 277, 281, 285.
Laurence (Guillemete), fᵉ de J. des Bancs, 249.
Laurencea (Aymeri), noteᵉ 117.
Laurens, noteᵉ 119, 121, 128, 138.
Lauretea, 71.
Laustumère, al. Lautumère, c⁰ de St-Hilaire de Talmont, 207, 223, 294, 315.
Laval (Johanne de). 207.
Lavenderie (la), al Lavandère, Lavanderia, à Talmont, 4, 71, 152, 213, 285.
— (Berthomé de la), 122.

Lavendier (Jamet), not, 265.
Laydet (André), clerc, 95, 96, 104.
— (Johannes), cleric., 48, 50, 55.
— (Stephanus), 292.
Layller (Nicholas), sen. de la Menrière, 212.
Layroux, Lerusium, Lairoux, c⁰ⁿ de Luçon, 250, 279.
Leau (Jehan), 331.
Le Barber (Guillelmus), 147.
Le Bat, al. Loubat (Philippe), cap. de Talm., 210, 211.
Lebaudère (fief de la), la Libaudière, c⁰ d'Olonne, 233.
Le Bessons (Hues), 68.
Le Blanc (Guillaume), 281, noteᵉ 293, 295, 301, 302, 303, 304, 305, 306, 308, 309, 313, 314, 318, 336.
Le Boscher (Guillaume), 181.
Le Boteler (Bernardus), miles, 41.
Le Bouscher (Guillaume), ecʳ d'écurie du roi, 300.
Le Breton (Daniel), 66.
— (Guillaume), 136.
— (Jehan), 116, 285.
— — de la Catuysère, 163.
— (Oliver), 108.
Le Charrum (Symon), 149.
Le Clerc (Hugues), 70, 133.
— (Jean), moine d'Orb., note de 239.
— (Simon), esʳ sʳ de Grandy, note de 335.
Le Comte (Perre), 56, 57, 58.
Le Cuers (Guillaume), 70.
Leffrei (Girardus), 16.
Leger (Jehan), 236.
Le Mosner (Guillot), 185.
— (Robin), 179, 185.
Lende (Colin de la), 163.
Le Pelleter de la Palluelère, 144.
Le Piquart (Guillemetus), 97.
Le Roux (Guillaume), 68.
— (Ludovicus), 298.

— 555 —

Le Saynère (Vincentius), 107.
Lescorce (Guillaume de), personne de Vieillevigne, 117.
Lesignen (Marguerite de), dame de la Cheze-le-Vte, 82, 83.
Lesin (Maurice), carme, 314.
Lessier (Girardus), 71.
Letart (Aimery), s^r de l'Ile-Bernard, 172.
— (Jehan), 272.
— (Perre), not^e, 174.
Letissea (Guillaume), clerc, 193.
— (Jehan), 162, 335.
— (Perre), 335.
Letrepays, c^e de St-Hilaire de Talm., 172.
Letring (pré de), c^e de Vairé, 335.
Leurre (Jehan), 287.
Le Vaillant (Raoulet), 273, 277, 281, 285.
Le Venor (Robinellus), 90.
Ley (le), le Lay, fl., 131.
Lezaio al. Lezcio (Guillelmus de), miles, 4, 5, 53.
Leziaco (Gosselinus de), dom. Talem., 1.
Leziniaco, al. Liziniaco (Goffridus de), miles, 3, 4. 5. V. Lesignen.
Ligonnère (marais de), c^e d'Olonne, 320.
Liret (Jehan), 335.
Lochet (Jehan), 254.
Loci-Dei in Jardo (abbates). V. A. Guillelmus, Johannes.
Lomelet, c$_e$ de Vairé, 335.
Longeville, Longavilla, c^{on} de Talmont, 34, 270.
Longin (Johannes), 147.

— (Vincentius), 147.
Lopin (Berthelot), 286.
Lorès (les), les Lauriers, c$_e$ de St-Cyr, 113.
Lorgère (Jehan de), 334.
Loubart (Guillaume), g^{de} du sc. de Font., 177.
Louer, al. Louher (Pierre), moine d'Orb., 270, 281, 291, 294, 296, 297.
Louzaière, c^e de Vairé, note de 335.
Louzinet (vigne de), c^e de Vairé, 335.
Loys, abbé d'Orb. V. Loys de Machecou.
Loys, c^{te} de Dreux, v^{te} de Thouars, 138, 157, 159, 161, 164, 165, 166, 167, 168, 169, 172, 174, 175, 177, 178, 179, 181, 182, 183, 184, 185, 187, 188, 189, 190, 191, 193, 194, 195, 196, 199, 200, 202, 204, 207, 210, 211, 214, 285.
Lozet (le), vigne, c$_e$ de St-Vincent-sur-Jart, 66, 227, 232.
Luc (le), Lucus, les Lucs, c^{on} du Poiré, 18, 306.
Lucas (Robert), not^e, 278, 292.
— (Jehan), 328.
Luçay (Nicolas de), clerc, 176.
— (Perre de), clerc, 176.
Lucaze, 101.
Luco (Girbaudus de), 23.
Lussay (Perrot de), 270.
— (Jehan de), p^r de la Saimbrandière, 298.

M

M. abbas Orb., 14.
— episc. Pictav., 12.
— prior Orb., 7.
Mable, 97.
Macaire, al. Machayre (Jehan), sen.

de Poiroux, 317, 330; sen. de Talm., 341, 344.
Macé (Perre), recev. de Talm., 222, 227, 232, 270.
— (marais), 280.

Mache (Nicolaus), presb., 147.
Machecolio (Radulphus de), 21.
Machecou, al. Machecoul, Machecol, Machecolium, *Loire-Inférieure*, 81.
— (Loys de), abbé d'Orb., note de 218, 309, 310, note de 310, 311, jadis abbé de Boisgrol., 312, 313, 321, 322, 326, 328, 330, 335, 338, 344.
Magneyo (priorat. S. Catherine de), *diocèse de Saintes*, 298.
Magnis, Maignis, Magnilli, *les Magnils-Reigniers*, c^{on} de Luçon, 37, 250, 279.
Mahaut, 234.
Mahé, 156.
Maignis (André des), 279.
Maillet (Jehan), 229.
Maistre (Amorry), 335.
Malet (Nicolas), 153.
Maligner (Jehan), 331.
Malo-Leone, al. Malleone, Malleonio (de). V. Mauléon.
Malore (Denys), 164.
— (Jehan), 164.
Mangaudea (Perrin), 120.
Mangeionnère (la), c^e *de Vairé*, 335.
Mannelet (Jehan), 172.
Mans (Stephanus dau), 9.
Marboellus (Petrus), clericus, 49.
Marchaucie, c_e *de Beauvoir*, 65.
Marchent, al. Marchand, Marchant (Etienne), p^{tre}, 204.
— (Hylère), 233.
— (Jehan), 212, 248, 297, 309, 334.
— (Loys), 297.
— (Nicholas), 248, 277, 334.
— (Thomas), p^{tre}, 209, note, 334, 338, 339.
Marchegays (Gaufridus), 106.
— (Thomas), 106.
Marches Bran, c^e *d'Olonne*, 173.
Marchesie (la), c^e *de Bretignolles*, 116.
Marcheys (Guillelmus), miles, 26.
Marchieul, al. Marchioil, Marchiol, Marchiolum, c_e *de St-Cyr*, 5, 25, 26, 59, 137, 317.

Marescali (Colinus), 150.
Mareschaut (Perrot), suyre, 183, 190, 213, 214, 229, 233, 236.
Maresqoiht (Guillelmus), 10.
Margarite, f^e de G. Achard, 163, 178, 188.
— f^e de H. de Thouars, 39.
Margné, Margnez, Mareigné, Marigné, Margneium, Margnef, Mariuniacum, c_e *de St-Vincent-sur-Graon*, 5, 95, 96, 104, 113, 130, 131, 153, 174, 199, 221, 317.
Margnez (Aymericus de), 130.
Marguerite, f^e de Guy, vicomte de Thouars, 133.
Marie, f^e de Jehan Boissea, 65, 81.
Marionnea (Hemeri), 263.
— (Henri), 310, 313.
— (paleis), *à Talmont*, 108.
Marrelea (Perres), moine de Talm., 209.
Marsay (Gervasius), 109.
Marsiroth (la peirère), c^e *de Curzon*, 57, 58.
Martha, 28.
Martin (Colas), 333.
— (Guillaume), clerc, 171, 173.
— (Jehan), not^e, 144, — 225, 226, clerc, 171, 173, 195, 197, — 335.
— (Perre), g^{de} du sc. de Font., 144.
Martine, f^e de J. de Melle, 170.
Martinère (la), c_e *d'Olonne*, 233.
Martinus, abbas Orb., 15.
— prior Orb., 8, 9.
Martroys (fief de), c^e *d'Olonne*, 283.
Marzele (feodus de la), c_e *de St-Cyr*, 5.
Massé (Jehan), g^{de} du sc. de la Roche-sur-Yon, 267.
— (Johannes), 309.
— (Jouffroy), ch^{er}, 177.
Masson (Clément), not^e, 210.
— (Charlot), not^e, 211.
— (Jehan), 212, 335.
Massonea (Micheau), 237.
Mauffaiz (marais), c^e *de Beauvoir*, 307.

Maugars, 91.
— (Jehan), 121.
— (Pierre), p^{tre}, 218.
Mauleon, Malleonium, *Châtillon-sur-Sèvre (Deux-Sèvres)*, 53.
— (Guillaume de), 7, 11, 15, 16. 17, 18, 21, 23, 27, 53, 285.
— (Savary de), 11, 13, 16, 27, 32, 33, 36, 38, 41, 42, 43, 53, 71, 79, 90, 132, 285.
— (Raoul de), 3, 4, 5, 7, 11, 13, 15, 285
Maulevrer (R. de), miles, 53.
Maupertuis, al. Mault Pertuis, Malum Pertusum, Malum Pertuisum, c^e *de Château d'Olonne*, 11, 16, 71, 144.
— c$_e$ *de Châtillon-sur-Sèvre*, 13, 53.
— c$_e$ *des Lucs*, 18, 43.
Maupunayre (vince de), c^e *de St-Vincent-sur-Graon*, 5.
Maurat, al. Maurapt, Maurrat (Jehan), 162, 163.
— (Marie), f^e de J. Cruyon, 282.
— (Perrot), 233.
Maurca (Helias de), mon. Orb., 20.
Maurie (Amicia de), domicella, 210.
Manservens (Stephanus), al. Maulservent (Estiene), custos sigilli de Curzonio, 131, 138.
Maussion (Jehan), 269.
Mauvaiz (marcsium), c^e *de Beauvoir*, 28.
Mauvertea (Jehan), 271, sen. de Beauvoir, 307.
Mauvesin, al. Mauvesins (Jehanne), f$_e$ de G. Payn, 338, 339.
Maygnant (Johannes), 150.
Maynardus, al. Mainnardi (Johannes), not., 298.
Maynère (la), c^e *de St-Sornin*, 270.
Maynnard, al. Maynnart (André), 265.
— (Guillaume), 265.
— (Catherine), f^a de G. Caillonnea, 265.
Mayteron (Guillaume), 191.
Mazia (Guillaume), 120.
— (Thomas), 120.
Mée, al. Mehé, Mebée (Berthomé), 108, 120.

— (Johannes), 292.
— (Nicolas), not^c, 344
Meignen (Nicolas), sén. des Essarts, note de 218.
Melle (les), c^e *de Château d'Olonne*, 334.
Melle, al. Melles (Jehan de), 156, 169, 170
— (Michea de), 156.
— (Perrot de), 156.
— (Raoul de), 156.
Mellca (Denys), 260.
Mellet (Andreas), 113.
Menot (Estienne), 207.
Menrrière (la), c^e *de Vairé*, 19, 212, 336.
Menuyea (Jehan), clerc, 238.
Merri (Jehan), 235.
Merser (Johannes), 309.
Meschin, 122.
— (Guillaume), 167.
Meschinot (Petrus), miles, 2, 34, 45.
Mesnager, 330.
— (Guillaume), 215, not^e, 179, 185.
— (Perrot), 343.
— (Robert), 185.
Mestoyer, al. Mestaier (Colas), 247, 252.
— (Guillaume), p^{tre}, 165, curé de la Mothe-Achard, 192.
— — dit Jacquelot, 273.
— (James), 181.
— (Jehan), dit Charlot, 213.
— — not^e, 318, 331, 333.
— (Loys), dit Jaquelot, 273.
— (Maurice), 333, note de 333.
— (Michea), 177.
— (Nicolas), p^{tre}, 277, not^e, 281.
— (Perrot), 225.
— (Phelippon), 144.
Mesure de Brandoys, 98, 193, 238, 260, 261, 335, 344.
— de la Chaize-Giraud, 144.
— de Luçon, 127, 279.
— de la Mothe-Achard, 136, 162, 215, 228, 293.
— des Moutiers-les-Mauxfaits, 57.
— d'Olonne, 100, 142, 177, 254.
— de Talmont, 55, 172, 217, 237, 240, 242, 262, 313.

Meteère (Guillemete), f^e de G. de Launay, 181.
Meteerea (Jeoffroy), moine, 170.
Meules (Guillaume de), s^r de St-Sornin, 270, 272.
— (Meulet de), 270.
Meynete (la), c^e de *Château d'Olonne*, 101.
Michael, mon. Orb., 30.
— prior Orb., 29, 44.
Michea....., g^{de} du sc. de Talm., 174.
Milcendea (Nicolas), note de 335.
— (André), 291.
Millon (Jehan), g^{de} du sc. de St-Gile-sur-Vie, 237, 238.
Mirebea (Jehan de), valet, 177.
Mogetellus (Johannes), not., 106.
Molers (Guillelmus), 64.
Mollope (Johannes), cleric, 259.
Monbail, al. Montbail, c^e *de Vairé*, 149.
— (Jehan de), s^r de Vairé, 74, 75, 94, 117, 126, 129, 200.
Monecr, al. Mosner, Mosneer, Mousner (Aymeri), 68.
— (Eudes), 70.
— (Hileres), 70.
— (Hugo), mon. Orb., 309.
— (Jehan), 308, 335.
— (Jehanne), 308.
— (Martin), 70.
Monerea (Jehan), al. Monerelli (Johannes), g^{de} du sceau de Curzon, 113, 121, 128.
Mons Acutus, *Montaigu (Vendée)*, 39.
Montasner (Foucquaut de), 335.
Montaufueil (Jacques de), 335.
Montloys (Nicolas de), cap^e de Talm., 330.
Montouselle (Perrenelle), 213.
Moraut (Colin), 259.
Morcheynie (Marguerite), 271.
Morea, al. Moreas (André), moine d'Orb., 68.
— (Jehan), note, 136, 237.
— — de la Canctère, 120.
— (Nicolas), 279.
Morelli (Eutachius), 292.
Moricea (Johannes), 164.
Moricet (Johannes), prior de Saimbrauderia, 309, 313.
Moriçon, V. Morisson.
Morillon (Colas), 325.
— (Huguet), 144.
— (Jehan), 184.
Morin (André), 335.
— (Johannes), 292.
Morinea (Perrot), 303.
— (Denyse), f^e de C. Mestoyer, 247.
Morisset (Jehan), 335.
Morisson, al. Moriçon, 233.
— (Guiote), 251.
— (Hugo), 98.
— (Jehan), 200, 219.
Moroil (Perre), 342.
Mota, al. Motha (Guillelmus de), dom. de Motha, 11, 20, 21, 22, 23, 27, 53.
— (Aymericus de), 22.
Motct (Guillelmus), not., 159.
Motey (maresium de), *le Motay*, c^e de St-Vincent-sur-Graon, 138.
Mothe-Achard (la), Motha Achardi, *(Vendée)*, 291, 318, 319, 320. 335.
Mouchet (Guillelmus), 292.
— (Simonne), 292.
Moues (Jean de), archiprêtre de Mauzé, 68.
Moulin-Neuf, c^e *de Vairé*, 148, 335.
Mouraut (Nicholaus), clericus, 259.
Mouche Noyre (vigne de), c^e *de Vairé*, 335.
Moustaing (Jehan de), not^e, 214, al. Mostaing, 225, 226, 229, 233, 236, 239, g^{de} du sc. d'Olonne, 248, 254.
Moutiers les Maufaiz *(Vendée)*, 259.
Moyreau (Helyes), 335.
Moysi (Petrus), vicarius Talem., 49.
Muce (la), *évêché de Nantes*, 292.
— (Guillaume de la), s^r de la Chaize-Giraud, note de 310.
— (Jehan), s^r d'Aubigné, 344.
Multorum (Stephanus), 292.
Mus (Philippus), mon., 28.
Mynet, 335.

N

Nathalis (Johannes), custos sigilli de Fonteniaco, 115.
Nantoys (Vincent), 225.
Negretea (Estiene), 164.
Nepotis (G.), not., 167, 168.
Nerbonea (Agayce), 96.
— (Guillemet), 96.
Nicholas (Loys), 335.
Nicolas, abbé d'Orb., note de 218, 219, 223, 227, 230, 239, 275, 293, 294.
Nicolaus, cardinalis, 321.
Nicquant (Stephanus), 113.
Niortum, *Niort (Deux-Sèvres)*, 36.
Noblet (Petrus), 76.
Noes (Margarite des), f^e de G. Achart, 188.
Normandea (Guillelmus), valetus, 98, 165.
Normandellère (la), c^e *de Bretignolles*, 116.
Normanni, al. Normant (Gaufridus), 69.
— (Guillelmus) 67, 69, p^r de Margneyo, 221.

— (Johannes), 69.
Nosère, al. Nozère (la), al. l'Eschásserie, *la Nozière*, c^e *de la Jonchère*, 245, 246, 267.
Noviron, al. Nobiron (Guillaume), 335.
— (Jannin), 335.
— (Denis), note de 335.
Noyraud, al. Noyraut (Jehan), g^{de} du sc. de Font., 210, 211.
Noyron (Symon), presb., 216.
Nya (Colin), 252.
— (Perrot), 252, note de 295.
— (Jehan), 319, 340.
Nyoil, al. Nyol, Nyeul, Nyeuil (André d'), p^{tre}, 187.
— (G. de), senesc. Per., 34.
— (Guillaume de), 187.
— (Jehan de), s^r de la Sanzinère, 187.
— (Perre de), s^r de la Saminère, 237, 238, 240, 242, 245, 246, 253, 257, 259, 260, 261, 264, 267.

O

O. abbas Morolie, 14.
Oeit (M.), clericus, 28
Oger (Guillaume), 138.
— (Typhaine), 138.
Ogier (prés), c^e *de Château d'Olonne*, 1, 4, 285.
Olive, fille de J. Maurat, 163.
Oliver (Florance), 187.
— (Guillaume), 262.
Oliverea (Denys), 318, 320.
— (Perrot), 269.
Olmes, c^e *de St-Martin de Bram*, 238.

Olonne, Olone, Olona : c^{on} *des Sables*, 1, 4, 23, 31, 42, 52, 71, 80, 87, 173, 183, 213, 225, 226, 247, 248, 249, 285, 322, 332, 335.
— (aumônerie d'), 248.
— (Notre-Dame d'), 233, 243.
— (S$_{te}$-Croix d'), 225, 226.
Orbestier, Orbester, Orbeterium, Orbisterium, c^e *de Château d'Olonne* (abbés d'). V. A., Audeber, André de Bercoire, Briencius, Estiene, Etienne Gouffer., Ful-

cherius, H. Hugo, M., Martinus, Nicolas, Perre, Stephanus.
— (forêt d'), 1, 3, 4, 21, 71, 154, 256, 285, 341.
— (prieurs d'). V. André, M., Martinus, Michael.
— (sous-prieur d'). V. Landricus.
Orgrez, al. Orgies (champs), c^e d'Olonne, 213, 233.
Orguier, al. Orguen, 71.
Oriaz (Jehan), al. Peloux, 226.
Orriet (Jehan), 136.
Orson (Guillelmus), mon. Orb., 140.
Otho, imperator Romanorum, 16
Oubuygné (Colin d'), clerc, 196.
Ouzance (l'), l'*Ausance riv.*, 335.
Oynt (Johannes), clericus, 259.

P

P. abbas Brol. Grol., 14.
— capellanus de Bernardo, 12.
— — de Grosso Brolio, 46.
— vicar. Talm., 48.
Pagas (Guillelmus), 77.
Paillisson (Stephanus), 221.
Pairot, al. Peirot, Perot, Perrot. V. Peiraud.
Palet (Jehan), curé de l'Ile d'Olonne, 340.
Pallasère (la), la Palère, c^e de la *Mothe-Achard*, 22.
Paluya, Paludellum, Palluau *(Vendée)*, 39, 216.
Palluz (le), c^e de *Vairé*, note de 335.
Papin (feodus), c_e de *Château d'Olonne*, 11, 16.
Papinea (Colas), 330.
Papinère (la), c^e de *Château d'Olonne*, 31.
Papins (Guillelmus), 44.
Parère (Berthomé), not^e, 206.
— (Jehan), 104, 318.
Parissotus, 99.
Parote (Johanna), 148.
Parvadea (Guillaume), 116, 140, 159.
— (Jehan), 116.
— (Nicolas), 140, 149, 157, 159
Pas (le), c^e de *Vairé*, 335.
— (Colas du), 335.
Pascaud, al. Pasquaut (Johannes), 309.
— (Nicolas), moine d'Orb., 265, 270.
— (Perrot), 248, 251.
Pasquier (Thomas), 251.
Patras (Jehan), clerc, 172.
Pataud (Johanne), f^e de G. Bersuyre, 195.
Paumerea, castellanus de Cursonio, 104.
Payn, al. Poyn (François), moine d'Orb., 338, 339.
— (Guillaume), 338.
— (Petrus), 148.
Peach (Robert), 316.
Peaut (Jehan), 340.
Peillaut (Perrot), 231.
Peiraud, al. Peiraut, Perot, Perrot, Pairot, Peirot, Perraud, Perraut, (Colas), 301.
— (Colin), 265.
— (Etienne), 306.
— (Jeannin), 301.
— (Jehan), note de 218, 303, 309, moine d'Orb., note de 310, 332.
— (Mathurin), 233, 248.
— (Pascaud), 322.
— (Perinon), 269.
— (Regnaud), 233.
— (Thomas), moine d'Orb., 297, 313, note de 313, 317.
Peiraudea (Michea), 306.
Peiraudère (la), c^e *des Lucs*, 306.
Pelerin, 144, 335.
Pellé (Guillaume), 166.
Pelleparius (G.), 7.
Pellevesin (Jehan de), cher, 177.
Penart, al. Pennart (Mathurin), 313, 335.

Penoton (Perrot), 246, 267.
Perata (R. de), abbas Talem., 27.
Perchatère (la), c° de St-Vincent-sur-Graon, 138.
Perche (Guillelmus du), clericus, 87.
Percholle (Johannes), sutor, 146.
Peret (Guillelmus), clericus, 109.
Pernelle, f° de N. Suretea, 214.
— v_t^{esse} de Thouars, 268, 316.
Perno (Jehan), 302.
Perochon (Guillaume), 171.
Perre, abbé d'Orb., 137, 141, 144, 146, 152, 165, 173, 174, 200.
Perraud, al. Perraut, V. Peiraud.
Peschete (Colas), 284.
Peschin (Guillaume), note de 335.
Pesjotars (Aymeris), 68.
Petit, 282.
Petronilla, filia P. Noblet, 76.
— uxor G. Civalon, 221.
— — J. Normanni, 69.
— — P. de Roca Mortuo, 49.
Petrot (Jannyn), note de 333.
— (Simon), note de 333.
— (Thomas), note de 333.
Petrus, abbas Orb., 55.
— episc. Lucion., 130. 143.
Peytevinère (Petrus de la), 75.
Philippus, episc. Pictav., 34.
— filius G. Bertaut, 29.
— meditarius, 101.
Picardus (Johannes), 58.
Pichenit (Jehan), 162.
Pictavenses (episc.), V. Galterius, Guillelmus, M., Philippus.
Pictavensis (Gaufridus), miles, 16.
Pictavini (Girardus), mon. Orb., 140.
Pieplat (Jehan), 330.
Pignaut (Nicholaus), 112.
Pilatron (Jehan), sergent, 333, note de 333.
Pileron (Jehan), moine d'Orb., 270.
Pilet (P.), presb., 16.
Piletère (la), al. fief Couard de la Guyonnère, c° de Vairé, 335.
Pinea (Jehan), 191.
Pinelère (la g^{de}), c° de Talmont, 251.

Pinu (P. de), 11.
Pirart (Jehan), 279.
Pironère (la), al. Pironère, Pironeria, c^e de Château d'Olonne, 4, 16, 31, 44, 202, 210, 211, 285.
Piruns (Giraudus), 9.
Pischaut (Estiene), 167.
Places (les), marais, c^e d'Olonne, 194.
Planche (pré de la), c° d'Olonne, 225.
— (doit de la), c^e d'Olonne, 330.
Plante (la grande), c^e de Vairé, 335.
— (la petite), c_e de Vairé, 335.
— (la), des clers, c^e de Curzon, 296.
Plantens (le fief du), c° de Vairé, 335.
Planteys (le), c_e de Vairé, 335.
Plantiva, uxor G. Roteron, 86.
Plessis (Huteusse du), d^{elle}, 335.
Plessis-Jousselin (le), c° de la Chapelle-Achard, note de 335.
Podio-Medio (Guillemus de), miles, 64.
Podium-Altum, al. Poyaut, Péault, c^{on} de Mareuil, 250, 279.
Podium de Calma, c° de St-Vincent-sur-Graon, 1.
Pointlane (Jehan), clerc, 103.
Poitevin, al. Poytevin, Poictevin (Guillaume), 192.
— (Jehan), 114, 137, note de 192.
Poiroux, Perusium, c^{on} de Talmont. 5, 20, 24, 27, 35, 53, 317.
Poiz (pré do), c_e de St-Vincent-sur-Graon, 153.
Poizé (pré du), c° de Vairé, 335.
Polaiz (le pré du), près les Sables, 271.
Pommer (Guillaume), 304.
Pont dau Bouffrayt (le), c^e de Château d'Olonne, 133.
Pont Chaslon, c_e de Vairé, 335.
Pont Chertemps, le pont Charretau, c d'Olonne, 173.
Pontereau (le), Ponterellus, c^e de St-Cyr, 5, 104.
Pont-Estiene (nouhe du), c^e de Château d'Olonne, 330.

Pont Loay (Jehan du), 271.
Pont de Vie (Jehan de), p^r de Fontaynnes, 209.
Ponte Vite (Guillelmus de), not., 215.
Popetère (la), c^e d'Olonne, 220.
Porchet, al. Porcher, c^e de la Chapelle-Achard, 192, note de 192.
Porcher, al. Pourcher (Denys), 145, 156.
— (Jehan), 277.
Porjure (Johanna de), uxor G. dau Doit, 161.
Porphirius, vices gerens decan. Tal., 45.
Porta (Johannes de), 71.
Porteau-Chevalier (le), c^e de la Mothe-Achard, 291.
Porteclie, dominus Mausec, 20.
Portepain (Guillaume), 119.
Portjuré, Portus juratus, limite des c^{es} de Château d'Olonne et de St-Hilaire de Talmont, 3, 4, 5, 89, 90, 285.
Port-la-Claye (le), Portu de Cleya, c^e de Curzon, 5, 57, 58, 127.

Potart (Stephanus), 127.
Potuyau (Jean), note de 239.
Pourbail (Guillaume de), L^t g^{al} du bailly de Tour., 286.
Poyaut, V. Podium-Altum.
Poyzé (pré du), c^e de Vairé, 335.
Pré de l'Etang, c^e de Vairé, 335.
Preost (Willelmus), 14.
Prevost, al. Prepositus. Prepositi (Etienne), 297, 324, 330.
— (Hugues), g^{de} du sc. de St-Gilles, 264, 265.
— (Jehan), 259, 292, 295, 309.
— (Loys), 191.
— (Perrot), 295, 330.
Prevostea (Johannes), 101.
Primaut, al. Primaudi (Hugo), mil., 11, 24, 27.
Proust (Guillaume), 192.
Puteis (la nohe du), c^e de Château d'Olonne, 330.
Puy du Foul (Jehan du), ch^{er}, 316.
— (Pierre du), 324, 335.
Puyminait (Jehan de), 281.

Q

Quarteron (Nicolas), not^e, 267.
Quercus Croulx, c^o de Château d'Olonne, 1, 4.
Quetier (Perrinet), note de 271.

Queyre (Johannes), 309.
Quiefdeville (Guillaume de), m^{tre} des requêtes, 300.

R

R. canonicus Loci-Dei in Jardo, 26.
— episc. Lucion., 154.
Rabandeys (fief de), c^e de Landevieille, 162.
Rabarea (Guillaume), 206.
Rabateau (Jehan), p^{dt} de la cour des comptes, 299, 315.
Rabea (Guillaume), 110.

Raberz (Petrus), 26.
Racede (Perrot), 190.
Radulphus, prior Borgeneti, 8.
— abbas Talem., 21, 23.
— capellanus, 21.
— capellanus de Bealoc, 29.
Raes (Arcoitus de), 19.
— (Garsirius de), 19.

Raginaldus, decanus Talem., 57,58.
Ragodi (André), not_e, 283.
Ragot (G.), 7.
Rainulphus, Ranulphus, Ranulphi, V. Renou.
Raiole (Guy), prieur de l'aumônerie d'Olonne, 170.
Raiolea (Hugo), presb., 150.
Ralère (Jehan de la), 183.
Ranulphus (Jacobus), mon., 259.
Raolère (la), 80. V. Raoulère.
Raolinus, filius S. de Malo Leone, 38.
Raoul, abbé de l'Ile-Chauvet, 88.
— (Jehan), 266.
Raoulea (Charles), moine d'Orb., note de 310, 330, 332, 336, 344.
Raoulère (la), *la Roulière*, c^e d'Olonne, 152, 175, 269, note de 280.
Raquaudère (la), c^e *de St-Hilaire de Talmont*, 223.
Rasclet, al. Raclet, Racleti (Aymeri), 192.
— (Briencius), 63.
— (Denys), abbé de Talm., 209.
— (Morice), es^r, 209.
Rayffe, al. Raiffe, Reffe (Jehan du), 166.
— (Guillaume dau), 142.
— (M. du), 332.
— (Petrus dau), cler., 142.
— (Thomas du), 251.
Raymbaudère (la), c^e *de la Mothe-Achart*, 161.
Raymond (Johanne), f^o de S. Auger, 138, 174.
— (Johannes), 259.
— (Pernelle), 174.
Ré, *Ile de Rhé (Charente-Inférieure)*, 36.
Reau (le pré), *près les Sables*, 271.
Rebillart, al. Robeillard (Colas), 335.
Reboulère (marais de), c^e d'Olonne, 318: 319.
Regis, al. Roy (Philippus), not., 131, 153.
Regnaud, al. Regnaut (Guillaume), 183.

— (Jacques), 318, 319.
— (Jehan), 282.
— (Pernelle), f_e de J. Baudet, 183.
Reignart (Michael), 93.
Reinardus, venator, 11.
Reinaud (Denis), 335.
Reissium, miles, 27.
Reneiz (J. des), 23.
Renou, al. Ranulphus, i, Rainulphus (Jehan), 248, 254.
— (Nicolae), not^e, 118, 129, 135, 139, 140, 142, 144, 149, 150, 155, 156, 162, 170, 171, 173.
Rennoul (Robert), châtell. des Essarts, 180.
Requeire (le), c^e *d'Olonne*, 213.
Requien, al. Requain (J.), 287, 288, 289, 290.
— (Jacques), 343.
— (Jehan), 223, 276, 316, — chât. de Talm., — 303, g^d du sc. de Talm., 253, 260, 262, — not_e, 294.
— (Maurice), 213, 233.
Resion (Guillelmus), valetus, 72.
Reynca (Johannes), 130.
Riacum, *Riez, c^{on} de St-Gilles*, 24.
Rialenus, miles, 19.
Ricardus, dux Aquitaniæ, 256, 268.
Richard, duc d'Aq., 285.
Richard, al. Richart, Richardus, c^{te} d'Estampes, note de 218.
— c^{te} de Poitou, 3, 4, 5, 31, 317.
— (Colin), 184.
— (Guillaume), 206.
— (Guillelmus), vices ger. dec. Talm., 146.
— (Pierre), not^e, 197.
Riffe Bretin (le), c^e *de Château d'Olonne*, 276.
Riolea (Colas), 306.
Rison (Denis de), ch_e^r, 199.
Rivart (Guillaume), 213.
River, 335.
Rivère (vigne de la), c^e *de Vairé*, 335.
Riverea (Colin), 171, 178.
Rivolea, al. Rivolellus (Petrus), 292.
Robelin (Mahé), 144.
Robert (Guillaume), 110, 228, 248.
— (Jasme), g^{de} du sc. de la Roche-sur-Yon, 163, 170, 171, 173.

— (Jehan), 120, 284.
— (Jocelin), 228.
— (Perrot), 228.
Robertus, decanus Talem., 64.
Robin (Guillaume), p^{t e}, 318, 319, 320.
— (Pierre), 241.
Robinea (Jehan), 200.
— (Nicolas), sen. de la Mot. Ach., 192.
Robinete (la), *près Port-Juré*, 89, 90.
Robinus (Arnaldus), not., 148.
Roca, al. Rocha super Oyum, la Roche-sur-Yon *(Vendée)*, 17, 18.
Roca (G. de), 41.
Roca Mortuo (Petrus de), 49.
Roche (Jehan de), clerc, 331.
Rochelle (la), Rupella *(Charente-Inférieure)*, note de 280, 298, 300.
Rocher (Johannes), not., 147.
— (Nicolaus), 106.
Roeteys (G. de), miles, 41.
Rogerius (magister), 89.
Roguerone (veuve), f^e de P. Pascaud, 251.
Roigné [N.], 280.
Roignier [Hemon], trésorier des guerres, 300.
Rolend [Jehan], 314.
Rondea [Catherine], f^e de G. Peschin, note de 335.
— [Jehan], 278.
— [Philippe], f^e de M..., note de 335.
Rondellay, c^e *de Château d'Olonne*, 229.
Rondert [Petrus], 100.
Roque [Guillelmus], valetus, 142.
Rortea [Jehan], 233.
Rosse [maresium de], c_e *d'Olonne*, 14, 61.
Rossea [Perre], 80.
Roteron [Guillelmus], burgensis, 86.
Rou [Mattheus de] castellanus de Roca sup. Oyum, 74.
Rouffin [Pierre], not^e, 216.
Rouillon, al. Roillon [Jehan], 319, 320.

— [Martin], g^{de} du sc. de Chât. d'Ol., 225, 226, 230, 231, 233.
— [Petrus], not., 161.
Rouilly [le fief], c_e *de Vairé*, 335.
Rouleau [Charles]. V. Raoulea.
Roulière [la]. V. Raoulère.
Rousea [le], c^e *de Château d'Olonne*, 314.
— [Guillaume], 307.
Roussea [Guillaume], 138.
— [Hyleret], 248.
— [Jehan], 110.
— [Perre], note, 266.
— [Thomas], 164.
Roussellea [Jehan], 335.
Rousselot [Étienne], note 244, 253, 260, 261, 262, 282.
Roussères [marais des], c^e *d'Olonne*, 125, 194.
Rousset [Jehan], 266.
Roussetea, al. Roussetelli [Jehan], not_e, 264.
— — s^r de la Byllère, 260, 261, 263
— [Nicolaus], 292.
— (P.), note, 189.
Routi (Perrot), 283.
Rouxellea (Etienne), 335.
Rouxeville (made de), d^e de Rays, 274.
Roy, V. Regis (Jehan), 110, 314.
— (Lucas), note de 333, 343.
— (Perrot), 269.
Royllère (de la), 167.
Royrand (Hilère), 335.
— (Jehan, p^{tre}, 236, — sen. de Talm. 222, 224, 228, 231, 251.
— (Perre), note de 271, 319, 320.
— sen. de la Moth. Ach., 291, 293, 294, — chât. de Talm., 296, — chât. d'Ol., 297, — sen. de Talm., 305.
Rudea (Martin), 196, 201.
Rudelère (la), c^e *de Château d'Olonne*, 333.
Ruffi, al. Ruffus (Arbertus), 3.
— (Guillelmus), 52.
Ruffin (Nicolas), moine d'Orb., 252, 255, 265, 270, 272, p^r d'Orb., 277, 278, 281, prieur 313, note de 313.

S

Sablère (la), *vigne dans le fief de Champcloux*, 25, 26, 112.
Sables d'Olonne (les), Sabula Olone al. de Portu Olone *(Vendée)*, 16, 76, 86, 243, 304, 315, 322.
Saildebroil, 6.
St Benoit, al. St Benest, S^tus Benedictus, S^tus Benedictus de Angliis, *St-Benoît-sur-Mer*, c^on *des Moûtiers*, 1, 34, 62, 91, 137, 281, 311.
St Cyre, S^tus Ciricus, *St-Cyr en Talmondais*, c^on *des Moutiers*, 57, 58, 64.
St Denis (Jehan de), g^de du sceau de Curzon, 110, 119.
St Esprit de Thalemond (confrérie du), 120.
St Germain (Guillaume de), es^r, 169.
St Mars (Aymeri de), 122.
St Sornin, c^on *des Moutiers*, 270.
St Vincent (Bartholomé de), 301.
St Vincent sur Graon, S^tus Vincentius super Grahon, c^on *des Moutiers*, 1, 48, 95, 130, 174.
St Vincent sur Jard, c^on de *Talmont*, 316.
Ste Croix de Talmont (abbaye de), 225, 251.
Ste Flayve, al. Sta Flavia (Guillaume de), miles, 18.
— (Guyart de), s^r de la Combe, note de 335.
Ste Foy, c^on *des Sables*, 305, 308.
Ste Sole, Ste *Soule, en Aunis*, 68, 70.
Salbeuf c^e de *St-Hilaire de Talmont*, 315.
Sale (Ferrant de la), valet, 177.
Salebeuf, al. Sallebeuf (Guillaume), 205, 207, 222, 223, 226, 232.
Salemont (Johannes), 72.
Salerea (Aymeri), 138.
Salle le Roy (la), *aula domini Ricardi*, c^o de *St-Hilaire de Talmont*, 5, 276, 316.

Salon (Guillaume), 190.
Salvagia, domina do Motha Achardi, 78.
Saminère (Perre de la), 224.
Sanay (Guillaume de), g^do du sc. de Talm., 222, 232.
— (Jehan de), 271.
Sta Radegundis Pictav., 25, 26.
S^ti Georgii (Guillelmus), 113.
S^to Benedicto (Hylaria de), 62.
— (Johanna de), 62.
S^to Laurencio (Guillelmus de), 3.
S^to Martino (P. de), 14.
— (P. de), decan. Talem., 30.
— (P. de), capellanus, Ste Gualburgis, 30.
— (Petrus de), 21, 29.
S^to Vincentio (Guillelmus de), miles, 35, 48.
S^tus Hylarius de Cella, 25.
S^tus Hylarius de Foresta, *St-Hilaire de la Forêt*, c^on *de Talmont*, 26.
S^tus Lambertus prope Mauleum, c^e de *Châtillon-sur-Sèvre*, 13, 27, 40, 53, 105.
S^tus Martinus de Bram, *St-Martin de Brem*, c^on *de St-Gilles*, 72.
S^tus Michael de Heremo, *St-Michel en l'Herm*, c^on *de Luçon*, 36, 71.
S^tus Nicholaus de Bram, *St-Nicolas de Brem*, c^on *de St-Gilles*, 72.
S^tus Nicholaus de Trancha, *la Tranche*, c^on *des Moutiers*, 38.
Santeron, al. Senteron (Guillaume), clerc, 126, 335.
— (Jehan), 219.
— (Michea), 335.
Sanzinère (la), c^e de *Vairé*, 335.
Sanzins, al. Sanzin (G.), 7.
— (Jehan), 335.
— (Michea), 335.
— (Perrot), note, 219.
Sau (Perruche de la), 300, 302, note de 302.
Sauvage (Perrot), 223.
Stephanus, abbas Orb. V. Etienne.

— episc. Lucion., 259.
— gerens vic. decan. Talm., 159.
Sauvageria, c^e des Lucs, 17, 18, 23.
Sauvé (Guillemete), f^e de G. Santeron, 335.
— (Jehan), 335.
— (Perrot), 335.
Sauvestre (Colin), 335.
— (Hugues, p^r de l'aum. d'Ol., 187.
Sauzaie (la), c^e de St-Vincent-sur-Graon, 5.
Savarière (la), c^e des Lucs, 306.
Savary (Martin), 217.
— (Nicolas), greffier à la cour des comptes, 315.
Savatolle (la), c^e du Bernard, 5.
Sayvet (Étienne), note, 247, 249, 255, 284.
— (Louys), note de 271, 291, p^{tre}, note 295, note de 295, 296, 305, 306.
Sebille, f^e de R. de Melle, 156.
Segrestain, al. Secrestain (Simon), note, 242.
Seibrandère (la), al. Sainbrandère, Seibranderia, Saimbranderia, c^e du Gué de Veluire, 6, 55, 60, 68, 298.
Seibrandus, filius T. Chaboz, 6.
— episc. Lemovic., 6.
Seignourat (Jehan), moine dominicain, 214.
Semonci (Perrot), 233.
Senatz (Mathurin), 322.
Sens terre (Guillelmus), 148.
Seppes Bardum (les), jadis les Bardaudières, aujourd'hui les Barraudières, c^e de St-Cyr, 113.
Septer (Nicolas), 198.
Sergon, not^e 200.

Servant (Jehan), 167.
Sibille, f^e de J. Teilleau, 267.
Sigoigne (la), c^e de la Jonchère, 246, 267.
Simes (Simon), 209.
Sion (Geoffroy), 201.
Sivrayo (Guillelmus de), valetus, 130.
— (Savaricus de), miles, 53.
Sornin, 313.
— (Johannes), 113.
Sourdin (André), 217.
Stuart (Jean), connétable, 300.
Sufferte (molendinum de), près Talmont, 19.
Suires (Gillet), 294.
Surdus (P.), 39.
Suretea (Colin), 190.
— (Eutaisse), f^e de P. Mareschaut, 183, 214.
— (Jehan), 213, 233, 236.
— (Nicholas), 214.
Suria (Jehan), note 165.
Suriuns (Petrus), prior Lande, 29.
Suryo (Jehan), chastell. de Talm., 177.
Suschaud, al. Chuchaud, Chuschaud (Jehanne), 213, 229, 233, 236.
Sutor (Robinus), 141, 143.
Suze (m^r de la), s^r de la Mothe-Achart, 328.
Symon, al. Symonis (Guillaume), 175.
— (Hylère), 175.
— (Johannes) cler., 73.
— (Petrus), de Areis, 131.
— (Perrot), 307.
Symonnete (Osanne), 187.
Syon (Jouffroy), 177, 196.
Syoulx (le prieur de), 184.

T

Taconnet (Jehan), al. Camus, 223.
Taillender (Andreas), 161.
Tailleppe, Taillepied, c^e des Lucs, 18, 43, 63, 306.

Talemondenses (abbates), V. R., R. de Perata, Radulphus.
— (decani), V. Andreas Bonevin, Gilebertus, Guillelmus, Robertus, P. de S¹⁰ Martino.
Talleran (François), chambellan, 300.
Talmont (abbaye de), 322.
— (forêt de) p^r forêt d'Orb., 276, 323.
— (château de), 316, 324, 326.
— (ville de), 331 — (four de), 285, 315, Thalmont-sur-Mer, 209.
Tanguy (Colinus), 140.
Tapon (Jehan), 330.
Taunay (Herbert), 299.
Tavea (Guillaume), che^r, seneschal d'Olonne, 269, 287, 288, 289, 290.
Tecbaudi (Petrus), prior Malleac. 8.
Teillea (Jehan), 267.
— (Johanne), f^e de J. Geruth, 267.
Teixeron (Colin), 207.
Templeron (André), 116.
— (Jehan), 247.
Tenet (Perrot), 190.
Tephanellus (Guillelmus), archipresb. Alper., 105.
Terra Roca, c^e de Treizevents, 40.
Tertre (Jehan du), 331.
Tesson (Nicolas), note 164, 196, 223.
Texer (Jehan), 333, note de 335.
— (Etienne), 288.
Texon, mestayer de la Sale, 343.
Textor (Guillelmus), 49.
Teys (Jehan de), 120.
Thecla, uxor G. Ruffi, 52.
Themicuria (Petrus de), prior S^ti Georgii prope Hisdinum, 275.

Theophania, filia G. de Raes, 19.
— uxor S. Doderelli, 95.
Thomas, clericus, 16, 21.
— (Blaisot), 266.
Thomasse, f^e de B. Mée, 108, 120.
Thouars (Aimery de), 209.
— (Jehan de), s^r de la Chèze, 186.
— [Marguerite de], dame de Talm., 276, 282, 283, 316.
— [Miles de], s^r de Pouzauges, 209.
— [vicomtes de], V. d'Amboyse, d'Avaugour, Guy, Huguet, Jehan, Loys, Pernelle, Tristan.
Tillon [Jehan], not^e, note de 239, 284, 291, 293, 297, 331.
Tinglo [pré], c^e de Château d'Olonne, 177.
Tirant [Jehan], 266.
Tousche [la], c^e de Vairé, 335.
— [Phelippon de la], valet, 125, 177, 194.
— [Perre de la], 144.
Trimoille [Jehan de la], 325.
Trio [Jehan], note 204.
Tristan, v^te de Thouars, 239.
Tronchoie [Micheau], g^de du sc. de la Roche s. Yon, note de 327.
Tudea [Petrus], 309.
Tueboi, 24.
Tusca [pratum de], c^e de Vairé, 129.
Typhaine, f^e de J. Mannelet, 172.
Typhart [Guillaume], note 110.
Tyrez [Guillelmus], 98.
— [Hylarius], 98.
— [Petrus], 98.

U

Ugo. V. Hugo.
Ulmeia [Andreas de], 40.
— [Guillelmus de], 40.
— [Johannes de], presb., 40.
Ulmus, c^e de Beauvoir, 39.

— Quayre, près d'Orbestier, 46.
— de Portu de Cleya, c^e de Curzon, 57, 58.
Urbain V pape, 215.
Urelli [P.], mon., 28.

V

Vacheron [Jehan], 110.
Vaciner [Leonard]. sergent, 284.
Vairé, al. Vaere, Variacum, Vayré, c^on *des Sables*, 7, 15, 18. 71, 74, 94, 117, 129, 167, 168, 200, note de 218, 285, 287, 288, 289, 290, 293, 335, note de 335.
— [Jehan de], moine d'Orb., 165.
— [Johannes de], 18, 71.
— [Radulphus de], miles, 74, 75.
Valançon, c^e *de St-Cyr*, 96.
Valée [Catherine], f^e de L. du Verger, 313, note de 313.
— [Perre de], g^de du sc. de Talm., 120, 151.
Valet [Michel], note de 239.
Valinea [Léonard], 313.
— [Lucas], 313.
Vandea [Guillelmus de], valetus, 118.
Varembaut [Stephanus], 52.
Varigne [Johannes], canon., 312.
Vaux [Bertrand de], es^r, 239.
Vaxnier [Guillaume], 220.
— [Colin], 220.
Vayronnea [Florence], 233.
Vayronère [la], c^e *de Vairé*, 335.
Veerii [Radulphus], miles, 19.
Vehuz [Agnes de], uxor S. Boyeas, 107, 124.
Veillet, 335.
— [Colin], 162.
— [Denys], 223, 230, 249.
— [Loys], moine d'Orb., 287, 288, 289, 290, 295, 297.
— [P.], 15.
— [Perrot], 219.
Veilletens [marais des]. c^e *d'Olonne*, 320.
Veillon, al. Veillonus [Guillaume], s^r de la Veillonière, 238, 260.
— [Jehan], 238.
— [Johannes], de la Sauzaie, armiger, 292.

Vendosme [prioratus de], *à Olonne*, 30.
Venere [Johannes], 98.
Venon [Guillaume], 167.
Verger [Catherine du], f^e de L. Valinea, 313.
— (Leonard du), 259, 270, 293, 313.
— (Mauricius de), valetus, 216.
— (Nicolas du), abbé d'Orb., 281, 306.
Vergnaus (terra aus), c^e *de St-Benoît-sur-Mer*, 62.
Vergne Cornet (la), c^e *de St-Hilaire de Talmont*, 295.
Vergnoux (Jehan), clerc, 253.
Veri (Jehan), 245.
Vernei (Guillelmus de la), miles, 26.
Vernetonne, f^e de J. dau Guy, 213.
Vernoul (Aimery de), s^gr de St-Benest, 91.
Vernuyl [Guillelmus de], prior Vindoc. in Olona, 140.
Veronneau [Jehan], 340.
Verlou [maroys de], c^es de *l'Ile d'Olonne et des Sables*, 149, 243, 244.
Vesquauterie [la], *l'Evescauterie*, c^e *de Vairé*, 335.
Via de S^to Benedicto apud S. Ciricum, 62.
— S^to Cirico versus Portum Cleye, 113.
— Thalamundo ad Portum Olone, 1, 4, 66.
Viau [Marin], 120.
Viaudère [Joffroy de la], chev., 156.
Viger [Loys], 324, 330.
Vignaut [Guillaume], clerc, 273.
Vignoere [la], c^e *de Vairé*, 335.
Villeneuve, al. Ville neufve, Villenove, Villanova, c^e *de Vairé*, 335.

— [Jehan de], 167, 212, — not͏ͤ 144, 159.
— [Regnaud de], note de 200, 212.
Vinart [Guillaume], 277.
Vincenter [Guillelmus], presb., 223.
Violère [la], *marais*, c͏ᵉ d'Olonne, 319.
— [Colas de], 173.
— [Regnaud de], 173.
Visage [Jehan], 120.
Viseré [Jehan], 322.
Vivencia, uxor G. Pagas, 77.
Viverum, 113.
Viviers [Jehan des], 153.
— [Marie des], 153.
— [Pernelle des], f͏ᵒ de B. Furet, 153.

Vivonne [Savari de], s͏ᵍʳ des Essarts, 180, 218.
Voie du port d'Olonne à Talmont, 285. V. via.
Voisines [Nicolas de], secrétaire du roi, 300.
Volenbuère [la], c͏ᵉ d͏ᵉ Vairé, 335.
Voluyre [chasteau de], c͏ᵉ du Gué de Velluire, 60.
— [Gillebertus de], 1.
Vreignea [Jehan], 330.
— [André], 330.
— [Françoys], 330.
Vreignoye, al. Vrignoye, *la Vergnaie*, c͏ᵉ de Vairé, 335.
— [Jehan de], 335.

W

Willelmus. V. Guillelmus.

Y

Yrvet [Guillaume], 120.

TABLE DES MATIÈRES

CONTENUES DANS CE VOLUME.

Liste des membres de la Société des Archives historiques du Poitou. v

CARTULAIRE DE L'ABBAYE D'ORBESTIER.

Avant-propos. XI
Texte du cartulaire. 1
Table des noms de personnes et de lieux. . . . 538

ERRATA

Page 27, ligne 29, *au lieu de* la forêt, *lisez* le four.

Page 41, ligne dernière, après la date, *ajoutez* mense aprilis.

Page 52, en marge, à la date, *ajoutez* 26 octobre.

Page 100, ligne 11, *au lieu de* saclée, *lisez* saelée.

Page 109, ligne 23, *au lieu de* d., *lisez* dès.

Page 116, ligne 12, *au lieu de* Biron, *lisez* Birou.

Page 119, ligne 25, *au lieu de* et, *lisez* de.

Page 161, ligne 4, la date mil troys cent vingt et neuf aurait du être rectifiée. Ce doit être une erreur du copiste pour 1339, puisqu'elle est du temps de Louis, vicomte de Thouars ; dans ce cas la pièce serait du 3 octobre 1339, la date à la marge de la page 160 devrait être ainsi rectifiée, et la pièce 138 devenir le n° 165.

Page 179, en marge, à la date, *ajoutez* 5 mai, de sorte que la pièce 148 devrait devenir le n° 145.

Page 231, en marge, à la date, *ajoutez* 14 novembre.

Page 270, ligne 6, *au lieu de* Ladonne, *lisez* La Douve.

Page 275, lignes 30 et 32, et page 276, lignes 5 et 10, *au lieu de* Nantoys, *lisez* Nantoys.

Page 328, ligne 30, *au lieu de* 90, *lisez* 93.

Page 360, au milieu de la dernière ligne, *placez* le renvoi à la note.

Page 507, ligne 9, *au lieu de* Vesquanterie, *lisez* Vesquauterie.

Page 565, entre les lignes 6 et 7, *ajoutez* Saint-Benest (Avice de), 56, 57.

POITIERS. — TYPOGRAPHIE DE H. OUDIN FRÈRES.

www.ingramcontent.com/pod-product-compliance
Lightning Source LLC
Chambersburg PA
CBHW070329240426
43665CB00045B/1221